Stefan Linder

Investitionskontrolle

Grundzüge einer verhaltensorientierten Theorie

Mit einem Geleitwort von Prof. Dr. Jürgen Weber

Deutscher Universitäts-Verlag

Bibliografische Information Der Deutschen Nationalbibliothek
Die Deutsche Nationalbibliothek verzeichnet diese Publikation in der Deutschen Nationalbibliografie; detaillierte bibliografische Daten sind im Internet über <http://dnb.d-nb.de> abrufbar.

Dissertation WHU – Otto Beisheim School of Management – Vallendar, 2006

1. Auflage Dezember 2006

Lektorat: Brigitte Siegel / Stefanie Loyal

Der Deutsche Universitäts-Verlag ist ein Unternehmen von Springer Science+Business Media.
www.duv.de

Umschlaggestaltung: Regine Zimmer, Dipl.-Designerin, Frankfurt/Main
Druck und Buchbinder: Rosch-Buch, Scheßlitz
Gedruckt auf säurefreiem und chlorfrei gebleichtem Papier
Printed in Germany

ISBN 978-3-8350-0600-3

GABLER EDITION WISSENSCHAFT

Schriften des Center for Controlling & Management (CCM), Band 23

Herausgegeben von
Universitätsprofessor Dr. Jürgen Weber
WHU – Otto Beisheim School of Management, Vallendar

Die Schriftenreihe präsentiert Ergebnisse betriebswirtschaftlicher Forschung im Bereich Controlling und Führung. Sie basiert auf einer akteursorientierten Sicht des Controlling, in der die Rationalitätssicherung der Führung einen für die Theorie und Praxis zentralen Stellenwert einnimmt.

Stefan Linder

Investitionskontrolle

Geleitwort

Controlling hat unter anderem – weitestgehend unabhängig von der jeweils verfolgten Begriffsauffassung – die Gestaltung der erfolgszielbezogenen Planung und Kontrolle einer Unternehmung zur Aufgabe. Innerhalb letzterer beider Teilfelder kommt der Planung die deutlich größere Beachtung zu. Dies gilt für die Praxis ebenso wie für Lehrbücher und die einschlägige Forschung. Nur wenige Arbeiten liegen im Schrifttum vor, die sich ausschließlich mit Kontrolle beschäftigen. Die umfassendste und immer noch aktuellste von diesen ist die an der WHU erstellte Habilitationsschrift von *Schäffer*. Insofern setzt die vorliegende Dissertation einen Forschungsschwerpunkt des Lehrstuhls fort. Dem von *Linder* bearbeiteten Thema kommt aber noch aus einem weiteren Grund der Charakter des Speziellen zu: Innerhalb der Arbeiten zur Kontrolle wird – wie in der Planung – überwiegend auf die periodischen Aktivitäten (hier: die monatliche Abweichungsanalyse) fokussiert. Fragen der objekt- bzw. projektbezogenen Kontrolle, wie sie im Bereich der Investitionen dominiert, werden dagegen weitgehend vernachlässigt. Auch aus diesem Grund ist die Literatur zur Investitionskontrolle komparativ sehr überschaubar.

Ganz im Gegensatz zur praktischen Bedeutung von Investitionsentscheidungen hat sich die einschlägige Literatur nur sehr wenig mit dem Thema Investitionskontrolle auseinander gesetzt, wie *Linder* – differenziert in die Analyseebenen Individuum, Verhalten des Individuums und Verhalten der Gruppe, der das einzelne Individuum angehört – in überzeugender Weise zeigt. Ähnliches gilt auch für das empirische Wissen. Trotz einer nicht geringen Zahl von knapp 120 Studien deckt *Linder* ganz erhebliche Forschungslücken auf. Dies beginnt mit der Feststellung eines überwiegend deskriptiven Charakters der Studien und reicht bis zu erheblichen methodischen Mängeln. Die mangelnde theoretische Basis liefert eine wesentliche Erklärung für die häufig widersprüchlichen Ergebnisse der Studien. Zusammen mit den an anderer Stelle der Lehrstuhlforschung aufgezeigten Defiziten der Investitionskontrollpraxis zeigt sich damit eine hohe Dringlichkeit, sich intensiv wissenschaftlich mit dem Thema Investitionskontrolle auseinanderzusetzen.

Der von *Linder* hierfür gewählte Weg ist aufwendig und mühsam. Er entwickelt ein eigenes (sozial-)psychologisch fundiertes Modell, das anstrebt, Menschen und ihr Handeln in Kontrollsituationen umfassend abzubilden und das die Funktion eines Ordnungs- und Strukturierungsrahmens für die Analyse der Wirkungen und Ursache-Wirkungs-

Zusammenhänge von Investitionskontrollen leistet. Die Ausführungen zeugen von einer für eine Dissertation ungewöhnlich tiefgehenden gedanklichen Auseinandersetzung mit einer Nachbardisziplin der Betriebswirtschaftslehre, die allgemein und nicht zuletzt für das Controlling eine immer größere Bedeutung erlangt („Behavioral Controlling") – der rationalitätssicherungsorientierte Ansatz, den der Lehrstuhl verfolgt, macht im klassischen entscheidungstheoretischen Kontext keinen Sinn. Insgesamt arbeitet *Linder* 30 Wirkungseffekte der auf die Investitionskontrolle wirkenden Parameter heraus, für die er systematisch über zweihundert Hypothesen ableitet, die als Grundlage für weitere Forschung, insbesondere für eine empirische Überprüfung, dienen können. Außerdem weist er auf potenzielle Zusammenhänge hin, für die der derzeitige Kenntnisstand noch nicht für eine Hypothesenbildung ausreicht und die deshalb noch weiterer theoretischer Forschung bedürfen.

Die Arbeit ist in ihrer Sorgfalt, Tiefe und Gründlichkeit bemerkenswert und vorbildhaft. Im angelsächsischen Kontext starker Journal-Fixierung wäre ein solches Thema nicht zu vergeben gewesen. Ich hoffe, dass die Arbeit gerade wegen ihrer umfassenden Perspektive einen wichtigen Einfluss auf die weitere Kontrollforschung nehmen wird.

Jürgen Weber

Vorwort

„Hypothesen sind Netze, nur der wird fangen, der auswirft."

Novalis (1798/1960), S. 668.

In Unternehmen werden täglich eine Vielzahl an Entscheidungen gefällt. Nur wenige davon sind jedoch von ähnlicher Tragweite wie Investitionsentscheidungen. Dieser herausragenden Bedeutung entsprechend bilden Investitionen und der Investitionsprozess seit jeher einen Schwerpunkt der betriebswirtschaftlichen Forschung. Dabei wurde jedoch der Kontrolle bisher vergleichsweise wenig Aufmerksamkeit geschenkt. So besteht beispielsweise weder Klarheit über die tatsächlichen Wirkungen einer Investitionskontrolle auf die an ihr beteiligten Individuen noch über den Einfluss von (Gestaltungs-)Parametern der Kontrolle auf diese Wirkungen. Angesichts der immer wieder in der Literatur postulierten Bedeutung der Kontrolle für Lernprozesse einerseits und Motivationsaspekte andererseits, erscheint diese Vernachlässigung der Investitionskontrolle so überraschend wie unbefriedigend zugleich.

Mit der vorliegenden Arbeit soll ein Versuch unternommen werden, diese Lücke in der betriebswirtschaftlichen Forschung zu reduzieren.

Dazu werden zunächst begriffliche Grundlagen gelegt und der Stand der internationalen theoretischen und empirischen Forschung zur Investitionskontrolle zusammengestellt, systematisiert und einer kritischen Analyse unterworfen.

Hierauf aufbauend wird, von einem (sozial-)psychologisch fundierten Menschenmodell ausgehend, ein Strukturierungs- und Analyserahmen zu den diversen Wirkungen auf die beteiligten Personen und den (Gestaltungs-)Parameter der Investitionskontrolle entwickelt. Diese Grundzüge einer Theorie der Investitionskontrolle strukturieren das Phänomen Investitionskontrolle, integrieren existierende Forschungsergebnisse aus Betriebswirtschaftslehre und (Sozial-)Psychologie in Ursache-Wirkungs-Hypothesen und decken Forschungslücken für nachfolgende theoretische wie empirische Arbeiten auf.

Mein Dank gebührt Professor Dr. Jürgen Weber und Professor Dr. Thomas Hutzschenreuter für die Übernahme der Erst- bzw. Zweitgutachten, ihre Gesprächsbereitschaft und ihre wohlwollende Unterstützung bei diesem Projekt.

Für die vielfältige Unterstützung und die angenehme, gemeinsam verbrachte Zeit am Lehrstuhl von Prof. Dr. Jürgen Weber danke ich Yvonne Borkelmann, Urs Bramsemann, Carsten Heineke, Bernhard Hirsch, Klaus Hufschlag, Beata Kobylarz, Jennifer Kunz, Michael Löbig, Alexandra Matthes, Matthias Meyer, Gilbert Müller, Fotini Noutsia, Ursula Opper, Dennis Spillecke und Eric Zayer.

In besonderer Weise schließlich danke ich meinen Eltern, die mich in allen Phasen meines bisherigen Lebensweges umfassend unterstützt haben und denen ich diese Arbeit widme.

Stefan Linder

Inhaltsverzeichnis

Abbildungsverzeichnis

Abkürzungs- und Symbolverzeichnis

a	Ausmaß extrinsischer Anreize
Abs.	Absatz
Anm. d. Verf.	Anmerkung des Verfassers
Art.	Artikel
AT	Österreich
AUS	Australien
bspw.	beispielsweise
bzw.	beziehungsweise
c	Kompatibilitätsgrad
CA	Kanada
ca.	circa
CH	Schweiz
c. p.	ceteris paribus
D	Deutschland
D.B.A.	Doctorate in Business Administration
d. h.	das heißt
E	Ergebnis
et al.	et alii (und andere)
etc.	et cetera (und so weiter)
evt.	eventuell
F	Folge
f	Formalisierungsgrad
f.	folgende Seite oder Spalte
FI	Finnland
FR	Frankreich
F&E	Forschung und Entwicklung
g	Variable für die Anzahl betrachteter Studien
GAAP	Generally Accepted Accounting Principles
GemHVO	Gemeindehaushaltsverordnung
GG	Grundgesetz
ggf.	gegebenenfalls
GI	Gesamtinvestitionen

H	Hypothese
h	Häufigkeit
HGB	Handelsgesetzbuch
HK	Hongkong
I	Gesamtzahl der Investitionen eines Akteurs
i	Lauf-/Zählindex
i. d. R.	in der Regel
IAS	International Accounting Standards
IFRS	International Financial Reporting Standards
insbes.	insbesondere
ITL	Italien
JPN	Japan
k	Kontrollwahrscheinlichkeit
KO	Kontrollierter
KS	Kontrollsubjekt
MA	Malaysia
n	Stichprobenumfang
NL	Niederlande
NOR	Norwegen
Nr.	Nummer
o. ä.	oder ähnlich
o. J.	ohne Jahr
o. Jg.	ohne Jahrgang
o. O.	ohne Ort
o. S.	ohne Seite
p	Partizipationsgrad
Ph.D	Doctor of Philosophy
ROCE	Return On Capital Employed
ROI	Return On Investment
RSA	Republik Südafrika
S	Schweden
S.	Seite
SI	Singapur
sog.	so genannt
Sp.	Spalte
t	Tiefe
u	Umfang
u.	und

u. a.	unter anderem
UK	Vereinigtes Königreich
USA	Vereinigte Staaten von Amerika
usw.	und so weiter
vgl.	vergleiche
vs.	versus
X	Mittelwert des Verbreitungsgrads
x	Variable des Verbreitungsgrads in einer Studie
z. B.	zum Beispiel
z. T.	zum Teil
ZYP	Griechische Republik Zypern

1 Einführung

„Control has been the problem of the world since its population grew from one to two."

Rathe (1960), S. 28.

„An understanding of the post-audit procedures within organisations will be enhanced by seeing the issues in behavioral terms [...] rather than in a purely technical manner."

Holmes/Cullen/Gray (1991), S. 71.

1.1 Problemstellung

Betriebliche Investitionen gehören angesichts ihrer langfristigen Auswirkungen auf den Unternehmenserfolg, der Knappheit des Kapitals und der durch sie verursachten Fixkosten „zu den wichtigsten unter den zahllosen Entscheidungen, die die Unternehmensleitung treffen muß"[1]. Folgerichtig stellen sie schon seit langem ein zentrales Feld der theoretischen wie empirischen Forschung dar.[2]

---

1 Terborgh (1962), S. 5. Vgl. ähnlich Dean (1954), S. 120; Christy (1966), S. 1; Nicholson/Ffolliott (1965), S. 83; Jacob (1968), S. 2; Scheffler (1968), S. 12; Gremillet (1972), S. 9 u. S. 291; Dillon (1974), S. 2; Viafore (1975), S. 1; Borer (1978), S. 4f.; Gallinger (1980), S. 20; Moore/Jaedicke (1980), S. 275; Wegener (1981), S. V; Siegwart/Kunz (1982), S. 9; Corr (1983), S. III; Ehrenreich (1983), S. 33; Hendricks (1983), S. 22; Spielberger (1983), S. 1; Ghobadian/Smyth (1989), S. 121; Kloock (1989), Sp. 789; Geiger et al. (1990), S. 247; Freeman/Hobbes (1991), S. 36; Myers et al. (1991), S. 317; Kruschwitz (1993), S. 1; Schaefer (1993), S. 137; Meise (1998), S. 1.
Neben der unmittelbaren Bedeutung für das einzelne Unternehmen stellen Investitionsentscheidungen jedoch auch einen wichtigen Faktor für das Wachstum und den Wohlstand einer Volkswirtschaft dar. Vgl. hierzu schon Carter/Williams (1958), S. VII u. S. 1; Massé (1959), S. VII; Christy (1966), S. 1; Gremillet (1972), S. 3 u. S. 291; Honko/Prihti/Virtanen (1982), S.9; Lilleyman (1984), S. 130; Simon (1986), S. IX; Seppelfricke (1996), S. 1.

2 Vgl. beispielhaft die Arbeiten von Dean (1951); Albach (1959); Gutenberg (1959); Istvan (1961); Terborgh (1962); Bettelheim (1963); Christy (1966); Lüder (1969); Saatmann (1970); Klammer (1972); Klammer (1973); Rockley (1973); Osterloh (1974); Gitman/Forrester (1977); Lüder (1980); Scapens/Sale (1981); Wegener (1981); Spielberger (1983); Klammer/Walker (1984); Neale/Holmes (1985); Geiger (1986); Albach (1987); Neale (1989); Sierke (1989); Carr/Tomkins (1996); Pike (1996); Reichelstein (1997); Meise (1998); Bosse (2000); Rösgen (2000); De Bodt/Bouquin (2001); Vollrath (2001).

Der Schwerpunkt der wissenschaftlichen Untersuchung liegt dabei auf der Entwicklung und Austestung von Verfahren und Modellen zur Beurteilung (monetärer Aspekte) von Investitionen in Unternehmen mit Gewinnerzielungsabsicht.[3] Diese Bewertung ist der in einem idealtypischen, in Abbildung 1 dargestellten, Investitionsprozess auf die Problemerkenntnis, Alternativensuche und Alternativenprognose folgende, vierte Schritt.[4]

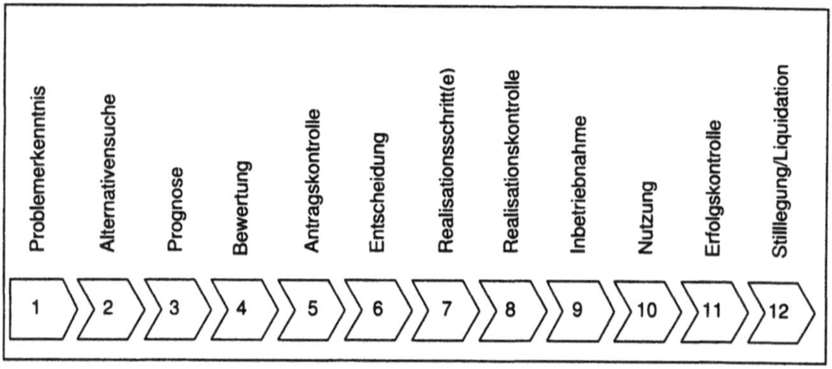

Abbildung 1: Idealtypischer Investitionsprozess

So wurden in den vergangenen Jahrzehnten diverse Methoden der Investitionsrechnung für Einzelinvestitionen und Investitionsprogramme unter Sicherheit wie unter Unsicherheit und ohne sowie mit Berücksichtigung der Zeit entwickelt und intensiv diskutiert.[5]

---

[3] Vgl. hierzu auch Hicks/Schmidt (1971), S. 24; Dillon (1974), S. 7; King (1975), S. 70; Lüder (1977), S. 1; Gallinger (1980), S. 13; Dillon/Caldwell (1981), S. 18; Gurnani (1984), S. 19; Mukherjee (1987), S. 51; Lehmann-Grube (1994), S. 2; Charreaux (2001), S. 2; Linder (2004), S. 33; Küpper (2005), S. 477.

[4] Vgl. zu diesem idealtypischen Investitionsprozess detaillierter Linder (2004), S. 47f. Da komplexe Entscheidungsprozesse in der Praxis nicht streng einer solchen, an das klassischen Phasen-Theorem angelehnten Einteilung chronologisch folgen (vgl. hierzu Witte (1968), Pinches (1982), S. 8f.; Laux/Liermann (1986), S. 9; Geiger et al. (1990), S. 251; Bathe/Müller (2002), S. 333; Schultz (2005), S. 122), ist dieser idealtypische Prozess jedoch nicht präskriptiv zu verstehen, sondern nur als ein Hilfsmittel zur leichteren Strukturierung und Analyse (vgl. dazu auch Spielberger (1983), S. 16). Ähnliche Phasenschemata finden sich – mit mehr oder minder großen Unterschieden – bspw. bei Helfert (1960), S. 84-86; Mock (1967), S. 25f.; Gremillet (1972), S. 16; Rockley (1973), S. 3-5; Gallinger (1980), S. 13; Krist (1983), S. 4; Mukherjee (1987), S. 37; Ghobadian/Smyth (1989), S. 123; Lehmann-Grube (1994), S. 3f.; Seidel/Temmen (1995), S. 494; Maccarrone (1996), S. 43; Jaspersen (1997), S. 108f.; Bouquin (2001), S. 348f.; Reichmann (2001), S. 295; Fabozzi/Peterson (2003), S. 359f.; Schultz (2005), S. 120 u. S. 122.

[5] Vgl. exemplarisch die Arbeiten von Boulding (1936); Dean (1951); Hirshleifer (1958); Albach (1959); Dantzig/Wolfe (1960); Albach (1962); Terborgh (1962); Hax (1964); Jacob (1964); Kilger (1965); Laux (1971); Ronca (1975); Weingartner (1977); Leichtfuß (1984); Sierke (1989); Dixit/Pindyck (1994); Trigeorgis (1996); Meise (1998); Schwindt/Zimmermann (2002).

Von empirischer Forschungsseite wurde eingehend untersucht, welche der Bewertungsverfahren in der Praxis Verwendung finden sowie ob Unternehmen, die auf – aus theoretischer Sicht – überlegene Bewertungsmethoden zurückgreifen, wirtschaftlich erfolgreicher sind als diejenigen, die auf „klassische“, aber theoretisch weniger überzeugende Konzepte rekurrieren, wie beispielsweise die statische Amortisationsdauer.[6] Entsprechend stellen dann auch Drury/Tayles (1996) mit Recht fest: „Probably more surveys have been undertaken on the use of capital budgeting techniques than on any other accounting and finance topic.“[7]

Im Vergleich zum vierten Schritt, der Alternativenbewertung, wurde insbesondere den Schritten der Antragskontrolle (Schritt fünf), der Realisationskontrolle (Schritt acht) und der Erfolgskontrolle (Schritt elf) bzw. allgemein der Investitionskontrolle, weit weniger Aufmerksamkeit zuteil.[8] Diese mangelnde Durchdringung der Investitionskontrolle(n) durch die betriebswirtschaftliche Forschung äußert sich dabei insbesondere in folgenden Punkten:

Erstens besteht bis heute eine Unschärfe des Investitionskontrollbegriffs. So bestehen unterschiedliche Auffassungen in der betriebswirtschaftlichen Literatur darüber, welche Tätigkeitsschritte zu einer Kontrolle zu zählen sind und welche Gegenstände bzw. Größen Objekte eine Kontrolle sein können.[9] Diese begriffliche Unklarheit darüber, was eine

---

6 Exemplarisch für die vielen Studien seien hier folgende genannt: Klammer (1972); Fremgen (1973); Klammer (1973); Baumgartner/Irvine (1977); Gitman/Forrester (1977); Baker (1981); Kim/Farragher (1981); Scapens/Sale (1981); Hendricks (1983); Kim/Crick (1984); Klammer/Walker (1984); Lilleyman (1984); Haka/Gordon/Pinches (1985); Farragher (1986); Wehrle-Streif (1989); Freeman/Hobbes (1991); Klammer/Koch/Wilner (1991); Cooper/Cornick/Redmon (1992); Jog/Srivastava (1995); Drury/Tayles (1996); Block (1997); Kester/Tsui (1998); Farragher/Kleiman/Sahu (1999); Vollrath (2001). Vgl. Mills (1988) für eine Meta-Analyse von über 57 seit 1947 erschienene Studien.

7 Drury/Tayles (1996), S. 371.

8 Vgl. hierzu u. a. Lüder (1969), S. 13 und dortige Quellen; Dillon (1974), S. 7; King (1975), S. 70; Hay (1977), S. 175; Gallinger (1980), S. 13; Ghobadian/Smyth (1989), S. 124; Sierke (1989), S. 153; Küpper (1991), S. 172; Lehmann-Grube (1994), S. 4; Yamamoto (1998), S. 147; Charreaux (2001), S. 1f.; Linder (2004), S. 33; Küpper (2005), S. 477. Ein ähnliches Bild wie für die betriebswirtschaftliche Forschung zeigt sich auch für die Lehre (vgl. Matschke (1993), S. 50).

9 Vgl. Schaefer (2004), S. 17. Vgl. exemplarisch die Definitionen von Lüder (1969), S. 14, und Saatmann (1970), S. 21, vs. Jankowski (1969), S. 13-15; Borer (1978), S. 8-15; Lücke (1991), S. 175, vs. Osterloh (1974), S. 16; Spielberger (1983), S. 14-17.
Weiter erschwert wird die Diskussion auch durch die Tatsache, dass der Begriff der Investitionskontrolle auch außerhalb der Betriebswirtschaftslehre Verwendung findet – und dies mit deutlich anderem Inhalt. So wird der Begriff der Investitionskontrolle in der volkswirtschaftlichen Diskussion mit einer „staatliche[n] Globalsteuerung der Investitionstätigkeit der Unternehmungen einer Volkswirtschaft über gesamtwirtschaftliche Daten (z. B. über die Steuerpolitik)“ (Saatmann (1970), S. 19) assoziiert. Nach Zinn (1977) ist diese Steuerung der Investitionstätigkeit von Unternehmen dabei deutlich von „administrativen Planwirtschaften, in denen sehr detaillierte Investitionspläne für die Einzelwirtschaft zentral entwickelt werden und die kurzfristigen Preis- und Produktionsentscheidungen der dezentralen Kompetenz weitgehend entzogen sind“ (Zinn (1977),

Investitionskontrolle ist, erschwert die Diskussion innerhalb der Forschung zu Investitionskontrollen ebenso wie die Kommunikation der Investitionskontrollforschung mit der Unternehmenspraxis, beispielsweise im Rahmen empirischer Studien.

Zweitens fehlt eine systematische, strukturierte Zusammenfassung der in den vergangenen fünfzig Jahren national wie international erzielten theoretischen wie empirischen Forschungsergebnisse.[10] Dies wiederum zieht die Gefahr nach sich, dass die bisher weit verstreuten theoretischen wie empirischen Ergebnisse zur Investitionskontrolle einerseits weiterhin lediglich als unzusammenhängende Einzelbefunde diskutiert werden und damit Zusammenhänge bzw. Überschneidungen unerkannt bleiben und andererseits potenziell bedeutsame Forschungslücken übersehen werden.[11]

Drittens fehlt, wie in Kapitel 3 detaillierter ausführt wird, bis heute eine von realistischen Prämissen ausgehende, systematische, theoretisch-kausale Betrachtung potenzieller Wirkungen einer Investitionskontrolle. Vielmehr konzentriert sich die Forschung bisher weitgehend auf eine pragmatisch-finale Betrachtung, d. h. eine Diskussion der Ziele[12] von Investitionskontrollen, und vernachlässigt so insbesondere mögliche dysfunktionale Wirkungen des Instruments.[13] Ohne die Kenntnis aller unter realistischen (d. h. verhal-

---

S. 98), abzugrenzen. Gleichzeitig ist sie aber, offensichtlicherweise, auch deutlich vom dominanten betriebswirtschaftlichen Verständnis einer Kontrolle verschieden. Wichtige Vertreter dieses Verständnisses des Begriffes der Investitionskontrolle sind insbesondere Troeger (1950), Schäfer (1973), Wieczorek-Zeul (1974), Roth (1976) und Zinn (1977). Darüber hinaus findet sich diese Richtung des Verständnisses der Investitionskontrolle, die auch mit dem Begriff der Investitionslenkung belegt wird, in Parteiprogrammen wieder, so beispielsweise im Godesberger Programm der SPD von 1959 und in einem Leitantrag zum 8. Parteitag der PDS (vgl. hierzu SPD (1959), S. 10; Joseph et al. (2003)). Vgl. für eine Aufstellung alternativer Formen der Investitionskontrolle bzw. -lenkung bspw. Güther (1975), S. 34f.; Issing (1975), S. 16-27; Gaedt (1976), S. 47, S. 69f., S. 107-110 u. S. 152-155 und für eine Betrachtung ihrer Vereinbarkeit mit dem deutschen Grundgesetz, insbesondere mit der in den Artikeln 14, 19, 9 und 2 Grundgesetz (GG) garantierten persönliche Freiheit auf wirtschaftlichem Gebiet, dem Verhältnismäßigkeitsprinzip und dem Prinzip des Föderalismus Gaedt (1976), S. 248-254; Wiegel (1982); Pilz (1983), S. 178-222; Eschenbruch (1984), S. 230.

10 Vgl. dazu ähnlich Azzone/Maccarrone (2001), S. 74.

11 Vgl. ähnlich als Gefahren eines Fehlens eines integrierenden Strukturierungsrahmens allgemein Argyris (1957), S. Xf.

12 Unter dem Begriff des Ziels sei in der vorliegenden Arbeit eine angestrebte bzw. erwünschte Wirkung bzw. (aus Ergebnissicht) eine gewollte Situation verstanden (vgl. dazu bspw. Welge (1988), S. 7; Eisenführ/Weber (1994), S. 51; Hutzschenreuter (1998), S. 87; Hahn/Hungenberg (2001), S. 11). Demgegenüber bezeichnet der Begriff der Wirkungen die tatsächlichen, angestrebten oder zu vermeiden versuchten Zustände bzw. Ergebnisse der Einwirkung eines bestimmten Instruments wie einer Investitionskontrolle (vgl. dazu Chmielewicz (1994), S. 11f. und Hutzschenreuter (1998), S. 87).

13 Während eine pragmatisch-finale Betrachtungsperspektive die Ziele, die mit einem Instrument angestrebt werden (können bzw. sollen) und die entsprechende, auf die optimale Erreichung dieser Ziele ausgerichtete Gestaltung eines Instruments oder Systems in den Vordergrund stellt, so hebt eine theoretisch-kausale Betrachtung die Ursache-Wirkungs-Zusammenhänge zwischen dem Instrument bzw. seinen Ausprägungsvarianten und aus ihm bzw. ihnen (potenziell) resultierenden Wirkungen funktionaler wie dysfunktionaler Natur hervor. Sie stellt damit sicher, dass alle Wirkungen erkannt werden

tensorientierten) Prämissen,[14] denkbaren Wirkungen einer Investitionskontrolle ist jedoch eine Entwicklung von Ursache-Wirkungs-Hypothesen zum Einfluss unterschiedlicher, durch die (Gestaltungs-)Parameter einer Investitionskontrolle charakterisierbarer Ausprägungsvarianten einer Investitionskontrolle auf diese Wirkungen nicht möglich.

Viertens ist, wie daher wenig überraschend ist und in Kapitel 3 ebenfalls noch weiter erläutert wird, die Investitionskontrollforschung bei der Entwicklung von Ursache-Wirkungs-Aussagen zwischen den (Gestaltungs-)Parametern von Investitionskontrollen und diesen Wirkungen bisher nicht weit vorangekommen.[15] Die Kenntnis dieser Ursache-Wirkungs-Zusammenhänge steht jedoch im Kern einer Theorie der Investitionskontrolle und stellt auch eine Voraussetzung für die Ableitung theoretisch fundierter und empirisch überprüfter pragmatisch-finaler Handlungsempfehlungen zur Gestaltung von Investitionskontrollen für die Praxis dar.[16] Dieser stehen daher gegenwärtig nur – zwar mit guter Intention verfasste, aber mangels eines theoretischen Fundaments – eher wenig überzeugende, pragmatisch-finale Handlungsempfehlungen und „Selbsthilfen" zur Verfügung.[17] Für eine Wissenschaft wie die Betriebswirtschaftslehre, die sich i. d. R. als eine angewandte Wissenschaft versteht und entsprechend die Lösung von Problemen der Praxis zum (mittelfristigen) Ziel hat,[18] erscheint dieser Zustand daher als wenig befriedigend.[19]

In der vorliegenden Arbeit soll ein erster Versuch unternommen werden, die beschriebenen Forschungslücken auf dem Gebiet der Investitionskontrolle zu schließen und Grundzüge einer Theorie der Investitionskontrolle zu entwickeln. Diese können dann mittelfris-

---

und bildet damit die forschungslogische Grundlage für eine nachfolgende finale Perspektive (vgl. Seiffert (1997), S. 64). Für eine nähere Erläuterung dieser Unterscheidung siehe Kapitel 1.2.

14 Zur Unterscheidung einer (weitgehend allgemeingültig menschliches Verhalten beschreibenden) verhaltensorientierten Analyseperspektive von einer (allenfalls in realiter seltenen Extremfällen empirisch zutreffenden) entscheidungsorientierten Perspektive siehe die Ausführungen im Kapitel 1.2; vgl. auch Pfaff (1995), S. 439; Bramsemann/Heineke/Kunz (2004), S. 553. Siehe ferner auch Meyer/Heine (2005), S. 9f.

15 Vgl. zu diesem Zustand der Investitionskontrollforschung schon Lüder/Neumann (1979), S. 23.

16 Vgl. hierzu die Ausführungen in Kapitel 1.2 zum Zusammenhang von theoretisch-kausaler und pragmatisch-finaler Forschung.

17 Vgl. für einen solchen pragmatisch-finalen Ansatz die Arbeit von Borer (1978). Vgl. ebenfalls zu einem ähnlichen Vorgehen Schwellnuß (1991), der die Umsetzbarkeit in der Praxis unter Beachtung theoretischer Anforderungen in den Vordergrund stellt (vgl. dazu Reichmann (1991), S. V). Vgl. als Beispiel einer „Selbsthilfe" der Praxis für die Praxis zum Thema Investitionskontrollen: Betriebswirtschaftlicher Ausschuß des Verbands der chemischen Industrie (1974).
Siehe zur Kritik an einem rein pragmatisch-finalen Vorgehen allgemein auch Grochla (1976), S. 632, sowie speziell auf die Investitionskontrollforschung Borers (1978) bezogen Liebig (1978), S. 1102.

18 Vgl. zur Betriebswirtschaftslehre als angewandter, an der Erklärung realer Phänomene interessierten Wissenschaft Pack (1968), S. 24; Schmalenbach (1970), S. 491; Rafée (1974), S. 15 u. S. 64; Heinen (1976), S. 369; Heinen (1982), S. 15; Schanz (1988), S. 15. Kritisch hingegen: Rieger (1964), S. 81; Schneider (1993), S. 132f.

19 Dies nicht zuletzt auch angesichts der in den vergangenen Jahren postulierten Bedeutung von Investitionskontrollen für lernende Organisation, denen Wettbewerbsvorteile zugeschrieben werden (vgl. Garvin (1993), S. 85).

tig (d. h. nach entsprechender empirischer Prüfung und weiterer Vervollständigung) die Basis für praxisbezogene Handlungsempfehlungen bilden. Im Einzelnen wird angestrebt,

- den Begriff der Investitionskontrolle zu klären,
- die bis dato weit verstreuten Einzelergebnisse der nationalen und internationalen theoretischen und empirischen Forschung zu Investitionskontrollen zusammenzutragen, zu systematisieren und kritisch zu beleuchten, wozu insbesondere die Diskussion von Wirkungen bzw. Zielen und den (Gestaltungs-)Parametern einer Investitionskontrolle und deren Einfluss auf erstere gehört,
- realistische bzw. verhaltensorientierte Grundlagen für eine Theorie betriebswirtschaftlicher Investitionskontrollen zu legen,
- darauf aufbauend die potenziellen Wirkungen einer Investitionskontrolle auf die beteiligten Individuen (Kontrollierter wie Kontrolleur) systematisch und strukturiert darzustellen und
- auf Basis eines die Wirkungen und (Gestaltungs-)Parameter der Investitionskontrolle in Beziehung setzenden Strukturierungsrahmens, verhaltensorientierte Hypothesen über den jeweiligen Einfluss dieser Parameter auf die diversen Wirkungen herzuleiten und damit den Nukleus einer Theorie der Investitionskontrolle zu entwickeln bzw. implizit damit all diejenigen Bereiche zu identifizieren, die noch Forschungslücken auf dem Weg zu einer vollständigen Theorie der Investitionskontrolle darstellen.

1.2 Forschungstheoretische Einordnung

Grundsätzlich besteht das Ziel jeder Wissenschaft in der Erweiterung der Erkenntnis, d. h. der Annäherung an die Wahrheit.[20] Um dieses allgemeine Ziel konkreter zu fassen, lässt sich in einer ersten Dimension auf die i. d. R. in der wissenschaftstheoretischen Literatur vorgenommene Vierteilung der Forschungskonzeptionen zurückgreifen:[21]

- Das *nominalistisch-deskriptive Wissenschaftsziel* beschreibt die Begriffslehre, die sich mit „der Bildung und Präzisierung von Begriffen und Definitionen"[22] begnügt.[23] Es geht darum „eine lange Geschichte auf abgekürzte Weise"[24] darzustel-

---

[20] Vgl. Albert (1984), Sp. 4677; Schanz (1988), S. VII.

[21] Vgl. Schweitzer (1978), S. 2f.; Chmielewicz (1994), S. 9. Kritisch: Argyris/Schön (1978), S. 5.

[22] Chmielewicz (1994), S. 10.

[23] Dabei existieren zwei Sichtweisen – die nominalistische Sichtweise, bei der nach einem kürzeren Synonym gesucht wird und die essentialistische, aristotelische Perspektive, bei der es um Wesensaussagen bzw. Deskriptionen geht (vgl. dazu bspw. Schanz (1988), S. 18f.; Popper (1992),

len bzw. „abkürzende Symbole oder Etiketten, die zur abkürzenden Darstellung einer langen Formel eingeführt wurden“[25], zu präzisieren und damit die Kompliziertheit der wissenschaftlichen Sprache zu reduzieren.[26] Auf diese Weise wird die Kommunikation zwischen den Forschern auf einem Gebiet vereinfacht und beschleunigt.[27] Begriffe, Definitionen oder Symbole bilden die Basis jeglichen wissenschaftlichen Arbeitens, indem sie beschreibende Aussagen über Tatsachen, Phänomene und Ereignisse des Forschungsgegenstands ermöglichen.[28] Zudem wird eine Kritik von Aussagen erleichtert.[29] „Das Beurteilungskriterium für Begriffe und Definitionen ist, ob sich damit leistungsfähige theoretische Aussagen bis hin zu umfassenden Theorien bilden lassen.“[30] Entsprechend sind an die formulierten Begriffe die Anforderungen nach Präzision und Eindeutigkeit sowie Zweckmäßigkeit bzw. Fruchtbarkeit für wissenschaftliche Untersuchungen zu stellen.[31] „Weitere Anforderungen wie die nach Wahrheit und empirischem Gehalt sind für sie nicht erfüllbar. Daher kann auch nicht entschieden werden, ob ein Begriff wahr oder falsch ist, und es kann nicht erwartet werden, dass der Wissensbestand einer Disziplin durch neue Definitionen zunimmt.“[32]

- Das *theoretisch-kausale Wissenschaftsziel* setzt auf den durch die Begriffslehre gebildeten Begriffen als Elemente theoretischer Aussagen auf.[33] Im Gegensatz zur Begriffslehre wird die Aufgabe der Wissenschaft nicht in der Begriffsklärung allein gesehen, sondern den Begriffen Mittelcharakter bei der Generierung von Theorien zugeordnet. Theorien sind geordnete Mengen von Begriffen und Aussagen, die ein Phänomen oder eine Gruppe von Phänomenen erklären,[34] d. h. allgemeine Ursache-Wirkungs- oder Wenn-Dann- bzw. Je-Desto-Zusammenhänge über das Phänomen beschreiben.[35] Das theoretisch-kausale Wissenschaftsziel geht somit davon aus, dass sich in realen Phänomenen Kausalketten identifizieren

---

S. 20-26; Opp (2005), S. 108-114). Eine solche Unterscheidung soll zur Vereinfachung im Weiteren nicht vorgenommen werden.

24 Popper (1992), S. 21.

25 Ebenda, S. 21.

26 Vgl. detailliert dazu Popper (1992), S. 15-21.

27 Vgl. Opp (2005), S. 134.

28 Vgl. Rau (1985), S. 42. Ähnlich Möller (2005), S. 173.

29 Vgl. ebenda, S. 143f.

30 Chmielewicz (1994), S. 11.

31 Vgl. Opp (2005), S. 131-137. Schweitzer (1978), S. 3f., führt hingegen neben der Zweckmäßigkeit die Einfachheit und Exaktheit als Kriterien an.

32 Schweitzer (1978), S. 4.

33 Vgl. Chmielewicz (1994), S. 11.

34 Vgl. Albert (1984), Sp. 4681; Zimbardo/Gerrig (2004), S. 27.

35 Vgl. Chmielewicz (1994), S. 11; Opp (2005), S. 33 u. S. 39.

bzw. formulieren lassen,[36] wobei jedoch nicht – wie irrtümlicherweise vereinzelt behauptet wird – eine vollständige und bis ins Letzte präzise Aufdeckbarkeit bzw. Messbarkeit dieser gesamten Kausalzusammenhänge durch den Menschen als conditio sine qua non für Kausalität betrachtet wird, sondern nur ihr prinzipielles Bestehen auf der „untersten, der materiellen Schicht [...] bis hin in die höchste, die geistige Schicht"[37] unabhängig von der praktischen exakten Ermittelbar- und Messbarkeit durch den Menschen.[38] Entsprechende kausale Aussagen werden i. d. R. in zwei sachlogisch verbundenen Schritten entwickelt, woraus sich zwei Unterziele des theoretisch-kausalen Wissenschaftsziels ableiten lassen: (1) Die Strukturierung des Forschungsgebiets und die Einordnung ggf. schon bestehender oder übertragbarer Erkenntnisse in diese Struktur bzw. die Identifikation von Forschungslücken und (2) die eingehende Untersuchung der Bereiche des so strukturierten Forschungsgebiets, für die noch keine Erkenntnisse vorliegen sowie ggf. die Präzisierung bereits vorliegender Forschungserkenntnisse.[39] Arbeiten, die dem ersten Unterziel folgen, stellen mit einer breiten Ausrichtung darauf ab, dass alle relevanten Teilbereiche eines Forschungsgebiets in ihrem Zusammenspiel erkannt werden, vorhandene aber oft verstreute Forschungsergebnisse nicht verloren gehen, relevante und übertragbare Forschungsergebnisse aus angrenzenden Bereichen und Disziplinen Eingang in das betrachtete Forschungsgebiet finden und weiße Flecken bzw. Ansatzpunkte für nachfolgende Arbeiten identifiziert werden.[40] Forschungsarbeiten, die dem zweiten Unterziel folgen, konzentrieren ihre Aufmerksamkeit auf einen schmalen Ausschnitt der Aspekte eines Forschungsgebiets und streben für diesen schmalen Teilbereich eine in die Tiefe gehende, de-

---

36 Vgl. Hartmann (o. J.), S. 22; Schwaninger (1989), S. 75.

37 Hartmann (o. J.), S. 98.

38 Vgl. dazu ausführlich Hartmann (o. J.), S. 97. Siehe auch Schwaninger (1989), S. 75f., wobei dieser jedoch bedauerlicherweise auf S. 48 zunächst kausale Bestimmtheit per se und Kenntnis der Zusammenhänge miteinander verwechselt und erst im weiteren Verlauf seiner Ausführungen auf S. 75f. diesen Irrtum korrigiert.

39 Vgl. zu dieser Unterscheidung Argyris (1957), S. X.

40 Vgl. ähnlich Argyris (1957), S. Xf. Vgl. dazu auch Birnberg (1973b), S. 76; Schwaninger (1989), S. 48; Hauschildt/Grün (1993), S. XI.; Ruhnke (1997), S. 319; Ruhnke (2003), S. 252. Auf diesem Weg wird mit Arbeiten zum ersten Unterziel des theoretischen Wissenschaftsziels auch die Erleichterung oder Ermöglichung anschlußfähiger Forschungsarbeiten durch eine Beschleunigung der Aneignung des relevanten Wissens für neu in das Feld eintretende Forscher durch eine entsprechende systematisierende Gesamtschau der Erkenntnisse angestrebt. Vgl. dazu Anthony (1973), S. 60; Chenhall (2003), S. 160; Ruhnke (2003), S. 252 u. S. 273. Anzumerken ist allerdings, dass einzelne „Probebohrungen" im Sinne des zweiten Unterziels durchaus auch schon vor dem Verfolgen des ersten Unterziels u. U. aufschlußreich sein können (vgl. Schwaninger (1989), S. 53). Jedoch bleibt die systematische „Kartographierung" eines (Forschungs-)Gebiets eine Voraussetzung für Heinen (1978), S. 224 entsprechend forschungsökonomisch rational ausgerichtete Arbeiten (und bspw. entsprechend zugeschnittene Modelle) zum zweiten Unterziel, da sie die Basis für die Auswahl der eingehend zu betrachtenden bzw. der zu vernachlässigenden Teilaspekte darstellt.

taillierte Untersuchung der Fragestellung(en) an.[41] Die Erreichung des ersten Unterziels bildet dabei die Basis für forschungsökonomisch-rational fokussierte, nachfolgende Arbeiten zum zweiten Unterziel.[42] Grundsätzlich sollen alle so geschaffenen Ursache-Wirkungs-Aussagen wahr und informativ sowie hinreichend tief bzw. ohne „black boxes" sein, um Erklärungen und Prognosen zu ermöglichen und damit dem wissenschaftlichen Fortschritt zu dienen.[43] Sie müssen entsprechend auch anhand der Realität überprüft werden, wobei eine Theorie so lange als wahr gilt, bis durch eine Einzelbeobachtung die Theorie oder eine ihr zugrunde liegende Hypothese falsifiziert wird.[44]

- Das *pragmatisch-finale Wissenschaftsziel* basiert auf den theoretisch-kausalen Aussagen und formt sie technologisch, d. h. instrumental bzw. teleologisch, um.[45] Das Ziel besteht somit „weniger in der Realitätserkenntnis als in deren Nutzbarmachung für die Realitätsgestaltung [...], nämlich in der Ableitung von praktisch verwendbaren Handlungsanweisungen."[46] Die Zweckmäßigkeit der Verfolgung eines pragmatisch-finalen Wissenschaftsziels setzt somit voraus, dass die Kausalvorgänge bekannt sind, d. h. dass ermittelt wurde, welche Ursache zu welcher Wirkung führt, und dass eine bestimmte Wirkung dann als Ziel gesetzt wird und von ihr dann auf die Ursache als Mittel zur Zielerreichung zurückgeschlossen werden kann.[47] Insofern folgt das pragmatisch-finale Wissenschaftsziel auch erst an dritter Stelle in der vierteiligen Forschungskonzeption auf das nominalistisch-deskriptive und das theoretisch-kausale Wissenschaftsziel.[48] Gleichwohl sind (gerade für eine angewandte Wissenschaft wie die Betriebswirtschaftslehre) das Aufzeigen von Gestaltungsmöglichkeiten und die Abgabe von Gestaltungsemp-

---

41 Vgl. dazu schon Argyris (1957), S. X. Ähnlich Schwaninger (1989), S. 52f.

42 Vgl. die Fußnote 40. Insofern bildet es die Basis für ein in der Literatur immer wieder gefordertes ökonomisches Vorgehen bzw. einer „pragmatischen Reduktion" (vgl. exemplarisch für diese Forderung Heinen (1978), S. 224; Suchanek (1994), S. 100-108; Meyer (2005), S. 5-7) bei nachfolgenden Arbeiten.

43 Vgl. Albert (1984), Sp. 4680; Chmielewicz (1994), S. 11; Felin/Hesterly (2006), S. 22.

44 Vgl. Popper (1998), S. 83. Wie in jeder Realwissenschaft, muss auch in der Betriebswirtschaftslehre eine Überprüfung der Theorien anhand von Fakten erfolgen. Vgl. Schanz (1988), S. 9.

45 Vgl. Albert (1984), Sp. 4688; Chimielewicz (1994), S. 11.

46 Amshoff (1993), S. 14.

47 Vgl. dazu Seiffert (1997), S. 63f. Vgl. ähnlich auch schon Hartmann (o. J.), S. 22 u. S. 66f.

48 Angemerkt sei, dass in der Definition der Kausalität (und damit teilweise auch in der Abgrenzung des theoretisch-kausalen vom pragmatisch-finalen Wissenschaftsziel) Aristoteles, „der Schöpfer des logischen Begriffes der Ursache" (Seiffert (1997), S. 105), für viel Verwirrung gesorgt hat, „indem er auch eine ‚Zweckursache' (causa finalis) einführt" (derselbe, S. 105). Da der Begriff der Zweckmäßigkeit aber nur ein regulatives Prinzip bzw. ein Leitprinzip ist und keine realitas objectiva besitzt, ist es nicht konstitutiv (vgl. Hartmann (o. J.), S. 66). Folglich ist klar in Ursache und Ziel bzw. Zweck zu unterscheiden.

fehlungen zweifelsohne von hohem (praktischem) Interesse.[49] Es besteht daher in der Betriebswirtschaftslehre immer die Versuchung, direkt zu diesem Ziel bzw. zu pragmatisch-finalen Aussagen „springen“ zu wollen. Dieser Versuchung nachzugeben, hat sich jedoch meist als wenig zielführend erwiesen.[50]

- Das *normative Wissenschaftsziel* legt die Technologie bzw. die Erkenntnisse des pragmatisch-finalen Wissenschaftsziels zugrunde und formuliert Werturteile (normative Aussagen) darüber, welche Ziele zu verfolgen sind und welche Mittel dabei zum Einsatz kommen sollen.[51] Das normative Wissenschaftsziel stellt dabei sicherlich das in der Wissenschaftsliteratur am kritischsten diskutierte Ziel dar und wird teilweise auch nicht mehr als ein originäres Ziel der Wissenschaft betrachtet.[52]

Die vorliegende Arbeit folgt angesichts des bereits kurz dargestellten niedrigen Entwicklungsstands der Forschung zu Investitionskontrollen *primär dem theoretisch-kausalen Wissenschaftsziel*, wobei sie hier – wiederum dem in Kapitel 1.1 geschilderten For-

---

49 So erlaubt die Analyse der beiden Mengen W (Wirkungen bzw. theoretisch-kausale Perspektive) und Z (Ziele bzw. pragmatisch-finale Perspektive) bzw. die in nachfolgender, an Chmielewicz (1994), S. 13 angelehnter Abbildung dargestellte Schnittmenge y_1 eine Bewertung alternativer Ausprägungen betriebswirtschaftlicher Systeme und Instrumente wie z. B. einer Kontrolle (vgl. Merchant (1998), S. 250f.). Dabei müssen (und werden i. d. R.) die beiden Mengen W und Z nicht vollständig überlappen und im Extremfall sogar gar keine Schnittmenge besitzen (vgl. auch Newman (1975), S. 27; Chmielewicz (1994), S. 12). Es wird daher i. d. R. unrealisierte Ziele (y_2) und unerwünschte Nebenwirkungen des Instruments (y_3) geben, sowie eine variierend große Schnittmenge von W und Z der so genannten Zielwirkungen bzw. realisierten Ziele (y_1) (vgl. Chmielewicz (1994), S. 12f.)

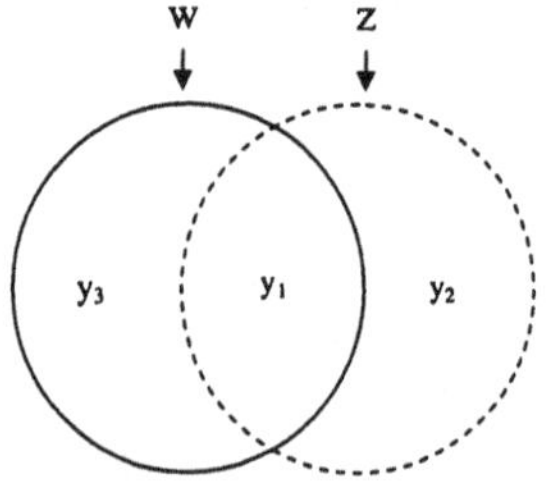

Die Größe der Schnittmenge y_1 (und damit natürlich auch von y_2 bzw. y_3) hängt dabei (gegebene Ziele Z unterstellt) von der Ausprägung der Gestaltungsparameter (und daraus resultierenden Wirkungen W) des Instruments (hier der Investitionskontrolle) ab (vgl. dazu auch Vroom (1964b), S. 73; Newman (1975), S. 27; Hutzschenreuter (1998), S. 87; Merchant (1998), S. 250f.; Merchant/Van der Stede (2003), S. 217). Eben die Entwicklung von Empfehlungen zur Maximierung dieser Schnittmenge y_1 steht im Mittelpunkt einer pragmatisch-finalen Perspektive.

50 Vgl. so schon Grochla (1976), S. 632. Siehe ähnlich kritisch zu einer voreilig zu pragmatisch-finalen Forschung auch Felin/Foss (2006), S. 26.

51 Vgl. Schanz (1988), S. 3f.; Chmielewicz (1994), S. 14.

52 Vgl. für einen knappen Überblick der Wertfreiheitsdiskussion der Wissenschaft z. B. Albert (1984), Sp. 4687f.

schungsbedarf entsprechend – dem ersten Teilziel, der Strukturierung des Forschungsfelds und der Einordnung vorhandener bzw. übertragbarer Erkenntnisse sowie der Identifikation „weißer Flecken" folgt.[53] Angesichts der bis heute inhomogenen Begriffspräzisierungen im Bereich der betriebswirtschaftlichen Investitionskontrollforschung, muss jedoch eingangs in Kapitel 2 – und dem nominalistisch-deskriptiven Wissenschaftsziel folgend – auch eine Klärung des verwendeten Begriffs der Investitionskontrolle erfolgen.

In einer zweiten Dimension lässt sich, dem forschungstheoretischen Standpunkt des kritischen Rationalismus nach Popper (1998) folgend,[54] zwischen dem Entdeckungsziel und dem Prüfungsziel der Wissenschaft unterscheiden:[55]

- Das *Entdeckungsziel* beschreibt die Exploration oder Erkenntnisgewinnung als Ziel eines Forschungsprogramms. Dieser Prozess der Exploration ist „einer logischen Analyse weder fähig noch bedürftig"[56] und strebt das Entdecken von Zusammenhängen bzw. die Entwicklung von Aussagen und Satzsystemen, d. h. Hypothesensystemen bzw. Theorien an. Diese (kühnen) Hypothesen bringen Struktur in die Forschungswelt, ähnlich einer Landkarte,[57] und müssen als „Vermutungen, kühn und versuchsweise aufgestellt und dazu bestimmt [angesehen werden, *Anm. d. Verf.*], fallen gelassen zu werden, wenn sie mit Beobachtungen

---

53 Dies impliziert, dass die Arbeit – wie eben erläutert – eher breit ausgerichtet ist, da nur so alle potenziellen Kausalbeziehungen identifiziert werden können und damit einer nachfolgenden, dem zweiten Unterziel oder aber (mittelfristig) dem pragmatisch-finalen Wissenschaftsziel folgenden Forschung eine Basis für die Auswahl der zu untersuchenden Aspekte ermöglicht. Insofern schafft sie auch die notwenige Basis für das in der Literatur immer wieder geforderte Vorgehen einer „pragmatischen Reduktion" (vgl. exemplarisch für diese Forderung Heinen (1978), S. 224; Suchanek (1994), S. 100-108; Meyer (2005), S. 5-7) bei nachfolgenden Arbeiten zur Investitionskontrolle, da für dieses Vorgehen die Kenntnis der vernachlässigbaren Aspekte (sei es aufgrund ihrer prinzipiellen Irrelevanz oder aber auch aufgrund ausreichender vorhandener Erforschung) Voraussetzung ist. Eben diese Beurteilung ist jedoch erst nach Kenntnis aller prinzipiell zu berücksichtigender Aspekte und ihres jeweiligen Forschungsstands möglich.

54 Neben dem kritischen Rationalismus existieren weitere, alternative forschungstheoretische Standpunkte (vgl. Schwaninger (1989), S. 43f.; Opp (2005), S. 191 und dortige Quellenangaben). Diese werden in der vorliegenden Arbeit nicht verwendet, da sich zum einen, wie Opp (2005), S. 191, darstellt, der kritische Rationalismus zur Formulierung von – nach gegenwärtigem Forschungsstand – weitgehend von Irrtümern freien Theorien in den Naturwissenschaften eignet und da sich zum anderen, wie Schwaninger (1989), S. 41-46, und insbesondere Bramsemann (2006) ausführlich darstellen, der kritische Rationalismus durch eine gute Verknüpfbarkeit mit zentralen Annahmen und Konzepten der Betriebswirtschaftslehre auszeichnet.

55 Vgl. Popper (1998), S. 82: „Die Methode der Wissenschaft ist die Methode der kühnen Vermutungen und der erfinderischen und ernsthaften Versuche, sie zu widerlegen."

56 Popper (2002), S. 6.

57 Vgl. Popper (2002), S. 6. Auf die Bedeutung von Hypothesen zur Strukturierung und dem wissenschaftlichen Fortschritt hat bereits Friedrich von Hardenberg in seinen philosophischen Studien bzw. den darin enthaltenen Ausführungen zur Wissenschaftslehre hingewiesen. Siehe dazu Novalis (1798/1960), S. 668, und das im Vorwort dieser Arbeit angeführte Zitat von ihm.

im Widerspruch stehen"[58]. Da das Entdeckungsziel ein eigenständiges wissenschaftliches Ziel ist, kann in Forschungsarbeiten auf eine sofortige Prüfung der entworfenen Aussagen verzichtet werden.[59]

- Das *Prüfungsziel* entspricht der Erkenntnissicherung durch kritische Überprüfung der bestehenden Hypothesen hinsichtlich ihres Falschheitsgehalts.[60] Popper (1998) führt diesbezüglich überzeugend aus: „Wir können uns nie absolute Sicherheit verschaffen, daß unsere Theorie nicht hinfällig ist. Alles, was wir tun können, ist, nach dem Falschheitsgehalt unserer besten Theorie zu fahnden. Das tun wir, indem wir sie zu widerlegen versuchen, das heißt, indem wir sie im Lichte unseres ganzen objektiven Wissen und mit aller Erfindungskraft streng prüfen."[61] Beim Prüfungsziel wird demnach primär auf den Begründungszusammenhang abgestellt, nicht jedoch auf den Entdeckungszusammenhang.[62] Diese Prüfung kann dabei empirisch aber auch durch weitere theoretische bzw. logische Überlegungen erfolgen.[63] Das Prüfungsziel (in seiner empirischen Form) kann für große Teile der betriebswirtschaftlichen Forschung als Norm gebend betrachtet werden.[64]

Beim aktuellen Stand der Investitionskontrollforschung erscheint das Ziel der Überprüfung von Hypothesen nicht adäquat. Hierfür fehlt es schlicht an Hypothesen(-gebilden), die gegenwärtig einer Prüfung unterzogen werden könnten bzw. müssten.[65] Vielmehr spricht der Forschungsstand dafür, *dem Entdeckungsziel Priorität einzuräumen*. Dies umso mehr als grundsätzlich die weitgehend unstrukturierte Leistung des Findens von Hypothesen und des Entwurfs von Theorien in der Forschung allzu leicht Gefahr läuft,

---

58 Popper (1994), S. 66.

59 Vgl. Popper (1998), S. 82f.

60 Vgl. Albert (1984), Sp. 4677 u. Sp. 4683.

61 Popper (1998), S. 83. Dabei ist allerdings zu beachten, dass eine Theorie prinzipiell natürlich auch dann falsch sein kann, wenn sie alle Prüfungen besteht (vgl. dazu ebenda, S. 83).

62 Das schließt natürlich nicht aus, dass die Falsifikation von Hypothesen zu neuen Hypothesen bzw. Entdeckungen führt. Die Prüfung an sich stellt hierauf aber nicht primär ab.

63 Vgl. Albert (1984), Sp. 4684f.; Opp (2005), S. 195-199.

64 Vgl. Amshoff (1993), S. 21.

65 Vgl. zum Problem des Fehlens strukturierter Theorien im Bereich der Investitionskontrolle Lüder/Neumann (1979), S. 23. Einwenden ließe sich hier, dass Lüder (1969) und Hägg (1977) bereits teilweise Hypothesen zu Investitionskontrollen formuliert haben. Es ist jedoch zu beachten, dass diese gemäß Lüder (1969), S. 53, nur auf die aus Praxissicht vordringlichen Probleme zugeschnitten sind und dass diejenigen von Hägg (1977) ebenfalls eher einen Torso, denn ein zusammenhängendes Hypothesenmodell darstellen. Darüber hinaus sind von diversen Autoren Probleme dieser Hypothesen bzw. Schwächen konzeptionell bereits diskutiert worden, ohne jedoch ein neues Hypothesensystem aufzustellen (vgl. exemplarisch die Arbeit von Borer (1978)). Entsprechend erscheint die Entwicklung potenziell leistungsstärkerer Hypothesen angezeigt, die dann wiederum einer kritischen Prüfung unterzogen werden können (und sollten).

durch die wesentlich stärker strukturierte Leistung der Hypothesenprüfung verdrängt zu werden.[66]

Zur Umsetzung der vorgestellten Forschungsziele lassen sich in der betriebswirtschaftlichen Forschung mehrere Forschungsstrategien beschreiten, in die die vorliegende Arbeit ebenfalls kurz eingeordnet sei:

In einer ersten Dimension kann dabei zwischen entscheidungsorientierten und verhaltensorientierten Lösungsansätzen unterschieden werden:[67]

- Die *entscheidungsorientierte* Forschungsstrategie ist die in der „klassischen" Betriebswirtschaftslehre verfolgte Lösungsstrategie und untersucht Forschungsobjekte so „als ob ein psychophysisches Subjekt gar nicht vorhanden sei"[68]. Sie unterstellt somit, dass die motivationalen und kognitiven Eigenschaften der in der Organisation Unternehmung handelnden Personen der Umsetzung eines einheitlichen Unternehmensziels nicht entgegenstehen.[69] Es wird somit ein gegenüber den Unternehmenszielen willfähriger, allwissender und Informationen korrekt verarbeitender Akteur als Menschenbild unterstellt.[70] Damit spielt der reale Mensch in der entscheidungsorientierten Betriebswirtschaftslehre keine Rolle bei der Ableitung von Gestaltungsempfehlungen.[71]
- Die *verhaltensorientierte* Forschungsstrategie wurde insbesondere durch die Arbeiten von Simon (1957a), Simon (1957b), March/Simon (1958) und Alichan/Demsetz (1972) in der betriebswirtschaftlichen Forschung populär und löst sich von dem Menschenbild der entscheidungsorientierten Betriebswirtschaftslehre. Die Zweckmäßigkeit einer verhaltensorientierten Forschung liegt in ihren, stärker der Realität menschlichen Handelns angenäherten, Prämissen eigener Interessen, unvollständigen Wissens und (je nach Ausprägung der verhaltensorientierten Forschungsstrategie) teilweise auch begrenzter kognitiver Verarbeitungsfähigkeiten des Akteurs.[72] Angesichts der größeren Realitätsnähe der Annahmen bei Einsatz einer verhaltensorientierten Forschungsstrategie steigt i. d. R. auch die

---

66 Vgl. dazu allgemein auch Amshoff (1993), S. 21.

67 Vgl. dazu Bramsemann/Heineke/Kunz (2004), S. 553.

68 Gutenberg (1967), S. 42.

69 Vgl. Pfaff (1995), S. 439. Siehe ähnlich schon Mag (1976), S. 650.

70 Vgl. dazu Schanz (1977), S. 26-32; Kieser/Kubicek (1978), S. 45f.; Kotter (1985), S. 21f.; Weber (1994), S. 99f. und 102; Pfaff (1995), S. 439; Sjurts (1995), S. 365; Ortmann/Sydow/ Windeler (2000), S. 348; Bramsemann/Heineke/Kunz (2004), S. 553. Vgl. ähnlich auch schon Simon (1957a), S. XXIII; Simon (1957b), S. 241.

71 Vgl. auch Mag (1976), S. 650; Bramsemann/Heineke/Kunz (2004), S. 553.

72 Vgl. dazu ähnlich Bramsemann/Heineke/Kunz (2004), S. 553. Vgl. auch Pfaff (1995), S. 439, der die in der entscheidungsorienierten Betriebswirtschaftslehre „implizit gesetzten Annahmen typischerweise gerade nicht erfüllt" sieht. Ebenso schon Simon (1957a), S. XXIII. Vgl. ferner Schlicht (2003), S. 291.

Komplexität entsprechender Aussagen bzw. Modelle im Vergleich zur entscheidungsorientierten Forschungsstrategie an. Gegenstand einer verhaltensorientierten Forschungsstrategie kann dabei sowohl die menschliche Informationsverarbeitung in betriebswirtschaftlichen Prozessen als auch die Wirkung von betriebswirtschaftlichen Instrumenten und Systemen[73] auf die Organisationsmitglieder sein.[74] Zur Umsetzung der Strategie kann sowohl auf mikroökonomisch-verhaltensorientierte Ansätze wie die Prinzipal-Agenten-Theorie oder die Spieltheorie als auch auf Erkenntnisse der (nicht-betriebswirtschaftlichen) Verhaltenswissenschaften – verstanden als alle auf das menschliche Verhalten bezogene Wissenschaften[75] – zurückgegriffen werden (verhaltenswissenschaftlich-verhaltensorientierter Ansatz).[76] Das heißt, dass bei letzterem Ansatz grundsätzlich insbesondere alle Erkenntnisse aus (Sozial-)Psychologie, Soziologie, vergleichender Verhaltensforschung (Verhaltensbiologie) und physiologischer Verhaltenswissenschaft in die Untersuchung einbezogen werden können – aber nicht alle Eingang finden müssen.[77] Aufgrund der Breite der möglichen Theorien und Erkenntnisse, die bei einer verhaltenswissenschaftlich-verhaltensorientierten Forschungsstrategie zur Lösung betriebswirtschaftlicher Fragestellungen zur Verfügung stehen und der Begrenztheit der Fähigkeiten auch begnadeter Forscher zur Aufnahme, Verarbeitung, Memorierung und Ausgabe all diesen Wissens, ist eine Auswahl unter diesen Ansätzen vorzunehmen. Üblich ist dabei die Beschränkung auf Erkenntnisse der (Sozial-)Psychologie (psychologisch-verhaltensorientierter Ansatz).[78]

---

73 Pfaff (1995), S. 441, führt Kostenrechungssysteme, Entlohnungssysteme, Kontrollen und die Unternehmenskultur als solche Instrumente und Systeme an, die Verhaltenswirkungen auf die Organisationsmitglieder haben und deren jeweiliger Nutzen und Disnutzen durch die Forschung zu untersuchen sind.

74 Vgl. zu dieser Einteilung Becker (2003a), S. 63. Ähnlich Schanz (1993), Sp. 2006.

75 Vgl. Kroeber-Riel (1992), S. 7.

76 Vgl. zu dieser Unterscheidung bereits Kloock (1992), S. 238. Im Gegensatz zu Sjurts (1995), S. 365, und Becker (2003a), seien entsprechend auch die Ansätze der experimentellen Ökonomie und der Prinzipal-Agenten-Theorie zu diesen verhaltensorientierten Ansätzen gezählt, da sie (ebenfalls) von der Prämisse eines Akteurs mit eigenen Interessen (und individuellem Wissen) ausgehen und damit keinen allwissenden, willfährigen Akteur wie in der entscheidungsorientierten Betriebswirtschaftslehre unterstellen (vgl. dazu Bramsemann/Heineke/Kunz (2004), S. 553). Allerdings sei darauf hingewiesen, dass diese mikroökonomisch-verhaltensorientierten Ansätze im Gegensatz zu den verhaltenswissenschaftlich-verhaltensorientierten (genauer: den psychologisch-verhaltensorientierten) von vollständigen kognitiven Verarbeitungsfähigkeiten ausgehen und damit restriktivere Annahmen setzen (zum Fähigkeitenbegriff vgl. das Kapitel 4 der vorliegenden Arbeit)

77 Vgl. zu den zu den Verhaltenswissenschaften zu zählenden Wissenschaften z. B. Kroeber-Riel (1992), S. 8; Schanz (1993), Sp. 2006. Siehe auch schon Ryle (1949), S. 302.

78 Vgl. exemplarisch Simon (1957b), S. 242; Jost (2000), S. 2.

Da die Prämissen des entscheidungsorientierten Ansatzes allenfalls in einem realiter höchst unwahrscheinlichen Extremfall empirische Gültigkeit besitzen bzw. zur allgemeinen Beschreibung menschlichen Verhaltens als in großen Teilen falsifiziert betrachtet werden müssen,[79] und eine verhaltensorientierte Forschungsstrategie daher zur allgemeinen Beschreibung menschlichen Verhaltens, die im Fall des ersten Unterziels des theoretisch-kausalen Wissenschaftsziels angezeigt scheint, einen potenziell größeren Wahrheitsgehalt der Ergebnisse bietet, sei in der vorliegenden Arbeit dieser zweiten Strategie gefolgt.[80]

Neben der Unterscheidung in entscheidungsorientierte und verhaltensorientierte Forschungsstrategien kann in einer zweiten Dimension auch zwischen folgenden drei komplementären Forschungsstrategien unterschieden werden, wobei vereinfachend auch oft die erste und die dritte Strategie dabei zusammen unter das Rubrum einer theoretischen Forschung gefasst werden:[81]

- Die *sachlich-analytische*[82] *Forschungsstrategie* „richtet sich grundsätzlich auf Durchleuchtung komplexer Zusammenhänge und die Erarbeitung von Handlungsgrundlagen"[83]. Sie stützt sich dabei auf Plausibilitätsüberlegungen und empirisch festgestellte Teilzusammenhänge, ohne eine eigene, systematische empirische Prüfung der generierten Aussagen anzustreben.[84] Die mit einer sachlich-analytischen Forschungsstrategie gewonnen Aussagen können daher als „hypothetisch-spekulativ"[85] bezeichnet werden. Entsprechend kann ihnen erst nach empirischer Überprüfung (genauer: Nicht-Falsifikation) Überzeugungskraft für die Praxis zukommen.[86] Da die vorliegende Arbeit jedoch einem theoretisch-kausalen Wissenschaftsziel folgt, wiegt dieser Nachteil der sachlich-analytischen For-

---

79 Vgl. ähnlich Zintl (1989), S. 65. Da realiter keine endgültige Entscheidung über Wahrheit oder Falschheit möglich ist (vgl. Opp (2005), S. 190), steht stattdessen der Wahrheits- bzw. Falschheitsgrad einer Aussage im Vordergrund. Im Fall des entscheidungsorientierten Ansatzes kann der Falschheitsgrad zur Beschreibung allemeingültigen Verhaltens als sehr hoch (und damit höher als im Fall des verhaltensorientierten Ansatz) eingestuft werden. Vgl. dazu auch Schlicht (2003), S. 291; Bramsemann (2006).

80 Aufgrund der Vielzahl an möglichen Umsetzungen der verhaltensorientierten Forschungsstrategie durch Theorien z. B. der Psychologie, Soziologie, Ethnologie, Verhaltensbiologie etc. (vgl. dazu Kroeber-Riel (1992), S. 8-13), ist eine Beurteilung des Informationsgehalts der beiden Forschungsstrategien grundsätzlich kaum allgemein möglich. Daher sei hier nur auf das zweite Kriterium wissenschaftlichen Fortschritts, den Wahrheitsgehalt, rekurriert.

81 Vgl. dazu Grochla (1976), S. 634 u. S. 636. Ähnlich unterscheidet Schor (1991), S. 23, in theoretisch-verbale Modelle, empirisch orientierte ökonomische Forschung und mathematisch-formalisierte Modelle. Ebenfalls ähnlich Dyckman (1973), S. 82.

82 Schor (1991), S. 38 bezeichnet diese als verbal-modelltheoretisch.

83 Grochla (1976), S. 634.

84 Vgl. Grochla (1976), S. 634.

85 Grochla (1976), S. 635.

86 Vgl. Grochla (1976), S. 635.

schungsstrategie nicht so schwer. Auch verbessert selbst ein hypothetisches Gefüge die Möglichkeit der Strukturierung des Aufgaben- und Alternativenfeldes für Praktiker.[87] (Streng) sachlich-analytische Forschungsstrategien verzichten dabei bewusst auf die Formalisierung der Argumentation und sind entsprechend auch nicht nur als „Notlösung"[88] für Situationen, in denen mathematische Lösungsideen (noch) fehlen, zu betrachten.[89] Die durch eine sachlich-analytische Vorgehensweise gewonnen Aussagen können (und sollten) eine geeignete Grundlage für nachfolgende empirische Untersuchungen bilden.[90]

- Die *empirische Forschungsstrategie* ist durch das Bemühen um systematischen Erfahrungsgewinn über das betrachtete reale Forschungsobjekt gekennzeichnet.[91] Sie greift, je nachdem ob dem Entdeckungs- oder dem Prüfungsziel gefolgt wird, auf explorative oder konfirmative Verfahren der Statistik zurück.[92] Zur empirischen Forschungsstrategie hinzuzurechnen sind neben den Quer- und Längsschnittstudien auch die empirisch-experimentelle Forschung.[93]

- Die *formal-analytische Forschungsstrategie* ist im Gegensatz zu den beiden anderen Forschungsstrategien „stärker an der vereinfachten und mehr oder weniger abstrakten Beschreibung von Problemstrukturen"[94] ausgerichtet. Charakteristisch

---

87 Vgl. dazu Grochla (1976), S. 635.

88 Schor (1991), S. 37.

89 Vgl. Schor (1991), S. 37. Da sich alle drei Forschungsstrategien jedoch komplementär ergänzen (vgl. dazu Grochla (1976), S. 636f.), ist in der Literatur neben den reinen Formen aber natürlich auch die „Strategiemischung" (Schor (1991), S. 37) anzutreffen.

90 Vgl. dazu auch Coenenberg/Haller (1993), S. 586, die auf die Gefahr eines „Dataismus" bei einseitiger Überbetonung der empirischen Forschungsstrategie gegenüber den anderen bzw. einer einseitigen Vernachlässigung sachlich-analytische Grundlagenbildung hinweisen. Ähnlich Wheeler (1970), S. 1.

91 Vgl. Grochla (1976), S. 634.

92 Die Berücksichtigung des verfolgten Forschungsziels (entdeckend vs. prüfend) ist dabei von zentraler Bedeutung für die in der empirischen Forschungsstrategie einzusetzenden Methoden. So ist die Verwendung prüfender Verfahren, wie beispielsweise multipler Regressionsanalysen oder Strukturgleichungsmodellen, nur bei Vorhandensein entsprechender, zu prüfender Hypothesen bzw. Theorien sinnvoll. Folglich sind diese zunächst sachlich-analytisch oder explorativ-empirisch zu bilden, bevor die prüfenden Methoden zum Einsatz gelangen können (vgl. dazu auch Wheeler (1970), S. 1).

93 Vgl. zu diesem Vorgehen exemplarisch Küpper (1993), S. 604 u. S. 607. Vgl. auch schon Hoffmann (1980), S. 25. Schor (1991) hingegen sieht die ökonomische Experimentalforschung als eigene, aber durch den „nur verschwindend geringen Anteil der ökonomischen Pubilikationen" (ebenda, S. 24) vernachlässigbare Forschungsstrategie. Dieser Ansicht wird hier nicht gefolgt. Zum einen sind Experimente wohl kaum als vernachlässigbare Forschungsstrategie zu betrachten – so existiert bspw. eine umfangreiche Experimentalforschung im Bereich des behavioral accounting (vgl. für einen Überblick exemplarisch Birnberg (1973b)). Zum anderen lassen sich Experimente als aktive Form empirischer Studien (im Vergleich zu Querschnitts- oder Längsschnittstudien als passive Formen) auffassen und entsprechend der empirischen Forschungsstrategie zuordnen (vgl. dazu Hoffmann (1980), S. 25). Vgl. zur nicht unüblichen Einbeziehung von Experimentalstudien als Untergruppe der empirischen Studien exemplarisch auch Birnberg (1973b), S. 76.

94 Grochla (1976), S. 634. Im Original teilweise kursiv.

für die formal-analytische Forschung ist dabei, dass Aussagen über die Realität als Prämissen unterstellt werden, d. h. dass „deren Übereinstimmung mit der Wirklichkeit als außerhalb der Forschungsstrategie liegend angesehen wird“[95]. Eine Ausprägungsform der formal-analytischen Forschungsstrategie ist der Rückgriff auf computergestützte Simulationsmodelle zur leichteren Bearbeitung komplexer formal-analytischer Modelle.[96]

Der Entwicklungsstand der Forschung zu betriebswirtschaftlichen Investitionskontrollen und die daraus abgeleitete theoretisch-kausale, Hypothesen entdeckende Problemstellung dieser Arbeit legen es nahe, zunächst ein theoretisch fundiertes Hypothesengerüst zu entwickeln.[97] Notwendig erscheint somit (neben der Begriffsbildung) die Entwicklung eines konsistenten theoretischen Bezugsrahmens, der die Systematisierung bestehender Erkenntnisse erlaubt und hypothetische Wirkungszusammenhänge aufzeigt.[98] Eben dies kann gut mit einer sachlich-analytischen Forschungsmethode erreicht werden. Daher soll diese der vorliegenden Arbeit zugrunde gelegt werden.

Schließlich kann bei der Untersuchung von sozialen Phänomenen, wie sie in der Betriebswirtschaftslehre aber beispielsweise auch der (Sozial-)Psychologie betrachtet werden, in drei kausal miteinander verbundene Analyseebenen unterschieden werden:[99]

- Die *kognitive Ebene* betrachtet die nicht direkt beobachtbaren Prozesse, die „im Kopf“ der an dem betrachteten Phänomen teilhabenden Individuen stattfinden.[100] Analysen auf kognitiver Ebene finden sich zum einen in der (sozial-)kognitiven Psychologie – insbesondere in Arbeiten von Tolman (1948), McClelland et al. (1953), Festinger (1957), Vroom (1964a), Porter/Lawler (1968), Bem (1970), Alderfer (1972), von Rosenstiel (1975), Triandis (1975), Staw (1976), Heckhausen (1977), Bandura (1977) und Bandura (1997). Die kognitive Analyseebene kann in der (Sozial-)Psychologie als die inzwischen dominante Betrachtungsebene bezeichnet werden. Zum anderen liegt eine kognitive Analyseperspektive aber

95 Grochla (1976), S. 636.

96 Vgl. dazu exemplarisch Kirsch (1971); Kunz (2005).

97 Vgl. zur Bedeutung theoretischer Grundlagen als Voraussetzung für empirisches, überprüfendes Arbeiten (Überprüfen der Hypothesen) Lüder/Neumann (1979), S. 23 und auch Birnberg (1973b), S. 75: „The predispostion for the laboratory is that to use it properly the accountant ought to have some theoretical models or some theories requiring testing“.

98 Vgl. für eine ähnliche Feststellung schon (implizit) Lüder/Neumann (1979), S. 23.

99 Diese drei Ebenen werden zwar i. d. R. überraschenderweise nicht explizit in ihrer Gänze diskutiert, finden sich aber implizit in vielen Veröffentlichungen. Vgl. exemplarisch Felin/Foss (2005), S. 450; Felin/Hesterly (2006), S. 25. Nicht verschwiegen werden soll allerdings, dass sich Ansätze der so genannten Giddenschen-Strukturationstheorie gegen eine Einteilungen in Analyseebenen wenden. Dieses „Verdecken“ der vorhandenen Ebenen trägt jedoch nichts zur Lösung der Analyseproblematik bei und ist entsprechend klar abzulehnen (vgl. dazu Felin/Hesterly (2006), S. 25).

100 Vgl. z. B. Staehle (1999), S. 213; Zimbardo/Gerrig (2004), S. 282.

(implizit oder explizit) auch vielen Analysen in der Betriebswirtschaftslehre – wie beispielsweise in der Marketingforschung bei Kroeber-Riel (1992) oder Meffert (1998) – zugrunde, in denen individuelle Präferenzen und Wissensstände betrachtet und beeinflusst werden (sollen). Beispiele für Prozesse auf dieser kognitiven Ebene sind eine Befriedigung oder Frustration der Bedürfnisse eines Menschens oder auch Lerneffekte, d. h. Veränderungen z. B. der Fähigkeiten, Bedürfnisse, Einstellungen oder Erwartungen eines Individuums aufgrund neuer Informationen. Insbesondere in der Erklärung beobachtbaren, aber rein aus sich schwer verständlichen Verhaltens zeigt die kognitive Analyse ihre Stärken, da sie auch komplexe Phänomene, wie soziale Lernprozesse oder den so genannten Selbstrechtfertigungseffekt (engl. Self-Justification Effect) erklären helfen kann.[101] Die kognitive Analyseebene entspricht damit der wissenschaftstheoretischen Forderung der Tiefe von Theorien, d. h. des Verzichts auf „black boxes".[102] Allerdings erweist sich die Messung der nicht direkt beobachtbaren Konstrukte und Prozesse als nicht einfach. Jedoch hat die (Sozial-)Psychologie diverse Verfahren entwickelt, mit denen dies zumindest näherungsweise möglich ist,[103] wobei diese jedoch ein gewisses Maß an Fach- bzw. Methodenwissen voraussetzen.

- Die verhaltensbezogene oder *behavioristische Ebene* betrachtet im Gegenteil dazu das beobachtbare Verhalten von Individuen.[104] Sie hat insbesondere in der Psychologie durch die Arbeiten Thorndikes (1911), Watsons (1919), Pavlovs (1927) und Skinners (1965) in der ersten Hälfte des 20. Jahrhunderts große Bedeutung erlangt, seither jedoch ihre dominante Rolle zugunsten der kognitiven Betrachtungsebene eingebüßt. In der betriebswirtschaftlichen Forschung findet sich diese behavioristische Verhaltensanalyse (implizit oder explizit) beispielsweise bei Alchian/Demsetz (1972) oder Holmström/Milgrom (1991). Ein Beispiel aus dem betriebswirtschaftlichen Umfeld sind geändertes Verhalten eines Mitarbeiters infolge einer Kontrollankündigung durch eine andere Person oder den Vorgesetzten. Während sich die Analyse auf behavioristischer Ebene durch eine leichte intersubjektive empirische Nachprüfbarkeit durch Betrachtung des Menschen als

---

101 Zur Erklärung sozialer Lernprozesse auf kognitiver Ebene vgl. ausführlich Bandura (1977). Vgl. für eine Beschreibung und Analyse des Self-Justification-Effects auf kognitiver Ebene z. B. Aronson/Wilson/Akert (2004), S. 218-226.

102 Vgl. zu dieser Forderung u. a. Albert (1984), Sp. 4680; Felin/Hesterly (2006), S. 22.

103 So ist beispielsweise mithilfe so genannter Thematischer-Apperzeptions-Tests (kurz: TAT) eine Messung der Stärke von Bedürfnissen möglich. Ebenso lassen sich Einstellungen z. B. durch die Verfahren der Globalen Selbstberichte oder Response-Time-Test eruieren. Die Forschung zur menschlichen Intelligenz und zu Fähigkeiten wiederum bietet Instrumente zur (näherungsweisen) Ermittlung des Ausmaßes der Fähigkeiten eines Menschen. Vgl. zu diesen jeweiligen Methoden u. a. Fishbein/Ajzen (1975), S. 53-106; Ajzen (1988), S. 8-18; Olson/Zanna (1993), S. 123f.; Zimbardo/Gerrig (2004), S. 532 und dort jeweils angegebene Verweisquellen.

104 Vgl. Pavlov (1927), S. 15; Bower/Hilgard (1981), S. 49 u. S. 71f.; Seiffert (1997), S. 40.

„black box“ und die Untersuchung lediglich beobachtbarer Stimuli und Reaktionen auszeichnet, wird sie heute jedoch u. a. im Hinblick auf ihre Eignung zur Erklärung menschlicher Lernvorgänge meist sehr kritisch beurteilt.[105] So herrscht in der (sozial-)psychologischen Forschung inzwischen Einigkeit darüber, dass die behavioristischen Ansätze zwar durchaus geeignet sind, einfache bzw. wenig komplexe Handlungen (insbesondere Reflexe) zu erklären, dass aber bei komplexeren Phänomenen eine Betrachtung der intervenierenden kognitiven Konstrukte (wie beispielsweise der Bedürfnisse, Einstellungen oder Fähigkeiten) überlegen ist.[106] Trotz einer gewissen Popularität dieses Ansatzes in der Betriebswirtschaftslehre erscheint es daher doch etwas fraglich, ob diese Perspektive (als alleinige Analyseebene) zur Erklärung der i. d. R. sicherlich komplexeren Verhaltens- und Handlungsweisen von Individuen in Unternehmen geeignet ist. So führen dann beispielsweise auch behavioristisch ausgerichtete empirische Untersuchungen zum Einfluss einer Anreizkoppelung auf die Verhaltenswirkungen von Budgetkontrollen zu sehr widersprüchlichen Ergebnissen.[107] Wenngleich ein gewisser Teil der Abweichungen zwischen diesen Studien Aspekten, wie der Stichprobenziehung und der Antwortbereitschaft geschuldet sein dürften, so lassen sich die konträren Ergebnisse aus einer rein behavioristischen Sicht nicht erklären – wohl aber aus einer kognitiven, bei der die Bedürfnisse, Einstellungen, Erwartungen und Fähigkeiten der beteiligten Individuen mit bei der Bildung einer Handlungsintention berücksichtigt werden und sich die Individuen daher nicht wie einfache „Reiz-Reaktionsmaschinen“ verhalten.[108]

- Die *kollektivistische Ebene* schließlich beschreibt soziale Zustände auf der Ebene von Gruppen, Abteilungen, Organisationen oder ganzen Gesellschaften.[109] In ihrer Reinform, die in der Literatur als „Kollektivismus“ bezeichnet wird, betrachtet sie Akteurskollektive als gegebene Realitäten, d. h. Objekte, die unabhängig von den Individuen existieren.[110] Die Erklärung der betrachteten sozialen Zustände erfolgt dann unter Referentialisierung auf den Kontext – bei dem einzelne Individuen keine signifikante Rolle spielen und als zufällig verteilt bzw. untereinander homogen angenommen werden.[111] Entsprechende Analysen finden sich insbesondere

---

105 Vgl. dazu Chomsky (1971); Bower/Hilgard (1981), S. 47 u. S. 205f.; Myers (2005), S. 354; Felin/Foss (2006), S. 20.

106 Vgl. zur Überlegenheit kognitiver Ansätze über behavioristische für die Erklärung komplexerer Phänomene auch Myers (2005), S. 340.

107 Vgl. z. B. die Studien von Fisher et al. (2002), S 848, sowie Künkele/Schäffer (2005), S. 23.

108 Vgl. dazu auch die Ausführungen im Kapitel 6.10 und insbesondere auch die Fußnote 1589.

109 Vgl. Felin/Foss (2005), S. 443.

110 Vgl. Büschges (1985), S. 7; Felin/Hesterly (2006), S. 9.

111 Vgl. Felin/Foss (2005), S. 443; Felin/Hesterly (2006), S. 7, S. 9 u. S. 12.

in der Soziologie, u. a. in den Arbeiten von Karl Marx.[112] Aber auch in der Betriebswirtschaftslehre finden sich hierfür Beispiele. So ist insbesondere die Diskussion zu den organisationalen Fähigkeiten und dem organisationalen Wissen mehrheitlich durch eine kollektive Analyseebene gekennzeichnet.[113] Erklärungen von Phänomenen im sozialen Kontext, die exklusiv auf dieser Ebene verweilen, sind jedoch meist schwierig.[114] Auch die empirische Messung kann auf kollektiver Ebene – je nach Fragestellung – nicht unproblematisch sein,[115] u. a. da realiter meist nicht Gruppen, sondern i. d. R. nur Individuen aus Gruppen befragt werden können. Ferner wird reinen Analysen auf kollektivistischer Ebene zum Vorwurf gemacht, nicht genügend „Tiefe" aufzuweisen, d. h. sich auf einfache, naheliegende aber letztlich unbefriedigende Begründungen zu beschränken.[116] Entsprechend wird in der Literatur immer wieder zur Aufgabe dieser rein „kollektivistischen" Analyseebene zugunsten einer „methodologisch individualistischen" Betrachtung sozialer Phänomene aufgerufen.[117] Bei dieser wird auf die gerade geschilderte, verhaltensbezogene Ebene Rekurs genommen und die sozialen Zustände als nicht notwendigerweise bewusst von einem Akteur herbeigeführte Resultate des Zusammenwirkens des individuellen Verhaltens einzelner Akteure betrachtet.[118]

Die in der nachfolgenden Abbildung 2 veranschaulichten drei Ebenen der Analyse sozialer Phänomene stehen dabei in einem kausalen Verhältnis.[119] So bestimmen die „im Kopf" der Individuen auf einen externen Reiz folgenden kognitiven Prozesse das Verhalten des Individuums.[120] Dieses wiederum bestimmt im Zusammenspiel mit dem (ebenfalls durch vergleichbare kognitive Prozesse gesteuerten) Verhalten anderer Individuen das Verhalten der Gruppe.[121] Entsprechend kann auch von direkten Wirkungen (kognitive

---

112 Vgl. Horster (2005), S. 67f.

113 Vgl. Felin/Foss (2005), S. 442 u. S. 444. Ähnlich Felin/Hesterly (2006), S. 7f. Für weitere Beispiele siehe auch Felin/Foss (2006), S. 11f.

114 Vgl. Schwaninger (1989), S. 74; Felin/Foss (2005), S. 441f.

115 Vgl. Felin/Hesterly (2006), S. 24f.

116 Vgl. Meyer (2005), S. 4; Felin/Hesterly (2006), S. 22f.

117 Vgl. als jüngste Beispiele Felin/Foss (2005), S. 441; Meyer (2005), S. 4.

118 Vgl. Hummell/Opp (1971), S. 81; Büschges (1985), S. 5; Kunz (2005), S. 13; Meyer (2005), S. 3. Ähnlich auch Schwaninger (1989), S. 74.

119 Vgl. dazu auch Hummell/Opp (1971), S. 81.

120 Dieses kann dabei selbstverständlicherweise auch wieder eine Rückwirkung auf die kognitiven Aspekte besitzen. Zur Vereinfachung wurde auf eine Einbeziehung dieser Rückkoppelungswirkung in der vorliegenden Erläuterung und der Abbildung 2 jedoch verzichtet.

121 Damit soll nicht negiert werden, dass auch kollektive Effekte wieder auf die Individuen zurückwirken können (vgl. Büschges (1985), S. 5). Zur Vereinfachung der Darstellung sei auf die Darstellung dieser Rückwirkung (vgl. hierzu auch Felin/Hesterly (2006), S. 39) jedoch in der Abbildung 2 verzichet.

Ebene), indirekten Wirkungen erster Ordnung (Verhalten des Individuums) und indirekten Wirkungen zweiter Ordnung (Verhalten des Kollektivs) gesprochen werden.[122]

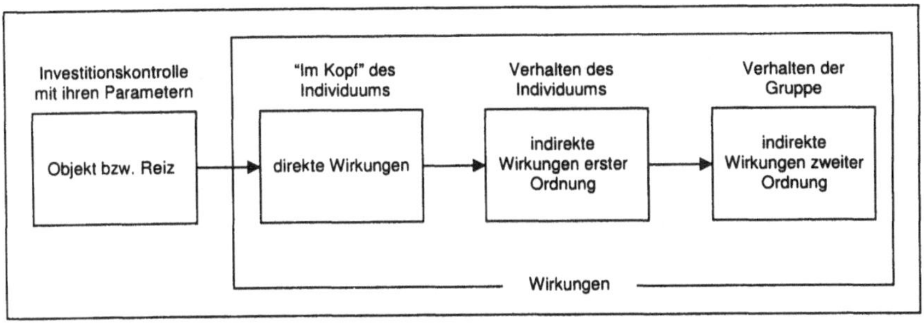

Abbildung 2: Direkte vs. indirekte Wirkungen einer Investitionskontrolle

Die Kausalitätsbeziehungen zwischen den drei Ebenen implizieren bei Verfolgung des ersten Unterziels des theoretisch-kausalen Wissenschaftsziels auch eine gewisse forschungslogische Reihenfolge: So ist eine zuverlässige Beschreibung des Verhaltens einer Person infolge eines bestimmten Reizes wie die Geschichte der (sozial-)psychologischen Forschung demonstriert i. d. R. nur bei Kenntnis der zugrunde liegenden kognitiven Prozesse möglich. Einzig einfache Reflexe oder Assoziationen lassen sich auch „behavioristisch" erklären. Ähnlich gilt auch, dass nach Auffassung wohl der Mehrheit der betriebswirtschaftlichen, (sozial-)psychologischen und (inzwischen) auch soziologischen Forscher kollektive Phänomene nicht ohne Kenntnis des zugrunde liegenden individuellen Verhaltens zuverlässig erklärt werden können,[123] wenngleich einzelne Ausnahmen auch hier sicherlich ebenfalls nicht ex ante auszuschließen sind.[124]

Aus pragmatisch-finaler Sicht sind sicherlich die Ebene des Verhaltens der Individuen und die Ebene des Verhaltens der Gruppe in der Betriebswirtschaftslehre von besonderem Interesse. Schließlich strebt die Betriebswirtschaftslehre (mittelfristig) die Entwicklung praktisch verwertbarer Empfehlungen zur Optimierung bzw. Gestaltung individuellen und kollektiven Verhaltens in Betrieben bzw. Unternehmen an. Dies würde eine Konzentration der vorliegenden Arbeit auf diese beiden Ebenen nahe legen. Jedoch ist zu beachten, dass die Verfolgung eines pragmatisch-finalen Wissenschaftsziels, wie vorne dargelegt, erst zuverlässig nach der Erreichung eines theoretisch-kausalen Wissen-

---

[122] Vgl. zur Unterscheidung in direkte Wirkungen und indirekte Wirkungen in der Philosophie bspw. Hügli/Lübcke (1991), S. 117.

[123] Vgl. exemplarisch McClelland (1961), S. 47; Hummell/Opp (1971), S. 81; Coleman (1994), S. 166; Felin/Foss (2005), S. 441 u. 448; Kunz (2005), S. 13; Meyer (2005), S. 3; Felin/Hesterly (2006), S. 9 u. S. 39.

[124] Vgl. hierzu auch Felin/Foss (2006), S. 19.

schaftsziels möglich ist. Eben dieses wurde im Fall der betriebswirtschaftlichen Investitionskontrollforschung, wie bereits erwähnt, bei weitem noch nicht erreicht. Daher gilt auch für die der Arbeit zugrunde zu legende Analyseebene, dass hier – den geschilderten kausalen Zusammenhängen zwischen den drei Ebenen und dem ersten Unterziel des theoretisch-kausalen Wissenschaftsziels folgend – zunächst einmal auf kognitiver Ebene vorzugehen ist. Aus diesen Aussagen lassen sich dann verhaltensbezogene Aussagen unmittelbar ableiten. Aussagen für die Gruppenebene hingegen erscheinen erst dann sinnvoll möglich, wenn die Aussagen auf kognitiver (und damit via einer unmittelbaren Ableitung auf behavioristischer) Ebene getroffen (und möglichst überprüft) sind.

Folglich wird sich die vorliegende Arbeit nach der Diskussion des Investitionskontrollbegriffs und der vorhandenen Forschung zu Investitionskontrollen mit Beginn des Kapitels 4 auf eine kognitive Analyseebene begeben, wobei sich verhaltensbezogene Aussagen jedoch unmittelbar aus den Ausführungen der Arbeit (insbesondere den Kapiteln 5 und 6) auf Basis des in Kapitel 4.3 noch darzulegenden Handlungsmodells ableiten lassen. Da, wie im Kapitel 6 deutlich wird, gegenwärtig selbst für die kognitive Ebene bei Weitem nicht für alle denkbaren kausalen Verknüpfungen zwischen Reiz (Investitionskontrolle bzw. ihre Ausgestaltung) und direkten Wirkungen Aussagen formulierbar sind, deren Kenntnis jedoch forschungslogische Voraussetzung für Aussagen zu den indirekten Wirkungen erster und (damit auch) zweiter Ordnung sind, erscheint eine Konzentration der vorliegenden Arbeit auf diese direkten Wirkungen angezeigt. Insofern sei daher auch auf eine (damit erst später sinnvolle, jetzt hingegen nur zusätzlichen Platz beanspruchende) Diskussion denkbarer Transformationsregeln von individueller verhaltensbezogener Ebene auf die kollektive Ebene verzichtet.

1.3 Aufbau der Arbeit

Die Argumentation der vorliegenden Arbeit gliedert sich der Problemstellung und der forschungstheoretischen Einordnung folgend, wie in der nachfolgenden Abbildung 3 dargestellt, in sieben Kapitel.

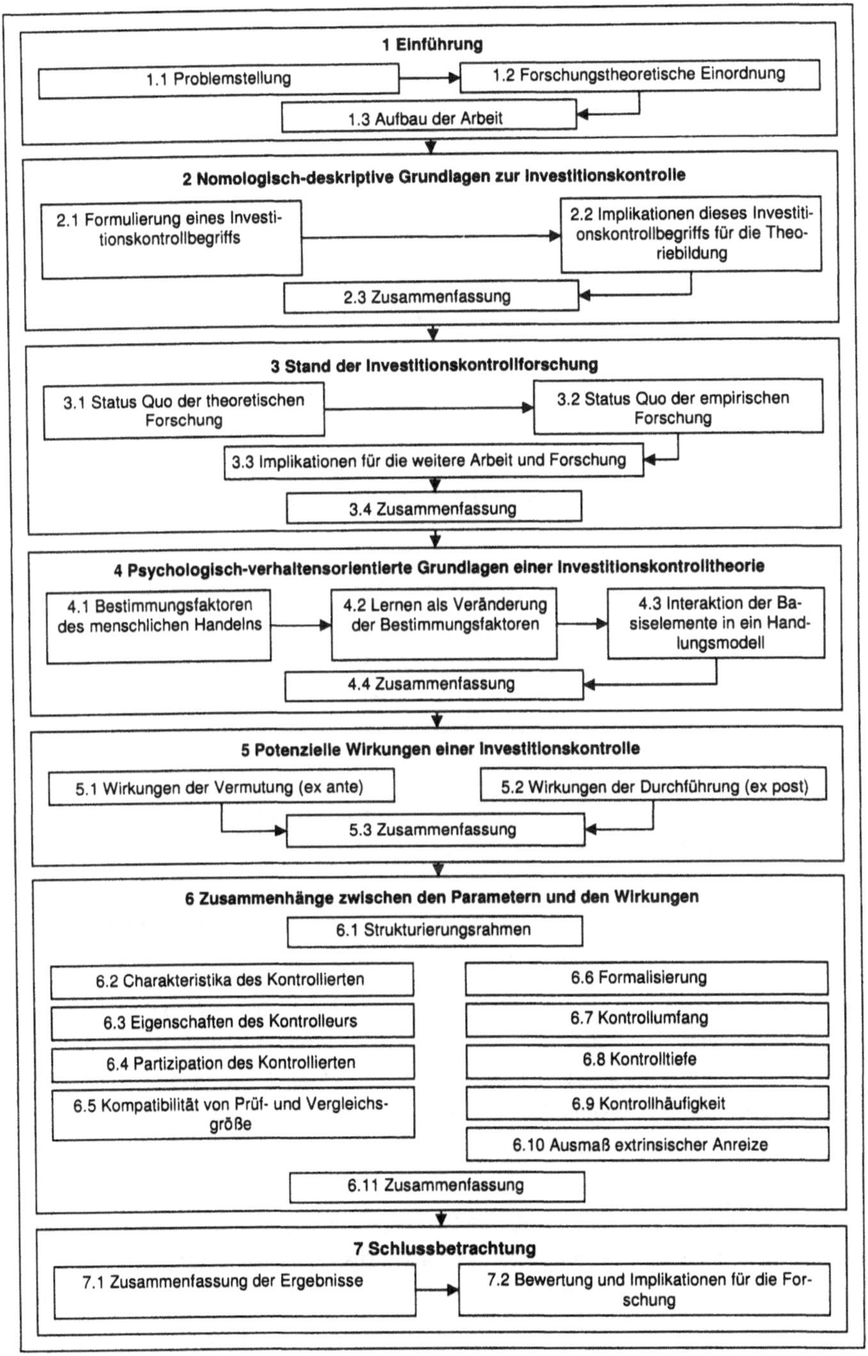

Abbildung 3: Aufbau der Arbeit

Im Anschluss an die Einführung im vorliegenden Kapitel 1 werden im Kapitel 2 die nomologisch-deskriptiven Grundlagen zur betriebswirtschaftlichen Investitionskontrolle geschaffen. Dazu gehört die Präzisierung der Investitions- und Kontrollbegriffe als Bestandteile des Investitionskontrollbegriffs und die Klärung möglicher Investitionskontrollobjekte und daraus resultierend die Beschreibung des Investitionskontrollbegriffs in seinen drei Varianten Antragskontrollen, Realisationskontrollen und Erfolgskontrollen sowie die Implikation dieses Begriffs für die vorliegende Arbeit.

Kapitel 3 ist der Systematisierung und kritischen Analyse der gegenwärtigen internationalen theoretischen und empirischen Forschung zu den Wirkungen und Zielen einerseits und den die Wirkungen oder Zielerreichung beeinflussenden (Gestaltungs-)Parametern von Investitionskontrollen gewidmet. Die dabei identifizierten neuen (Gestaltungs-)Parameter bilden die Basis für die in Kapitel 6 stattfindende Diskussion ihres Einflusses auf die in der Literatur nicht systematisch und umfassend präzisierten und daher in Kapitel 5 vorher noch zu klärenden Wirkungen einer Investitionskontrolle.

Im Kapitel 4 werden hierzu psychologisch-verhaltensorientierte Grundlagen für eine Theorie betriebswirtschaftlicher Investitionskontrollen entworfen. Dazu gehört die Begriffspräzisierung und inhaltliche Diskussion der einzelnen Bestimmungsfaktoren menschlichen Handelns und ihre Integration in ein Handlungsmodell, welches ihre Interaktion und Entwicklung im zeitlichen Verlauf präzisiert und die Basis für die Ableitung von Aussagen zu den Wirkungen einer Investitionskontrolle sowie möglichen Ursache-Wirkungs-Zusammenhängen bilden kann.

Auf diesen psychologisch-verhaltensorientierten Grundlagen aufbauend werden im Kapitel 5 dann hypothetische Aussagen über die mit Investitionskontrollen verbundenen Wirkungen auf die beteiligten Individuen generiert, womit neben den (Gestaltungs-)Parametern der zweite zentrale Aspekt einer Theorie der Investitionskontrolle für die nachfolgenden Überlegungen geklärt wird.

Im Kapitel 6 werden diese hypothetischen Wirkungen aus Kapitel 5 dann mit den in Kapitel 3 anhand der Literatur zu Investitionskontrollen identifizierten (Gestaltungs-)Parametern in Bezug gesetzt und die Vielzahl der durch eine verhaltensorientierte Theorie der Investitionskontrolle zu beschreibenden Wenn-Dann- bzw. Je-Desto-Beziehungen aufgezeigt. Ferner werden Hypothesen für die Beziehungen formuliert, für die auf der Basis existierender Erkenntnisse aus Betriebswirtschaftslehre und (Sozial-)Psychologie sowie eigener Plausibilitätsüberlegungen Hypothesen entwickelt werden können. Die Bereiche bzw. potenziell denkbaren Zusammenhänge, für die der aktuelle Forschungsstand keine Möglichkeit der Ableitung entsprechender Wenn-Dann- oder Je-Desto-Aussagen bietet, werden damit automatisch als Ansatzpunkte für nachfolgende (dem zweiten Unterziel des theoretisch-kausalen Wissenschaftsziel entsprechende) Forschungsarbeiten charakterisiert.

Die Argumentation schließt im Kapitel 7 mit einer Schlussbetrachtung, in der die Ergebnisse der Arbeit zusammengefasst, bewertet und ihre Implikationen für die weitere Forschung zu betriebswirtschaftlichen Investitionskontrollen aufgezeigt werden.

2 Nomologisch-deskriptive Grundlagen zur Investitionskontrolle

„[IBM] company lore has it that a young manager, after losing $ 10 million in a risky venture, was called into Watson's office. The young man, thoroughly intimidated, began by saying, 'I guess you want my resignation.' [Thomas] Watson replied, 'You can't be serious. We just spent $ 10 million educating you.'"

Garvin (1993), S. 86.

2.1 Formulierung eines Investitionskontrollbegriffs

Eine zentrale Voraussetzung für die Identifikation der Wirkungen eines Instruments ist die klare Abgrenzung des betrachteten Gegenstands,[125] im vorliegenden Fall des der Investitionskontrolle.

Dies umso mehr als, wie bereits erwähnt, der Begriff „Investitionskontrolle" sehr inhomogen präzisiert wird.[126] Daher wird mit dem Kapitel 2 der vorliegenden Arbeit ein relativ umfangreiches Kapitel der Klärung dieses Terminus gewidmet.

Zunächst sei dabei eine Bestimmung der Begriffsbestandteile Investition und Kontrolle des Investitionskontrollbegriffs vorgenommen. Hierauf aufbauend kann der im Weiteren verwendete Investitionskontrollbegriff präzisiert werden.[127]

2.1.1 Investition

Wie Abbildung 4 veranschaulicht, existieren für den Investitionsbegriff in der betriebswirtschaftlichen Literatur (und Praxis) diverse Ansätze und Präzisierungen.[128] Entspre-

---

[125] Vgl. dazu die Ausführungen im Kapitel 1.2.

[126] Vgl. auch Schaefer (2004), S. 12.

[127] Vgl. Osterloh (1974), S. 11.

chend erscheint eine Klärung des im Weiteren zugrunde gelegten Investitionsbegriffs zweckmäßig.[129]

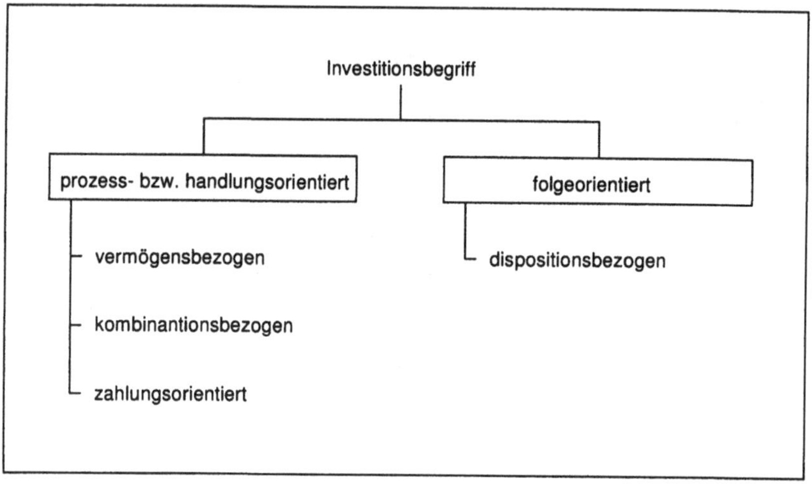

Abbildung 4: Investitionsbegriffe in der Literatur

Grundsätzlich lassen sich dabei zwei Hauptverständnisarten identifizieren: Eine Definitionssicht, die auf den *Prozess des Investierens* abstellt und eine, die auf die *Folge eines Investitionsprozesses* abstellt.[130] Zunächst sei kurz auf das Definitionsverständnis der Investition als Prozess eingegangen (prozessorientierter Investitionsbegriff), und im Anschluss daran auf das Begriffsverständnis der Investition als Ergebnis einer Handlung (folgeorientierter Investitionsbegriff).

128 Vgl. Schröter (1962), S. 1 u. S. 5; Gremillet (1972), S. 7; Kern (1974), S. 8; Staehelin (1988), S. 9; Küpper (1991), S. 168; Lücke (1991), S. 151; Rückle (1993), Sp. 1924; Kruschwitz (1993), S. 3; Dettmer et al. (2000), S. 8; Götze/Bloech (2002), S. 5, Schultz (2005), S. 105.

129 Anzumerken ist, dass eine Begriffsunschärfe keineswegs nur in der betriebswirtschaftlichen Literatur anzutreffen ist, sondern auch der rechtswissenschaftliche Investitionsbegriff uneinheitlich präzisiert ist und je nach Regelungsgegenstand und -zweck unterschiedlich gefasst wird. So bestimmt der Gesetzgeber bspw. in Art. 115 Abs. 1 Satz 2 des Grundgesetzes (GG), dass als Investitionen alle diejenigen Ausgaben zu verstehen sind, die die Produktionsmittel der Volkswirtschaft erhalten, vermehren oder verbessern. Somit werden hier sowohl immaterielle als auch materielle Investitionen unter den Investitionsbegriff gefasst. In der Gemeindehaushaltsverordnung (GemHVO) des Landes Baden-Württemberg wiederum gelten nach Definition des § 46 Nr. 13 Investitionen als Veränderungen des Anlagevermögens, das nach § 46 Nr. 2 GemHVO u. a. unbewegliche Sachen, bewegliche Sachen mit Ausnahme der geringwertigen Wirtschaftsgüter, dingliche Rechte, Beteiligungen sowie Wertpapiere und Forderungen aus Darlehen umfasst. Im Gegensatz dazu werden in Art. 104a, Abs. 4 GG nur Sachinvestitionen erfasst. Vgl. für eine Diskussion der Rechtsbegriffe der Investition auch Wiegel (1982), S. 24f.

130 Vgl. Massé (1959), S. 1: „L',investissement', dans la terminologie courante, désigne à la fois un acte et le résultat de cet acte: à la fois la décision d'investir et le bien investi." Vgl. auch Gremillet (1972), S. 8-11; Kruschwitz (1993), S. 3. Ähnlich auch Lücke (1991), S. 152; Rückle (1993), Sp. 1924.

Im Fall des Definitionsverständnisses der Investition als Prozess lassen sich wiederum mehrere unterschiedliche Präzisierungen des Investitionsbegriffs unterscheiden: der vermögens- bzw. bilanzorientierte, der kombinationsbestimmte und der zahlungsbestimmte Investitionsbegriff.[131]

- Die erste Präzisierungsvariante stellt der so genannte *vermögensbestimmte* oder *bilanzorientierte Investitionsbegriff* dar.[132] Nach diesem ist eine Investition „die Umwandlung von Kapital in Vermögen oder kurz [die, *Anm. d. Verf.*] Kapitalverwendung“[133]. Folglich stellt der Erwerb von Aktiva nach dem vermögens- bzw. bilanzorientierten Investitionsbegriff eine Investition dar.[134] Der vermögensbestimmte Investitionsbegriff entspricht der implizit sowohl in Theorie als auch Praxis meist bei der Diskussion über Investitionen zugrunde gelegten Präzisierung. Jedoch herrscht Uneinigkeit bei den Vertretern des vermögensbestimmten Investitionsbegriffs darüber, ob der Erwerb grundsätzlich aller Aktiva oder nur der von bestimmten (z. B. des Anlagevermögens) als Investition zu betrachten ist.[135] Als problematisch am vermögensorientierten Investitionsbegriff ist ferner zu betrachten, dass bei einer an ihm ausgerichteten Präzisierung des Investitionsbegriffs die Frage danach, was eine Investition ist, auch von den zugrunde gelegten Bilanzierungsvorschriften abhängt. So würden beispielsweise Investitionen in Forschung & Entwicklung, die aufgrund des allgemeinen Ansatzverbots für selbst geschaffene immaterielle Vermögensgegenstände des Anlagevermögens nach dem deutschen HGB nicht aktiviert werden dürfen,[136] im Falle des bilanzorientierten Investitionsbegriffs und der Bilanzierung nach HGB nicht als Investition betrachtet werden.[137] Wird statt des deutschen HGB nach den IAS bzw. IFRS bilanziert, so ist in Forschungs- und Entwicklungsauszahlungen zu unterscheiden:[138] Erstere dürfen wie nach dem HGB nicht aktiviert werden,[139] während letztere un-

---

131 Vgl. zum Folgenden Lücke (1991), S. 151f. Ähnlich auch Eich (1976), Sp. 829f.

132 Der vermögens- bzw. bilanzorientierte Investitionsbegriff findet sich auch unter dem Namen des traditionellen Investitionsbegriffs. Vertreter des vermögens- bzw. bilanzorientierten Investitionsbegriffs sind u. a. Le Coutre (1949), S. 6f.; Walther (1953), S. 252; Lohmann (1955), S. 160f.; Kern (1974), S. 8; Ronca (1975), S. 4; Däumler (1989), S. 16; Betge (1991), S. 5; Schaefer (1993), S. 26; Dettmer et al. (2000), S. 9; Kusterer (2001), S. 9f.; Götze/Bloech (2002), S. 6. Vgl. für eine Übersicht weiterer Vertreter auch Ballmann (1954), S. 3.

133 Lücke (1991), S. 151. Ähnlich Albach (1959), S. 10; Kern (1974), S. 8; Schaefer (1993), S. 26; Götze/Bloech (2002), S. 5. Für Vertreter des vermögensorientierten Investitionsbegriffs vgl. die Fußnote 132.

134 Vgl. Lücke (1991), S. 152.

135 Vgl. hierzu schon Albach (1959), S. 10f. Vgl. auch Lücke (1991), S. 151f.; Götze/Bloech (2002), S. 6.

136 Vgl. § 248 Abs. 2 HGB.

137 Vgl. hierzu auch die Anmerkungen von Adam (1997), S. 1.

138 Vgl. IAS 38.52. Zur Definition von Forschungs- versus Entwicklungsauszahlungen vgl. IAS 38.8 und IAS 38.55.

139 Vgl. IAS 38.42ff., insbes. IAS 38.54.

ter bestimmten Ansatzkriterien sogar zu aktivieren sind (Aktivierungspflicht).[140] Im Falle der Bilanzierung nach US-GAAP wiederum sind Forschungs- und Entwicklungsausgaben grundsätzlich nicht aktivierungsfähig, vielmehr als Periodenaufwand zu behandeln.[141] Je nach verwendeter Bilanzierungsvorschrift wird sich bei Zugrundelegung eines bilanzorientierten Investitionsbegriffs folglich auch die Definition einer Investition ändern. Die sich hieraus ergebende mehrdeutige Präzisierung bei Verwendung des vermögensorientierten Investitionsbegriffs erscheint im Hinblick auf eine Klärung und leichte Verständlichkeit des Begriffs der Investition als nicht völlig unproblematisch. Andererseits besteht durch den Trend hin zur Übernahme der IFRS als Standard der Rechnungslegung eine Tendenz zur Vereinheitlichung des Verständnisses des vermögensbestimmten Investitionsbegriffs.

- Als zweite Präzisierung des prozessorientierten Investitionsbegriffs lassen sich diejenigen Definitionen identifizieren, die einem *kombinationsbestimmten Investitionsbegriff* folgen.[142] Die Vertreter dieses – von Ballmann (1954) entwickelten – Ansatzes verstehen unter einer Investition „entweder die Kombination der durch die Beschaffung bereitgestellten Investitionsgüter zu einer neuen Produktionsausrüstung oder die Eingliederung von Investitionsgütern in den vorhandenen Anlagenbestand“[143]. Nach Eich (1976) kann eine Investition in diesem Ansatz auch kurz definiert werden als „Kombination von (materiellen) Anlagegütern“[144]. Immaterielle Werte bezieht der Begriff nicht ein.[145] Die eigentliche Beschaffung der Investitionsgüter wird in dieser Präzisierungsvariante des Investitionsbegriffs als Kombination materieller Anlagegüter ebenfalls nicht unter den Begriff der Investition gefasst.[146] Vielmehr wird die Beschaffung nur als der Investition (im Sinne der Eingliederung und Kombination) vorausgehender Hilfsvorgang betrachtet.[147] Dieser Sachverhalt erscheint gerade im Hinblick auf die Bedeutung von Investitionsentscheidungen und dem eingangs dargestellten Investitionsprozess wenig befriedigend. Auch wird der Investitionsbegriff weiter dadurch eingegrenzt, dass dieser gemäß Ballmann (1954) nach erfolgter Kombination oder Eingliederung,

---

140 Vgl. z. B. Coenenberg (2000), S. 156; Weißenberger et al. (2003), S. 38; Pellens/Fülbier/Gassen (2004), S. 260.

141 Vgl. Coenenberg (2000), S. 156; Pellens/Fülbier/Gassen (2004), S. 275.

142 Vgl. Eich (1976), Sp. 829f.; Lücke (1991), S. 152.

143 Lücke (1991), S. 152. Vgl. auch Ballmann (1954), S. 5f.

144 Eich (1976), Sp. 829.

145 Vgl. Ballmann (1954), S. 5.

146 Vgl. Ballmann (1954), S. 6.

147 Vgl. Ballmann (1954), S. 6, der diese Einschränkung damit begründet, dass „durch die Beschaffung von Anlagegütern allein [...] noch kein Betriebskörper erstellt“ wird.

d. h. „mit Bereitstellung einer betriebsbereiten Produktionsapparatur“[148], endet.[149] Damit wäre folglich eine Erfolgskontrolle der Investition während der Nutzungsdauer der Investition definitionsgemäß nicht möglich. Vermutlich auch aufgrund dieser diversen Einschränkungen hat sich der kombinationsorientierte Investitionsbegriff in der Literatur nicht durchgesetzt.[150]

- Als dritte Präzisierung ist der *zahlungsbestimmte Investitionsbegriff* anzuführen.[151] Dieser präzisiert eine Investition als „the complete history of the payments made into and out of a day book account. It consists algebraically of a series of payments, i.e. of transferred sums of money, some of which are positive and some of which are negative, each being associated with a certain ‚date‘; the ‚date‘ being the interval of time between the payment and a given base date.“[152] Dabei erfolgen i. d. R. zunächst eine oder mehrere Auszahlungen und später eine oder mehrere Einzahlungen auf das Konto.[153] Der zahlungsorientierte Investitionsbegriff stellt offensichtlich die weiteste Variante der Begriffspräzisierungen dar: So stellen nicht nur Forschungs- und Entwicklungsauszahlungen nach dem zahlungsorientierten Investitionsbegriff eine Investition dar, sondern beispielsweise auch Marketing- bzw. Werbungsaufwendungen oder Ausgaben für Mitarbeiterschulungen.[154] Auch stehen die Auszahlungen – in einer allgemeinen Betrachtung – für die eingesetzten Ressourcen und die Einzahlungen für die nachfolgenden erwünschten Konsequenzen dieses Ressourceneinsatzes“[155], d. h. es findet nicht zwangsläufig eine Beschränkung allein auf finanzwirtschaftliche Kategorien statt.[156]

Während diese drei Präzisierungsformen des Investitionsbegriffs von der Investition als einem Prozess ausgehen, kann eine Bestimmung des Investitionsbegriffs auch über die

---

148 Ballmann (1954), S. 7.

149 Vgl. Ballmann (1954), S. 7.

150 Vgl. hierzu auch Eich (1976), Sp. 830; Lücke (1991), S. 152; Matschke (1993), S. 33.

151 Vertreter des zahlungsorientierten Investitionsbegriffs sind u. a. Boulding (1936), S. 196; Albach (1959), S. 12; Jankowski (1969), S. 2; Meier (1970), S. 12; Laux (1971), S. 46; Schneider (1973), S. 1-8; Trechsel (1973), S. 13; Ronca (1975), S. 4; Staehelin (1988), S. 9f.; Sierke (1989), S. 74; Gugel (1992), S. 11; Matter (1992), S. 19; Kruschwitz (1993), S.4; Jacob/Klein/Nick (1994), S. 32f.

152 Boulding (1936), S. 196. Ähnlich Schneider (1973), S. 4, Eich (1976), Sp. 830; Hax (1985), S. 9; Kloock (1989), Sp. 789; Sierke (1989), S. 74f; Lücke (1991), S. 152; Schneider (1992), S. 20; Jacob/Klein/Nick (1994), S. 32; Kruschwitz (1993), S. 4f.; Adam (1997), S. 1; Bosse (2000), S. 20; Götze/Bloech (2002), S. 5.

153 Vgl. Schneider (1973), S. 9, der in diesem üblichen Fall von einer Investition vom Typus I spricht, während er Investitionen, bei denen das „Zeitzentrum für die Einnahmenreihe einer Investition bei jedem positiven Zinsfuß vor dem Zeitzentrum der Ausgabenreihe“ liegt, als Investition vom Typus II bezeichnet. Vgl. hierzu Schneider (1973), S. 9.

154 Vgl. auch Spielberger (1983), S. 15; Blohm/Lüder (1991), S. 2; Adam (1997), S. 1.

155 Matschke (1993), S. 34f.

156 Vgl. Matschke (1993), S. 35.

Folge dieses Prozesses erfolgen. Diesem Grundgedanken folgt der *dispositionsbestimmte Investitionsbegriff.*[157] Dieser sieht Investitionen als „die langfristige Festlegung von finanziellen Mitteln im Anlagevermögen"[158], wodurch die Flexibilität bzw. Dispositionsfreiheit der Unternehmung eingeschränkt wird.[159] Der dispositionsbestimmte Investitionsbegriff betrachtet eine Investition folglich als Zustand und nicht als Vorgang.[160] Er wird vergleichsweise selten in der Literatur verwendet und klammert durch die Konzentration auf den Zustand den Akt des Investierens aus. Letzteres erweist sich als im Hinblick auf die Entwicklung von Aussagen zur Gestaltung von Investitionsprozessen als eher hinderlich. Erschwerend kommt hinzu, dass auch beim dispositionsbestimmten Investitionsbegriff, ähnlich wie beim bilanzorientierten Investitionsbegriff, die Unschärfe des je nach verfolgter Bilanzierungsvorschrift unterschiedlichen Investitionsbegriffs auftritt.[161]

Im Folgenden *soll dem vermögensorientierten Investitionsbegriff* (in der Fassung nach den IFRS) *gefolgt werden.* Dieser Investitionsbegriff ist mit dem in Theorie und Praxis implizit meist zugrunde liegenden (Vor-)Verständnis des Begriffs Investition kompatibel. Auch konkurriert sein Inhalt nicht mit anderen in der betriebswirtschaftlichen Literatur eingeführten Begriffen wie Werbekampagne, Forschungsprojekt etc., die bei Zugrundelegung eines zahlungsorientierten Investitionsbegriffs unter das Investitionsverständnis fallen würden.[162] Dies ist insofern von Bedeutung, als in der betriebswirtschaftlichen Literatur auch für diese Bereiche eigene Diskussionsstränge zur Kontrolle existieren, die jedoch nicht unter der Rubrik Investitionskontrolle erfolgen, sondern z. B. unter dem Begriff der Werbeerfolgskontrolle oder der Marketingkontrolle.[163] Wenngleich Ähnlichkeiten wahrscheinlich sind, so dürfte eine klare Abgrenzung des Untersuchungsgegenstands zu diesen anderen Forschungsbereichen gerade auch im Hinblick auf eine empirische Überprüfung der in der vorliegenden Arbeit, dem Entdeckungsziel folgend, generierten Hypothesen zur Investitionskontrolle von Vorteil sein, da sie Missverständnisse über den Betrachtungsgegenstand in empirischen Befragungen (insbesondere auch durch die Möglichkeit zum Verweis auf die IFRS Vorgaben) zu vermeiden hilft.[164] Ferner betrachtet der vermögensorientierte Investitionsbegriff die Investition als einen Vorgang

---

157 Vgl. Lücke (1991), S. 152.

158 Lücke (1991), S. 152.

159 Vgl. Rückle (1993), Sp. 1925.

160 Zum Unterschied der Investition als Zustand oder Vorgang vgl. Lücke (1991), S. 152.

161 Vgl. hierzu Adam (1997), S. 402. Vgl. hierzu auch Coenenberg (2000), S. 155f.

162 Vgl. zur Nicht-Aktivierungsfähigkeit von Markennamen etc. IAS 38.63.

163 Vgl. exemplarisch Böcker (1988).

164 Dies kann auch als eine Voraussetzung dafür betrachtet werden, um valide zu eruieren, ob zwei getrennte Forschungsstränge zwei realiter prinzipiell identische Felder betrachten (und daher Aussagen problemlos übertragbar sind) oder aber ob es jenseits gewisser Ähnlichkeiten signifikante Unterschiede in den Eigenschaften und Wirkungen der betrachteten Instrumente in der Praxis gibt, die eine Aufrechterhaltung der Trennung der Felder weiterhin erforderlich erscheinen lassen.

und nicht als Zustand bzw. Folge des Vorgangs. Letzteres erscheint im Hinblick auf die im Weiteren näher zu betrachtende Kontrolle der Schritte im Investitionsprozess zweckmäßiger als ein auf die dispositionsorientierte Konsequenz abstellender Investitionsbegriff. Gleichzeitig streicht er aber durch den Bezug auf die IAS 16.6 auch einen dem sprachlichen Vorverständnis entsprechenden im Vergleich zu anderen unternehmerischen Maßnahmen längerfristigeren Charakter einer Investition heraus.[165]

Auch für den Gegenstand bzw. das Objekt einer Investition existiert in der betriebswirtschaftlichen Literatur eine Vielzahl alternativer Typologien.[166] Die am häufigsten verwendeten Gliederungen sind in der Abbildung 5 überblickartig zusammengefasst.[167]

Im Folgenden wird zur Vereinfachung der Darstellung bei Beispielen teilweise auf Sachinvestitionen zurückgegriffen, ohne jedoch den Investitionsbegriff auf diese oder eine der in der Tabelle genannten Investitionsarten einengen zu wollen. Es handelt sich folglich nur um eine didaktische Einschränkung.

Allerdings sei explizit darauf hingewiesen, dass alle Investitionskontrollen immer auf *eine* dieser Investititionsmaßnahmen bzw. eine Entscheidungseinheit (sei es nun eine Einzelinvestition oder ein Investitionsprogramm) bezogen werden.[168]

---

[165] Vgl. zum längerfristigeren Charakter einer Investition nach IAS 16.6 z. B. Coenenberg (2000), S. 161; Pellens/Fülbier/Gassen (2004), S. 280f.

[166] Vgl. Matschke (1993), S. 37; Schultz (2005), S. 106. Vgl. auch schon Massé (1959), S. 3f.

[167] Exemplarisch sei hier auf die Typologien bei Meier (1970), S. 12; Gremillet (1972), S. 11-13; Borer (1974), S. 3; Schwarz (1975), Sp. 1975f.; Jacob (1975), Sp. 1979; Eich (1976), Sp. 831f.; Jacob (1976), Sp. 873; Hax (1985), S. 10; Staehelin (1988), S. 11f.; Kloock (1989), Sp. 789-791; Müller-Hedrich (1992), S. 6-13; Kruschwitz (1993), S. 6 u. S. 16f.; Matschke (1993), S. 37-42; Jacob/Klein/Nick (1994), S. 34f. u. S. 38f.; Adam (1997), S. 2-5 u. S. 40; Bosse (2000), S. 21f.; Rösgen (2000), S. 7; Hahn/Hungenberg (2001), S. 636; Schultz (2005), S. 106f., verwiesen, die sich in der angeführten Tabelle wiederfinden. Es sei dabei darauf hingewiesen, dass sich die Typologien u. a. unter den Bezeichnungen Investitionsart oder Investitionsform in der Literatur finden (vgl. Schwarz (1975), Sp. 1975). Neben den Gliederungsansätzen in den oben genannten Arbeiten bzw. der Tabelle finden sich vereinzelt auch solche nach der Kapazitätsherkunft, nach dem zeitlichen Ablauf des Betriebsprozesses, nach der quantitativen Wirkung im Finanzbereich und nach der Dringlichkeit einer Investition sowie als Besonderheit der 1950er Jahre nach Wiederaufbau- bzw. Neuanschaffung. Da sie jedoch relativ selten in der Literatur verwendet werden, wird an dieser Stelle nicht näher auf sie eingegangen. Vielmehr sei der interessierte Leser auf die Ausführungen von Busyrjow (1954), S. 6f.; Eich (1976), Sp. 831-833.; Staehelin (1988), S. 13; Kloock (1989), Sp. 789-791; Müller-Hedrich (1992), S. 6-13; Bosse (2000), S. 21-23, verwiesen.

[168] Vgl. dazu schon Lüder (1969), S. 15; Osterloh (1974), S. 44; Spielberger (1983), S. 15. Mithin lässt sich dann mit einer Investitionskontrolle „nicht beurteilen, ob das (jeweilige) Investitionsproblem adäquat formuliert (abgegrenzt) ist. Erst der der Problemformulierung nachgeordnete Investitionsprozeß und dessen Ergebnisse sind Gegenstand der Kontrolle“ (Spielberger (1983), S. 15).

<table>
<tr><th>Kriterium</th><th colspan="5">Ausprägungen</th></tr>
<tr><td>Objekt</td><td colspan="3">Materielle Investition</td><td colspan="2">Immaterielle Investition</td></tr>
<tr><td>Zweck</td><td>Ersatzin-vestition</td><td>Erweiterungs-investition</td><td>Rationalisie-rungsinvestiti-on</td><td>Neuinves-tition</td><td>Diversifikati-onsinvestition</td></tr>
<tr><td>Kapazitätswir-kung</td><td colspan="3">Ersatzinvestition</td><td colspan="2">Erweiterungsinvestition</td></tr>
<tr><td>Umfang</td><td colspan="3">Großinvestition</td><td colspan="2">Kleininvestition</td></tr>
<tr><td>Entscheidungs-freiheit</td><td colspan="3">Investition mit Entscheidungsfreiheit</td><td colspan="2">Investitionen ohne Entscheidungsfreiheit</td></tr>
<tr><td>Zusammen-hang</td><td colspan="3">Einzelinvestition[169]</td><td colspan="2">Investitionsprogramm[170]</td></tr>
</table>

Abbildung 5: Typologien des vermögensorientierten Investitionsbegriffs

2.1.2 Kontrolle

Die Bedeutung der Kontrolle in Unternehmen und insbesondere für die Planung ist weitgehend unumstritten.[171] So findet sich in der Literatur auch immer wieder der Hinweis, dass „eine Planung ohne anschließende Kontrolle [...] so gut wie wertlos“[172] ist oder sogar noch schärfer, dass „Planung ohne Kontrolle [...] sinnlos, Kontrolle ohne Planung unmöglich“[173] ist.

Dennoch wird der Kontrolle im Vergleich zur Planung relativ wenig Aufmerksamkeit gewidmet.[174] Da die Kontrolle noch „ein in der Betriebswirtschaftslehre vergleichsweise

[169] Die Einzelentscheidung lässt sich weiter aufgliedern in eine Entscheidung, „ob ein einzelnes Investitionsprojekt durchgeführt werden soll oder nicht“ (Hax (1985), S. 10) und in ein Wahlproblem, welches die Frage behandelt, ob „entweder Investition A oder Investition B“ (Kruschwitz (1993), S. 6) durchgeführt wird. Vgl. dazu auch Hax (1985), S. 10; Kruschwitz (1993), S. 6; Jacob/Klein/Nick (1994), S. 38f.; Adam (1997), S. 40.

[170] Eine Programmentscheidung liegt nach Jacob/Klein/Nick (1994), S. 38, vor, „wenn sich verschiedene Investitionsprojekte nicht gegenseitig ausschließen und/oder Interdependenzen zwischen ihnen bestehen“.

[171] Vgl. zur Bedeutung der Kontrolle als Führungsaufgabe im Unternehmen beispielsweise Fayol (1916), S. 153; Zünd (1973, S. 120; Mellerowicz (1979), S. 27; Schwarz (1974), S. 5; Steiner (1974), S. 124; Steinle (1975), S. 115; Gaydoul (1980), S. 147; Wegener (1981), S. 7; Wild (1982), S. 44; Hentze/Brose/Kammel (1993), S. 114; Schäffer (2001), S. 14; Weber (2002), S. 43.

[172] Mellerowicz (1979), S. 27. Im Original teilweise kursiv hervorgehoben. Ähnlich Rathe (1960), S. 37.

[173] Wild (1982), S. 44. Vgl. ähnlich auch Melzer (1977), S. 124.

[174] Auf diesen Umstand weist bereits Grochla (1968), o. S., hin: „Angesichts [...] der unbestrittenen großen praktischen Bedeutung von Kontrollmaßnahmen überrascht es, daß in der

wenig bearbeitetes Forschungsfeld“[175] ist,[176] wird der Begriff der Kontrolle in der Literatur bisher nicht einheitlich präzisiert.[177] Entsprechend stellt Weber (2004) auch fest, dass „die Unterschiedlichkeit möglicher Sichten [...] an der Spannweite deutlich [wird, *Anm. d. Verf.*], die zwischen dem Wort ‚Überwachungsstaat‘ und dem Verständnis der Kontrolle als Lernprozess besteht“[178]. Eine weitere Unschärfe des Begriffs ergibt sich durch die bisher nicht abschließend geklärte Begriffsabgrenzung der Kontrolle von ähnlichen Begriffen[179] und der Frage nach dem Pendant des Begriffs Kontrolle in anderen Sprachen.[180]

---

betriebswirtschaftlichen Theorie nur wenige grundsätzliche Auseinandersetzungen mit dem Problem der Kontrolle zu finden sind“. Ähnlich Schwarz (1974), S. 5. Aber auch rund dreißig Jahre später stellt Weber (2001), S. V, fest, dass ein „eklatantes Missverhältnis der theoretischen Auseinandersetzung mit der Planung einerseits und der Kontrolle andererseits in der – nationalen wie internationalen – Management- und Controllingliteratur“ besteht. Vgl. auch Gaitanides (1995), S. V; Sjurts (1995), S. 1. Ähnliche Aussagen finden sich auch für die Investitionskontrolle (vgl. hierzu exemplarisch Borer (1978), S. 7) und die Budgetkontrolle (vgl. Sponem (2004), S. 99) als Spezialfälle der allgemeinen Kontrolle.

175 Schäffer (2001), S. VII.

176 Dies zeigt sich auch daran, dass laut Sjurts (1995), S. 1f., „typisch für die Literatur [...] eine eher ausschnitthafte, derivative Analyse des Kontrollproblems im Rahmen von allgemeinen Fragestellungen zur Effizienz oder zum Verhalten in Organisationen“ ist.

177 Vgl. z. B. Kromschröder (1972), S. 11; Gaydoul (1980), S. 131; Wegener (1981), S. 13; Weber (1999), S. 155; Schäffer (2001), S. VII; Schaefer (2004), S. 11.

178 Weber (2004), S. 312. Dabei ist der Begriff der Kontrolle in der Regel jedoch nicht positiv besetzt (Lernen), sondern viel häufiger negativ besetzt (Überwachen und Kontrollieren). Vgl. hierzu z. B. Newman (1975), S. 43; Weber (2004), S. 312. Auch Borer (1978), S. 256 kommt für die Investitionskontrolle zu dem Schluss, dass dem Wort Kontrolle „vielerorts ein negativer Beigeschmack“ anhaftet. Ferner stellt Borer (1978), S. 256, weiter fest, dass der Begriff Kontrolle „häufig mit einem Mangel an Vertrauen in die Leistungen und die Aufrichtigkeit der Mitarbeiter verbunden“ wird. In der Praxis haben sich deshalb diverse „Umschreibungen“ für Kontrollen gebildet: Feedback, Monatsgespräche, Review, Steuerung und dergleichen. Vgl. Schäffer (2001), S. 3; Weber (2002), S. 261.

179 So weist Weber (1999), S. 155, darauf hin, dass Begriffsprobleme unter anderem auch daraus resultieren, dass „Kontrolle in der einschlägigen Literatur sehr uneinheitlich von verwandten Begriffen abgegrenzt wird“. In diesem Zusammenhang verweist er insbesondere auf die uneinheitliche Über- bzw. Unterordnung von Begriffen wie Überwachung, Kontrolle und Revision. Vgl. Weber (1999), S. 155-156. Ähnlich Saatmann (1970), S. 12-13; Kromschröder (1972), S. 12; Zünd (1973), S. 44f.;Wegener (1981), S. 13f.

180 Hierbei ist die Frage, welches das Pendant zum Begriff der Kontrolle in anderen Sprachen ist bzw. wie der englische Ausdruck „control“ ins Deutsche zu übersetzen ist, anzuführen. Darüber hinaus ist aber auch der englische Begriff „control“ seinerseits wiederum äußerst heterogen definiert (vgl. Tannenbaum (1968a), S. 5; Saatmann (1970), S. 10; Lawler (1976), S. 1248; Gadella (1991), S. 83; Schäffer (2001), S. 20; Weber (2004), S. 312. Ersterer verweist diesbezüglich darauf, dass der Begriff „control“ in der englischsprachigen Literatur zum Teil mit Kontrolle im deutschen Sinne und zum Teil als Beeinflussung und Steuerung gleichgesetzt wird (vgl. exemplarisch z. B. Atkinson/Kaplan/Young (2004), S. 585. Ähnlich gestaltet sich die Situation im Französischen: Auch dort umfasst der Begriff „contrôle“ sowohl das Verständnis des „verifier“ (dt: überprüfen) als auch des „maîtriser“ (dt: im Griff haben, beherrschen). Vgl. dazu Bouquin (2001), S. 35; Berland (2002), S. 4.

Grundsätzliche Einigkeit besteht in der deutschsprachigen betriebswirtschaftlichen Literatur streng genommen nur darin, dass als Kern der Kontrolle ein Vergleich zu verstehen ist.[181] Je nachdem, ob nur der Vergleich zweier Größen allein als Kontrolle interpretiert wird, oder aber auch die Abweichungsanalyse oder sogar die Entwicklung von Handlungsvorschlägen zur Kontrolle gerechnet werden, lassen sich in der Literatur drei Gruppen an Kontrollbegriffen identifizieren:[182]

- Als *enger Kontrollbegriff* werden nach Osterloh (1974) „jene Definitionen aufgefaßt, die Kontrolle lediglich als einen Vergleich zwischen zwei Objekten verstehen“[183]. Entsprechend beinhaltet diese Kontrolldefinition nur die „Gegenüberstellung von Werten mit der Feststellung einer möglichen Abweichung“[184], nicht aber die nähere Analyse der Abweichung bzw. deren Ursachen.[185] Diese enge Kontrolldefinition ist einerseits „in jedem Fall mit dem sprachlichen Verständnis eines Vergleichs konform“[186], andererseits wird ihm in der Literatur zum Vorwurf gemacht, dass „die Definition als Gegenüberstellung – gerade aus einer ökonomischen Perspektive – doch sehr kurz gegriffen [erscheint, *Anm. d. Verf.*], da der Zweck dieser Handlung für sich genommen nicht erkennbar ist“[187].

- Von einem *mittleren Kontrollbegriff* wird gesprochen, wenn „neben der Durchführung eines Vergleiches auch die Ursachenanalyse von festgestellten Abweichungen zwischen den Vergleichsobjekten (Auswertung des Vergleichsergebnisses) als Teil der Kontrolle angesehen“[188] wird.[189] Auch diese mittlere Kontrolldefinition lässt sich „aus dem sprachlichen Vorverständnis des Vergleichs ableiten“[190].

- Unter den *weiten Kontrollbegriff* fällt schließlich die Definition, „wenn der Kontrollbegriff zusätzlich zu den beiden bisher genannten Stufen (Vergleich und Abweichungsursachenanalyse) auch die Planung und Durchführung von Korrekturmaßnahmen umfasst“[191]. Es erscheint intuitiv plausibel, dass „die Analyse kein Zweck in [sic!] sich sein kann, sondern als Mittel zum Zweck ökonomischer Leis-

---

181 Vgl. Schäffer (2001), S. 11.
182 Vgl. Osterloh (1974), S. 11; Borer (1978), S. 20f.; Schäffer (2001), S. 13.
183 Osterloh (1974), S. 11.
184 Schäffer (2001), S. 14.
185 Vgl. Schäffer (2001), S. 14. Ähnlich Borer (1978), S. 20.
186 Schäffer (2001), S. 14.
187 Schäffer (2001), S. 14.
188 Osterloh (1974), S. 11.
189 Vgl. Osterloh (1974), S. 11. Ähnlich auch Borer (1978), S. 20.
190 Schäffer (2001), S. 15.
191 Osterloh (1974), S. 12.

tungserstellung ggf. in Maßnahmen münden muss"[192]. Je nach Autor ist in dieser weiten Fassung nicht nur die Ableitung sondern sogar auch die Durchführung der Korrektur (oder im Falle einer Planrevision als „Maßnahme", die Plananpassung) enthalten.[193] Fraglich ist allerdings, inwiefern der weite Kontrollbegriff noch eine Abgrenzung der Kontrolle von der Planung sicherstellt.[194]

Während der enge Kontrollbegriff heute kaum noch Verwendung findet, so besteht bisher keine Einigkeit über die Frage der Einbeziehung (oder Nicht-Einbeziehung) der Ableitung von Korrektur- bzw. Anpassungsmaßnahmen.[195] Eine Lösung dieser Frage kann auf der Enge der Verknüpfung der zwei Handlungen Abweichungsanalyse und Entwicklung von Vorschlägen aufbauen:[196] Liegt keine deutliche handlungsbezogene Trennung vor, so fällt nach Weber (2004) die Erarbeitung von Verbesserungsmaßnahmen in das Feld der Kontrolle, anderenfalls in das der Planung.[197] Im Weiteren sei dieser Auffassung gefolgt, wobei jedoch zur Vereinfachung unterstellt sei, dass i. d. R. eine deutliche handlungsbezogene Trennung vorliegt und damit der mittlere Kontrollbegriff zur Anwendung kommt.[198]

Neben dem Vergleich und in der Ausprägung des mittleren Kontrollbegriffs der Abweichungsanalyse ist für Kontrollen auch charakteristisch, dass es sich bei ihnen um systematisch durchgeführte informationsverarbeitende Tätigkeiten handelt.[199] Dabei ist die Kontrolle jedoch klar vom Begriff der Revision zu trennen.[200] Während Revision und Kontrolle zwar beide systematische informationsverarbeitende[201] Prozesse sind, so wird

---

192 Schäffer (2001), S. 16. Dass die Analyse kein Selbstzweck der Kontrolle sein kann, stellt bereits Fayol (1916), S. 153, dar: „Il [le contrôle, *Anm. d. Verf.*] a pour but de signaler les fautes et les erreurs afin qu'on puisse les réparer et en éviter le retour".

193 Vgl. exemplarisch Dalton (1971), S. 13, und Osterloh (1974), S. 12, für die Einbeziehung der Durchführung der Maßnahmen in den Kontrollbegriff. Schäffer (2001) hingegen sieht nur die „Ableitung von ggf. erforderlichen Anpassungsmaßnahmen" nicht aber auch deren Durchführung, als im weiten Kontrollbegriff enthalten. Vgl. Schäffer (2001), S. 15. Ähnlich auch Lüder (1969), S. 15.

194 Vgl. zu diesem Problem auch Osterloh (1974), S. 14; Weber (2004), S. 313; Spillecke (2005), S. 12.

195 So verwenden bspw. Istvan (1961), S. 15; Lüder (1969), S. 15; Lüder (1970), S. 709; Wegener (1981), S. 16 sowie Rösgen (2000), S. 250, einen weiten Kontrollbegriff. Demgegenüber gehen Schröter (1962), S. 116; Saatmann (1970), S. 21; Osterloh (1974), S. 15; Borer (1978), S. 22; Spielberger (1983), S. 13f; Gugel (1992), S. 114, und Matschke (1993), S. 336f., nur von einem mittleren Kontrollbegriff aus. Diese Diskussion, ob die Ableitung von Maßnahmen im Rahmen der Kontrolle oder in nachgelagerten Führungshandlungen erfolgt, ist dabei jedoch aus Praxissicht wohl lediglich von „primär terminologischer bzw. definitorischer Natur" (Schäffer (2001), S. 16). Ein enger Kontrollbegriff wird in der jüngeren Literatur nur von Keller (1982), S. 52, verwendet.

196 Vgl. Weber (2004), S. 313.

197 Vgl. Weber (2004), S. 313.

198 Vgl. ähnlich schon Osterloh (1974), S. 14.

199 Vgl. Maune (1980), S. 39-44.

200 Vgl. hierzu Coenen (1998), S. 21; Schweitzer (2001), S. 75. Vgl. auch schon Hasenack (1952), S. 348.

201 Der Informationsbegriff wird in der Literatur uneinheitlich (insbesondere im Hinblick auf seine Abgrenzung vom Wissensbegriff) verwendet (vgl. Kleinhans (1989), S. 11; Weber (2004), S. 104;

erstere jedoch prozessunabhängig durchgeführt, während letztere mehr oder minder in die Handlungen und Prozesse (z. B. den Investitionsprozess) während ihrer gesamten Dauer (d. h. „von der Planung bis zur Realisation“[202] bzw. bis zum Ende der Investition) integriert ist bzw. sie begleitet.[203] Darüber hinaus unterscheiden sich Revision und Kontrolle auch im Hinblick auf ihren Gegenstand, da erstere verfahrens- bzw. vorgehensfokussiert, letztere hingegen ergebnisbezogen ist.[204] Hierauf wird nachfolgend noch näher eingegangen.

Fasst man diese Abgrenzungen zusammen, so ergibt sich nachfolgende Präzisierung des Kontrollbegriffs für die vorliegende Arbeit:[205]

Unter einer Kontrolle soll im Weiteren eine systematische informationsverarbeitende, prozessabhängige Handlung verstanden werden, in der ein beurteilender Vergleich zwischen einer zu prüfenden, ergebnisorientierten Größe und einer Maßstabs- oder Vergleichsgröße sowie eine Auswertung eventueller Abweichungen hinsichtlich ihrer Ursachen vollzogen wird.[206]

Noch nicht näher erläutert wurden die in der eben dargestellten Definition angesprochenen Größen, die in der Kontrolle miteinander verglichen werden. Diese Betrachtungsgegenstände der Kontrolle, die auch als Kontrollobjekte oder Kontrollgegenstände bezeichnet werden,[207] werden in der Kontrollliteratur anhand mehrerer Dimensionen charakterisiert:

Als erste Dimension des Kontrollgegenstands lässt sich eine Unterscheidung in quantitative und qualitative Merkmale der Kontrollobjekte bzw. in quantitative und qualitative

---

Kunz (2005), S. 151f.). In der vorliegenden Arbeit sei auf die hierarchische Strukturierung nach Rehäuser/Krcmar (1996), S. 6, zurückgegriffen, die Zeichen, Daten, Information und Wissen unterscheidet, wobei Informationen in den Kontext eines Problemzusammenhang gestellte Daten sind und Wissen die zweckorientierte Vernetzung von Informationen darstellt (vgl. Rehäuser/Krcmar (1996), S. 3-5). Wissen entspringt damit grundsätzlicher menschlicher Erfahrung (vgl. McDermott (1999), S. 106). Es stellt im Gedächtnis dauerhaft speicherbare Denkinhalte dar, die zur Bewältigung von Aufgaben und zur Lösung von Problemen eingesetzt werden können und ist folglich Grundlage menschlichen Handelns.

202 Bloth (1975), S. 195.

203 Vgl. hierzu bspw. Bloth (1975), S. 195; Schwellnuß (1991), S. 20f.; Schaefer (1993), S. 137f.; Lange/Schaefer (1996), Sp. 791; Coenen (1998), S. 21; Küpper (2001), S. 490; Ewert/Wagenhofer (2003), S. 346; Küpper (2005), S. 522. Vgl. ähnlich auch schon Hasenack (1952), S. 348.

204 Vgl. Jankowski (1969); S. 94; Saatmann (1970), S. 14f. u. S. 50.

205 Vgl. zum Folgenden ähnlich auch Küpper (2005), S. 187.

206 Vgl. ähnlich Schweitzer (2005), S. 75.
Im Gegensatz zu Schäffer (2001), S. 34, und Florissen (2005), S. 46, sei eine Kontrolle somit nicht als ein Lernprozess definiert, sondern vielmehr als ein Vergleichs- und Abweichungsauswertungsprozess. Dieser kann zwar zu Lerneffekten bei den beteiligten Individuen führen, muss dies jedoch nicht (vgl. hierzu auch die Darstellungen in den Kapiteln 4, 5 und 6 dieser Arbeit), und ist (insbesondere auch aus psychologischer Perspektive) von Lernprozessen bei den Akteuren klar zu trennen.

207 Vgl. Thieme (1982), S. 30.

Kontrollobjekte vornehmen.[208] Während erstere in der klassischen Kontrolltheorie ähnlich wie in der klassischen Investitionstheorie und den Investitionsrechenmethoden oder Kennzahlen dominieren, haben letztere in Form von Umweltschutzbestimmungen, Qualitäts- und Marktanforderungen sowie Mitarbeiter- bzw. Arbeitssicherheitserfordernissen seit den 1970er Jahren an Bedeutung gewonnen.[209]

Bereits Osterloh (1974) weist auf die Notwendigkeit einer Einbeziehung qualitativer Merkmale in betriebswirtschaftliche Investitionskontrollen hin.[210] Auch im Rahmen der Diskussion um ausgewogene Kennzahlensysteme wie die Balanced Scorecard wurde insbesondere in der zweiten Hälfte der 1990er Jahre die Bedeutung nicht-monetärer und qualitativer Größen immer wieder hervorgehoben.[211]

Als zweite Dimension des Kontrollgegenstands wird in der deutschsprachigen Literatur unter den etwas unglücklichen Begriffen Kontrollform oder Kontrollart, ausgehend von Frese (1968), nach ergebnisorientierten und verfahrensorientierten Kontrollen unterschieden.[212] Erstere sollen Kontrollen des Ergebnisses einer Handlung sein, während letztere Kontrollen des Vorgehens bzw. Verfahrens bei der Handlung, d. h. der Handlung an sich, darstellen sollen. Diese Unterscheidung der Kontrollarten bzw. Kontrollgegenstände nach Frese (1968) erweist sich bei näherer Betrachtung jedoch als fragwürdig, da sie eigentlich auf der angloamerikanischen Unterteilung des dort sowohl die Kontrolle als auch die Revision umfassenden „audit"-Begriffs aufsetzt.[213]

Bei entsprechender – durchaus auch in der deutschsprachigen Literatur üblichen[214] – Begriffsinterpretation der Revision bzw. Prüfung als prozessunabhängiger verfahrens- oder

---

208 Vgl. hierzu Osterloh (1974), S. 72; ähnlich auch Pike/Wolfe (1988), S. 15; Rösgen (2000), S. 246f.

209 Vgl. für Beispiele qualitativer Kontrollobjektmerkmale auch Osterloh (1974), S. 72; Pike/Wolfe (1988), S. 15; Lange/Schaefer (1996), Sp. 792; Rösgen (2000), S. 246f.

210 Vgl. Osterloh (1974), S. 71f. Auch Lüder/Neumann (1979), S. 218-226, thematisieren unter dem Begriff der „Nichtrenditeprojekte" diese qualitativen Merkmale von Investitionen.

211 Vgl. exemplarisch Kaplan/Norton (1996), S. 2 u. S. 24; Weber/Schäffer (2000), S. 2-5; Bouquin (2001), S. 269f. u. S. 359; Lange/Lampe (2002), S. 101. Diese Forderung nach einer ausgewogeneren Betrachtung wird in jüngster Zeit auch im Rahmen der Diskussion um eine Neugestaltung der Budgetierung wieder aufgegriffen. Vgl. exemplarisch Hope/Fraser (2003), S. 9.

212 Vgl. z. B. Frese (1968), S. 22; Borer (1978), S. 29; Welge (1988), S. 324; Weber (1999), S. 158; Rösgen (2000), S. 238; Horváth (2001), S. 177; Küpper (2001), S. 173; Schäffer (2001), S. 212; Laux/Liermann (2003), S. 461; Küpper (2005), S. 191. Vereinzelt findet sich darüber hinaus auch eine so genannte kontextbezogene Kontrolle (vgl. z. B. Schäffer (2001), S. 212). Diese lässt sich aber in die zwei anderen Varianten integrieren bzw. aufspalten, so dass ihre separate Anführung nicht erforderlich ist.

213 Der Begriff des „audit" ist gemäß *Oxford Advanced Learners Dictionary* synonym zu „examination". Ähnlich *Webster's Third International Dictionary*, das „examination" aber auch „review" synonym verwendet und darüber hinaus in der Erläuterung des audit-Begriffs sowohl die Präzisierung als Revisionshandlung als auch die als Kontrolle anführt.

214 Vgl. z. B. (wobei teilweise implizit) Hasenack (1952), S. 348; Jankowski (1969), S. 94; Saatmann (1970), S. 14f.; Küpper (2001), S. 490f.; Ewert/Wagenhofer (2003), S. 346; Küpper (2005), S. 522.

vorgehensbezogener („Ordnungsmäßigkeits-")Überprüfung, fällt diese zweite Dimension des Kontrollgegenstands bzw. der Kontrollarten weg: Die so genannten verfahrensorientierten Kontrollen fallen dann unter den Begriff der Revision, während der eigentliche Kontrollbegriff auf die ergebnisorientierten Kontrollen beschränkt werden kann.[215] Mithin fällt diese zweite, vermeintliche Dimension des Kontrollgegenstands weg und es bleibt nur noch die Untergliederung in quantitative und qualitative Kontrollgegenstände.

Eben diese Beschränkung bzw. Abgrenzung des (ergebnisorientierten) Kontroll- vom (verfahrensorientierten) Revisionsbegriff sei den weiteren Ausführungen in dieser Arbeit zugrunde gelegt.[216] Hierdurch werden einerseits diverse sonst in der Literatur zur Kontrolle immer wieder auftretende Unklarheiten beseitigt und andererseits auch eine Anschlussfähigkeit der Begriffe Kontrolle und Revision an den angloamerikanischen Sprachgebrauch ermöglicht.[217] Damit trägt diese Eingrenzung des Kontrollbegriffs zur Erleichterung einer Diskussion und Kritik von Untersuchungen bzw. ihren Ergebnissen bei.[218]

Für die Beschreibung der Ausprägungen der quantitativen wie qualitativen Kontrollobjekte (bzw. symmetrisch der Revisionsobjekte) lassen sich drei, durch den chronologischen Fortschritt im betrachteten Handlungsplanungs- und -umsetzungsprozess (bzw. dessen Ergebnissen) bestimmte Größen identifizieren: Soll-Größen, Wird-Größen und

---

215 Vgl. dazu bereits Jankowski (1969), S. 348; Zünd (1973), S. 120 u. S. 206.

216 Diese Abgrenzung beinhaltet nicht per se auch eine personelle Abgrenzung in der Form, dass z. B. ein als Revisor bezeichneter Akteur in einem Unternehmen keine Kontrolle durchführen kann o. ä. Sie will lediglich die zwei Instrumente bzw. Handlungen Kontrolle und Revision von einander abgrenzen. Dies erscheint gerade angesichts der Tatsache wichtig, dass Personen realiter mannigfaltige Aufgaben (so auch Kontrolle und Revision) durchführen. Schließlich ist nur durch eine präzise begriffliche Abgrenzung der einzelnen Tatbestände sichergestellt, dass die Aspekte des einzelnen Betrachtungsgegenstands sauber bzw. einzeln analysiert werden können.

217 Gleichzeitig wird damit auch eine Klärung der Beziehung der in der betriebswirtschaftlichen Personalwesenliteratur und (sozial-)psychologischen Literatur anzutreffenden Bezeichnung bzw. Handlung der Mitarbeiterbeurteilung (engl. performance appraisal) zur Kontrolle (bzw. zur Revision) möglich. So handelt es sich auch bei so genannten performance appraisals um informationsverarbeitende Prozesse, in denen ein Vergleich zwischen einer Prüf- und einer Vergleichsgröße sowie eine Analyse von Abweichungen stattfindet (vgl. u. a. Bernardin/Beatty (1984), S. 129; George/Jones (2005), S. 244). Unterschiede zu Kontrolle und Revision bestehen nur insofern als sich erstens ein Mitarbeiterbeurteilungsprozess sowohl auf Ergebnisgrößen als auch auf Verhaltens- bzw. Verfahrensgrößen beziehen kann (vgl. George/Jones (2005), S. 246), wobei jedoch mangels der permanenten Überwachbarkeit des Verhaltens realiter wohl erstere von etwas höherer Bedeutung sind (vgl. Feldman (1981), S. 128). Zweitens, differieren Mitarbeiterbeurteilungsprozesse von Kontroll- und Revisionsprozessen potenziell dadurch, dass sie teilweise unbewusst und somit c. p. tendenziell etwas weniger systematisch stattfinden (vgl. Bernardin/Beatty (1984), S. 128; George/Jones (2005), S. 244). Insgesamt sind die Prozesse der Mitarbeiterbeurteilung, Kontrolle und Revision daher sehr eng verwandt miteinander und differieren nur in der Ausprägung der zugrunde gelegten Vergleichsgrößen und der Stärke der Systematik im Vergleichsprozess.

218 Vgl. dazu näher Opp (2005), S. 134f.

Ist-Größen.[219] Bei den Soll-Größen handelt es sich um vorgegebene Ziele,[220] d. h. vor der eigentlichen Handlungsdurchführung schon bekannte Größen. Wird-Größen stellen Wirkungsprognosen über die spätere Entwicklung eines zugehörigen Planes dar.[221] Sie liegen erst mit der Handlungsdurchführung vor. Nach Schweitzer (2005) sind die „Ist-Größen [...] schließlich Maßausdrücke über tatsächlich realisierte Werte, Mengen, Zeiten usw."[222].

		Zu prüfende Größe		
		Soll	**Wird**	**Ist**
Vergleichsgröße	**Soll**	**Zielkontrolle** (Soll-Soll-Vergleich)	**Planfortschrittskon-trolle** (Soll-Wird-Vergleich)	**Erfolgskontrolle** (Soll-Ist-Vergleich)
	Wird	-	**Prognosekontrolle** (Wird-Wird-Vergleich)	**Prämissenkontrolle** (Wird-Ist-Vergleich)

Abbildung 6: Prüf- und Vergleichsgrößenkonstellationen in Kontrollen

Auf Basis dieser drei Größen lassen sich in Anlehnung an Schweitzer (2005) die fünf möglichen Vergleichsgrößenkombinationen ableiten, die in der Abbildung 6 dargestellt sind und wie folgt weiter präzisiert werden können:[223]

- *Zielkontrolle (Soll-Soll-Vergleich):* Im Rahmen der Zielkontrolle werden „verschiedene Planziele (Soll-Größen) auf ihre Verträglichkeit überprüft"[224]. Diese Kontrolle erfolgt dabei vor der Zielrealisation in einer Realisierbarkeitsprüfung bzw. -kontrolle.[225] „Derartige Vergleiche liefern Informationen über die Zielkon-

219 Vgl. z. B. Schweitzer (2005), S. 74. Im Fall der Kontrolle beziehen sich diese Größen dabei auf Ergebnisse von Handlungen, während sie im Falle der Revision sich auf das Vorgehen- bzw. Verfahren bei diesen Handlungen beziehen. Da im Weiteren dieser Arbeit nur die Kontrolle näher betrachtet wird, wird auf diesen Zusammenhang nicht mehr explizit in den folgenden Abschnitten hingewiesen.

220 Vgl. Schweitzer (2005), S. 75.

221 Vgl. Schweitzer (2005), S. 75.

222 Schweitzer (2005), S. 75. Im Original teilweise hervorgehoben.

223 Abweichend zu Schweitzer (2005), S. 74, sei beim Soll-Ist-Vergleich von Erfolgskontrolle statt Ergebniskontrolle gesprochen. Zwischen den fünf möglichen Kombinationen der Vergleichsgrößen bestehen, wie Schäffer (2001) darstellt, substitutive und komplementäre Beziehungen, auf deren Darstellung hier jedoch verzichtet sei. Vgl. dazu detailliert Schäffer (2001), S. 214-227. Vgl. auch Spielberger (1983), S. 52-54.

224 Schweitzer (2005), S. 75. Ähnlich Schäffer (2001), S. 12; Schweitzer (2001), S. 73.

225 Vgl. Schweitzer (2005), S. 75.

kurrenz, -komplementarität und -indifferenz“[226]. Sie decken so die Notwendigkeit eines ggf. erneuten Durchlaufs des Planungsprozesses auf.

- *Planfortschrittskontrolle (Soll-Wird-Vergleich):* Unter einer Planfortschrittskontrolle ist ein Vergleich des vorgegebenen Ziels (Soll) mit den Wirkungsprognosen (Wird-Größen) der späteren Zielerreichung zu verstehen.[227] Diese Form der Kontrolle basiert auf der Überprüfung von Planabschnitten,[228] d. h. sie setzt eine begonnene Umsetzungshandlung voraus, da vorher noch keine Abweichungen vom Soll auftreten können.[229]

- *Erfolgskontrolle (Soll-Ist-Vergleich):* Die in der Literatur auch als Ergebnis- oder Nachkontrolle bezeichnete Erfolgskontrolle als eine nach der Realisation erfolgende Kontrolle vergleicht „Soll-Größen mit realisierten Ist-Größen derselben Periode, um zu ermitteln, inwieweit die antizipierten Soll-Größen auch tatsächlich erreicht wurden“[230]. Diesem Typus ist auch die in der Praxis häufig vertretene Form des Ist-Ist-Vergleichs zuzuordnen,[231] die auch als „verdeckter Soll-Ist-Vergleich“[232] bezeichnet werden kann. Die Soll-Größe wird im Falle des Ist-Ist-Vergleichs aus einer realisierten Ist-Größe ermittelt, die so tatsächlich einer angestrebten Ziel- bzw. Plangröße entspricht.[233] Der Soll-Ist-Vergleich ist der häufigste der hier vorgestellten Typen und gleichzeitig fast schon eine Art „Archetypus“ der Kontrolle, so dass in vielen Werken die Kontrolle implizit oder explizit mit diesem Typus gleichgesetzt wird.[234]

---

226 Amshoff (1993), S. 266.

227 Vgl. Newman (1975), S. 40; Gaydoul (1980), S. 139; Schweitzer (2005), S. 75.

228 Vgl. Newman (1975), S. 40; Schweitzer (2001), S. 74.

229 Vgl. Schultz (2005), S. 252. Anderer Meinung hingegen ist Schweitzer (2005), S. 75.

230 Schäffer (2001), S. 12. Ähnlich Newman (1975), S. 42; Gaydoul (1980), S. 142; Schweitzer (2001), S. 74; Schweitzer (2005), S. 75.

231 Vgl. Schweitzer (2005), S. 76.

232 Schweitzer (2005), S. 76.

233 Vgl. Schweitzer (2005), S. 76.

234 So beispielsweise schon bei Fayol (1916), S. 153: „Dans une entreprise, le contrôle consite à vérifier si tout se passe conformément au programme adopté, aux ordres donnés et aux principles admis“. Ähnlich auch Grull (1921), S. 14: „Die Gegenstände des Vergleichs sind bei der Kontrolle im Geschäftsbetriebe: derjenige Zustand, der nach dem Betriebsplane vorhanden sein oder herbeigeführt werden soll und der Zustand, der tatsächlich vorliegt“. Aber auch bei Leitner (1939), S. 1, findet sich dieser Typus der Kontrolle: „Wo im Wirtschaftsleben ein Sein-Sollen angenommen wird, ist es notwendig, Arbeitsverfahren und Arbeitsweg zu überwachen, das Ist mit dem Soll, das Erreichte mit dem Erstrebten zu vergleichen“. Ähnlich auch Frese (1968), S. 53: „Unter ‚Kontrolle‘ soll in dieser Arbeit der Vergleich zwischen geplanten und realisierten Werten [...] verstanden werden“. Bei Saatmann (1970), S. 15, soll „Kontrolle [...] Überwachung durch quantitativen Vergleich zwischen Soll- und Istergebnis bedeuten“. Ferner auch Kromschröder (1972), S. 21: „Der Inhalt der Kontrolle wird hier [...] in dem Vergleich zwischen geplanten Zuständen oder Abläufen (Soll) und realisierten oder effektiven Zuständen oder Abläufen (Ist) gesehen“. Und auch Töpfer (1976), S. 84, sieht implizit diesen Typus als den für „Kontrolle“ relevanten an. Des Weiteren auch Mellerowicz (1979), S. 18:

- *Prognosekontrolle (Wird-Wird-Vergleich):* Die vierte Variante, der Wird-Wird-Vergleich, dient „der Konsistenzüberprüfung prognostizierter Größen bei Wirkungsprognosen“[235], d. h. der Überprüfung, ob die prognostizierten Ergebnisse bzw. Konsequenzen mehrerer Handlungsalternativen miteinander vereinbar bzw. verträglich sind.
- *Prämissenkontrolle (Wird-Ist-Vergleich):* Da jede Planung auf – expliziten oder impliziten – Prämissen über einzelne Plangrößen und deren Zusammenhänge aufbaut, ist, sobald die Planrealisation begonnen hat, zu überprüfen, ob die unterstellten (impliziten wie expliziten) Prämissen noch zutreffen.[236]

Den drei Prüfgrößen (Soll, Wird und Ist) folgend lassen sich diese fünf Vergleichsmöglichkeiten von Prüf- und Vergleichsgröße drei zeitlich aufeinander folgenden, nur durch ihre Prüfgrößen zu unterscheidenden Kontrollen zuordnen: Erstens, Kontrollen vor der eigentlichen Handlungsdurchführung, zweitens, Kontrollen während der Handlungsdurchführung und schließlich, drittens, Kontrollen nach der Handlungsdurchführung. Die ersten, die in der Literatur auch als Plankontrollen bezeichnet werden,[237] umfassen dabei grundsätzlich – wie aus Abbildung 6 zu entnehmen ist – die Zielkontrollen. Die mit dem Begriff der Realisationskontrollen belegten Kontrollen während der Handlungsdurchführung hingegen beinhalten prinzipiell die Planfortschritts- und Prognosekontrollen; die letzten schließlich die Erfolgs- und die Prämissenkontrollen.[238] Da sich alle aber nur in den, jeweils aufgrund des Fortschritts im Handlungsplanungs- und -umsetzungsprozess variierenden Kontrollgegenständen unterscheiden, stellen sie nur gegenstandsbezogene Ausprägungen der vorhin definierten, allgemeinen Kontrolle dar.[239]

„Die Kontrolle des Betriebes beruht auf der Erfassung der tatsächlichen Vorgänge und ihrer Gegenüberstellung mit einer Norm“. Auch Wild (1982), S. 44, definiert „Kontrollen als Soll-Ist-Vergleiche (Ziel-Ergebnis-Vergleiche)“. Für Euler (1992), S. 12, bestehen Kontrollen darin, dass „bestimmte Ist-Objekte hinsichtlich ihrer Konformität mit entsprechenden Soll-Objekten“ überprüft werden. Ähnlich auch Ewert/Wagenhofer (2003), S. 346, die von „Sollgrößen“ und „tatsächlich realisierten Größen“ sprechen, und Weber (2004), S. 313: „Unter Kontrolle soll im Folgenden der Vergleich eines eingetretenen Ist mit einem vorgegebenen Soll verstanden werden“ (im Original teilweise kursiv hervorgehoben). Ähnlich Heineke (2005), S. 124f.; Spillecke (2005), S. 9.

235 Schweitzer (2005), S. 76.

236 Vgl. hierzu Amshoff (1993), S. 266; Schweitzer (2001), S. 75; Schäffer (2001), S. 12; Schweitzer (2005), S. 76.

237 Vgl. z. B. Osterloh (1974), S. 16.

238 Angemerkt sei hier, dass natürlich prinzipiell eine Zielkontrolle auch erst während der Handlungsdurchführung denkbar ist, dass auf diese Möglichkeit aber nicht näher eingegangen werden muss, da es aus ökonomischer Perspektive unsinnig wäre, erst während der Handlung über die Kompatibilität von deren Zielen mit den Zielen anderer Handlungen nachzudenken. Vielmehr ist es rational, dies vor dem Beginn der Handlungsdurchführung zu tun. Entsprechend sei hier zwar diese Möglichkeit nicht ausgeschlossen, jedoch, da nicht als Regelfall betrachtet, nicht näher beschrieben.

239 Es sind mithin keine sich grundsätzlich unterscheidenden und daher separat zu diskutierenden Kontrollen, sondern vom Charakter her identische Vergleiche mit Abweichungsanalyse von einer Prüf-

2.1.3 Investitionskontrolle

In den vorangegangenen Abschnitten wurden der Investitions- und der Kontrollbegriff näher präzisiert. Eine Investition war dabei als ein Vermögensgegenstand (in Form eines Einzelobjekts oder eines Programms) mit den diversen genannten Objekten, Zwecken, Kapazitätswirkungen, Umfängen und Entscheidungsfreiheiten definiert worden. Eine Kontrolle wiederum wurde als systematische informationsverarbeitende, nicht-prozessunabhängige, beurteilende Vergleichs- und Abweichungsanalysehandlung zwischen ergebnisorientierten, quantitativen oder qualitativen Prüf- und Vergleichsgrößen der Typen Soll, Wird und Ist beschrieben.

Aufbauend auf diesen Begriffen der Investition und der Kontrolle kann nun das Investitionskontrollverständnis dieser Arbeit genauer präzisiert werden: *Unter Investitionskontrollen werden im Folgenden systematische, informationsverarbeitende, in den Investitionsprozess integrierte Handlungen verstanden, in denen ein beurteilender Vergleich zwischen zwei ergebnisorientierten, quantitativen oder qualitativen Größen der Typen Soll, Wird und Ist einer vermögensorientiert beschriebenen Investition sowie eine Auswertung eventueller Abweichungen hinsichtlich ihrer Ursachen vollzogen wird.*

Diese Definition der Investitionskontrolle besitzt im Hinblick auf die im weiteren Verlauf dieser Arbeit vorzunehmende Analyse des Instruments Investitionskontrolle mehrere Vorteile:

- Sie ist mit dem in Theorie wie Praxis weit verbreiteten (Vor-)Verständnis einer Investitionskontrolle als der Kontrolle einer vermögensbestimmt definierten Investition bzw. Maßnahme mit längerfristigem, aber nicht forschungsartigem Charakter kompatibel und tritt nicht in Konkurrenz zu anderen, ebenfalls seit längerem in der Literatur eingeführten Begriffen wie der Werbeerfolgskontrolle und der Marketingkontrolle.[240] Damit ist eine Anschlussfähigkeit der vorliegenden Arbeit an eine weit verbreitete Perspektive möglich und gleichzeitig die Gefahr von Missverständnissen in nachfolgenden empirischen Untersuchungen zur Prüfung der in der Arbeit entwickelten Hypothesen reduziert.

---

mit einer Vergleichsgröße, die keine separate Betrachtung erfordern. Einzig die Prüf- und die Vergleichsgrößen variieren zwischen ihnen, da nicht alle Prüfgrößen zu jedem Zeitpunkt im Prozess der Handlungsplanung und -durchführung sowie nachfolgend resultierenden Situation verfügbar sind.

240 Vgl. dazu nochmals den Überblick möglicher Investitionsgegenstände. Aus dieser Fokussierung auf die Investitionsgegenstände und nicht wie das periodenbezogene Rechnungswesen auf allgemeine Abrechnungsbereiche (vgl. dazu auch Bloth (1975), S. 195), ergibt sich, dass die in der Literatur z. T. unter dem Begriff der Investitionskontrolltiefe diskutierten Globalkontrollen im Weiteren nicht als Investitionskontrollen betrachtet werden, da sie sich auf Abrechnungsbereiche beziehen.

- Sie folgt dem mittleren Kontrollbegriff und ist damit einerseits mit dem sprachlichen Vorverständnis des Kontrollbegriffs noch kompatibel bzw. nimmt keine Vermengung mit dem Planungsbegriff vor und ist andererseits auch nicht dem in der Literatur gegenüber dem engen Kontrollbegriff geäußerten Vorwurf der Fraglichkeit des Zwecks einer solchermaßen definierten Kontrolle ausgesetzt.[241]

- Sie grenzt den Investitionskontrollbegriff klar vom Begriff der Investitionsrevision ab.[242] Eine präzise und eindeutige Abgrenzung des Betrachtungsgegenstands ist jedoch eine Voraussetzung für die Möglichkeit der Diskussion und Kritik von Untersuchungen.[243] Im Gegensatz zur Investitionsrevision, die nicht in den Investitionsprozess integriert ist und eine verfahrensorientierte Überwachung bzw. Prüfung vornimmt, sind Investitionskontrollen in den Investitionsprozess integriert und betrachten nur ergebnisorientierte Größen.[244]

- Sie unterscheidet die Investitionskontrolle gleichzeitig eindeutig von einer ebenfalls in der Literatur diskutierten, allgemeinen Systemkontrolle des Investitionsprozesses eines Unternehmens. Auch hiermit wird eine Diskussion und Kritik einzelner Untersuchungen zu den so präzise und eindeutig abgegrenzten Forschungsgegenständen erleichtert.[245] Im Gegensatz zu dieser ist die Investitionskontrolle der gewählten Definition eine in den Investitionsprozess integrierte Kontrollhandlung.[246]

- Sie trägt durch die Einbeziehung quantitativer und qualitativer Kontrollgegenstände der Tatsache Rechnung, dass Investitionen nicht nur mit monetären Zielen verfolgt werden, sondern auch aus nicht-monetären (oder nicht primär finanziellen) Gründen wie beispielsweise einer Verbesserung der Reputation des Unternehmens durch die Installation einer Rauchgasfilteranlage oder ähnlicher Umweltschutzinvestitionen.[247]

---

241 Auch Lüder/Neumann (1979), S. 4, betrachten diesen mittleren Begriff als zur Untersuchung des Phänomens Investitionskontrolle gut geeignete Definition.

242 Vgl. zur gleichen Abgrenzung von Investitionskontrolle und -revision schon Saatmann (1970), S. 50, der die verfahrensorientierte Überprüfung der Investitionsrevision, die ergebnisorientierte Überprüfung aber der Investitionskontrolle zuordnet.

243 Vgl. dazu näher Opp (2005), S. 134f.

244 Vgl. dazu auch Saatmann (1970), S. 50 und Bloth (1975), S. 195. Vgl. ebenso auch Schaefer (1993), S. 137, die jedoch wenige Seiten später auch der Kontrolle verfahrensbezogene Aufgaben zuweist (vgl. ebenda, S. 140).

245 Vgl. Opp (2005), S. 134f.

246 Vgl. zu solcher Systemkontrolle bzw. dem so genannten dritten Kontrollhorizont z. B. Maune (1980), S. 51, und Schäffer (2001), S. 49f.

247 Dabei stellen die jeweiligen monetären und nicht-monetären Ziele einer Investition jedoch selbstverständlich Unterziele eines gemeinsamen, wie auch immer gearteten Unternehmensziels dar.

- Sie bezieht alle drei aus der Kombination der Prüf- und Vergleichsgrößen resultierenden Ausprägungen der Investitionskontrolle in den Investitionskontrollbegriff ein. Damit nimmt diese Definition keine arbiträre Ausgrenzung bestimmter Kontrollgegenstände vor,[248] die als eine Hauptursache der divergierenden Präzisierungen in der Literatur betrachtet werden muss. So ist dieser Definition folgend erstens eine *Investitionsantragskontrolle* vor der Investitionsentscheidung in Form einer Zielkontrolle denkbar, bei der verschiedene ergebnisorientierte Ziele[249] (Soll-Größen) auf ihre Verträglichkeit untereinander überprüft werden.[250] Zweitens fällt eine *Investitionsrealisationskontrolle* während der Umsetzung des Investitionsvorhabens unter diesen Begriff, in der der Umsetzungs- bzw. Projektfortschritt (Soll-Wird-Vergleich) und die Konsistenz von Wirkungsprognosen (Wird-Wird-Vergleich) kritisch hinterfragt werden.[251] Drittens umfasst der Investitionskontrollbegriff damit auch eine *Investitionserfolgskontrolle* in der Nutzungsphase der Investition oder gegen deren Ende. Dabei erfolgt ein Vergleich der in der Planungsphase zugrunde gelegten Prämissen des Investitionsplans mit der Realität (Wird-Ist-Vergleich); ferner wird die Erreichung der antizipierten Planungsgrößen kritisch analysiert (Soll-Ist-Vergleich).[252]

---

248 Vgl. für das gleiche Vorgehen so schon Betriebswirtschaftlicher Ausschuß des Verbands der chemischen Industrie (1974), S. 11.

249 Wird hingegen überprüft, „welche Handlungsalternativen der Entscheidungsträger erwogen, welche Informationen über die Konsequenzen der Alternativen er bis zu diesem Zeitpunkt [...] eingeholt, welche Schlüsse er daraus gezogen und welche Handlungsalternative er dann gewählt hat“ (Laux/Liermann (1986), S. 9), so fällt dies nach der gewählten Definition unter den Begriff der Investitionsantragsrevision und nicht unter den der Investitionsantragskontrolle, da dann das Vorgehen im Vordergrund der Überwachtung steht.

250 Vgl. dazu Istvan (1961), S. 15; Terborgh (1967), S. 26. Vgl. hierzu auch die Ausführungen bei Schweitzer (2005), S. 75, zur Zielkontrolle im Allgemeinen.

251 Vgl. auch Cubbage (1968), S. 161; Lange/Schaefer (1996), Sp. 792; Lüder (1996), Sp. 795. Angemerkt sei, dass, wenngleich hier nicht explizit berücksichtigt, ab Beginn der Realisation auch Teile der in der Planung im Hinblick auf die Auszahlungen der Investition unterstellten Prämissen (teilweise) auf ihre Richtigkeit hin überprüft werden können. Da eine abschließende Beurteilung der Prämissen jedoch eigentlich erst am Ende der Investitionslebensdauer möglich ist, sei auf diese Möglichkeit einer teilweisen Kontrolle der Planungsannahmen hier nicht weiter eingegangen.

252 Vgl. z. B. auch Cubbage (1968), S. 161; Neale (1991c), S. 113. Im Gegensatz zur vorherrschenden Meinung in der deutschsprachigen Investitionskontrollliteratur (vgl. z. B. Lüder (1996), Sp. 795) sei diese Kontrolle nicht als (Investitions-)Ergebniskontrolle, sondern als (Investitions-)Erfolgskontrolle bezeichnet, da wie bei der Darstellung der alternativen Kontrollobjektdimensionen auch in der Antrags- oder Realisationskontrolle Ergebnisse (Pläne oder Teilrealisationsschritte) überprüft werden. Zum Zweck einer klareren Abgrenzung der drei Investitionskontrollen sei daher auf den von Saatmann (1970), S. 7, geprägten Begriff der Erfolgskontrolle zurückgegriffen.

2.2 Implikationen dieses Investitionskontrollbegriffs für die weitere Arbeit

Der gerade formulierte Investitionskontrollbegriff besitzt neben den dargestellten Vorzügen der Abgrenzung von verwandten Begriffen in der Literatur, wie der Investitionsrevision, der Systemkontrolle und der Werbeerfolgskontrolle, auch einen weiteren wichtigen Aspekt bei der Theoriebildung. Auf ihn wurde noch nicht näher eingegangen. Er ist aber von besonders herausragender Bedeutung für die in der weiteren Arbeit angestrebte sachlich-analytische Entwicklung von Grundzügen einer Theorie der Investitionskontrolle. Entsprechend wird er separat in diesem Teilkapitel noch eingehender diskutiert.

So grenzt die Definition den Investitionskontrollbegriff zum einen, wie erläutert, klar von anderen Begriffen wie z. B. der Investitionsrevision ab, baut aber zum anderen gleichzeitig auf dem allgemeinen Begriff einer Kontrolle auf. Hieraus ergibt sich erstens eine große Nähe zur Kontrolle allgemein, zweitens jedoch auch eine Spezifizierung durch den Bezug auf, nach den IFRS vermögensorientiert definierte, Investitionen. Dies besitzt insofern potenziell Implikationen für die Bildung einer Theorie der Investitionskontrolle als sich damit die Frage stellt, inwiefern Aussagen für die Investitionskontrolle auf die Kontrolle im allgemeinen bzw. andere Kontrollen (z. B. die der Einhaltung der Wochenarbeitszeit, die eines einjährigen Budgets, die des Fortschritts oder Erfolgs einer Werbekampagne oder eines Forschungsprojekts) übertragbar sind und umgekehrt.

Vermögensorientiert definierte Investitionen besitzen, wie schon das Vorverständnis des Investitionsbegriffs allgemein nahe legt und wie in der Literatur unstrittig ist,[253] einen komparativ zu anderen Maßnahmen in Unternehmen langfristigen oder zumindest längerfristigen, d. h. mehrperiodigen Charakter.[254] Hieraus ergeben sich mehrere Konsequenzen, die eine Kontrolle solchermaßen definierter Objekte (Investitionen) von der Kontrolle anderer Gegenstände unterscheiden.

Der vergleichsweise längerfristige Charakter von Investitionen impliziert in einer realen Welt, in der nicht von einem „allumfassenden" Wissen der handelnden Individuen ausgegangen wird (bzw. werden kann), dass für die mit der Investition betrauten Personen größere Unsicherheiten oder Wissensdefizite bestehen als im Fall kurzfristiger Maßnahmen, bei denen die entsprechenden Auswirkungen leichter zu prognostizieren sind.[255]

---

253 Vgl. Terborgh (1962), S. 5. Ähnlich bspw. auch Küpper (2005), S. 485.

254 Vgl. hierzu die IAS 16.6. Siehe für Erläuterungen Coenenberg (2000), S. 161; Pellens/Fülbier/Gassen (2004), S. 280f.

255 Unsicherheiten bzw. Wissensdefizite werden als die Lücke zwischen objektiv vom Kontext geforderten Fähigkeiten bzw. Wissen eines Individums und subjektiv vorhandenen definiert. Hierauf wird ausführlich noch in Kapitel 4 eingegangen.

Dies bedeutet, dass sowohl für den Kontrollierten als auch für den Kontrolleur in einer Investitionskontrolle ein größeres Ausmaß an Wissensdefiziten, relativ zum vom Kontext bzw. dem Investitionsvorgang geforderten Ausmaß an Fähigkeiten, besteht als im Fall kurzfristigerer Handlungen.[256] Entsprechend ist aus der Überprüfung der Wochenarbeitszeit oder der Einhaltung eines einjährigen Budgets bedeutend leichter ein Rückschluß auf das Handeln des Kontrollierten durch den Kontrolleur möglich als im Fall einer Kontrolle einer Investition. Ebenso gilt für den Kontrollierten, dass für ihn eine Planung kurzfristiger Handlungen einfacher ist als langfristiger Vorgänge und dass damit auch die Wahrscheinlichkeit einer Abweichung zwischen Geplantem und Realisiertem tendenziell geringer ausfällt. Gleichzeitig folgt daraus, dass bei noch längerfristigen unternehmerischen Maßnahmen, wie z. B. einem (Grundlagen-)Forschungsprojekt, die Wissensdefizite noch größer sind und damit die Wahrscheinlichkeit von Abweichungen zwischen Plan und realisiertem Ergebnis noch höher ausfällt, der Rückschluss aber gleichermaßen ebenfalls schwieriger wird.

Die längerfristige Ausrichtung einer Investitionsmaßnahme zieht jedoch potenziell auch ein größeres Problem der Kompatibilität zwischen der Prüf- und der Vergleichsgröße nach sich als im Fall eines kurzfristiger orientierten Kontrollgegenstands:[257] Häufig werden im Laufe der Zeit Änderungen an längerfristig orientierten Gegenständen bzw. Entscheidungen, wie z. B. einer Investition, vorgenommen, so dass die Prüf- und die Vergleichsgröße inhaltlich auseinander fallen (können) oder aber die Abrechnungsbereiche des betrieblichen Datenerfassungssystems nicht mehr mit der Investition kompatibel sind.[258] Der lange Zeitraum einer Investition und der damit bedeutsam werdende Zeitwert des Geldes führt dazu, dass in Investitionsentscheidungen zweckmäßigerweise so genannte dynamische Investitionsbewertungsverfahren eingesetzt werden und oft auf eine zahlungsstrombasierte Kalkulation (z. B. Kapitalwert) zurückgegriffen wird. Hieraus resultiert jedoch ein in der Praxis häufig auftretendes methodisches Problem der Inkompatibilität von Prüf- und Vergleichsgröße aus methodischer Sicht (z. B. Kapitalwert vs. statische Amortisationsdauer), da die betriebswirtschaftlichen Datensammlungs- und -verarbeitungsanlagen i. d. R. nicht hierfür ausgerichtet sind.[259] Schließlich impliziert der langfristige Zeitraum einer Investition auch, dass eine zeitliche Inkompatibilität zwischen

---

[256] Siehe zu diesem relativen Verständnis von Unsicherheit bzw. Wissensdefiziten auch Kapitel 4.

[257] Vgl. z. B. Küpper (2005), S. 485. Auf die Bedeutung der Kompatibilität von Prüf- und Vergleichsgröße für (Investitions-)Kontrollen wird auch in den Kapiteln 3.1 und 3.2 sowie 6.5 noch detailliert eingegangen.

[258] Vgl. hierzu exemplarisch schon Lüder (1969), S. 36f. u. S. 85; Rockley (1973), S. 227; Hastie (1974), S. 38; Lüder/Neumann (1979), S. 139; Mills/Kennedy (1990), S. 7; Gadella (1991), S. 98; Holmes/Cullen/Gray (1991), S. 58; Schwellnuß (1991), S. 73-82.

[259] Vgl. dazu bspw. Lüder (1969), S. 28 u. S. 36; Borer (1978), S. 186-235; Lüder/Neumann (1979), S. 332; Lüder (1980), S. 363; Posey/Roth/Dittrich (1985), S. 17; Gordon/Myers (1991), S. 41; Neale (1991a), S. 130; Morgan/Tang (1992), S. 228; Farragher/Kleiman/Sahu (1999), S. 145 u. S. 147.

Prüf- und Vergleichsgröße auftreten kann: Während sich die geplante Größe auf die gesamte Lebensdauer einer Investition bezieht, wird aufgrund des enormen Aufwands der Datenbeschaffung (und -vergleichbarmachung) oft auf lediglich einen Ausschnitt der realisierten Größen als Vergleichsgrundlage zurückgegriffen.[260] Alle drei Aspekte führen dazu, dass bei Investitionen die Vergleichbarkeit bzw. Kompatibilität zwischen Prüf- und Vergleichsgröße im Schnitt geringer ausfallen wird als bei einer Kontrolle kurzfristigerer Maßnahmen wie z. B. einer Budgetkontrolle.[261] Hieraus resultiert ein im Durchschnitt größeres Rückschlussproblem bei Investitionskontrollen als bei anderen, kurzfristiger orientierten Kontrollen. Ebenso ist daraus zu folgern, dass dieser Durchschnittswert tendenziell unter demjenigen von Kontrollen von komparativ noch längerfristigeren Maßnahmen wie Forschungsprojekten o. ä. liegen wird.

Der Unterschied zwischen Investitionskontrollen und anderen Kontrollen lässt sich somit anhand eines Kontinuums der Langfristigkeit des kontrollierten Gegenstands und der daraus resultierenden Wissensdefizite bei Kontrolleur wie Kontrolliertem sowie der Kompatibilitätsprobleme bestimmen: Während eine Kontrolle unterjähriger Maßnahmen mit großer Sicherheit im Durchschnitt näher dem linken, unteren Ende eines Kontinuums des Ausmaßes der Wissensdefizite und Kompatibilitätsprobleme liegt, wird eine Investitionskontrolle bereits ein im Schnitt deutlich größeres Ausmaß an Wissensdefiziten und Vergleichbarkeitsproblemen aufweisen und mehr dem rechten, oberen Ende zutendieren. Eine Kontrolle einer sehr langfristig orientierten Maßnahme, wie eines (Grundlagen-)Forschungsprojekts schließlich, wird voraussichtlich (wiederum im Durchschnitt) noch weiter am rechten, oberen Ende dieses Kontinuums angesiedelt sein.[262]

Diese Überlegungen lassen sich in zwei Punkten zusammenfassen:

- Erstens besteht kein grundlegender Unterschied in den Kontrollhandlungen an sich – sowohl bei einer Investitionskontrolle als z. B. auch bei einer Budget- oder Forschungsprojektkontrolle wird ein beurteilender Vergleich zweier ergebnisorientierter Größen und eine Auswertung potenzieller Abweichungen vorgenommen. Insofern sind Aussagen für eine dieser Kontrollen prinzipiell auch auf die anderen Kontrollen bzw. auf Kontrollen im Allgemeinen übertragbar.
- Zweitens existiert jedoch ein Unterschied in der Fristigkeit der zugrunde gelegten Kontrollgegenstände, auf die sich die in der Kontrolle gegenübergestellten Größen beziehen. Aus diesen ergeben sich unterschiedliche durchschnittliche Ausmaße der Wissensdefizite bei Kontrolleur wie Kontrolliertem sowie Probleme der Kompatibilität von Prüf- und Vergleichsgröße zwischen unterschiedlichen Kon-

260 Vgl. z. B. Myers (1966), S. 23; Lüder (1969), S. 36; Lüder/Neumann (1979), S. 332.

261 Vgl. ähnlich Küpper (2005), S. 485.

262 Zur Problematik der sehr hohen Unsicherheit bei Forschungsprojekten vgl. bspw. Zayer (2005), S. 46.

trollen. Je langfristiger der Charakter des kontrollierten Gegenstands, desto größer werden c. p. die Wissensdefizite und Inkompatibilitäten in einer solchen Kontrolle sein.

Aus diesen zwei Punkten ist dann folgendes für die in der vorliegenden Arbeit angestrebte Entwicklung von Grundzügen einer (verhaltensorientierten) Theorie betriebswirtschaftlicher Investitionskontrollen zu schließen:

Zwar lassen sich unabhängig von der betrachteten speziellen Kontrolle Aussagen über die Wirkungen bzw. Ziele sowie die Zusammenhänge dieser mit den Parametern formulieren, jedoch wird die Höhe der Ausprägungen der Parameter Fähigkeiten des Kontrolleurs, Fähigkeiten des Kontrollierten und Grad der Kompatibilität von Prüf- und Vergleichsgröße im Durchschnitt zwischen unterschiedlichen Kontrollen variieren. Somit werden empirische Untersuchungen zu den Ausprägungen dieser Parameter zu (im Durchschnitt) unterschiedlichen Ergebnissen kommen, je nachdem ob beispielsweise eine Budgetkontrolle, eine Investitionskontrolle oder eine Kontrolle eines (Grundlagen-)Forschungsprojekts betrachtet wird. Dies impliziert, dass die empirisch ermittelbaren Funktionen des Zusammenhangs zwischen diesen Parametern (genauer: ihren Ausprägungen zwischen Null und Eins) und der Stärke der Wirkungen der jeweiligen Kontrollen zwar funktional gleich (z. B. positiv linear, negativ linear oder exponentiell) sein werden, dass sie sich aber in der Steigung bzw. dem exakten Verlauf unterscheiden werden (z. B. statt $y = 2x + 5$ eine Funktion $y = 2x + 4$).

Da in der vorliegenden Arbeit auf sachlich-analytische Weise Grundzüge einer verhaltensorientierten Theorie der Investitionskontrolle in der Form von Wenn-Dann- bzw. Je-Desto-Aussagen formuliert werden sollen und nicht eine vollständige, funktional genau spezifizierte formal-analytische Theorie oder empirisch ermittelte Funktionen, spielen diese Unterschiede in den formalen Definitionen der Funktionen zwischen den unterschiedlichen Kontrollen keine weitere Rolle für die Diskussion in dieser Arbeit.[263] Die in den Kapiteln 4, 5 und 6 folgenden *Ausführungen zu den Wirkungen und ihrem Zusammenhang mit den Ausprägungsparametern einer Investitionskontrolle besitzen somit auch Gültigkeit für Kontrollen im Allgemeinen.* Insofern ist im weiteren keine Unterscheidung nötig – und die Kapitel könnten ebenso gut auch unter eine Überschrift „Grundzüge einer verhaltensorientierten Theorie der Kontrolle" eingeordnet werden. Nur im Falle einer formal-analytischen Forschungsstrategie, bei der eine exakte Spezifizie-

---

263 Aufgrund der in Fußnote 217 beschriebenen Nähe der Instrumente Kontrolle und Mitarbeiterbeurteilung ist darüber hinaus auch eine Nutzung von Überlegungen aus der Literatur zu den so genannten Performance Appraisals für diese Generierung von Wenn-Dann- bzw. Je-Desto-Aussagen in der vorliegenden Arbeit möglich. Schließlich werden sich die geschilderten Unterschiede in den zwei Instrumenten ebenfalls nur in verschiedenen empirisch feststellbaren oder im Falle einer formal-analytischen Arbeit zu beachtenden, Ausprägungen der Parameter äußern, nicht jedoch in den in der vorliegenden Arbeit angestrebten sachlich-analytischen Aussagen.

rung des Funktionsverlaufs in Gleichungen erforderlich ist oder aber bei einer empirischen Forschungsstrategie, bei der die unterschiedlichen Durchschnittswerte zwischen den Kontrollen empirisch zutage treten würden, ergäben sich im Detail Unterschiede (z. B. $y = 2x + 4$ statt $y = 2x + 5$). Beides wird jedoch in der vorliegenden Arbeit aufgrund des gegebenen Stands der betriebswirtschaftlichen Investitionskontrollforschung und der daraus abgeleiteten Problemstellung nicht angestrebt.[264]

2.3 Zusammenfassung

Der Investitionskontrollbegriff wird in der Literatur und Praxis inhomogen verwendet. Daher ist eine Präzisierung des Begriffs der betriebswirtschaftlichen Investitionskontrolle, der den weiteren Ausführungen dieser Arbeit zugrunde gelegt werden soll, erforderlich. Zur leichteren Vornahme dieser Präzisierung kann der Begriff in seine zwei Teilelemente – Investition und Kontrolle – zerlegt werden.

Investitionen lassen sich dabei einerseits als Prozess und andererseits als Zustand beschreiben, wobei für erstere Begriffsfassung wiederum drei Varianten – der vermögensbestimmte, der kombinationsbestimmte und der zahlungsorientierte Investitionsbegriff – unterschieden werden können. In der vorliegenden Arbeit wird dabei auf dem vermögensbestimmten Investitionsbegriff aufgesetzt, da er in Einklang mit dem in Theorie wie Praxis weit verbreiteten (impliziten) (Vor-)Verständnis einer Investition steht und nicht in Konkurrenz zu anderen, in der Literatur eingeführten Begriffen, wie bspw. Werbekampagne oder F&E Projekt, tritt. Letzteres erscheint gerade aufgrund der Anschlussfähigkeit der vorliegenden Arbeit an die Mehrzahl der Veröffentlichungen auf dem Gebiet der Investitionskontrolle sinnvoll. Grundsätzlich wird im Hinblick auf die Investitionsgegenstände in der vorliegenden Arbeit ein breites, alle mit dem vermögensorientierten Investitionsbegriff vereinbaren Einzel- und Programminvestitionen umfassendes Verständnis zugrunde gelegt.

Auch der Begriffsbestandteil „Kontrolle" des Investitionskontrollbegriffs wird in der Literatur unterschiedlich verwendet. Im Grunde besteht nur darüber Einigkeit, dass eine Kontrolle einen Vergleich beinhaltet. Ob eine Abweichungsanalyse oder gar die Entwicklung (und evt. sogar Durchführung) von Korrekturvorschlägen auch zur Kontrolle zu zählen sind, ist in der Literatur umstritten. Der engen Definition der Kontrolle als reiner Vergleich wird in der Literatur der Vorwurf gemacht, ihr Zweck sei nicht erkennbar. Da allerdings ein weiter, sogar die Entwicklung von Korrekturmaßnahmen beinhaltender Begriff mit dem Problem der Abgrenzung zur Planung konfrontiert ist, wird der vorlie-

264 Vgl. hierzu nochmals Kapitel 1.2.

genden Arbeit ein mittlerer Kontrollbegriff zugrunde gelegt, d. h. neben der Gegenüberstellung zweier Größen wird auch die Auswertung eventueller Abweichungen zwischen diesen Größen unter den Begriff der Kontrolle gefasst. Zur Unterscheidung von der Revision, in der ebenfalls ein beurteilender Vergleich stattfindet, wird die Kontrolle als in den kontrollierten Handlungsprozess integrierte, auf ergebnisorientierte Größen abstellende Handlung präzisiert. Bei den zum Vergleich in einer Kontrolle herangezogenen Größen kann es sich dabei sowohl um quantitative als auch qualitative auf (Teil-)Handlungsergebnisse bezogene Soll-, Wird- oder Ist-Größen handeln. Diesen drei Typen von Größen entsprechend lassen sich Plan- bzw. Antragskontrollen (Soll-Soll-Vergleich), Realisationskontrollen (Soll-Wird und Wird-Wird) und Erfolgskontrollen (Wird-Ist und Soll-Ist) als Ausprägungen der Kontrolle unterscheiden.

Aufbauend auf diesen Präzisierungen des Investitions- und des Kontrollbegriffs lässt sich folgende Definition der betriebswirtschaftlichen Investitionskontrolle der Arbeit zu Grunde legen: Unter Investitionskontrollen werden systematische, informationsverarbeitende, in den Investitionsprozess integrierte Handlungen verstanden, in denen ein beurteilender Vergleich zwischen zwei ergebnisorientierten, quantitativen oder qualitativen Größen der Typen Soll, Wird und Ist einer vermögensorientiert definierten Investition sowie eine Auswertung eventueller Abweichungen hinsichtlich ihrer Ursachen vollzogen wird.

Diese Definition ist für eine Analyse des Instruments Investitionskontrolle vorteilhaft, da sie erstens mit dem Vorverständnis in Theorie wie Praxis vereinbar ist, aber gleichzeitig eine klare Abgrenzung zu ähnlichen Begriffen in der betriebswirtschaftlichen Literatur, wie z. B. Werbeerfolgskontrolle oder F&E Kontrolle, sicherstellt. Zweitens folgt sie dem mittleren Kontrollbegriff, wodurch Abgrenzungs- und Begründungsprobleme vermieden werden. Drittens leistet sie eine gute Abgrenzung zur Investitionsrevision und der Systemkontrolle. Viertens lässt sie quantitative wie qualitative Kontrollgegenstände zu. Fünftens umfasst sie alle möglichen Kombinationen der Vergleichsgrößen (Soll, Wird und Ist) und damit alle drei Ausprägungen an Investitionskontrollen (Investitionsantragskontrolle, Investitionsrealisationskontrolle, Investitionserfolgskontrolle), d. h. sie schließt somit nicht wie diverse andere Definitionen in der Literatur Vergleichskombinationen willkürlich aus.

Neben diesen Aspekten zeichnet sich die gewählte Definition des Investitionskontrollbegriffs aber auch durch zwei Eigenschaften aus, die für die Entwicklung einer Theorie der Investitionskontrolle von besonders großer Bedeutung sind:

Erstens besteht nach dieser Definition kein grundlegender Unterschied in den Kontrollhandlungen an sich zwischen unterschiedlichen speziellen Kontrollen (z. B. einer Budget- oder Forschungskontrolle). Insofern sind Aussagen zu Ursache-Wirkungs-

Zusammenhängen für eine dieser Kontrollen prinzipiell auch auf die anderen Kontrollen übertragbar.

Zweitens existiert jedoch ein Unterschied in der Fristigkeit der zugrunde gelegten Kontrollgegenstände bei der Investitionskontrolle von anderen Kontrollen. Aus diesem ergeben sich unterschiedliche durchschnittliche Ausmaße der Wissensdefizite bei Kontrolleur wie Kontrolliertem sowie der Kompatibilität von Prüf- und Vergleichsgröße zwischen unterschiedlichen Kontrollen. Dies wiederum bedeutet, dass zwar von übertragbaren grundsätzlichen Ursache-Wirkungs-Zusammenhängen auszugehen ist, dass sich aber die genauen (empirisch bestimmbaren) Funktionen dieser Zusammenhänge bei einer Investitionskontrolle von denen bei einer anderen Kontrolle unterscheiden können.

Beide Aspekte zusammen implizieren für die vorliegende Arbeit, dass in ihr, da auf sachlich-analytische Weise Grundzüge und keine exakt spezifizierten Funktionsgleichungen einer Theorie der Investitionskontrolle oder eine empirische Erhebung entsprechender Funktionen und Durchschnittswerte angestrebt werden, keine Unterscheidung in der Diskussion zum Entwurf von Grundzügen einer Kontrolle im Allgemeinen nötig ist.

3 Stand der Investitionskontrollforschung

„In management accounting, [...], little attention has been paid to the behavioural consequences of feedback.“

Luckett/Eggleton (1991), S. 372.

Nachdem im Kapitel 2 die begrifflichen Grundlagen gelegt wurden, soll im vorliegenden Kapitel 3 ein systematisierter Überblick über den internationalen Stand der theoretischen und empirischen Forschung zur betriebswirtschaftlichen Investitionskontrolle gegeben und dieser Stand einer kritischen Beurteilung unterzogen werden.[265]

Eine solche systematische und kritische Gesamtschau fehlt gegenwärtig in der deutschsprachigen wie fremdsprachigen Literatur zur Investitionskontrolle. Sie stellt jedoch die zentrale Voraussetzung für eine aus forschungsökonomischer Perspektive rationale weitere Erforschung von Investitionskontrollen dar, da sie Redundanzen in der Forschung vermeiden hilft und zu schließende Forschungslücken aufzeigt.[266] Das Ziel liegt dabei nicht darin, die weltweite Literatur zur Investitionskontrolle in ihrer Gänze darzustellen, sondern in der Systematisierung und Darstellung der wichtigsten Aussagen und Konzepte sowie empirischen Erkenntnisse innerhalb der internationalen Forschung zu Investitionskontrollen.[267]

Um diesen Überblick zu erstellen, wurde, aufbauend auf der im Kapitel 2 vorgestellten Präzisierung des Begriffs der Investitionskontrolle, in einem *dreistufigen Datensammlungsprozess die bestehende Forschung* zur Investitionskontrolle zusammengetragen.

Angesichts der Möglichkeit unterschiedlicher in der Literatur für den gleichen Gegenstand gebräuchlicher Begriffe erfolgte hierbei in einem ersten Schritt eine systematische, Artikel-für-Artikel-Untersuchung der in Abbildung 7 aufgeführten, nationalen und inter-

[265] Zur Präzisierung der Begriffe theoretische und empirische Forschung vgl. Kapitel 1.2, insbesondere auch die Fußnote 81. Gemäß der dortigen Ausführungen seien mit dem Begriff der theoretischen Forschung im Weiteren sowohl Arbeiten der sachlich-analytischen als auch der formal-analytischen Forschungsstrategie bezeichnet.

[266] Vgl. dazu ähnlich schon March/Simon (1958), S. 33.

[267] Vgl. hierzu auch Argyris (1957), S. Xf.; March/Simon (1958), S. 33.

nationalen Referee-Zeitschriften zur Eruierung der diversen, für den im Kapitel 2 definierten Gegenstand gebräuchlichen Begriffe.[268]

Academy of Management Review
Asia Pacific Journal of Management
Behavioral Research in Accounting
Betriebswirtschaftliche Forschung und Praxis
Comptabilité Contrôle et Audit
Die Betriebswirtschaft
Die Unternehmung
Harvard Business Review
International Journal of Business
Journal of Finance & Accounting
Journal of Management Accounting Research
Strategic Finance
Management Accounting Quarterly
Management Accounting Research
Review of Accounting and Finance
Review of Accounting Studies
Revue Finance Contrôle Strategie
Zeitschrift für Betriebswirtschaft
Zeitschrift für betriebswirtschaftliche Forschung
Zeitschrift für Controlling & Management
Zeitschrift für Planung

Abbildung 7: Referee-Zeitschriften für die Eruierung der international gebräuchlichen Begriffe für die in Kapitel 2 definierte Investitionskontrolle

Die Analyse begann mit der ersten Ausgabe des Jahres 1980 oder, falls die Zeitschrift nach 1980 gegründet wurde, mit dem ersten Jahrgang und der ersten Ausgabe der Zeitschrift. In beiden Fällen endete die Untersuchung mit dem aktuellsten Heft, das im Juni 2004 verfügbar war.[269]

Daran anschließend erfolgte eine Analyse von Literaturdatenbanken und Internetdaten anhand der identifizierten Schlagworte. Dabei kamen die Datenbanken ABI-Inform, EBSCO, Emerald-Fulltext, GBI-Wiso-Net, der Web-Opac der Bibliothèque National de France, die Digitale Bibliothek und die Proquest/UMI Datenbank an Ph.D. und D.B.A.

268 Die umfangreiche Liste der Schlagworte für die Investitionsantragskontrollen, Investitionsrealisationskontrollen und Investitionserfolgskontrollen, die dabei zu Tage gefördert wurde, ist im Anhang 1 angegeben.

269 Diese zeitliche Beschränkung wurde angesichts des hohen Aufwands eines solchen Artikel-für-Artikel-Vorgehens gewählt. Sie bezieht sich jedoch nur auf die zur Eruierung der Schlagworte verwendeten systematischen Zeitschriftenanalyse und (selbstverständlich) nicht auf die in der vorliegenden Arbeit verwendete Literatur zu Investitionskontrollen, die maßgeblich im zweiten und dritten Schritt der Literaturbeschaffung zu Tage gefördert wurde (und deren Veröffentlichungszeitpunkte ca. zwischen 1950 und August 2005 liegen).

Dissertationen zum Einsatz. Für die Internetsuche wurde auf die Suchmaschinen Google und MetaGer zurückgegriffen.

Schließlich wurden auch alle in den so identifizierten Veröffentlichungen zitierten, thematisch relevanten Quellen beschafft.

Ausgehend von dieser (sehr umfangreichen) Literatursammlung wurden anschließend alle Veröffentlichungen nochmals auf ihre Relevanz für das Thema betrachtet und die im weiteren darzulegende, kritische Übersicht und Systematisierung der existierenden theoretischen und empirischen Forschung erstellt.[270]

3.1 Status Quo der theoretischen Forschung

In der von den jeweiligen Verfassern auf sachlich-analytische oder formal-analytische Weise erstellten Arbeiten zur Investitionskontrolle lassen sich zwei, in nachfolgender Abbildung 8 dargestellte, miteinander verbundene Felder unterscheiden: (1) Die Forschung zu den prinzipiellen Wirkungen und Zielen von Investitionskontrollen und (2) Aussagen zu den (Gestaltungs-)Parametern der Investitionskontrolle, d. h. zu den Faktoren, die die Stärke der Wirkungen bzw. die Zielerreichung von Investitionskontrollen beeinflussen, und deren Einfluss auf die Wirkungen.

---

270 Allgemein fällt auf, dass die Forschung international unterschiedlich stark ausgeprägt ist. Die größte Beschäftigung ist dabei eindeutig seit jeher im angloamerikanischen Raum festzustellen (vgl. so schon Neale (1994), S. 33). In Kontinentaleuropa ist im Vergleich dazu die Forschung wesentlich weniger intensiv und konzentriert sich auf den deutschsprachigen und skandinavischen Raum, während sie in Frankreich und Italien wenig ausgeprägt ist (vgl. zur Vernachlässigung des Themas in Italien Azzone/Maccarrone (2001), S. 75; für Frankreich stellte diesen Mangel an Forschung ähnlich auch bereits Hägg (1977), S. 7, fest). Interessant ist auch, dass trotz der Unterstützung des Autors durch Muttersprachler keine nennenswerte Forschung zu betriebswirtschaftlichen Investitionskontrollen in Südkorea und Japan identifiziert werden konnte. Die einzigen Ausnahmen bilden Park (1998), Yamamoto (1998) und Yamamoto (2000), die jedoch dominant auf angloamerikanischen Veröffentlichungen aufsetzen. Die Einschätzung des Mangels an einer eigenständigen Forschung zu Investitionskontrollen in Japan wird dabei auch von Professor Masahiro Yamamoto geteilt, mit dem Kontakt zur Abklärung dieser Frage aufgenommen wurde und dem hiermit für diese Auskunft vielmals gedankt sei. Dank gebührt auch Sun-Moo Hur, Atsushi Kuroda und Nanami Kawase für ihre Unterstützung bei der Identifikation, Beschaffung und Analyse von Veröffentlichungen zur Investitionskontrolle aus Korea und Japan.
Trotz der regional unterschiedlich starken Durchdringung der Thematik fällt bei näherer Betrachtung auf, dass in allen Sprachräumen ähnliche Wirkungen und Gestaltungsparameter der Investitionskontrolle diskutiert werden, so dass aufgrund des fehlenden Austausches von Forschungsergebnissen gewisse Redundanzen in der Erforschung offensichtlich werden und keine Unterscheidung in unterschiedliche Sprachräume bei der nachfolgenden Diskussion des Forschungsstands nötig erscheint.

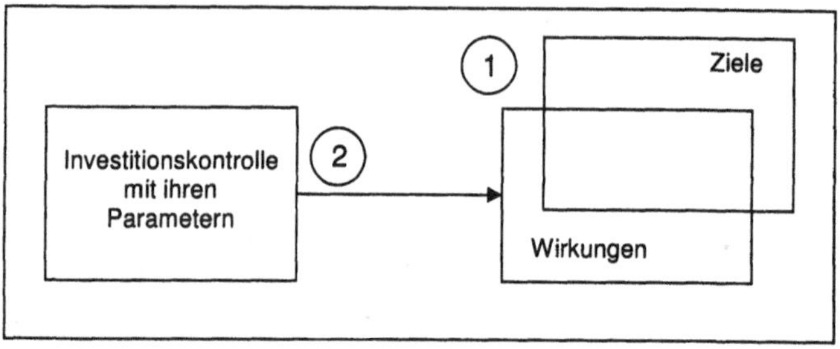

Abbildung 8: Die zwei zentralen Felder der Investitionskontrollforschung

Der Forschungsfortschritt der beiden Felder ist dabei voneinander abhängig.[271] Ohne Kenntnis der prinzipiell denkbaren Wirkungen einer Investitionskontrolle (Forschungsfeld 1) ist eine umfassende Präzisierung von Wenn-Dann- bzw. Je-Desto-Aussagen hinsichtlich der Stärke dieser Wirkungen in Abhängigkeit von der Ausprägungen der Parameter der Investitionskontrolle (Forschungsfeld 2) kaum möglich. Diese Aussagen stehen jedoch, wie im Kapitel 1.2 erläutert, im Zentrum einer Theorie.[272] Auch sind sie der Kern pragmatisch-finaler Aussagen, da diese auf der Theorie bzw. der Kenntnis dieser kausalen Wenn-Dann- bzw. Je-Desto-Sätze aufbauen.[273]

3.1.1 Aussagen zu den Wirkungen und Zielen

Wirkungen und Ziele stehen, wie bereits in Kapitel 1.2 diskutiert, in einem engen sachlichen Zusammenhang und seien daher in einem Teilkapitel diskutiert. Zunächst sei dabei auf die Wirkungen eingegangen, die bisher wenig Beachtung in der theoretischen Forschung gefunden haben, und anschließend auf die Ziele.

(1) Aussagen zu den Wirkungen

Im Gegensatz zur umfangreichen Literatur, die Ziele für die Investitionskontrolle postuliert, finden sich in der Investitionskontrollforschung nur wenig Aussagen zu den zu erwartenden funktionalen und dysfunktionalen Wirkungen von Investitionskontrollen. Darüber hinaus fehlt bei der Mehrzahl der Arbeiten, die sich nicht allein mit den Zielen, sondern mit den tatsächlichen (funktionalen wie dysfunktionalen) Wirkungen von Inves-

[271] Vgl. dazu ähnlich Eisenführ/Weber (1994), S. 51.

[272] Vgl. nochmals Chmielewicz (1994), S. 11; Opp (2005), S. 33 u. S. 39.

[273] Vgl. Seiffert (1997), S. 65f.

titionskontrollen auseinandersetzen, auch noch jegliche Herleitung oder Strukturierung der hypothetisierten Wirkungen.[274]

Einzig Schaefer (1963), Osterloh (1974), Hägg (1977), Chenhall/Morris (1993) und Neale (1993) versuchen eine (verhaltensorientierte) theoretisch-kausale Fundierung (und teilweise auch Strukturierung) ihrer Hypothesen, wobei sie sich jedoch jeweils nur auf Teilbereiche der Wirkungen konzentrieren. So hebt Schaefer (1963), basierend auf den Untersuchungen von Churchill/Cooper (1962), die disziplinierende ex ante Wirkung auf die kontrollierten Mitarbeiter zu hohem Arbeitseinsatz hervor.[275] Hägg (1977) und Chenhall/Morris (1993) wiederum stellen auf die Fähigkeitslerneffekte ab und greifen zur Fundierung ihrer Wirkungshypothesen auf psychologische Lerntheorien zurück.[276] Osterloh (1974) dagegen richtet sein Augenmerk insbesondere auf die Motive bzw. Bedürfnisse der kontrollierten Mitarbeiter und sucht den Einfluss der Investitionskontrolle auf diese anhand der Erkenntnisse Maslows (1954) und Blake/Moutons (1964) näher zu ergründen.[277] Neale (1993) schließlich greift die in der Literatur teilweise – so z. B. von Abdelsamad (1973) – erwähnte dysfunktionale Wirkung eines übervorsichtigen Verhaltens der kontrollierten Investitionsplaner auf und versucht diese zu begründen.[278]

In den nicht näher theoretisch begründeten und strukturierten Katalogen an funktionalen wie dysfunktionalen Wirkungen finden sich neben diesen Aspekten u. a. auch der Kontrollaufwand,[279] die Generierung von Misstrauen und interpersonellen Problemen,[280] die Gefahr von Zielgläubigkeit bzw. Fixierung auf die Erzielung eines positiven Kontrollergebnisses[281], die Verletzung der Fremdachtungsbedürfnisse der kontrollierten Personen[282] und die Beeinflussung der zukünftigen Erwartungen des Kontrollierten über Kontrollen überhaupt und ihrer Konsequenzen[283] als Wirkungen der Investitionskontrolle angeführt.

In Anlehnung an die in Kapitel 1.2 dargestellte Untergliederung der Analyseebenen sozialer Phänomene in kognitive, verhaltensbezogene und kollektivbezogene Aspekte, lassen sich auch für die Investitionskontrolle bzw. deren Wirkungen die in Abbildung 9 veran-

---

274 Vgl. exemplarisch hierfür die Aussagen zu den Wirkungen bei Abdelsamad (1973), S. 232-234; Borer (1978), S. 51f., S. 73f., S. 112f. u. S. 256; Smith (1994), S. 130f. Ähnlich, jedoch weniger stark ausgeprägt, gilt dies auch für die Kontrollforschung im Allgemeinen. Eine hervorzuhebende Ausnahme bildet dort jedoch Lawler (1976).

275 Vgl. Schaefer (1963), S. 81.

276 Vgl. Hägg (1977), S. 27f.; Chenhall/Morris (1993), S. 173.

277 Vgl. Osterloh (1974), S. 246-269.

278 Vgl. Neale (1993), S. 21. Vgl. auch Abdelsamad (1973), S. 233f.

279 Vgl. u. a. Abdelsamad (1973), S. 233; Smith (1994), S. 131; Hansen/Mowen (2003), S. 765.

280 Vgl. Abdelsamad (1973), S. 233f.; Borer (1978), S. 256.

281 Vgl. z. B. Borer (1978), S. 73f.

282 Vgl. bspw. Borer (1978), S. 256; Smith (1994), S. 131.

283 Vgl. Osterloh (1974), S. 248.

schaulichte Einteilung in direkte Wirkungen, indirekte Wirkungen erster und in indirekte Wirkungen zweiter Ordnung vornehmen.

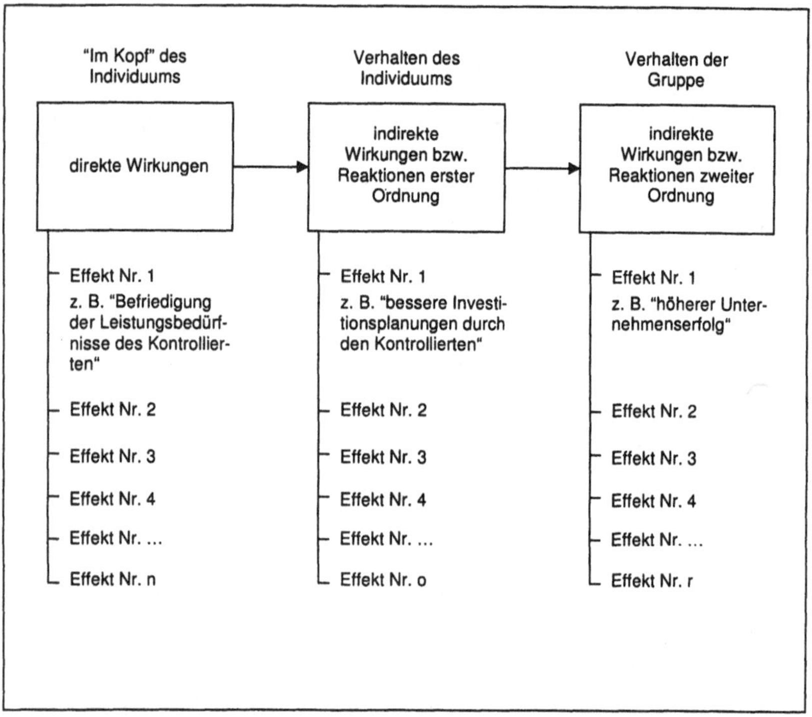

Abbildung 9: Direkte Wirkungen, indirekte Wirkungen erster Ordnung und indirekte Wirkungen zweiter Ordnung

Ordnet man die in der Investitionskontrollliteratur genannten Wirkungen in eben diese Analysestruktur – wie in Abbildung 10 vorgenommen – ein, so fällt auf, dass sich die sachlich-analytische und formal-analytische Forschung zu den Wirkungen von Investitionskontrollen auf die direkten Wirkungen und die indirekten Wirkungen erster Ordnung konzentriert. Indirekte Wirkungen zweiter Ordnung hingegen werden überhaupt nicht betrachtet.

direkte Wirkungen	**indirekte Wirkungen erster Ordnung**	**indirekte Wirkungen zweiter Ordnung**
• Fähigkeitslerneffekte • Bedürfnisbefriedigungs- und -frustrationseffekte (z. B. Fremdachtung oder Freundschaft bzw. Vertrauen) • Kontrollaufwand • Erwartungsänderung	• disziplinierteres Verhalten im Investitionsprozess • fokussierteres bzw. fixierteres Verhalten • übervorsichtiges Verhalten	

Abbildung 10: Wirkungen der Investitionskontrolle laut der Literatur

Insofern folgt die spärliche Forschung zu den Wirkungen von Investitionskontrollen in gewissem Rahmen der aus forschungslogischen Überlegungen, wie in Kapitel 1.2 dargestellt, sinnvollen Reihenfolge der Erforschung zunächst der direkten Wirkungen, anschließend der indirekten Wirkungen erster Ordnung und erst (deutlich) später der indirekten Wirkungen zweiter Ordnung.[284] Sie unterscheidet sich damit, wie nachfolgend noch deutlich wird, von der Forschung zu den Zielen von Investitionskontrollen.

Allerdings darf gleichzeitig nicht übersehen werden, dass – wie ebenfalls noch weiter erläutert wird – die Beschäftigung mit den Wirkungen von Investitionskontrollen insgesamt im Vergleich zur Forschung zu den Zielen von Investitionskontrollen relativ gering ist. Dies überrascht erstens angesichts der in Kapitel 1.2 dargelegten Bedeutung der Kenntnis kausaler Zusammenhänge für pragmatisch-finale Arbeiten. Zweitens ist dies frappierend, da eben dieser Zustand bereits vor über 25 Jahren in der einschlägigen Investitionskontrollliteratur kritisiert wurde.[285] Schließlich erscheint es auch drittens deshalb eher unverständlich, da bereits Schaefer (1963) aufbauend auf den psychologischen Untersuchungen von Churchill/Cooper (1962) gezeigt hat, wie fruchtbar und durchaus gangbar dieser Weg ist.[286]

Da in den meisten Fällen jedoch mit dem Einsatz eines Instruments diverse, ex ante kaum überschaubare Wirkungen verbunden sein werden und die Entwicklung von Wenn-Dann- bzw. Je-Desto-Sätzen die Kenntnis (auch) der Dann- bzw. Desto-Komponente voraus-

---

[284] Vgl. synonym für die Forschung zu organizational capabilities auch Felin/Foss (2005), S. 446f.

[285] Vgl. Hägg (1977), S. 25f.

[286] Vgl. zum ersten Punkt Hägg (1977), S. 25f.; zum zweiten vgl. Schaefer (1963), S. 81.

setzt, muss die Vernachlässigung der Erforschung dieser Wirkungen als eine schwerwiegende Lücke in der bestehenden Investitionskontrollforschung angesehen werden.[287]

(2) Aussagen zu den Zielen

Dass die mit einer Investitionskontrolle verfolgbaren Ziele eine herausragende Rolle für die pragmatisch-finale Gestaltung und Beurteilung von Investitionskontrollkonzepten spielen, wird in der Investitionskontrollforschung seit längerem betont.[288] Entsprechend finden sich bereits seit Beginn der Investitionskontrollforschung Aussagen zu den Zielen dieser Kontrollen.[289]

In fast allen Veröffentlichungen werden dabei zwei auf die Kontrollinformation abstellende Ziele angeführt, nämlich die Verbesserung zukünftiger Investitionshandlungen und die Ermöglichung rechtzeitiger Korrekturmaßnahmen am kontrollierten Investitionsvorhaben oder -projekt (einschließlich der Plananpassung und des Projektabbruchs) als Zielsetzungen der Investitionskontrolle.[290] Allerdings variiert die relative Bedeutung, die diesen beiden auf den durch die Investitionskontrolle generierten Kontrollinformationen

---

[287] Dies umso mehr als angesichts des bereits in Kapitel 1.2 angesprochenen engen Verhältnisses von Zielen zu Wirkungen die Kenntnis letzterer die Voraussetzung für die Identifikation der realistisch erreichbaren ersteren, d. h. einer pragmatisch-finalen Forschung, ist.

[288] Vgl. exemplarisch für die deutschsprachige Forschung Schneider (1976), S. 333; Spielberger (1983) S. 18. Vgl. beispielhaft für die internationale Forschung Azzone/Maccarrone (2001), S. 76.

[289] Vgl. z. B. Watson (1953), S. 5. Ähnlich beschäftigt sich auch die allgemeine Kontrollforschung bereits seit ihren Anfängen mit den Zielen betriebswirtschaftlicher Kontrollen. Vgl. exemplarisch Grull (1921), S. 11; Schmandt (1926), S. 11-14 u. S. 22-24; Leitner (1939), S. 6. Vgl. für jüngere Auseinandersetzungen mit den Kontrollzielen z. B. Frese (1968), S. 64-84; Kromschröder (1972), S. 21-23; Treuz (1974), S. 42-54; Töpfer (1976), S. 95f.; Thieme (1982), S. 22; Hahn/Hungenberg (2001), S. 48; Schäffer (2001), S. 41f. u. S. 48-50; Ewert/Wagenhofer (2003), S. 348-351.

[290] Vgl. z. B. Nicholson (1962), S. 10; Schröter (1962), S. 111 u. S. 115f.; Schaefer (1963), S. 19f.; Heebink (1964), S. 48; Kempster (1967), S. 84; Lüder (1969), S. 54-56; Humphrey (1970), S. 126f.; Saatmann (1970), S. 38; Aggteleky (1971), S. 432; Gremillet (1972), S. 36; Rockley (1973), S. 185 u. S. 187; Betriebswirtschaftlicher Ausschuß des Verbands der Chemischen Industrie (1974), S. 49 u. S. 58; Osterloh (1974), S. 18; Boersema (1978), S. 36f.; Borer (1978), S. 112f.; Keller (1982), S. 59; Siegwart/Kunz (1982), S. 76; Lipphardt et al. (1983), S. 63; Posey/Roth/Dittrich (1985), S. 14; Pike/Wolfe (1988), S. 12-15; Staehelin (1988), S. 27; Krug (1991), S. 230 u. S. 239; Küpper (1991), S. 172f.; Lücke (1991), S. 176; Hackney (1992), S. 358; Hofmann (1993), S. 85; Lüder (1993), Sp. 1992; Mills/Kennedy (1993b), S. 26f.; Solaro (1993), Sp. 965; Smith (1994), S. 129; Lüder (1995), Sp. 973; Lüder (1996), Sp. 799f.; Park (1998), S. 1f.; Azzone/Maccarrone (2001), S. 75; Hansen/Mowen (2003), S. 764; Atkinson/Kaplan/Young (2004), S. 508.

aufsetzenden, auch als Informationsfunktion bezeichneten Zielen,[291] in der Literatur zugemessen wird.[292]

Neben dieser Informationsfunktion wird in der Investitionskontrollforschung auch noch relativ häufig (im deutschsprachigen Raum unter dem Rubrum der Verhaltensbeeinflussungsfunktion[293]) das Ziel einer disziplinierenden ex ante Beeinflussung der Arbeitsanstrengung der kontrollierten Mitarbeiter genannt:[294] Die Vorausahnung einer nachfolgenden Kontrolle ihrer Arbeit soll diese (aufgrund einer Veränderung ihrer Erwartungen) zu höherer Leistungsanstrengung und damit beispielsweise genaueren bzw. fehlerfreien Schätzungen in den Investitionsanträgen anregen.

Zwar werden neben diesen Zielen bzw. postulierten Funktionen der Investitionskontrollen in der einschlägigen Literatur teilweise auch noch weitere Ziele – wie beispielsweise die Beurteilung der Fähigkeiten der kontrollierten Mitarbeiter durch den Kontrolleur,[295] die Identifikation eines typischen Musters der Fehlschätzungen und damit die Ermittlung eines angemessenen Korrekturfaktors,[296] die Verbesserung der Investitionskontrolle an sich,[297] die Sicherung der Konformität des Investitionsplans mit den Gesamtunternehmenszielen,[298] die Sicherstellung der planentsprechenden Umsetzung des Geplanten,[299] die Befriedigung der Selbstachtungsbedürfnisse des Kontrollierten (bei positivem Kontrollergebnis)[300] und die Leistung eines positiven Beitrags im Hinblick auf die wirtschaftliche Gesamtzielerreichung des Unternehmens[301] – genannt, dennoch ist in der theoreti-

---

291 In der Literatur sind auch Informationseffekt, Entscheidungsfunktion und Lernfunktion hierfür gebräuchlich. Vgl. dazu u. a. Spielberger (1983), S. 27; Sierke (1989), S. 165; Schaefer (1993), S. 138; Wagenhofer (1992), S. 319; Wagenhofer (1999),S. 186; Ewert/Wagenhofer (2003), S. 10 u. S. 348.

292 Vgl. exemplarisch Lüder (1969), S. 54-56, versus Saatmann (1970), S. 38.

293 In der Literatur existieren hierfür wiederum diverse Bezeichnungen – u. a. auch Verhaltenseffekt, Verhaltenssteuerungsfunktion, Prophylaxefunktion und Anreizfunktion. Vgl. dazu z. B. Sierke (1989), S. 165; Wagenhofer (1992), S. 320; Wagenhofer (1999), S. 186; Ewert/Wagenhofer (2003), S. 10, S. 350 u. S. 422f.

294 Vgl. z. B. Pflomm (1963), S. 5; Schaefer (1963), S. 19f.; Heebink (1964), S. 48; Kempster (1967), S. 85; Lüder (1969), S. 54-56; Humphrey (1970), S. 126f.; Osterloh (1974), S. 19; Boersema (1978), S. 36.; Borer (1978), S. 112f; Keller (1982), S. 59; Posey/Roth/Dittrich (1985), S. 14; Pike/Wolfe (1988), S. 12-15; Staehelin (1988), S. 27; Lücke (1991), S. 176; Schwellnuß (1991), S. 17; Hofmann (1993), S. 85; Lüder (1993), Sp. 1992; Mills/Kennedy (1993b), S. 26f.; Schaefer (1993), S. 139; Smith (1994), S. 130; Solaro (1993), Sp. 965; Gadella/Jones (1996), S. 39; Lüder (1996), Sp. 799f.; Park (1998), S. 1f.; Azzone/Maccarrone (2001), S. 75; Hansen/Mowen (2003), S. 764; Atkinson/Kaplan/Young (2004), S. 508.

295 Vgl. bspw. Pflomm (1963), S. 5; Kempster (1967), S. 85; Atkinson/Kaplan/Young (2004), S. 508.

296 Vgl. z. B. Terborgh (1967), S. 252; Hackney (1992), S. 359; Smith (1994), S. 130.

297 Vgl. Kempster (1967), S. 85; Keller (1982), S. 59.

298 Vgl. Gremillet (1972), S. 36; Keller (1982), S. 59.

299 Vgl. Watson (1953), S. 5; Usry (1966), S. 66; Cubbage (1968), S. 161; Gremillet (1972), S. 36.

300 Vgl. Borer (1978), S. 51f.

301 Vgl. Schaefer (1993), S. 139; Schaefer (2004), S. 13.

schen Forschung zu den Zielen von Investitionskontrollen durchaus *eine gewisse Einigkeit festzustellen.*[302]

Dies allein schon deshalb weil sich mehrere der eben angeführten „Nebenziele“ auf methodische Probleme der theoretischen Forschung zurückführen lassen und daher bei näherer Betrachtung aus logischen Gründen wegfallen. So findet in einigen dieser Zielkataloge eine Vermengung der Betrachtungsebenen der *Ziele* und der *Meta-Ziele* statt.[303] Exemplarisch hierfür sind die Zielkataloge Kempsters (1967) im angloamerikanischen Raum und Kellers (1982) im deutschsprachigen Raum. So führt ersterer die Verbesserung der Investitionskontrolle durch Investitionskontrollen als Ziel an,[304] was logisch nicht möglich ist, sondern nur ein Meta-Ziel sein kann, d. h. ein Ziel für eine Kontrolle bzw. Prüfung der Investitionskontrolle. Ähnlich kann auch wieder aus logischen Gründen das von Keller (1982) angeführte Ziel einer „Verhinderung von Manipulationen bezüglich der Kontrollergebnisse“[305] kein Ziel der Investitionskontrolle sein, sondern nur ein Meta-Ziel. Durch die Vermengung der beiden Betrachtungsebenen innerhalb einzelner Zielkataloge aber auch innerhalb der Forschung zu Zielen von Investitionskontrollen insgesamt, erscheint die Anzahl für die Investitionskontrolle formulierbarer Ziele größer und unterschiedlicher als bei klarer (und logisch erforderlicher) Trennung der zwei Betrachtungsebenen.

Neben der Vermengung der Betrachtungsebenen führt auch die Tatsache, dass in der bestehenden Investitionskontrollforschung *teilweise auf einer kognitiven Ebene, einer behavioristischen und sogar auf der Ebene der Gruppe argumentiert wird* zu einer gewissen (zumindest scheinbaren) Uneinheitlichkeit der Zielkataloge.[306] So handelt es sich beispielsweise bei dem Ziel der Befriedigung der Selbstachtungsbedürfnisse des Kontrollierten offensichtlich um ein direktes, auf das kognitive Konstrukt der Bedürfnisse der kontrollierten Person bezogenes Ziel. Im Gegensatz dazu sind die in der Literatur genannten Ziele der Verbesserung zukünftiger Planungen oder der Einleitung von Korrekturmaßnahmen nur indirekte, verhaltensbezogene Ziele, d. h. Ziele zwischen die und die Investitionskontrolle sich direkte Ziele, wie beispielsweise die Veränderung des kognitiven Konstrukts der Fähigkeiten, logisch schieben. Das angeführte Ziel einer Verbesse-

---

302 Vgl. dazu auch Linder (2005a), S. 79.

303 Bei der causa handelt es sich um die Ebene der Investitionskontrolle, während es sich bei der meta causa um die Metaebene der Investitionskontrolle, d. h. die Kontrolle bzw. Prüfung der Investitionskontrolle handelt. Zwecks einer Vergleichbarkeit der Ziele (bzw. Wirkungen) ist zu fordern, dass diese immer in Bezug auf die gleiche Ebene formuliert werden.

304 Vgl. Kempster (1967), S. 85.

305 Keller (1982), S. 59.

306 Zur Unterscheidung dieser drei Ebenen vgl. nochmals Kapitel 1.2. Zur Zweckmäßigkeit einer einheitlichen Analyseebene vgl. auch Felin/Foss (2005), S. 446f.

rung der wirtschaftlichen Gesamtzielerreichung der Unternehmung schließlich fokussiert auf eine kollektive Ebene.

Grenzt man die durch diese methodischen Schwächen und uneinheitlichen Betrachtungsebenen der theoretischen Investitionskontrollforschung hervorgerufenen Unterschiede in den Zielkatalogen aus, so ist die bereits erwähnte weitgehende Übereinstimmung der Zielkataloge auffällig.[307]

Diese relative Einigkeit der Literatur mag als Konsens der Wissenschaft und damit positiv erscheinen.[308] Allerdings ist diese Einstimmigkeit der Literatur bei näherer Betrachtung auf eine eher einseitige Auseinandersetzung mit der Thematik zurückzuführen. So konzentriert sich die Forschung auf die Diskussion der Ziele der Verbesserung zukünftiger Planungen und der Ermöglichung von Korrekturen und damit auf die so genannte Informationsfunktion von Investitionskontrollen zulasten einer Mitberücksichtigung der Verhaltensbeeinflussungsfunktion.[309] Diese (teilweise auch in der Literatur erkannte[310]) Fokussierung auf nur einen (kleinen) Teilbereich der potenziellen Nutzenaspekte von Investitionskontrollen wird dabei zwar durch unterschiedliche Argumente, wie beispielsweise der Annahme der Gültigkeit der Prämissen des entscheidungsorientierten Ansatzes anstelle eines verhaltensorientierten zu begründen versucht.[311] Sie dürfte aber unabhängig von der jeweils gewählten „Begründung" ein zentrales Hindernis bei der zielorientierten Gestaltung von Investitionskontrollen bzw. der Bewertung alternativer Investitionskontrollsysteme bleiben, da hierbei die vollständige Erfassung der Nutzenaspekte von Investitionskontrollen vorauszusetzen ist.[312] Entsprechend wenig geeignet erscheinen die angesichts der Fokussierung auf allein die Informationsfunktion tendenziell zu verfälschten Ergebnissen führenden, in der Literatur dennoch immer wieder angeführ-

---

307 Vgl. dazu auch Schaefer (2004), S. 13; Linder (2005a), S. 79.

308 Vgl. Linder (2005a), S. 79.

309 Wenngleich hier keine Wortklauberei betrieben werden soll, so ist dennoch an dieser Stelle zur Terminologie anzumerken, dass die gebräuchlichen (und daher auch hier noch verwendeten) Bezeichnungen der (gleichgeordneten) Informations- und Verhaltensfunktionen bei näherer Betrachtung schlicht falsch sind, da das Verhalten grundsätzlich alles bewusste wie unbewusste physische wie psychische Agieren und Reagieren von Menschen umfasst (vgl. z. B. Höller (1978), S. 3). Somit ist die Informationsfunktion nur eine Teilfunktion der allgemeinen Verhaltensbeeinflussungsfunktion. Korrekter wäre daher eine Bezeichnung wie Fähigkeitslerneffekt oder Wissensgenerierungseffekt o. ä. für die Informationsfunktion, welche diese Unterordnung unter das u. a. durch die Fähigkeiten beeinflusste Verhalten deutlich zum Ausdruck bringt.

310 Vgl. z. B. Osterloh (1974), S. 246; Sierke (1989), S. 166; Holmes/Cullen/Gray (1991), S. 71. Vgl. für eine ähnliche Feststellung zur allgemeinen Kontrollforschung bereits Dalton (1971), S. 4; Siegwart/Menzl (1978), S. 5.

311 Vgl. bspw. Schwellnuß (1991), S. 17.

312 Vgl. zum Verhältnis zwischen Zielen und Gestaltungsparametern nochmals Eisenführ/Weber (1994), S. 51. Neben den Nutzenaspekten wären natürlich prinzipiell für eine ausgewogene Darstellung auch die Disnutzenaspekte mit zu berücksichtigen. Betont sei hier jedoch bewusst die (schon ausreichend unbefriedigende) Unvollständigkeit der Nutzenaspekte (von den Disnutzenaspekten ganz abgesehen).

ten Nutzen-Aufwands-Kalküle.[313] Jedoch selbst in den Arbeiten, in denen diese Verhaltensfunktion Berücksichtigung findet, kann nicht von einer vollständigen Betrachtung dieser Funktion gesprochen werden: Zum einen wird die Verhaltensfunktion meist auf die dargestellte Disziplinierung der Investitionsplaner zu hoher Leistungsanstrengung beschränkt. Diese Disziplinierung ist jedoch, wie bereis Osterloh (1974) zeigt, nur ein Teilaspekt, da durchaus mit Investitionskontrollen auch der Grad der Befriedigung von Bedürfnissen der kontrollierten Person beeinflusst werden kann.[314] Zum anderen scheint für die Investitionskontrollforschung der Kontrollträger keinerlei eigenes Verhalten aufzuweisen, da er aus der Betrachtung möglicher Zielwirkungen einer Verhaltensbeeinflussung grundsätzlich ausgeschlossen wird.[315] Angesichts der möglicherweise mit der Ausübung einer Kontrolle verbundenen Machtsteigerung, die ebenfalls motivational bedeutsam sein kann,[316] überrascht dieses Vorgehen der Forschung.[317] Eine in der Tat die Verhaltensbeeinflussungsfunktion betrachtende (Investitions-)Kontrollforschung müsste einerseits sowohl den Kontrolleur bzw. Vorgesetzten als auch den Kontrollierten mit in die Überlegungen einbeziehen und andererseits auch berücksichtigen, dass menschliches Verhalten neben der Motivation u. a. auch durch die entsprechenden jeweiligen kognitiven wie physischen Fähigkeiten mitbestimmt wird.[318]

---

[313] Vgl. exemplarisch jenes Kalkül bei Sierke (1989), S. 171. Dies umso mehr, als die Autoren ohnehin i. d. R. keine präziseren Aussagen, als dass der „Kontrollerfolg subjektiv eingeschätzt und gegen den Kontrollaufwand abgewogen werden sollte" (Sierke (1989), S. 171), bereithalten (ähnliche Aussagen finden sich z. B. auch bei Borer (1978), S. 91 u. S. 145, oder Schaefer (2004), S. 33). Wie die Praxis, der einige der Verfasser explizit (und die anderen implizit) Handlungsempfehlungen geben möchten, diese Einschätzung vornehmen soll, wenn die Forschung die Beantwortung der Frage der Bestandteile des „Kontrollerfolgs" weitgehend unbetrachtet lässt, bleibt dabei das Geheimnis des jeweiligen Autors dieser Empfehlungen.

[314] Vgl. dazu Osterloh (1974), S. 255-260.

[315] Vgl. für die Feststellung dieses Aspekts in der allgemeinen Kontrollforschung auch Ansari (1977), S. 103 u. S. 105. Ähnlich Coenen (1998), S. 25; Ewert/Wagenhofer (2003), S. 349f.

[316] Vgl. McClelland et al. (1953).

[317] Dies umso mehr als in der betriebswirtschaftlichen Literatur durchaus Macht als ein zentraler Management- und Führungsfaktor diskutiert wird. Vgl. exemplarisch Kotter (1985).

[318] Vgl. Ansari (1977), S. 105. So verwenden Untergebene die Kontrollinformationen eben auch zur „self-guidance and self-evaluation of performance" (Ansari (1977), S. 106), einem Prozess, der unabhängig von der Beurteilung durch den Vorgesetzten ist und der auch andere Ergebnisse liefern könnte (vgl. ebenda, S. 106). Ebenso führen beschränkte Fähigkeiten (bei Untergebenem wie Vorgesetztem) realiter dazu, dass Kontrollinformationen anders aufgenommen, verarbeitet und ausgegeben bzw. abgespeichert werden, als dies typischerweise in den von unbeschränkten Fähigkeiten ausgehenden Ansätzen der personalführungs- bzw. „verhaltens"-orientierten Kontrollforschung unterstellt wird (vgl. auch Ansari (1977), S. 106 u. S. 111). Auch die Fähigkeiten des Kontrollierenden oder Vorgesetzten können für die Kontroll- bzw. Managementsituation von Bedeutung sein (vgl. dazu grundsätzlich Kotter (1985), S. 112).

Dass die Verhaltensbeeinflussungsfunktion in ihren diversen Ausprägungen auch in der allgemeinen Kontrollliteratur oft vernachlässigt wird,[319] kann dabei nicht als Entschuldigung für diese Lücke akzeptiert werden.

Die festzustellende Einigkeit der theoretischen Forschung im Hinblick auf die Ziele der Investitionskontrolle muss daher insgesamt als problematisch betrachtet werden.

3.1.2 Aussagen zu den Parametern

In der nationalen wie internationalen theoretischen Literatur zur Investitionskontrolle finden sich unter den verschiedensten Begriffen diverse Parameter bzw. Faktoren, die von den jeweiligen Autoren (implizit oder explizit) als wichtig für die Gestaltung von Investitionskontrollen angesehen werden.[320]

Aus der Vielzahl variierender Bezeichnungen lassen sich insgesamt neun, grundlegende und in Abbildung 11 veranschaulichte Faktoren herauskristallisieren:[321] (1) die Charakteristika des Kontrollierten, (2) die Eigenschaften des Kontrolleurs, (3) die Frage der Partizipation des Kontrollierten an der Kontrolle, (4) die Kompatibilität von Prüf- und Vergleichsgröße bzw. damit verbunden die Beschaffbarkeit entsprechender, kompatibler Größen, (5) der Grad der Formalisierung des Kontrollprozesses, (6) der Kontrollumfang, (7) die Kontrolltiefe, (8) die Kontrollhäufigkeit und schließlich (9) das Ausmaß der an das Kontrollergebnis gekoppelten extrinsischen Anreize.[322] Auf diese sei im Weiteren jeweils einzeln näher eingegangen.

---

319 Vgl. exemplarisch hierfür die Ausführungen von Peters/Brühl/Stelling (2000), S. 29. Ähnliches konstatiert dabei schon Lawler (1976), S. 1247.

320 Explizit weist bspw. Schwellnuß (1991), S. 14, darauf hin, dass die Zielerreichung der Investitionskontrolle von der Gestaltung des Instruments abhängt und dass je nach angestrebtem Ziel die optimale Ausgestaltung variieren wird. Ähnlich auch Borer (1978), S. 74, S. 79 u. S. 86. Ferner sprechen schon Kooken (1961), S. 24 u. S. 37, und Schaefer (1963), S. 90, mehr oder minder explizit vom Einfluss von Faktoren wie bspw. den Charakteristika des Kontrollträgers auf die Zielerreichung bzw. Wirkungen der Kontrolle. Hägg (1977) schlägt sogar ein einfaches Wirkungs-Moderations-Modell vor, das u. a. die Fähigkeiten des Kontrollierten berücksichtigt. Vgl. auch Osterloh (1974), S. 34; Gordon/Myers (1991), S. 41.

321 Abgesehen von den variierenden Begriffen werden die Faktoren auch in den unterschiedlichsten Über- und Unterordnungen präsentiert. So betrachtet beispielsweise Schwellnuß (1991), S. 29, die Kontrollhäufigkeit als ein Merkmal des Kontrollumfangs. Lüder (1969), S. 59 u. S. 68, hingegen betrachtet diese als zwei separate, gleichgeordnete Faktoren. Eine einerseits umfassende, jedoch andererseits hoch aggregierte Kategorisierung der Faktoren nimmt Osterloh (1974), S. 250, vor, der in Kontrollträger, zu kontrollierende Investitionshandlung, zu kontrollierende Person und Umwelt unterteilt.

322 Neben diesen Gestaltungsparametern werden von Azzone/Maccarrone (2001) auch die Strategie des Unternehmens, die Organisationsstruktur und der Managementstil als mögliche weitere, jedoch

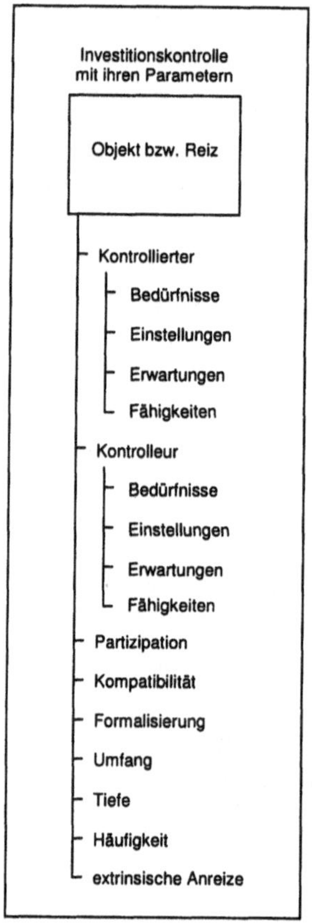

Abbildung 11: Parameter von Investitionskontrollen laut der Literatur

---

sekundäre Einflussfaktoren auf die Investitionskontrolle erwähnt (vgl. ebenda, S. 76). Allerdings verzichten auch sie auf eine Einbeziehung dieser möglichen Faktoren. Anzumerken ist im Hinblick auf die in der vorliegenden Arbeit gewählten Gestaltungsparameter dabei, dass die Organisationsstruktur im Parameter Partizipation (teilweise) abgebildet wird und der Managementstil sich in Form von Einstellungen der beteiligten Akteure unter die Faktoren Charakteristika von Kontrollträger und Kontrolliertem einordnen lässt. Die Unternehmensstrategie wiederum sollte sich, so wäre zu erwarten, in den angestrebten Zielen der Kontrolle widerspiegeln (sie stellt somit eigentlich auch keinen Gestaltungsparameter des Kontrollprozesses dar) und wird daher im Weiteren nicht als separater Gestaltungsfaktor betrachtet. Auch die teilweise in der Literatur als Gestaltungsparameter angeführten Charakteristika der kontrollierten Investition, insbesondere deren Schwierigkeit aus Sicht des Kontrollierten und die Wiederholungswahrscheinlichkeit seien im Weiteren nicht als Gestaltungsparameter der Investitionskontrolle angeführt, da sich die subjektive Schwierigkeit durch die Fähigkeiten des Kontrollierten bzw. deren Ausmaß einfacher abbilden lässt und die Wiederholungswahrscheinlichkeit per se keinen Einfluss auf die Wirkungen der Kontrolle auf die beteiligten Akteure besitzt, sondern nur auf den Nutzen dieser Wirkungen aus Unternehmenssicht bei weiteren Investitionen. Im Hinblick auf eine einheitliche, auf das gleiche Objekt bezogene Argumentation ist daher die Wiederholungswahrscheinlichkeit der Investition als Gestaltungsparameter einer Kontrolle auszuklammern.

(1) Charakteristika des Kontrollierten

Die Bedeutung der Charakteristika des Kontrollierten wird in der Literatur zur Investitionskontrolle zwar erkannt,[323] wird jedoch national wie international bisher wenig näher untersucht.[324] In der knappen, zum Thema existierenden Literatur werden dem Kontrollierten vier Charakteristika zugeschrieben, die für die Wirkungen von Investitionskontrollen relevant sind: seine Bedürfnisse, seine Einstellungen, seine Erwartungen und seine Fähigkeiten.[325]

Die zentrale Bedeutung der Bedürfnisse der kontrollierten Person für die Wirkungen von Investitionskontrollen wird in der internationalen Literatur nur durch Osterloh (1974) unter Rückgriff auf die Motivationstheorien von Maslow (1954) und Herzberg (1966) thematisiert.[326] Seine Überlegungen fokussieren dabei auf die Bedürfnisse nach sozialen Beziehungen, nach sozialer Achtung und nach Selbstverwirklichung.[327] Da sich Osterloh (1974) in seiner Analyse aber nicht auf eine separate Betrachtung der Bedürfnisse konzentriert, sondern versucht, die Bedürfnisse zusammen mit den Fähigkeiten des Kontrollierten, der Frage der Partizipation des Kontrollierten und dem allgemeinen Verhalten des Kontrolleurs in einem abzuhandeln,[328] muss er explizit angeführte Einschränkungen und Auslassungen vornehmen und kommt so letztlich weder zu klaren Aussagen über einzelne Parameter noch zu integrierten Aussagen über die Gesamtheit der Parameter.

Die Einstellungen werden als zweites Charakteristikum für Investitionskontrollen als wichtig erachtet,[329] jedoch nur knapp diskutiert. Nähere Ausführungen, insbesondere auch unter Rückgriff auf entsprechende Erkenntnisse der (Sozial-)Psychologie, fehlen allerdings fast gänzlich.[330]

---

[323] So stellt beispielsweise Osterloh (1974), S. 254, fest, dass „die Reaktionen der Kontrollierten auf das Führungs- und Kontrollverhalten der Vorgesetzten [...] in starkem Maße durch die persönlichen Merkmale der Aufgabenträger bedingt" sind (im Original teilweise unterstrichen). Vgl. für Kontrollen allgemein Fedor (1991), S. 81; Küpper (2001), S. 258; Küpper (2005), S. 276.

[324] Vgl. ähnlich Fedor (1991), S. 81, für die allgemeine Kontrollforschung.

[325] Vgl. dazu Osterloh (1974), S. 248, S. 254-256 u. S. 261f.; Hägg (1977), S. 35 u. S. 44; Borer (1978), 57 u. S. 91; Pinches (1982), S. 14.

[326] Vgl. Osterloh (1974), S. 255f. Einzig Neale (1995), S. 22, reißt sonst noch kurz die grundsätzliche Bedeutung der Beachtung von Interessen des Kontrollierten an. Er stellt aber keine weiteren Überlegungen dazu an.

[327] Vgl. Osterloh (1974), S. 256 u. S. 262.

[328] Vgl. dazu Osterloh (1974), S. 262f. u. S. 265f.

[329] Vgl. exemplarisch Lüder (1966), S. 1144; Borer (1978), S. 57; Mills/Kennedy (1990), S. 26; Holmes/Cullen/Gray (1991), S. 68. Ähnlich für Kontrollen allgemein z. B. Küpper (2001), S. 260; Weber (2004), S. 327; Küpper (2005), S. 278.

[330] Vgl. ähnlich auch Weber (2004), S. 327, der feststellt, dass Kontrolleinstellungen bisher allgemein in der Kontrollforschung wenig thematisiert wurden.

Den in der Vergangenheit gemachten Erfahrungen mit Kontrollen und den daraus resultierenden Vermutungen bzw. Erwartungen des Kontrollierten für zukünftige Kontrollen wird – allerdings ohne nähere Ausarbeitung – ein Einfluss auf die ex ante Wirkung der Disziplinierung einer Investitionskontrolle zugesprochen.[331]

Den (kognitiven) Fähigkeiten einer kontrollierten Person, die in der Literatur kaum näher definiert und auch wenig untersucht werden,[332] wird zum einen explizit ein Einfluss auf die Fähigkeitslerneffekte einer Investitionskontrolle zugeschrieben: Je größer das Wissen der kontrollierten Person in der Handhabung von Investitionen bereits ist, umso kleinere zusätzliche Fähigkeitslerneffekte werden einer Investitionskontrolle nachgesagt.[333] Zum anderen wird den Fähigkeiten auch (implizit) für diese Fähigkeitslerneffekte eine bedeutsame Rolle bei der Aufnahme und Verarbeitung der Kontrollinformationen zugesprochen,[334] wobei teilweise Bezug auf psychologische Studien zu kognitiven Fähigkeitseinschränkungen bzw. Verzerrungen genommen wird.[335] Darüber hinaus werden ausreichende Fähigkeiten des Kontrollierten (insbesondere zur Wahrnehmung der Kontrollankündigung) auch als Voraussetzung für die disziplinierende ex ante Wirkung von Investitionskontrollen genannt,[336] die jedoch als allgemein „erfüllt angesehen“[337] wird. Eine eingehende Auseinandersetzung damit, ob dies in der Tat immer so ist, erfolgt hingegen nicht. Angesichts dessen, dass sich die Literatur gleichzeitig im Hinblick auf die Fähigkeitslerneffekte nicht über das allgemeine Vorhandensein ausreichender Fähigkeiten beim Kontrollierten sicher ist, überrascht dieser Optimismus im Hinblick auf die (disziplinierende) Erwartungswirkung der Investitionskontrolle.

Angesichts der erkannten Relevanz der Charakteristika des Kontrollierten für die Wirkungen von Investitionskontrollen sowie des bisher nur rudimentären Forschungs-

---

331 Vgl. Osterloh (1974), S. 248. Auch in der allgemeinen Kontrollliteratur wird die Bedeutung der Erwartungen des Kontrollierten immer wieder hervorgehoben (vgl. bspw. Fedor (1991), S. 87; Küpper (2001), S. 260; Küpper (2005), S. 278f.).

332 Einzig Hägg (1977) versucht eine nähere Definition des Begriffs „ability“ als Potenzial einer Person, Aktivitäten im Investitionsplanungsprozess vornehmen zu können (vgl. ebenda, S. 35 in Verbindung mit S. 44). Er differenziert dabei nach dem Ursprung der Fähigkeit in „formal training“ und „experience“ (vgl. ebenda, S. 44).
Vgl. zur Vernachlässigung der Fähigkeiten des Kontrollierten in der Kontrollforschung allgemein auch Merchant/Van der Stede (2003), S. 10; Bourguignon (2004), S. 668.

333 Vgl. Borer (1978), S. 91. Ähnlich auch Hägg (1977), S. 44, der jedoch zwischen durch Training und durch Erfahrung erworbenen Fähigkeiten unterscheidet und für das Ausmaß der ersteren einen positiven Einfluss auf Verhaltensänderungen (als Resultante von Lerneffekten) und für das der letzteren einen negativen Einfluss auf diese Veränderungen postuliert.

334 Vgl. Osterloh (1974), S. 248; Pinches (1982), S. 14.

335 Vgl. Pinches (1982), S. 14.

336 Vgl. Osterloh (1974), S. 248.

337 Osterloh (1974), S. 249.

stands,[338] überrascht die Tatsache, dass sich die Forschung seit nunmehr über zwanzig Jahren nicht mehr mit dieser Fragestellung beschäftigt.

(2) Eigenschaften des Kontrolleurs

Die Bedeutung des Kontrolleurs und seiner Eigenschaften ist in der betriebswirtschaftlichen Investitionskontrollliteratur seit den 1960er Jahren bekannt.[339] Dennoch werden die Eigenschaften des Kontrolleurs nur wenig diskutiert und sofern überhaupt, so meist rasch durch normative Forderungen ohne Ableitung oder kausale Betrachtung abgehandelt.[340] Die Diskussion fokussiert darüber hinaus fast ausschließlich auf die Fähigkeiten, die ein Kontrolleur besitzen sollte, um eine Kontrolle erfolgreich durchführen zu können. So wird meist gefordert, dass er über quantitative bzw. analytische Fähigkeiten, ein ähnlich breites Grund- und Spezialwissen bezüglich der betrachteten Investitionsprobleme und des Unternehmens allgemein wie der Kontrollierte und eine gute Beurteilungsfähigkeit verfügen sollte.[341] Vereinzelt werden auch die Fähigkeit zum Rückgriff auf das Spezialwissen anderer Personen im Unternehmen, allgemeine Problemlösungsfähigkeiten sowie das Erkennen von Zusammenhängen gefordert.[342]

Neben diesen, kausal nicht weiter fundierten Forderungen an die Fähigkeiten des Kontrolleurs finden sich in der Literatur nur zwei knappe Hinweise, dass auch die Interessen bzw. Bedürfnisse des Kontrolleurs und dessen Einstellungen potenziell für die Investitionskontrolle bedeutsam sein können.[343] Eine nähere Diskussion dieser Aspekte – insbesondere auch mit kausalen Fundierungen der Aussagen – erfolgt jedoch, mit Ausnahme der rein auf den günstigen Einfluss positiver Einstellungen auf die Wahrscheinlichkeit der Kontrolldurchführung abstellenden Ausführungen Hamiltons (1981), ebenso wenig

338 Vgl. dazu auch Pinches (1982), S. 14.

339 Vgl. z. B. Schaefer (1963), S. 83f.; Osterloh (1974), S. 250; Ehrenreich (1983), S. 34; Azzone/Maccarrone (2001), S. 77. In der allgemeinen Kontrollliteratur weist bereits Fayol (1916), S. 155, auf die Bedeutung der Fähigkeiten des Kontrollträgers hin. Ähnlich auch Grull (1921), S. 35-52; Rathe (1960), S. 52; Steiner (1974), S. 34; Höller (1978), S. 205-269, Siegwart/Menzl (1978), S. 128, S. 145-159, S. 214-242, Thieme (1982), S. 30-33, S. 151-178; Hoffjan (1997), S. 265; Schäffer (2001), S. 85-106, S. 107-125, S. 125-155; Florissen (2005), S. 208-210. Auch die Psychologie und die Lerntheorie haben die Bedeutung der an einem Feedback-Prozess beteiligten Akteure seit vielen Jahren erkannt. Vgl. exemplarisch für die Psychologie Churchill/Cooper (1965), S. 768; Foppa (1965), S. 52-55 u. S. 196-200; Ilgen/Fisher/Taylor (1979) und die dort zitierten Quellen.

340 Vgl. exemplarisch für ein solches Vorgehen Rockley (1973), S. 228. Eine Ausnahme bildet Osterloh (1974), S. 250-254.

341 Vgl. Schaefer (1963), S. 83f.; Osterloh (1974), S. 197f.; Ehrenreich (1983), S. 34; Lambrix/Singhvi (1984), S. 13.

342 Vgl. Schaefer (1963), S. 84; Osterloh (1974), S. 198.

343 Vgl. zu ersterem Neale (1995), S. 22, und zu letzterem Rockley (1973), S. 203; Hamilton (1981), S. 134; Azzone/Maccarrone (2001), S. 77.

wie eine Betrachtung der Erwartungen des Kontrolleurs, die – wie im Kapitel 4 noch erläutert wird – ebenfalls als Charakteristika eines Menschen zu betrachten sind. Entsprechendes gilt in Bezug auf eine Begründung der in der Literatur genannten Forderungen zu den Fähigkeiten des Kontrolleurs.

(3) Partizipation des Kontrollierten an der Kontrolle

Von vergleichsweise vielen Autoren wird der Aspekt der Partizipation des Kontrollierten an der (Investitions-)Kontrollhandlung angesprochen.[344] Mit dem Begriff der Partizipation bzw. des Partizipationsgrads p (mit $p \in [0\ \%, 100\ \%]$) wird dabei das prozentuale Ausmaß beschrieben, in dem der Kontrollierte an der Durchführung einer Investitionskontrolle, d. h. den Handlungen des Vergleichs von Prüf- und Vergleichsgröße sowie der Abweichungsanalyse, aktiv teilnimmt bzw. diese (teilweise oder vollständig) übernimmt. Diese Frage wird dabei unter zwei Gesichtspunkten betrachtet: der Objektivität der Kontrollergebnisse und der Sachnähe und Fachkundigkeit bei der Kontrolldurchführung.[345]

Als Argument für einen niedrigen Partizipationsgrad p der kontrollierten Person an der Kontrolldurchführung bzw. im Extremfall sogar für eine reine Fremdkontrolle ($p = 0\ \%$) wird die größere Objektivität, d. h. Freiheit von aus einem internen Interessenskonflikt der kontrollierten Person herrührenden Verzerrungen des Kontrollergebnisses, angeführt.[346] Darüber hinaus wird Fremdkontrollen eine stärkere Disziplinierung der kontrollierten Personen zu hoher Arbeitsanstrengung zugeschrieben.[347]

---

344 Vgl. für die Investitionskontrolle exemplarisch Istvan (1961), S. 41f.; Terborgh (1962), S. 202; Abdelsamad (1973), S. 234; Rockley (1973), S. 177 u. S. 228f.; Osterloh (1974), S. 197-207 u. S. 273; Lüder (1976), Sp. 872; Borer (1978), S. 120-137; Geiger (1986), S. 149-153; Matschke (1993), S. 352f.; Lüder (2001), Sp. 1116.
Vgl. beispielhaft für die allgemeine Kontrollforschung Fayol (1916), S. 155; Grull (1921), S. 35-52; Schmandt (1926), S. 76-78; Leitner (1939), S. 3, S. 10f. u. S. 12f.; Newman (1975), S. 37f.; Lawler (1976), S. 1257; Töpfer (1976), S. 53 u. S. 149-150; Siegwart/Menzl (1978), S. 128 u. S. 145-159; Gaydoul (1980), S. 132f.; Thieme (1982), S. 151-163; Welge (1988), S. 327; Schäffer (1996), S. 58-86; Pfohl/Stölzle (1997), S. 243f.; Merchant (1998), S. 121; Bouquin (2001), S. 200; Schäffer (2001), S.169-201.

345 Vgl. dazu Lüder (1993), Sp. 1998; Lüder (2001), Sp. 1116.

346 Vgl. u. a. Helfert (1960), S. 96; Istvan (1961), S. 42; Schaefer (1963), S. 83; Heebink (1964), S. 49; Terborgh (1967), S. 254; Lüder (1969), S. 132; Borer (1978), S. 122-124; Gallinger (1980), S. 20; Lüder (1980), S. 369; Dillon/Caldwell (1981), S. 21; Statman/Caldwell (1987), S. 12; Holmes/Cullen/Gray (1991), S. 55; Hansen/Mowen (2003), S. 765. Auch in der allgemeinen Kontrollliteratur findet sich diese Behauptung. Vgl. auch Hoffjan (1997), S. 264. Wie Neale (1995), S. 22, jedoch anführt, ist auch diese Objektivität einer Fremdkontrolle zweifelhaft, da auch die Fremdkontrollträger mitunter ein Interesse am Ergebnis der Investitionskontrolle besitzen können.

347 Vgl. z. B. Heebink (1964), S. 49; Boersema (1978), S. 39.

Als Argument für einen hohen Partizipationsgrad *p* bzw. sogar für reine Selbstkontrolle[348] (*p* = 100 %) wird hingegen die größere Vertrautheit der kontrollierten Person mit ihren Aufgaben genannt. Diese erlaubt es, die Investitionskontrollen schneller bzw. mit weniger Einarbeitungsaufwand durchzuführen.[349] Einem hohen Partizipationsgrad wird aber auch ein positiver Einfluss auf Fähigkeitslerneffekte des Kontrollierten zugeschrieben.[350] Auch ein geringerer Eindruck des Zweifels an der Vertrauenswürdigkeit der kontrollierten Person wird für eine hohe Partizipation ins Feld geführt.[351] Ferner wird ihr ein positiver Einfluss auf die Einstellungen zur Kontrolle zugesprochen.[352]

Die Fundierung dieser Argumente pro bzw. contra eine hohe Partizipation variiert jedoch sehr stark. Während die größere Vertrautheit des Kontrollierten mit der zu kontrollierenden Investition wohl in der Tat keiner großen Erläuterungen bedarf und somit die in der Literatur anzutreffende Darlegung akzeptabel erscheint, muss das Fehlen jeglicher Begründung für die postulierte Reduktion des Misstrauens und der Disziplinierung sowie die Verstärkung manipulativen Verhaltens bei einer Selbstkontrolle kritisiert werden. Hier weist die Investitionskontrollforschung eine Begründungslücke auf.[353] Dies gilt insbesondere für die bei näherer Betrachtung doch zweifelhafte Hypothese verstärkt manipulativen Verhaltens bei Selbstkontrollen, unterstellt sie doch, dass sich eine sich selbst kontrollierende Person (*p* = 100 %) in (nennenswertem) Umfang selbst betrügt.[354] Ohne diese Annahme erscheint ein solches manipulatives Verhalten der sich selbst kontrollierenden Person hingegen nur dann realistisch, wenn die Annahme einer Verknüpfung des Kontrollergebnisses mit irgendwelchen extrinsischen Anreizen für die kontrollierte Person (z. B. weitere Karriereentwicklung, soziale Achtung oder Bonus/Malus je nach Ergebnis) unterstellt wird, da nur dann die Person (ebenfalls) einen Anreiz für ein „überpo-

---

348 Unter Selbstkontrolle kann dabei nach Borer (1978), S. 124 „jede Ueberprüfung der investitionsbezogenen Schätzungen und Entscheide, welche von deren Urhebern selbst vorgenommen wird", verstanden werden.

349 Vgl. Istvan (1961), S. 42; Kooken (1961), S. 173; Schaefer (1963), S. 84; Heebink (1964), S. 49; Terborgh (1968), S. 254; McCorvey (1969), S. 33; Lüder (1969), S. 132; Abdelsamad (1973), S. 234; Dillon/Caldwell (1981), S. 21; Gadella (1991), S. 92; Holmes/Cullen/Gray (1991), S. 55 u. S. 63; Matschke (1993), S. 355; Neale (1995), S. 22.

350 Vgl. dazu bspw. Lüder (1969), S. 169; Hägg (1977), S. 43 u. S. 45; Lüder (1980), S. 370. Vgl. auch Dillon/Caldwell (1981), S. 21.

351 Vgl. Borer (1978), S. 125; Dillon/Caldwell (1981), S. 21; Holmes/Cullen/Gray (1991), S. 56 u. S. 63.

352 Vgl. Borer (1978), S. 125 u. S. 129.

353 Daran ändert auch nichts, dass teilweise in der Literatur auf eine angebliche Offensichtlichkeit dieser Auswirkungen der Partizipation verwiesen wird (vgl. exemplarisch Gallinger (1980), S. 20), da ein solcher Verweis nicht als Ersatz für eine fundierte Begründung akzeptiert werden kann.

354 Ein solcher Selbstbetrug erscheint zwar nicht ausschließbar, da unerfreuliche Kontrollergebnisse kognitive Dissonanzen im Hinblick auf das Selbstbild auslösen können (vgl. dazu implizit ähnlich Heebink (1964), S. 49), die ein Individuum tendenziell zu vermeiden sucht (vgl. Festinger (1957), S. 18) und die es z. B. durch eine Verfälschung erwarteter, negativer Kontrollergebnisse in positive Richtung abmildern kann. Nur ist fraglich, ob dies eine dermaßen starke Verzerrung, wie in der einschlägigen Literatur unterstellt, mit sich bringt.

sitives" Ergebnis besitzt.[355] Diese zweite Annahme der Anreizkoppelung ist jedoch von der ersten Annahme – und damit auch von der Frage der Partizipation – unabhängig und stellt somit auch einen separat zu analysierenden Gestaltungsparameter dar.

Je nach Gewichtung der jeweiligen, mehr oder minder fundierten Argumente für bzw. gegen eine hohe Partizipation, gelangt die Literatur dann zu unterschiedlichen Empfehlungen, die von einer Fremdkontrolle (p = 0 %) über eine mittlere Partizipation (0 < p < 100 %) bis hin zur reinen Selbstkontrolle (p = 100 %) reichen.[356]

Obwohl in der Literatur durchaus vereinzelt die Bedeutung der Partizipation für die Erreichung der individuellen Investitionskontrollziele bzw. die Wirkungsstärke erkannt wird,[357] besteht dabei allerdings eine Tendenz, allgemeingültige (d. h. von den Zielen bzw. Wirkungen unabhängige) Empfehlung zu geben.[358]

Insgesamt erscheint daher die Einschätzung Ehrenreichs (1983), dass die Fragen der Partizipation und des Kontrollträgers in der Investitionskontrollliteratur unzureichend gelöst sind,[359] durchaus auch heute noch zutreffend.

(4) Kompatibilität von Prüf- und Vergleichsgröße

Ausführungen zur Bedeutung der Kompatibilität von Prüf- und Vergleichsgrößen in Investitionskontrollen bzw. zur Gewinnung solcher kompatibler Daten finden sich seit langem und in großer Zahl in der Literatur.[360] Dabei werden drei Dimensionen der Kompatibilität von Prüf- und Vergleichsgröße diskutiert: (a) die Kompatibilität der Zeiträume, auf

---

355 Diese Aussage beruht auf der Annahme, dass eine Verzerrung mit dem Zweck des Selbstbetrugs insignifikant ist. Vgl. dazu die vorangegangene Fußnote 354.

356 Vgl. für ersteres z. B. Gallinger (1980), S. 20. Für letzteres siehe z. B. Saatmann (1970), S. 83. Für eine mittlere Partizipation vgl. exemplarisch Istvan (1961), S. 42; Schaefer (1963), S. 84; McCorvey (1969), S. 33; Dillon/Caldwell (1981), S. 21.

357 Vgl. z. B. Boersema (1978), S. 39; Lüder (1980), S. 369f.

358 Vgl. exemplarisch Boersema (1978), S. 39.

359 Vgl. Ehrenreich (1983), S. 35.

360 Vgl. aus der Investitionskontrollliteratur: Istvan (1961), S. 40; Kooken (1961), S. 57 u. S. 163-173; Schaefer (1963), S. 50-78; Heebink (1964), S. 51f.; Terborgh (1967), S. 255; Jankowski (1969), S. 35-37; Lüder (1969), S. 36f. u. S. 84-109; McCorvey (1969), S. 31; Humphrey (1970); Hicks/Schmidt (1971), S. 25; Hastie (1974), S. 38; Herbst (1974), S. 138-143; Osterloh (1974), S. 61 u. S. 67; Hay (1977), S. 176; Borer (1978), S. 88, S. 90, S. 92-103 u. S. 161-168; Lüder (1980), S. 371-374; Dillon/Caldwell (1981), S. 22; Staehelin (1988), S. 152; Schwellnuß (1991), S. 2; Hackney (1992), S. 351 u. S. 357f.; Lüder (1993), Sp. 1994; Matschke (1993), S. 358f.; Neale (1993), S. 20f.; Schaefer (1993), S. 149; Solaro (1993), Sp. 966f.; Lüder (1995), Sp. 974; Lüder (1996), Sp. 802; Rösgen (2000), S. 251f.; Bouquin (2001), S. 357; Lüder (2001), S. 1114.
Siehe aus der allgemeinen Kontroll- und Controllingliteratur bspw. Grull (1921), S. 23-28; Schmandt (1926), S. 18-19; Rathe (1960), S. 52; Frese (1968), S. 58-60; Lawler (1976), S. 1259-1264; Streitferdt (1983), S. 37-67; Ewert/Wagenhofer (2000), S. 349-352; Schäffer (2001), S.11-13; Anthony/Govindarajan (2003), S. 826f.; Florissen (2005), S. 205.

die sich Prüf- und Vergleichsgröße beziehen, (b) die Kompatibilität der Methoden der Berechnung von Prüf- und Vergleichsgröße und (c) die Kompatibilität des Gegenstandsbereichs von Prüf- und Vergleichsgröße.[361] Unter der ersten Dimension wird in der Literatur die Frage der Repräsentativität (bzw. Sicherstellung derselben) des der Prüfgröße zugrunde gelegten Zeitraums (z. B. der Ist-Einzahlungen eines Jahres) für den in der Vergleichsgröße unterstellten Zeitraum (z. B. der Soll-Einzahlungen während der Lebensdauer einer Investition) behandelt.[362] Mit der zweiten Dimension wird das Problem der Vergleichbarkeit von Prüf- und Vergleichsgrößen, die auf unterschiedliche methodische Art (z. B. Kapitalwert versus Amortisationsdauer) ermittelt wurden, erörtert.[363] Als dritte Dimension des Parameters Kompatibilität wird schließlich die Beschaffung von Daten verstanden, die sich auf den gleichen Gegenstand (d. h. insbesondere eine Investition versus eine Kostenstelle) beziehen.[364]

Zwar bewerten die Autoren die relative Bedeutung der drei Dimensionen unterschiedlich,[365] aber grundsätzlich herrscht Einigkeit, dass eine Kompatibilität von Prüf- und Vergleichsgrößen eine Voraussetzung für einen validen Vergleich von Prüf- und Maßstabsgröße sowie eine Interpretierbarkeit möglicher Abweichungen (und somit für eine Investitionskontrolle) darstellt.[366] Eine Inkompatibilität der Bewertungsmethoden beispielsweise führt, wie Gordon/Myers (1991) darlegen, zu einer opportunistischen Fokussierung der kontrollierten Investitionsplaner auf diejenige Kenngröße (bzw. ihre Einhaltung), die

---

361 Vgl. ähnlich auch schon Lüder (1969), S. 36f.

362 Vgl. exemplarisch Myers (1966), S. 23; Lüder (1969), S. 36.

363 Vgl. dazu beispielsweise Lüder (1969), S. 36; Borer (1978), S. 186-235; Gordon/Myers (1991), S. 41.

364 Vgl. z. B. Schaefer (1963), S. 78; Lüder (1969), S. 36f.; Humphrey (1970), S. 10, S. 188f. u. S. 191; Hastie (1974), S. 38; Cherry (1993), S. 29; Lüder (1996), Sp. 802; Lüder (2001), Sp. 1114. Vgl. auch Schaefer (1993), S. 146: „Die investitionsobjektorientierte Datenerfassung scheitert jedoch in der Praxis vielfach an der Kostenstellen- und Kostenträgerbezogenheit des betrieblichen Rechnungswesens" (im Original teilweise hervorgehoben). Dabei muss die Inkompatibilität des Gegenstands nicht nur durch inadäquate Prüfgrößen (z. B. Ist-Größen) ausgelöst werden, sondern kann auch aus inadäquaten Vergleichsgrößen (z. B. Soll-Größen) resultieren (vgl. hierzu Lüder (1969), S. 85; Rockley (1973), S. 227; Mills/Kennedy (1990), S. 7; Gadella (1991), S. 98; Schwellnuß (1991), S. 73-82). Neben dieser, von der invesitionsobjektbezogenen vs. kostenstellenbezogenen Frage des gleichen Gegenstands, umfasst die dritte Dimension jedoch auch die allgemeine Konstanz des betrachteten Gegenstands bzw. dessen Daten (und ihrer Granularität), d. h. insbesondere auch die Frage der Kompatibilität bei im Investitionsumsetzungsprozess verändeten Investitionsprojekten (z. B. Anlagengröße, Bedeutung qualitativer vs. quantitativer Eigenschaften etc.) und die daraus resultierende Inkompatibilität mit den ursprünglichen Investitionsplänen. Vgl. dazu z. B. Lüder (1969), S. 36f u. S. 85; Hastie (1974), S. 38; Holmes/Cullen/Gray (1991), S. 58.

365 Vgl. z. B. Humphrey (1970), S. 191, der die zweite Dimension für weniger bedeutsam als die dritte hält. Vgl. demgegenüber Gallinger (1980), S. 19, und Gordon/Myers (1991), S. 41, die die zweite (implizit) als die relevanteste betrachten.

366 Vgl. exemplarisch: Istvan (1961), S. 40; Lüder (1966), S. 1141; Jankowski (1969), S. 37; Hicks/Schmidt (1971), S. 25; Borer (1978), S. 80; Lüder/Neumann (1979), S. 213; Gallinger (1980), S. 19; Pinches (1982), S. 13; Gordon/Myers (1991), S. 41; Hackney (1992), S. 357; Schaefer (1993), S. 149; Lüder (2001), Sp. 1114.

in der Kontrolle zur Nachrechnung des Investitionsprojekts verwendet wird, und nicht auf diejenigen, die laut den Handlungsleitlinien des Unternehmens eigentlich in der Investitionsplanung und -entscheidung Verwendung finden sollen.[367]

Zur Sicherstellung aller drei Dimensionen der Kompatibilität von Prüf- und Vergleichsgröße werden in der Literatur diverse Lösungen vorgeschlagen, wobei sich die zweite Dimension nach herrschender Meinung in der Literatur durch den Einsatz der gleichen Methoden lösen lässt.[368] Größere Probleme bereitet der Literatur zu Folge die Entwicklung praxistauglicher Lösungen zur Sicherstellung der ersten und der dritten Dimension,[369] wobei jedoch für letztere inzwischen durchaus viel versprechende Vorschläge (hauptsächlich aus dem deutschsprachigen Raum) wie beispielsweise die so genannte stufenweise Objektergebnisrechnung von Lüder/Neumann (1979) und der investitionstheoretische Ansatz der Kostenrechnung nach Küpper (1985) vorliegen.[370] Allerdings sind diese Lösungsvorschläge mit z. T. nicht unerheblichem Aufwand verbunden.[371]

(5) Grad der Formalisierung

Vergleichsweise wenig Beachtung findet in der Investitionskontrollliteratur die Frage der Formalisierung bzw. Standardisierung des Investitionskontrollprozesses,[372] d. h. der (schriftlichen) a priori Regelung der Kontrollhandlungen.[373]

---

367 Vgl. Gordon/Myers (1991), S. 41.

368 Vgl. exemplarisch Lüder (2001), S. 1114. Allerdings deuten demgegenüber die Ergebnisse Spielbergers (1983) darauf hin, dass nicht alle Bewertungsmethoden gleich gut für eine Investitionsplanung und -kontrolle geeinget sind, sondern dass eigentlich nur eine Bewertung mit dem Verfahren der dynamischen Investitionsrechnung nach dem Entscheidungsbaumverfahren anwendbar ist. Eine abschließende, konvergente Beurteilung der Frage der methodischen Kompatibilität steht damit in der Literatur noch aus.

369 Vgl. für eingehendere Diskussionen dieser Dimensionen exemplarisch Nicholson (1962), S. 54 u. S. 406; Humphrey (1970); Abdelsamad (1973), S. 234; Rockley (1973), S. 196 u. S. 229; Staehelin (1988), S. 152; Schwellnuß (1991), S. 2 u. S. 73-82; Hackney (1992), S. 357f.; Schaefer (1993), S. 146 u. S. 150; Lüder (1996), Sp. 802.

370 Vgl. hierzu z. B. Lüder/Neumann (1979), S. 214-218; Lüder (1980), S. 371-374; Küpper (1985); Lüder (1993), Sp. 1995f.; Küpper (2001), S. 130-136. Kritisch zum Ansatz Küppers (1985) bzw. Küppers (2001) jedoch Schaefer (2004), S. 203-218. Vgl. für weitere Konzepte auch Rockley (1973), S. 229; Schwellnuß (1991), S. 110-138 u. S. 148-151; Hackney (1992), S. 358; Lüder (1993), Sp. 1995f.

371 Vgl. Steven/Böning (1999), S. 459.

372 Als Autoren, die sich zumindest am Rande mit der Formalisierung auseinandersetzten, sind Dean (1954), S. 122; Kooken (1961), S. 150-152; Schaefer (1963), S. 38; Usry (1966), S. 71; Lüder (1969), S. 122; McCorvey (1969), S. 33; Schneider (1976), S. 332; Borer (1978), S. 140 u. S. 244f.; Lüder/Neumann (1979), S. 6; Dillon/Caldwell (1981), S. 21; Gordon/Myers (1991), S. 40; Neale (1991b), S. 46 zu nennen.

373 Dabei finden sich jedoch unterschiedliche Bezeichnungen. Beispielsweise sprechen Lüder/Neumann (1979), S. 6, nicht von Formalisierung, sondern von „systematisch“. Im Folgenden sei jedoch der in der betriebswirtschaftlichen Literatur üblichere Begriff der Formalisierung verwendet, da ein

Einer solchen Formalisierung wird allgemein die Funktion der Sicherstellung eines koordinierten und gleich bleibenden Ablaufs der Kontrollhandlungen (und damit einer Vergleichbarkeit und somit leichteren Interpretierbarkeit der Ergebnisse) zugesprochen.[374] Ferner wird die Formalisierung als eine Möglichkeit betrachtet, die Mitarbeiter eines Unternehmens über die Kontrolle zu informieren und die Bildung von Gerüchten zu vermeiden.[375] Darüber hinaus führt Borer (1978) an, dass sich viele Teilaufgaben durch den Einsatz von Formularen (als einer Ausprägung der Formalisierung des Kontrollprozesses) erleichtern lassen und sich damit die kognitive Aufnahme- und Verarbeitungsgeschwindigkeit von Informationen erhöhen lässt.[376] Andererseits wird in der Literatur auch auf die Gefahr der übertriebenen Einengung und Schematisierung (und damit mangelnden Flexibilität) des Kontrollprozesses durch eine (hohe) Formalisierung hingewiesen.[377]

Einzelne Veröffentlichungen zählen sogar die zu formalisierenden Aspekte des Kontrollprozesses auf.[378] Allerdings dürfen diese normativen Listen nicht darüber hinwegtäuschen, dass der Einfluss der Formalisierung auf die Wirkungen von Investitionskontrollen bis heute nur peripher betrachtet wurde. Dies gilt insbesondere für die deutschsprachige Literatur, in der Ausführungen zur Formalisierung grundsätzlich weitgehend fehlen.[379]

(6) Kontrollumfang

Relativ häufig wird in der Investitionskontrollliteratur der Kontrollumfang als Gestaltungsparameter diskutiert,[380] d. h. wie viele der Investitionsanträge, -projekte oder reali-

---

systematischer Prozess nicht zwangsläufig einem formalisierten Prozess im hier verwendeten Sinn entsprechen muss: Auch ein nicht-formalisierter Vergleichs- und Abweichungsauswertungsprozess kann durchaus systematisch, d. h. bewusst und in logisch aufeinander folgenden Schritten, stattfinden. Entsprechende Prozesse wurden daher im Kapitel 2 auch mit dem Begriff der Kontrolle belegt. Diese kann jedoch formalisiert sein oder auch nicht.

374 Vgl. dazu Kooken (1961), S. 151; Schaefer (1963), S. 38; Lüder (1969), S. 122; Gordon/Myers (1991), S. 40.

375 Vgl. Dillon/Caldwell (1981), S. 20.

376 Vgl. Borer (1978), S. 140.

377 Vgl. Borer (1978), S. 244f.; Dillon/Caldwell (1981), S. 21.

378 Vgl. exemplarisch Usry (1966), S. 71; Neale (1995), S. 23f.

379 Am stärksten geht noch Borer (1978) auf diese Fragestellung ein. Lüder (2001), Sp. 1114, reißt nur kurz an, dass die Frage der Partizipation und der Kontrollumfang „in den Kontrollrichtlinien des Unternehmens" festzulegen sind.

380 Vgl. für die Investitionskontrolle exemplarisch Kooken (1961), S. 142-144; Lüder (1966), S. 1142f.; Lüder (1969), S. 59f.; Saatmann (1970), S. 39-42; Lüder (1970), S. 711f.; Osterloh (1974), S. 62f. u. S. 180; Hay (1977), S. 176f.; Borer (1978), S. 39-50 u. S. 141-146; Lüder (1980), S. 361f. u. S. 370; Geiger (1986), S. 155f.; Schwellnuß (1991), S. 30-36; Müller-Hedrich (1992), S. 57; Lüder (1993), Sp. 1993; Matschke (1993), S. 345-348; Lüder (1995), Sp. 973; Harris/Raviv (1996), S. 1141; Lüder (1996), Sp. 800f.; Rösgen (2000), S. 239. Vgl. für die allgemeine Kontrollforschung ähnlich z. B.

sierten -objekte zu überprüfen sind.[381] Aufbauend auf Lüder (1969) wird dabei i. d. R. im deutschsprachigen Raum je nach Kontrollumfang u (mit $u \in [0\ \%, 100\ \%]$) in Vollkontrollen ($u = 100\ \%$) und Teilkontrollen ($u < 100\ \%$) unterschieden.[382] Auch im englischsprachigen Raum findet sich diese Unterscheidung, allerdings ohne feste Begriffe.[383]

Grundsätzlich wird national wie international meist ein Umfang $u < 100\ \%$ als optimale Lösung propagiert,[384] da für den Umfang der Investitionskontrolle ein Optimum u^* angenommen wird, welches dort liegt, wo „der zusätzliche Nutzen gleich dem zusätzlichen Aufwand“[385] der Kontrolle eines weiteren Investitionsobjektes ist.[386] Eben dieses Optimum u^* wird – abnehmenden Grenznutzen und konstante Grenzkosten der Kontrolle unterstellt – bei $u < 100\ \%$ liegen.[387] Zur Bestimmung dieses (theoretischen) Optimums u^* wird dabei in der Literatur sowohl auf analytische wie auf grafische Lösungswege zurückgegriffen.[388]

Allerdings stoßen alle Autoren auf ein zentrales Problem dieses Optimierungskalküls: seine (allenfalls) begrenzte Operationalisierbarkeit, d. h. die Schwierigkeit der Bestimmung sowohl des Nutzens wie des Aufwands als Eingangsgrößen des Maximierungskalküls.[389] Bereits bei der scheinbar noch einfachen Aufwandsbestimmung herrscht Uneinigkeit darüber, ob der Kontrollaufwand bei allen Projekten annähernd gleich ist oder aber unterschiedlich hoch ausfällt.[390] Wesentlich größere Probleme bereitet den diversen Autoren jedoch die Bestimmung des Einflusses unterschiedlicher Kontrollumfänge u auf den Nutzen von Investitionskontrollen.[391]

Schmandt (1926), S. 71-75; Ewert/Wagenhofer (2000), S. 348; Schäffer (2001), S. 73-81 u. S. 242-247.

381 Vgl. Osterloh (1974), S. 62.

382 Vgl. dazu grundlegend Lüder (1969), S. 59.

383 Vgl. z. B. Kooken (1961), S. 142; Nicholson (1962), S. 403.

384 Vgl. exemplarisch Istvan (1961), S. 39; Lüder (1966), S. 1142f.; Lüder (1969), S. 60; McCorvey (1969), S. 32; Harris/Raviv (1996), S. 1141.

385 Lüder (1969), S. 60.

386 Vgl. Lüder (1969), S. 60. Ähnlich Kooken (1961), S. 142; Nicholson (1962), S. 403; Lüder (1966), S. 1142f.; Osterloh (1974), S. 73-84; Dillon/Caldwell (1981), S. 20; Azzone/Maccarrone (2001), S. 77.

387 Vgl. Lüder (1966), S. 1142f. Vgl. ähnlich, jedoch nicht formalisiert, Schaefer (1963), S. 88; Neale (1995), S. 21.

388 Vgl. z. B. Lüder (1966), S. 1142f. Vgl. auch Osterloh (1974), S. 73-84, der sehr detailliert dieses Maximierungskalkül grafisch wie analytisch darstellt.

389 Vgl. exemplarisch die Ausführungen bei Lüder (1966), S. 1143; Saatmann (1970), S. 39f.; Dillon/Caldwell (1981), S. 20.

390 Vgl. zur Annahme gleichen Kontrollaufwands Lüder (1969), S. 60. Diese näherungsweise Annahme beruht dabei auf der Vermutung, dass die Datengewinnung bzw. -isolierung umso schwieriger wird, je kleiner ein Investitionsprojekt ist, weshalb er bei kleineren Projekten zumindest nicht niedriger als bei Großprojekten ausfallen wird. Vgl. dazu (implizit) Lüder (1969), S. 60. Zur Annahme unterschiedlich hohen Kontrollaufwands vgl. z. B. Borer (1978), S. 143.

391 Vgl. dazu exemplarisch Lüder (1969), S. 60.

Statt dieses Operationalisierungsproblem jedoch zum Anlass für eine tiefer gehende Auseinandersetzung mit dem Nutzen von Investitionskontrollen bzw. den diversen unterschiedlichen Wirkungen zu nehmen und dann den Einfluss alternativer Kontrollumfänge *u* auf das Ausmaß der jeweiligen Wirkungen zu betrachten, weicht die nationale wie internationale Literatur zur Investitionskontrolle dominant auf diverse Heuristiken aus.[392] Von diesen hat jedoch bis heute keine auch nur annähernd allgemeine Akzeptanz erlangt. Auch werden an ihnen teilweise schwerwiegende Probleme kritisiert.[393] Angesichts der Schwierigkeiten bei den in der Literatur angeführten Heuristiken kommen Dillon/Caldwell (1981) zu der resignierenden Feststellung, dass es offensichtlich keine optimale (realisierbare) Lösung gibt.[394]

Die (auch im Hinblick auf eine praktische Anwendung) unbefriedigenden Ergebnisse der Forschung sind dabei jedoch zum Großteil auf die ungenügende Präzisierung der Wirkungen von Investitionskontrollen zurückzuführen: So wäre die Identifikation aller potenziell mit einer Investitionskontrolle verbundener gewünschter (wie unerwünschter) Wirkungen eine Voraussetzung dafür, um die Auswirkung alternativer Kontrollumfänge *u* auf das Ausmaß der einzelnen Nutzen- wie Disnutzenaspekte (inklusive des Aufwands) zu untersuchen und damit Unternehmen eine Handlungsleitlinie zur Bestimmung von u^* anbieten zu können.

---

392 Einschränkend ist hier anzumerken, dass sich z. B. bei Lüder (1969), S. 63, Überlegungen zum unterschiedlichen Einfluss alternativer Kontrollumfänge auf die Erreichungsgrade der von ihm genannten Ziele finden. Diese bleiben jedoch angesichts der Konzentration auf die Informationsfunktion der Kontrolle (siehe hierzu die Anmerkungen oben) einseitig bzw. unvollständig. Ähnliches gilt auch für die vergleichbaren Ansätze von Boersema (1978), S. 39; Schaefer (1993), S. 146f.

393 So schlagen diverse Autoren die Verwendung der Investitionssumme (zum Teil ergänzt um ein weiteres Auswahlkriterium) als Heuristik vor (vgl. z. B. Nicholson (1962), S. 403f.; Lüder (1969), S. 60; Dillon/Caldwell (1981), S. 21; Cherry (1993), S. 32; CMA (1999), S. 3). Da jedoch der alleinige Rückgriff auf die Investitionssumme erstens potenziell die Investitionsverantwortlichen dazu verleiten kann, größere Investitionen in kleinere Einheiten aufzuspalten (um so einer nachfolgenden Kontrolle zu entgehen), zweitens kleinere Investitionsprojekte in ihrer Masse auch für das Unternehmen bedeutsam und mitunter sogar Vorläufer für größere darstellen (so dass gerade ihre Kontrolle zu wichtigen Fähigkeitslerneffekten im Hinblick auf zukünftige Investitionen führen kann) und drittens dieser Auswahlmechanismus eine gute Vorhersage der kontrollierten Investitionen erlaubt (und somit ein entsprechendes opportunistisches Verhalten des kontrollierten Mitarbeiters ermöglicht), wird die Verwendung der Investitionssumme als Kriterium in der Literatur scharf kritisiert (vgl. u. a. Borer (1978), S. 142; Rockley (1973), S. 188f.; Neale (1995), S. 21). Jedoch auch die (zusätzlich) zur Investitionssumme vorgeschlagenen Kriterien (zur Heilung einiger ihrer Schwächen) wie beispielsweise von Nicholson (1962), S. 403f., den Typ einer Investition (z. B. Ersatz- vs. Expansionsinvestition) oder den „Unsicherheitsgrad der Erwartung" (Lüder (1969), S. 60; vgl. ähnlich bspw. auch Cherry (1993), S. 32) sind in der Literatur nicht unwidersprochen geblieben (vgl. z. B. Borer (1978), S. 40 u. S. 142-145). Als Alternative zu solchen festen, häufig kritisierten Heuristiken wird von anderen Autoren auch der Einsatz von Zufallsziehungen propagiert (vgl. bspw. Rockley (1973), S. 189; Harris/Raviv (1996), S. 1141f.). Auch dieser Ansatz findet in der Literatur jedoch keine allgemeine Akzeptanz (vgl. kritisch, jedoch ohne Begründung Schaefer (1993), S. 146f.).

394 Vgl. Dillon/Caldwell (1981), S. 21.

(7) Kontrolltiefe

Im Verhältnis zum Kontrollumfang wird der Kontrolltiefe t ($t \in [0\ \%, 100\ \%]$) etwas geringere Aufmerksamkeit gewidmet.[395] Dabei wird, je nachdem ob alle Merkmalsausprägungen eines zu kontrollierenden Investitionsobjekts oder ob nur einige dieser Merkmale in die Kontrolle einbezogen werden, von Vollrechnungen ($t = 100\ \%$) oder Teilrechnungen ($t < 100\ \%$) gesprochen.[396] Angesichts der Ähnlichkeit der Frage der Wahl der optimalen Kontrolltiefe zur Frage des Kontrollumfangs werden Aussagen und Überlegungen für den Kontrollumfang in der Literatur auch auf die Kontrolltiefe angewandt.[397] Auch für die Kontrolltiefe wird entsprechend davon ausgegangen, dass eine höhere Kontrolltiefe zwar einen höheren Kontrollnutzen bietet, da sie eine Kontrolle von mehr potenziell relevanten Daten sicherstellt,[398] jedoch auch mit höherem Kontrollaufwand verbunden ist und dass eine Vollrechnung somit oft unwirtschaftlich ist bzw. dass oft ein Optimum von Nutzen und Aufwand t^* bei $t < 100\ \%$ besteht.[399]

Da allerdings auch bei der Analyse des Einflusses der Kontrolltiefe t auf den Nutzen von Kontrollen dieser Nutzen allenfalls sehr grob (und nicht durchgängig) anhand der unterstellten Ziele von Investitionskontrollen betrachtet wird,[400] gelangt die einschlägige Literatur auch für die Kontrolltiefe entweder nur zu wenig informativen Aussagen, wie dass eine „genaue Abwägung von Kosten und Nutzen“[401] erforderlich ist, oder aber nur zu unsystematischen Aussagen für Teile der (Ziel-)Wirkungen, wie beispielsweise nur zu

---

395 Zu den Autoren, die sich intensiver mit dieser Fragestellung auseinandersetzen, gehören insbesondere Nicholson (1962), S. 391; Saatmann (1970), S. 43; Osterloh (1974), S. 63; Borer (1978), S. 146f.; Schwellnuß (1991), S. 40-43; Lüder (1993), Sp. 1994; Lüder (1996), Sp. 801.

396 Vgl. z. B. Saatmann (1970), S. 43; Lüder/Neumann (1979), S. 5; Lüder (2001), Sp. 1114. Vgl. auch schon Kooken (1961), S. 152, der ebenfalls diese Unterscheidung, allerdings ohne entsprechende begriffliche Bezeichnung, verwendet. Vgl. auch Osterloh (1974), S. 63, der dabei jedoch nicht den Ausdruck Tiefe, sondern „Anzahl der Kontrollobjekte je Investitionsobjekt“ verwendet.
Teilweise wird unter der Kontrolltiefe auch (unter variierenden Begriffen) eine Unterscheidung in abrechnungsbereichsbezogene Kontrollen und Kontrollen einzelner Investitionsvorhaben verstanden (vgl. z. B. Lüder (1969), S. 32 u S. 47; Rockley (1973), S. 190. Borer (1978), S. 16; Schwellnuß (1991), S. 27). Da es sich bei ersteren um klassische, routinemäßige Rentabilitätskontrollen von Unternehmensteilen z. B. anhand des ROI oder ROCE handelt und nicht um Investitionskontrollen nach der hier verwendeten Begriffspräzisierung als Kontrollen einer einzelnen Investition, sei es nun eine Einzelinvestition oder ein einzelnes Investitionsprogramm (siehe hierzu die Definition vorne), wird diese Unterscheidung im Weiteren folglich auch nicht näher betrachtet.

397 Vgl. hierzu Saatmann (1970), S. 43f.; Borer (1978), S. 146f.; Geiger (1986), S. 155f.

398 Vgl. Lüder (1969), S. 90. Vgl. auch Lüder (2001), Sp. 1114.

399 Vgl. dazu z. B. Kooken (1961), S. 153; Heebink (1994), S. 51; Osterloh (1974), S. 63; Borer (1978), S. 103.

400 Vgl. dazu exemplarisch Lüder (1980), S. 368-370, und Neale (1995), S. 21f.

401 Borer (1978), S. 103.

den Fähigkeitslerneffekten des Kontrollierten.[402] Der Einfluss auf die dysfunktionalen Wirkungen wird vollständig ausgeblendet.

Ähnlich wie beim Kontrollumfang versucht die Mehrheit der Literatur auch bei der Frage der Kontrolltiefe durch die Entwicklung von Heuristiken der notwendigen Klärung der einzelnen Nutzenbestandteile (und Disnutzenbestandteile) und darauf aufsetzend, der systematischen Betrachtung des Einflusses alternativer Kontrolltiefen auf die Ausmaße dieser Effekte zu entgehen, und direkt zu praxistauglichen Handlungsempfehlungen zu gelangen.[403] Ohne die Kenntnis der Wirkungen von Investitionskontrollen, deren fehlende Erforschung bereits mehrmals kritisiert wurde, bleibt aber sowohl die Entdeckung effektiver Heuristiken eher ein Zufallsprodukt als auch eine Bewertung der diversen, propagierten Heuristiken in weiten Teilen unmöglich.

(8) Kontrollhäufigkeit

Wie häufig[404] eine Investition zu überprüfen ist, wird in der betriebswirtschaftlichen Investitionskontrollforschung bereits seit ihren Anfängen intensiv diskutiert.[405] Der

402 Vgl. exemplarisch die Ausführungen bei Lüder (1980), S. 368-370.

403 So empfehlen bspw. mehrere deutschsprachige Autoren die Durchführung von Sensitivitätsanalysen (vgl. Lüder (1969), S. 91f.; Saatmann (1970), S. 43; Borer (1978), S. 146f.). Dieser Ansatz ist jedoch nicht ohne Probleme. So weist Spielberger (1983) darauf hin, dass eine hohe Sensitivität nicht mit einer hohen Wahrscheinlichkeit der Abweichung einhergehen muss und somit bei dieser Bestimmung der Kontrolltiefe *t* „möglicherweise solche Größen von der Kontrolle ausgeschlossen [werden, *Anm. d. Verf.*], die zwar weniger sensitiv sind, bei denen aber wegen der hohen Prognoseunsicherheit große Abweichungen mit hoher Wahrscheinlichkeit zu erwarten sind" (Spielberger (1983), S. 34). In der Literatur existiert jedoch ein Lösungsvorschlag zu Behebung dieser Schwachstelle. So empfiehlt bereits Lüder (1969) für alle Basisdaten die Abweichungshöhe zu schätzen, die mit einer bestimmten, für alle gleichen Wahrscheinlichkeit erreicht oder überschritten wird. Diese Abweichungen sollen dann in einer Sensitivitätsanalyse simuliert und die durch sie hervorgerufenen Änderungen am Zielerreichungsgrad der Investition ermittelt werden. Diejenigen Daten, bei denen die simulierte Änderung des Zielerreichungsgrads einen bestimmten vorher festgelegten Prozentsatz übersteigt, sollen dann in die Kontrolle einbezogen werden (vgl. detailliert dazu Lüder (1969), S. 93).

404 In der Literatur wird bei der Frage der Kontrollhäufigkeit i. d. R. auch über die Zeitpunkte der Kontrolle (früh, spät, beides) diskutiert und aufgrund der gegenseitigen Determinierung keine klare Trennung vorgenommen (vgl. exemplarisch Azzone/Maccarrone (2001), S. 77). Angesichts der Verknüpfung der beiden Aspekte sei im Weiteren nur auf die Aussagen der Literatur zur Kontrollhäufigkeit näher eingegangen, aus denen sich jedoch auch die in der Literatur anzutreffenden Näherungen für die Frage einer frühen oder späten Kontrolle oder beider bzw. mehrerer ableiten lassen. Für detaillierte, jedoch oft rein normativ postulierende Ausführungen zu den Vor- und Nachteilen früher versus später Kontrollen versus beider Kontrollen siehe beispielsweise Kooken (1961), S. 145-147; Schaefer (1963), S. 85-87; Terborgh (1967), S. 254; Jankowski (1969), S. 167; Saatmann (1970), S. 35; Abdelsamad (1973), S. 234; Boersema (1978), S. 39f.; Borer (1978), S. 82; Lambrix/Singhvi (1984), S. 13; Posey/Roth/Dittrich (1985), S. 18; Neale (1995), S. 22; CMA (1999), S. 3.

Schwerpunkt der Diskussion liegt dabei auf der Frage der Häufigkeit der Investitionserfolgskontrolle.

Für diese werden unter Bezugnahme auf die Investitionskontrollziele unterschiedliche optimale Häufigkeiten h^* (h = 1, 2, ..., n) diskutiert.[406] Unterschiedliche Meinungen in der Literatur bestehen dabei schon darin, worauf die Häufigkeit h zu beziehen ist: Während es beispielsweise Lüder (1966) für erforderlich hält, h auf einen bestimmten Zeitraum zu beziehen, um Optimierungsüberlegungen auch für Investitionen mit variierender Lebenszeitlänge anstellen zu können,[407] definiert Osterloh (1974) die Kontrollhäufigkeit als „die Anzahl der gleichartigen Kontrollvorgänge je Investitions- und Kontrollobjekt"[408] und nimmt somit ähnlich wie Smith (1994) explizit keine Standardisierung von h auf eine Zeitspanne vor.[409] Bei vielen Autoren fehlt eine Präzisierung eines Bezugspunkts von h gänzlich.[410] Größere Einigkeit besteht hingegen wieder darin, dass die optimale Kontrollhäufigkeit h^* von den mit der Investitionskontrolle angestrebten Wirkungen abhängt.[411] So propagieren u. a. Schwellnuß (1991) und Hackney (1992) zur Ermöglichung rechtzeitiger Korrekturmaßnahmen eine hohe Kontrollhäufigkeit.[412] Für die Erzielung von Fähigkeitslerneffekten für bessere Investitionshandlungen in der Zukunft wird in der Literatur hingegen eine niedrige Kontrollhäufigkeit bzw. sogar eine einzelne Kontrolle als ausreichend erachtet.[413] Im Hinblick auf eine Disziplinierungs- bzw. Manipulationsvermeidungswirkung wird hingegen weniger die Höhe von h als vielmehr die Unvorhersehbar-

---

405 Vgl. Schaefer (1963), S. 85-87; Lüder (1966), S. 1143; Terborgh (1967), S. 254; Lüder (1969), S. 25 u. S. 69; Saatmann (1970), S. 44; Lüder (1970), S. 712f.; Osterloh (1974), S. 65; Borer (1978), S. 149-157; Lüder (1993), Sp. 1994; Matschke (1993), S. 349-351; Lüder (1995), Sp. 973; Lüder (1996), Sp. 801; Azzone/Maccarrone (2001), S. 77. Für die allgemeine Kontrollforschung vgl. bspw. Kromschröder (1972), S. 51-119; Welge (1988), S. 327; Hentze/Brose/Kammel (1993), S. 120; Schanz (1993), Sp. 2008; Ewert/Wagenhofer (2000), S. 348; Rösgen (2000), S. 239; Schäffer (2001), S. 143-150.

406 Vgl. exemplarisch Nicholson (1962), S. 406; Lüder (1966), S. 1143; Lüder (1969), S. 68-70; Saatmann (1970), S. 44f.; Osterloh (1974), S. 65; Borer (1978), S. 149-157; Matschke (1993), S. 350.

407 Vgl. Lüder (1966), S. 1143.

408 Osterloh (1974), S. 65.

409 Vgl. Smith (1994), S. 132. Ähnlich (implizit) auch Nicholson (1962), S. 407; Dillon/Caldwell (1981), S. 30; Schultz (2005), S. 135.

410 Vgl. exemplarisch Myers/Gordon/Hamer (1991), S. 318; Schwellnuß (1991), S. 37f.; Schaefer (1993), S. 148.

411 Vgl. z. B. Kooken (1961), S. 144; Osterloh (1974), S. 65; Borer (1978), S. 154 u. S. 157; Matschke (1993), S. 350; Neale (1995), S. 22. Ausnahmen bilden Schaefer (1963), S. 85 u. S. 87 und Dillon/Caldwell (1981), S. 30, die die Entscheidung über mehrere Erfolgskontrollen (d. h. $h > 1$) von den Ergebnissen der ersten Erfolgskontrolle bzw. der Wahrscheinlichkeit, dass das erste Ergebnis dieser ersten Kontrolle nicht repräsentativ ist, abhängig sehen (für Realisationskontrollen sieht Schaefer (1963), S. 47f., jedoch wieder eine Abhängigkeit vom Ziel der Korrekturermöglichung).

412 Vgl. Schwellnuß (1991), S. 37; Hackney (1992), S. 346 u. S. 351. Ähnlich Schaefer (1963), S. 47f.; Lüder (1966), S. 1142; Osterloh (1974), S. 65; Myers/Gordon/Hamer (1991), S. 318; Smith (1994), S. 132.

413 Vgl. z. B. Matschke (1993), S. 350.

keit von *h* für die (potenziell) kontrollierten Personen als wichtig erachtet.[414] Allerdings variiert die Fundierung dieser Handlungsempfehlungen deutlich,[415] wobei die modelltheoretischen Überlegungen ähnlich denen für Kontrollumfang und Kontrolltiefe von Lüder (1966) und Borer (1978) zwar positive Erwähnung verdienen, jedoch wieder an der ungelösten Problematik der Identifikation der diversen Wirkungen leiden.[416] Entsprechend gelingt es auch Lüder (1966) und Borer (1978) nicht, auf Basis ihrer eigenen Modelle durchgängig für die von ihnen unterstellten Ziele Aussagen über den Einfluss der Kontrollhäufigkeit zu treffen.[417] Darüber hinaus ist festzustellen, dass von der einschlägigen Literatur wieder dominant nur funktionale Effekte bzw. der Einfluss auf die Kontrollziele bei der Analyse alternativer Kontrollhäufigkeiten betrachtet werden. Die Rolle der Kontrollhäufigkeit für das Ausmaß potenzieller dysfunktionaler Wirkungen der Investitionskontrolle bleibt hingegen weitgehend unbeleuchtet.[418]

Insgesamt erweist sich damit auch der Stand der Erforschung der Kontrollhäufigkeit als relativ gering.

(9) Ausmaß der Koppelung extrinsischer Anreize

Das Ausmaß angenehmer extrinsischer Anreize (z. B. in Form einer Erfolgsprämie, öffentlicher Anerkennung oder Aufstiegschancen) oder unangenehmer Sanktionen (bspw. öffentlicher Kritik oder reduzierter Karrierechancen), die als Folge eines in einer Investitionskontrolle festgestellten positiven oder negativen Ergebnisses dem Kontrollierten gewährt werden, wird vergleichsweise selten in der nationalen wie internationalen Investitionskontrollliteratur betrachtet.[419] Dabei zeigt bereits Nicholson (1962) das Spektrum

---

414 Vgl. bspw. Matschke (1993), S. 350.

415 Einige Autoren verzichten fast gänzlich auf eine Begründung. Vgl. dazu exemplarisch Terborgh (1967), S. 254; Schaefer (1993), S. 148; Schultz (2005), S. 135, aus der Investitionskontrollforschung sowie Schanz (1993), Sp. 2008, aus der allgemeinen Kontrollforschung.

416 Auch herrscht Uneinigkeit über den Wahrheitsgehalt der den Modellen zugrundegelegten Prämissen. Während bspw. Lüder (1966), S. 1143, abnehmenden Grenznutzen bei steigendem *h* für realistisch hält (ebenso auch Jankowski (1969), S. 26 u. S. 167), so lehnt Borer (1978) diese Annahme kategorisch, jedoch ohne stringente Argumente, ab (vgl. Borer (1978), S. 149-151). Ebenfalls uneinig sind sich Lüder (1966) und Borer (1978) über den Verlauf der Grenzkostenkurve. Ersterer geht von annähernd konstanten Grenzkosten, letzterer hingegen von leicht fallenden aus, da er Lernkurveneffekte bei der Ausführung von Kontrollen unterstellt (vgl. dazu Lüder (1966), S. 1143; Borer (1978), S. 151).

417 So wendet Lüder (1966), S. 1142, für das Ziel der Manipulationsvermeidung das eigene Kalkül nicht an, sondern nur im Hinblick auf die Beschaffung von Informationen für mögliche Korrekturmaßnahmen. Borer (1978), S. 154, widerspricht sogar seinen eigenen Aussagen bei der Betrachtung der optimalen Kontrollhäufigkeit.

418 Eine Ausnahme bilden Posey/Roth/Dittrich (1985), S. 18.

419 Die wenigen Ausnahmen bilden Watson (1953), S. 38; Helfert (1960), S. 91f.; Istvan (1961), S. 43; Nicholson (1962), S. 409; Abdelsamad (1973), S. 234; Hägg (1977), S. 44; Borer (1978), S. 64f. u. S. 73f.; Dillon/Caldwell (1981), S. 22; Azzone/Maccarrone (2001), S. 75.

dieser Anreizkoppelung von starken extrinsischen Anreizen (wie einer Bestrafung durch Arbeitsplatzverlust) bis hin zu einer völligen Entkoppelung durch praktische „Irrelevanz" für das kontrollierte Individuum auf.[420]

Die wenige Literatur, die sich mit der Frage der Anreizkoppelung beschäftigt und nicht rein normative Handlungsempfehlungen für die Praxis gibt,[421] ist sich dafür aber (wenngleich mit variierender, weitgehend fehlender theoretischer Fundierung) in großen Teilen einig darüber, dass eine (wahrgenommene) Anreizkoppelung zwar einerseits im Hinblick auf die Höhe der Lerneffekte von Kontrollen vorteilhaft ist,[422] aber andererseits auch dysfunktionale Konsequenzen in Form einer Zielerfüllung um jeden Preis durch manipulative Tendenzen oder bewusst übervorsichtige Investitionsplanungen nach sich ziehen kann.[423] Wenngleich die Mehrzahl der Arbeiten, die diesen Einfluss auf die indirekten Wirkungen erster Ordnung einer Investitionskontrolle postulieren, keine nähere theoretische Fundierung der Aussagen bereithalten, so existieren mit den Arbeiten von Helfert (1960) und Hägg (1977) immerhin erste Ansätze zu einer stärker durch empirische Erkenntnisse der Budgetforschung zu „budgetary slacks" bzw. Lern- und Motivationstheorien fundierten Analyse der Frage der Vor- bzw. Nachteile einer Anreizkoppelung.[424]

Dennoch muss der bisherige Stand der Erforschung des Einflusses einer Koppelung von Anreizen an das in einer Investitionskontrolle festgestellte Ergebnis als unbefriedigend betrachtet werden: Zum einen liegt bisher keine auch nur näherungsweise vollständige und fundierte Analyse des Einflusses auf (auch allein) die in der Literatur erwähnten Ziele und Wirkungen der Investitionskontrolle vor.[425] Zum anderen nimmt ein signifikanter Anteil der Literatur noch immer keine klare Trennung zwischen den Wirkungen einer Investitionskontrolle an sich und denen einer Investitionskontrolle unter Koppelung an

[420] Vgl. Nicholson (1962), S. 409. Darüber hinaus wird auch in der zwar in der Investitionskontrollforschung kaum vertretenen, in betriebswirtschaftlichen Analysen sonst jedoch weit verbreiteten Prinzipal-Agenten-Theorie eine Koppelung von Anreizen an die Ergebnisse einer Kontrolle seit diversen Jahren als ein entscheidender Faktor für die Wirkung einer Kontrolle betrachtet (vgl. dazu u. a. Ewert/Wagenhofer (1995), S. 415; Ewert/Wagenhofer (2003), S. 351). Ebenso wird von einzelnen Stimmen aus dem Bereich einer verhaltenswissenschaftlich-verhaltensorientierten Betriebswirtschaftslehre einer Anreizkoppelung von Kontrollen ein wichtiger Einfluss auf die Wirksamkeit von Kontrollen zugesprochen (vgl. z. B. Schanz (1993), Sp. 2008f.; Küpper (2005), S. 282).

[421] Vgl. z. B. Dillon/Caldwell (1981), S. 22.

[422] Vgl. Nicholson (1962), S. 409; Hägg (1977), S. 44.

[423] Vgl. Helfert (1960), S. 91f. u. 97; Nicholson (1962), S. 409; Borer (1978), S. 73f.; Azzone/Maccarrone (2001), S. 75.

[424] Vgl. Helfert (1960), S. 91f. u. 97; Hägg (1977), S. 44.

[425] Dies Aussage bezieht sich auf die für die vorliegende Arbeit primär relevante internationale Forschung zu Investitionskontrollen, nicht allgemein auf die Kontrollforschung.

Anreize vor und hat damit die Bedeutung des Gestaltungsparameters wohl noch nicht erkannt.[426]

3.2 Status Quo der empirischen Forschung

Der am Kapitelanfang dargestellte Literaturanalyseprozess führte zur Identifikation von 119 empirischen Studien zur betriebswirtschaftlichen Investitionskontrolle. Diese stammen, wie der tabellarischen Übersicht im Anhang 2 bzw. der folgenden Abbildung 12 zu entnehmen ist, aus einer Vielzahl von Ländern.

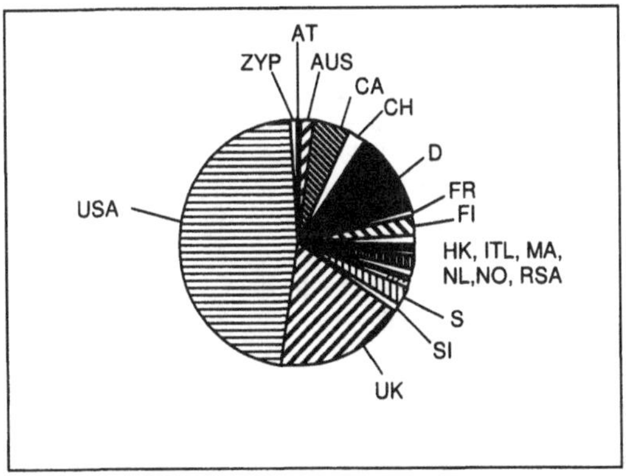

Abbildung 12: Empirische Studien zur Investitionskontrolle nach Ländern

Am stärksten vertreten sind dabei die USA und Großbritannien. Allerdings existieren auch für Australien, Deutschland, Finnland, Frankreich, Hongkong, Italien, Kanada, Malaysia, Norwegen, Österreich, Schweden, die Schweiz, Singapur, Südafrika und Zypern empirische Studien zum Thema Investitionskontrolle.

Die empirischen Arbeiten zur Investitionskontrolle decken dabei drei Untersuchungsgebiete ab: (1) Studien zum Verbreitungsgrad der Investitionskontrollen in der Praxis, (2) Untersuchungen zu den Wirkungen und Zielen von Investitionskontrollen und (3) Analy-

[426] Vgl. so ähnlich auch schon Lüder/Neumann (1979), S. 175. Siehe dazu auch die Ausführungen zum Gestaltungsparameter „Partizipation des Kontrollierten" vorne in diesem Kapitel.

sen der (Gestaltungs-)Parameter und ihres Einflusses auf die Wirkungen bzw. die Zielerreichung.[427]

---

[427] Für Investitionserfolgskontrollen existiert neben diesen drei Forschungsfeldern auch noch eine mehr oder minder eigenständige empirische Forschung zu den Problemen, die in der Praxis bei der Durchführung von Investitionskontrollen auftreten und die von Unternehmen entweder beklagt werden oder aber sogar zum Anlass des Verzichts auf Erfolgskontrollen genommen werden (vgl. detailliert Linder (2005b)). Eine vergleichbare empirische Forschung zu den Problemen bei Antrags- und Realisationskontrollen existiert hingegen überraschenderweise nicht. In den insgesamt 35 empirischen Studien, die sich mit dieser Thematik beschäftigen, werden dabei unter den verschiedensten Begrifflichkeiten dreiundzwanzig (teilweise sich überschneidende) Probleme genannt (vgl. Linder (2005b), S. 14). Diese entsprechen nach Abzug derjenigen Punkte, die keine Probleme bei der Prozessdurchführung, sondern dysfunktionale Wirkungen der Kontrolle darstellen, weitgehend den neun Bereichen, die in der theoretischen und empirischen Investitionskontrollforschung mehr oder minder intensiv als Gestaltungsparameter der Kontrollen betrachtet werden. So werden u. a. die begrenzte Verfügbarkeit qualifizierter bzw. fähiger Kontrolleure, die negative Einstellung der Kontrollierten zur Kontrolle, die zeitliche, methodische und gegenstandsbezogene Inkompatibilität von Prüf- und Vergleichsgröße, die mangelnde formale Ausgestaltung der Kontrollen und die Anreizkoppelung als Problembereiche von den befragten Unternehmen genannt (vgl. ebenda). Bei den einzelnen (fälschlicherweise) als Durchführungsprobleme klassifizierten (dysfunktionalen) Effekten der Erfolgskontrolle, die in diesen 35 Studien ebenfalls vereinzelt angeführt werden, handelt es sich ebenfalls um einzelne Wirkungen, die sowohl in der theoretischen als auch empirischen Forschung erwähnt werden, wie der Kontrollaufwand und die Fokussierung des Kontrollierten auf die Abweichungsvermeidung, die zu übervorsichtigem, sehr exaktem Handeln führt (vgl. ebenda, S. 17). Insofern liefert der Forschungszweig zu den Praxisproblemen beim Einsatz von Investitionserfolgskontrollen zwar im Hinblick auf die anderen Forschungszweige keine neuen Erkenntnisse über die Wirkungen und Gestaltungsparameter. Jedoch ist die Tatsache der Parallelität der neun Gestaltungsparameter und der praktischen Durchführungsprobleme von einem gewissen Erkenntniswert für die Investitionskontrollforschung: Sie deutet darauf hin, dass die Forschung mit großer Wahrscheinlichkeit alle relevanten Einflussfaktoren auf die Wirkungen der Kontrollen identifiziert hat und dass somit die neun Gestaltungsparameter eine gute Ausgangsbasis für die weitere Forschung bieten. Allerdings ist einschränkend anzumerken, dass eine entsprechende Praxisproblemforschung nur für Erfolgskontrollen existiert und nicht für Investitionskontrollen im Allgemeinen und dass darüber hinaus auch die Arbeiten dieses Forschungszweigs nicht alle ohne methodische Schwachstellen sind (vgl. Linder (2005b), S. 17f.). Im Hinblick auf die Wirkungen ist ein solcher Schluss, dass alle Wirkungen identifiziert wurden, nicht möglich, da hier keine Parallelität der Wirkungsforschung zu den in der Forschung über Durchführungsprobleme genannten Effekten besteht.
Neben diesem Forschungszweig ließe sich auch noch die empirische Forschung zu Abweichungshöhe, -richtung und -gründen zwischen Investitionsplanung und realisierten Werten als weiteres Forschungsfeld der empirischen Investitionskontrollforschung anführen (vgl. Lüder (2001), Sp. 1115f.). Da die Forschung aus diesem Feld jedoch nur teilweise auf die Ergebnisse von Investitionskontrollen in der Praxis zurückgreift, sondern z. B. auch nur Unternehmensgesamtverzinsungen zu Mindestverzinsungsansprüchen für Investitionen ins Verhältnis setzt, sei sie hier nicht einbezogen. Einen Überblick über diesen Forschungsstrang bietet aber Linder (2004). Vereinzelt finden sich darüber hinaus auch Studien, die allgemein nach der Bedeutung und dem Schwierigkeitsgrad von Schritten im Investitionsprozess (u. a. auch der Investitionserfolgskontrolle) fragen (vgl. z. B. Fremgen (1973); Hall (2000)). Auf diese einzelnen Studien sei hier im Weiteren jedoch aus Platzgründen nicht näher eingegangen. Anhang 2 enhält aber einige Basisinformationen zu ihnen.

3.2.1 Studien zum Verbreitungsgrad

Ein großer Teil der empirischen Investitionskontrollforschung beschäftigt sich mit dem Verbreitungsgrad der Kontrolle in der Unternehmenspraxis.[428]

Die meisten der 73 empirischen Nicht-Fallstudienuntersuchungen[429] zum Verbreitungsgrad beziehen sich auf die Vereinigten Staaten oder das Vereinigte Königreich. Lediglich acht betrachten die Verhältnisse in Deutschland. Einzelne Studien analysieren Länder wie Australien, Finnland, Frankreich, Hongkong, Italien, Kanada, Malaysia, Österreich, Schweden, die Schweiz, Singapur und Zypern.[430]

Die Forschung konzentriert sich dabei grundsätzlich auf Investitionserfolgskontrollen, während -realisations- und -antragskontrollen nur vergleichsweise selten betrachtet werden.[431]

Die Ergebnisse, die die empirische Forschung zum Verbreitungsgrad von Investitionskontrollen in der Praxis liefert, divergieren darüber hinaus sehr stark – und dies nicht nur im internationalen Vergleich der diversen Länder, sondern auch innerhalb einzelner Länder.

Dies gilt besonders für den deutschsprachigen Raum. So decken die bestehenden empirischen Studien für Deutschland beispielsweise praktisch das gesamte Spektrum von Null bis hundert Prozent Verbreitungsgrad ab.[432] Folglich ist eine auch nur grobe Beantwortung der Frage, wie viele Unternehmen in der Praxis Investitionsantrags-, -realisations-

---

[428] Eine detaillierte Auseinandersetzung mit den Verbreitungsstudien erfolgt in Linder (2006).

[429] Hierunter werden im Weiteren Studien mit einem Stichprobenumfang $n_i > 5$ verstanden.

[430] Eine vollständige tabellarische Übersicht empirischen Studien aus den diversen Ländern mit (soweit vorhanden) Angaben zu Verbreitungsgrad der Investitionskontrollen, Stichprobengröße, Rücklaufquote, Wirtschaftssektor etc. findet sich im Anhang 2.

[431] Vgl. Linder (2006), S. 86.

[432] Die erste Nicht-Fallstudienuntersuchung zu den Verhältnissen in Deutschland wurde von Scheffler (1961) durchgeführt. Sie konzentriert sich, ebenso wie fast alle anderen empirischen Studien zum Verbreitungsgrad von Investitionskontrollen im deutschsprachigen Raum, hauptsächlich auf die Erfolgskontrolle nach Inbetriebnahme einer realisierten Investition und weist mit 87,1 % einen sehr hohen Verbreitungsgrad aus. Lüder (1969) hingegen, der nur wenige Jahre später ebenfalls westdeutsche Industrieunternehmen zur Erfolgskontrolle befragt, gelangt nur zu einem Verbreitungsgrad von 38,5 Prozent und Saatmann (1970) kann bei den von ihm untersuchten Unternehmen sogar kein einziges mit Investitionskontrollen identifizieren. Demgegenüber kommen Melzer (1977) mit 80,8 % und Lüder/Neumann (1979) mit 66,6 % wieder zu deutlich höheren Verbreitungsgraden der Erfolgskontrolle. Die Studie von Schneider (1976) mit 67,7 % wiederum lässt keine validen Aussagen zu, da sie keine klare Trennung zwischen Realisations- und Erfolgskontrolle vornimmt. Die jüngeren Studien von Wehrle-Streif (1989) und Joos-Sachse (1997) kommen hingegen wieder auf niedrigere Werte (33,7 % vs. 55 %). Auch betrachten sie im Gegensatz zu den anderen Studien auch den Verbreitungsgrad der Investitionskontrollen während der Realisierung eines Investitionsprojekts und gelangen für diese zu 52,2 % bzw. 100 % Verbreitung bei den befragten Unternehmen.

und -erfolgskontrollen einsetzen, für Deutschland unmöglich. Da leider auch für die Schweiz lediglich drei Studien mit stark divergierenden Ergebnissen (Spektrum von 33,2 % bis 93,5 %) und für Österreich nur eine einzelne Erhebung (31,3 %) existieren, ist auch kein zuverlässiger Analogieschluss von diesen Ergebnissen auf die Verbreitung in Deutschland möglich.

Aber auch in den empirisch wesentlich intensiver untersuchten USA und Großbritannien, für die sich teilweise angesichts der größeren Anzahl Studien *g* gewichtete, arithmetische Mittel *X* der Verbreitung berechnen lassen,[433] divergieren die Ergebnisse zwischen den Verbreitungsgraden x_i der einzelnen Studien deutlich.[434] Diese Abweichungen bestehen trotz einer Einteilung der Studien in Zeitintervalle nach ihrer Erhebung.[435]

Sofern entsprechende Abweichungen (dominant) lediglich auf den Einfluss des – mit steigendem Stichprobenumfang tendenziell abnehmenden – Zufallsfehlers zurückzuführen wären, bestünde allerdings kein Grund, an der Validität der Ergebnisse für die Mittel *X* zu zweifeln. Wie jedoch eine nähere Analyse der Studienergebnisse anhand so genannter Altman-Bland-Diagramme, die den Zusammenhang zwischen der Stichprobengröße n_i und dem gemessenen Verbreitungsgrad x_i der in die Mittel *X* eingehenden Studien und

433 *USA:* Zur Antragskontrolle existieren nur die Studien von Istvan (1961) mit 93,3 %, Pflomm (1963) ohne eine konkrete Prozentangabe, sondern nur mit der Angabe „a few" (derselbe, S. 31), und Hamilton (1981) mit 50 %. Letzterer betrachtet allerdings nur Investitionen in EDV-Anlagen. Entsprechend wenig aussagekräftig sind die Ergebnisse für die zwei Zeiträume 1958 – 1978 bzw. 1979 – 1999. Für die Realisationskontrolle wiederum konnte zwar keine Studie für das erste Zeitintervall identifiziert werden, aber fünf Studien für den zweiten Zeitraum, so dass für ihn ein Durchschnitt von X = 73,97 % ermittelt werden kann. Hinsichtlich der Erfolgskontrolle kann für die USA für den Zeitraum 1958 – 1978 (mit $g = 13$) ein Mittel von X = 74,0 % und für den Zeitraum 1979 – 1999 (mit $g = 11$) von X = 78,99 % bestimmt werden.
UK: Über die Verbreitung der Antragskontrolle bietet nur eine empirische Studie für den Zeitraum 1958 – 1978 Aufschluss. Ihr zufolge praktizieren 56,80 % der Unternehmen eine solche Kontrolle. Für den zweiten Zeitraum von 1979 – 1999 existiert überraschenderweise keine einzige empirische Untersuchung. Im Hinblick auf die Verbreitung der Realisationskontrolle kann für den Zeitraum 1958 – 1978 wiederum nur auf eine einzelne Untersuchung zurückgegriffen werden. Dieser zufolge führen 80 % der britischen Unternehmen eine Kontrolle während der Umsetzung des Investitionsprojekts durch. Für den späteren Zeitraum von 1979 – 1999 hingegen weisen die fünf existierenden Studien ein gewichtetes, arithmetisches Mittel von X = 85,63 % aus. Obschon über die Erfolgskontrollen die meisten empirischen Studien in Großbritannien vorliegen, datieren diese alle überraschenderweise nach 1968 und zeigen für das erste Zeitintervall ein gewichtetes Mittel von X = 60,43 % (bei $g = 2$) und für das zweite von X = 56,33 % (bei $g = 14$) auf.

434 Vgl. detailliert dazu den Anhang 2 und Linder (2006), S. 87.

435 Die Datenerhebung der jüngsten großzahligen Studie zu den USA von Farragher/Kleiman/Sahu (1999) fand spätestens 1999 (genaues Datum wird nicht angegeben), die älteste von Nicholson (1962) anno 1958 statt; für das UK sind es 1995 (Al-Saleh/Mills (1996)) und 1968 (Rockley (1973)). Es lassen sich daher zwei gleich lange Zeitintervalle der Studiendurchführung (1958 – 1978 bzw. 1979 – 1999) generieren und für diese jeweils die Studienergebnisse auswerten.

somit der Relevanz des Zufallsfehlers grafisch zu beurteilen ermöglichen,[436] zeigt, sind die Abweichungen eher auf nicht-zufällige Verzerrungen zurückzuführen.[437] So müsste bei dominanter Rolle des mit steigendem Stichprobenumfang n_i abnehmenden Zufallsfehlers eine deutlich umgekehrt trichter- bzw. dreiecksförmige Verteilung in den Altman-Bland-Diagrammen auftreten. Wie die Abbildung 13 exemplarisch für die in den Studien gemessenen Verbreitungsgrade der Erfolgskontrolle in den USA verdeutlicht, existiert dieser eindeutig einem umgedrehten Trichter entsprechende Zusammenhang für jedes der zwei Zeitintervalle nur in begrenztem Umfang.[438]

Insofern sind auch die ermittelten gewichteten, arithmetischen Mittel X der Verbreitung für die USA und Großbritannien (ähnlich, jedoch nicht ganz so ausgeprägt wie die Studienergebnisse für Deutschland) mit Vorsicht zu interpretieren.

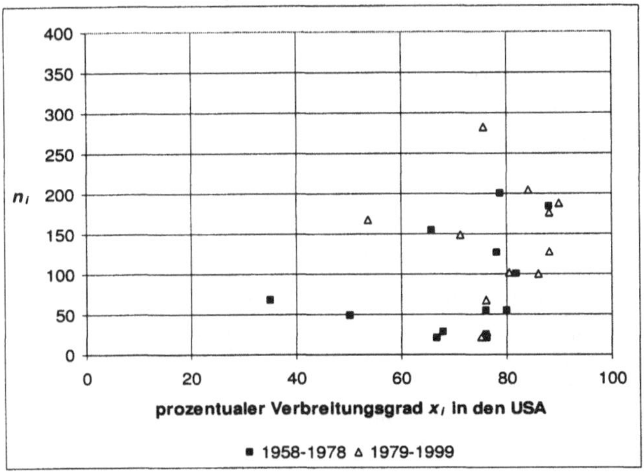

Abbildung 13: Altman-Bland-Diagramm für die US-Studien zur Erfolgskontrolle

436 So genannte Trichter- oder Altman-Bland-Diagramme (englisch: funnel diagram, bias plot, funnel oder Altman-Bland-Plot) wurden ursprünglich von Bland/Altman (1986) entwickelt. Sie erlauben die Beurteilung ob zwischen der Stichprobengröße n_i und dem gemessenen Verbreitungsgrad x_i ein Zusammenhang besteht. Besteht ein solcher (idealerweise in Form eines invertierten, symmetrischen Trichters) so deutet dies darauf hin, dass die Abweichungen zwischen einzelnen Studien auf Zufallsfehler zurückzuführen sind und nicht auf systematische Einflüsse bzw. Verzerrungen (vgl. dazu z. B. Christensen (2003), S. V). Trichterdiagramme nutzen somit die Unterschiede zwischen Studien mit unterschiedlichem Stichprobenumfang und die Abnahme des Zufallsfehlers mit steigendem n_i (vgl. ebenda (2003), S. V; vgl. auch Schulze (1998), S. 15) zur Eruierung der Existenz systematischer Verzerrungen aus (vgl. ebenda, S. V). Gemäß Bland/Altman (1986), S. 308, sind Trichterdiagramme normalen Analysen mit Korrelationskoeffizienten überlegen. Kritisch zur Trichterdiagramm-Methode hingegen Hopkins (2004).

437 Vgl. detailliert Linder (2006), S. 87-89.

438 Vgl. Linder (2006), S. 89. Dort sind auch weitere Altman-Bland-Diagramme zu Großbritannien und Deutschland abgebildet.

Als Gründe für diese Verzerrungen lassen sich dabei unterschiedliche Zusammensetzungen der Stichproben hinsichtlich der Unternehmensgrößen, der Branchenzugehörigkeit der befragten Unternehmen, der befragten Konzernmitarbeiter und der Begriffsinterpretationen durch die Befragten sowie unterschiedliche Datenerhebungsverfahren identifizieren.[439]

Versucht man trotz dieser, die Validität der Studienergebnisse einschränkenden Verzerrungen einen groben Vergleich der Ergebnisse über die Realisations- und die Erfolgskontrollen für Großbritannien und die USA vorzunehmen,[440] so lässt sich postulieren, dass sowohl im Zeitraum 1958 – 1978 als auch 1979 – 1999 Erfolgskontrollen in den USA wahrscheinlich weiter verbreitet waren als in Großbritannien. Diesen Eindruck bestätigt auch eine beide Länder umfassende großzahlige Studie von Scapens/Sale (1981), in der in den USA eine deutlich größere Verbreitung der Erfolgskontrollen als im UK festgestellt wurde.[441] Im Gegensatz dazu deuten die Ergebnisse für die Realisationskontrolle auf eine vermutlich größere Verbreitung in Großbritannien hin. Leider existiert für die Realisationskontrolle keine vergleichende Studie der beiden Länder, so dass dieser Eindruck nicht weiter erhärtet werden kann. Auch scheinen die Ergebnisse auf einen leichten Anstieg der Verbreitung der Realisationskontrollen in Großbritannien im Laufe der Zeit und auf einen leichten Rückgang der Erfolgskontrollen hinzudeuten.[442] Für die USA hingegen sprechen die Ergebnisse eher für einen Anstieg der Verbreitung von Erfolgskontrollen. Allerdings dürfen diese Schlüsse nicht überbewertet werden, da sie angesichts der aufgezeigten Verzerrungen der Studienergebnisse weitgehend als hoch spekulativ zu charakterisieren sind.[443]

Insgesamt erweist sich damit der Stand der empirischen Forschung zum Verbreitungsgrad wenig ergiebig hinsichtlich valider (deskriptiver) Aussagen über die Verbreitung (und ihre Entwicklung) von Investitionskontrollen. Während dies im besonderen Maße für den deutschsprachigen Raum gilt, trifft es in abgeschwächter Form auch auf die intensiver untersuchten Länder USA und Großbritannien zu.

---

439 Vgl. dazu detailliert Linder (2006), S. 88f.

440 Über die Antragskontrollen kann angesichts der leider sehr geringen Anzahl an Studien keine auch nur annähernd zuverlässige Aussage getroffen werden.

441 Vgl. Scapens/Sale (1981), S. 410.

442 Im Gegensatz dazu kommt die großzahlige Mehr-Zeitpunkt-Studie von Pike (1996) zu dem Ergebnis, dass der Verbreitungsgrad sowohl der Realisations- als auch der Erfolgskontrollen zwischen 1975 und 1992 deutlich angestiegen ist (vgl. Pike (1996), S. 85).

443 Angesichts der noch größeren nicht-zufälligen Abweichungen bei den Studien für Deutschland sei hier auf eine Interpretation bzw. einen Vergleich mit den USA und Großbritannien im Gegensatz zu Lüder/Neumann (1979), S. 36f., gänzlich verzichtet. Für Schlüsse, wie sie Lüder/Neumann (1979), S. 36f. zu treffen versuchen, fehlt schlicht jegliche valide empirische Basis im Hinblick auf die Verbreitung in Deutschland.

Unter Berücksichtigung der Vielzahl der in den vergangenen Jahrzehnten zum Verbreitungsgrad durchgeführten empirischen Studien und dem ohnehin eher geringen Wert rein deskriptiver Untersuchungen für eine Theoriebildung muss,[444] angesichts des dargestellten, wenig aufschlussreichen Forschungsstands, der von der betriebswirtschaftlichen Investitionskontrollforschung national wie international in der Vergangenheit betriebene Aufwand als relativ wenig effektiv erachtet werden.

3.2.2 Studien zu den Wirkungen und Zielen

Bei den empirischen Studien zu den Zielen und Wirkungen von Investitionskontrollen lassen sich wieder die zwei aus der theoretischen Forschung bekannten Forschungsstränge erkennen: (1) Der erste, seltener verfolgte Strang versucht die tatsächlichen Wirkungen von Investitionskontrollen zu bestimmen, während (2) der zweite Strang sich auf die Abfrage per Interview oder Fragebogen der von den Unternehmen in der Praxis mit Investitionskontrollen verfolgten Ziele konzentriert.

(1) Studien zu den Wirkungen

Zum ersten Forschungsstrang existieren nur wenige Studien.[445] Diese wiederum konzentrieren sich auf die Wirkungen auf das Verhalten der betrachteten Personen (indirekte Wirkungen erster Ordnung) und/oder auf das kollektive Verhalten bzw. seine Ergebnisse (indirekte Wirkungen zweiter Ordnung). Studien, die die direkten Wirkungen auf die kognitiven Elemente wie beispielsweise die Bedürfnisse, Einstellungen oder Fähigkeiten untersuchen, existieren hingegen nicht.

Die Ergebnisse der empirischen Analysen der indirekten Wirkungen erster Ordnung sind dafür jedoch sehr konsistent. Sie deuten auf die praktische Existenz einer Wirkung der Verbesserung der Investitionshandlungen durch Investitionskontrollen hin.[446] Einzig

---

[444] Zum geringen Wert rein deskriptiver Untersuchungen für die Theoriebildung vgl. Chmielewicz (1994), S. 143.

[445] Es sei hier jedoch nochmals angemerkt, dass in diesem Überblick, wie vorne dargelegt, Einzelfallstudien nicht weiter betrachtet werden. Bezieht man diese ein, so ändert sich das Bild auch nur unwesentlich: So wäre dann nur noch eine Studie von Rosen/Schneck (1967) bei einem einzelnen kanadischen Unternehmen des produzierenden Gewerbes hinsichtlich der Wirkungen einer Investitionskontrolle anzuführen. In diesem trat durch Einführung einer Investitionserfolgskontrolle die Situation ein, dass die Kontrollierten alles daran setzten, ihre Schätzwerte einzuhalten und dazu auch auf die (Ver-)Fälschung von Belegen über Erträge und Kosten der einzelnen Investitionsobjekte zurückgriffen (vgl. Rosen/Schneck (1967), S. 13).

[446] Vgl. Nicholson (1962), S. 50f.; Cooper/Cornick/Redmon (1992), S. 22; Chenhall/Morris (1993), S. 181. Einschränkend anzumerken ist jedoch, dass die Studien methodische Schwachstellen besitzen:

Hägg (1977) konnte keine solche Wirkung feststellen.[447] Auch im Hinblick auf eine mögliche dysfunktionale Wirkung des Rückgangs der Investitionssumme durch Investitionskontrollen kommen die diesen Aspekt beleuchtenden Studien zu relativ ähnlichen, weitgehend negativen Ergebnissen.[448]

Auch bei den die indirekte Wirkung zweiter Ordnung auf den Unternehmenserfolg betrachtenden Studien besteht eine gewisse Übereinstimmung: So stellen Rockley (1973), Myers/Gordon/Hamer (1991), Gordon/Loeb/Myers (1994) und Smith (1994) einen gewissen (positiven) Zusammenhang zwischen dem Einsatz von (ausgebauten) Investitionskontrollen und dem durch diverse Kenngrößen (u. a. den ROCE und Tobin's q[449]) operationalisierten Unternehmenserfolg fest.[450] Lediglich Pike (1984) kommt zu einem

---

So wird beispielsweise nur auf subjektive Einschätzungen der befragten Manager zurückgegriffen, was bei einem emotional für diese jedoch wohl kaum neutral besetzten Thema wie den Investitionskontrollen potenziell zu gewissen Verzerrungen führen kann. Auch weisen im Fall von Chenhall/Morris (1993) die Indikatoren einzelner Konstrukte teilweise niedrige Faktorladungen von nur 0,35 auf, was die Validität der Studienergebnisse reduziert (vgl. zu diesen und weiteren Problemen der Studie auch Chenhall/Morris (1993), S. 176, S. 179 u. S. 182f.). Angemerkt sei schließlich auch im Hinblick auf die Zielsetzung der Studie, dass Chenhall/Morris (1993) eigentlich das Lernen messen wollen (d. h. eine Veränderung des kognitiven Konstrukts Fähigkeiten bzw. der direkten Wirkungen), in ihrem Fragebogen jedoch nur die wahrgenommene Hilfestellung der Kontrollinformationen bei zukünftigen Investitionen (d. h. der Nutzen entsprechender Fähigkeitslerneffekte in nachfolgenden Perioden bzw. der indirekten Effekte) abfragt wird und die Studienergebnisse daher für die Prüfung der theoretischen Überlegungen von Chenhall/Morris (1993) nur von zweifelhaftem Wert sind, da sich theoretische Aussagen und empirische Prüfung auf unterschiedliche, sachlogische Wirkungen direkter bzw. indirekter Natur beziehen.

447 Vgl. Hägg (1977), S. 143. Anzumerken ist jedoch, dass er auf eine sehr kleine Stichprobe zurückgreift, bei der eine Identifikation von Mustern ohnehin schwer möglich erscheint.

448 Vgl. Nicholson (1962), S. 49; Neale (1993), S. 21 bzw. Neale (1995), S. 20. Allerdings stellt sich bei Neale (1993) bzw. Neale (1995) die Frage, ob der Zeitraum der Betrachtung vor und nach der Einführung von Investitionskontrollen ausreichend lang war, um Veränderungen im Investitionshandeln der Unternehmen wirklich abzubilden zu können (vgl. zu diesem möglichen Problem Neale (1995), S. 20). Darüber hinaus ist nicht auszuschließen, dass auch die Einführungsdaten unzuverlässig sind (vgl. Neale (1995), S. 20), da es durchaus nicht unwahrscheinlich erscheint, dass die Befragten diese gar nicht kennen und daher nur grobe Schätzungen abgeben. Ob sich dieses Problem, wie von Neale (1995) erhofft, durch den ausdrücklichen Hinweis auf die Bedeutung der Richtigkeit dieser Daten beseitigen lässt (vgl. Neale (1995), S. 20), darf zumindest angezweifelt werden. Vermutlich wäre insgesamt ein experimentelles Design besser zur Überprüfung der Existenz der dysfunktionalen Wirkung geeignet, da sich dabei die diversen Variablen der betrachteten Investitionen, des Kontrollprozesses und der Wirkungen besser kontrollieren lassen. Schon allein durch die relativ kleine Stichprobe von nur 40 Unternehmenspaaren bei Neale (1993) könnten bei der Vielzahl an Einflüssen in einer Feldstudie keine statistisch signifikanten Effekte resultieren.

449 Unter dem ROCE wird die Verzinsung des eingesetzten Kapitals verstanden. Tobin's q wiederum ist der Quotient des Marktwerts des Unternehmens zum Vermögen des Unternehmens zu Wiederbeschaffungskosten (vgl. z. B. Stewart (1997), S. 225f.).

450 Vgl. Rockley (1973), S. 179, S. 181, S. 191 u. S. 195; Myers et al. (1991), S. 318; Gordon/Loeb/Myers (1994), S. 180; Smith (1994), S. 135f.

abweichenden Ergebnis,[451] wobei er in seiner Untersuchung allerdings den Einsatz eines ausgebauten Planungs- sowie Kontrollsystems betrachtet.[452]

Die geringe empirische Erforschung der direkten Wirkungen von Investitionskontrollen überrascht angesichts der aus der betriebswirtschaftlichen Nachbardisziplin Psychologie bekannten Zweifel, komplexe Phänomene allein auf Basis der Betrachtung von Stimuli und Responses valide erforschen bzw. erklären zu können.[453] Dass eine entsprechende Erforschung dieser direkten Wirkungen potenziell schwieriger ist, da sich kognitive Konstrukte nicht so einfach wie Verhalten beobachten bzw. empirisch erheben lassen, wäre eine Erklärung. Jedoch schreckt die Forschung zu Investitionskontrollen erstaunlicherweise nicht vor der Erforschung der indirekten Wirkungen zweiter Ordnung zurück, obwohl die Erfolgsfaktorenforschung der zurückliegenden Jahrzehnte zumindest das Problem der Wahl des „richtigen" Erfolgsmaßstabs zur Genüge verdeutlicht hat,[454] und damit die valide Erhebung der indirekten Wirkungen ebenfalls als nicht einfach zu beurteilen wäre.

(2) Studien zu den Zielen

Die Ergebnisse des zweiten Forschungsstrangs zu den verfolgten Zielen variieren teilweise. Während meist die Verbesserung zukünftiger Investitionsplanungen durch Lerneffekte und die Korrektur bei den kontrollierten Investitionen als Ziele von den Unternehmen angeführt werden,[455] variiert die Einschätzung der Bedeutung des ersten gegenüber

---

[451] Vgl. Pike (1984), S. 94. Die Studie von Van Vleck (1976) wird hier nicht angeführt, da sie keine kausale Aussage trifft und darüber hinaus auf den Kontrollumfang und nicht die Wirkung von Kontrollen an sich ausgerichtet ist.

[452] Auch stellt sich bei solchen Studien, die sich auf den Unternehmenserfolg beziehen, natürlich die Frage, welche (finanzielle) Kenngröße den Unternehmenserfolg zuverlässig abbilden kann (vgl. dazu schon Nicholson (1962), S. 50f.; Rockley (1973), S. 13f.; Pike (1984), S. 92, und Gordon/Loeb/Myers (1994), S. 180) und welcher Betrachtungszeitraum angesichts der Langfristigkeit der Wirkungen von Investitionen zu wählen ist, um überhaupt statistisch signifikante Einflüsse identifizieren zu können (vgl. dazu auch Smith (1994), S. 135). Letzterer Aspekt dürfte insbesondere in der Studie von Rockley (1973) problematisch sein.

[453] Vgl. hierzu auch die Ausführungen zu den drei Analyseebenen in Kapitel 1.2.

[454] Vgl. für eine kritische Betrachtung der Ergebnisse der Erfolgsfaktorenforschung bspw. Nicolai/Kieser (2003) sowie die durch diesen Beitrag ausgelöste heftige Diskussion in den nachfolgenden Heften der Zeitschrift „Die Betriebswirtschaft".

[455] Vgl. z. B. Istvan (1961), S. 43; Kooken (1961), S. 23 u. S. 161f.; Lüder (1969), S. 24; Saatmann (1970), S. 30; Dillon (1974), S. 64 u. S. 80; Schneider (1976), S. 334; Van Vleck (1976), S. 193; Boersema (1978), S. 36; Lüder (1980), S. 365; Neale (1991a), S. 134f.; Gordon/Myers (1991), S. 39; Morgan/Tang (1992), S. 224 u. S. 229; Pierce/Tsay (1992), S. 145; Neale (1994), S. 41; Al-Saleh/Mills (1996), S. 21; Farragher/Kleiman/Sahu (1999), S. 147; Azzone/Maccarrone (2001), S. 79f.

dem zweiten Ziel.[456] Als weitere Ziele, jedoch mit stark unterschiedlicher Bedeutungseinschätzung, werden in einigen Studien die Disziplinierung der Investitionsplaner zu hoher Arbeitsanstrengung, die Identifizierung der Gründe für Fehlinvestitionen, die Beurteilung der Fähigkeiten der kontrollierten Mitarbeiter, die Ermittlung eines Fehlermusters für einzelne Mitarbeiter, die Überprüfung der Investitionsstrategie und die Reduktion von Freiheitsgraden der kontrollierten Mitarbeiter angeführt.[457]

Diese unterschiedlichen Ergebnisse der Abfrage der Hauptziele der Investitionskontrollen sind erstens darauf zurückzuführen, dass in der empirischen Forschung häufig auf geschlossene Fragebögen zurückgegriffen wird,[458] die jedoch deutlich zwischen einzelnen Autoren variieren. Zweitens sind grundsätzlich eine Veränderung der Zielsetzungen im Laufe der Zeit (und in Abhängigkeit von Konjunkturzyklen) sowie Unterschiede zwischen einzelnen Branchen denkbar, was bisher in der empirischen Forschung weitgehend unberücksichtigt bleibt.[459] Drittens scheinen sich unterschiedlich große Unternehmen in der Gewichtung, die sie den Zielen zuordnen, teilweise zu unterscheiden.[460] Viertens ist auch festzustellen, dass in einigen Studien durch die Einbeziehung von sowohl über- als auch untergeordneten Zielen die Zielkataloge durch die dadurch entstehenden Redundanzen aufgebläht und die relativen Gewichtungen verzerrt werden.[461] Schließlich rührt ein Teil der Divergenz vermutlich auch aus variierenden Betrachtungsgegenständen der Studien: Während einige sich auf alle drei Investitionskontrollen beziehen, erfragen andere nur für einzelne dieser Kontrollen die Ziele.[462]

---

456 Vgl. exemplarisch Lüder (1969), S. 24; Saatmann (1970), S. 30; Dillon (1974), S. 64 u. S. 80; Van Vleck (1976), S. 193; Morgan/Tang (1992), S. 224; Al-Saleh/Mills (1996), S. 21; Farragher/Kleiman/Sahu (1999), S. 147; Azzone/Maccarrone (2001), S. 79f.

457 Vgl. exemplarisch die Studienergebnisse von Istvan (1961), S. 42; Kooken (1961), S. 23 u. S. 161f.; Pflomm (1963), S. 80; Lüder (1969), S. 24; Dillon (1974), S. 64 u. S. 80; Schneider (1976), S. 334; Van Vleck (1976), S. 193; Lüder (1980), S. 365; Neale (1991a), S. 134; Gordon/Myers (1991), S. 39; Morgan/Tang (1992), S. 224 u. S. 229; Pierce/Tsay (1992), S. 145; Neale (1994), S. 42; Al-Saleh/Mills (1996), S. 21; Farragher/Kleiman/Sahu (1999), S. 147; Azzone/Maccarrone (2001), S. 79f.

458 Vgl. dazu die Überblickstabelle zu allen Studien und ihren jeweiligen Datenerhebungsverfahren im Anhang 2.

459 Ausnahmen bilden die Studien von Pierce/Tsay (1992), S. 145, die einen Vergleich bei annähernd konstanter Stichprobe zwischen 1978 und 1988 vornehmen und Van Vleck (1976), S. 193, Neale (1991a), S. 134 u. S. 136, und Al-Saleh/Mills (1996), S. 21, die eine Branchenbetrachtung vornehmen, jedoch zu unterschiedlichen Ergebnissen kommen: Der erste Verfasser stellt deutliche Unterschiede zwischen dem Einzelhandel und dem produzierenden Gewerbe fest, der zweite hingegen kann nur geringe Abweichungen zwischen einzelnen Branchen identifizieren und die dritten, die sowohl Realisations- als auch Erfolgskontrollen betrachten, können nur für Erfolgskontrollen signifikante Unterschiede zwischen den Branchen ermitteln, nicht jedoch für Realisationskontrollen.

460 Vgl. dazu Van Vleck (1976), S. 195f.

461 Vgl. exemplarisch hierfür die Kataloge von Neale (1991a), S. 136 und Al-Saleh/Mills (1996), S. 21.

462 Vgl. exemplarisch für ersteres Vorgehen Istvan (1961), S. 17f., S. 32 u. S. 42f.; Pflomm (1963), S. 31f. u. S. 80, und für letzteres Lüder (1969), S. 23f.; Saatmann (1970), S. 30 u. S. 32; Dillon (1974), S. 64 u. S. 80; Boersema (1978), S. 36; Lüder (1980), S. 365; Corr (1983), S. 6 u. S. 49; Gordon/Myers

Insgesamt erweist sich die bestehende empirische Forschung zu den Zielen von Investitionskontrollen aufgrund dieser fünf Einschränkungen als nur begrenzt hilfreich für einen kumulativen Erkenntnisgewinn. Auch besteht angesichts der üblicherweise eingesetzten geschlossenen Fragebögen die Gefahr, dass keine (sich im Zeitablauf ergebenden) neuen Zielsetzungen empirisch erfasst werden können und potenziell ein Selbsterfüllendes-Prophezeihungs-Phänomen eintritt, welches daraus resultieren kann, dass die in der theoretischen Literatur immer wieder normativ postulierten Ziele schließlich womöglich auch von den in den empirischen Studien befragten Unternehmensvertretern als „raison d'être" der Investitionskontrolle angenommen werden und folglich die empirischen Studien diese postulierten Ziele praktisch automatisch bestätigen.

3.2.3 Studien zu den Parametern

Auch aus den empirischen Studien zur Investitionskontrolle lassen sich explorativ aus der Vielzahl an Bezeichnungen wieder neun Faktoren identifizieren, denen ein Einfluss auf die Zielerreichung bzw. Wirkungen der Kontrolle zugeschrieben wird:[463] (1) die Charakteristika des Kontrollierten, (2) die Eigenschaften des Kontrolleurs, (3) die Frage der Partizipation des Kontrollierten an der Kontrolle, (4) die Kompatibilität von Prüf- und Vergleichsgröße bzw. damit verbunden die Beschaffbarkeit entsprechender, kompatibler Größen, (5) der Grad der Formalisierung des Kontrollprozesses, (6) der Kontrollumfang, (7) die Kontrolltiefe, (8) die Kontrollhäufigkeit und schließlich (9) das Ausmaß der an das Kontrollergebnis gekoppelten extrinsischen Anreize.[464] Wie unmittelbar ersichtlich ist, handelt es sich bei diesen identifizierbaren neun Parametern um dieselben wie in der theoretischen Forschung. Insofern besteht jenseits der variierenden Bezeichnungen ein gemeinsamer Kern der Faktoren in der theoretischen wie in der empirischen Forschung.

(1) Charakteristika des Kontrollierten

Noch wenig Beachtung wird dem Einfluss der Charakteristika des Kontrollierten in der empirischen Forschung geschenkt. So existiert bis heute nur eine einzige empirische Studie, die mit den Fähigkeiten auch nur eine Eigenschaft und deren Einfluss auf nur eine

---

(1991), S. 39; Neale (1991a), S. 134-136; Neale (1994), S. 41; Farragher/Kleiman/Sahu (1999), S. 147; Azzone/Maccarrone (2001), S. 79f.

463 Wie die Studie von Azzone/Maccarrone (2001) zeigt, besteht dabei auch ein Zusammenhang zwischen den Ausprägungen einiger dieser Parameter und den verfolgten Kontrollzielen.

464 Vgl. exemplarisch Gordon/Myers (1991), S. 40, die die Kompatibilität der Größen, die Formalisierung und die Kontrollhäufigkeit in ihrer empirischen Studie als (Gestaltungs-)Parameter betrachten.

einzelne Kontrollwirkung, die Fähigkeitslerneffekte, näher beleuchtet.[465] Die Studie von Hägg (1977) besitzt jedoch eine sehr kleine Stichprobe, die die Entdeckung von Mustern oder Zusammenhängen sehr erschwert. Folglich kommt sie zu keinen signifikanten Ergebnissen über den Einfluss der Fähigkeiten auf die Lerneffekte,[466] so dass selbst für diesen einzelnen Einfluss die Forschung keine valide Aussage bereithält.

Folglich kann die empirische Erforschung des Einflusses der Charakteristika des Kontrollierten als ein weißes Feld in der Forschungslandschaft bezeichnet werden.

(2) Eigenschaften des Kontrolleurs

Ebenso wie die theoretische Forschung schenkt auch die empirische Forschung den Eigenschaften des Kontrolleurs sehr wenig Aufmerksamkeit und beschränkt sich auf dessen Einstellungen, Erwartungen und Fähigkeiten. Der Einfluss der Bedürfnisse des Kontrolleurs auf die Investitionskontrolle wird hingegen nicht betrachtet.

Im Hinblick auf die Einstellungen des Kontrolleurs zur Investitionskontrolle zeigt die Studie Rockleys (1973) lediglich deskriptiv eine grundsätzlich eher negative Einstellung zur Kontrolle auf.[467] Die Studie von Hamilton (1981) wiederum weist auf einen (aus der psychologischen Literatur zu erwartenden) statistisch signifikanten, positiven Zusammenhang zwischen den Einstellungen zur Investitionskontrolle des Kontrolleurs und dessen Handlungsintention zur Durchführung einer solchen Kontrolle hin.[468] Weitere Untersuchungen, insbesondere zum Einfluss der Einstellungen auf die Wirkungen von Investitionskontrollen, fehlen hingegen.

Auch für die Erwartungen des Kontrolleurs zum Verhalten des Kontrollierten kann Hamilton (1981) einen statistisch signifikanten Zusammenhang mit der Handlungsintention des Kontrolleurs zur Kontrolldurchführung identifizieren.[469] Auch hier fehlen jedoch weitere Untersuchungen.

Hinsichtlich der Fähigkeiten existiert ebenfalls nur eine einzelne Studie, die darüber hinaus auch keine Abfrage der Fähigkeiten an sich oder eine Bestimmung von deren Einfluss auf die direkten Wirkungen von Investitionskontrollen vornimmt. Vielmehr lässt sie

---

465 Lediglich Lambrix/Singhvi (1984) führen – basierend auf ihrer eigenen Erfahrung in ihren Unternehmen – die Einstellungen der Mitarbeiter als einen für die Kontrolle bedeutsamen Parameter an. Da es sich bei ihrer Aussage jedoch nicht um eine Studie, sondern lediglich um einen Erfahrungsbericht handelt, sei dieser im Weiteren vernachlässigt.

466 Vgl. Hägg (1977), S. 143f.

467 Vgl. Rockley (1973), S. 203.

468 Vgl. Hamilton (1981), S. 134. Die Studie zeigt damit gleichzeitig, dass die allgemeinen Aussagen der Psychologie zum Einfluss der Einstellungen auf die Handlungsintentionen einer Person auch in einem Unternehmenskontext Gültigkeit besitzen dürften.

469 Vgl. Hamilton (1981), S. 134.

nur unter der Prämisse eines gewissen Zusammenhangs von hierarchischer Position und Erfahrungswissen des Kontrolleurs auf einen positiven Zusammenhang von dessen so operationalisiertem Fähigkeitenausmaß und dem ROCE des Unternehmens (als indirekter Investitionskontrollwirkung zweiter Ordnung) schließen.[470]

Insgesamt muss der empirische Forschungsstand zum Einfluss der Eigenschaften des Kontrolleurs auf die Wirkungen der Investitionskontrolle als unbefriedigend betrachtet werden.

(3) Partizipation des Kontrollierten an der Kontrolle

Im Vergleich zu den Eigenschaften von Kontrolleur und Kontrolliertem wird der Frage der Partizipation in der empirischen Forschung mehr Aufmerksamkeit geschenkt. Dabei lassen sich zwei Forschungsstränge unterscheiden: Einen, der deskriptiv den Grad der Partizipation p (mit $p \in [0\ \%, 100\ \%]$) in den befragten Unternehmen zu eruieren sucht und einen, der den Einfluss der Partizipation p auf die Wirkungen der Investitionskontrolle betrachtet. Allerdings konzentriert sich die Forschung dabei eindeutig auf den ersten Strang,[471] während zum zweiten bisher nur eine einzelne Studie vorliegt.[472]

Die Ergebnisse des ersten Forschungsstrangs zum Partizipationsgrad in der Praxis divergieren stark. Dies gilt dabei auch innerhalb eines Landes, so dass sich beispielsweise selbst für die empirisch am stärksten erforschten USA und Großbritannien keine klaren Aussagen treffen lassen.[473] Ähnlich ist für Deutschland keine zuverlässige Aussage möglich.[474] In den empirischen Untersuchungen zu Nordeuropa zeigt sich hingegen durchgängig eine hohe Partizipation.[475] Insgesamt liefern die diversen, in den vergangenen

---

470 Vgl. Rockley (1973), S. 202f.

471 Vgl. exemplarisch schon die Studie von Watson (1953), S. 39.

472 Hierbei handelt es um die von Rockley (1973), S. 199.

473 So stellen bspw. die Studien von Watson (1953), S. 39; Nicholson (1962), S. 46; Kempster (1967), S. 87; Rockley (1973), S. 197; Farragher/Kleiman/Sahu (1999), S. 147, einen niedrigen Partizipationsgrad fest. Demgegenüber deuten diejenigen von Istvan (1961), S. 41f.; Lüder (1969), S. 31; Dillon (1974), S. 70; Boersema (1978), S. 38f.; Neale (1991a), S. 133, auf höhere und hohe Grade der Partizipation hin.
Im Gegensatz dazu ließen sich natürlich für weniger intensiv untersuchte Länder wie bspw. Italien und Österreich, für die je nur eine Studie existiert (vgl. Wehrle-Streif (1989), S. 61; Azzone/Maccarrone (2001), S. 81), leichter eindeutige Aussagen für das jeweils betrachtete Land treffen. Da es sich hier jedoch nur um eine zwangsläufige Klarheit aufgrund jeweils nur einer Studie handelt, sei auf eine nähere Darstellung dieser Ergebnisse aber verzichtet.

474 Vgl. dazu die divergierenden Ergebnisse von Wehrle-Streif (1989), S. 61, einerseits (niedriger Partizipationsgrad) und Lüder (1969), S. 31; Schneider (1976), S. 266; Lüder/Neumann (1979), S. 109, andererseits (hoher Partizipationsgrad).

475 Vgl. Neale (1994), S. 39; Segelod (1995), S. 111.

rund fünfzig Jahren durchgeführten Studien zum Partizipationsgrad damit wenig Aufschluss über das wahre Bild in der Praxis.

Für den zweiten, im Hinblick auf den kumulativen Erkenntnisfortschritt bedeutsameren Forschungsstrang existiert nur die Studie von Rockley (1973). Diese zeigt keine Überlegenheit einer Fremdkontrolle gegenüber einer Selbstkontrolle bezüglich des ROCE der betrachteten Unternehmen auf.[476] Die Studie betrachtet jedoch einerseits nur die „Reinformen" Selbst- vs. Fremdkontrolle, was ihre Aussagekraft teilweise einschränkt, da – wie einzelne Studien des ersten Forschungsstrangs zeigen – Unternehmen durchaus auch mittlere Partizipationsgrade ($0 < p < 100\ \%$) einsetzen. Darüber hinaus und im Hinblick auf eine Prüfung der von der theoretischen Forschung aufgestellten Hypothesen über die Vor- bzw. Nachteile niedriger bzw. hoher Partizipation bedeutsam, untersucht Rockley (1973) nicht die direkten Wirkungen der Investitionskontrolle auf die beteiligten Individuen, sondern nur auf den Unternehmenserfolg gemessen durch den ROCE. Da die theoretische Forschung in ihrer Betrachtung jedoch gerade, wie in Kapitel 3.1 erläutert, auf einzelne direkte Wirkungen einer Kontrolle fokussiert, betrachten theoretische und empirische Forschung somit unterschiedliche Wirkungsebenen. Dies impliziert, dass keine Prüfung der Hypothesen der theoretischen Forschung anhand der Studie Rockleys (1973) möglich ist und damit auch keine Erkenntnissicherung im Sinne Poppers (1998).

Insgesamt erweist sich somit auch die Forschung zur Partizipation als wenig ergiebig, aus Sicht eines kumulativen Erkenntnisfortschritts.

(4) Kompatibilität von Prüf- und Vergleichsgröße

Während in der theoretischen Forschung die Kompatibilität von Prüf- und Vergleichsgröße unter drei Perspektiven, der zeitlichen, der methodischen und der gegenstandsbezogenen, betrachtet wird, fokussiert die empirische Forschung auf die methodische Kompatibilität. Einzig die Studie von Lüder/Neumann (1979) liefert auch für die beiden anderen Perspektiven detaillierte Informationen.[477] So kommen sie zu dem Ergebnis, dass in rund einem Viertel der befragten Unternehmen unterschiedliche Zeiträume verwendet werden,[478] d. h. dass die zeitliche Kompatibilität begrenzt ist. Und für die gegenstandsbezogene Kompatibilität stellen sie sogar fest, dass diese in fast drei Viertel der Unterneh-

---

[476] Vgl. Rockley (1973), S. 199.

[477] Aus anderen Studien ist allenfalls indirekt aus den Häufigkeitsangaben der Erfolgskontrolle ein Rückschluss möglich: Sofern dort nur eine Kontrolle zu Beginn der Nutzungsphase festgestellt wird, lässt dies auf eine Inkompatibilität von Vor- und Nachrechnung schließen, da der Planungshorizont und der Zeitraum der Ist-Zahlen sich dann unterscheiden.

[478] Vgl. Lüder/Neumann (1979), S. 332.

men eingeschränkt ist, da diese nicht über eine objektbezogene Aufzeichnung der Daten einer Investition verfügen.[479]

Bei der methodischen Kompatibilität wird in der empirischen Forschung erstens die Einschätzung der Bedeutung dieser Kompatibilität durch die Unternehmen, zweitens deskriptiv der allgemeine (methodische) Kompatibilitätsgrad in der Praxis und drittens der Einfluss dieser Kompatibilität auf den Unternehmenserfolg untersucht. Im Hinblick auf die Einschätzung der allgemeinen Bedeutung der methodischen Kompatibilität unterstreichen dabei bereits die Ergebnisse Kempsters (1967) diese.[480] Die deskriptiv den Kompatibilitätsgrad in der Praxis eruierenden Studien weisen überwiegend darauf hin, dass zwar die Mehrheit der Unternehmen kompatible Methoden verwendet, zeigen jedoch auch einen Prozentsatz von rund 30 % an Unternehmen auf, die auf inkompatible Methoden zurückgreifen.[481] Der dritte Forschungsstrang, der den Einfluss der methodischen Kompatibilität auf den Unternehmenserfolg betrachtet, liefert ebenfalls weitgehend übereinstimmende Ergebnisse: Sowohl Myers et al. (1991) als auch Smith (1994) identifizieren einen signifikanten Zusammenhang zwischen der Kompatibilität und dem Unternehmenserfolg.[482] Da jedoch wieder nur die indirekten Wirkungen und nicht die direkten auf die beteiligten Individuen betrachtet werden, gilt auch hier die bereits bei der Partizipation angeführte Kritik am aktuellen Forschungsstand.

(5) Grad der Formalisierung des Kontrollprozesses

Ähnlich wie für die Kompatibilität von Prüf- und Vergleichsgröße existiert auch für den Grad der Formalisierung des Kontrollprozesses sowohl eine deskriptive Forschung zu dem in der Praxis verbreiteten Formalisierungsgrad als auch eine Forschung zum Einfluss der Formalisierung auf den Unternehmenserfolg, d. h. einer indirekten Wirkung der Kontrolle.

Die Ergebnisse zur Formalisierung in der Praxis variieren allerdings deutlich: Während Kooken (1961), Pflomm (1963) und Schneider (1976) zufolge eine Formalisierung rela-

[479] Vgl. Lüder/Neumann (1979), S. 139.

[480] Vgl. Kempster (1967), S. 89f.

[481] Vgl. exemplarisch Lüder (1969), S. 28; Lüder/Neumann (1979), S. 332; Lüder (1980), S. 363; Gordon/Myers (1991), S. 40; Neale (1991a), S. 130; Morgan/Tang (1992), S. 228; Farragher/Kleiman/Sahu (1999), S. 145 u. S. 147. Posey/Roth/Dittrich (1985), S. 17 hingegen kommen zu dem Ergebnis, dass weniger als die Hälfte der Unternehmen kompatible Methoden einsetzen. Die Studie von Pierce/Tsay (1992), S. 138f., wiederum lässt nur schwer eine Beurteilung der Kompatibilität zu, da bei Prüf- und Vergleichsgröße eine unterschiedliche Anzahl an Antwortkategorien im Fragebogen verwendet wurde.

[482] Vgl. Myers et al. (1991), S. 318 u. S. 323; Smith (1994), S. 135f.

tiv selten erfolgt, gaben immerhin 63 % der von Gordon/Myers (1991) befragten Unternehmen an, über einen formalisierten Kontrollprozess zu verfügen.[483]

Aussagen über den Einfluss der Formalisierung auf den Unternehmenserfolg sind wieder (teilweise) der Studie von Myers et al. (1991) zu entnehmen. Diese stellen fest, dass der Ausbaugrad der Investitionserfolgskontrolle gemessen durch die Formalisierung, die Häufigkeit und die methodische Kompatibilität von Prüf- und Vergleichsgröße positiv mit Tobins q zusammenhängt.[484] Da auch für den Formalisierungsgrad eine Betrachtung des Einflusses auf die direkten Wirkungen der Kontrolle fehlt, besteht auch hier noch Forschungsbedarf.

(6) Kontrollumfang

Bei der empirischen Forschung zum Kontrollumfang u lassen sich vier Stränge identifizieren: Die deskriptive Erfassung des Kontrollumfangs u in der Praxis, die Erhebung der zur Auswahl der zu kontrollierenden Investitionen herangezogenen Kriterien, die Betrachtung des Zusammenhangs dieser Kriterien und der angestrebten Kontrollziele und schließlich die Analyse des Verhältnisses von Kontrollumfang u und Unternehmenserfolg. Eine Forschung zum Einfluss auf die direkten Wirkungen der Investitionskontrolle fehlt hingegen.

Der erste Forschungsstrang kommt – mit der Ausnahme der Studien Istvans (1961) und Corrs (1983) – übereinstimmend zu dem Ergebnis, dass die Unternehmen international einen Kontrollumfang $u < 100\ \%$ (d. h. Teilkontrollen) praktizieren.[485]

Inhomogenere Ergebnisse liefert der zweite Forschungsstrang über die bei der Auswahl der Investitionen zugrunde gelegten Kriterien. So werden die Investitionssumme, die Investitionsart, die für die Investitionsentscheidung zuständige Personengruppe und auch der Zufall in den Untersuchungen als Kriterien genannt.[486] Am häufigsten wird dabei die Investitionssumme angeführt.

Der dritte Forschungsstrang, der bisher nur von Azzone/Maccarrone (2001) verfolgt wird, liefert nur das Ergebnis, dass diejenigen Unternehmen, die mit Investitionserfolgs-

483 Vgl. dazu Kooken (1961), S. 150f.; Pflomm (1963), S. 83f.; Schneider (1976), S. 271; Gordon/Myers (1991), S. 41.

484 Vgl. Myers et al. (1991), S. 318 u. S. 323.

485 Vgl. exemplarisch Kooken (1961), S. 142f.; Nicholson (1962), S. 38; Lüder (1969), S. 24; Schneider (1976), S. 344; Westwick/Shohet (1976), S. 2; Scapens/Sale (1981), S. 410; Neale (1991a), S. 125 u. S. 141; Morgen/Tang (1992), S. 225; Pierce/Tsay (1992), S. 153; AK Benchmarking Controlling (1994), S. 4; Neale (1994), S. 39; Al-Saleh/Mills (1996), S. 19; Farragher/Kleiman/Sahu (1999), S. 147; Azzone/Maccarrone (2001), S. 82f.

486 Vgl. dazu bspw. Kooken (1961), S. 143; Nicholson (1962), S. 38; Lüder (1969), S. 24; Melzer (1977), S. 125-127; Morgan/Tang (1992), S. 225; Yamamoto (1998), S. 157.

kontrollen vordringlich das Ziel der Disziplinierung der an der Investitionsplanung und -umsetzung beteiligten Mitarbeiter verfolgen, meist auf eine Zufallsauswahl setzen.[487]

Van Vleck (1976) repräsentiert schließlich den vierten Forschungsstrang und betrachtet den Zusammenhang von Kontrollumfang *u* und der Profitabilität der untersuchten Unternehmen im Jahr 1972. Er stellt dabei einen auf einem 95 % Konfidenzniveau signifikanten Zusammenhang zwischen Profitabilität und Kontrollumfang fest,[488] wobei weniger profitable Unternehmen einen größeren Kontrollumfang aufweisen als profitablere.[489]

Insgesamt betrachtet erweist sich der Forschungsstand zum Parameter Kontrollumfang als dennoch wenig ergiebig für eine Theoriebildung. Dies schon allein dadurch, dass sich die Forschung dominant auf die deskriptive Erfassung des Umfangs und der Auswahlkriterien konzentriert, was jedoch nur eine Inventarisierung aber keine Theoriebildung zulässt, für die Ursache-Wirkungs-Aussagen benötigt werden.

(7) Kontrolltiefe

Im Vergleich zum Kontrollumfang weitgehend vernachlässigt wird die Frage der Kontrolltiefe *t* in der empirischen Forschung. Die bestehende Forschung fokussiert dabei allein auf die deskriptive Erfassung der in der Praxis verbreiteten Kontrolltiefe und betrachtet weder den Einfluss der Tiefe auf direkte noch indirekte Wirkungen von Investitionskontrollen. Auch kommen die lediglich vier existierenden Studien zur Ausprägung der Kontrolltiefe in der Praxis zu deutlich unterschiedlichen Ergebnissen.[490] Folglich kann selbst rein deskriptiv keine auch nur annähernd valide Aussage getroffen werden.

Die Kontrolltiefe muss daher als ein weiteres bisher weißes Feld in der empirischen Forschung betrachtet werden.

---

487 Vgl. Azzone/Maccarrone (2001), S. 82f.

488 Vgl. Van Vleck (1976), S. 190.

489 Vgl. ebenda, S. 190. Da nur eine Korrelation in einer Querschnittstudie betrachtet wird, trifft Van Vleck (1976) keine Aussage über die Richtung dieses Zusammenhangs. Denkbar ist dabei zum einen, dass weniger profitable Unternehmen angesichts des knappen Kapitals mehr Investitionen kontrollieren. Zum anderen wäre aber auch denkbar, dass ein größerer Kontrollumfang negativ auf die Profitabilität wirkt. Eine Aussage darüber, welche dieser zwei Erklärungen zutrifft, ist anhand der vorhandenen Ergebnisse nicht möglich. Insofern ist die Studie Van Vlecks (1976) eigentlich „ehrlicher" als manche andere Studien, da nur die Korrelation herausgestrichen wird, jedoch nicht wie bei einigen anderen Studien eine kausale Richtung (implizit) unterstellt wird.

490 So führen laut Lüder (1980), S. 363f., immerhin 73 % der Unternehmen eine Vollrechnung (d. h. eine Kontrolle mit hoher Kontrolltiefe) durch, während Schneider (1976) auf lediglich runde 15 % kommt. Vgl. Schneider (1976), S. 347; Lüder (1980), S. 363f. Auch Rockley (1973), S. 246 stellt eine eher geringe Kontrolltiefe fest. Demgegenüber kann Melzer (1977), S. 127, in 52 % der Unternehmen eine Vollrechnung feststellen.

(8) Kontrollhäufigkeit

Relativ intensiv wird die Frage der in der Praxis üblichen Häufigkeit h von Investitionskontrollen in der empirischen Forschung beleuchtet. Allerdings variieren die erzielten Ergebnisse deutlich: Etwas mehr als die Hälfte der existierenden Untersuchungen kommt zu einer mehrheitlich üblichen Häufigkeit von $h = 1$,[491] während in den anderen (tendenziell etwas jüngeren) Studien höhere Kontrollhäufigkeiten identifiziert werden.[492]

Neben diesen rein deskriptiven und daher den kumulativen Fortschritt der Forschung nur wenig fördernden Verbreitungsstudien existieren auch zwei Untersuchungen, die einen positiven Zusammenhang zwischen dem Ausbaugrad der Investitionserfolgskontrolle – zu dem auch die Regelmäßigkeit von Kontrollen gezählt wird – und dem Unternehmenserfolg aufzeigen.[493] Beide, bereits mehrfach genannte Studien, betrachten jedoch nicht den Einzeleinfluss der Kontrollhäufigkeit auf die direkten Wirkungen der Investitionskontrolle auf die beteiligten Personen, so dass keine Aussagen über den Einfluss der Kontrollhäufigkeit auf diese Wirkungen möglich sind.

Auch hinsichtlich der Kontrollhäufigkeit erweist sich die empirische Forschung somit als wenig ergiebig für die Theoriebildung.

(9) Ausmaß der Koppelung extrinsischer Anreize

Die geringe existierende Forschung zur Frage der Koppelung extrinsischer Anreize für den Kontrollierten an die Ergebnisse der Investitionskontrolle berichtet entweder lediglich, dass in der Praxis Uneinigkeit über die Zweckmäßigkeit einer solchen Anreizkoppelung besteht,[494] wobei sie sogar teilweise klar abgelehnt wird,[495] oder liefert (mehr oder minder präzise und widersprüchliche) Angaben zum Verbreitungsgrad der Koppelung extrinsischer Anreize an das Kontrollergebnis.[496]

---

491 Vgl. exemplarisch Watson (1953), S. 38; Kooken (1961), S. 148; Lüder (1969), S. 25; Nicholson (1962), S. 40; Schneider (1976), S. 277 (Tabelle 262); Melzer (1977), S. 131; Boersema (1978), S. 39; Corr (1983), S. 51; Neale (1991a), S. 133; Smith (1994), S. 132.

492 Vgl. Dillon (1974), S. 82; Lüder (1980), S. 362 ; Morgan/Tang (1992), S. 227; Neale (1994), S. 39; Azzone/Maccarrone (2001), S. 83.

493 Vgl. Myers et al. (1991), S. 323; Smith (1994), S. 135f.

494 Vgl. Watson (1953), S. 38; Saatmann (1970), S. 33. Ein ähnliches, jedoch auf die Verknüpfung von Budgetkontrollen mit Anreizen bezogenes Ergebnis liefert auch die Feldstudie von Sponem (2004), S. 101.

495 Vgl. bspw. Saatmann (1970), S. 33.

496 Vgl. dazu die Verbreitungsstudien von Istvan (1961), S. 43; Saatmann (1970), S. 33; Melzer (1977), S. 136; Posey/Roth/Dittrich (1985), S. 17; Yamamoto (1998), S. 157; DeBodt/Bouquin (2001), S. 146.

Außer diesen deskriptiven Studien versucht einzig Hägg (1977) den Einfluss einer Anreizkoppelung auf die Fähigkeitslerneffekte der kontrollierten Akteure in kausaler Weise zu identifizieren. Er kommt dabei jedoch nicht zu klaren Ergebnissen.[497]

Die empirische Forschung zu Investitionskontrollen weist somit auch hinsichtlich des Einflusses des Ausmaßes extrinsischer Anreize, die an die in einer Investitionskontrolle eruierten Ergebnisse gekoppelt werden, eine signifikante Lücke auf.

3.3 Implikationen des Status Quo für die weitere Arbeit und Forschung

Insgesamt erweist sich der aktuelle theoretische wie empirische Forschungsstand zur Investitionskontrolle als aus Erkenntnissicht *unbefriedigend* (und ebenfalls wenig hilfreich für die Unternehmenspraxis).

So ist im Hinblick auf die Ziele und Wirkungen von Investitionskontrollen festzustellen, dass die Forschung sich weitgehend auf eine pragmatisch-finale Betrachtungsweise konzentriert und die Frage der tatsächlich mit dem Instrument Investitionskontrolle verbundenen Wirkungen weitgehend unerörtert bleibt.[498] Die im Prozess der Entwicklung einer für die spätere Ableitung von Gestaltungsempfehlungen geeigneten Realtheorie zentrale theoretisch-kausale Wissenschaftsperspektive auf das Phänomen Investitionskontrolle stellt überraschenderweise in der internationalen Investitionskontrollforschung bisher eher die Ausnahme denn die Regel dar.[499]

Zudem ist die anzutreffende pragmatisch-finale Perspektive dabei auch noch verengt bzw. konzentriert sich fast ausschließlich auf die in der Literatur als Informationsfunktion bezeichnete Funktion, wobei diese Einschränkung mit unterschiedlichen, aber wenig überzeugenden Argumenten (wie z. B. der Unterstellung der realiter kaum zutreffenden Prämissen des entscheidungsorientierten Ansatzes) zu rechtfertigen versucht wird.[500] Al-

---

497 Vgl. Hägg (1977), S. 145. Ein möglicher Grund dafür ist wahrscheinlich die sehr kleine Stichprobe.

498 Zur Unterscheidung in eine pragmatisch-finale und eine theoretisch-kausale Perspektive vgl. ausführlich Kapitel 1.2.

499 Dieser Umstand ist dabei nicht neu. Vgl. vielmehr für ähnliche Feststellungen bereits Dillon (1974), S. 52, und Hägg (1977), S. 15 u. S. 25. Zur Bedeutung der theoretisch-kausalen Perspektive für die pragmatisch-finale Analyseweise vgl. die Ausführungen in Kapitel 1.2. Siehe ferner allgemein auch Küpper (1993), S. 616.

500 Es sei an dieser Stelle nochmals zur Terminologie angemerkt, dass die gebräuchlichen (und daher auch hier noch verwendeten) Bezeichnungen der (gleichgeordneten) Informations- und Verhaltensfunktionen falsch sind, da das Verhalten grundsätzlich alles bewusste wie unbewusste physische wie psychische Agieren und Reagieren von Menschen bezeichnet (vgl. z. B. Höller (1978),

lein schon angesichts dieser einseitigen und lediglich pragmatisch-finalen Betrachtungsweise kann gegenwärtig nicht von einer Theorie der Investitionskontrolle gesprochen werden.

Dies gilt umso mehr als der internationale theoretische wie empirische Forschungsstand auch in Bezug auf die (Gestaltungs-)Parameter von Investitionskontrollen und ihren Einfluss auf die Stärke der Wirkungen der Kontrollen bzw. die Zielerreichung wenig ergiebig ist. Allerdings lassen sich aus der Vielzahl der variierenden Bezeichnungen sowohl in der theoretischen wie in der empirischen Forschung neun gemeinsame (Gestaltungs-)Faktoren von Investitionskontrollen identifizieren, die weiteren Analysen der Investitionskontrolle damit mit hoher Wahrscheinlichkeit zugrunde zu legen sind: (1) die Charakteristika des Kontrollierten, (2) die Eigenschaften des Kontrolleurs, (3) die Partizipation des Kontrollierten an der Kontrolle, (4) die Kompatibilität von Prüf- und Vergleichsgröße, (5) die Formalisierung der Investitionskontrolle, (6) der Kontrollumfang, (7) die Kontrolltiefe, (8) die Kontrollhäufigkeit und (9) das Ausmaß der an die Kontrollergebnisse gekoppelten extrinsischen Anreize.[501] Jedoch existieren kaum fundierte Aussagen bzw. empirische Erkenntnisse zum unter realistischen Prämissen zu erwartenden kausalen Einfluss dieser Parameter auf die Wirkungen bzw. die Zielerreichung einer Investitionskontrolle. Ein zentraler Grund hierfür ist in dem eklatanten Mangel an Forschungserkenntnissen zu eben diesen Wirkungen, d. h. der Unkenntnis der von der Ausprägung der (Gestaltungs-)Parameter abhängigen Variablen „Wirkungen" bzw. der Dann- bzw. Desto Komponente.[502]

Dieser aus Sicht einer auf Erkenntnis realer Phänomene ausgerichteten Betriebswirtschaftslehre äußerst unbefriedigende und für die Unternehmenspraxis wenig hilfreiche Status Quo der Forschung zu Investitionskontrollen unterstreicht die Notwendigkeit, Grundzüge einer von realistischen Annahmen ausgehenden, d. h. verhaltensorientierten,

---

S. 3) und somit (terminologisch) die Informationsfunktion lediglich eine Teilfunktion der Verhaltensfunktion darstellen kann.

501 Anzumerken ist hierzu, dass die in dieser Arbeit anhand der vorhandenen Literatur zu Investitionskontrollen identifizierten neun Gestaltungsparameter zwar mit hoher Wahrscheinlichkeit alle relevanten Faktoren umfassen, da sie sowohl in Theorie wie Empirie vorkommen. Dies schließt aber weder aus, dass einer oder mehrere der Parameter bei einer kausalen, verhaltensorientierten Analyse als nicht originär relevant charakterisiert werden (müssen), noch, dass ggf. ein weiterer (bisher in der Literatur unbekannter bzw. nicht entdeckter) Faktor zu ergänzen wäre. Ersteres ist dabei, wie Kapitel 6 zeigt, durchaus der Fall. Auch Letzteres ist nicht völlig auszuschließen, erscheint aber doch sehr unwahrscheinlich, da auch die explorativ nach (unbekannten) Parametern suchende Praxisproblemforschung keine weiteren aufzeigt (vgl. zu den Ergebnissen aber auch Einschränkungen der empirischen Praxisproblemforschung Linder (2005b).

502 Ähnlich stellen auch Ewert/Wagenhofer (2003), S. 352, für die allgemeine Kontrollforschung schon fest, dass es „zur Bestimmung von Kontrollausmaß und Kontrollhäufigkeit [...] kaum praktische Optimierungsmodelle" gibt, was auf die Problematik der Nutzenbestimmung zurückzuführen sei.

Theorie betriebswirtschaftlicher Investitionskontrollen zu entwickeln. Insbesondere gilt es mit höchster Priorität

- Aussagen zu den potenziell mit den Kontrollen verbundenen (funktionalen wie dysfunktionalen) *Wirkungen auf den Kontrollierten wie den Kontrolleur* zu entwerfen, wobei zunächst den logisch ersten Wirkungen, d. h. den *direkten Wirkungen*, Aufmerksamkeit zu schenken ist,[503] und
- darauf aufbauend, Hypothesen über den *Einfluss* eines jeden der in der Literatur angeführten bzw. im vorliegenden Kapitel *identifizierten neun (Gestaltungs-)Parameter auf jede dieser direkten Wirkungen* zu entwickeln bzw. die Bereiche zu identifizieren, für die gegenwärtig keine solche Hypothesen formuliert werden können und die damit Ansatzpunkte für zukünftige Forschungsprojekte sein können.[504]

Beide – in Abbildung 14 nochmals in die in Kapitel 1.2 umrissenen Analyseebenen eingeordnete – Aspekte setzen die Existenz bzw. Entwicklung einer – der theoretisch-kausalen und entdeckenden Forschungsstrategie entsprechenden – realistischen *Blaupause des Menschen und seines Verhaltens voraus.*[505] Entsprechend gilt es neben den zwei aufgeführten Punkten auch bzw. zuvor entsprechende realistische (d. h. verhaltensorientierte) Grundlagen zum menschlichen Verhalten für eine Theorie der Investitionskontrolle zu legen.

---

503 Es sei hier daran erinnert, dass – wie in Kapitel 1.2 dargestellt - die Generierung von Hypothesen zu den direkten Wirkungen für alle weiteren Forschungsprojekte zu den indirekten Wirkungen aufgrund des logischen Zusammenhangs der drei Wirkungsgruppen die grundlegende Basis darstellt. Dieser logischen Reihenfolge und der daraus resultierenden großen Bedeutung der Etablierung von Hypothesen zu den direkten Wirkungen entsprechend, konzentrieren sich die weiteren Ausführungen dieser Arbeit auf die potenziellen direkten Wirkungen (Kapitel 5) und ihrer Beeinflussung durch die im vorliegenden Kapitel 3 identifizieten neun (Gestaltungs-)Parameter von Investitionskontrollen (Kapitel 6). Die indirekten Wirkungen erster Ordnung lassen sich jedoch – wenngleich angesichts des ohnehin beträchtlichen Umfangs der Arbeit nicht explizit in einem eigenen Kapitel vorgenommen – unmittelbar aus den Ausführungen des Kapitels 6 in Verbindung mit dem Handlungsmodell aus Kapitel 4.3 ableiten. Nur eine Beschreibung der indirekten Wirkungen zweiter Ordnung einer Investitionskontrolle, z. B. auf den durch die Investitionen zentral mitbestimmten wirtschaftlichen Erfolg, erfolgt weder in der vorliegenden Arbeit noch lässt sie sich unmittelbar aus den gemachten Aussagen ableiten. Vielmehr sind dafür noch Transformationsregeln zur Überführung individuellen Handelns in kollektives Verhalten zu formulieren.

504 Vgl. zur Idee dieses zweigeteilten Vorgehens in der Kontrollforschung auch schon Treuz (1974), S. 105, und Borer (1978), S. 74, die diese Idee jedoch dann überraschenderweise nicht durchgängig anwenden. Vgl. allgemein zu dieser Unterscheidung auch Hutzschenreuter (1998), S. 86f.

Alle dabei generierten Hypothesen bedürfen dabei natürlich einer nachfolgenden empirischen Prüfung, bevor sie (bei Nicht-Falsifikation) für technologische oder gar normative Aussagen verwendet werden können. Vgl. dazu Popper (1998), S. 82.

505 Vgl. dazu auch Reber/Van Gilder (1982) S. 2; Flamholtz (1996), S. 56.

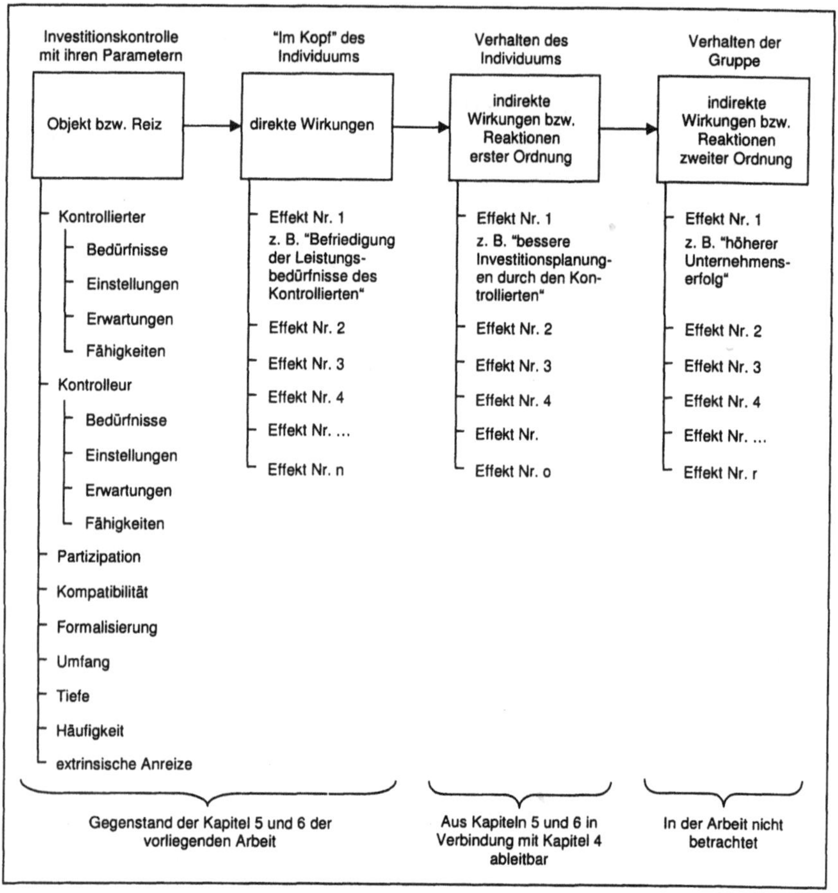

Abbildung 14: Forschungsfokus der weiteren Arbeit

Zur Umsetzung dieser Aufgaben bzw. zur Generierung der entsprechenden Hypothesen kann einerseits auf die Erkenntnisse der verhaltensorientierten Nachbardisziplinen der Betriebswirtschaftslehre (insbesondere der Psychologie) und andererseits auf mikroökonomisch-verhaltensorientierten Ansätze der Betriebswirtschaftslehre, wie beispielsweise die Spieltheorie oder die Prinzipal-Agenten-Theorie, zurückgegriffen werden.[506] Der erste

[506] Vgl. hierzu auch Bramsemann/Heineke/Kunz (2004), S. 553. Alle dabei generierten Hypothesen bedürfen, darauf sei nochmals explizit verwiesen, einer empirischen Prüfung, bevor sie (bei Nicht-Falsifikation) für Praxisempfehlungen verwendet werden können. Eine solche Prüfung wird in der vorliegenden Arbeit – der forschungstheoretischen Einordnung der Arbeit folgend – nicht vorgenommen.

Weg sei im Weiteren als psychologisch-verhaltensorientiert und der zweite Weg als mikroökonomisch-verhaltensorientiert bezeichnet.[507]

Die *psychologisch-verhaltensorientierte* Betriebswirtschaftslehre basiert auf (sozial-)psychologischen Erkenntnissen und geht u. a. durch die Einführung von individuellen Informationsständen sowie Einschränkungen der kognitiven Verarbeitungsfähigkeiten von der Annahme subjektiver Rationalität aus und unterscheidet sich damit grundlegend sowohl von der entscheidungsorientierten, unter identischen Informationsständen objektiv rationales Handeln unterstellenden Betriebswirtschaftslehre als auch von der (noch zu beschreibenden) von individuell unterschiedlichen Informationsständen ausgehenden objektiv bzw. intersubjektiv-rationalen mikroökonomisch-verhaltensorientierten Betriebswirtschaftslehre.[508] Sie greift dabei auf die Methode der Erfahrungswissenschaften zurück und ermöglicht eine Analyse der Wirkungen betriebswirtschaftlicher Instrumente auf das individuelle Verhalten der Organisationsmitglieder unter realistischen Prämissen.[509] Mit ihren empirisch überprüfbaren Hypothesen bietet sie eine Basis für die Entwicklung einer (allgemeinen) Realtheorie.

Die psychologisch-verhaltensorientierte Betriebswirtschaftslehre, die im deutschsprachigen Raum insbesondere durch Heinen (1971), Kirsch (1971) und Schanz (1977) Bekanntheit erlangt hat,[510] kann über March/Simon (1958) und Sombart (1924) bis zu Marshall (1890) zurückverfolgt werden. Sie sieht sich jedoch der Kritik betriebswirtschaftlicher Forscher ausgesetzt, die eine entscheidungsorientierte Betriebswirtschaftslehre oder eine mikroökonomisch-verhaltensorientierte bevorzugen.[511] Als Hauptkritikpunkt wird immer wieder eine so genannte Dilettantismusgefahr, ausgelöst durch mangelnde Sachkenntnis der betriebswirtschaftlichen Forscher auf dem Gebiet der (Sozial-)Psychologie, angeführt.[512] Da sich jedoch diese so oft beschworene Dilettantismusgefahr durch „entsprechende Spezialisierung und Erarbeitung des fremden Gebietes vermeiden"[513] lässt, kommt diesem Vorwurf an die psychologisch-verhaltensorientierte Betriebswirtschaftslehre kein nennenswertes Gewicht zu. Dies umso mehr, als sich der Dilettantismusvor-

---

507 Teilweise wird in der Literatur auch von informationsökonomischen Ansätzen und verhaltenswissenschaftlichen Ansätzen (Ewert/Wagenhofer (2003), S. 11) oder von institutionenorientierten Ansätzen und verhaltenswissenschaftlichen (Schweitzer/Küpper (1998), S. 549f. u. S. 580) gesprochen. Diesen Bezeichnungen sei hier nicht gefolgt.

508 Vgl. zur Abgrenzung der psychologisch-verhaltensorientierten Forschung von der entscheidungsorientierten und der mikorökonomisch-verhaltensorientierten bspw. auch Weißenberger (2002), S. 403; Ewert/Wagenhofer (2003), S. 11.

509 Vgl. Schanz (1993), Sp. 2006; Coenen (1998), S. 36 u. S. 38; Schweitzer/Küpper (1998), S. 540; Küpper (2001), S. 60; Lange/Schaefer (2004), S. 119 u. S. 121.

510 Vgl. Heineke (2005), S. 14-16; Meyer/Heine (2005), S. 10, für einen knappen Überblick über die Arbeiten und ihre Ausrichtungen von Heinen (1971), Kirsch (1971) und Schanz (1977).

511 Vgl. exemplarisch Schneider (1984).

512 Vgl. dazu Schwaninger (1989), S. 50; Heineke (2005), S. 17f., und dortige Verweise.

513 Chmielewicz (1994), S. 26. Ähnlich auch schon Stedry (1969), S. 352.

wurf grundsätzlich auf jedes nicht-originär betriebswirtschaftliche Themenfeld übertragen lässt und somit eigentlich auch der mikroökonomisch-verhaltensorientierten Betriebswirtschaftslehre zu machen wäre, da sie auf Erkenntnisse aus der Nachbarwissenschaft Mathematik zurückgreift. Neben der Dilettantismusgefahr besteht nach Meinung einiger Autoren das Problem, dass die Ergebnisse psychologisch-verhaltensorientierter Ansätze „sehr wenig konkret“[514] sind.[515] Dieser Kritikpunkt ist insofern teilweise richtig, als die (Sozial-)Psychologie zum einen eine möglichst realitätsnahe Modellierung anstrebt, was grundsätzlich mit einer im Vergleich zu von der Realität abstrahierenderen Modellen geradezu exponentiell größeren Anzahl der zu beachtenden Aspekte und Zusammenhänge führt,[516] und sie gleichzeitig als eine vergleichsweise junge Wissenschaft in vielen Bereichen noch keinen Konsens erzielt hat und einige Forschungsfelder bisher nur rudimentär betrachtet hat.[517] Folglich können Aussagensysteme, die entsprechend komplexe Phänomene, wie das reale Verhalten von Personen betreffend, zum Gegenstand haben und die dabei auf dem aktuellen Forschungsstand aufsetzen, nicht die gleiche Präzision besitzen, wie sie die von einer vereinfachten Realität ausgehenden und angesichts der dadurch einfacheren Forschungsfrage schon in der Lösung fortgeschritteneren, mikroökonomischen Modelle aufweisen (können). Andererseits erfordern Aussagen mit potenziell sehr hohem Wahrheitsgehalt nun einmal realitätsnahe Annahmen (und damit leider meist zwangsläufig eine gewisse Komplexität der Modelle). Darüber hinaus darf nicht übersehen werden, dass sich auch die psychologische Forschung ständig weiterentwickelt und damit nach und nach auch präzisiere Aussagen möglich werden. Ferner stellt sich die Frage, ob nicht gerade die großen (aus betriebswirtschaftlicher Sicht relevanten) Forschungslücken im „Grenzbereich“ zwischen Betriebswirtschaftslehre und (Sozial-)Psychologie eine verstärkte Auseinandersetzung durch betriebswirtschaftliche Forscher zweckmäßig erscheinen lassen, wenn die Betriebswirtschaftslehre sich nicht vollständig vom wissenschaftlichen Fortschritt in ihrer Nachbardisziplin abhängig machen will.[518]

---

[514] Coenen (1998), S. 38.

[515] Vgl. z. B. Coenen (1998), S. 38; Küpper (2001), S. 60f.

[516] Vgl. zu diesem Massenphänomen an Hypothesen in verhaltenswissenschaftlich-verhaltensorientierten Forschungsarbeiten z. B. schon McKeachie (1973), S. 455.

[517] Vgl. dazu bspw. als Vertreter der (Sozial-)Psychologie Roth (1967), S. 9; Zajonc (1980), S. 154-160; Aronson/Wilson/Akert (2004), S. 11; Zimbardo/Gerrig (2004), S. 10 u. S. 18. Aus Perspektive der betriebswirtschaftlichen Forschung siehe z. B. Lange/Schaefer (2004), S. 121.

[518] Wohl gemerkt, es sei hiermit explizit keine Aufforderung zu (sozial-)psychologischer Forschung durch Betriebswirte verbunden, sondern nur die zur stärkeren, gemeinsamen Auseinandersetzung (d. h. zusammen mit Forschern aus der Psychologie) mit betriebswirtschaftlich relevanten und durch die (sozial-)psychologische Forschung präzisierbaren Fragestellungen. Schließlich dürfte es die Ausnahme sein, dass die (Sozial-)Psychologie gerade die betriebswirtschaftlich relevanten Fragestellungen von sich aus identifiziert und beantwortet. Vielmehr erscheint eine Kooperation hier sicherlich vielversprechender.

Die *mikroökonomisch-verhaltensorientierte* Betriebswirtschaftslehre geht im Gegensatz zu den psychologisch-verhaltensorientierten Ansätzen von – unter Berücksichtigung des jeweiligen Informationsstands – objektiv rational (genauer: intersubjektiv rational) handelnden Individuen aus.[519] Sie stellt ein in der betriebswirtschaftlichen Forschung mittlerweile gebräuchliches Untersuchungsverfahren dar.[520] Zu ihr gehören insbesondere die (normative[521]) Prinzipal-Agenten-Theorie sowie die Spieltheorie.[522] Um die Komplexität und damit die Berechnungsschwierigkeiten der mikroökonomisch-verhaltensorientierten Modelle in einem überschaubaren Ausmaß zu halten, kommen i. d. R. von der realen Komplexität abstrahierende, vereinfachende und zum Teil durchaus auch restriktive Annahmen zum Einsatz.[523] So wird beispielsweise häufig von einer Linearität der Entlohnungsfunktion, einer exponentiellen Nutzenfunktion und der Normalverteilung möglicher Situationen, vernachlässigbaren Kosten der Vertragsgestaltung sowie unveränderlichen Eintrittswahrscheinlichkeiten bestimmter Umweltzustände ausgegangen.[524] Auch wird regelmäßig unterstellt, dass die Nutzenfunktion von Prinzipal wie Agent gegeben ist, was angesichts der „bekannten Schwierigkeiten bei der Ermittlung individueller Nutzenfunktionen eine sehr weitgehende Annahme darstellt"[525]. Darüber hinaus wird oft zur Vereinfachung nur eine einperiodige Situation unterstellt.[526]

Grundsätzlich ist nichts gegen eine solche Unterstellung von Prämissen, „deren Übereinstimmung mit der Wirklichkeit als außerhalb der Forschungsstrategie liegend angesehen wird"[527], einzuwenden. Schließlich dienen die Annahmen dazu, „um im Rahmen der erwähnten theoretischen Gedankenexperimente die logischen Konsequenzen dieser Annahmen abzuleiten und damit komplexe Systeme vereinfachend zu erfassen"[528]. Die entsprechenden (meist formal-analytischen) Modelle stellen somit zumindest zunächst Ide-

---

519 Vgl. Wagenhofer (1992), S. 320. Vgl. auch Wagenhofer (1993), S. 168; Breid (1995), S. 844; Coenen (1998), S. 39.

520 Vgl. exemplarisch Pfaff (1995); Weißenberger (1997); Pfaff/Pfeiffer (2001); Küpper (2005).

521 Neben der normativen oder entscheidungslogischen Prinzipal-Agenten-Theorie (kurz auch häufig nur als Prinzipal-Agenten-Theorie oder PA-Theorie bezeichnet) existiert auch eine als positiv oder positivistisch zu bezeichnende Richtung innerhalb der Prinzipal-Agenten-Theorie, die dezidiert empirisch ausgerichtet ist und die Beschreibung der in der Praxis anzutreffenen Vertragsgestaltungen herausarbeiten will. Sie strebt somit hauptsächlich deskriptive Zielsetzungen an und stellt im Vergleich zur normativen Prinzipal-Agenten-Theorie nur eine Minorität innerhalb der Prinzipal-Agenten-Forschung dar. Vgl. dazu auch Elschen (1991), S. 1006; Breid (1995), S. 822; Mikus (1998), S. 452; Schweitzer/Küpper (1998), S. 580; Küpper (2005), S. 66; Schultz (2005), S. 28f., und dortige Literaturangaben.

522 Vgl. zu diesen Ansätzen näher bspw. Alchian/Demsetz (1972); Jost (1999).

523 Vgl. Pfaff (1995), S. 449; Hoffjan (1997), S. 80; Mikus (1998), S. 457f.; Lange/Schaefer (2004), S. 118; Küpper (2005), S. 78; Schultz (2005), S. 29f.

524 Vgl. hierzu auch Schultz (2005), S. 29f. Vgl. zu diesen Annahmen auch Weißenberger (2003), S. 64f.

525 Breid (1995), S. 844.

526 Vgl. Schultz (2005), S. 29.

527 Grochla (1976), S. 636.

528 Chmielewicz (1994), S. 122. Vgl. ähnlich Albert (1984), Sp. 4682.

almodelle[529] dar ohne realen Geltungsanspruch.[530] Solche Modelle bzw. Sätze sind damit keine Hypothesen, die als Behauptungen empirische Wahrheit beanspruchen und einer Überprüfung bedürfen.[531] Sie informieren zunächst nicht über die (allgemeine) Realität, sondern bilden nur „mögliche, empirisch denkbare Fälle“[532] ab.[533] Die Frage nach der realen Gültigkeit derartiger Modelle wird somit zumindest bis zum Zeitpunkt ihrer Anwendung in einem bestimmten Realitätsbereich offen gelassen:[534] „Dann erst wird die Frage der praktischen Brauchbarkeit eines Modells aufgeworfen. Bewährt sich das Modell in der konkreten Anwendung, wobei das Idealmodell in ein Realmodell übergeht, so wird die infolge vorhandener Isomorphie gegebene Anwendungsmöglichkeit erhärtet.“[535]

Jedoch ist zu den Modellen anzumerken, dass die Gefahr nicht übersehen werden sollte, dass entsprechende (realitätsvereinfachende) Annahmen auch „die mögliche Nebenwirkung der Immunisierung gegen die Realität“[536] besitzen können.[537] Schließlich werden mit entsprechenden Prämissen „unvermeidlich [...] wichtige Teilprobleme ausgeklammert“[538]. Auch sind die Ergebnisse aufgrund der restriktiven Annahmen oft nur eingeschränkt praktisch verwertbar.[539] Deshalb hat Popper (1987) bei seinen Ausführungen zur so genannten Nullmethode auch vorgeschlagen, in einem zweiten, auf die Entwicklung eines Idealmodells folgenden, Schritt die Abweichung zwischen dem annahmegemäßen

---

529 Unter einem so genannten Realmodell ist ein Modell zu verstehen, das die empirische Realität abbilden will, während ein Idealmodell demgegenüber keinen Realitätsbezug aufweist oder ihn offen lässt (vgl. dazu Kosiol (1978), S. 149).

530 Vgl. dazu Kosiol (1978), S. 152. Ähnlich Meyer/Heine (2005), S. 11.

531 Vgl. Kosiol (1978), S. 152.

532 Kosiol (1978), S. 153.

533 So zeigen empirische Untersuchungen diverse Aspekte auf, in denen sich die Aussagen der normativen Prinzipal-Agenten-Theorie und der empirisch festzustellenden Praktiken widersprechen (vgl. Barkema (1995), S. 19; vgl. auch Schultz (2005), S. 30; anderer Meinung hingegen ist Elschen (1991), S. 1007). Beispielsweise ist in der Praxis die Vergütung von Agenten häufig fixiert und hängt nicht (oder nur in viel geringerem Umfang als zu erwarten wäre) von der Leistung ab (vgl. dazu auch Holmström/Milgrom (1991), S. 24; Barkema (1995), S. 19 und die dort angeführten Studien). Entsprechend kommen Jensen/Murphy (1990) zu dem Schluss, dass die in der Praxis anzutreffende Verbindung von Arbeitsleistung und Entlohnung sehr gering ist und in den letzten fünfzig Jahren zudem gefallen ist, und damit nicht mit den Vorhersagen der Prinzipal-Agenten-Theorie vereinbar ist (vgl. Jensen/Murphy (1990), S. 226f. u. S. 261f.). Erklären ließe sich dies einerseits dadurch, dass die in der Praxis eingesetzten Vergütungssysteme suboptimal sind. Jedoch erscheint es andererseits durchaus ebenfalls denkbar, dass die Praktiken der Unternehmen weitgehend effizient sind, dass aber die vorliegenden Prinzipal-Agenten-Modelle zentrale Faktoren der Motivation von Akteuren ausklammern (vgl. Barkema (1995), S. 19). Zu diesen Faktoren könnte beispielsweise das Bedürfnis nach zwischenmenschlichen Beziehungen zu zählen sein.

534 Vgl. Kosiol (1978), S. 153.

535 Kosiol (1978), S. 152f. Im Original teilweise kursiv.

536 Chmielewicz (1994), S. 122.

537 Vgl. ähnlich Albert (1984), Sp. 4682.

538 Chmielewicz (1994), S. 122.

539 Vgl. Müller (1995), S. 61; Weber (1999), S. 261; Anthony/Govindarajan (2000), S. 526; Wall (2002), S. 29; Lange/Schaefer (2004), S. 118; Schultz (2005), S. 30.

Modellverhalten (als Nullkoordinate) und dem tatsächlichen Verhalten (zumindest näherungsweise) zu ermitteln.[540] Dabei erweist sich jedoch oft die empirische Messung bzw. Überprüfung der theoretischen Konzepte aus mikroökonomisch-verhaltensorientierten Modellen, wie der Agency-Kosten der alternativen Lösungsmöglichkeiten, als schwierig.[541] Ähnlich schwierig erweist sich auch eine Integration realitätsnäherer Annahmen zu den Bedürfnissen, Einstellungen, Fähigkeiten usw. von Menschen in die Modelle, da diese Annahmen die Modelllösung i. d. R. erheblich erschweren.

Sowohl die psychologisch-verhaltensorientierte als auch die mikroökonomisch-verhaltensorientierte Betriebswirtschaftslehre haben damit ihre Vor- und Nachteile.[542] Zwar wird vielfach gefordert, die beiden Ansätze in einem Modell zu kombinieren, jedoch erweist sich dies meist als verhältnismäßig schwierig.[543]

In der vorliegenden Arbeit soll angesichts der angestrebten Entwicklung von möglichst allgemeingültigen und realitätsnahen Aussagen (d. h. Aussagen mit potenziell sehr hohem Wahrheitsgehalt),[544] die einer empirischen Überprüfung leicht zugänglich sein und die mittelfristig die Ableitung praxisorientierter Handlungsempfehlungen ermöglichen sollen, *auf den psychologisch-verhaltensorientierten Ansatz zurückgegriffen werden,*[545] da der mikroökonomisch-verhaltensorientierte dies – wie eben dargestellt – (von der Grundintention her) weniger erlaubt bzw. zunächst nicht vorsieht.[546] Dabei sei jedoch versucht,

---

540 Vgl. dazu Popper (1987), S. 110f.

541 Vgl. Schneider (1987), S. 488-490.

542 Vgl. Ewert/Wagenhofer (2003), S. 11.

543 Vgl. Ewert/Wagenhofer (2003), S. 11.

544 Angemerkt sei hier, dass diese realitätsnahen Annahmen bzw. Aussagen auch insofern wichtig erscheinen, als nur bei ihrer Zugrundelegung sichergestellt werden kann, dass – dem ersten Unterziel des theoretischen Wissenschaftsziels entsprechend – das Forschungsfeld tatsächlich in seiner „realen" Gestalt erkannt und damit in Form einer Problemlandkarte dargestellt werden kann. So ist angesichts des Fehlens einer solchen Problemlandkarte gegenwärtig a priori nicht zu beurteilen, welche Eigenschaften des Menschen oder welche (Gestaltungs-)Parameter der Investitionskontrolle potenziell für die Betrachtung von Investitionskontrollen aus verhaltensorientierter Perspektive bedeutsam sind. Vielmehr ist eine solche Beurteilung erst nach Abschluss (und Prüfung) des in der vorliegenden Arbeit verfolgten Ansatzes der Entwicklung einer solchen Landkarte des Forschungsfelds im Sinne des ersten Unterziels des theoretischen Forschungsziels möglich. Siehe hierzu nochmals Kapitel 1.2.

545 Da die vorliegende Arbeit dem Entdeckungsziel und nicht dem Prüfungsziel folgt, ist kein Beweis der Übertragbarkeit von Erkenntnissen aus der Psychologie auf die betrachtete Fragestellung betriebswirtschaftlicher Investitionskontrollen erforderlich. Die (Sozial-)Psychologie und die von ihr generierten Erkenntnisse und Belege dienen hier nur als „Steinbruch der Gedanken" – zur Generierung von in zukünftigen Forschungsvorhaben erst noch kritisch zu prüfenden Hypothesen und nicht bereits zur Belegung der entworfenen Hypothesen, für die, wie bereits Jensen (1970) zutreffend feststellt, eine solche Übertragbarkeit nachzuweisen wäre. Vgl. hierzu auch die Darstellung des Entdeckungs- vs. des Prüfungsziels in Kapitel 1.2.

546 Grundsätzlich sei dabei aber natürlich nicht verschwiegen, dass – wie jedes Modell – auch die psychologisch-verhaltensorientierte Betriebswirtschaftslehre eine gewisse Vereinfachung der Realität vornimmt, da eben dies Voraussetzung für eine Analyse und ein Charaktermerkmal eines jeden Modells ist (vgl. hierzu auch Elschen (1991), S. 1003). Jedoch können die von der psychologisch-

teilweise auch (übertragbare) Erkenntnisse des mikroökonomisch-verhaltensorientierten Ansatzes mit zu integrieren.[547]

3.4 Zusammenfassung

Zu dem auf den vorangegangenen Seiten strukturierten und bewerteten Stand der theoretischen und empirischen Forschung zu Investitionskontrollen lässt sich zusammenfassend festhalten:

Die existierenden empirischen Studien lassen aufgrund diverser nicht-zufälliger Verzerrungen allenfalls grobe Aussagen zur Verbreitung von Investitionskontrollen in der Praxis (insbesondere für den deutschsprachigen Raum) zu. Es stellt sich daher die Frage, welchen Beitrag für die Theoriebildung bzw. welche Hilfestellung für die Praxis solche verzerrten und zudem rein deskriptiven Dokumentationen des momentanen Verbreitungsgrads leisten. So gilt grundsätzlich, dass mit Studien zu Ursache-Wirkungs-Zusammenhängen, d. h. durch Analyse von (Gestaltungs-)Parametern und ihren Einflüssen auf die Wirkungen eines Instruments, tendenziell mehr zum wissenschaftlichen Fortschritt beigetragen werden kann als durch allein auf die deskriptive Beschreibung der Praktiken der Unternehmen abstellende Verbreitungsstudien.

Insgesamt erweist sich der aktuelle theoretische wie empirische Forschungsstand zur Investitionskontrolle als aus Erkenntnissicht unbefriedigend (und ebenfalls wenig hilfreich für die Unternehmenspraxis). So ist im Hinblick auf die Ziele und Wirkungen von Investitionskontrollen festzustellen, dass die Forschung sich weitgehend auf eine pragmatisch-finale Betrachtungsweise konzentriert und die Frage der tatsächlich mit dem Instrument Investitionskontrolle verbundenen Wirkungen weitgehend unerörtert bleibt. Zudem ist die genutzte pragmatisch-finale Perspektive auch noch verengt bzw. konzentriert sich fast ausschließlich auf die in der Literatur als Informationsfunktion bezeichnete Funktion, wobei versucht wird, diese Einschränkung mit unterschiedlichen, aber wenig überzeugenden Argumenten (wie z. B. der Unterstellung der realiter kaum zutreffenden Prämissen des entscheidungsorientierten Ansatzes) zu rechtfertigen. Allein schon angesichts dieser einseitigen und lediglich pragmatisch-finalen Betrachtungsweise kann gegenwärtig nicht von einer Theorie der Investitionskontrolle gesprochen werden. Dies gilt

---

verhaltensorientierten Betriebswirtschaftslehre unterstellten Modellannahmen als prinzipiell näher an der (allgemeinen) Realität als jene der (eher auf einen spezifischen, zwar denkbaren, aber eher wenig wahrscheinlichen Realitätsausschnitt fokussierten) mikroökonomisch-verhaltensorientierten Betriebswirtschaftslehre betrachtet werden.

547 Eine solche Kombination nehmen auch Ewert/Wagenhofer (2003) vor, jedoch mit umgekehrter Gewichtung der zwei Alternativen (vgl. ebenda, S. 11). Auch Schultz (2005) versucht eine solche Integration der Erkenntnisse (vgl. ebenda, S. 30).

umso mehr als auch in Bezug auf die (Gestaltungs-)Faktoren von Investitionskontrollen und ihren Einfluss auf das Ausmaß der Wirkungen der Investitionskontrollen bzw. den Grad der Zielerreichung derselben sich der internationale theoretische wie empirische Forschungsstand als wenig ergiebig erweist. Zwar lassen sich aus der Vielzahl der variierenden Bezeichnungen sowohl in der theoretischen wie in der empirischen Forschung neun gemeinsame (Gestaltungs-)Faktoren von Investitionskontrollen identifizieren: (1) die Charakteristika des Kontrollierten, (2) die Eigenschaften des Kontrolleurs, (3) die Partizipation des Kontrollierten an der Kontrolle, (4) die Kompatibilität von Prüf- und Vergleichsgröße, (5) die Formalisierung der Investitionskontrolle, (6) der Kontrollumfang, (7) die Kontrolltiefe, (8) die Kontrollhäufigkeit und (9) das Ausmaß der an die Kontrollergebnisse gekoppelten extrinsischen Anreize. Jedoch existieren kaum fundierte Aussagen bzw. empirische Erkenntnisse zum unter realistischen Prämissen zu erwartenden kausalen Einfluss dieser Parameter auf die Wirkungen bzw. die Zielerreichung einer Investitionskontrolle. Ein zentraler Grund hierfür ist in dem eklatanten Mangel an Forschungserkenntnissen zu eben diesen Wirkungen, d. h. der Unkenntnis der von der Ausprägung der (Gestaltungs-)Parameter abhängigen Variablen „Wirkungen" bzw. der Dann- bzw. Desto-Komponente.

Dieser aus Sicht einer auf Erkenntnis realer Phänomene ausgerichteten Betriebswirtschaftslehre äußerst unbefriedigende und für die Unternehmenspraxis wenig hilfreiche Status Quo der Forschung zu Investitionskontrollen unterstreicht die Notwendigkeit, Grundzüge einer von realistischen Annahmen ausgehenden, d. h. verhaltensorientierten, Theorie betriebswirtschaftlicher Investitionskontrollen zu entwickeln. Insbesondere gilt es mit höchster Priorität

- Aussagen zu den potenziell mit den Kontrollen verbundenen (funktionalen wie dysfunktionalen) Wirkungen auf den Kontrollierten wie den Kontrolleur zu entwerfen, wobei zunächst den logisch ersten Wirkungen, d. h. den direkten Wirkungen, Aufmerksamkeit zu schenken ist, und
- darauf aufbauend, Hypothesen über den Einfluss eines jeden der in der Literatur angeführten bzw. im vorliegenden Kapitel identifizierten neun (Gestaltungs-)Parameter auf jede dieser direkten Wirkungen zu entwickeln bzw. die Bereiche zu identifizieren, für die gegenwärtig keine solche Hypothesen formuliert werden können und die damit Ansatzpunkte für zukünftige Forschungsprojekte sein können.

Beide Forschungsaufgaben setzen die Existenz bzw. Entwicklung einer der Forschungsfrage angepassten Blaupause des Menschen und seines Verhaltens voraus. Entsprechend gilt es, möglichst allgemein als realistisch zu bezeichnende, verhaltensorientierte Grundlagen zum menschlichen Verhalten für eine Theorie der Investitionskontrolle zu legen.

Zur Umsetzung dieser Aufgaben bzw. zur Generierung der entsprechenden Hypothesen kann einerseits auf die Erkenntnisse der verhaltensorientierten Nachbardisziplinen der Betriebswirtschaftslehre (insbesondere der Psychologie) und andererseits auf mikroökonomisch-verhaltensorientierten Ansätze der Betriebswirtschaftslehre, wie beispielsweise die Spieltheorie oder die Prinzipal-Agenten-Theorie, zurückgegriffen werden.

Sowohl die psychologisch-verhaltensorientierte als auch die mikroökonomisch-verhaltensorientierte Betriebswirtschaftslehre haben damit ihre Vor- und Nachteile. Zwar wird vielfach gefordert, die beiden Ansätze in einem Modell zu kombinieren, jedoch erweist sich dies meist als verhältnismäßig schwierig.

In der vorliegenden Arbeit soll angesichts der angestrebten Entwicklung von möglichst allgemeingültigen und realitätsnahen Aussagen (d. h. Aussagen mit potenziell sehr hohem Wahrheitsgehalt), die einer empirischen Überprüfung leicht zugänglich sein und die mittelfristig die Ableitung praxisorientierter Handlungsempfehlungen ermöglichen sollen, auf den psychologisch-verhaltensorientierten Ansatz zurückgegriffen werden, da der mikroökonomisch-verhaltensorientierte dies (von der Grundintention her) weniger erlaubt bzw. zunächst nicht vorsieht. Dabei sei jedoch versucht, teilweise auch Erkenntnisse des mikroökonomisch-verhaltensorientierten Ansatzes mit zu integrieren bzw. Bezüge zu diesen aufzuzeigen.

4 Psychologisch-verhaltensorientierte Grundlagen einer Investitionskontrolltheorie

„Basic to any discussion of control systems is some conception of the nature of human beings."

Lawler (1976), S. 1251.

Wie im Kapitel 3 der Arbeit erläutert wurde, bildet eine realistische „Blaupause" bzw. ein Modell des Menschen und seines Verhaltens bzw. Handelns[548] eine Voraussetzung für die Analyse der Wirkungen einer Investitionskontrolle auf die an ihr beteiligten Individuen.[549]

Insbesondere in der (sozial-)psychologischen Literatur finden sich zur Modellierung eines Menschen diverse Ansätze.[550] Aber auch in der betriebswirtschaftlichen Literatur

---

548 Unter dem Begriff Verhalten wird im Weiteren jede Form des Agierens oder Reagierens verstanden, sei es, dass dieses in physischen oder psychischen Aktivitäten zum Ausdruck kommt. Vgl. Höller (1978), S. 3. Mit den Begriffen Handeln oder Leistungshandeln seien – als Unterkategorie des Verhaltensbegriffs – nur dasjenige Verhalten bezeichnet, das einer bestimmten Absicht (einem Zweck oder Ziel) folgt (vgl. dazu Vroom (1964b), S. 75; Hentze/Kammel/Lindert (1997), S. 121; von Rosenstiel (2001a), S. 3). In der vorliegenden Arbeit wird dabei auf das Handeln fokussiert, welches zwar nur einen Ausschnitt aus dem gesamten menschlichen Verhalten darstellt, jedoch den aus betriebswirtschaftlicher Sicht bedeutsamsten (vgl. hierzu auch Vroom (1964b), S. 75; Höller (1978), S. 3). Neuberger (1974) geht sogar so weit, das ziellose oder absichtslose Verhalten eines Menschen nur als einen extremen Grenzfall zu betrachten (vgl. Neuberger (1974), S. 22).

549 Vgl. dazu des weiteren auch Bruns/DeCoster (1969b), die die Bedeutung eines Modells des Menschen bzw. des menschlichen Handelns als Grundlage für alle weiteren Analysen hervorheben: „The study of behavioral accounting must begin with a careful examination of man himself. Until we have achieved some understanding of the inherent qualities of the personality of man, it is difficult, if not impossible, for us to consider many of the difficult questions that confront us when we begin to examine the effects of accounting on a man's behavior" (Bruns/DeCoster (1969b), S. 49). Ähnlich auch Flamholtz (1996), S. 56.

550 Vgl. z. B. Vroom (1964); Locke (1968); Porter/Lawler (1968), S. 15-40; von Rosenstiel (1975), S. 31-36; McClelland (1976); Triandis (1977); Ajzen/Fishbein (1980).

existieren – teilweise aufbauend auf den (sozial-)psychologischen Erkenntnissen – bereits verschiedene Modellierungsansätze.[551]

Insofern böte sich aus forschungsökonomischen Gesichtspunkten die Übernahme eines dieser Modelle als Grundlage eines Entwurfs einer verhaltensorientierten Theorie betriebswirtschaftlicher Investitionskontrollen an.

Dabei erscheinen die Modelle der (Sozial-)Psychologie aufgrund der Kompatibilität des Wissenschaftsverständnisses der Psychologie mit dem in der vorliegenden Arbeit verfolgten Ziel der Etablierung möglichst realitätsnaher Aussagen besonders geeignet: So strebt die (Sozial-)Psychologie aus ihrem eigenen Wissenschaftsverständnis heraus eine möglichst realistische Modellierung des menschlichen Verhaltens und die empirische Prüfbarkeit der Aussagen an.[552] In der Betriebswirtschaftslehre hingegen ist die realistische Modellierung menschlichen Verhaltens bisher kein vergleichbar dominant verfolgtes Ziel.[553]

Allerdings erweist sich der Rückgriff auf bestehende Modelle aus der (Sozial-)Psychologie bei näherer Betrachtung als nicht unproblematisch: Zum einen konzentrieren sich viele Modelle entweder nur auf die Frage der prozessualen Auswahlentscheidung der Handlungen eines Menschen oder aber nur auf die Frage der inhaltlichen Bedürfnisbefriedigungs- und -frustrationsaspekte ohne nähere Berücksichtigung eines (subjektiv) rationalen Entscheidungsprozesses.[554] Zum anderen betrachten die Modelle meist nur einen Ausschnitt der in der (sozial-)psychologischen Literatur allgemein als für die Modellierung menschlichen Verhaltens als essentiell erachteten Faktoren Bedürfnisse, Einstellungen, Erwartungen und Fähigkeiten. Insbesondere im Fall der Einstellungen konzentrieren sich die bekannten (sozial-)psychologischen Modelle entweder ausschließlich auf diese oder aber lassen gerade sie unberücksichtigt.[555] Da die große Bedeutung

---

551 Vgl. bspw. Kirsch (1974), S. 107-140; Nick (1974), S. 74-78; Bleicher/Meyer (1976), S. 70; Neuberger (1976), S. 220-229; Müller-Bader (1977), S. 90f.; Siegwart/Menzl (1978), S. 244; Steinle (1978); Hill/Fehlbaum/Ulrich (1981), S. 57-61; Thieme (1982), S. 56-73; Gibson/Ivancevich/Donnelly (1994), S. 234; Jost (2000), S. 374-379; Miller (2003), S. 167-292.

552 So versteht sich die Psychologie als diejenige Wissenschaft, deren Aufgabe es ist, menschliches Verhalten zu verstehen und vorherzusagen (vgl. bspw. von Rosenstiel (2001a), S. 2; Aronson/Wilson/Akert (2004), S. 3; Zimbardo/Gerrig (2004), S. 3 u. S. 5).

553 So geht die in der Betriebswirtschaftslehre bis heute als dominant zu betrachtende entscheidungsorientierte Forschung von Annahmen aus, die in weiten Teilen keine Aussagekraft zur allgemeingültigen Beschreibung menschlichen Verhaltens besitzen. Vgl. hierzu Kapitel 1.2.

554 Vgl. zu dieser Kritik bereits Annett (1969), S. 105.

555 Zu Ersterem vgl. exemplarisch Triandis (1977); Ajzen/Fishbein (1980), Ajzen (1988) und Izard (1994), die ihre Verhaltensmodelle auf die Einstellungen fokussieren. Zu Letzterem vgl. bspw. Vroom (1964); Porter/Lawler (1968) und von Rosenstiel (1975). Insbesondere bei Porter/Lawler (1968) überrascht die weitgehende Vernachlässigung von Einstellungen bei der Bildung einer Handlungsintention, da sie gerade Einstellungen im Titel ihrer Veröffentlichung anführen. Vgl. auch exemplarisch die auf den Letzteren teilweise aufbauenden und entsprechend ebenfalls Einstellungen

von Einstellungen für das menschliche Verhalten aber immer wieder hervorgehoben wird und da sie gerade im Bereich von Kontrollen neben den anderen Bestimmungsfaktoren eine zentrale Rolle für das Handeln von Akteuren spielen dürften,[556] ist ihre Berücksichtigung in den weiteren Überlegungen zu den Wirkungen einer Investitionskontrolle unabdingbar.

Aus diesen Gründen erscheint die Entwicklung eines eigenen (sozial-)psychologisch fundierten (Leistungs-)Handlungsmodells erforderlich, das diese Nachteile vermeidet. Das Modell strebt dabei an, die geforderte „Blaupause" des Menschen und seines Handelns in Kontrollsituationen bereitzustellen und damit einen Ordnungs- und Strukturierungsrahmen für die nachfolgende Forschungsarbeit zu den Wirkungen und den Ursache-Wirkungs-Zusammenhängen von Investitionskontrollen zu bieten, als auch eine Ableitungsbasis für diese Wirkungen und Zusammenhänge zu schaffen.[557]

Ausgehend von den Inhalten der einschlägigen Lehrbücher zur (Sozial-)Psychologie[558] und den von einander unterschiedlichen in der (sozial-)psychologischen Literatur diskutierten Modellen,[559] seien dem Menschenmodell der vorliegenden Arbeit die vier in der nachfolgenden Abbildung 15 veranschaulichten Faktoren zugrunde gelegt: Bedürfnisse, Einstellungen, Erwartungen und Fähigkeiten. Damit werden alle in den entsprechenden Partialmodellen als bedeutsam identifizierten Charakteristika eines individuellen Akteurs[560] im vorliegenden Modell berücksichtigt und die in der Literatur kritisierte Beschränkung dieser Partialmodelle auf lediglich einen Teil dieser vier Faktoren vermieden.

Die ersten drei Elemente bestimmen die Handlungsmotivation eines Akteurs, die vereinfachend auch als Motivation bezeichnet wird. Der letzte Faktor, die Fähigkeiten, hingegen bestimmen die Leistungs- bzw. Handlungsfähigkeit eines Akteurs.

---

unberücksichtigt lassenden, betriebswirtschaftlich-verhaltensorientierten Modelle von Steinle (1978); Gibson/Ivancevich/Donnelly (1994), S. 234; Jost (2000), S. 374-379.

556 Vgl. allgemein zur Bedeutung von Einstellungen für die Erklärung menschlichen Verhaltens bspw. Fishbein/Ajzen (1975), S. V; Zajonc (1980), S. 154-160; Crawford/Luka/Cacioppo (2002), S. 758. In der betriebswirtschaflichen Kontrollliteratur postulieren u. a. Weber (2004), S. 327; Küpper (2005), S. 278, eine hohe Bedeutung der Einstellungen des Kontrollierten für Kontrollen bzw. deren Erfolg. Ähnlich schreiben bspw. Mills/Kennedy (1990), S. 26, Einstellungen für Investitionserfolgskontrollen eine große Relevanz zu.

557 Vgl. zu diesen Zwecken von Modellen allgemein auch Grochla (1976), S. 635; Thieme (1982), S. 56. Dabei sei angemerkt, dass das Modell nur die direkten Wirkungen und indirekten Wirkungen erster Ordnung von Kontrollen abzubilden anstrebt (vgl. dazu das Kapitel 3.3). Die Betrachtung der indirekten Wirkungen zweiter Ordnung, die in dieser Arbeit nicht erfolgt, setzt die Ergänzung des Modells um Transformationsregeln zur Überführung des individuellen, im vorliegenden Modell betrachteten Handelns auf die Ebene eines sozialen Kollektivs voraus.

558 Vgl. z. B. Aronson/Wilson/Akert (2004); Zimbardo/Gerrig (2004); Myers (2005).

559 Vgl. dazu die Ausführungen auf der vorangehenden Seite und die dortigen Fußnoten.

560 Dabei werden im Weiteren unter den Begriffen „Individuen", „Akteure", „Kontrollierter" und „Kontrolleur" natürliche (männliche wie weibliche) Personen verstanden. Vgl. auch Homann/Suchanek (2000), S. 22.

Da diese Elemente in der Literatur uneinheitlich präzisiert sind,[561] sei im Weiteren zunächst das zugrunde gelegte Verständnis der Komponenten näher erläutert. Daran anschließend werden die Elemente in ein hypothetisches, für die verhaltensorientierte Betrachtung einer Investitionskontrolle geeignetes Wirkungsgefüge integriert.

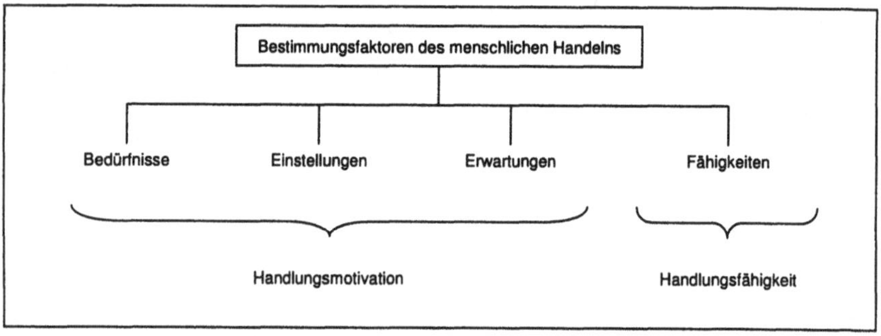

Abbildung 15: Bestimmungsfaktoren des menschlichen Handelns

4.1 Bestimmungsfaktoren des menschlichen Handelns

4.1.1 Bedürfnisse

Unter den Begriffen Motive und Bedürfnisse wird in der psychologischen Literatur die Frage thematisiert, was einen Menschen zu Handlungen veranlasst. Mit dem Motivbegriff werden dabei passive bzw. latente Handlungsbereitschaften beschrieben, während der Bedürfnisbegriff auf aktivierte Handlungsbereitschaften bezogen wird, die als für den Akteur unangenehme Spannungszustände zu den auf die Reduktion dieser Bedürfnisspannungen abzielenden Handlungen des Akteurs führen.[562]

Viele Motive (respektive Bedürfnisse) eines Akteurs sind angeboren bzw. genetisch veranlagt.[563] Sie werden in der Psychologie daher auch oft mit dem Begriff der Triebe belegt.[564] Zu ihnen gehören insbesondere die Motive nach Nahrung, Schlaf und Sexualität.

---

561 Vgl. zu diesem Problem auch Thomas (2003), S. 35.

562 Vgl. Steinle (1978), S. 44; Heckhausen (1977), S. 284; Siegwart/Menzl (1978), S. 182f.; Hentze/Kammel/Lindert (1997), S. 118.

563 Vgl. Comelli/von Rosenstiel (2001), S. 17. Vgl. für eine ausführliche Darstellung durch die Stammesgeschichte des Menschen vorprogrammierter Motive und Verhaltensweisen bspw. Eibl-Eibesfeldt (1973).

564 Vgl. Zimbardo/Weber/Johnson (2003), S. 357.

Gleichzeitig existieren jedoch auch Motive, die ein Akteur im Laufe der Zeit durch Erfahrung bzw. Erziehung und die Auseinandersetzung mit der Umwelt erlernt.[565] Hierzu wird z. B. meist ein Leistungsmotiv gezählt, d. h. ein Motiv der kontinuierlichen Verbesserung der eigenen Handlungen (bzw. ihrer Ergebnisse).[566] Dies führt dazu, dass zwei Akteure potenziell unterschiedliche Motivkataloge besitzen können.[567]

Ein Motiv ist so lange handlungsirrelevant, wie es vollständig satisfiziert ist. Ist es hingegen nicht vollständig befriedigt, so stellt es als Bedürfnis (engl.: need) einen unangenehmen Spannungszustand für den Akteur dar, den dieser durch seine Handlungen und den damit für ihn verbundenen Folgen zu reduzieren bzw. gänzlich zu beseitigen sucht.[568]

Eine solche Befriedigung eines Bedürfnisses, die auch in einem Verhindern eines weiteren Absinkens des Satisfaktionsgrads bestehen kann, ist durch ein Handeln möglich, das entsprechende erkannte und relevante Folgen entweder aufgrund formeller Regelung oder aber lediglich informeller Weise[569] nach sich zieht (oder abzuwenden erlaubt). Relevante Folgen sind dabei alle diejenigen Handlungsfolgen, die zur Befriedigung der aktuell virulenten Bedürfnisse geeignet sind oder aber zur Abwehr des Absinkens des aktuellen Satisfikationsgrads der Bedürfnisse des Akteurs.[570]

Die Liste dieser Folgen, die in der Literatur auch mit dem Begriff des Anreizes belegt werden, ist prinzipiell nicht begrenzt.[571] Vielmehr kann jede wahrgenommene und angesichts der aktuellen Bedürfnisse relevante materielle oder immaterielle[572] Folge, sei sie nun extrinsischer oder intrinsischer Art, für den Akteur einen Anreiz darstellen.[573]

---

565 Vgl. Krech/Crutchfield/Ballachey (1962), S. 71; von Rosenstiel (1975), S. 55f.; Hentze/Kammel/Lindert (1997), S. 135; Comelli/von Rosenstiel (2001), S. 18.

566 Vgl. dazu bspw. McClelland et al. (1953), S. 4.

567 Vgl. auch Krech/Crutchfield/Ballachey (1962), S. 71 u. S. 74; McKeachie (1973), S. 449; Jost (2000), S. 23.

568 Vgl. Steinle (1978), S. 44; Siegwart/Menzl (1978), S. 182f.; Hentze/Kammel/Lindert (1997), S. 118.

569 Vgl. zur Unterscheidung in informelle und formelle Anreizkopplung Cammann (1974), S. 32. Entscheidend ist dabei nur die vom Akteur wahrgenommene Verbindung der Folgen mit seinen Handlungen bzw. deren Ergebnissen und nicht, ob diese z. B. durch eine organisatorische Richtlinie fest vorgeschrieben sind oder aber nur üblich und sehr wahrscheinlich sind. Entsprechend kann auch eine die Beziehungs- und die sozialen Achtungsbedürfnisse verletzende, unfreundliche und auf die Person bezogene aber unbewusste Kommunikation von Kontrollergebnissen durch den Kontrolleur einen relevanten Anreize darstellen, ebenso wie eine in einem Handbuch formell festgelegte Gewährung von Boni und Mali in Abhängigkeit von den Ergebnissen des Handelns eines Akteurs.

570 Vgl. dazu Melton (1973), S. 34; Lawler (1976), S. 1258; Heckhausen (2003), S. 2.

571 Beispiele für diese Folgen wären öffentliche Anerkennung bzw. Kritik im Fall eines Bedürfnisses nach sozialer Achtung, eine Prämie bzw. ein Malus im Fall eines Sicherheitsbedürfnisses (vgl. auch Küpper (2005), S. 282).

572 Vgl. zu dieser Unterscheidung bspw. Merchant/Van der Stede (2003), S. 28. Sie können dabei als unangenehme Folgen beispielsweise in feindschaftlicher oder unfreundlicher Behandlung oder Kommunikation, im Ausschluss aus einer Gruppe, übler Nachrede o. ä. bestehen (vgl. dazu schon die Schilderung der Hawthorne Experimente bei Roethlisberger/Dickson (1939), S. 522; siehe auch

Der Wert einer solchen Folge für den Akteur hängt zentral davon ab, inwieweit sie auf die motivationale Disposition des Akteurs zugeschnitten ist bzw. seine Bedürfnisse (potenziell) zu befriedigen vermag.[574]

Trotz der zentralen Bedeutung, die eine genaue Präzisierung der Motive/Bedürfnisse für das Verständnis der Handlungen von Akteuren besitzt,[575] ist sich die (sozial-)psychologische Forschung bis heute uneinig über Anzahl und Inhalt der einem Menschen zugrunde zu legenden Motive/Bedürfnisse.[576] Von besonderem Bekanntheitsgrad sind dabei (1) die Motivtypologie Murrays, (2) die hierarchische Bedürfnistheorie Maslows, (3) die Zwei-Faktoren-Theorie Herzbergs, (4) die ERG-Theorie Alderfers und (5) die Theorie der gelernten Bedürfnisse nach McClelland.[577] Entsprechend seien sie kurz näher dargestellt. Im Anschluss daran kann dann die Auswahl der in der vorliegenden Arbeit eingesetzten Variante begründet werden.

(1) Typologie menschlicher Bedürfnisse nach Murray

Grundlegend für die weit überwiegende Zahl der Motivinhaltstheorien ist die Arbeit Murrays (1938).[578] Murray (1938) fasst einen Akteur als aktiven Organismus auf, der nicht nur auf den Druck von Situationen reagiert, sondern Situationen auch aktiv auf-

---

Schäffer (2001), S. 150-152). Ein Beispiel für einen angenehmen immateriellen Anreiz wiederum stellt ein öffentliches Lob für die erbrachte Leistung dar (vgl. hierzu Strametz/Lometsch (1977), S. 178).

573 Vgl. Annett (1969), S. 30f.; Melton (1973), S. 34; Lawler (1976), S. 1258; Schanz (2000), S. 133; Heckhausen (2003), S. 2. Extrinsische Anreize befriedigen oder frustrieren die Bedürfnisse eines Akteurs von außen her, d. h. sie wirken vom Kontext auf den Akteur ein. Intrinsische Folgen hingegen, wirken von innen heraus, d. h. sie sind an die Selbstbeobachtung eigenen Handelns gebunden. Zu ihnen gehören beispielsweise interne unangenehme Anreize wie Enttäuschungsgefühle über die eigene Leistung, die aus kognitiven Dissonanzen des Nicht-Erreichens bzw. Nicht-Einhaltens eigener Leistungsvorstellungen und damit Frustrationen der Leistungsbedürfnisse resultieren (vgl. z. B. Dalton (1971), S. 14).

574 Vgl. Siegwart/Menzl (1978), S. 183; Schanz (2000), 133; von Rosenstiel (2001b), S. 111. Folgen, die für den betrachteten Akteur keinen Anreizwert hinsichtlich Befriedigungen seiner aktuellen Bedürfnisse besitzen, entsprechen einer Situation ohne Anreize bzw. ohne relevante Folgen (vgl. Lawler (1976), S. 1258).

575 Vgl. McClelland (1987), S. 185.

576 Vgl. Neuberger (1974), S. 17; von Rosenstiel (1975), S. 47; Lawler (1994), S. 53; Hentze/Kammel/Lindert (1997), S. 118 u. S. 135; Heckhausen (2003), S. 10 u. S. 76.

577 Neben diesen existieren auch diverse weitere Konzepte, auf deren Darstellung jedoch verzichtet wird, da sie in der heutigen Motivationstheorie wenig verbreitet sind. Vgl. exemplarisch die Arbeiten von De Man (1927); Lersch (1962); Gasiet (1981) und Reis et al. (2000). Auch in der Tiefenpsychologie finden sich Ansätze zur Identifikation von Motivinhalten, so insbesondere in den Arbeiten von Freud (1920) und Freud (1948). Aus Platzgründen sei jedoch auf eine nähere Darstellung hier verzichtet. Vgl. für einen kurzen Abriss z. B. von Rosenstiel (1995b), S. 166-170; Kniehl (1998), S. 95-112; Staehle (1999), S. 221-231, und für einen historischen Überblick McClelland (1987), S. 32-48 u. S. 68-84.

578 Vgl. Braun/Linder (1979), S. 369.

sucht.[579] Anhand einer Vielzahl von Einzeluntersuchungen mit verschiedenen Versuchspersonen der Harvard Psychological Clinic entwickelte er einen umfassenden – in Abbildung 16 dargestellten – Katalog menschlicher Bedürfnisse.[580]

Bedürfnisse	Erläuterung
Abasement	Erniedrigung
Achievement	Leistung
Affiliation	sozialer Anschluss, Freundschaft
Aggression	Aggression
Autonomy	Unabhängigkeit
Counteraction	Widerstand
Deference	Achtung, Respekt
Defendence	Selbstgerechtigkeit, Verteidigung
Dominance	Machtausübung
Exhibition (Recognition)	Selbstdarstellung
Harm avoidance	Schmerzvermeidung
Inavoidance	Misserfolgsmeidung
Nurturance	Fürsorglichkeit
Order	Ordnung
Play	Spiel
Rejection	Zurückweisung
Sentience	Gefühlsbetonung
Sex	Sexualität
Succorance	Hilfesuchen, Zuneigung
Understanding	Verstehen, Einsicht

Abbildung 16: Katalog der psychologischen Bedürfnisse nach Murray (1938)[581]

Murray (1938) führt neben diesen zwanzig systematisch entwickelten und untersuchten Bedürfnissen noch ein als Superiority bezeichnetes Bedürfnis an, das er als eine Kombination aus Achievement und Recognition betrachtet.[582] Darüber hinaus identifizierte Murray (1938) noch sieben weitere potenzielle Bedürfnisse, zu denen beispielsweise die Tadelvermeidung (Blameavoidance) gehört.[583] Diese wurden jedoch nicht näher untersucht.[584]

Die identifizierten Motive wurden von Murray (1938) ausgesprochen systematisch und differenziert klassifiziert: Erstens in primäre (auch als physiologisch bezeichnete) Be-

[579] Vgl. Heckhausen (2003), S. 66.

[580] Vgl. zum Vorgehen Murray (1938), S. 23-34. Vgl. für einen kurzen Überblick bspw. Heckhausen (2003), S. 68. Vgl. zum Bedürfniskatalog Murray (1938), S. 144f.

[581] Vgl. Murray (1938), S. 144f.

[582] Vgl. Murray (1938), S. 145.

[583] Vgl. Murray (1938), S. 145.

[584] Vgl. ebenda, S. 145.

dürfnisse und sekundäre (sog. psychologische).[585] Die primären Bedürfnisse beruhen im Unterschied zu den sekundären Bedürfnissen auf organismischen Vorgängen und treten zyklisch oder regulatorisch auf (Homöostaseprinzip[586]).[587] Zweitens gliedert Murray (1938) in positive (d. h. angestrebte) und negative (d. h. auf Vermeidung gerichtete) Bedürfnisse.[588] Drittens unterscheidet er in manifeste bzw. offen im Verhalten ersichtliche und latente bzw. nur in spielerischem oder Fantasieverhalten zutage tretende Bedürfnisse.[589] Diese alternativen Klassifikationsmerkmale zeigen auf, dass es grundsätzlich eine Vielzahl an Möglichkeiten zur Erstellung einer Motivinhaltsliste gibt.[590] Weiter erschwert wird die Erstellung einer Motivinhaltsliste dadurch, dass „unter gewissen Umständen einzelne Bedürfnisse eng miteinander verbunden sein können bzw. ein Bedürfnis in den Dienst eines anderen gestellt wird"[591].

Während die von Murray (1938) geschaffenen begrifflichen und strukturellen Grundlagen von großer Bedeutung für die nachfolgende Forschung zu Motivinhalten sind,[592] liefert Murray (1938) jedoch keine Theorie der Interaktionen und Bedeutung einzelner Motive/Bedürfnisse für das Handeln von Akteuren.[593] So erlaubt seine Motivtaxonomie keine Aussagen zur Prädominanz einzelner Motive über andere oder aber über die Wirkungen der Befriedigung bzw. Frustration auf die Bedeutung alternativer Motive/Bedürfnisse. Dies allerdings sind wichtige Bausteine für verhaltensorientierte Modelle zur Erklärung und Prognose menschlichen Handelns.

(2) Maslows Theorie menschlicher Bedürfnisse

Die wohl in der betriebswirtschaftlichen wie psychologischen Literatur am stärksten rezipierte Bedürfnistheorie ist die so genannte hierarchische Bedürfnistheorie nach Mas-

---

585 Vgl. Murray (1938), S. 76f.

586 Unter dem den meisten Bedürfnistheorien zumindest teilweise oder implizit zugrundeliegenden Homöostaseprinzip ist in allgemeiner Form zu verstehen, dass alle Abweichungen von einem Gleichgewicht des Organismus (z. B. ein Absinken der Befriedigung eines Bedürfnisses) Handlungen auslösen, die auf die Wiederherstellung dieses Gleichgewichts abzielen. Vgl. dazu z. B. Maslow (1954), S. 80; Neuberger (1974), S. 24.

587 Vgl. ebenda, S. 77. Vgl. auch Heckhausen (2003), S. 67.

588 Vgl. Murray (1938), S. 79.

589 Vgl. ebenda, S. 111-113.

590 Vgl. Jost (2000), S. 23.

591 Jost (2000), S. 23. Vgl. auch Murray (1938), S. 86, S. 78 u. S. 145; Heckhausen (2003), S. 68.

592 Es sei hier nur auf den von ihm entwickelten thematischen Auffassungstest (TAT) verwiesen, der seither von vielen Forschern zur Untersuchung menschlicher Motive und Bedürfnisse verwendet wird. Auch finden sich die von ihm in den 1930er Jahren grundsätzlich identifizierten Bedürfnisse in den später entwickelten (sozial-)psychologischen Bedürfnistheorien von Maslow (1954), Alderfer (1969) und McClelland et al. (1953)) wieder. Vgl. dazu Braun/Linder (1979), S. 369; Heckhausen (2003), S. 68.

593 Vgl. Heckhausen (2003), S. 68.

low (1954).[594] Dessen zentrale These ist, dass nur ein sich selbst verwirklichender Akteur, „psychologisch gesund“[595] – d. h. frei von Neurosen – ist.[596] Dabei muss der Akteur jedoch bevor er nach Selbstverwirklichung[597] strebt, zunächst seine grundlegenden oder physiologischen Bedürfnisse, seine Sicherheitsbedürfnisse, seine Bedürfnisse nach sozialer Bindung (Zugehörigkeit und Liebe) sowie seine Bedürfnisse nach Achtung befriedigen.[598] Insgesamt werden einem Akteur damit fünf unterschiedliche – in einer relativen, hierarchischen Staffelung von niedrigen Bedürfnissen zu höheren Bedürfnissen geordnete – Motivklassen zugeschrieben.[599] Die niedrigen Bedürfnisse gehorchen als so genannte Defizit- oder Mangelmotive[600] dem Homöostaseprinzip, d. h. sie werden durch die Wahrnehmung eines Mangelzustands aktiviert.[601] Das Motiv der Selbstverwirklichung hingegen beruht auf bereits erfüllten Defizitmotiven, d. h. es wird erst nach deren (zumindest teilweiser) Sättigung dominant.[602] Es wird als Wachstumsmotiv bezeichnet und kann prinzipiell nicht befriedigt werden.[603] Kommt es zu einem Konflikt zwischen der Befriedigung von Bedürfnissen unterschiedlicher Hierarchieniveaus, so setzt sich das jeweils in der hierarchischen Staffelung niedrigere durch.[604] Maslow (1954) unterstellt dabei nicht, dass wie z. T. fälschlicherweise in der Sekundärliteratur implizit unterstellt,[605] eine vollständige Sättigung der niedrigeren Motive vorliegen muss, sondern nur, dass der Sättigungsgrad von den niedrigeren zu den höheren abnimmt.[606] Allerdings geht Maslow (1954) davon aus, dass die in seiner Theorie angenommenen Wechselwirkungen zwischen den Motiven grundsätzlich für jeden Akteur zutreffen.[607] Individuelle Unterschiede darin, auf welcher Hierarchiestufe sich ein Akteur befindet, hängen somit vom aktuellen

---

594 Vgl. dazu auch Cullen (1997), S. 355.

595 Kniehl (1998), S. 96.

596 Vgl. Maslow (1943), S. 382, sowie Maslow (1954), S. 105, S. 109 u. S. 200. Vgl. auch Kniehl (1998), S. 96.

597 Selbstverwirklichung versteht Maslow (1943), S. 382, dabei als „the tendency [...] to become actualized in what he is potentially“ oder „the desire to become more and more what one is, to become everything that one is capable of becoming“. Ähnlich Maslow (1954), S. 91f. u. S. 200. Vgl zur Kritik an dieser Begriffspräzisierung Locke (1976), S. 1308. Der Gedanke der Selbstverwirklichung lässt sich dabei auf die Romantik zurückverfolgen. Vgl. dazu Eisenberger/Cameron (1996), S. 1155.

598 Vgl. Maslow (1943), S. 383; Maslow (1954), S. 92 u. S. 201.

599 Vgl. dazu auch Heckhausen (2003), S. 70. Vgl. zur Bezeichnung und Charakterisierung von Motiven niedriger bzw. höher Ordnung Maslow (1954), S. 146-150.

600 Der Begriff des Defizit- oder Mangelmotivs rührt daher, dass die Befriedigung dieser Bedürfnisse keine Freude, sondern allenfalls Erleichterung und Entspannung mit sich bringt (vgl. dazu Maslow (1954), S. 148).

601 Vgl. Maslow (1954), S. 80f.

602 Vgl. Maslow (1954), S. 92. Vgl. auch Heckhausen (2003), S. 69.

603 Vgl. Jost (2000), S. 26. Vgl. auch Gasiet (1981), S. 232.

604 Vgl. Heckhausen (2003), S. 69.

605 Vgl. z. B. George/Jones (2005), S. 182.

606 Vgl. Maslow (1943), S. 388, der von „decreasing percentages of satisfaction as we go up the hierarchy of prepotency“ spricht. Ebenso Maslow (1954), S. 100f. Vgl. dazu auch Locke (1976), S. 1307.

607 Vgl. Maslow (1954), S. 101. Vgl. auch Jost (2000), S. 27.

Standpunkt im Lebenszyklus der Akteure und von der gesellschaftlichen Entwicklung ab.[608]

So intuitiv die hierarchische Bedürfnistheorie Maslows (1954) auch ist, so problematisch erweist sich ihre Aufrechterhaltung angesichts der vorliegenden empirischen Prüfungsversuche.[609] Maslow (1954) selbst stützt sich zur empirischen Fundierung seiner Theorie lediglich auf Interviewmaterial und Biographien einzelner Studienpersonen und bekannter Persönlichkeiten wie Beethoven, Einstein, Jefferson, Lincoln u. a.[610] Nur eingeschränkt als empirischer Beleg kann eine Untersuchung von Lahiri/Choudhuri (1966) bei Arbeitnehmern in Indien gelten.[611] Ebenso können die empirischen Untersuchungen von Porter (1961) bzw. Porter (1962) die Theorie nur teilweise stützen.[612] Vielmehr kommen sie für einzelne Aspekte sogar zu theoriekonträren Resultaten.[613] So zeigte sich bei Porter (1961), dass das Sicherheitsmotiv nach Aussagen der befragten mittleren Führungskräfte trotz bestehender Befriedigung von ihnen weiterhin als bedeutend eingestuft wird,[614] während Maslow (1954) folgend seine Bedeutung nach der Befriedigung hätte abnehmen müssen.[615] Auch weitere Untersuchungen konnten keine eindeutige Stützung des Maslow'schen Modells erbringen.[616] Selbst die Einteilung der Motive in fünf Klassen, wie von Maslow (1954) vorgenommen, ließ sich faktorenanalytisch nicht belegen.[617] Die herausragende Bedeutung, die Maslows Bedürfnistheorie in der betriebswirtschaftlichen Literatur zuteil wird, überrascht darüber hinaus aber auch angesichts der in den Originalquellen nur vereinzelt anzutreffenden Hinweise auf eine Relevanz seiner Theorie für Menschen in Organisationen.[618] Ein Grund für die weite Verbreitung der Theorie dürfte jedoch in ihrer klaren und einfachen Struktur zu sehen sein.[619]

---

608 Vgl. Maslow (1954), S. 147 u. S. 200. Vgl. auch Kniehl (1998), S. 97; Heckhausen (2003), S. 70.

609 Vgl. Locke (1976), S. 1309. Vgl. auch Braun/Linder (1979), S. 375; Sheldon et al. (2001), S. 336.

610 Vgl. dazu Maslow (1954), S. 202f.

611 Vgl. Lahiri/Choudhuri (1966) sowie zur Aussagekraft der Studie von Rosenstiel (1975), S. 146.

612 Vgl. Porter (1961); Porter (1962). Vgl. dazu auch von Rosenstiel (1975), S. 147-151.

613 Vgl. Porter (1961); Porter (1962).

614 Vgl. Porter (1961), S. 7f.

615 Vgl. Maslow (1954), S. 105: „A satisfied need is not a motivator". Vgl. dazu auch Maslow (1943), S. 393 u. S. 395; von Rosenstiel (1975), S. 148; Locke (1976), S. 1308f.

616 Vgl. bspw. die Arbeiten von Hall/Nougaim (1968); Lawler/Suttle (1972).

617 Vgl. dazu Campbell/Pritchard (1976), S. 100. Vgl. zur Kritik an den fünf Klassen Maslows (1954) auch Locke (1976), S. 1308.

618 Vgl. Kniehl (1998), S. 95.

619 Vgl. Kniehl (1998), S. 96.

(3) Herzbergs Zwei-Faktoren-Theorie

Die neben Maslow (1954) in der Literatur – gemessen an der Zahl der Publikationen – am weitesten verbreitete Motivationstheorie ist,[620] „wiewohl ihr aufgrund der vielen kritischen Einwände eine derartige Prominenz nur noch aus historischer Sicht zusteht“[621], die Zwei-Faktoren-Theorie nach Herzbergs/Mausner/Snyderman (1959) bzw. Herzberg (1966).

Sie baut grundlegend auf einer empirischen Untersuchung Herzbergs und seiner Mitarbeiter bei 203 Ingenieuren und Buchhaltern auf, die nach „kritischen Ereignissen“, die sie besonders zufrieden bzw. besonders unzufrieden gemacht hatten, befragt wurden.[622] Die dabei erhobenen Faktoren wurden anschließend anhand von Korrelationsuntersuchungen einer von zwei Kategorien zugeordnet.[623] Ereignisse, die die Arbeit selbst, den Leistungserfolg, die Anerkennung, die Beförderung und die Verantwortungsübernahme betrafen, gingen relativ häufig mit größerer Zufriedenheit einher und wurden daher der ersten Kategorie, den so genannten Motivatoren, zugeordnet.[624] Der zweiten Kategorie wurden Ereignisse bzw. Faktoren zugeteilt wie das Gehalt, die interpersonellen Beziehungen zu Kollegen, Vorgesetzten und Untergebenen, Arbeitsbedingungen, Statusfragen und die Unternehmenspolitik, deren Abwesenheit tendenziell häufiger mit Unzufriedenheit korreliert, denn ihre Anwesenheit mit Zufriedenheit.[625] Sie wurden entsprechend dann als Hygiene-Faktoren bezeichnet, da sie nicht zu Zufriedenheit, sondern nur zu einem Fehlen von Unzufriedenheit beitragen können. Herzberg (1966) bzw. Herzberg (1968) gibt mit dieser Trennung in Motivatoren und Hygienefaktoren die klassische Annahme eines Kontinuums von Unzufriedenheit zu Zufriedenheit auf:[626] Das Gegenteil von Unzufriedenheit ist seinem Ansatz zu Folge nicht Zufriedenheit, sondern nur das Fehlen von Unzufriedenheit.[627] Werden entsprechend nur Unzufriedenheit auslösende Faktoren beseitigt bzw. verbessert, so wird damit zwar „Ruhe, aber nicht unbedingt Motivation“[628] erzeugt.

---

620 Vgl. Jost (2000), S. 31.

621 Six/Kleinbeck (1989), S. 381.

622 Vgl. Herzberg/Mausner/Snyderman (1959), S. 35; Herzberg (1968), S. 58. Die dabei verwendete „critical-incident“-Methode geht ursprünglich auf Flanagan (1954) zurück und besitzt heute eine weite Verbreitung (vgl. dazu Kniehl (1998), S. 108). Sie will keine repräsentativen Ausschnitte aus der Tätigkeit eines Akteurs erheben, sondern vielmehr die zentralen/kritischen Ereignisse bzw. Erlebnisse des Akteurs mit seiner Tätigkeit. Vgl. dazu auch von Rosenstiel (2001a), S. 71.

623 Vgl. dazu auch Locke (1976), S. 1309f. Vgl. für eine grafische Darstellung der Zuordnung anhand der Häufigkeiten der Nennung Herzberg/Mausner/Snyderman (1959), S. 80; Herzberg (1968), S. 57.

624 Vgl. Herzberg/Mausner/Snyderman (1959), S. 72 u. S. 80f.; Herzberg (1968), S. 57.

625 Vgl. ebenda, S. 72; Herzberg (1968), S. 57.

626 Vgl. dazu Locke (1976), S. 1310; Staehle (1999), S. 225f.; Jost (2000), S. 32; Robbins (2001), S. 197.

627 Vgl. Herzberg (1968), S. 56.

628 Robbins (2001), S. 198.

Dabei geht Herzberg (1966) davon aus, dass die identifizierten Faktoren und ihre Zuordnung zu Hygienefaktoren bzw. Motivatoren allgemeine Gültigkeit besitzen.[629]

Herzberg (1966) beschränkt sich nicht auf die Beschreibung des Vorgefundenen, vielmehr baut er seine Ergebnisse in grundsätzliche, von der existentialphilosophisch geprägten humanistischen Psychologie[630] beeinflusste Überlegungen zur Natur des Menschen ein.[631] Seine Aussagen können dabei als ein zentraler Auslöser für die nachfolgende Entwicklung und Rechtfertigung von Job-Enrichment Programmen in der Praxis betrachtet werden.[632]

Die einfachen Grundannahmen, die leichte Nachvollziehbarkeit der Methode und die unmittelbare Plausibilität seiner – bei näherer Betrachtung jedoch vagen – Ableitungen und Schlussfolgerungen haben sicherlich zum Erfolg der Zwei-Faktoren-Theorie beigetragen.[633] Nichts desto trotz ist „die Zahl der erfolgreichen empirischen Überprüfungen dieses Modells [...] wohl insgesamt geringer als die Zahl der Untersuchungen, die Herzberg et al. (1959) nicht bestätigen konnten“[634]. So kann theoriekonträr „ein und derselbe Faktor einmal als Zufriedenmacher und zugleich auch als Unzufriedenmacher“[635] auftreten, wenn die befragte Stichprobe nach Alter und Beruf untergliedert wird.[636] Auch aus methodisch-konzeptioneller Sicht lassen sich diverse Einwände gegen die Zwei-Faktoren-Theorie anführen: So könnte die Zuordnung von Faktoren zu Hygiene-Faktoren oder Motivatoren auch das Ergebnis der so genannten kognitiven Attributionsverzerrung oder des „self-serving bias“ sein, d. h. der Abwehr einer Bedrohung der Selbstachtung eines Akteurs, indem Erfolgserlebnisse dem eigenen Handeln zugeschrieben, Misserfolge aber externen Faktoren angelastet werden.[637] Ferner erscheinen die Messung anhand von Häufigkeitsdaten der kritischen Ereignisse sowie das von Herzberg/Mausner/Snyderman (1959) verwendete Klassifikationsschema fragwürdig.[638] Schließlich zeigte eine Studie von Goldthorpe et al. (1968), dass Akteure teilweise den von Herzbergs/Mausner/Snyderman (1959) identifizierten Motivator der „herausfordernden Arbeit“ außerhalb ihres Unternehmens – im Privatleben – stillen und ihre Tätigkeit im Un-

---

629 Vgl. Jost (2000), S. 34.

630 Die humanistische Psychologie geht auf Maslow (1943) zurück und distanziert sich sowohl von behavioristischen als auch psychoanalytischen Konzepten und konzentriert sich stattdessen auf Fragen nach dem Lebenssinn und dem persönlichen Wachstum (vgl. Staehle (1999), S. 155).

631 Vgl. Neuberger (1974), S. 124f.

632 Vgl. Staehle (1999), S. 226.

633 Vgl. kritisch zu den Ableitungen und Schlussfolgerungen die Ausführungen bei King (1970).

634 Six/Kleinbeck (1989), S. 381. Noch kritischer sehen Neuberger (1974), S. 139; Locke (1976), S. 1314-1318; Staehle (1999), S. 226, den Ansatz, während Walter-Busch (1977) eher von einer Patt-Situation von Belegen und Widersprüchen ausgeht (vgl. Walter-Busch (1977), S. 39-57).

635 Staehle (1999), S. 226. Vgl. ähnlich auch Myers (2005), S. 847, und dortige Quellen.

636 Vgl. Staehle (1999), S. 226, und die dort angeführte Literatur.

637 Vgl. Locke (1976), S. 1311. Zur Attribution vgl. z. B. Myers (2005), S. 604-606 u. S. 615f.

638 Vgl. Locke (1976), S. 1311-1313.

ternehmen nur als Instrument, entsprechende private Aktivitäten zu finanzieren, betrachten.[639]

Insgesamt ergibt sich somit ein sehr zwiespältiges Bild der Zwei-Faktoren-Theorie. Staehle (1999) fasst diesen Eindruck in der plastischen Feststellung zusammen, dass „Herzbergs Aussagen zwar nicht valide, aber sehr erfolgreich in der plausiblen Erklärung von Alltagserfahrungen sind“[640].

(4) Alderfers ERG-Theorie

Im Gegensatz zu Maslow (1954), der nur am Rande Bezug auf Organisationen nimmt, zielt Alderfers (1969) ERG-Theorie spezifisch auf Akteure in Organisationen ab.[641] Seine Theorie ist dabei durch Maslow (1954) inspiriert,[642] differenziert aber nur noch zwischen drei Bedürfnisebenen: Grundbedürfnisse („existence“), Beziehungs- und soziale Bedürfnisse („relatedness“) und Entfaltungs- bzw. Wachstumsmotive („growth“).[643]

Die Erfüllung von Grundbedürfnissen ist dabei durch eine Rivalität zwischen mehreren Akteuren charakterisiert: Bei gegebenen begrenzten Ressourcen zieht die Befriedigung der Grundbedürfnisse eines Akteurs eine Verringerung der zur Verfügung stehenden Ressourcen nach sich.[644] Ferner führt dieses Charakteristikum der Grundbedürfnisse meist auch dazu, dass ein Akteur die Menge der ihm zur Befriedigung seiner Grundbedürfnisse vorliegenden Ressourcen mit der Menge vergleicht, die anderen Akteuren zur Disposition steht.[645] Aus der Fünfteilung der Motive nach Maslow (1954) ordnet Alderfer (1969) dabei, wie in der nachfolgende Abbildung 17 dargestellt, neben den physiologischen Bedürfnissen auch diejenigen Teilbedürfnisse der Sicherheitsbedürfnisse Maslows (1954) den Grundbedürfnissen zu, die mit dem Wunsch nach physischer oder materieller Sicherheit (so z. B. das Bedürfnis nach Entlohnung) verbunden sind.[646] Diejenigen Sicherheitsbedürfnisse hingegen, die mit interpersonellen Prozessen zu tun haben, werden

639 Vgl. Goldthorpe et al. (1968), S. 176.

640 Staehle (1999), S. 226. Im Original teilweise kursiv hervorgehoben. Ähnlich auch George/Jones (2005), S. 86.

641 So lautet der Titel seines zentralen Werks (Alderfer (1972)): „Existence, Relatedness, and Growth: Human Needs in Organizational Settings“.

642 Vgl. Alderfer (1972), S. 1f.

643 Vgl. Alderfer (1969), S. 145.

644 Vgl. Alderfer (1969), S. 145.

645 Vgl. ebenda, S. 146. Insofern lässt sich hier eine Parallele bzw. Verbindung zur Equity-Theory nach Adams (1965) erkennen, die keine Motivinhaltstheorie ist, sondern nur interindividuelle Vergleiche als eine wesentliche Bestimmungsgröße menschlichen Verhaltens betrachtet und somit eher den Prozess der Bildung einer Handlungsintention als deren Inhalt beleuchtet.

646 Vgl. Alderfer (1969), S. 147.

in die Kategorie der Beziehungsbedürfnisse eingeordnet.[647] Zu den Beziehungs- und sozialen Bedürfnissen gehören daneben sowohl Zugehörigkeits- und Liebesbedürfnisse als auch interpersonelle bzw. extrinsische Achtungsbedürfnisse, da Alderfer (1969) die Achtungsbedürfnisse nach Maslow (1954) aufteilt: Die Achtungsbedürfnisse, deren Befriedigung von den Reaktionen anderer Akteure abhängt (extrinsische Achtungsbedürfnisse) werden der Kategorie der Beziehungsbedürfnisse zugeordnet.[648] Die anderen, deren Erfüllung nicht von den Reaktionen anderer Akteure abhängt, sondern aus dem Handeln selbst erfüllt werden (intrinsische Achtungsbedürfnisse), werden im ERG-Ansatz den Wachstumsmotiven zugeordnet.[649] Die Selbstverwirklichungsbedürfnisse bei Maslow (1954) bilden die zweite Untergruppe der Wachstumsbedürfnisse.[650] Dabei unterstellt Alderfer (1969), dass je mehr die Wachstumsbedürfnisse erfüllt werden, ein Akteur umso stärker gerade sie wünschen wird.[651] Er setzt bei dieser These auf empirischen Erkenntnissen zur Anspruchsniveauanpassung auf.[652]

Bedürfnisse nach Alderfer (1969)	**Erläuterung**	**Bedürfnisse nach Maslow (1954)**
Wachstumsbedürfnisse	*Leistung bzw. Selbstverwirklichung*	Selbstverwirklichungs-bedürfnis
	Selbstachtung	Achtungsbedürfnisse
Beziehungsbedürfnisse	*soziale Achtung*	
	Zuneigung, Kamerad-schaft, Liebe	Soziale Bedürfnisse
	interpersonelle Sicherheit	Sicherheitsmotive
Grundbedürfnisse	*materielle und physische Sicherheit*	
	physiologische Bedürfnisse	Physiologische Bedürfnisse

Abbildung 17: Vergleich von Alderfer (1969) und Maslow (1954)

647 Vgl. ebenda, S. 147. Als Beispiele hierfür nennt Alderfer (1972) die Bedürfnisse der interpersonellen Sicherheit vor „parental outbursts of rage, name calling, and speaking harshly as [sic!] another" (Alderfer (1972), S. 25).

648 Diese sozialen Achtungs- bzw. Anerkennungsbedürfnisse implizieren auch das z. T. in der Literatur angeführte Bedürfnis nach Autonomie bzw. autonomer Entscheidung. Vgl. dazu Gasiet (1981), S. 268: „Einen Menschen ‚anerkennen' oder – anders ausgedrückt – ihm einen sozialen Status zu erteilen, bedeutet stets erstens, ihm in einem gewissen Bereich das Recht autonomer Entscheidung (Verantwortlichkeit und Bevollmächtigung) anzuerkennen, und zweitens zuzugeben, daß ich als der Anerkennende in demselben Bereich dieses Recht nicht beanspruche."

649 Vgl. Alderfer (1969), S. 147.

650 Vgl. Alderfer (1972), S. 25.

651 Vgl. Alderfer (1969), S. 152.

652 Vgl. ebenda, S. 152, und die dort angeführten Quellen.

Bedeutung kommt Alderfers (1969) Ansatz dabei wohl weniger durch die „an sich willkürliche Verkürzung der Bedürfnisliste“[653] zu,[654] als durch die seinem Ansatz zugrunde gelegten vier zentralen Prinzipien über die Beziehungen zwischen Motivaktivierung und Bedürfnisbefriedigung.[655] Das erste dieser vier Prinzipien, die Frustrationshypothese, besagt, dass die Bewusstseinsstärke eines Bedürfnisses umso stärker wird, je länger es nicht befriedigt werden kann.[656] Wird das Bedürfnis dann befriedigt, so wird nach der Befriedigungs-Progressions-Hypothese das nächst höhere[657] Bedürfnis dominant.[658] Die Frustrations-Regressions-Hypothese wiederum, die schon auf Sigmund Freud zurückgeführt werden kann,[659] besagt, dass, wenn ein Akteur nicht in der Lage ist, ein gerade dominantes Bedürfnis zu befriedigen, ein hierarchisch niedrigeres Motiv an Bedeutung erlangt bzw. dominant wird.[660] Allerdings kann es in einer solchen Situation auch zum gegenteiligen Effekt kommen: Entsprechend der Frustrations-Progressions-Hypothese können auch Scheitern und Misserfolg bei der Befriedigung eines Bedürfnisses Erfahrungen sein, die zu einer Aktivierung höherer Bedürfnisse bei einem Akteur führen.[661] Während die ersten beiden Prinzipien im Einklang mit Maslow (1954) stehen, unterscheidet sich Alderfers (1969) Ansatz durch die dritte und vierte Hypothese deutlich von dessen Konzept.[662] Auch kann die ERG-Theorie als eine Relativierung der hierarchischen Ordnung der Motive Maslows (1954) interpretiert werden.[663] Als weiterer Unterschied ist die Möglichkeit in Alderfers (1969) Ansatz zu betrachten, dass auch bereits befriedigte Bedürfnisse (egal welcher Stufe) weiterhin von Bedeutung sein können.[664]

---

653 Neuberger (1974), S. 111.

654 Anderer Meinung sind Kniehl (1998), S. 102; Schanz (2000), S. 113.

655 Vgl. Neuberger (1974), S. 111.

656 Vgl. Alderfer (1969), S. 150.

657 Alderfer (1969) verwendet im Gegensatz zu Maslow (1954) nicht die Begriffe des höheren oder niedrigeren Bedürfnisses, sondern spricht von „concrete ends“ (hier: niedrigeren Bedürfnissen) und „less concrete ends“ (höheren Bedürfnissen) (vgl. dazu Maslow (1954), S. 146; Alderfer (1969), S. 151). Der leichteren Verständlichkeit wegen – insbesondere im Vergleich zu Maslows (1954) Konzept – wird hier, wie in diversen anderen Sekundärquellen der Motivationsforschung (vgl. bspw. Kniehl (1998), S. 102; Jost (2000), S. 29), jedoch auf die Bezeichnungen höhere bzw. niedrigere Bedürfnisse zurückgegriffen.

658 Vgl. Alderfer (1969), S. 151; Alderfer (1972), S. 17. Diese Hypothese entspricht dabei weitgehend der zentralen Hypothese in Maslows (1954) Konzept der Bedürfnishierarchie. Vgl. dazu Alderfer (1969), S. 151.

659 Vgl. Neuberger (1974), S. 112.

660 Vgl. Alderfer (1969), S. 151; Alderfer (1972), S. 17.

661 Vgl. Alderfer (1972), S. 27.

662 Vgl. dazu auch Kniehl (1998), S. 102.

663 Vgl. dazu Kniehl (1998), S. 103; Staehle (1999), S. 224.

664 Vgl. Staehle (1999), S. 224. Vgl. zur diesbezüglichen Kritik an Maslow (1954) insbesondere Locke (1976), S. 1308f., sowie die dort angegebene Literatur. Dies stellt auch einen Unterschied zu Herzbergs (1966) Zwei-Faktoren-Theorie dar (vgl. Kniehl (1998), S. 103).

Eine empirische Überprüfung seiner Theorie führte Alderfer (1969) anhand einer Studie bei 110 Angestellten einer New Yorker Bank durch und kam dabei zu Ergebnissen, die seine Theorie in weiten Teilen bestätigen, so insbesondere auch in jenen Punkten, in denen sie sich von der Theorie nach Maslow (1954) unterscheidet.[665] Allerdings wurden diese positiven Belege für das ERG-Modell von Salancik/Pfeffer (1977) relativiert.[666] Insgesamt kann jedoch Alderfers ERG-Theorie als eher empirisch stützbar als die hierarchische Bedürfnistheorie Maslows (1954) oder die Zwei-Faktoren-Theorie Herzbergs (1966) betrachtet werden.[667] Dennoch hat sie bisher vergleichsweise weniger Resonanz in der Literatur gefunden.[668] Möglicherweise liegt dies daran, dass im Gegensatz zu Maslow (1954) die Sicherheitsbedürfnisse bei Alderfer (1969) einerseits feiner aufgegliedert werden, andererseits jedoch eine nähere Präzisierung der so genannten interpersonellen Sicherheitsbedürfnisse fehlt, wodurch die Operationalisierung des Ansatzes erschwert wird.

(5) McClellands Theorie der gelernten Bedürfnisse

Auf der Grundlage der frühen, taxonomischen Motivlisten von Murray (1938) haben McClelland et al. (1953) eine Theorie gelernter Bedürfnisse entwickelt.[669] Diese geht einerseits davon aus, dass die meisten Bedürfnisse eines Akteurs im Laufe des Lebens erlernt werden,[670] und andererseits, dass aus der Vielzahl möglicher menschlicher Motive insgesamt drei[671] zentral zur Erklärung menschlicher Motivation heranzuziehen sind.[672] Dabei ist das motivierte Handeln eines Akteurs das Ergebnis des Zusammenspiels aller drei grundlegenden Motive.[673] Diese Motive sind das Leistungsmotiv, das Machtmotiv und das Zugehörigkeitsmotiv.[674]

---

665 Vgl. Alderfer (1969), S. 169-172. Vgl. zur empirischen Validität der ERG-Theorie auch detailliert Alderfer (1972), S. 71-143. Vgl. ferner Miner/Dachler (1973), S. 390f.; von Rosenstiel (1975), S. 155.

666 Vgl. Salancik/Pfeffer (1977). Vgl. auch die Replik darauf von Alderfer (1977).

667 Vgl. hierzu auch Robbins (2001), S. 200. Vgl. auch von Rosenstiel (2001a), S. 396.

668 Vgl. dazu auch von Rosenstiel (2001a), S. 396.

669 Vgl. Hentze/Kammel/Lindert (1997), S. 134. Vgl. auch McClelland et al. (1953), S. 4; McClelland (1987), S. 45.

670 Vgl. McClelland et al. (1953), S. 67 u. S. 83.

671 Die ursprüngliche Fassung der Theorie geht nur von drei Motiven aus. Als viertes wurde später ein als „avoidance motive" bezeichnetes Motiv eingeführt (vgl. Vgl. McClelland (1987), S. 373-410). Es stellt das Spiegelbild der drei anderen Motive dar und zielt auf die Vermeidung von Versagen bzw. Misserfolg, Ablehnung usw. ab (vgl. auch Kniehl (1998), S. 105). Wenngleich nicht prominent erwähnt, so findet es sich prinzipiell schon bei McClelland et al. (1953), S. 38 u. S. 35, sowie bei Atkinson/Litwin (1960), S. 52.

672 Vgl. Staehle (1999), S. 227; Daft/Noe (2001), S. 167.

673 Vgl. Kniehl (1998), S. 104.

674 Vgl. McClelland et al. (1953), S. 75-81, und McClelland (1973), S. 302.

Das Leistungsmotiv („achievement motive“[675] oder „need for efficiency“[676]) entspricht dabei einer relativ stabilen Disposition „to do something better, faster, more efficiently, with less effort“[677], wobei das konkrete Objekt bzw. Ziel unbestimmt bleibt.[678] Es ist in etwa den Selbstverwirklichungsmotiven in der Theorie Maslows (1954), den Motivatoren der Zwei-Faktoren-Theorie und den Wachstumsbedürfnissen in der ERG-Theorie zuzuordnen.[679] Das Leistungsmotiv ist eindeutig das am besten untersuchte der drei Motive.[680] Allerdings scheint ein stark ausgeprägtes Leistungsmotiv allein nicht völlig ausreichend für den Aufstieg eines Akteurs in einer Organisation zu sein.[681] Vielmehr muss er auch über ein ebenfalls deutlich (oder tendenziell sogar stärker) ausgeprägtes Machtmotiv verfügen.[682] Mit dem Machtmotiv („need for power“[683]) wird der Wunsch nach Überlegenheit bzw. einer überlegenen Position gegenüber anderen Akteuren bezeichnet.[684] Das dritte Motiv ist der Wunsch nach Interaktion, Zugehörigkeit zu einer sozialen Gruppe und nach Liebe (Zugehörigkeitsmotiv). Dieses entspricht weitgehend den Bedürfnissen nach sozialer Bindung Maslows (1954).[685] Dabei scheint ein Trade-Off des Zugehörigkeitsmotivs zum Machtmotiv zu bestehen: So zeigte sich bei McClelland/Burnham (1995), dass bei Akteuren mit einem stark ausgeprägten Machtmotiv tendenziell nur ein niedriges Zugehörigkeitsmotiv vorliegt.[686]

Da die Motive bzw. ihre Ausprägungen aus dem jeweiligen kulturellen (Arbeits-)Umfeld erlernt werden, können sie bei jedem Akteur anders ausgeprägt sein.[687] In diesem Lernprozess spielt insbesondere die frühe Kindheit bzw. Erziehung eine zentrale Rolle. Motive, die so bereits früh gelernt wurden, können in der Folge durch den ursprünglich beim Erlernen vorliegenden Anreizen ähnelnde Reize aktiviert werden.[688] Die Wirksamkeit bestimmter Anreize hängt somit zentral von den Erfahrungen des Akteurs in seinem bisherigen (privaten wie beruflichen) Leben zusammen.

Die vorliegenden empirischen Forschungsergebnisse zur Theorie der gelernten Bedürfnisse nach McClelland et al. (1953) deuten auf eine Haltbarkeit zentraler Aspekte der

---

675 McClelland (1976), S. 36.
676 Ebenda, S. „A“.
677 McClelland (1976), S. „A“.
678 Vgl. Staehle (1999), S. 228.
679 Vgl. Hellriegel/Slocum/Woodman (1995), S. 187.
680 Vgl. Kniehl (1998), S. 104.
681 Vgl. McClelland/Burnham (1995), S. 126 u. S. 139.
682 Vgl. ebenda, S. 129 u. S. 139.
683 McClelland/Burnham (1995), S. 126.
684 Vgl. McClelland et al. (1973), S. 302. Vgl. dazu auch Kniehl (1998), S. 105.
685 Vgl. Kniehl (1998), S. 105.
686 Vgl. McClelland/Burnham (1995), S. 128.
687 Vgl. Kniehl (1998), S. 107.
688 Vgl. hierzu Kniehl (1998), S. 106.

Theorie hin.[689] Auch hat sich die Theorie als fruchtbare Basis für weitere Forschung insbesondere im Bereich des Leistungsmotivs bzw. -streben erwiesen.[690] Allerdings beschränkt sie sich im Gegenteil zu den anderen dargestellten Theorien auf nur drei höhere Bedürfnisse und bildet somit die motivationalen Tendenzen nur teilweise ab. Aus diesem Grund wurde von Yukl (1990) vorgeschlagen, zwei weitere Bedürfnisse zu ergänzen: Das Sicherheitsbedürfnis und das Statusbedürfnis.[691] Damit nähert sich der Bedürfniskatalog teilweise der ERG-Theorie Alderfers (1969) an.

Wie dieser Überblick zeigt, ist bis heute „das Problem der Motivklassifikation nicht befriedigend gelöst"[692]. Da ohne eine Antwort auf die Frage danach, was einen Akteur bewegt – d. h. welche Bedürfnisse er besitzt –,[693] nur schwer die (potenziellen) Wirkungen einer Investitionskontrolle auf eben diese Bedürfnisse und daraus resultierende Handlungsimpulse abzuschätzen sind,[694] ist für die weiteren Ausführungen eine zumindest hinreichende Lösung der Motiv- bzw. Bedürfnisklassifikation zu finden.[695]

Es kann dabei wohl mit einiger Sicherheit angenommen werden, dass Akteure über ein Set an etwa drei unterschiedlichen zentralen Bedürfnisklassen verfügen,[696] die grob dem

---

689 Vgl. Gibson/Ivancevich/Donnelly (1994), S. 157.

690 Vgl. hierzu beispielsweise die Arbeiten von Crockett (1973); McClelland (1976).

691 Vgl. Yukl (1990), S. 42 u. S. 44.

692 Heckhausen (2003), S. 76. Dabei äußert Heckhausen (2003) sogar Zweifel an der prinzipiellen Lösbarkeit des Problems (vgl. Heckhausen (2003), S. 76). Zwar mögen alle Akteure mehr oder weniger dieselben physiologischen Bedürfnisse besitzen, wodurch deren Klassifikation weitgehend unproblematisch ist (vgl. Jost (2000), S. 23). Jedoch werden die psychologischen Bedürfnisse „entscheidend von der Umwelt geprägt, mit der sich eine Person im Laufe ihres Lebens auseinandersetzt" (Jost (2000), S. 23). Entsprechend können Akteure durchaus auch sehr unterschiedliche Motive erlernen und somit auch variierende Bedürfnisse besitzen.

693 Dabei kann davon ausgegangen werden, dass grundsätzlich alle physischen und kognitiven Handlungen oder generell „all the waking life of the organism is under the direction of some need or motive" (Melton (1973), S. 31).

694 Ähnlich auch McClelland (1987), S. 185.

695 Beabsichtigt ist dabei selbstverständlich keine „befriedigende" Lösung im Sinne Heckhausens (2003), S. 76f., sondern allenfalls eine für die in der vorliegenden Arbeit betrachtete betriebswirtschaftliche Fragestellung als „ausreichend" zu betrachtende Präzisierung der Motive. Bei dieser Präzisierung steht darüber hinaus auch nicht die genaue Zuordnung einzelner Motive zur jeweiligen „richtigen" Motivklasse im Vordergrund, sondern eine grobe inhaltliche Präzisierung potenziell für das Handeln von Individuen (in Unternehmen) potenziell bedeutsamer Motive bzw. Bedürfnisse.

696 Es wird hier bewusst eine allgemeine Betrachtung der Motive gewählt, die ein Akteur besitzt bzw. über die er verfügt. Dies mag zwar auf den ersten Blick überraschen, da in der Mehrzahl an (betriebswirtschaftlichen) Arbeiten nur auf die Motive fokussiert wird, die für ein bestimmtes, eng umrissenes Forschungsproblem relevant sind. Jedoch entspricht dieses Vorgehen dem in Kapitel 1.2 geschilderten ersten Unterziel des theoretischen Wissenschaftsziels: So stellt die Kenntnis der realiter bei einem Menschen vorhandenen Motive bzw. Bedürfnisse die Voraussetzung dafür dar, dass die Bedeutung einzelner dieser Motive bzw. Bedürfnisse für Arbeiten zum zweiten Unterziel beurteilt werden kann und dann eine rationale Auswahl bzw. vereinfachende Modellierung des Menschen möglich wird. Vgl.

Ansatz Alderfers (1969) folgen: (a) existenzielle Motive, zu denen insbesondere physiologische aber auch materielle, sicherheitsbezogene Bedürfnissen zählen, (b) Bedürfnisse nach sozialen Beziehungen (Liebe und Zugehörigkeit und interpersoneller Sicherheit[697]) und sozialer Anerkennung und Macht[698] sowie (c) Bedürfnisse nach Wachstum durch Selbstachtung und Leistung.[699] Während (a) und (b) dabei extrinsisch zu befriedigen sind, liegt die Quelle der Befriedigung der Selbstachtungs- und Leistungsbedürfnisse im Individuum bzw. der Selbstbeobachtung des eigenen Handelns (und seiner Ergebnisse).[700]

Jeder Akteur wird dabei grundsätzlich eine tendenziell durch die eigene direkte oder indirekte Erfahrung und Bedürfnisbefriedigungen bzw. -frustrationen geprägte, individuelle Ausgestaltung der Bedeutung dieser Bedürfnisse besitzen. So können für einen Akteur die Machtbedürfnisse bedeutsamer sein als für einen anderen, der stattdessen beispielsweise den Leistungsbedürfnissen mehr Gewicht zuordnet.[701] Allgemeine oder „durchschnittliche“ Aussagen für einen bestimmten Kontext (z. B. den der westlichen Industrieländer) sind somit nur sehr begrenzt möglich. Daher werden im Kapitel 6 die Auswirkungen unterschiedlicher Ausprägungen der Bedürfnisstärken (d. h. Satisfaktionsgrade) der an einer Investitionskontrolle beteiligten Akteure eingehend zu beleuchten sein.

---

hierzu nochmals die Ausführungen im Kapitel 1.2 zum Zusammenspiel der zwei Unterziele des theoretischen Wissenschaftsziels; Siehe auch Fußnote 544. Die einzige Ausnahme bilden die physischen Motive, die in den westlichen Industrieländern ohnehin als erfüllt betrachtet werden können und daher aus der Betrachtung ausgeschlossen werden (können). Siehe dazu auch die noch folgende Fußnote 705.

697 Abweichend von Alderfer (1969) werden keine separaten Motive der interpersonellen Sicherheit eingeführt. Der von Alderfer (1972) für das interpersonelle Sicherheitsmotiv angeführte Wunsch der Sicherheit vor „parental outbursts of rage, name calling, and speaking harshly as [sic!] another“ (Alderfer (1972), S. 25) lässt sich auch dem Motiv nach Zugehörigkeit und Liebe zuordnen. Eine Trennung in zwei Motive erscheint daher weder notwendig noch ohne weiteres auch immer möglich.

698 Abweichend von Hellriegel/Slocum/Wodman (1995), S. 187, sei hier das Machtmotiv der Gruppe der Beziehungsmotive (als spezielle Ausprägung des Bedürfnisses nach sozialer Anerkennung) und nicht den Wachstumsbedürfnissen zugeordnet. Dieses Vorgehen erscheint angesichts der großen Bedeutung der zwischenmenschlichen Beziehungen für die Ausbildung von Macht einerseits und anderseits angesichts der von Alderfer (1972) vorgeschlagenen Einordnung des „need for power“ bzw. des „need for dominance“ zu den Beziehungsbedürfnissen möglich (vgl. Alderfer (1972), S. 24). Darüber hinaus ist die Einordnung von Hellriegel/Slocum/Woodman (1995), S. 187, auch aufgrund der – Alderfer (1972), S. 25, klar widersprechenden – Zuordnung der Achtungsbedürfnisse Maslows (1954) zu den Wachstumsbedürfnissen der ERG-Theorie anzuzweifeln.

699 Es könnte noch (d) ein Motiv nach Vermeidung existenzieller Bedrohungen, sozialer Ächtung oder Misserfolgen (d. h. der Gefährdung der Befriedigung der Motive a bis c) ergänzt werden. Es erscheint jedoch logisch, dass Akteure, die die Bedürfnisse a bis c anstreben, auch deren Gegenteil zu vermeiden suchen. Daher sei auf die explizite Einführung eines Vermeidungsmotivs hier verzichtet.

700 Vgl. nochmals Alderfer (1969), S. 147.

701 Vgl. dazu auch Jost (2000), S. 23.

Die nachfolgende Abbildung 18 fasst die dem Handlungsmodell für die weiteren Überlegungen zu den Wirkungen betrieblicher Investitionskontrollen zugrunde gelegten Motive bzw. Bedürfnisse[702] sowie den Ort ihrer Befriedigung zusammen:[703]

Quelle der Befriedigung	**Bedürfnis**
intrinsisch	Leistung, Selbstverwirklichung
	Selbstachtung
extrinsisch	soziale Achtung, Autonomie, Macht[704]
	Zuneigung, Kameradschaft, Liebe
	Sicherheit
	(physiologische Bedürfnisse)[705]

Abbildung 18: Übersicht grundlegender menschlicher Bedürfnisse

Dabei ist zu beachten, dass mehrere dieser Motive bzw. Motivgruppen gleichzeitig aktiv (d. h. ein Bedürfnis) sein und um ihre Erfüllung konkurrieren können.[706] Sie stehen somit

702 Dabei wird im Weiteren der besseren Lesbarkeit wegen meist vereinfachend nur von Bedürfnis und Bedürfnissen und nicht etwa (und streng genommen korrekter) von Bedürfnisgruppen oder Bedürfnisensembles gesprochen. Vgl. hierzu Gasiet (1981), S. 251.

703 Diese Tabelle bzw. Einordnung baut dabei – wie bereits erwähnt – zentral auf der ERG-Theorie auf. Vgl. dazu Alderfer (1972), S. 25. Die darin genannten Motive (mit Ausnahme der physiologischen) konnten auch von Sheldon et al. (2001) für die westlichen Industrienationen als i. d. R. immer noch relevant identifizieren werden.

704 Zwar lassen sich soziale Anerkennung und Macht analytisch in zwei zusammenhängende, aber nicht völlig identische Konstrukte zerlegen (vgl. dazu exemplarisch Kelvin (1970), S. 169-204), jedoch sei im Weiteren aus Vereinfachungsgründen auf diese weitere Unterdifferenzierung der beiden sehr eng verbundenen Konzepte verzichtet. Vgl. zu diesem engen Zusammenhang auch Cartwright (1959a), S. 5f. Macht sei dabei in einem ersten Ansatz grob als „the ability of one person (or group) to influence or control some aspect of another person (or group)“ (Cartwright (1959b), S. V) definiert. Vgl. dazu ähnlich schon Weber (1985), S. 28; Kirsch (1974), S. 127; Staehle (1999), S. 406. Diese Definition beinhaltet ein Potenzial, das auch dann wirkt, wenn es nicht praktisch genutzt wird (vgl. Robbins (2001), S. 414). Präzisiert werden soll diese Definition jedoch um den Aspekt, dass Macht nicht nur Einflussmöglichkeit impliziert, sondern auch Freiheit von fremden Einflüssen (Autonomie), d. h. die Freiheit von Abhängigkeiten, umfassen kann (vgl. dazu auch Cartwright (1959a), S. 12; French/Raven (1959), S. 152-155; Staehle (1999), S. 403f.). Es sei somit ein relativer Machtbegriff zugrundegelegt.

705 Aus dem Set existenzieller Bedürfnisse dürfte den physiologischen in den westlichen Industrieländern dabei allerdings eine für das Handeln in Unternehmen verhältnismäßig geringe Bedeutung zukommen, da ihre Befriedigung mehr oder weniger als selbstverständlich erachtetet wird und wohl auch weitgehend als erfüllt bzw. routinemäßig erfüllbar betrachtet werden kann (vgl. dazu auch Schanz (2000), S. 146). Von ihnen wird daher in den weiteren Überlegungen abstrahiert.

706 Vgl. Donaldson (1980), S. 121: „There are numerous needs seeking satisfaction, and at all times a wide range of these needs seek satisfaction simultaneously. [...] The least satisfied or most deprived need dominates our behavior until a satisfaction for that need is achieved“. Vgl. auch Hentze/Kammel/Lindert (1997), S. 119; Bach et al. (2002), S. 3.

nach ihrer Bedürfnisstärke in einer Rangordnung.[707] In der Rangfolge dieser Stärken setzen die Bedürfnisse dann zielgerichtetes Handeln zur Überwindung des Mangelzustands bzw. zur Bedürfnisbefriedigung in Gang, d. h. sie stellen Handlungsimpulse dar.[708]

Die Befriedigung bzw. Erfüllung eines Bedürfnisses ist für den Akteur mit angenehmen Empfindungen verbunden und führt zu einem relativen Bedeutungsrückgang des betreffenden Motivs.[709] Die Nicht-Erfüllung bzw. Frustration eines Bedürfnisses hingegen führt entweder dazu, dass ein hierarchisch niedrigeres Motiv an Bedeutung gewinnt bzw. dominant wird (Frustrations-Regressions-Hypothese),[710] dass es zu einer Aktivierung höherer Ersatzbedürfnisse (Frustrations-Progressions-Hypothese) kommt,[711] oder aber dass das nicht befriedigte Bedürfnis an Bewusstseinsstärke gewinnt (Frustrationshypothese).[712]

Dabei ist zu berücksichtigen, dass das Ausmaß der Befriedigung bzw. Frustration bei gleichem, zugrunde liegendem Ausmaß an erhaltenen oder entgangenen angenehmen wie unangenehmen Anreizen unterschiedlich hoch sein kann. Diese in der betriebswirtschaftlichen Literatur unter dem Begriff der Riskopräferenz diskutierte unterschiedlich starke Wirkung von Verstärkungen und Bestrafungen, wird in der (sozial-)psychologischen Literatur in Anlehnung an Skinner (1965) unter dem Stichwort der Verhaltensbeeinflussungsstärke angenehmer versus unangenehmer, gewährter versus entzogener Anreize diskutiert.[713] Hierbei unterscheidet die (Sozial-)Psychologie je nachdem, ob ein Akteur eine bestimmte Folge als angenehm oder unangenehm empfindet, und je nachdem, ob dieser Anreiz ihm infolge einer bestimmten Handlung hinzugefügt oder entzogen[714] wird, die vier in Abbildung 19 dargestellten Ausprägungen: (A) Positive Verstärkung (angenehmer Anreiz, hinzufügen), (B) Bestrafung 1. Art (unangenehmer Anreiz, hinzufügen),

---

707 Vgl. Hentze/Kammel/Lindert (1997), S. 119.

708 Vgl. Thieme (1982), S. 57. Entsprechend ist davon auszugehen, dass „all the waking life of the organism is under the direction of some need or motive“ (Melton (1973), S. 31).

709 Vgl. Bach et al. (2002), S. 3. Vgl. dazu nochmals die Ausführungen zur ERG-Theorie.

710 Vgl. Alderfer (1969), S. 151; Alderfer (1972), S. 17.

711 Vgl. Alderfer (1972), S. 27.

712 Vgl. Alderfer (1969), S. 150.

713 Vgl. für die (Sozial-)Psychologie grundlegend Skinner (1965), S. 185. Zur parallelen Diskussion in der Betriebswirtschaftslehre siehe z. B. Wagenhofer (1992), S. 323; Wagenhofer (1993), S. 166f.; Hutzschenreuter (1998), S. 102; Weißenberger (2003), S. 65.

714 Der Begriff des Entziehens eines Anreizes ist dabei jedoch unglücklich, da er eine Beschränkung der Gültigkeit der Unterteilung lediglich für extern vermittelte (extrinsische) Anreize suggeriert. Allerdings gilt die Unterteilung durchaus auch für intrinsische Anreize. Trotzdem sei hier der üblichen aber irreführenden Bezeichnung des Entziehens gefolgt, jedoch betont, dass es sich dabei um den Verlust eines extrinsischen wie eines intrinsischen Anreizes handeln kann.

(C) Bestrafung 2. Art (angenehmer Anreiz, entziehen/verlieren) und (D) negative Verstärkung (unangenehmer Anreiz, entziehen/verlieren).[715]

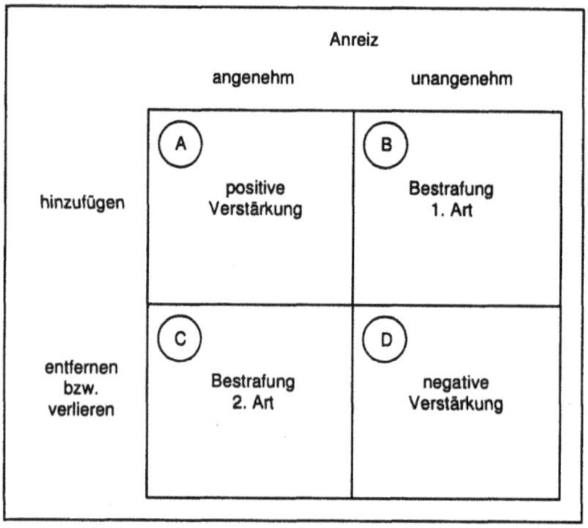

Abbildung 19: Klassifikation der Verstärkungen und Bestrafungen

Aufbauend auf dieser Unterscheidung lässt sich für den Fall, dass für einen Akteur eine bestimmte positive oder negative Verstärkung einen geringeren Einfluss auf seine Bedürfnisbefriedigungssituation hat als eine gleich große Bestrafung 1. oder 2. Art, von einem im Sinne der mikroökonomisch-verhaltensorientierten Betriebswirtschaftslehre risikoaversen Akteur sprechen. Liegt kein unterschiedlich starker Einfluss auf das Ausmaß der Bedürfnisbefriedigung vor, so entspricht dies dem Fall der Risikoneutralität. Ein risikosuchendes Handeln schließlich impliziert geringere Bedürfnisbefriedigungswirkungen bei Bestrafungen 1. und 2. Art als bei positiven und negativen Verstärkungen.

Die bisherigen empirischen Ergebnisse der (Sozial-)Psychologie zur Dominanz einer der drei potenziellen Ausrichtungen in der Realität sind uneinheitlich und die Mehrheit der Experimente wenig überzeugend.[716] So können ältere Studien sogar einen stärkeren Einfluss von Verstärkungen auf das Handeln feststellen,[717] was für Risikofreudigkeit sprechen würde. Das Problem der meisten (sozial-)psychologischen Experimente zu dieser Fragestellung ist, dass „nicht nur die Wirkungen von Bestrafungen von kurzer Dauer waren, sondern die Bestrafung selbst auch“[718]. Neuere experimentelle Arbeiten sprechen

715 Vgl. bspw. auch Skinner (1965), S. 185; Braun/Linder (1979), S. 81; Edelmann (1993), S. 125 u. S. 158; Mazur (2004), S. 256; Zimbardo/Gerrig (2004), S. 266. Vgl. ähnlich auch schon French/Raven (1959), S. 158.

716 Vgl. auch Mazur (2004), S. 274.

717 Vgl. z. B. Skinner (1965), S. 183; Annett (1969), S. 95.

718 Mazur (2004), S. 274.

entweder eher für eine stärkere Bewertung von Bestrafungen 1. und 2. Art als von positiven und negativen Verstärkungen,[719] oder für eine etwa gleich starke Verhaltenswirkung von Bestrafungen und Belohnungen.[720] Darüber hinaus existieren jedoch auch Untersuchungen, die auf eine mögliche Abhängigkeit dieser Ausrichtung vom Ausmaß der anfänglichen Bedürfnisbefriedigungssituation hindeuten, wobei nach diesen Studien bei geringem Befriedigungsausmaß Risikoaversion und bei hohem Ausmaß Risikofreude vorzuliegen scheint.[721] Bei anderen Studien wiederum scheint die Risikopräferenz von der Höhe der Anreize relativ zum Ausgangspunkt der Bedürfnisbefriedigung abzuhängen.[722]

Angesichts dieser immer noch bestehenden Uneinigkeit der Forschung über die relative Bedeutung von Belohnungen und Bestrafungen in der Realität kann im Weiteren nur auf eine postulierte Annahme zurückgegriffen werden. Im Hinblick auf die weite Verbreitung der Prämisse der Verlustaversion (engl. „loss aversion“[723]) oder Risikoaversion von Akteuren u. a. in der mikroökonomisch-verhaltensorientierten Betriebswirtschaftslehre,[724] sei sie auch dem Handlungsmodell dieser Arbeit zugrunde gelegt, da dadurch auch eine teilweise Vergleichbarkeit mit, sowie ggf. eine Integration von Erkenntnissen aus dieser Forschungsrichtung in die nachfolgenden Aussagen ermöglicht wird. Entsprechend wird im Weiteren davon ausgegangen, dass Bestrafungen 1. und 2. Art, ausgehend vom aktuellen Bedürfnisbefriedigungsgrad des Akteurs, einen stärkeren Einfluss auf den Grad der Bedürfnisbefriedigung ausüben als positive und negative Verstärkungen.

4.1.2 Einstellungen

Neben den Bedürfnissen kommt den Einstellungen eines Akteurs zentrale Bedeutung bei der Bildung einer Handlungsintention zu.[725] Einstellungen (oder Attitüden[726]) sind Verhaltensbereitschaften bzw. Beurteilungen eines Akteurs bezüglich bestimmter Objekte (z. B. Personen, Handlungen oder deren Folgen).[727] Sie bestimmen als eine intervenierende

---

719 Vgl. insbesondere Deutsch (1976), S. 117f.; Tversky/Kahneman (1991), S. 1039f.; Kahneman/Lovallo (1993), S. 18, und die dortigen Quellenangaben.

720 Vgl. Mazur (2004), S. 276, und dort zitierte Studien.

721 Vgl. hierzu u. a. Friedman/Savage (1948) und Bamberg/Conenberg (1985), S. 76.

722 Vgl. dazu Kahneman/Tversky (1979), S. 279.

723 Tversky/Kahneman (1991), S. 1039.

724 Vgl. dazu bspw. Wagenhofer (1992), S. 323; Breid (1995), S. 831; Hutzschenreuter (1998), S. 89f. u. S. 117; Schweitzer/Küpper (1998), S. 585; Ewert (2002), S. 25; Heilmann (2002), S. 64; Weißenberger (2003), S. 65.

725 Vgl. Fishbein/Ajzen (1975), S. V; Thieme (1982), S. 61; Crawford/Luka/Cacioppo (2002), S. 758.

726 Vgl. zu den Begriffen Einstellung und Attitüde Roth (1967), S. 11.

727 Vgl. Wilson (1971), Sp. 447; Fishbein/Ajzen (1975), S. 6 u. S. 8f.; Braun/Linder (1979), S. 567; Thieme (1982), S. 104; von Rosenstiel/Molt/Rüttinger (1983), S. 205; Ajzen (1988), S. 7 u. S. 117;

Variable, ob aus einem bedürfnisgetriggerten Handlungsimpuls eine Handlungsintention wird.[728] Dabei wird alles, was mit der Befriedigung oder Frustration von Bedürfnissen für den Akteur verbunden ist, Gegenstand von Einstellungen.[729] Je nachdem, ob ein Objekt „gut“ oder „schlecht“ hinsichtlich der Befriedigung der Bedürfnisse des Akteurs ist, resultiert eine entsprechende Beurteilung bzw. Einstellung.[730]

Obwohl die (Sozial-)Psychologie bereits seit längerem die Relevanz der Einstellungen als intervenierende Variable bei der Bildung von Handlungsintentionen erkannt hat,[731] blieben Einstellungen bis in die 1990er Jahre im Vergleich zu anderen Bestimmungsfaktoren von Handlungsintentionen wie z. B. den eben dargestellten Bedürfnissen wenig erforscht. [732] Auch fehlen sie in den populären psychologischen Handlungsmodellen.[733] Von Seiten der verhaltensorientierten Betriebswirtschaftslehre werden sie schließlich auch bis heute weitgehend übersehen.[734] Ferner werden sie in der Literatur teilweise mit den Motiven oder den noch näher zu erläuternden Erwartungen vermengt.[735]

Entsprechend überraschend ist es, dass zumindest in der (sozial-)psychologischen Literatur inzwischen doch ein weitgehender Konsens darüber besteht, dass erstens Einstellungen Beurteilungen eines Akteurs bezüglich bestimmter Objekte (z. B. Personen, Handlungen oder deren Folgen) darstellen und dass sich zweitens die Bildung und Veränderung der Einstellungen hauptsächlich auf Lerneffekte des Akteurs in drei Bereichen zurückführen lassen:[736] auf Fakten bzw. Wissen (kognitiv basierte Einstellung), auf Gefühle

---

Kroeber-Riel/Weinberg (1999), S. 168; McFadden (1998), S. 2f.; Staehle (1999), S. 176; Jost (2000), S. 49; Daft/Noe (2001), S. 110; Crawford/Luka/Cacioppo (2002), S. 758; Aronson/Wilson/Akert (2004), S. 230; George/Jones (2005), S. 74; Zimbardo/Gerrig (2004), S. 774. Einstellungen sind dabei von den bereits dargestellten Motiven trotz einiger Überschneidungen zu trennen. Vgl. dazu von Rosenstiel (1975), S. 104 u. S. 201f. Als Abgrenzungskriterium kann dabei einerseits der Erlebnisschwerpunkt verwendet werden, der bei Motiven im Individuum, bei Einstellungen hingegen stärker in wertender Weise beim Gegenstand bzw. Objekt der Einstellung liegt. Vgl. dazu von Rosenstiel (1975), S. 203. Andererseits erlaubt auch die Dauerhaftigkeit eine Unterteilung, da Einstellungen tendenziell von überdauernderer Natur als aktivierte Motive sind. Vgl. auch dazu von Rosenstiel (1975), S. 203, und die dort angegebene Literatur.

728 Vgl. Thieme (1982), S. 61. Ähnlich schon Fishbein/Ajzen (1975), S. 15f.

729 Vgl. Krech/Crutchfield/Ballachey (1962), S. 181; Roth (1967), S. 68. Ähnlich Aronson/Wilson/Akert (2004), S. 233.

730 Vgl. z. B. Krech/Crutchfield/Ballachey (1962), S. 181; Braun/Linder (1979), S. 567; Crawford/Luka/Cacioppo (2002), S. 758. Zum bi-polaren Charakter von Einstellungen vgl. auch Fishbein/Ajzen (1975), S. 11.

731 Vgl. exemplarisch die Arbeiten von Krech/Crutchfield/Ballachey (1962), S. 137-272; Roth (1967); Triandis (1975).

732 Vgl. dazu Zajonc (1980), S. 152; Olson/Zanna (1993), S. 118.

733 Vgl. exemplarisch die Modelle von Porter/Lawler (1968); von Rosenstiel (1975).

734 Vgl. Schäffer (2001), S. 125.

735 Vgl. exemplarisch Miller (2003), S. 267. Zur Abtrennung von Motiven und Einstellungen vgl. von Rosenstiel (1975), S. 104 u. S. 201-203.

736 Vgl. Olson/Zanna (1993), S. 119; Aronson/Wilson/Akert (2004), S. 230f. Entsprechend muss bei den Einstellungen im Gegensatz zu den eben dargestellten Motiven eines Individuums keine Diskussion

und Werte (affektiv basierte Einstellung) und auf das eigene Verhalten (verhaltensbasierte Einstellung).[737]

- Die *kognitiv basierten Einstellungen* ergeben sich aus der Beobachtung bzw. dem eigenen Erlernen oder dem Lernen durch Kommunikation von Fakten über die Eigenschaften eines Objekts und einer darauf aufbauenden kognitiven Bewertung des Objekts anhand von dessen Vorzügen und Nachteilen hinsichtlich der Bedürfnisbefriedigung des Akteurs.[738]
- *Affektiv basierte Einstellungen* wiederum setzen auf den an einem Objekt erfahrenen bzw. relevanten eigenen Lernerfahrungen hinsichtlich der Bedürfnisbefriedigung oder der Beobachtung der Erfahrungen (respektive Einstellungen) anderer Akteure mit diesem Objekt auf und weniger auf den tatsächlich gegebenen, objektiven Eigenschaften eines Objekts.[739]

---

alternativer Ansätze erfolgen. Für einen Überblick über die frühere Vielfalt an Meinungen zum Einstellungsbegriff siehe die Darstellungen bei Roth (1967), Fishbein/Ajzen (1975), S. 21-51; Triandis (1975) und Thomas (2003).

Für detaillierte Ausführungen zur Bildung und Veränderung von Einstellungen durch Lerneffekte vgl. Krech/Crutchfield/Ballachey (1962), S. 180-199; Wilson (1971), Sp. 447; Triandis (1975), S. 152-181; von Rosenstiel (1975), S. 204; Braun/Linder (1979), S. 571f.; Kroeber-Riel (1992), S. 210; Olson/Zanna (1993), S. 138; Baron/Byrne (1997), S. 114; Crawford/Luka/Cacioppo (2002), S. 759; Thomas (2003), S. 41-44. Einschränkend sei zu den Lerneffekten jedoch auf die Bedeutung des Alters eines Individuums auf die Veränderbarkeit von Einstellungen hingewiesen. So lassen sich Einstellungen im Erwachsenenalter deutlich schwerer verändern als in jungen Jahren (vgl. bspw. Ulrich (1975), S. 278, sowie die dort angegebene Literatur).

737 Vgl. dazu ausführlich Aronson/Wilson/Akert (2004), S. 231-234. Vgl. dazu auch Krech/Crutchfield/Ballachey (1962), S. 139f.; Bem (1972), S. 2; Triandis (1975), S. 4f. u. S. 12-17; Weder (1976), S. 101f.; Olson/Zanna (1993), S. 120; Staehle (1999), S. 176f.

738 Vgl. Krech/Crutchfield/Ballachey (1962), S. 140; Braun/Linder (1979), S. 567; Crawford/Luka/Cacioppo (2002), S. 759; Aronson/Wilson/Akert (2004), S. 232.

739 Vgl. Krech/Crutchfield/Ballachey (1962), S. 140 u. S. S. 186-198; Wilson (1971), Sp. 448; Rokeach (1973), S. IX, S. 3 u. S. 26; von Rosenstiel (1975), S. 205; Triandis (1975), S. 152; Braun/Linder (1979), S. 567; Thieme (1982), S. 106; Baron/Byrne (1997), S. 117; Frese (1998), S. 185; Daft/Noe (2001), S. 110; Crawford/Luka/Cacioppo (2002), S. 758; Aronson/Wilson/Akert (2004), S. 232f. u. S. 236.

Angemerkt sei, dass unter der mittelbar erlebten Eignung zur Bedürfnisbefriedigung auch der Einfluss der Einstellungen der für ein Individuum relevanten Personengruppen verstanden sei. Obwohl nicht zwangsläufig eine Meinung oder Einstellung von anderen Akteuren übernommen wird, so sind andere Akteure nichts desto trotz eine wichtige Informationsquelle für die Bildung und Weiterentwicklung von Einstellungen (vgl. hierzu bspw. Krech/Crutchfield/Ballachey (1962), S. 186-198; Triandis (1975), S. 152). Diese Tendenz zur Übernahme von Einstellungen eines anderen Akteurs (oder von mehreren Akteuren) wird dabei auch durch den Wunsch, nach Beziehung und Zugehörigkeit zu diesem/diesen Akteur(en), verstärkt (vgl. Triandis (1975), S. 152; vgl. auch Aronson/Wilson/Akert (2004), S. 250f.). Dabei seien dem Kriterium der Einfachheit von Modellen und dem Betrachtungsgegenstand individueller Akteure der vorliegenden Arbeit folgend, diese Einstellungen einer Gruppe (d. h. insbes. die so genannte Unternehmenskultur) im vorliegenden Handlungsmodell jedoch nicht explizit als weiterer Bestimmungsfaktoren des individuellen Handelns angeführt. Sie finden ihren Niederschlag durch Beobachtung und Sozialisation in den individuellen Einstellungen, jedoch üben sie nicht direkt

- Eine *konative oder verhaltensbasierte Einstellung* schließlich versteht sich als eine Einstellung, die der Selbstwahrnehmungstheorie nach Bem (1970) folgend „auf Beobachtungen des eigenen Verhaltens gegenüber dem Einstellungsobjekt basiert“[740]. Mithin lernt der Akteur aus der Beobachtung seines Handelns (oder des Handelns eines anderen Akteurs) vis à vis eines Einstellungsobjekts, welche Gefühle er (respektive ein beobachteter Akteur) „anscheinend“ bezüglich des Einstellungsobjekts besitzt.[741]

Trotz eines i. d. R. sehr hohen Zusammenhangs der kognitiven, affektiven und verhaltensbasierten Einstellungen zu einem Einstellungsobjekt, können sie sich in bestimmten Situationen teilweise widersprechen.[742] In diesem Fall wird sich eine der Tendenzen bzw. eines der Elemente durchsetzen und für das Verhalten des Akteurs relevant werden. Über die dabei genau ablaufenden Prozesse zwischen den drei Einstellungskomponenten fehlen jedoch bisher noch genauere Kenntnisse.

4.1.3 Erwartungen

Erwartungen als weiterer Bestimmungsfaktor menschlichen Handelns werden sowohl in der (sozial-)psychologischen als auch in der betriebswirtschaftlichen Literatur seit langem thematisiert.[743] Dabei variieren die diversen Erwartungsbegriffe zwar im Detail hinsichtlich der betrachteten Subjekte und Objekte der Erwartungen und der Frage einer

---

selbst Einfluss auf das Handeln des einzelnen Akteurs aus. Für die Diskussion des Einflusses kollektiv gehaltener Einstellungen bzw. der Kultur auf die Einstellungsentwicklung einzelner Individuen (und umgekehrt) sei auf Krech/Crutchfield/Ballachey (1962), S. 191-198; Churchill/Cooper (1965), S. 775; Churchill/Cooper (1966), S. 119; von Rosenstiel (1975), S. 206-208; Thieme (1982), S. 106; Dill (1987); Olson/Zanna (1993), S. 125; Heinen/Frank (1997); Hahn/Hungenberg (2001), S. 38 u. S. 110. Fischer (2002), S. 269; Hirsch (2002), S. 127; Aronson/Wilson/Akert (2004), S. 249; Bourguignon/Chiapello (2005), S. 688, verwiesen.

740 Aronson/Wilson/Akert (2004), S. 233. Ähnlich Crawford/Luka/Cacioppo (2002), S. 758f. Vgl. zur Selbstwahrnehmungstheorie Bem (1970), S. 57-61; Bem (1972), S. 1-62.

741 Vgl. auch Myers (2005), S. 621. Anhand der Beobachtung des Handelns anderer Akteure erlernt das Individuum ebenfalls etwas von den Einstellungen der jeweiligen anderen Akteure bzw. deren Akteursgruppe. Vgl. hierzu auch die Anmerkung in Fußnote 739. Fälschlicherweise wird in Teilen der verhaltensorientierten betriebswirtschaftlichen Literatur diese dritte Quelle von Einstellungen verdreht verstanden und daher nicht mehr von einer (korrekten) verhaltensinduzierten Einstellung, sondern von einer verhaltensinduzierenden Einstellung gesprochen (vgl. exemplarisch George/Jones (2005), S. 76). Grundsätzlich beeinflussen aber alle Einstellungen, unabhänig von ihrer Ursprungsquelle, das Handeln von Akteuren. Daher sei dieser Fehlinterpretation hier nicht gefolgt.

742 Vgl. Krech/Crutchfield/Ballachey (1962), S. 142f.; Triandis (1975), S. 5; Jost (2000), S. 49); Crawford/Luka/Cacioppo (2002), S. 760; Thomas (2003), S. 38.

743 Vgl. für einen ausführlichen Überblick Miller (2003).

implizierten Bewertung der Einstellungsobjekte.[744] Jedoch wird mehrheitlich ein Individuum als Subjekt der Erwartungen unterstellt und eine wertende Konnotation nicht als Bestandteil einer Erwartung betrachtet.[745] Auch besitzen alle Erwartungsbegriffe den gemeinsamen Kern, dass eine Erwartung als „die gedankliche Vorwegnahme kommender Ereignisse im Zusammenhang mit den persönlichen Bestrebungen“[746] beschrieben werden kann.

Im Gegensatz zu Einstellungen, die relativ überdauernd Gültigkeit besitzen, stellen Erwartungen mehr vorübergehende Einschätzungen über die Zusammenhänge zwischen Akteur, Handlung, Handlungsergebnis und Folgen dar.[747] Sie sind in einer durch Unsicherheit charakterisierten Welt die Voraussetzung, um Handlungen planen, auswählen und schließlich durchführen zu können.[748] Zusammen mit den überdauernden Einstellungen beeinflussen Erwartungen, ob aus einem Handlungsimpuls eine Handlungsintention – ein Wille – zur Ausführung einer bestimmten Handlung wird.

Erwartungen können sich dabei auf das eigene Handeln, aber auch auf den Kontext, wie beispielsweise das Verhalten anderer, beziehen.[749] Dabei existieren in der (sozial-)psychologischen Literatur zwei zentrale Ausdifferenzierungen der Erwartungen: eine (1) insbesondere durch Vroom und Porter/Lawler bekannt gemachte Zweier-Typologie und eine (2) auf Heckhausen zurückgehende Typologie mit vier Ausprägungen.

---

[744] So greifen die neoklassische Betriebswirtschaftslehre und die Psychologie auf einzelne Individuen als Subjekte der Erwartungen zurück, während die betriebswirtschaftliche Bubble-Forschung eine Personenmehrheit als Subjekt verwendet. Hinsichtlich des Objekts der Erwartungen beziehen die psychologischen Präzisierungen des Erwartungsbegriffs sowohl den Akteur als auch seinen Kontext (inkl. anderer Akteure) ein, während in den betriebswirtschaftlichen Definitionen auch Beschränkungen lediglich auf andere Akteure erfolgen (vgl. dazu auch Biddle (1979), S. 124f.). Ebenso fügen einzelne Autoren wie Biddle (1979), S. 126f., und Miller (2003), S. 20, den Erwartungen eine wertende Konnotation bei, während die Mehrzahl der insbesondere (sozial-)psychologischen Literatur keine solche Konnotation als charakteristisch für Erwartungen sieht und sie vielmehr durch die Valenz einer Handlung und ihres Ergebnisses, d. h. durch die Einstellungen und Bedürfnisse eines Akteurs, abgebildet sieht.

[745] Ein Grund für Letzteres dürfte insbesondere sein, dass eine entsprechende, die Handlungsintentionsbildung beeinflussende Konnotation einer Handlung sich präziser durch das bereits angesprochene, separate Konstrukt der Einstellungen abbilden lässt. Dieser Abgrenzung von Einstellungen und Erwartungen sei auch hier gefolgt. Anders hingegen Biddle (1979) und Miller (2003).

[746] Thieme (1982), S. 92. Vgl. Schmidt/Simon (1972); Miller (2003), S. 162.

[747] Vgl. hierzu auch Porter/Lawler (1968), S. 21; Thieme (1982), S. 61, sowie die Erwartungstheorie bei Heckhausen (2003), S. 469.

[748] Vgl. Miller (2003), S. 2.

[749] Vgl. hierzu Jones (1986), S. 41. Letzteres ist Gegenstand der Spieltheorie.

(1) Klassische Zweier-Typologie der Erwartungen nach Vroom

Vroom (1964a) unterscheidet zwei Erwartungen: Handlungs-Ergebnis-Erwartungen (H→E) und Ergebnis-Folge-Erwartungen (E→F).[750] Erstere beschreiben die subjektive Wahrscheinlichkeit (mit H→E $\in$ [0, 1]), mit der ein Akteur erwartet, dass seine Handlungen zu einem bestimmten Ergebnis führen.[751] Sie wird in der Literatur teilweise auch einfach nur als „Erwartung" bezeichnet.[752] Letztere entsprechen der klassischen Instrumentalität,[753] d. h. der Wahrscheinlichkeitseinschätzung (mit E→F $\in$ [0, 1]), ein bestimmtes Ergebnis werde zu bestimmten vom Akteur als angenehm oder unangenehm empfundenen Folgen führen.[754]

Die Typologie nach Vroom (1964a) kann als „klassische" und den meisten (sozial-)psychologischen und betriebswirtschaftlichen Handlungsmodellen zugrunde gelegte Einteilung charakterisiert werden. Sie ist mit dem in der (sozial-)psychologischen Literatur inzwischen weit verbreiteten Konzept der Selbsteffektivität von Akteuren kompatibel,[755] da diese so genannte Selbsteffektivität (engl.: self-efficacy) die subjektive Wahrscheinlichkeit ist, die ein Akteur dem Erzielen bestimmter (oder dem Vermeiden bestimmter) Ergebnisse durch sein eigenes Handeln zuschreibt,[756] und daher den H→E Erwartungen in der Typologie nach Vroom (1964a) entspricht.[757] Liegt die subjektive H→E Erwartung eines Akteurs in der Nähe von 1, so wird in der Literatur auch von einem Akteur mit hoher wahrgenommener Selbsteffektivität gesprochen; liegt sie hingegen näher bei Null, so wird dies als niedrige wahrgenommene Selbsteffektivität bezeichnet.[758] Auch ist sie mit dem Ansatz und den Aussagen der Zielsetzungstheorie (engl. Goal Setting Theory) von Locke/Latham (1984) in großen Teilen vereinbar, nach der Akteure bei ihrem Handeln den Schwierigkeitsgrad einer Aufgabe berücksichtigen, d. h. die subjektive Wahrscheinlichkeit durch eigene Handlungen zu einem bestimmten Ziel zu gelangen.[759] Des Weiteren ist die Typologie nach Vroom (1964a) mit dem ebenfalls in der (sozial-)psychologischen Literatur weit verbreiteten Konzept der so genannten Kontrollüber-

---

750 Vgl. Vroom (1964a), S. 16f.

751 Vgl. Vroom (1964a), S. 16f.

752 Vgl. exemplarisch Vroom (1964a), S. 17.

753 Vgl. zum Begriff der Instrumentalität bzw. der E→F Erwartung bereits Vroom (1964a), S. 16f.

754 Vgl. Vroom (1964a), S. 16f.; Porter/Lawler (1968), S. 19.

755 Zur Theorie der Selbsteffektivität vgl. grundlegend Bandura (1997).

756 Vgl. Bandura (1997), S. 3 u. S. 22; Wood/Bandura (1989), S. 365f.; Bonner/Sprinkle (2002), S. 316 u. S. 320.

757 Die subjektive Selbsteffektivität bezieht sich somit nicht auf die Wahrscheinlichkeit der Erzielung bestimmter Folgen, sondern lediglich auf die Effektivität der erfolgreichen, d. h. zielkonformen, Ausführung einer Handlung (vgl. dazu auch Bandura (1997), S. 22f.)

758 Vgl. auch Bandura (1997), S. 20.

759 Zur Zielsetzungstheorie vgl. ausführlich Locke/Latham (1984). Siehe auch für den Bezug zu Investitionskontrollen Linder (2005a).

zeugung (engl.: locus of control of reinforcement oder nur locus of control) nach Rotter (1954) kompatibel. Diesem folgend kann im Fall hoher E→F Erwartungen auch von einem internen locus of control oder einer internen Kontrollüberzeugung gesprochen werden; während niedrige E→F Erwartungen als externer locus of control bzw. externe Kontrollüberzeugung bezeichnet werden.[760]

(2) Ausdifferenzierte Erwartungstypologie nach Heckhausen

Eine stärker differenzierte Typologie stammt von Heckhausen (1977), der in Situations-Ergebnis-Erwartungen (S→E), Handlungs-Ergebnis-Erwartungen (H→E), Handlungs-bei-Situation-Ergebnis-Erwartungen (H-S→E) und Ergebnis-Folge-Erwartungen (E→F) unterteilt.[761]

Erstere (S→E) stehen für „den subjektiven Wahrscheinlichkeitsgrad (mit S→E ∈ [0, 1]), mit dem eine gegenwärtige Lage ohne eigenes Zutun zu einem künftigen Ergebniszustand führen wird“[762]. Es handelt sich somit um eine bedingte Grundwahrscheinlichkeit über das Eintreten von Ereignissen in der Zukunft.[763] Aufbauend auf ihren Erfahrungen besitzen Akteure i. d. R. ein großes Spektrum dieser Grundwahrscheinlichkeiten.[764] Handlungs-Ergebnis-Erwartungen (H→E) betrachten im Gegensatz zu den S→E Erwartungen nur die subjektive Wahrscheinlichkeit, mit der durch eigene Handlungen ein bestimmtes Ergebnis erzielt werden kann (wobei H→E ∈ [0, 1]).[765] In den H→E Erwartungen kommen somit interne Faktoren wie insbesondere die eigenen Fähigkeiten zum Ausdruck.[766] Die dritte Gruppe, die H-S→E Erwartungen, bezeichnen die subjektive Wahrscheinlichkeit, mit der eine Handlung H (mit der Erwartung H→E) in einer bestimmten Situation (mit der Erwartung S→E) zu dem Ergebnis E führt.[767] Die H-S→E Erwartungen stellen somit die Kombination der H→E und der S→E Erwartungen dar. Die Ergebnis-Folge-Erwartungen (E→F) schließlich beschreiben die Instrumentalität eines Ergebnisses für das Eintreten einer Folge mit jeweiligem Bedürfnisbefriedigungswert für einen

---

760 Vgl. zum Konzept des locus of control bzw. zur Kontrollüberzeugung grundlegend Rotter (1954). Für einen kurzen Überblick vgl. bspw. Myers (2005), S. 596f. Angesichts der möglichen Begriffsunklarheiten durch eine solche, den bereits im Kapitel 2 gänzlich anders (betriebswirtschaftlich) präzisierten Kontrollbegriff mitverwendende, Bezeichnung für die E→F Erwartung, wird im Weiteren diese Begriffsalternative nach Rotter (1954) nicht angewandt. Vielmehr sei von hohen oder niedrigen E→F Erwartungen gesprochen.

761 Vgl. Heckhausen (1977), S. 287.

762 Heckhausen (2003), S. 468. Ebenso schon Heckhausen (1977), S. 288.

763 Vgl. Heckhausen (2003), S. 468.

764 Vgl. ebenda, S. 468.

765 Vgl. Heckhausen (1977), S. 288; Heckhausen (2003), S. 468.

766 Vgl. Heckhausen (2003), S. 468.

767 Vgl. ähnlich Heckhausen (2003), S. 468.

Akteur (wobei wiederum gilt, dass E→F ∈ [0, 1]).[768] Sie entsprechen dem Konzept des „locus of control" nach Rotter (1954).[769]

Angesichts der vier Typen an Erwartungen erlaubt die Konzeption Heckhausens (1977) eine präzisere Betrachtung von Effekten eines Instruments auf die Erwartungen sowie der Wirkungen dieser einzelnen Typen auf den Umgang eines Akteurs mit einem Instrument, als das einfachere Modell nach Vroom (1964a). Damit steigt jedoch gleichzeitig die Schwierigkeit, in einer konkreten Situation die einzelnen Erwartungstypen sauber voneinander zu trennen – was mitunter zu Vermengungen der Typen in der Literatur führt.[770]

Im Weiteren sei der Mehrheit der (sozial-)psychologischen Literatur folgend, ein Individuum als Subjekt der Erwartungen unterstellt, eine wertende Konnotation nicht als Bestandteil einer Erwartung betrachtet und die zwei Einstellungstypen bzw. -objekte Vrooms (1964a) zugrunde gelegt.

Diese Ausdifferenzierung ist für die weiteren Überlegungen hinreichend granular und stellt eine leichte Anschlussfähigkeit sowohl mit der Zielsetzungstheorie (engl.: Goal Setting Theory) als auch mit dem in der (sozial-)psychologischen Literatur inzwischen weit verbreiteten Konzept der Selbsteffektivität von Akteuren sicher.[771] Ferner erlaubt sie die Einbeziehung der Erkenntnisse zur Kontrollüberzeugung bzw. dem locus of control.

Sowohl die H→E als auch die E→F Erwartungen basieren auf Lernerfahrungen bzw. werden durch die subjektiv wahrgenommene „Richtigkeit" der Erwartungen im Laufe des Lebens verändert.[772] Diese Erfahrung des Richtigkeitsgrads der Erwartungen kann dabei auf Erfahrungen mit dem eigenen Handeln, seinen Ergebnissen und Folgen oder aber auf der Beobachtung des Handelns und seiner Ergebnisse und Folgen anderer Akteure basieren.[773]

---

768 Vgl. Heckhausen (1977), S. 289; Heckhausen (2003), S. 468.

769 Vgl. Heckhausen (1977), S. 287.

770 Vgl. dazu Heckhausen (2003), S. 468.

771 Zur Zielsetzungstheorie vgl. ausführlich Locke/Latham (1984). Siehe auch für den Bezug zu Investitionskontrollen Linder (2005a). Zur Theorie der Selbsteffektivität vgl. grundlegend Bandura (1997).

772 Vgl. z. B. Porter/Lawler (1968), S. 38f.; Miller (2003), S. 261.

773 Auf die Lerneffekte wird nachfolgend noch in Kapitel 4.2 näher eingegangen.

4.1.4 Fähigkeiten

Während die ersten drei Bestimmungsfaktoren (Bedürfnisse, Einstellungen und Erwartungen) die Leistungsanstrengung und Handlungsintention beeinflussen, stellen die Fähigkeiten eines Menschen den Gegenpart, die Leistungsfähigkeit, bei der Leistungserbringung dar.[774] Sie erlauben es, potenziell durch Handlungen (bzw. deren Ergebnisse und damit assoziierte Folgen) die Bedürfnisse zu befriedigen.[775]

Angesichts ihrer zentralen Bedeutung für die Handlungserbringung werden die menschlichen Fähigkeiten in der (sozial-)psychologischen Literatur seit geraumer Zeit diskutiert,[776] ohne dass jedoch eine Einigung erreicht wurde.[777] Auch in der psychologisch-verhaltensorientierten Betriebswirtschaftslehre finden sich diverse Begriffspräzisierungen und Konzeptualisierungen menschlicher Fähigkeiten.[778] Allerdings wurde hier ebenfalls bisher keine Übereinstimmung erzielt. Die Uneinigkeit zeigt sich bereits an den bei der Betrachtung des Themas verwendeten sehr unterschiedlichen Begriffen wie Begabung, Fähigkeit(en), Fertigkeit(en), Geistesvermögen, Handlungskompetenz, Intelligenz, Kapazität, Können, Kompetenz, Qualifikation, Skills, Talente, Urteilskraft, Wissen u. a.[779]

Als gemeinsamer Kern der diversen Begriffs- und Diskussionsstränge zu Fähigkeiten lässt sich jedoch die Unterscheidung in physische und kognitive Fähigkeiten erkennen.[780] Die überwiegende Mehrheit der psychologischen wie betriebswirtschaftlichen Literatur

---

774 Pfohl/Stölzle (1997), S. 256.

775 Vgl. dazu Argyris (1957), S. 33. Vgl. zum Handlungsbegriff detailliert Hacker (1999).

776 Vgl. bspw. bereits Spearman (1927). Vgl. für einen historischen Überblick der Entwicklung der Fähigkeitsforschung seit Plato auch Dunnette (1976), S. 475-477.

777 Vgl. Dunnette (1976), S. 473; Sternberg (1985), S. 3; Funke/Vaterrodt-Plünnecke (2004), S. 9 u. S. 11; Myers (2005), S. 459. Diese Uneinigkeit ist dabei wohl auch auf die drei separaten Forschungstraditionen in der Psychologie zurückzuführen, die eine Klärung des Fähigkeiten- bzw. Intelligenzbegriffs anstreben: dem aus der experimentellen Psychologie entstammenden Informationsverarbeitungsansatz, dem auf der praktischen Messung kognitiver Fähigkeiten (Intelligenz) aufsetzenden psychometrischen Ansatz und schließlich dem entwicklungspsychologischen Ansatz (vgl. Funke/Vaterrodt-Plünnecke (2004), S. 10f.).

778 Vgl. exemplarisch die (teilweise auch verwandten) Ansätze von Jost (2000), S. 61; Hutzschenreuter (2001), S. 112; Schäffer (2001), S. 7; Bach et al. (2002), S. 2; Weber (2002), S. 35f.; Miller (2003), S. 171; Schultz (2005), S. 43.

779 Vgl. dazu Hentze/Kammel/Lindert (1997), S. 180; Hacker (1999), S. 281; Krapp (1999), S. 315f.; Gardner (2002), S. 46; Funke/Vaterrodt-Plünnecke (2004), S. 10; George/Jones (2005), S. 53; Myers (2005), S. 459.

780 Vgl. zu dieser Unterscheidung bspw. Thieme (1982), S. 59; Jost (2000), S. 61; Daft/Noe (2001), S. 96; Robbins (2001), S. 57; George/Jones (2005), S. 53. Die kognitiven Fähigkeiten werden teilweise auch unter dem Rubrum der Intelligenz diskutiert (vgl. bspw. Zimbardo/Gerrig (2004), S. 412). Ähnlich findet sich für die physischen auch die Bezeichnung motorische Fähigkeiten (vgl. exemplarisch Mazur (2004), S. 444).

konzentriert sich dabei auf Letztere.[781] Auch besteht weitgehend Einigkeit, dass der Begriff der Fähigkeiten ein kognitives Konstrukt darstellt, das all das beschreibt, was Individuen wissen und tun können.[782] Außerhalb dieses gemeinsamen Kerns herrscht hingegen kaum Übereinstimmung, so dass eine Diskussion der inzwischen sehr vielen mehr oder minder unterschiedlichen Konzeptionen erforderlich ist. Dabei sei auf sieben Typologien näher eingegangen: (1) die Zwei-Faktoren-Theorie nach Spearman, (2) die Typologie kognitiver Fähigkeiten nach Ryle bzw. nach Bach et al., (3) die Katz'sche Typologie, (4) die faktorenanalytische Typologie Cattells, (5) die Multiple Intelligenztheorie Gardners, (6) Sternbergs Triadische Theorie kognitiver Fähigkeiten und (7) die Fähigkeitstypologie nach Jost.[783]

(1) Zwei-Faktoren-Theorie menschlicher kognitiver Fähigkeiten nach Spearman

Eine der ersten und einflussreichsten Theorien menschlicher kognitiver Fähigkeiten ist die Theorie des *g*-Faktors (auch Zwei-Faktoren-Theorie oder Theorie des Generalfaktors der Intelligenz) nach Spearman (1927).[784] Aufbauend auf der in alternativen Intelligenztests festzustellenden positiven Korrelation der Ergebnissen von Versuchspersonen schloss er, dass durch die Tests keine voneinander unabhängigen Fähigkeiten gemessen werden.[785] Vielmehr muss jeder kognitiven Leistung ein gemeinsamer zentraler Faktor, der *g*-Faktor zugrunde liegen.[786] Die Restvarianzen zwischen den alternativen Intelligenztests wiederum sprechen dafür, dass mit jedem einzelnen, durch die Intelligenztests gemessenen Bereich der kognitiven Fähigkeiten, spezielle Fähigkeiten, die so genannten *s*-Faktoren, verbunden sind.[787] Entsprechend geht Spearman (1927) davon aus, dass sich die Fähigkeit eines Individuums in einem bestimmten Aufgabengebiet durch einen generellen *g*-Faktor der Fähigkeiten des Individuums und durch die für das Aufgabengebiet relevanten, spezifischen *s*-Faktoren beschreiben lässt. Dabei können die *s*-Faktoren wiederum untereinander korreliert sein, was durch die Annahme so genannter Gruppenfakto-

---

[781] Da auch die Durchführung von Investitionskontrollen vordringlich auf die kognitiven Fähigkeiten von Akteuren angewiesen ist, wird – der allgemeinen verhaltensorientierten Betriebswirtschaftslehre folgend – auch im Folgenden nur näher auf Konzepte eingegangen, die kognitive Fähigkeiten umfassen und solche, die lediglich physische Fähigkeiten betrachten, im Weiteren außer Acht gelassen. Für eine Diskussion physischer Fähigkeiten vgl. z. B. Dunnette (1976), S. 483-486; Hogan (1991); Daft/Noe (2001), S. 96f.; Robbins (2001), S. 59 und Mazur (2004), S. 444-446.

[782] Vgl. dazu Daft/Noe (2001), S. 96; Myers (2005), S. 459.

[783] Für einen Überblick und eine Bewertung darüber hinaus noch existierender Ansätze siehe Sternberg (1985), S. 4-15; Myers (2005), S. 460-466.

[784] Vgl. Funke/Vaterrodt-Plünnecke (2004), S. 42; Zimbardo/Gerrig (2004), S. 412f.

[785] Vgl. Spearman (1927), S. 72 u. S. 74f.

[786] Vgl. Spearman (1927), S. 74-76; S. 138-140 u. S. 145.

[787] Vgl. Spearman (1927), S. 75.

ren wie beispielsweise Sprachverständnis oder Raumvorstellungsvermögen erklärt wird.[788]

Die durch Spearman (1927) in seiner Zwei-Faktoren-Theorie implizierte Proportionalitätsannahme, dass für jede beliebige Kombination an vier unterschiedlichen Intelligenztests *a*, *b*, *c* und *d* die Korrelation *ac* zu *bc* im gleichen Verhältnis wie *ad* zu *bd* steht, ist jedoch, wie später festgestellt wurde, empirisch nicht haltbar.[789]

(2) Typologie kognitiver Fähigkeiten nach Ryle für Fähigkeiten allgemein

Eine in der psychologischen wie betriebswirtschaftlichen Literatur sehr weit verbreitete Unterscheidung menschlicher kognitiver Fähigkeiten geht ursprünglich auf Ryle (1949) zurück. Diesem zufolge lässt sich ein deklaratives Faktenwissen von prozeduralen Fähigkeiten (auch als Fertigkeiten bezeichnet) unterscheiden.[790]

Die so genannten deklarativen oder deklaratorischen Fähigkeiten (engl.: know that) beziehen sich dabei auf Faktenwissen, d. h. insbesondere auf Objekte, ihre Eigenschaften, ihre Bedeutung und ihre Beziehungen untereinander;[791] das prozedurale Wissen (engl.: know how) hingegen bezeichnet das Wissen um physische und kognitive Handlungsabläufe, Prozeduren und Fertigkeiten (inklusive der gedanklichen Vorgänge bei der Bildung, Verknüpfung und Anwendung des deklarativen Wissens).[792] Entsprechend besteht ein Zusammenhang zwischen beiden Arten an Fähigkeiten:[793] So setzt die Entwicklung prozeduraler Fähigkeiten bzw. Fertigkeiten teilweise auf apriorischem Wissen bzw. deklaratorischen Fähigkeiten auf.[794] Darüber hinaus lässt sich prozedurales Wissen durch deklaratives Wissen via Abstraktion beschreiben.[795] Dies geschieht beispielsweise immer dann, wenn das Handeln bewusst reflektiert wird.[796] Andererseits sind die prozeduralen Fähigkeiten Grundlage für die (Weiter-)Entwicklung und Nutzung des deklarativen Wissens.[797]

---

788 Vgl. Funke/Vaterrodt-Plünnecke (2004), S. 42f.

789 Vgl. Funke/Vaterrodt-Plünnecke (2004), S. 43 und dortige Quellen.

790 Vgl. Ryle (1949), S. 29. Siehe auch Bower/Hilgard (1981), S. 11.

791 Vgl. bspw. Bonner/Walker (1994), S. 158; Schiller (2000), S. 99.

792 Vgl. Ryle (1949), S. 29. Ähnlich auch Bower/Hilgard (1981), S. 11: „there is no ‚target information' to be remembered, but rather a sequence of coordinated movements, usually done to some stimulus, and executed either well or poorly." Siehe auch Kroeber-Riel (1992), S. 223; Edelmann (1993), S. 229; Gardner (1993), S. 68; Bonner/Walker (1994), S. 158f.; Schiller (2000), S. 101.

793 Vgl. bereits Ryle (1949), S. 29f.; Polanyi (1966), S. 7.

794 Vgl. Bonner/Walker (1994), S. 159; Gebert/von Rosenstiel (1996), S. 61.

795 Vgl. Ryle (1949), S. 30. Vgl. auch Kleinhans (1989), S. 10.

796 Vgl. Ryle (1949), S. 30. Siehe auch Kleinhans (1989), S. 10; Schiller (2000), S. 102.

797 Vgl. Ryle (1949), S. 31. Ähnlich auch Schiller (2000), S. 101.

Eine Erweiterung dieser Einteilung der kognitiven Fähigkeiten von Akteuren nach Ryle (1949) nehmen Bach et al. (2002), allerdings ohne explizite Bezugnahme auf Ryle (1949), vor.[798] Sie unterscheiden physische und kognitive Potenziale von physischen und kognitiven Potenzialnutzungsfähigkeiten, die die Nutzung und Entfaltung der Potenzialgrößen erlauben, und erweitern damit die Gültigkeit der Einteilung Ryles (1949) auf physische Aspekte.[799]

Die ursprüngliche Einteilung nach Ryle (1949) hat trotz ihrer geringen Granularität der Unterscheidung weite Verbreitung in der Literatur gefunden[800] und wird meist als eine hilfreiche Strukturierung für Fähigkeiten betrachtet.[801]

(3) Typologie menschlicher Fähigkeiten nach Katz

Hauptsächlich aufbauend auf eigenen praktischen Erfahrungen schlägt Katz (1955) eine seither häufig in der verhaltensorientierten Forschung anzutreffende dreigliedrige Typologie menschlicher Fähigkeiten vor:[802] technical skills, human skills und conceptual skills.[803] Dabei wird diesen drei Fähigkeitsgruppen je nach hierarchischer Position des betrachteten Individuums eine variierende Bedeutung für den Führungserfolg zugeschrieben.[804]

Die technical skills entsprechen einem „understanding of, and proficiency in, a specific kind of activity“[805]. Demgegenüber umfassen die so genanten human skills all diejenigen Fähigkeiten, die eine Zusammenarbeit mit und eine Arbeit durch andere Personen ermöglichen.[806] Beispiele für diese beziehungsbezogenen Fähigkeiten sind das Führen von Mitarbeitern, das Motivieren derselben, die Kommunikation mit ihnen und die Konfliktlösung.[807] Gerade bei Individuen, die andere Personen führen, kommt den human relation skills eine entscheidende Rolle zu, da es der Kern ihrer Aufgabe ist, durch andere Menschen Arbeiten erledigen zu lassen.[808] Die conceptual skills schließlich umfassen all die-

---

798 Vgl. Bach et al. (2002), S. 2. Ebenso Miller (2003), S. 171.

799 Vgl. dazu Bach et al. (2002), S. 2; Miller (2003), S. 171.

800 Dies jedoch oft auch ohne Anführung der Ursprungsquelle und/oder zum Teil modifizierter Form (vgl. exemplarisch Herzog (1999), S. 70f.; Florissen (2005), S. 98).

801 Vgl. hierzu Gardner (1993), S. 68.

802 Vgl. exemplarisch Argyris (1957), S. 34; Daft/Noe (2001), S. 18. Eine der Taxonomie nach Katz (1955) ähnliche Einteilung findet sich u. a. auch bei Schäffer (2001), S. 7; Schultz (2005), S. 43, jedoch ohne Bezugnahme auf Katz (1955).

803 Vgl. Katz (1955), S. 34.

804 Vgl. Katz (1955), S. 36-38.

805 Katz (1955), S. 34. Ähnlich Daft/Noe (2001), S. 19.

806 Vgl. Katz (1955), S. 34; Daft/Noe (2001), S. 18.

807 Vgl. Daft/Noe (2001), S. 18.

808 Vgl. dazu auch Daft/Noe (2001), S. 18f.

jenigen kognitiven Fähigkeiten, die das Erkennen des Ganzen (z. B. des Gesamtunternehmens) und von Zusammenhängen und Interdependenzen zwischen einzelnen Elementen (z. B. Abteilungen und Funktionen eines Unternehmens) ermöglichen.[809]

Die Einteilung von Katz (1955) ist dabei hauptsächlich zu Analysezwecken und als heuristisches Instrument zur Personalentwicklung hilfreich, während sie keine theoretisch oder empirisch fundierte Einteilung darstellt und die drei bei ihr unterschiedenen Fähigkeiten in der Realität stark ineinander fließen.[810]

(4) Faktorenanalytische Typologie kognitiver Fähigkeiten nach Cattell

Cattell (1963) setzt auf der Arbeit Spearmans (1927) zum *g*-Faktor auf und kommt unter Rückgriff auf die Methode der explorativen Faktorenanalyse zu dem Ergebnis, dass sich die allgemeinen kognitiven Fähigkeiten (d. h. der *g*-Faktor) eines Menschen in zwei Gruppen, die kristallinen und die fluiden, einteilen lassen.[811] Die kristallinen kognitiven Fähigkeiten (als g_c-Faktor bezeichnet) basieren im Wesentlichen auf den Lernerfahrungen eines Individuums und umfassen insbesondere Fähigkeiten wie das verbale Verständnis, die Bewertung von Erfahrung und allgemein das Wissen, das ein Individuum erworben hat.[812] Die fluiden kognitiven Fähigkeit (g_f-Faktor) hingegen sind von individuellen Lernerfahrungen unabhängig und basieren stattdessen auf der vererbten Funktionstüchtigkeit der hirnphysiologischen Prozesse.[813] Sie entsprechen insbesondere Fähigkeiten wie dem Erkennen figuraler Beziehungen, der Gedächtnisspanne und dem induktiven Schließen.[814]

Der von Catell (1963) gewählte Ansatz der Fähigkeitsbestimmung mithilfe der Methode der explorativen Faktorenanalyse erscheint methodisch elegant und verleiht der Einteilung auf den ersten Blick statistische „Validität". Jedoch darf nicht übersehen werden, dass es sich entgegen dem Anschein bei explorativen Faktorenanalysen nur um eine statistische Annäherung handelt, da zumindest bei der Wahl der Anzahl der Faktoren trotz diverser in den vergangenen Jahren entwickelter Kenngrößen und Heuristiken zur Bestimmung der „korrekten" Anzahl ein gewisses Maß an Willkürlichkeit nicht ausgeschlossen wird.[815] Entsprechend wären durchaus bei anderer Wahl der Anzahl der zu ext-

---

809 Vgl. Katz (1955), S. 35.
810 Vgl. Katz (1955), S. 34.
811 Vgl. Cattell (1963), S. 1f.
812 Vgl. Cattell (1963), S. 2f.; Funke/Vaterrodt-Plünnecke (2004), S. 46.
813 Vgl. Cattell (1963), S. 3; Funke/Vaterrodt-Plünnecke (2004), S. 46.
814 Vgl. Funke/Vaterrodt-Plünnecke (2004), S. 46.
815 Vgl. dazu auch Funke/Vaterrodt-Plünnecke (2004), S. 115.

rahierenden Faktoren auch drei Elemente des *g*-Faktors denkbar oder lediglich ein Faktor.

(5) Multiple Intelligenztheorie Gardners

Gardners (1983) so genannte Multiple Intelligenztheorie unterscheidet in ihrer ursprünglichen Form je nach Zählweise sechs bzw. sieben Typen kognitiver Fähigkeiten, die zwar allen Menschen eigen sind, jedoch unterschiedlich ausgeprägt und insbesondere durch verschiedene Gesellschaften und ihre Werte bzw. kollektiven Einstellungen unterschiedlich bewertet werden.[816] Bei diesen handelt es sich um die logisch-mathematischen, linguistischen, musikalischen, räumlichen, körperlich-kinästhetischen sowie interpersonalen und intrapersonalen kognitiven Fähigkeiten.[817] Die Ersten stellen die Fähigkeiten zur Identifikation, Unterscheidung und logischen Durchdringung logischer und numerischer Muster dar, die Zweiten das Gespür für Laute, Rhythmen und Bedeutung von Wörtern sowie die unterschiedlichen Funktionen der Sprache, die Dritten die Fähigkeiten zur Produktion von Rhythmik, Tonhöhe und Klangqualität.[818] Der vierte Typ beschreibt die Fähigkeit zur akkuraten Wahrnehmung der visuell-räumlichen Welt und der Orientierung in dieser visuell-räumlichen Welt und ihre Bewertung.[819] Der fünfte Typ entspricht der Fähigkeit, die Bewegungen des eigenen Körpers zu steuern und geschickt mit Objekten umzugehen; der sechste der Fähigkeit, Bedürfnisse, Einstellungen und Erwartungen anderer Menschen zu erkennen und angemessen zu reagieren; der siebte Typ schließlich umfasst die Fähigkeiten des Zugangs zu den eigenen Bedürfnissen, Einstellungen und Fähigkeiten.[820] Später erweiterte Gardner (2002) diese Intelligenzsparten um eine naturkundliche Intelligenz, d. h. die Fähigkeiten zur Unterscheidung verschiedener Spezies und dem diskreten Umgang mit Lebewesen.[821] Darüber hinaus sind mehrere weitere Fähigkeiten gegenwärtig im Prüfungsprozess.[822]

Gardner (1983) begründet die Eigenständigkeit dieser acht Fähigkeitstypen aufgrund ihrer (zumindest in Teilen vorhandenen) Übereinstimmung mit acht von ihm aufgestellten Kriterien für eigenständige kognitive Fähigkeiten.[823] Zu diesen Kriterien gehören u. a. die Lokalisierbarkeit der intellektuellen Fähigkeit in einer bestimmten Hirnregion, die Existenz von Personen mit außergewöhnlichen Spezialbegabungen auf dem betrachteten

---

816 Vgl. Zimbardo/Gerrig (2004), S. 416f.

817 Vgl. Gardner (1983), S. 73-276.; Gardner (1993), S. 73-330.

818 Vgl. Zimbardo/Gerrig (2004), S. 417.

819 Vgl. dazu Zimbardo/Gerrig (2004), S. 417.

820 Vgl. Gardner (2002), S. 55-57; Zimbardo/Gerrig (2004), S. 417.

821 Vgl. Gardner (2002), S. 64-69.

822 Vgl. Gardner (2002), S. 69-85.

823 Vgl. Gardner (1983), S. 63-66; Gardner (1993), S. 62-66; Gardner (2002), S. 49-55.

Gebiet, die entwicklungsgeschichtlich identische Entwicklung der intellektuellen Fähigkeit bei allen Menschen, die experimentelle Nachweisbarkeit der Selbständigkeit und die leichte Einordbarkeit in ein Symbolsystem oder einen kulturellen Rahmen.[824]

Die Typologie Gardners (1983) unterscheidet sich in mehrfacher Hinsicht von anderen Ansätzen und bietet einige Innovationen. Zum einen berücksichtigt sie explizit eine musikalische Fähigkeit des Menschen,[825] was die Typologie von anderen abhebt, die eine entsprechende Fähigkeit unberücksichtigt und undiskutiert lassen.[826] Auch etabliert Gardner (1983) klare Kriterien zur Beurteilung der Eigenständigkeit kognitiver Fähigkeiten, was sehr zweckmäßig erscheint.[827] Gleichzeitig stellen aber der Kriterienkatalog und die daraus gezogenen Schlüsse einen wichtigen Schwachpunkt aus methodischer Sicht dar: So ist weder die Anzahl von acht Kriterien noch teilweise ihr Inhalt als für die Prüfung der Eigenständigkeit kognitiver Fähigkeiten unmittelbar einsichtig.[828] Als ebenfalls problematisch muss gelten, dass es Gardner (1983) für ausreichend hält, wenn einige der Kriterien erfüllt sind und nicht alle, ohne jedoch klar festzulegen, wie viele oder welche der Kriterien unbedingt durch eine eigenständige intellektuelle Fähigkeit zu erfüllen sind.

(6) Triadische Theorie kognitiver Fähigkeiten nach Sternberg

Eine weitere jüngere Taxonomie kognitiver Fähigkeiten stammt von Sternberg (1985). Diesem geht es weniger um die Betonung der Eigenständigkeit einzelner Intelligenzen, wie beispielsweise bei Gardner (1983), sondern mehr um die Betrachtung des Zusammenwirkens verschiedener intellektueller Fähigkeiten bei der Sammlung von Erfahrungen durch einen Akteur und seinen Umgang mit der Umwelt.[829] Sternberg (1985) unterscheidet dabei drei kognitive Fähigkeiten: komponentielle, erfahrungsbasierte und kontextuelle Intelligenz.[830] Erstere umfassen dabei die mentalen Denkkomponenten bzw. -prozesse, die dem Problemlösen zugrunde liegen, wie die Wissenserwerbskomponente, die Ausführungskomponente und die metakognitive Komponente zur Auswahl von Strategien und Überwachung von Fortschritten auf die Problemlösung hin.[831] Die erfahrungsbasierte Intelligenz Sternbergs (1985) erfasst die Fähigkeit, sowohl mit neuen Aufgaben als auch mit Routineaufgaben umzugehen.[832] Die kontextuelle oder auch praktische Intelligenz schließlich umfasst „die Fähigkeit, sich an neue und veränderte Umstände (Kon-

---

824 Vgl. detailliert Gardner (1983), S. 63-66; Gardner (1993), S. 63-66. Vgl. für einen Überblick dieser Kritierien z. B. auch Funke/Vaterrodt-Plünnecke (2004), S. 57f.

825 Vgl. Gardner (1983), S. 99-127.

826 Vgl. dazu auch Funke/Vaterrodt-Plünnecke (2004), S. 56.

827 Vgl. Gardner (1983), S. 66f.; Gardner (1993), S. 62 u. 66; Gardner (2002), S. 48.

828 So räumt Gardner (2002) selbst ein, dass er die Kriterien heute „möglicherweise anders definieren" (Gardner (2002), S. 55) würde und seinen Katalog um das Kriterium von „interkulturellem Beweismaterial" ergänzen würde.

texte) anzupassen, geeignete Umstände zu identifizieren und die Umwelt bedürfnisgerecht zu gestalten"[833]. Hierzu gehört sowohl die Fähigkeit eines Individuums zur „Bewältigung der praktischen Dinge des Alltags"[834] als auch eine Form von sozialen Fähigkeiten bzw. Intelligenz.[835] Dabei sind diese einem Individuum zur Verfügung stehenden kognitiven Fähigkeiten nach Sternberg (1986) nicht als fixes Datum zu betrachten, sondern lassen sich durch entsprechende Lernstrategien verbessern.[836]

Die empirischen Forschungsergebnisse zeigen, dass Menschen unterschiedliche Ausstattungen in Bezug auf diese drei Kategorien (und ihre jeweiligen Untergruppen) an kognitiven Fähigkeiten verfügen.[837] Auch ist Sternbergs (1985) Typologie innovativ. Da Überschneidungen zwischen den Intelligenzen wahrscheinlich sind und damit die Trennschärfe der Typologie gering ist, erscheint Sternbergs (1985) Ansatz gleichzeitig aber fragwürdig.

(7) Typologie menschlicher Fähigkeiten nach Jost

Eine relativ ausdifferenzierte und junge Einteilung menschlicher Fähigkeiten nach Jost (2000) unterscheidet auf der ersten Ebene physische und psychische Fähigkeiten.[838] Die physischen Fähigkeiten, mit deren Hilfe das Individuum körperliche Tätigkeiten ausführen kann, werden in einer zweiten Ebene in motorische und physikalische Fähigkeiten aufgegliedert.[839] Die motorischen Fähigkeiten umfassen dabei all diejenigen, die es erlauben, physikalische Objekte zu verändern. Beispiele dafür sind Fingerfertigkeiten, die Reaktionszeit und die gleichzeitige Koordination mehrerer Gliedmaßen.[840] Die physikalischen Fähigkeiten beschreiben die „Fitness und Kraft"[841] eines Akteurs, womit insbesondere die Muskelkraft, die Fähigkeiten zur Dehnung von Muskeln und zur spontanen Mobilisierung der Körperenergie gezählt werden.[842] Die psychischen Fähigkeiten, die

---

829 Funke/Vaterrodt-Plünnecke (2004), S. 55.
830 Vgl. Sternberg (1985), S.45, S. 68 u. S. 97; Sternberg (1986), S. 23.
831 Vgl. Sternberg (1985), S. 99; Sternberg (1986), S. 23 u S. 24-29. Vgl. auch Funke/Vaterrodt-Plünnecke (2004), S. 53.
832 Vgl. Sternberg (1985), S. 68; Sternberg (1986), S. 23 u. S. 30.
833 Zimbardo/Gerrig (2004), S. 415. Ohne Hervorhebungen des Originals. Vgl. auch Sternberg (1985), S. 45; Sternberg (1986), S. 33.
834 Funke/Vaterrodt-Plünnecke (2004), S. 46.
835 Vgl. Funke/Vaterrodt-Plünnecke (2004), S. 55.
836 Vgl. Sternberg (1986), S. 28f., S. 112, S. 254 u. S. 335.
837 Vgl. Zimbardo/Gerrig (2004), S. 415.
838 Vgl. Jost (2000), S. 62.
839 Vgl. Jost (2000), S. 62.
840 Vgl. Jost (2000), S. 62f.
841 Jost (2000), S. 63.
842 Vgl. Jost (2000), S. 63.

einem Akteur die Durchführung mentaler Tätigkeiten erlauben, werden in der Typologie Josts (2000) weiter in kognitive, soziale und psychologische Fähigkeiten untergliedert.[843] Erstere bezeichnen dabei die „allgemeine Intelligenz einer Person"[844], wozu insbesondere verbale, analytische, konzeptionelle und wahrnehmungsbezogene Fähigkeiten gezählt werden. Die zweite Gruppe umfasst Aspekte wie „Teamfähigkeit, Kollegialität, Hilfsbereitschaft, Kooperationsfähigkeit oder Führungsfähigkeit"[845]. Die dritte Sub-Kategorie schließlich zielt auf die psychische Beanspruchbarkeit eines Akteurs ab, d. h. der Resistenz gegenüber Stress.[846]

Da es sich hierbei um eine erst relativ junge Typologie handelt, ist sie in der (sozial-)psychologischen wie betriebswirtschaftlichen Literatur entsprechend kaum rezipiert. Einerseits innovativ andererseits jedoch von zweifelhaftem Wert erscheint in der Typologie die Einführung psychologischer Fähigkeiten: So lassen sich, wie bereits Cofer/Appley (1964) überzeugend zeigen, unterschiedliche Grade der Stressresistenz hervorragend durch unterschiedliche Ausprägungen der Stärken von Bedürfnissen (d. h. ihres Satisfizierungs- bzw. Frustrationsgrads) erklären,[847] so dass eine eigene Kategorie psychologischer Fähigkeiten nicht erforderlich erscheint.

Aus dieser Vielzahl der in der Literatur vorgeschlagenen Fähigkeiten und Strukturierungsansätze bietet sich für die Entwicklung von Grundzügen einer verhaltensorientierten Theorie betriebswirtschaftlicher Investitionskontrollen insbesondere die Typologie nach Ryle (1949) bzw. die Fassung dieser Typologie nach Bach et al. (2002) an.

Diese relativ einfache Einteilung ist zwar im Vergleich zu einigen anderen Einteilungen weniger granular, besitzt dafür aber ein vergleichsweise geringeres Problem der Trennschärfe zwischen den einzelnen Kategorien. Die relativ einfache Einteilung und ihre Trennschärfe stellen auch sicher, dass bei der Ableitung verhaltensorientierter Hypothesen zu den Wirkungen eines Instruments auf diese Fähigkeiten und die Relevanz dieser Fähigkeiten ihrerseits für den Umgang eines Akteurs mit dem Instrument Investitionskontrolle die Anzahl der Hypothesen und die Interaktionen einzelner Hypothesen geringer ausfallen als bei sehr stark differenzierenden Systematisierungen. Dies erleichtert allein mengenmäßig sowohl Arbeiten nach dem Entdeckungs- als auch dem Prüfungsziel der Forschung und entspricht dem Einfachheitskriterium der Theoriebildung. Gleichzei-

---

843 Vgl. Jost (2000), S. 62.

844 Jost (2000), S. 61.

845 Jost (2000), S. 61.

846 Vgl. Jost (2000), S. 61.

847 Vgl. zur Entstehung von Stress infolge wiederholter Bedürfnisfrustration grundlegend bereits Cofer/Appley (1964), S. 451f. Siehe auch die nachfolgenden Ausführungen zu den Wirkungen von Investitionskontrollen ex post auf die Bedürfnisse in Kapitel 5.2.1.

tig erlaubt diese Systematisierung jedoch, dass in späteren Arbeiten gegebenenfalls noch eine weitere Ausdifferenzierung erfolgen kann, ohne dass die Basiseinteilung geändert werden müsste.[848] Darüber hinaus wird eine Analyse der Wirkungen des Instruments Investitionskontrolle auf die an ihr beteiligten Akteure auch nicht durch (aller Voraussicht nach) für diese Analyse irrelevante Fähigkeiten, wie die musischen Fähigkeit oder die räumlichen Fähigkeiten, aufgebläht. Schließlich sichert der Rückgriff auf diese Typologie, dass sich die nachfolgenden Aussagen mit einer Vielzahl anderer Veröffentlichungen verbinden lassen, die ebenfalls (meist allerdings ohne Verweis auf die Ursprungsquelle) auf die Typologie von Ryle (1949) zurückgreifen.[849] Dies erscheint aus forschungsökonomischer Perspektive wünschenswert.

Entsprechend seien die kognitiven Fähigkeiten eines Akteurs in der vorliegenden Arbeit in deklarative und prozedurale Fähigkeiten gegliedert. Erstere seien dabei auch als deklaratives Wissen, Kenntnisse, Bestand oder Potenziale und letztere als Fertigkeiten, Potenzialnutzungsfähigkeiten, prozedurale Kapazitäten oder Verarbeitungsfähigkeiten bezeichnet.[850] Ein Beispiel aus dem Investitionsbereich für die deklarativen Fähigkeiten ist die Kenntnis, welche Faktoren bei Investitionsentscheidungen allgemein zu berücksichtigen sind. Die Fähigkeit zur richtigen Wahrnehmung von für eine Investitionsplanungs- oder -kontrollhandlung relevanten Informationen aus dem Kontext, die korrekte Verarbeitung solcher Informationen und ihre Memorierung oder aber die Kommunikation dieser Informationen an einen anderen Akteur,[851] stellen angesichts des in der vorliegenden Arbeit betrachteten Untersuchungsgegenstands zentrale Beispiele für die prozeduralen Fähigkeiten dar, auf die daher auch im Weiteren jeweils fokussiert wird.[852]

Akteure haben dank dieser deklarativen und prozeduralen Fähigkeiten ein Leistungspotenzial bzw. einen Raum möglicher Handlungs- bzw. Leistungsalternativen.[853] Dieses Potenzial ist jedoch nicht unbegrenzt. Vielmehr ist es bzw. sind die Bestands- wie die Bestandsnutzungsfähigkeiten akteursindividuell im Vergleich zu den vom Kontext[854]

---

848 So betrachtet Gardner (1983) seine eigene Theorie multipler Intelligenzen sogar als Präzisierung der prozeduralen Fähigkeiten aus dem Konzept von Ryle (1949) (vgl. Gardner (1983), S. 68f.).

849 Vgl. exemplarisch Faber (1980), S. 102f.; Schiller (2000), S. 101; Bach et al. (2002), S. 2; Miller (2003), S. 171.

850 Vgl. ähnlich auch Kleinhans (1989), S. 9.

851 Vgl. auch schon Fayol (1925), S. 109: „L'intelligence se compose d'aptitude à comprendre et à assimiler, de jugement et de mémore." Vgl. dazu auch Robbins (2001), S. 59f.

852 Damit sollen andere (deklarative und) prozedurale Fähigkeiten nicht ausgeschlossen werden. Allerdings erfolgt in der vorliegenden Arbeit eine Konzentration der Argumentation auf diese Fähigkeiten eines Akteurs, da zu erwarten ist, dass sie von herausragender Bedeutung für den informationsverarbeitenden Prozess einer Investitionskontrolle sind.

853 Vgl. dazu auch Porter/Lawler (1968), S. 22f.; Bach et al. (2002), S. 3; Miller (2003), S. 171; Schuler/Marcus (2004), S. 954.

854 Die motivationalen Prozesse in ökonomischen Akteuren und deren Handlungen finden nicht im ‚luftleeren Raum', sondern immer in einem bestimmten Kontext (oder Situation) statt (vgl. dazu auch

geforderten Fähigkeiten i. d. R. begrenzt.[855] So kann ein Akteur z. B. nicht über genügend subjektinternes a priori Wissen verfügen und/oder nicht immer alle auf ihn einwirkenden Informationen aufnehmen, verarbeiten, memorieren oder wieder an andere weitergeben können.[856]

Akteure sind damit aufgrund ihrer, relativ zu den vom Kontext gestellten Forderungen, meist geringeren (kognitiven) Fähigkeiten oft Unsicherheiten ausgesetzt über die Elemente ihres physischen wie sozialen Kontexts, ihr Zusammenspiel und ihre Fortentwicklung.[857] Diese Unsicherheit kann sich dabei sowohl auf die Zahl der Elemente in ihrer Umwelt, deren Unterschiedlichkeit, die Zahl und Unterschiedlichkeit ihrer Beziehungen untereinander, als auch auf die Veränderungen dieser Elemente und Beziehungen und ihrer Veränderungsgeschwindigkeit beziehen.[858] Das individuelle Ausmaß dieser Unsicherheiten wird dabei, den Überlegungen zur relativen Begrenztheit von Fähigkeiten folgend, durch das objektiv vom Kontext aufgrund seiner Eigenschaften vorgegebene erforderliche Ausmaß der Fähigkeiten und durch das tatsächlich vorhandene subjektive Ausmaß der Fähigkeiten eines Akteurs bestimmt.[859]

Lewin (1969), S. 34, und die soziologische Handlungstheorie Parsons (1949), S. 44, und Parsons et al. (1967), S. 7; vgl. zum betriebswirtschaftlichen Einsatz solcher Handlungskonzeptionen bspw. Frese (1968), S. 22f.; Frese (1998), S. 287; Schäffer (2001), S. 212f.). Zur Vereinfachung werden im Weiteren die Begriffe Kontext, Situation und Umwelt synonym verwendet. Dies ist zwar aus psychologischer Sicht nicht ganz präzise (vgl. zur Unterscheidung bspw. Lewin (1969), S. 34), für die in der vorliegenden Arbeit untersuchte betriebswirtschaftliche Forschungsfrage jedoch als akzeptable Näherung zu betrachten. Es lassen sich physische und soziale Elemente des Kontexts unterscheiden (vgl. Parsons et al. (1967), S. 5; Kelvin (1970), S. 17; Kroeber-Riel/Weinberg (1999), S. 409). Zu den physischen Elementen gehören die natürliche Umwelt wie Landschaft, Klima und die von Akteuren geschaffene Umwelt wie Gebäude etc. (vgl. hierzu Kroeber-Riel/Weinberg (1999), S. 409; Kelvin (1970), S. 17-37). Elemente des sozialen Kontexts sind die Akteure, ihre Interaktionen und Organisationen sowie ihre Werte, Normen, Kultur und daraus resultierende Anreize (vgl. ähnlich Kroeber-Riel/Weinberg (1999), S. 409).

855 Vgl. Simon (1957b), S. 241; Krech/Crutchfield/Ballachey (1962), S. 46; Porter/Lawler (1968), S. 23; Kirsch (1974), S. 115; Weber/Brettel/Schäffer (1996), S. 13f. von der Oelsnitz (1999), S. 162; Bach et al. (2002), S. 2. Siehe ähnlich als Definition der subjektiven Fähigkeiten relativ zum objektiv vom Kontext geforderten Fähigkeitenausmaß auch Bonner et al. (2000), S.19.
Anzumerken ist, dass dies nicht ausschließt, dass die Akteure auch einige Arbeiten als leicht (oder zumindest akzeptabel) empfinden, da ihre Fähigkeiten bei diesen relativ zu den vom Kontext geforderten Fähigkeiten groß (respekive: ausreichend) sind. Oft genug werden die Aufgaben aber auch als schwierig wahrgenommen, da die subjektiven Fähigkeiten nicht ausreichend groß sind oder aber bis an ihre Grenze strapaziert werden.

856 Vgl. Simon (1957a), S. 81; Kirsch (1974), S. 109; Stern (2003), S. 13.

857 Vgl. dazu auch March/Simon (1958), S. 151; von Hayek (1972), S. 12f. u. S. 15; March/Olsen (1975), S. 154f.; Goeldel (1997), S. 61.

858 Vgl. Goeldel (1997), S. 61. Vgl. auch von Hayek (1989), S. 388; Grothe (1997), S. 182; Hutzschenreuter (1998), S. 94f.; Herzog (1999), S. 70.

859 Vgl. dazu auch Hutzschenreuter (1998), S. 94f.: „Komplexität und Dynamik führen zu Unsicherheit über die zukünftige Struktur der Gestaltungsbedingungen, da die handelnden Personen nur über beschränkte Informationsverarbeitungskapazitäten verfügen und höhere Komplexität und Dynamik

Diese realiter meist in unterschiedlichem Ausmaß vorhandenen Defizite der Bestands- und der Bestandnutzungsfähigkeiten führen dazu, dass bei Entscheidungssituationen zwischen zwei oder mehreren Handlungs- und/oder Anstrengungsalternativen i. d. R. nicht nach optimalen Lösungen, sondern nur nach – ausgehend vom vorhandenen Fähigkeitenbestand – ausreichenden, satisfizierenden Lösungen gesucht werden kann: Angesichts der Vielzahl der parallel im praktischen Leben zu treffenden Entscheidungen werden nur so die i. d. R. knappen kognitiven Kapazitäten zur Bewältigung der vielen Entscheidungsaufgaben ausreichen.[860] Dies impliziert dann in der Handlungsausführung, dass von einem Akteur gewollte Handlungen trotz subjektiv korrekter Leistungsanstrengung nicht immer zum erwünschten Handlungsergebnis führen, sondern aufgrund fehlenden Wissens und/oder verzerrter Situationseinschätzung unbeabsichtigte und eventuell sogar kontraintentionale Folgen auslösen können.[861]

Während ein Teil der Fähigkeiten relativ überdauernd vorgegeben ist,[862] lässt sich der andere Teil durch Lernen verändern bzw. verbessern.[863] Entsprechend können Akteure den ihnen durch die Fähigkeiten vorgegebenen Handlungsraum in gewissem Umfang durch die Verbesserung der deklarativen wie prozeduralen Fähigkeiten erweitern.[864]

4.2 Lernen als Veränderung der Bestimmungsfaktoren

Die vorangehend näher beschriebenen Bestimmungsfaktoren menschlichen Handelns sind über die Zeit nicht invariabel, sondern können durch Lerneffekte inhaltlich verändert

---

erfordern würden, daß mehr Informationen beschafft und verarbeitet werden". Ähnlich Herzog (1999), S. 70, der anstelle von Unsicherheit von Wissensdefiziten spricht. Vgl. auch schon March/Simon (1958), S. 151. Siehe Hoffmann (1980), S. 103-110, für (empirische) Präzisierungsvorschläge der Begriffe Komplexität und Dynamik.

860 Vgl. March/Simon (1958), S. 151; von der Oelsnitz (1999), S. 162.

861 Vgl. dazu ähnlich auch Jost (2000), S. 307. Vgl. dazu auch Hutzschenreuter (1998), S. 95: „Die Unsicherheit ist im allgemeinen so ausgeprägt, daß zum einen nicht alle denkbaren Umweltzustände ex ante bekannt sind und zum anderen die Eintrittswahrscheinlichkeiten der möglichen Umweltzustände nicht hinreichend genau bestimmt sind."

862 Vgl. Funke/Vaterrodt-Plünnecke (2004), S. 63. Siehe für eine Diskussion der diversen empirischen Erkenntnisse und ihrer Konsequenzen zum Anteil der fest vorgegebenen bzw. vererbten Fähigkeiten versus der durch Lernen beeinflussbaren z. B. Funke/Vaterrodt-Plünnecke (2004), S. 61-64; Felin/Hesterly (2006), S. 17f.

863 Vgl. Katz (1955), S. 34; Katz (1974), S. 101; Comelli/von Rosenstiel (2001), S. 2; George/Jones (2005), S. 55. Vgl. auch schon Argyris (1957), S. 34. Eine nähere Darstellung dieser Lernvorgänge erfolg im nächsten Kapitel.

864 Vgl. Porter/Lawler (1968), S. 23; Schäffer (2001), S. 7.

werden.[865] Diese Lernvorgänge führen damit (potenziell) auch zu Veränderungen im zukünftigen Handeln eines Akteurs (z. B. im Prozess einer Investitionskontrolle).[866]

Zur Beschreibung solcher Lernprozesse wurden im Laufe der Zeit diverse Lernbegriffe und Lerntheorien entwickelt,[867] die in der (sozial-)psychologischen Literatur heftige Auseinandersetzungen auslösten.[868] Sogar heute noch existiert nicht eine allgemein akzeptierte und umfassende Lerntheorie.[869] Aus der Vielzahl der im Laufe der Zeit entwickelten Lerntheorien kommt insbesondere der (1) Lerntheorie der klassischen Konditionierung nach Pavlov, der (2) Theorie der operanten Konditionierung, der (3) kognitiven Lerntheorie nach Tolman und der (4) sozial-kognitiven Lerntheorie große Bedeutung zu.[870] Während die ersten beiden dabei behavioristische, d. h. rein auf beobachtbare Vorgänge bzw. Stimuli und Handlungsreaktionen begrenzte, Ansätze[871] sind, fallen die letzten beiden in den Bereich der (sozial-)kognitiven Psychologie, da sie von der Betrachtung des Menschen als „black box" abgehen und sich mit den direkt nicht-beobachtbaren kognitiven Elementen wie Motiven, Einstellungen, Erwartungen und Fähigkeiten beschäftigen, die sich zwischen die Stimuli und die Handlungsreaktion schieben.[872] Da diese Theorien lange in der Literatur konkurrierten, seien sie kurz dargestellt, um darauf aufbauend das Verständnis des Lernens in der vorliegenden Arbeit zu präzisieren.[873]

(1) Klassische Kontiguitäts- bzw. Lerntheorie nach Pavlov

Eine der ersten und die Forschung außerordentlich prägende Lerntheorie baut auf den Experimenten Pavlovs (1927) mit Hunden auf.[874] Sie betrachtet, einer rein behavioristischen Perspektive folgend, für das Lernen nur beobachtbare Vorgänge, d. h. Stimuli und

---

865 Vgl. Myers (2005), S. 123.

866 Vgl. dazu Vroom (1964), S. 82. Vgl. auch Thieme (1982), S. 67; Jost (2000), S. 108; George/Jones (2005), S. 141.

867 Vgl. dazu auch Steiner (1974), S. 38; Mazur (2004), S. 25f.

868 Vgl. Kroeber-Riel (1992), S. 321. Neben den psychologischen Lerntheorien existieren auch neurobiologische, auf die hier jedoch nicht näher eingegangen wird, da sie nicht dem gewählten psychologisch-verhaltensorientierten Ansatz der Betriebswirtschaftslehre zuzurechnen sind. Vgl. für einen kurzen Überblick zu diesen neurobiologischen Ansätzen bspw. Kroeber-Riel (1992), S. 334.

869 Vgl. Kroeber-Riel (1992), S. 333.

870 Vgl. dazu bspw. Gibson/Ivancevich/Donnelly (1994), S. 172; Hellriegel/Slocum/Woodman (1995), S. 139; Robbins (2001), S. 61; Zimbardo/Gerrig (2004), S. 243-285.

871 Vgl. grundlegend zum Behaviorismus Watson (1919).

872 Vgl. Staehle (1999), S. 213.

873 Detailliertere Ausführungen zu den diversen Lerntheorien finden sich insbesondere in den Standardwerken von Bower/Hilgard (1981); Edelmann (1993); Mazur (2004); Zimbardo/Gerrig (2004), S. 241-290; Myers (2005), S. 330-367.

874 Vgl. Myers (2005), S. 334.

Reaktionen.[875] Pavlov (1927) zufolge ist Lernen die Konsequenz des räumlich-zeitlichen Zusammentreffens zweier Reize (einer Kontiguität).[876] Entsprechend wird dieser Ansatz auch als Lernen nach dem Kontiguitätsprinzip oder als reizbedingte oder klassische Konditionierung bezeichnet.[877] Beim Lernen nach dem Kontiguitätsprinzip wird aus einem neutralen Stimulus durch das räumlich-zeitliche Zusammentreffen mit einem unkonditionierten, d. h. angeborenermaßen eine bestimmte Handlung auslösenden,[878] Reiz ein konditionierter oder künstlicher, d. h. ein durch Erlernen eine bestimmte Reaktion auslösender, Stimulus.[879] Mithin lernt der Organismus eine Assoziation zwischen zwei Stimuli.[880] Dabei kann aufgrund von Stimulus- und Reaktionsgeneralisierungen gelerntes Verhalten nicht nur in identischer Form und bei identischer Reizkonstellation ausgelöst werden, sondern auch bei ähnlichen Stimuli.[881] Ebenso können mittels Reizdiskriminationen spezifische Reaktionen auf geringfügig variierende Reize gelernt werden.[882]

Anhand dieses Erklärungsansatzes lassen sich diverse, jedoch einfache (insbesondere reflexartige) Verhaltensweisen von Tieren und Menschen beschreiben, nicht jedoch komplexeres Verhalten bzw. Handeln.[883] Relativ gut erklären lassen sich allerdings erlernte Affekte bzw. emotionale Elemente von Einstellungen,[884] insbesondere eine Furchtkonditionierung.[885]

(2) Operante Lerntheorien nach Thorndike und Skinner

Neben der klassischen Konditionierung kommt auch dem behavioristischen Lernen nach dem Verstärkungsprinzip, das auch als instrumentelle oder operante Konditionierung

---

[875] Vgl. Pavlov (1927), S. 15: „there is no need to take the subjective states of the dog into consideration". Siehe dazu auch Bower/Hilgard (1981), S. 49 u. S. 71f.; Mazur (2004), S. 25 u. S. 29; Zimbardo/Gerrig (2004), S. 244; Myers (2005), S. 334. Zum Behaviorismus vgl. grundlegend auch Watson (1919).

[876] Vgl. Pavlov (1927), S. 22-25; Neuberger (1974), S. 80; Staehle (1999), S. 208

[877] Vgl. Mazur (2004), S. 95; Myers (2005), S. 334f.

[878] Vgl. Myers (2005), S. 335.

[879] Vgl. Braun/Linder (1979), S. 76; Bower/Hilgard (1981), S. 49; Mazur (2004), S. 95f.; Zimbardo/Gerrig (2004), S. 248; Myers (2005), S. 335.

[880] Vgl. Zimbardo/Gerrig (2004), S. 246; Myers (2005), S. 331.

[881] Vgl. Neuberger (1974), S. 81. Hilgard/Bower (1981), S. 52. Zur Generalisierung, d. h. zur Neigung eines Individums, auf neue Reize in fast derselben Weise zu reagieren wie auf ähnliche, bekannte Stimuli, vgl. ausführlich Mazur (2004), S. 332-367. Vgl. auch Zimbardo/Gerrig (2004), S. 251f.; Myers (2005), S. 338f.

[882] Vgl. z. B. Myers (2005), S. 339f.

[883] Vgl. Skinner (1965), S. 59; Gibson/Ivancevich/Donnelly (1994), S. 140; Robbins (2001), S. 62. Vgl. für einen Überblick an praktischen Beispielen Edelmann (1993), S. 96-103.

[884] Vgl. Braun/Linder (1979), S. 572; Olson/Zanna (1993), S. 127; Crawford/Luka/Cacioppo (2002), S. 759; Aronson/Wilson/Akert (2004), S. 232.

[885] Vgl. Zimbardo/Gerrig (2004), S. 256.

bezeichnet wird,[886] zentrale Bedeutung in der Lernforschung zu.[887] Dieser Erklärungsansatz ist grundlegend auf die äußerst einflussreiche Arbeit von Thorndike (1911) zurückzuführen und wurde später von Skinner (1965) weiter ausgebaut.[888] Die operanten Lerntheorien betrachten für die Erklärung des Lernens beobachtbare Vorgänge und gehen davon aus, dass das Handeln eine Funktion seiner durch Versuch und Irrtum festgestellten jeweiligen Folgen darstellt.[889] Das Eintreten einer angenehmen Verstärkung (d. h. einer Bedürfnisbefriedigung) erhöht dem Thorndike'schen (1911) Gesetz des Effekts (engl. „Law of Effect"[890]) zufolge die Wahrscheinlichkeit, dass die bestimmte, dabei angewandte Handlung in einer vergleichbaren Situation wiederholt wird.[891] Ebenso wird eine von einer unangenehmen Folge begleitete Handlung in einer ähnlichen Situation mit geringerer Wahrscheinlichkeit wieder ausgeführt, da die Assoziation zwischen Situation und Handlung geschwächt wird.[892] Die Intensität der Stärkung oder Schwächung der Verbindung hängt dabei in beiden Fällen vom Ausmaß der Befriedigung oder Frustration der Bedürfnisse ab.[893] Im Ergebnis geht die Theorie der operanten Konditionierung damit von einem kontinuierlichen Auslese- oder Verfeinerungsprozess der Verhaltensweisen des Organismus auf Basis der mit den Handlungen verbundenen Folgen aus.[894]

Ebenso wie bei der klassischen Konditionierung spielen auch bei der operanten Lerntheorie Reiz- und Reaktionsgeneralisierungen eine wichtige Rolle: Gelerntes Verhalten wird so „nicht nur bei einer identischen Reizkonstellation ausgelöst, sondern auch in einer Situation, die der Lernsituation ‚ähnlich' ist und das gelernte Verhalten verläuft nicht stereotyp in genau der gleichen Form, sondern wird ‚etwas' variiert."[895] Angesichts der Ähnlichkeit zur klassischen Konditionierung wird die Theorie der operanten Konditionierung teilweise auch als die umfassendere, der klassischen Konditionierung übergeordnete Theorie betrachtet.[896]

---

886 Vgl. Neuberger (1974), S. 80f.; Braun/Linder (1979), S. 80; Staehle (1999), S. 208 u. S. 210; Mazur (2004), S. 201; Zimbardo/Gerrig (2004), S. 263.

887 Vgl. Bower/Hilgard (1981), S. 21; George/Jones (2005), S. 141.

888 Vgl. Braun/Linder (1979), S. 80; Bower/Hilgard (1981), S. 26; Zimbardo/Gerrig (2004), S. 262f.

889 Vgl. Thorndike (1911), S. 244; Skinner (1965), S. 66; Bower/Hilgard (1981), S. 22, S. 25 u. S. 169; Mazur (2004), S. 29f.; Zimbardo/Gerrig (2004), S. 244 u. S. 262; Myers (2005), S. 346.

890 Thorndike (1911), S. 244.

891 Vgl. Thorndike (1911), S. 244. Ähnlich Skinner (1965), S. 59. Vgl. für eine Diskussion der (marginalen) Unterschiede in der Konzeption zwischen Thorndike (1911) und Skinner (1965) bspw. Bower/Hilgard (1981), S. 171.

892 Vgl. Thorndike (1911), S. 244.

893 Vgl. Thorndike (1911), S. 244.

894 Vgl. Skinner (1965), S. 91; Bower/Hilgard (1981), S. 23f.

895 Neuberger (1974), S. 81. Siehe auch Skinner (1965), S. 64f.; Bower/Hilgard (1981), S. 28 u. S. 176-178. Vgl. zur Generalisierung auch ausführlich Mazur (2004), S. 332-367. Ebenso kann es als entgegengesetzem Effekt auch zu einer Differenzierung oder Diskriminierung kommen. Vgl. Zimbardo/Gerrig (2004), S. 266-268.

896 Vgl. Bower/Hilgard (1981), S. 65 u. S. 171 und die dort angeführten Autoren dieser Diskussion.

Die operante Konditionierung bietet, im Gegensatz zur Theorie der klassischen Konditionierung, auch ein Erklärungsschema für das Erlernen einer Vielzahl von komplexeren Verhaltensweisen.[897] Dies ist zum einen auf das Konzept des Verstärkungs- bzw. Ausleseprozesses zurückzuführen und zum anderen auf die insbesondere von Skinner (1965) diskutierte Verkettung von Einzelhandlungen und die dadurch mögliche Verstärkung (so genanntes Shaping) auch komplexer Handlungen (bzw. Einzelhandlungsfolgen) anhand der Folgen dieser komplexen Handlungen (engl. Response Chains).[898] Andererseits folgt sie mit ihrem Fokus auf beobachtbare Vorgänge einer rein behavioristischen Perspektive, deren Eignung zur Erklärung menschlicher Lernvorgänge in der Literatur sehr kritisch beurteilt wird.[899]

(3) Kognitive Lerntheorie nach Tolman

Im Gegensatz zu den soeben dargestellten behavioristischen Theorien des Lernens aufgrund von Kontiguität oder operanter Konditionierung betrachtet die von Tolman (1948) begründete kognitive Lerntheorie die kognitiven Prozesse beim Lernen zwischen dem Auftreten von Reiz und Reaktion.[900] Die kognitive Lerntheorie Tolmans (1948) setzt auf der Gestaltpsychologie auf.[901] Diese geht von einer Ganzheitsbetrachtung aus, d. h. der Idee, dass das Ganze (die „Gestalt") mehr ist als die Summe der Teile.[902] Daher wird Lernen als ein Vorgang der Strukturierung und Analyse der Umwelt aufgefasst, d. h. des Versuchs, Hypothesen zu den Beziehungen zwischen Objekten, Ereignissen und Folgen zu formulieren, die dann gedanklich als so genannte kognitive Landkarten („cognitive map"[903]) abgebildet werden.[904] Gelerntes Verhalten stellt nach Tolman (1948) nicht das Ergebnis eines Prozesses des Versuchs und Irrtums, d. h. reiz- bzw. reaktionsabhängiger Verstärkung, dar, sondern eines anhand kognitiver Strukturen die Gestalt der Umwelt wahrnehmenden, interpretierenden und Erwartungen über diese und die Folgen des Handelns darin bildenden kognitiven Prozesses.[905] Eine weitere bedeutsame Erkenntnis ist die

---

[897] Vgl. Zimbardo/Gerrig (2004), S. 282. Für einen Überblick praktischer Beispiele des Lernens durch operante Konditionierung vgl. z. B. Edelmann (1993), S. 172-178.

[898] Vgl. hierzu auch Bower/Hilgard (1981), S. 178f.

[899] Vgl. dazu auch Bower/Hilgard (1981), S. 47 u. S. 205f.; Myers (2005), S. 354.

[900] Vgl. Tolman (1948), S. 192; Braun/Linder (1979), S. 75; Bower/Hilgard (1981), S. 15f. u. S. 326; Staehle (1999), S. 213; Zimbardo/Gerrig (2004), S. 282.

[901] Vgl. Tolman (1949a), S. 154. Zur Gestaltpsychologie vgl. grundlegend Wertheimer (1925); Lewin (1969).

[902] Vgl. Wertheimer (1925), S. 184. Vgl. für einen Kurzüberblick der Gestalttheorie z. B. Bower/Hilgard (1981), S. 299-325.

[903] Tolman (1949b), S. 10.

[904] Vgl. Tolman (1948), S. 192; Tolman (1949a), S. 149; Tolman (1949b), S. 10. Siehe auch Steiner (1974), S. 46; Bower/Hilgard (1981), S. 328f.; Zimbardo/Gerrig (2004), S. 282-284.

[905] Vgl. Tolman (1949b), S. 10; Staehle (1999), S. 213f.

Möglichkeit latenten Lernens, d. h. einer Veränderung lediglich des Verhaltenspotenzials, die sich nicht notwendigerweise auch im Verhalten wieder finden muss und die auch ohne „Verstärkung oder Bestrafung stattfinden kann"[906].[907] Vielmehr muss eine passende und auch lohnende Gelegenheit zur Anwendung des Gelernten bestehen, damit das geänderte Verhaltenspotenzial in einem geänderten Handeln Niederschlag findet.[908]

Die kognitive Lerntheorie Tolmans (1948) erlaubt die Erklärung komplexer Verhaltensweisen und die Erklärung von Phänomenen, die mittels der behavioristischen Lerntheorien nicht erklärbar sind wie beispielsweise das experimentell feststellbare latente Lernen. Sie wendet sich von der Fokussierung nur auf beobachtbare Ereignisse wie Stimuli und Reaktionen der behavioristischen Lerntheorien ab und stellt damit einen entscheidenden Baustein der sich nachfolgend daraus entwickelnden kognitiven Psychologie dar. Ihre Trennung in Erlernen bzw. Bildung eines Verhaltenspotenzials und dessen Anwendung in Form von Handlungen hat inzwischen weitgehend universelle Akzeptanz in der Psychologie erreicht.

(4) Sozial-kognitive Lerntheorie nach Bandura

Die sozial-kognitiven Lerntheorien blicken über den einzelnen Akteur hinaus und betrachten den Akteur in seiner Umwelt.[909] Sie versuchen daher Lernprozesse nicht nur aus den durch einen Akteur selbst erfahrenen Handlungsfolgen zu erklären, sondern insbesondere auch aus der Beobachtung des Handelns und der damit verbundenen Konsequenzen anderer Akteure.[910] Sie sehen ebenso wie die kognitiven Lerntheorien die Berücksichtigung intervenierender, nicht direkt beobachtbarer Faktoren für bedeutsam an.[911] Die wohl bekannteste Gruppe der sozialen Lerntheorien stellen die Theorien des Beobachtungslernens (synonym: Modelllernen oder Imitation) dar.[912] Von diesen ist wiederum diejenige nach Bandura/Ross/Ross (1963) ohne Zweifel die in der Literatur am stärksten

---

906 Myers (2005), S. 354.

907 Vgl. Tolman/Honzik (1930), S. 266f.; Tolman (1949a), S. 149. Vgl. zur Unterscheidung von Erwerb und Performanz nach den kognitiven Lerntheorien bspw. auch von Rosenstiel/Molt/Rüttinger (1972), S. 87f.; Bower/Hilgard (1981), S. 329f.; Zimbardo/Gerrig (2004), S. 243.

908 Vgl. ähnlich Mazur (2004), S. 301 und dortige Quellen.

909 Vgl. Wood/Bandura (1989), S. 362; Gibson/Ivancevich/Donnelly (1994), S. 173f.; Staehle (1999), S. 216f.; George/Jones (2005), S. 151.

910 Vgl. von Rosenstiel/Molt/Rüttinger (1972), S. 87; Bandura (1977), S. 22; Wood/Bandura (1989), S. 362; Mazur (2004), S. 412; Myers (2005), S. 361.

911 Vgl. Wood/Bandura (1989), S. 362.

912 So verwenden einige Autoren den Begriff der sozialen Lerntheorien synonym mit Theorien des Modell- oder Beobachtungslernen (vgl. exemplarisch Daft/Noe (2001), S. 204). Andere Autoren wiederum rechnen u. a. auch die Konzepte der Kontrollüberzeugung nach Rotter (1954) und der Selbsteffektivitätswahrnehmung nach Bandura (1997) zu den sozialen Lerntheorien hinzu (vgl. z. B. Staehle (1999), S. 216-218; Schäffer (2001), S. 32f.).

verbreitete.[913] Dabei umschreibt Beobachtungslernen einen Vorgang, bei dem so genanntes Reizmaterial einem beobachtenden Akteur dargeboten wird, der durch die Beobachtung der Handlung eines anderen sein eigenes Handeln verändert, wenn er mit einer ähnlichen Situation wie der des Modells konfrontiert wird.[914] Voraussetzung hierfür ist das Vorhandensein und Wahrnehmen eines realen oder symbolischen, verbalen oder bildlichen Modells, wie es beispielsweise in den Medien Fernsehen oder Zeitschriften zu finden ist.[915] Dabei wird der beobachtende Akteur „das Verhalten dann imitieren und in das eigene Verhaltensrepertoire aufnehmen, wenn es im Vorbild belohnt (verstärkt) wurde"[916]. Beobachtungslernen kann daher als eine Form des Lernens aus mittelbarer Verstärkung und mittelbarer Bestrafung interpretiert werden.[917] Die beobachteten Verhaltensweisen müssen nicht unmittelbar nach der Beobachtung (d. h. dem Beobachtungslernen) ausgeführt werden, sondern können auch erst zu einem späteren Zeitpunkt (in Abwesenheit des beobachteten Modells) angewendet werden.[918] Damit ähnelt die sozial-kognitive Lerntheorie der kognitiven Lerntheorie Tolmans (1948). Die Übernahme des Beobachteten in das eigene Handeln ist dabei umso (un-)wahrscheinlicher, je stärker (schwächer) das beobachtete Handeln mit angenehmen Konsequenzen für den beobachteten Akteur verbunden ist (und je mehr der Beobachtende damit ähnlich angenehme Konsequenzen für sich erwartet).[919]

Ähnlich wie die kognitive Lerntheorie erlaubt es auch die umfassende sozial-kognitive Lerntheorie, sehr komplexe und durch soziale Interaktion charakterisierte Verhaltensweisen, so z. B. die Übernahme von Einstellungen von Eltern, Freunden oder Fernsehen,[920] zu erklären.[921]

Den nachfolgenden Überlegungen zu den Wirkungen einer betriebswirtschaftlichen Investitionskontrolle auf die an ihr beteiligten Individuen soll ein den kognitiven und sozial-kognitiven Lernbegriffen angelehntes Verständnis des Lernens zugrunde gelegt werden. Da diese Lernbegriffe in der jüngeren (sozial-)psychologischen Literatur dominant eingesetzt werden und einander nicht ausschließen, wird ein Rückgriff auf ein breites

---

913 Vgl. für einen Überblick über weitere sozial-kognitive Lerntheorien Zimbardo/Gerrig (2004), S. 631f.

914 Vgl. Banduara/Ross/Ross (1963), S. 3 u. S. 9; Vroom (1964b), S. 80; von Rosenstiel/Molt/Rüttinger (1972), S. 87; Bandura (1977), S. 22-24; Staehle (1999), S. 217; Zimbardo/Gerrig (2004), S. 285.

915 Vgl. Bandura/Ross/Ross (1963), S. 9; Rosenstiel/Molt/Rüttinger (1972), S. 87.

916 Staehle (1999), S. 218. Ähnlich Vroom (1964b), S. 84; Daft/Noe (2001), S. 204; Zimbardo/Gerrig (2004), S. 285; Myers (2005), S. 362.

917 Vgl. Zimbardo/Gerrig (2004), S. 285.

918 Vgl. Bandura/Ross/Ross (1963), S. 9; Bandura (1977), S. 28f. u. S. 33f.; Wood/Bandura (1989), S. 363.

919 Vgl. Bandura (1977), S. 118f.; Wood/Bandura (1989), S. 363. Siehe auch Myers (2005), S. 362-365.

920 Vgl. Banduara/Ross/Ross (1963), S. 9; Baron/Byrne (1997), S. 117.

921 Vgl. dazu Bandura (1977), S. 22, S. 28 u. S. 39. Vgl. auch von Rosenstiel (2001a), S. 135.

Spektrum an psychologischen Forschungsarbeiten ermöglicht und eine breite Anschlussfähigkeit der Arbeit gesichert. Gleichzeitig tragen diese Lernbegriffe im Gegensatz zu den „klassischeren", behavioristischen der experimentell gut belegten Trennung in Erwerb bzw. Erlernen und Anwendung von Gelerntem Rechnung. Schließlich entsprechen sie auch der in Kapitel 1.2 erläuterten kognitiven Analyseebene der vorliegenden Arbeit.

Mithin soll unter *Lernen im Weiteren eine dauerhafte Veränderung des Verhaltenspotenzials aufgrund einer Änderung der vorhin dargestellten Bestimmungsfaktoren* (Motive, Einstellungen, Erwartungen, Fähigkeiten) infolge von Stimuli verstanden werden.[922]

Der Lernbegriff soll somit nicht, wie z. T. in der Literatur vorgenommen, allein auf eine Veränderung der Fähigkeiten der beteiligten Akteure beschränkt sein,[923] sondern sich auch auf die anderen dargestellten Bestimmungsfaktoren menschlichen Handelns wie Motive, Einstellungen und Erwartungen beziehen können.[924] Diese breite Verwendung des Lernbegriffs steht dabei in Übereinstimmung mit der kognitiven und sozialkognitiven Psychologie und liegt (implizit) auch betriebswirtschaftlichen Überlegungen aus der Marketingforschung zugrunde, die beispielsweise auf die Veränderung von Einstellungen zu Produkten und Dienstleistungen durch Werbe-/Informationsmaßnahmen

---

922 Vgl. ähnlich auch Daft/Noe (2001), S. 104; Robbins (2001), S. 61; Zimbardo/Gerrig (2004), S. 243. Lernen ist dabei ein an sich nicht beobachtbarer Prozess, sondern lässt sich bis heute nur anhand der Leistung bzw. der Handlungen eines Individuums erkennen (vgl. Braun/Linder (1979), S. 74; Zimbardo/Gerrig (2004), S. 243). Da das Individuum nicht immer in einer Situation ist, mit der das neu Gelernte zusammenpasst und in der es bessere Folgen als die bisherigen Handlungen verspricht und dementsprechend angewandt wird, muss sich eine Veränderung der Basiselemente, die eigentlich ein geändertes Verhalten nach sich ziehen würde, nicht direkt in einem geänderten Handeln des Akteurs wiederfinden (vgl. dazu die Ausführung zu der kognitiven Lerntheorie Tolmans (1948) im Text oben). Es muss vielmehr eine „lohnende" und passende Gelegenheit dafür existieren (vgl. ähnlich auch Mazur (2004), S. 301 und dortige Quellen). Es tritt ansonsten nur eine Veränderung des (direkt nicht sichtbaren) Verhaltenspotenzials auf (vgl. zur Unterscheidung hierzu auch von Rosenstiel/Molt/Rüttinger (1972), S. 87f.; Zimbardo/Gerrig (2004), S. 243).

923 Vgl. exemplarisch für diese enge Präzisierung des Lernbegriffs Borer (1978), S. 54: „Das Lernen basiert entweder auf einem Erfahrungsaustausch unter den Mitarbeitern, auf der Aufnahme betriebsfremder Erfahrungen aus Informationsträgern (Bücher, Zeitschriften etc.) oder auf der kritischen Analyse der eigenen Problemlösungen durch Vergleich der gesteckten Ziele und ihrer Realisation. Das Ergebnis sowohl des individuellen wie auch des kollektiven Lernprozesses ist ein Erfahrungszuwachs, der es erlaubt, die zukünftigen Aufgaben gleicher oder ähnlicher Art besser zu bewältigen." Vgl. für eine Beschränkung allein auf die Fähigkeitsveränderungen z. B. auch Steiner (1974), S. 1; Miller (2003), S. 207.

924 Vgl. Gibson/Ivancevich/Donnelly (1994), S. 172. Siehe z. B. auch Brown/Duguid (2001), S. 200: „Learning is inevitably implicated in the acquisition of knowledge, but it is also implicated in the acquisition of identity". Vgl. aber exemplarisch schon Vroom (1964), S. 84f., und Neuberger (1974), S. 62, die auch das Lernen von Motiven diskutieren, sowie die „Theorie der gelernten Bedürfnisse" nach McClelland et al. (1953). Siehe bspw. Roth (1967), S. 68, Fishbein/Ajzen (1975), S. 9f.; Baron/Byrne (1997), S. 114-118; Aronson/Wilson/Akert (2004), S. 236-249, die das Erlernen von Einstellungen diskutieren. Zu Lernprozessen bei Erwartungen vgl. z. B. Jost (2000), S. 110; Miller (2003), S. 261-264.

oder aber die Schaffung neuer Kundenwünsche durch die Weiterentwicklung der Kundenbedürfnisse (bzw. -motive) abzielen.[925]

Zu beachten ist jedoch, dass die von einem Individuum wahrgenommen Stimuli nicht zwangsläufig zu Lerneffekten in der oben genannten Form führen müssen. Zum einen müssen hierfür unerwartete bzw. neue („dissonante") Informationen in diesen selbst erlebten oder beobachteten Stimuli enthalten sein,[926] da sonst keine (Neu-)Strukturierung der Gestalt der Umwelt durch den Akteur möglich ist – und damit gemäß den zugrunde gelegten Lernbegriffen auch kein Lernen.[927] Zum anderen ist es erforderlich, dass auch in der Tat aus diesen (neuen, überraschenden) Reizen entsprechende Prozesse der Veränderung der Strukturierung der vorhandenen kognitiven Elemente erfolgen. Dies muss ebenfalls nicht zwangsläufig der Fall sein. Vielmehr hängt dies davon ab, wie die Person mit den dissonanten und damit für sie unangenehmen Informationen umgeht.[928] Dabei lassen sich in Anlehnung an Festinger (1957) unterschiedliche (mehr oder minder unbewusst ablaufende) Lösungsstrategien unterscheiden, wobei ein Akteur diese ggf. auch kombiniert anwenden wird:

---

925 Vgl. für die Marketingforschung exemplarisch Meffert (1998), S. 660f. u. S. 666.

926 Vgl. dazu auch Festinger (1957), S. 18; Zimbardo (1960), S. 89. Siehe auch z. B. Meffert (1998), S. 666.

927 D. h. je größer das Ausmaß der Dissonanz der neuen Informationen von den vorhandenen, desto größer ist potenziell auch das Ausmaß des Lernens. Vgl. zur Bedeutung des Ausmaßes der Dissonanzen auch Festinger (1957), S. 18; Zimbardo (1960), S. 89. Siehe ferner auch Taylor/Peplau/Sears (1997), S. 144 und dort genannte experimentelle Untersuchungen.

928 Vgl. Festinger (1957), S. 18; Festinger/Aronson (1960), S. 214. Siehe auch Zimbardo (1960), S. 86; Taylor/Peplau/Sears (1997), S. 144; Aronson/Wilson/Akert (2004), S. 188; Zimbardo/Gerrig (2004), S. 780. Teilweise wird auch von Bestätigungstendenz oder confirmation bias gesprochen (vgl. dazu bspw. Myers (2005), S. 419, und dortige Quellenangaben).
Vgl. für einen Überblick empirischer Studien zur praktischen Validität der Annahmen und Aussagen der Theorie der kognitiven Dissonanz, d. h. des Wunsches der Dissonanzvermeidung und den Dissonanzvermeidungsstrategien, Baron/Byrne (1997), S. 139-142. Trotz dieser die Theorie stützender Erkenntnisse und der fast universellen Verbreitung der Theorie der kognitiven Dissonanz in der Literatur ist jedoch anzumerken, dass auch kritische Stimmen existieren. Insbesondere die Selbstwahrnehmungstheorie nach Bem (1970) bzw. Bem (1972), die zwar gleiche Prognosen liefert, jedoch einen konträren Begründungszusammenhang besitzt, steht im Mittelpunkt einer kritischen Diskussion der Theorie der kognitiven Dissonanz (vgl. hierzu Taylor/Peplau/Sears (1997), S. 147-149; Crawford/Luka/Cacioppo (2002), S. 761). Grundsätzlich kritisch zur Theorie der kognitiven Dissonanz nach Festinger (1957) ist anzumerken, dass ihr auf Basis wissenschaftstheoretischer Überlegungen zu den Anforderungen an Theorien der Vorwurf gemacht werden kann, sie verstoße gegen das Kriterium der Informativität. So trifft die Theorie keine wirklich klaren Aussagen darüber, wann kognitive Dissonanzen vom Individuum durch eine Veränderung seiner Kognition (d. h. Lernen) reduziert werden und wann sie durch „Ausweichstrategien" wie die Abwertung der die Dissonanz auslösenden Information oder die Suche nach konsonanten Informationen reduziert werden (vgl. dazu auch Bramsemann (2006)). Trotz dieses möglichen Vorwurfs an die Theorie der kognitiven Dissonanz sei im Weiteren dennoch auf sie (genauer: ihre Unterscheidung in ein Lernen vs. kein Lernen) zurückgegriffen, da hierdurch die realiter festzustellenden Effekte eines Nicht-Lernens, die in den Lerntheorien meist ausgeblendet werden, zumindest strukturell erfasst werden können. Insofern dient sie im Weiteren hauptsächlich als Strukturierungsrahmen.

- Zum einen auf eine Strategie der Dissonanzreduktion durch eine den selbst gemachten (oder beobachteten) Erfahrungen entsprechende Anpassung der Basiselemente durch Lernvorgänge auf Grundlage systematischer Analysen der Abweichungsgründe. Auf diesem Weg reduziert er die Dissonanz, da er die kognitiven Basiselemente mehr den objektiven Gegebenheiten bzw. Erfordernissen anpasst.[929] Solche Veränderungen durch Lernen erfolgen sehr häufig im täglichen Leben eines Akteurs. Allerdings führen die mit einer solchen Veränderung von Teilen der Kognition im Zusammenspiel mit bestehenden, anderen Elementen der menschlichen Kognitionen dann potenziell verbundenen, neuen kognitiven Dissonanzen dazu, dass sie nicht immer vom Akteur auch tatsächlich vorgenommen werden oder nicht immer in vollem Umfang.[930]
- Zum anderen, d. h. falls ein Lernen zu aufwändig erscheint, wird der Akteur entweder versuchen, die Realität entsprechend anzupassen bzw. den Kontext zu wechseln, um auf diesem Weg die Dissonanz zu reduzieren, ohne die kognitiven Basiselemente seines Handelns zu verändern, oder aber die entsprechenden, die Dissonanzen auslösenden Stimuli verzerrt wahrzunehmen und zu verarbeiten und so ebenfalls die Dissonanz abzuschwächen.[931] Alternativ wird er versuchen, aktiv neue Informationen zu finden, die konsonant mit seinen vorhandenen Kognitionen sind und die dissonanten Informationen dann als „unwahrscheinliche, statistische Ausreißer" kennzeichnen, was die unveränderte Beibehaltung der Basiselemente nahe legt.[932]

Es muss daher nicht unbedingt aus einem Stimulus eine Veränderung der Basiselemente des Individuums resultieren. Selbst im Fall, dass es zu einer solchen Veränderung kommt, ist zu beachten, dass aufgrund realiter meist als eingeschränkt zu charakterisierender individueller Fähigkeiten des Akteurs eine Veränderung nicht gleichzeitig auch immer eine Verbesserung sein muss. Unter Umständen werden auch fehlerhafte Schlüsse aus den Informationen gezogen, womit (selbst bei Anwendung der Lernstrategie zur Dissonanzreduktion) objektiv gesehen fehlerhafte Veränderungen möglich sind. Entsprechend ließe sich von einem negativen oder unvorteilhaften und einem positiven oder vorteilhaften Lernen sprechen. Während umgangssprachlich Lernen meist implizit mit einer Verbesserung, d. h. einem positiven Lernen, in Verbindung gebracht wird, seien daher im Weiteren sowohl positive wie auch negative Veränderungen der Basiseigenschaften im Hinblick auf die Annäherung an die objektiv optimalen Basiseigenschaften

---

[929] Vgl. hierzu bpsw. Festinger (1957), S. 19; Aronson/Wilson/Akert (2004), S. 188.

[930] Vgl. ebenda, S. 19. Ähnlich auch Taylor/Peplau/Sears (1997), S. 144.

[931] Vgl. Festinger (1957), S. 20f. Siehe auch Aronson/Wilson/Akert (2004), S. 188.

[932] Vgl. Festinger (1957), S. 22; Festinger/Aronson (1960), S. 215; Aronson/Wilson/Akert (2004), S. 188; Myers (2005), S. 419, und dortige Verweise auf experimentelle Belege.

zugelassen.[933] Die Lerneffekte seien daher über ein Kontinuum von sehr negativ über neutral bzw. null bis zu sehr positiv definiert, wobei der umgangssprachlichen Konnotation folgend, die Lerneffekte als umso „positiver" oder „stärker" bezeichnet seien, je weiter sie in Richtung des (aus objektiver Sicht) vorteilhaften Endes des Kontinuums gehen.

4.3 Integration der Basiselemente in ein Handlungsmodell

Aufbauend auf den ausführlich dargestellten und präzisierten Basiseigenschaften eines Akteurs und den Aussagen der einschlägigen (sozial-)psychologischen Literatur zu deren Zusammenspiel, lässt sich nun ein Handlungsmodell formulieren, welches die psychologisch-verhaltensorientierte Analyse von Handlungen allgemein und insbesondere von Handlungen individueller Personen im Investitionsprozess erlaubt. Es umfasst sechs Prozessschritte, die prinzipiell sowohl bei physischen wie auch kognitiven Handlungen nacheinander erfolgen.

Schritt 1: Entstehung von Handlungsimpulsen

Unbefriedigte Bedürfnisse stellen für den Akteur einen Impuls zum Handeln dar. Ist ein Bedürfnis befriedigt, so besitzt es keine Impulswirkung. Es kann jedoch durch das Entfernen eines für diese Befriedigung erforderlichen Reizes (z. B. der Autonomie im Falle des Fremdachtungsbedürfnisses) frustriert werden und damit, wie jedes nicht vollständig befriedigte Bedürfnis, einen für das Individuum unangenehmen Spannungszustand darstellen. Auch kann schon allein die gedankliche Erwartung des Unbefriedigtseins eines Bedürfnisses in der Zukunft (z. B. aufgrund des erwarteten Entzugs eines erforderlichen Reizes) einen entsprechenden Handlungsimpuls zur Aufrechterhaltung der Befriedigung nach sich ziehen.

---

933 Es kann zur Vereinfachung der Diskussion für diese Lerneffekte eine Kodierung der Richtung bzw. des Inhalts dieser Effekte auf das Intervall [-1, +1] vorgenommen werden. Dabei bezeichnet -1 im Fall des Lernens z. B. bei den Fähigkeiten des Akteurs eine in Bezug auf die Anforderungen des Kontexts maximal unvorteilhafte bzw. falsche Veränderung der Fähigkeiten; +1 hingegen für eine im Hinblick auf die Anforderungen des Kontexts maximal vorteilhafte bzw. richtige Veränderung (vgl. dazu auch Robbins (2001), S. 61; kritisch hingegen Annett (1969), S. 30). Dabei wird nicht, wie teilweise von anderen Autoren, auf eine ethische oder moralische Bewertung in gut und schlecht, sondern nur im Hinblick auf die mittelfristige Zweckmäßigkeit aus Sicht des Indivduums zurückgegriffen (vgl. anders Argyris/Schön (1978), S. 9). Eine ähnliche Einteilung in negativ und positiv gelte auch bei den Einstellungen (vgl. ähnlich bspw. Fishbein/Ajzen (1975), S. 11) und Erwartungen.

Je nach Stärke der (potenziellen) Nicht-Befriedigung eines Bedürfnisses steht es weiter oben oder weiter unten in der Rangordnung der einer Befriedigung harrenden Bedürfnisse, d. h. der Handlungsimpulse.[934]

Die Handlungsimpulse müssen jedoch vor ihrem praktischen Wirksamwerden für kognitive oder physische Handlungen des Akteurs erst „den Charakter einer Handlungstendenz gewinnen; es muß sich noch eine ‚Intention' bilden"[935].

Schritt 2: Bildung einer Handlungsintention

Ob ein Handlungsimpuls zu einer Handlungsintention wird, d. h. ob sich das Individuum zum Überschreiten des „Rubikon" entscheidet,[936] hängt von den intervenierenden Variablen der Einstellungen und Erwartungen des Akteurs ab.[937] Erstere stellen eine überdauerndere Bewertung alternativer Handlungen bzw. Handlungsmöglichkeiten und ihrer Ergebnisse aus kognitiver, affektiver und konativer Sicht dar.[938] Sie spielen somit eine in gewissem Rahmen ähnliche Rolle wie die Bedürfnisse und beeinflussen, ob ein Akteur in der Tat eine bestimmte, zur Bedürfnisbefriedigung prinzipiell geeignete Handlung auch umzusetzen bereit ist bzw. sie und ihre Ergebnisse und Folgen positiv bewertet.[939] Letztere stellen hingegen subjektive Wahrscheinlichkeitsurteile über die eigene Selbsteffektivität (H→E Erwartungen) und die Instrumentalität (E→F Erwartungen) eines bestimmten Ergebnisses für eine gewünschte (oder zu vermeiden gesuchte) Folge dar. Je größer der Akteur seine Selbsteffektivität wahrnimmt und je höher er die Instrumentalität des erzielten Ergebnisses für die Erlangung bestimmter, angenehmer Folgen (bzw. die Vermeidung unangenehmer Folgen) einschätzt, desto eher wird er eine Intention zur Durchführung der entsprechenden Handlung bzw. Handlungsalternative bilden.[940] Der Akteur wägt im Rahmen der Bildung einer (mit einem bestimmten Anstrengungsniveau verbundenen) Handlungsintention die mit den subjektiven H→E und E→F Erwartungen gewichteten Bedürfnisbefriedigungen durch die alternativen Handlungen sowie die Einstellungskonkordanzen der Handlungen und ihrer Ergebnisse gegeneinander ab.[941] Dabei versucht er,

---

934 Vgl. dazu Heckhausen (2003), S. 11f.

935 Heckhausen (2003), S. 12.

936 Vgl. dazu das „Rubikon-Modell" von Heckhausen (1987), S. 6f..

937 Vgl. Steinle (1978), S. 48; Thieme (1982), S. 58; Ajzen (1988), S. 113 u. S. 117f.; Heckhausen (2003), S. 12.

938 Vgl. dazu die Aufführungen in Kapitel 4.1.2.

939 Vgl. für einen empirischen Beleg des Einflusses der Einstellungen im Investitionskontrollbereich auf die Intention zur Durchführung einer entsprechenden Kontrolle durch den Kontrollträger Hamilton (1981), S. 134.

940 Vgl. dazu auch die Übersicht über diverse Meta-Analysen bei Bandura/Locke (2003), S. 87.

941 Im Weiteren seien dabei auch alternative Leistungsanstrengungsniveaus bei der Durchführung einer Handlung als Handlungsalternativen interpretiert.

unter Rückgriff auf seine, ihm im entsprechenden Moment zur Verfügung stehenden, kognitiven Fähigkeiten eine subjektiv rationale (d. h. ihm zweckoptimal erscheinende) Handlungsalternative (bzw. bei alternativen, möglichen Anstrengungsniveaus eine unter Berücksichtigung der H→E und E→F Erwartungen subjektiv rationale Leistungsanstrengungsalternative) auszuwählen.[942]

Die i. d. R. relativ zu den vom Kontext gestellten Anforderungen gegebene Begrenztheit der kognitiven Fähigkeiten des Akteurs führt dazu, dass er zum einen nicht alle Folgen einer Handlung vollkommen durchdenken kann (d. h. es bestehen Unsicherheiten über die Handlungsergebnisse und ihre Folgen für ihn) und dazu dass er zum anderen auch zwecks eines rationalen Umgangs mit seinen ihm zur Verfügung stehenden kognitiven Fähigkeiten oft nur auf nicht-kompensatorische[943] Auswahlregeln zurückgreifen wird, anstatt eine zwar vom Ergebnis her bessere, aber wesentlich aufwändigere, kompensatorische Entscheidungsregel zu verwenden.[944]

---

942 Dies bedeutet, dass „the behavior is intended to be rational and appears to the actor to be rational at the time of the action" (Lawler (1994), S. 76) bzw. dass „the behavior represents the actor's best attempt to deal rationally with the world as he sees it" (derselbe, S. 76). Vgl. ähnlich auch Simon (1957a), S. XXIII u. S. 79f.; March/Simon (1958), S. 170; Ajzen (1988), S. 117. Wie Tierexperimente zeigen, verhalten sich auch Tiere zwar in der Tat nicht absolut objektiv optimal bzw. rational, jedoch durchaus so, dass die Abweichung zum objektiv rationalen Handeln relativ gering ist (vgl. Mazur (2004), S. 325, und dortige Verweise). Dabei lässt sich ein Zusammenhang zwischen der Komplexität und Dynamik (und der daraus resultierenden objektiven Anforderungen an die kognitiven Fähigkeiten der Tiere) und dem Ausmaß der Abweichungen von optimalen, klaren Handlungen der Tiere identifizieren (vgl. Mazur (2004), S. 478). Insofern zeigen diese experimentellen Ergebnisse der Psychologie die Bedeutung (begrenzter) Fähigkeiten für das „rationale" Handeln auf. Wenngleich die vergleichbaren Experimente mit Menschen zu etwas uneinheitlicheren Ergebnissen kommen (vgl. derselbe, S. 495f.), scheint auch beim Menschen ein näherungsweise optimierendes oder zumindest subjektiv (unter den gegebenen individuellen kognitiven Fähigkeiten und den eigentlich vom Kontext geforderten) beabsichtigt rationales Handeln als nicht unplausibel. Auch hier wird das Ausmaß der Fähigkeitsdefizite die Nähe des tatsächlichen Handelns zum optimalen, objektiv rationalen Handeln bestimmen.

943 Die so genannten nicht-kompensatorischen Entscheidungsregeln „beruhen entweder auf einer absoluten Gewichtung der Zielvariablen des Mitarbeiters oder auf der Vorgabe bestimmter Schwellenwerte für die einzelnen Ziele. Erfüllt in beiden Fällen eine Alternative ein bestimmtes Zielkriterium nicht, bleibt sie bei den weiteren Bewertungen unberücksichtigt, egal welche Ausprägungen sie bezüglich anderer Zielkriterien aufweist." (Jost (2000), S. 368f.). Vgl. dazu auch Simon (1957a), S. XXVI; Kahneman/Lovallo (1993), S. 19.

944 Vgl. zu dieser „Rationalität" der Vereinfachung durch den Akteur bereits March/Simon (1958), S. 151. Erläuternd angemerkt sei an dieser Stelle, dass aufgrund der vorhin dargestellten Annahme von Alderfers (1969) ERG-Theorie, dass mit Ausnahme des Wachstumsbedürfnisses alle Bedürfnisse so genannte Defizitmotive sind, das Satisfizierungshandeln des Akteurs bei diesen Bedürfnissen potenziell identisch mit einer Optimierung ist, da die Überbefriedigung eines Bedürfnis keinen zusätzlichen Nutzen zur reinen Satisfizierung liefert. Ferner sei darauf hingewiesen, dass aufgrund der begrenzten Kapazitäten ein Akteur c. p. wohl nur einen Teil der anstehenden Entscheidungen objektiv nutzenmaximierend anhand kompensatorischer Entscheidungsregeln lösen könnte, jedoch nicht alle. Entsprechend muss dieses in Einzelentscheidungen objektiv nutzenmaximierende Handeln keineswegs gesamtnutzenoptimal sein, da er dann mangels noch freier Kapazitäten für viele Entscheidungen

Schritt 3: Durchführung der Handlung

Entsteht eine Handlungsintention, die mit einem „bewußten Entschluß oder mit einem Gefühl der Entschiedenheit"[945] der Durchführung einer bestimmten der diversen Handlungsalternativen einhergeht,[946] so mündet diese in die (physische oder kognitive) Handlung (z. B. die Erstellung eines Investitionsplans für eine bestimmte Investition).[947] Diese Handlung bzw. ihre Ergebnisse werden durch die deklarativen und prozeduralen, physischen und kognitiven Fähigkeiten des Akteurs in Relation zu den objektiv vom Kontext geforderten Fähigkeiten (kurz: dessen Leistungsfähigkeit) und seiner gewählten Leistungsanstrengung bei der Handlungsdurchführung bestimmt, wobei – wie in der Literatur allgemein angenommen – ein multiplikativer Zusammenhang von Leistungsfähigkeit und Leistungsanstrengung unterstellt wird.[948]

überhaupt keine auch nur näherungsweise optimierende Regel anwenden kann. Vielmehr ist es denkbar, wenn nicht sogar wahrscheinlich, dass er durch Einsatz nicht-kompensatorischer Entscheidungsregeln insgesamt „besser" bzw. nutzenmaximierender hinsichtlich seiner Bedürfnisbefriedigung agiert.

945 Kniehl (1998), S. 134.

946 Vgl. Ajzen (1988), S. 113.

947 Dabei kann davon ausgegangen werden, dass eine solche Handlung automatisch (bzw. allenfalls mit einem zeitlichen Lag) auf eine Handlungsintention folgt. Vgl. hierzu ähnlich Ajzen (1988), S. 113, und die dort ebenfalls angegebenen empirischen Untersuchungen zu den Korrelationskoeffizienten zwischen Intention und Handeln auf S. 119, wobei die relativ geringen Abweichungen der Korrelationen vom Idealwert 1,0 sowohl auf Meßfehler zurückzuführen sein dürften als auch auf die moderierende Rolle der Fähigkeiten (bzw. Ressourcen in der Terminologie Ajzens (1988)) der Personen beim Handeln (siehe auch Ajzen (1988), S. 127f. u. S. 130f.).
Die Handlungen eines Akteurs stehen dabei in einem dependenten Verhältnis zueinander: Eine Handlung kann den Handlungsraum für andere Handlungen des gleichen Akteurs oder anderer Akteure durch entsprechende Einschränkungen der den jeweiligen Akteuren zur Verfügung stehenden physischen wie kognitiven Fähigkeiten und Ressourcen beeinflussen (vgl. Kelvin (1970), S. 181; Bach et al. (2002), S. 4). Handlungen entsprechen dabei den in der Betriebswirtschaftslehre beschriebenen Prozessen der Kombination bzw. Transformation von Produktionsfaktoren, die sich „zwischen die betrieblichen Grundtatbestände des Faktoreinsatzes und des Faktorertrages" (Gutenberg (1989), S. 63) schieben und dazu dienen, „aus dem Faktoreinsatz einen Faktorertrag zu machen" (derselbe, S. 63) und sich durch eine bestimmte Produktionsfunktion beschreiben lassen (vgl. Weber/Brettel/Schäffer (1996), S. 10).

948 Vgl. dazu bspw. Galbraith/Cummings (1967), S. 255; Porter/Lawler (1968), S. 28; Lawler (1994), S. 10. Für eine Beurteilung der empirischen Gültigkeit dieser Annahme vgl. Lawler (1994), S. 10. Die wichtigsten empirischen Studien, in denen eine Falsifizierung dieser Grundhypothese versucht wurde, die jedoch nicht gelang, sind die Untersuchungen von French (1957), Fleishman (1958), Vroom (1960), Lawler (1966) und Galbraith/Cummings (1967).

Schritt 4: Feststellung der Handlungsergebnisse

Die mit einer Handlung verbundenen Ergebnisse müssen nicht mit den bei einer bestimmten, vom Akteur bewusst gewählten Leistungsanstrengung erwarteten Ergebnissen übereinstimmen, sondern können von diesen nach unten (Misserfolg der Handlung) oder oben (außerordentlicher Erfolg der Handlung) abweichen.

Die aus der Ausführung einer Handlung resultierenden, wahrgenommenen Handlungsergebnisse besitzen für den Akteur von sich aus aber keinen weiteren Wert, vielmehr erst die mit dem Ergebnis (potenziell) verbundenen Folgen (synonym: Anreize).[949] Dabei spielen wiederum nur relevante Anreize eine Rolle. Folgen, die für den betrachteten Akteur keinen Wert hinsichtlich Befriedigungen seiner aktuellen Bedürfnisse besitzen, entsprechen irrelevanten Anreizen.[950]

Schritt 5: Auslösung der Handlungsfolgen

Grundsätzlich lassen sich bei den Folgen für den Akteur auf einer ersten Ebene Belohnungen und Bestrafungen unterscheiden und auf einer zweiten Ebene intrinsische und extrinsische Folgen.[951]

(Belohnende oder bestrafende) intrinsische Folgen sind all das, was die von innen heraus zu satisfizierenden Bedürfnisse nach Selbstachtung und Leistung eines Akteurs befriedigt (Belohnung) oder frustriert (Bestrafung).[952] Enttäuschungsgefühle über die eigene Leistung (Frustration der Selbstachtungsbedürfnisse sowie der Leistungsbedürfnisse) sind hier als bestrafende Folgen bei einem Misserfolg der Handlung aus Sicht des handelnden Akteurs anzuführen.[953] Umgekehrt kann der Stolz auf eigene Leistungen als eine intrinsische Belohnung dieser Bedürfnisse für das Erreichen oder sogar Übertreffen der eigenen Erwartungen betrachtet werden.[954]

---

[949] Vgl. Steinle (1978), S. 45; Heckhausen (2003), S. 467 u. 469. Eine solche Trennung erscheint aus mehreren Gründen zweckmäßig (vgl. dazu Heckhausen (2003), S. 467f): Zum einen kann ein Akteur direkt nur Handlungsergebnisse, aber keine Folgen hervorbringen. Zum zweiten besitzt jedes Handlungsergebnis i. d. R. mehrere Folgen – beabsichtigte wie nicht beabsichtigte. Drittens bewerten verschiedene Akteure ein und dasselbe Handlungsergebnis unterschiedlich.

[950] Vgl. Lawler (1976), S. 1258.

[951] Vgl. zur Unterscheidung in intrinsische vs. extrinsische Folgen bspw. Porter/Lawler (1968), S. 28; Lawler (1976), S. 1252.

[952] Vgl. zur Unterscheidung von Belohnung und Bestrafung nochmals die Ausführungen in Kapitel 4.1.1.

[953] Vgl. Dalton (1971), S. 14: „The sanctions in this system for noncomplicance range from a mild sense of disappointment to a deep sense of failure and inadequacy." Siehe dazu auch Vroom (1964b), S. 80; Schäffer (2001), S. 154.

[954] Vgl. Vroom (1964b), S. 80; Dalton (1971), S. 14.

Eine (belohnende oder bestrafende) extrinsischer Folge wiederum kann all das sein, das ein von außen zu satisifizierendes Bedürfnis des Akteurs befriedigt (Belohnung) oder frustriert (Bestrafung oder Sanktion).[955] Dabei kann weiter zwischen monetären und nicht-monetären extrinsischen Anreizen unterschieden werden:[956] Letztere können als bestrafende Anreize beispielsweise in der Form übler Nachrede oder Entzug von Autonomie (Frustration der sozialen Achtungsbedürfnisse) oder Ausschluss aus einer Gruppe (Frustration der Beziehungsbedürfnisse) erfolgen.[957] In der Form belohnender Anreize können diese nicht-monetären Folgen beispielsweise in einem öffentlichen Lob (Befriedigung sozialer Achtungsbedürfnisse) für die erbrachte Leistung bestehen.[958] Diese nicht-monetären extrinsischen Anreize können dabei von den verteilenden Akteuren auch unbewusst an den handelnden Akteur ausgeteilt werden.[959]

Während die intrinsischen Folgen mit einer E→F Wahrscheinlichkeit von eins aus den Ergebnissen einer Handlung resultieren, sind die extrinsischen Folgen von den aus Sicht des verteilenden Akteurs erzielten Handlungsergebnissen des handelnden Akteurs in Relation zu den vom ersten Akteur erwarteten Ergebnissen abhängig. Daher sind sie aus Sicht des handelnden Akteurs nur mit einer E→F Wahrscheinlichkeit von kleiner eins mit dem Handlungsergebnis verbunden.[960]

Zu den Folgen einer Handlung für den agierenden Akteur sind schließlich auch die, wegen der Durchführung der gewählten Handlungsalternative mit der damit verbundenen zumindest teilweisen Auslastung seiner physischen und/oder kognitiven Fähigkeiten, ihm automatisch zumindest in Teilen entgangenen Bedürfnisbefriedigungen alternativer (d. h. um die gleichen Fähigkeiten im gleichen Zeitpunkt konkurrierenden) Handlungen zu zählen.[961]

---

955 Vgl. bspw. Melton (1973), S. 34.

956 Vgl. Merchant/Van der Stede (2003), S. 28.

957 Vgl. z. B. Schäffer (2001), S. 150-152; Merchant/Van der Stede (2003), S. 23 u. S. 367. Ein frühes empirisches Beispiel der Wirkungsweise sozialer Kosten liefern die Hawthorne Experimente. In diesen zeigte sich, dass sich Akteure in ihrem Arbeitsverhalten an einer Gruppennorm orientierten und auf einzelne Gruppenmitglieder Druck ausübten, die Norm weder nicht zu erfüllen noch sie zu übererfüllen. Vgl. dazu Roethlisberger/Dickson (1939), S. 522.

958 Vgl. hierzu ähnlich auch Strametz/Lometsch (1977), S. 178. Vgl. für eine Zusammenstellung möglicher positiver und negativer extrinsischer Anreize auch Merchant/Van der Stede (2003), S. 369.

959 So kann eine die Beziehungs- und die sozialen Achtungsbedürfnisse verletzende möglicherweise unbewusst unfreundliche und auf die Person bezogene Kommunikation der Kontrollergebnisse beim Kontrollierten einen unangenehmen extrinsischen, nicht-monetären Anreiz darstellen.

960 Vgl. dazu Lawler (1976), S. 1253; Steinle (1978), S. 50.

961 Vgl. dazu ähnlich Jost (2000), S. 365.

Schritt 6: Entstehen von Bedürfnisbefriedigungen und Veränderungen der Basiselemente durch Lerneffekte

Die intrinsischen wie extrinsischen Folgen sorgen beim handelnden Individuum einerseits für Bedürfnisbefriedigung bzw. -frustration und den daraus gemäß den Hypothesen Alderfers (1969) resultierenden (potenziellen) Veränderungen der Rangordnung der Bedürfnisse bzw. Handlungsintentionen aus Schritt eins.[962] Kommt es zu einer solchen Veränderung der Rangordnung der Handlungsimpulse, so wird der Akteur die Befriedigung eines anderen Bedürfnisses in nachfolgenden Handlungen anstreben.

Andererseits lösen die Folgen jedoch auch im Rahmen eines kognitiven Vergleichs der erhaltenen (oder beobachteten[963]) Folgen mit den bei der entsprechenden Handlungsalternative erwarteten Folgen kognitive Dissonanzen aus, sofern zwischen ihnen Abweichungen identifiziert werden.[964] Das Ausmaß der Abweichung bestimmt dabei die Dissonanzhöhe.[965] Je nachdem, welche (bzw. in welcher Gewichtung) der unterschiedlichen (mehr oder minder unbewusst ablaufende) Lösungsstrategien angewandt wird/werden, kommt es zu verschieden starken Lerneffekten bzw. Veränderungen der Basiselemente bei einem gegebenen Dissonanzausmaß.[966] Nur im Fall, dass ausschließlich die erste Strategie der Dissonanzreduktion durch entsprechende Anpassung der Basiselemente mittels Lernvorgängen auf Grundlage systematischer Analysen der Abweichungsgründe angewandt wird, tritt ein „voller“ Lerneffekt im Hinblick auf eine Anpassung der kognitiven Basiselemente an die objektiven Gegebenheiten bzw. Erfordernisse auf. Wird stattdessen auf eine gemischte Strategie oder sogar lediglich auf eine Strategie der Wahrnehmungsver-

---

962 Vgl. zu diesen Hypothesen Alderfers (1969) nochmals Kapitel 4.1.1 vorne. Siehe auch Alderfer (1969), S. 150f.; Alderfer (1972), S. 27.

963 Da meist auch andere Akteure Zeugen der Handlungen eines Akteurs, ihrer Ergebnisse und ihrer Folgen werden, können auch bei ihnen kognitive Dissonanzen zwischen ihren kognitiven Basiselementen und den beobachteten Ergebnissen und Folgen der Handlungen des „Modells“ auftreten, sofern Abweichungen zwischen erwarteten und beobachteten Ergebnissen und Folgen bestehen. Auch ihnen stehen dabei die im Weiteren noch näher erläuterten Strategien der Veränderung der Basiselemente durch Lernen (sozial-kognitive Lerntheorie) oder der Beibehaltung der Basiselemente durch die nachfolgend dargestellten anderen Lösungsstrategien im Umgang mit kognitiven Dissonanzen sowie ggf. auch eine Kombination der Strategien zur Verfügung.

964 Treten keine Abweichungen auf, so entstehen auch keine kognitiven Dissonanzen, die eine Veränderung der Basiselemente bzw. ein Lernen nach sich ziehen könnten. Vielmehr bleiben, der kognitiven Perspektive dieser Arbeit folgend, die kognitiven Strukturen unverändert.

965 Vgl. Festinger (1957), S. 18; Zimbardo (1960), S. 89, sowie die bei Taylor/Peplau/Sears (1997), S. 144 genannten experimentellen Studien.

966 So führt eine angenehmere Folge als erwartet beispielsweise zu einer tendenziell positiveren Einstellung zur Handlung (und im Falle extrinsisch vermittelter Folgen zu einer positiveren Einstellung gegenüber dem die Folgen vermittelnden Akteur): War sie zuvor schon positiv, so wird sie noch positiver; war sie negativ, so wird sie weniger negativ. Umgekehrtes gilt für den Fall einer aus der Handlung resultierenden unangenehmen Folge.

zerrung oder Suche nach konsonanten Informationen zurückgegriffen, so fällt der Lerneffekt entsprechend geringer aus (und möglicherweise sogar ganz weg). Es muss daher nicht unbedingt aus einer kognitiven Dissonanz eine Veränderung der Basiselemente des Individuums resultieren. Selbst im Fall, dass es zu einer solchen Veränderung kommt, ist zu beachten, dass aufgrund realiter meist als eingeschränkt zu charakterisierender individueller Fähigkeiten des Akteurs eine Veränderung nicht gleichzeitig auch immer eine Verbesserung sein muss. Unter Umständen werden auch fehlerhafte Schlüsse aus den Handlungsergebnissen und ihren Folgen gezogen, womit (selbst bei Anwendung der Lernstrategie zur Dissonanzreduktion) objektiv gesehen fehlerhafte Veränderungen möglich sind. Dem umgangssprachlich Vorverständnis des Lernens entsprechend kann daher ein Lerneffekt als umso „positiver“ oder „stärker“ bezeichnet werden, je weiter er in Richtung des (aus objektiver Sicht) vorteilhaften (bzw. je weniger er in Richtung des unvorteilhaften) Endes des Kontinuums, d. h. der Annäherung der subjektiven Basiseigenschaften an die objektiv gerechtfertigten Basiseigenschaften, geht.

4.4 Zusammenfassung

Aufbauend auf dem Ergebnis des Kapitels 3 zum aktuellen Stand der theoretischen und empirischen Forschung und den identifizierten Forschungslücken, wurden im vorliegenden Kapitel 4 der Arbeit psychologisch-verhaltensorientierte Grundlagen für eine verhaltensorientierte Theorie der Investitionskontrolle gelegt, die die Voraussetzung für die Schließung der identifizierten zentralen Forschungslücken bilden.

Hierzu gehörte zunächst die Präzisierung der zentralen, in Abbildung 20 nochmals veranschaulichten, Bestimmungsfaktoren des menschlichen Handelns, d. h. der Bedürfnisse, Einstellungen, Erwartungen und Fähigkeiten eines Akteurs.

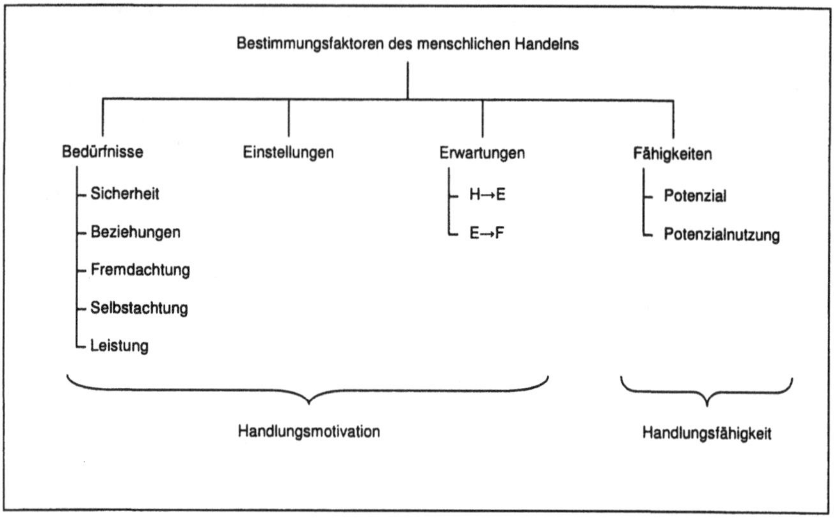

Abbildung 20: Zugrundegelegte Bestimmungsfaktoren menschlichen Handelns

- *Motive bzw. Bedürfnisse*: Ausgehend von den am ehesten zu verteidigenden Erkenntnissen der Motivinhaltsforschung wurden dabei einem Individuum physiologische, sicherheitsbezogene, auf soziale Beziehungen gerichtete, auf soziale Anerkennung bzw. Macht orientierte, selbstachtungsbezogene und auf die eigene Leistungsverbesserung ausgerichtete Bedürfnisse zugeschrieben. Da die physiologischen Bedürfnisse im Weiteren als satisfiziert betrachtet werden, sind sie in der vorliegenden Arbeit nicht weiter berücksichtigt.

- *Einstellungen*: Einstellungen (oder Attitüden) wurden als relativ überdauernde Verhaltensbereitschaften bzw. Beurteilungen eines Akteurs bezüglich bestimmter Objekte (z. B. Personen, Handlungen und/oder deren Folgen) präzisiert.

- *Erwartungen:* Erwartungen wiederum wurden als „die gedankliche Vorwegnahme kommender Ereignisse im Zusammenhang mit den persönlichen Bestrebungen"[967] beschrieben. Sie stellen im Gegensatz zu den relativ überdauernden Einstellungen mehr vorübergehende Wahrscheinlichkeitsurteile über die Zusammenhänge zwischen Handlung und Handlungsergebnis (H→E Erwartungen) sowie zwischen Handlungsergebnis und Folgen (E→F Erwartungen) dar.

- *Fähigkeiten:* Mit den physischen und kognitiven Fähigkeiten eines Akteurs wurden die ihm zur Verfügung stehenden Möglichkeiten bezeichnet, potenziell durch physische oder kognitive Handlungen (bzw. deren Ergebnisse und damit assoziierte Fol-

[967] Thieme (1982), S. 92.

gen) seine Bedürfnisse zu befriedigen. Dabei kann in Bestands- und Bestandsnutzungsfähigkeiten unterschieden werden. Grundsätzlich sind die Fähigkeiten akteursindividuell im Verhältnis zu den objektiv vom Kontext geforderten Fähigkeiten i. d. R. begrenzt. Aus der meist üblichen Begrenzung der kognitiven Fähigkeiten resultiert im allgemeinen eine Unsicherheit des Akteurs über seinen Kontext, da er nicht alle Einflüsse und Folgen seines Handelns abschätzen kann, sowie auf nichtkompensatorischen Entscheidungsregeln basierende Auswahlentscheidungen trifft. Dies kann dazu führen, dass er suboptimale Handlungsalternativen auswählt und seine Ziele daher nicht erreicht oder sogar kontraintentionale Folgen auslöst.

Als Lernen wurde eine Veränderung eines oder mehrerer der Basiselemente (Motive, Einstellungen, Erwartungen, Fähigkeiten) eines Akteurs definiert.

Aufbauend auf der Diskussion der vier Basiselemente und ihrer möglichen Veränderung durch Lerneffekte wurden im Rahmen der Integration der Elemente die Bedürfnisse als diejenigen Elemente identifiziert, die einen Impuls zum Handeln geben. Ob aus diesem Impuls auch eine Intention wird, hängt dabei von den Einstellungen und Erwartungen des Akteurs ab. Er wird diejenige Handlungs- bzw. Anstrengungsalternative auswählen, die ihm unter Berücksichtigung der H→E und der E→F Erwartungen subjektiv rational zur Befriedigung seiner Bedürfnisse geeignet und im Einklang mit seinen Einstellungen stehend erscheint.

Die so subjektiv rational gewählte Alternative bestimmt zusammen mit den Fähigkeiten des Akteurs das erreichbare Handlungsergebnis. Die damit verbundenen intrinsischen und extrinsischen Folgen schließlich führen einerseits zu einer Befriedigung (oder Frustration) der den Akteur aktuell dominant antreibenden Bedürfnisse und zu Veränderungen der Bedürfnisprädominanz gemäß Alderfers (1969) ERG-Theorie. Andererseits resultieren aus den Folgen der Handlungsergebnisse und ihrem kognitiven Vergleich mit den erwarteten Folgen bei Abweichungen potenziell kognitive Dissonanzen. Diese kann ein Individuum entweder durch die Anpassung der Basiselemente (Lernen) reduzieren bzw. beseitigen oder aber dadurch, dass die Folgen verzerrt wahrgenommen oder konsonante Informationen gesucht werden. Da eine Veränderung der Basiselemente bei gegebener objektiver Abweichung damit unterschiedlich hoch ausfallen kann und da darüber hinaus auch eine fehlerhafte Wahrnehmung nicht auszuschließen ist, wurden die Lerneffekte über ein Intervall von sehr negativ über neutral bzw. null zu sehr positiv (aus objektiver Sicht) definiert. Der umgangssprachlichen Konnotation folgend, werden die Lerneffekte als umso „positiver" oder „stärker" bezeichnet, je weiter sie in Richtung des aus objektiver Sicht vorteilhaften Endes des Kontinuums gehen.

5 Potenzielle Wirkungen einer Investitionskontrolle

„Without review, we do not profit from experience; and those who can not [sic!] learn from the past are condemned to repeat it."

Rathe (1960), S. 36.

Nachdem im Kapitel 4 psychologisch-verhaltensorientierte Grundlagen für eine Theorie der Investitionskontrolle gelegt wurden, kann nun, auf dieser „Blaupause" des Menschen und seines Handelns aufbauend, der Frage nach den (potenziellen[968]) Wirkungen einer Investitionskontrolle nachgegangen werden.

Eine Investitionskontrolle wurde als eine systematische, informationsverarbeitende und in den Investitionsprozess integrierte Handlung eines Akteurs definiert, in der ein beurteilender Vergleich zwischen zwei ergebnisorientierten (quantitativen oder qualitativen) Größen (der Typen Soll, Wird und Ist) einer vermögensorientiert beschriebenen Investition sowie eine Auswertung eventueller Abweichung hinsichtlich ihrer Ursachen vollzogen wird. Eine Investitionskontrolle entspricht somit – ebenso wie eine Investitionsplanungshandlung – einer dominant kognitiven Handlung im Sinne des Handlungsmodells aus Kapitel 4. Sie wird demgemäß (ebenso wie die in ihr implizit anhand der Gegenüberstellung der ergebnisorientierten Größen kontrollierte Handlung der Investitionsplanung und/oder -umsetzung) durch die beschriebenen vier individuellen Bestimmungsfaktoren menschlichen Handelns determiniert und wird diese selbst wiederum beeinflussen.

Eine solche Investitionskontrollhandlung generiert zum einen für einen kontrollierten Akteur Rückkoppelungsinformationen über den Erfolg bzw. Misserfolg seiner Investitionsplanungs- oder -umsetzungshandlung und beeinflusst damit dessen Bedürfnissatisfikationsgrad bzw. über Lerneffekte allgemein dessen Basiseigenschaften. Gleichzeitig löst

968 Es handelt sich dabei um potenzielle bzw. mögliche Wirkungen von Investitionskontrollen, deren Stärke (die auch Null sein kann – daher potenzielle Wirkungen) durch die in Kapitel 3 identifizierten (Gestaltungs-)Parameter der Kontrolle bestimmt wird. Mit ihnen bzw. ihrem Einfluss auf die im vorliegenden Kapitel zu beschreibenden Wirkungen befasst sich das nachfolgende Kapitel 6.

die mit dieser Kontrollhandlung generierte Information auch Effekte beim kontrollierenden Akteur aus, d. h. sie beeinflusst dessen Bedürfnissatisfikationsgrad bzw. über Lerneffekte allgemein dessen Basischarakteristika.

Zum anderen besitzt diese Investitionskontrollhandlung potenziell bereits ex ante einen Einfluss auf beide Akteure, sofern die Investitionskontrolle vorab „erahnt", vermutet oder angekündigt wird.[969] Dies ist darauf zurückzuführen, dass Menschen – wie in Kapitel 4 dargestellt – danach trachten, ihre Umwelt aktiv kognitiv zu entdecken, zu strukturieren und auf ihre Eignung zur Befriedigung der jeweiligen Bedürfnisse durch bestimmte Handlungen zu analysieren und nicht nur auf Rückkoppelungsinformationen (per Versuch und Irrtum) zu reagieren. Dies impliziert, dass ein Rückkoppelungsinformationen generierendes Instrument wie eine Kontrolle durchaus schon Voraus-Wirkungen, beispielsweise in Form der Bildung oder Veränderung kognitiv basierter Einstellungen oder der Erwartungen, besitzen kann. Somit können die vier Basiseigenschaften beider Akteure nicht nur durch die möglicherweise (sofern die Kontrolle auch in der Tat durchgeführt wird) später generierten Kontrollinformationen beeinflusst werden, sondern bereits vorher durch die bloße Vorausahnung oder Vermutung, dass eine entsprechende Kontrolle (wahrscheinlichkeitsbehaftet) durchgeführt wird und damit unabhängig davon, ob die Kontrolle nachfolgend auch tatsächlich stattfindet.[970]

Grundsätzlich lassen sich bei den Wirkungen ex ante wie ex post auf die an einer Investitionskontrolle beteiligten Individuen, wie in Kapitel 1.2 und 3 bereits angesprochen und in nachfolgender Abbildung 21 nochmals veranschaulicht, direkte Wirkungen, indirekte Wirkungen erster Ordnung und indirekte Wirkungen zweiter Ordnung unterscheiden.

Die ersten bezeichnen die unmittelbaren Auswirkungen des Instruments Investitionskontrolle auf die beteiligten Akteure, d. h. den Kontrollierten und den Kontrolleur.[971] Hierzu gehören beispielsweise die erwähnten Bedürfnisbefriedigungseffekte bzw. Bedürfnisfrustrationseffekte, Effekte auf die Erwartungen vor der Kontrolldurchführung und Lerneffekte bei den vier Bestimmungsfaktoren des individuellen Handelns. Die direkten Wirkungen beschreiben damit Effekte auf die (nicht beobachtbaren) Basiseigenschaften der Akteure.

Die zweiten hingegen umfassen alle diejenigen mittelbaren Wirkungen erster Ordnung, die aus den unmittelbaren Wirkungen resultieren können. Zu ihnen können beispielsweise bessere Investitionsplanungshandlungen aufgrund nachfolgend erwarteter Kontrolle

---

969 Vgl. zu dieser Zweiteilung der Wirkungen einer Kontrolle in ex ante und ex post Wirkungen schon Churchill/Cooper (1964), S. 252, und Osterloh (1974), S. 32.

970 Vgl. ähnlich Churchill/Cooper (1964), S. 252.

971 Im Weiteren wird bei diesen direkten oder unmittelbaren Wirkungen (causa immediata) sowohl von „direkte Wirkungen" als auch abkürzend nur von „Wirkungen" gesprochen. Bei den indirekten Wirkungen (causa mediata) hingegen werden immer die Zusätze indirekt oder mittelbar vorangestellt.

gezählt werden, sowie verbesserte zukünftige Investitionsplanungen und rechtzeitige Korrekturentscheidungen aufgrund von Lerneffekten durch die Rückkoppelungsinformation. Die indirekten Wirkungen erster Ordnung entsprechen somit den aus den direkten Wirkungen resultierenden (beobachtbaren) Effekten auf das Handeln einzelner Akteure.

Die dritten betrachten Effekte auf der Ebene von Gruppen bzw. Kollektiven, so z. B. die Wirkung einer Investitionskontrolle auf das Verhalten einer Division oder Abteilung eines Unternehmens oder auch den Erfolg des Unternehmens.

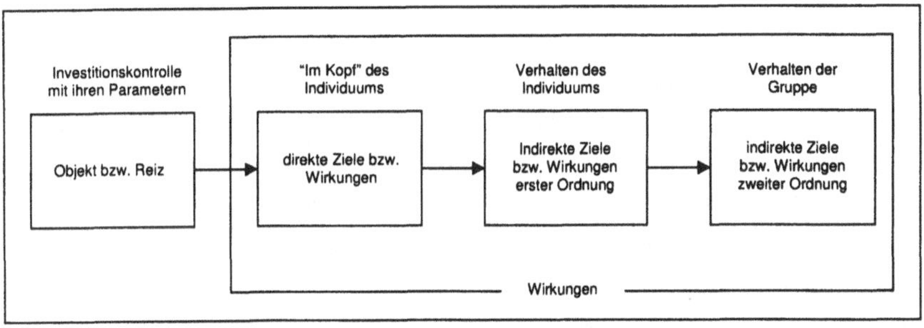

Abbildung 21: Direkte vs. indirekte Wirkungen einer Investitionskontrolle

Der in Kapitel 1.2 erläuterten Reihenfolge bei der Erforschung der drei Wirkungsebenen folgend und der heute dominanten (sozial-)kognitiven Psychologie entsprechend, werden die direkten Wirkungen auf die (kognitiven) Konstrukte bzw. Basiseigenschaften der Akteure im Weiteren näher untersucht und präzisiert und damit die zentralen Fundamente für die Erklärung daraus resultierender indirekter Wirkungen einer Kontrolle gelegt.[972]

Entsprechend ist im vorliegenden Kapitel zu erläutern, welche direkten Wirkungen sowohl vor der eigentlichen Durchführungshandlung einer Investitionskontrolle als auch während bzw. nach der Kontrollhandlung auf die Basiseigenschaften der an der Kontrolle beteiligten Akteure auftreten können. Dabei ist zunächst auf die ex ante Wirkungen bzw. Wirkungen der „Vermutung" einer Kontrolle und anschließend auf die ex post Wirkungen bzw. Wirkungen der eigentlichen Durchführung einer Investitionskontrolle einzugehen.

Bei den an einer Kontrolle beteiligten Akteuren, deren Basiseigenschaften durch diese direkten Wirkungen ex ante oder ex post einer Investitionskontrolle beeinflusst werden

---

972 Wie im Kapitel 3 erläutert, beschränkt sich die vorliegende Arbeit dabei auf diese direkten Wirkungen. Die indirekten Wirkungen erster Ordnung können jedoch aus den Aussagen des Kapitels 6 in Verbindung mit dem Handlungs-(auswahl-)modell des Kapitels 4.3 aus der Arbeit entnommen bzw. abgeleitet werden.

können, lassen sich grundsätzlich ein Fall mit einem Akteur und ein Fall mit mehreren Akteuren unterscheiden.[973]

Im Einakteursfall kontrolliert ein einzelner Akteur sein Handeln selbst. Dieser Fall wird daher in der (Investitions-)Kontrollliteratur auch als Selbstkontrolle oder Eigenkontrolle bezeichnet.[974] Im Mehrakteursfall kontrolliert hingegen ein anderer, zweiter Akteur das Handeln des ersten.[975] Der zweite Fall wird daher in der Literatur auch mit der Bezeichnung Fremdkontrolle belegt. In der (Investitions-)Kontrollliteratur dominieren Darstellungen zum Mehrakteurs- bzw. Fremdkontrollfall.[976]

Obwohl die beiden Fälle in der Literatur meist getrennt voneinander erörtert werden, fällt bei näherer Betrachtung auf, dass sich der Einakteursfall einfach als ein Spezialfall des Mehrakteursfalls bei einer Partizipation p = 100 % (mit $p \in$ [0 %, 100 %]) des kontrollierten Akteurs an der Kontrolle abbilden lässt. Eine separate Diskussion des Ein- und des Mehrakteursfalls wird somit unter Berücksichtigung des Gestaltungsparameters Partizipation p unnötig und führt lediglich zu Redundanzen in weiten Teilen der Argumentation. Entsprechend wird bei der weiteren Betrachtung möglicher direkter Wirkungen der Investitionskontrolle ex ante und ex post daher vom Mehrakteursfall ausgegangen und die sich durch unterschiedliche Grade der Partizipation p ergebenden Veränderungen an

---

973 Vgl. allgemein zur Unterscheidung in Ein- und Mehrakteursfall auch Schäffer (2001), S. 169.

974 Vgl. z. B. Terborgh (1962), S. 202; Lüder (1976), Sp. 872; Borer (1978), S. 122-126; Geiger (1986), S. 149-153; Matschke (1993), S. 352; Rösgen (2000), S. 240. Vgl. für Kontrollen allgemein bspw. Schmandt (1926), S. 76; Gaydoul (1980), S. 134; Thieme (1982), S. 151-163; Schäffer (1996), S. 112-117; Pfohl/Stölzle (1997), S. 244; Schäffer (2001), S. 175-178.

975 Vgl. Pfohl/Stölzle (1997), S. 259.

976 Vgl. exemplarisch für die dominante Stellung des Fremdkontrollfalls in der Literatur zur Investitionskontrolle Istvan (1961), S. 42; Terborgh (1962), S. 202; Matschke (1993), S. 352-355; Rösgen (2000), S. 240. Auch in der allgemeinen Kontrollliteratur findet sich die Fremdkontrolle häufig (vgl. beispielsweise Fayol (1916), S. 155; Thieme (1982), S. 151-163; Schäffer (2001), S. 182-187). Zur klaren Dominanz der Fremdkontrolle in der Kontrollforschung vgl. Schäffer (2001), S. 169.
Anmerkung: Abweichend von der übrigen Kontrollliteratur unterscheidet Schäffer (2001) insgesamt drei Ausprägungen des Mehrakteursfalls: Die bereits erwähnte, dominant bearbeitete Fremdkontrolle, eine so genannte Co-Kontrolle und eine so genannte Marktkontrolle (vgl. Schäffer (2001), S. 174). Diese drei Ausprägungen unterscheiden sich dabei laut Schäffer (2001) auf zwei Dimensionen: Der Koordination (vertikal versus horizontal) und des verfolgten Zwecks (gemeinsamer versus kein gemeinsamer Zweck) (vgl. Schäffer (2001), S. 174 sowie Schäffer (1996), S. 74). Während die Fremdkontrolle eine Form vertikaler Koordination mit gemeinsamem Zweck darstellt, ist unter der Co-Kontrolle eine horizontale Koordination bei gemeinsamem Zweck zu verstehen (vgl. Schäffer (2001), S. 174; ähnlich Schäffer (1996), S. 72). Die Marktkontrolle wiederum füllt das Feld der horizontalen Koordination ohne gemeinsamen Zweck aus (vgl. ebenda, S. 174; ähnlich auch Schäffer (1996), S. 72). Einzig der Typ der Fremdkontrolle findet sich in der Literatur zur Investitionskontrolle. Die beiden anderen Formen wurden bisher nicht beschrieben. Daher sei im Weiteren bei der Argumentation für den Mehrakteursfall auch auf sie abgestellt. Eine Übertragung der Aussagen auf die anderem Fälle dürfte ohne größere Schwierigkeiten möglich sein und könnte in einem zukünftigen Forschungsprojekt erfolgen.

diesen Wirkungen erst nachfolgend im Kapitel 6 bei den (Gestaltungs-)Parametern diskutiert.

Als involvierte Akteure im Mehrakteursfall, auf die eine Investitionskontrolle direkt einwirken kann, lassen sich dementsprechend der Kontrollierte (oder Kontrollobjekt) und der Kontrolleur (auch Kontrollsubjekt oder Kontrollträger) identifizieren.[977]

Der Definition der Investitionskontrolle in Kapitel 2 folgend seien daher im Weiteren die direkten Wirkungen *einer* Investitionskontrolle, d. h. eines auf ergebnisorientierte Größen bezogenen Vergleichsvorgangs mit Abweichungsanalyse, auf den Kontrollierten und den Kontrolleur untersucht. Dabei wird, um mögliche Störeinflüsse anderer Instrumente in dieser Analyse zu vermeiden, davon ausgegangen, dass in der Tat nur Wirkungen von der Investitionskontrolle ausgehen, d. h. insbesondere dass der Kontrolleur entweder das Handeln des Kontrollierten nicht beobachten kann oder keine entsprechende Zeit bzw. Willen dazu hat und daher nur anhand von Handlungsergebnissen auf das Handeln des Kontrollierten zurückschließt. Die ihm realiter möglicherweise zur Verfügung stehenden weiteren Informationen beispielsweise über eine zufällige Beobachtung des Handelns des Kontrollierten, seien im Weiteren ausgeblendet, da sie nicht auf die Investitionskontrolle zurückzuführen sind, sondern auf andere Instrumente oder Systeme (im Beispiel: die Beobachtung des Handelns) und somit zu einer Verzerrung der Analyseergebnisse führen würden.[978]

---

[977] Zum Zweck der leichteren Lesbarkeit sei dabei teilweise abkürzend auch schlicht bei ersterem von Akteur KO und bei letzterem von Akteur KS gesprochen und bei der Bezeichnung der die Akteure betreffenden Wirkungen die entsprechenden Suffixe KO und KS verwendet.
Angemerkt sei auch, dass ein Kontrollsubjekt durchaus das personelle Kontrollobjekt eines anderen Akteurs sein kann, z. B. eines hierarchisch höheren. Im Folgenden sei eine weitgehend von der Hierarchieebene unabhängige Darstellung verwendet, so dass eine weitere Ausdifferenzierung der Akteure unterbleiben kann. Vgl. zu diesem generischen Ansatz bereits Ansari (1977), S. 102.

[978] Auch sei weiter definitorisch festgelegt, dass potenziell in einer Kontrolle aufgedeckte Fehler bei der Umsetzung eines Investitionsplans auf fehlerhafte Pläne zurückzuführen sind: Solche Abweichungen können nur dann auftreten, wenn in der Planung die (eingschränkten) Fähigkeiten bzw. die zu geringe Leistungsbereitschaft zur Umsetzung der Pläne nicht richtig antizipiert wurden. Sie bestehen damit bereits zum Zeitpunkt der Planverabschiedung und treten nicht erst – wie bei schneller Betrachtung naheliegt – in der Realisierung auf; sie treten nur dann i. d. R. erst auffällig zutage.

5.1 Wirkungen der Vermutung einer nachfolgenden Investitionskontrolle

5.1.1 Wirkungen ex ante auf die Bedürfnisse

Bereits die Einführung eines Investitionskontrollsystems oder die Ankündigung einer Kontrolle haben (vor der eigentlichen Durchführung der Investitionskontrolle) Einfluss auf die Bedürfnisse eines (potenziell) kontrollierten Akteurs.[979] Ähnliches gilt jedoch auch für den Kontrolleur. Beides sei im Weiteren anhand der in Kapitel 4 geschilderten Bedürfnistypologie betrachtet. Dabei sei zunächst auf die Wirkungen auf den Kontrollierten und anschließend auf die bezüglich der Bedürfnisse des Kontrolleurs eingegangen.

(1) Wirkungen ex ante auf die Bedürfnisse des Kontrollierten

Kontrolle als ex ante Frustration der Sicherheitsbedürfnisse:

Die Ankündigung einer Kontrolle kann bei einem wenig von seinem eigenen Können überzeugten und Kontrollen als unangenehm und negativ wahrnehmenden Kontrollierten Angst auslösen, er bzw. die in einer möglichen späteren Kontrolle überprüften Handlungsergebnisse könnten den vom Kontrolleur gestellten Anforderungen nicht genügen. Obwohl die potenziell mit einem aus Sicht des Kontrolleurs unbefriedigenden, in der Kontrolle festgestellten Handlungsergebnis verbundenen Folgen noch in der Zukunft liegen, sinkt bei einem Kontrollierten mit negativer Einstellung zu Kontrollen und Zweifeln an den eigenen Fähigkeiten bereits ex ante die „gefühlte Sicherheit". Eine potenziell später erfolgende Kontrolle kann somit bereits vorher als Bedrohung bzw. Gefahr wahrgenommen werden. Sie reduziert dann den Satisfaktionsgrad der Sicherheitsbedürfnisse des Kontrollierten. Dieser Effekt sei im Folgenden als *Angsteffekt*$_{KO}$ bezeichnet.

Kontrolle als ex ante Befriedigung der Sicherheitsbedürfnisse:

Wie im Rahmen des Kapitels 4 diskutiert, führen relativ zu den Gegebenheiten des Kontexts unvollständige individuelle Fähigkeiten eines Akteurs zu Unsicherheiten.[980] Angekündigte Antrags-, Realisations- oder Erfolgskontrollen tragen nun zur (teilweisen) Re-

---

979 Vgl. dazu auch exemplarisch die Studien von Churchill/Cooper (1964) und dieselben (1966), in denen sich ergab, dass menschliches Handeln durch eine Kontrolle, die Ankündigung einer Kontrolle und selbst nur das Vorhandensein einer Kontrollinstanz beeinflusst werden kann.

980 Vgl. z. B. von Hayek (1972), S. 12f. u. S. 15; Goeldel (1997), S. 61; Schäffer (2001), S. 9.

duktion dieser Wissensdefizite bei: Die bei großer Unsicherheit i. d. R. bestehenden Freiheitsgrade in der Aufgabendefinition werden durch die Kontrollinhalte reduziert bzw. die Ziele präzisiert.[981] Damit wird die bei einem Akteur zu erwartende Angst aus der Unsicherheit, die ein Bedürfnis nach diese Unsicherheit reduzierender Führung (d. h. nach Sicherheit) mit sich zieht, verringert.[982] So kann beispielsweise, wie die empirische Studie von Cammann (1974) zeigt, die Verwendung von Kennzahlen im Rahmen des Feedbackprozesses in der Tat die Unsicherheit der Kontrollierten reduzieren.[983] Entsprechend ist zu erwarten, dass schon durch die Ankündigung einer (Investitions-)Kontrolle bei einem Akteur, der Kontrollen nicht grundsätzlich negativ bewertet, „ein Gefühl der Sicherheit und bei Bedarf Hilfe im Prozess der Zielerreichung vermittelt werden“[984] kann. Dieser Effekt sei im Weiteren als *Sicherheitseffekt*$_{KO}$ betrieblicher (Investitions-)Kontrollen bezeichnet.

Kontrolle als ex ante Verletzung der Beziehungsbedürfnisse:

Die Ankündigung bzw. Einführung einer Kontrolle kann vom Kontrollierten auch als Anzeichen interpretiert werden, dass der Kontrollierende ihn für unwillig hält, die ihm übertragene Aufgabe in der gewünschten Weise zu erfüllen.[985] Die Ankündigung von Kontrollen impliziert dann – unabhängig vom nachfolgenden Ergebnis der Investitionskontrolle – eine Verletzung der Beziehungsbedürfnisse (und führt beispielsweise entsprechend der Frustrations-Regressions-Hypothese der ERG-Theorie zu einer Regression auf andere (niedrigere) Bedürfnisse).[986] Dieser Effekt der Verletzung der Vertrauensbezie-

---

981 Vgl. dazu auch Lawler (1976), S. 1269; Höller (1978), S. 221. Vgl. detailliert zur Zielpräzisierungswirkung auch das Kapitel 5.1.4. Vgl. auch Cammann (1974), S. 28: „If the manager cannot define clear, reasonable job goals, he is likely to experience uncertainty which should lead to an experience of dissatisfaction since he cannot establish effective plans to achieve his goals.“

982 Vgl. Kunczik (1972), S. 269. Vgl. dazu auch Kelvin (1970), S. 181, S. 184 u. S.189; Cammann (1974), S. 28. Vgl. auch Korten (1972), 131-136; Lawler (1976), S. 1269; Knabe (1980), S. 35.

983 Vgl. Cammann (1974), S. 190.

984 Schäffer (2001), S. 195. Vgl. dazu ähnlich Cook (1966), S. 86.

985 Vgl. so schon Borer (1978), S. 256, für Investitionskontrollen. Vgl. ebenso (allgemein für Kontrollen) Frey (1993), S. 665; Barkema (1995), S. 22; Hoffjan (1997), S. 267; Manzoni/Barsoux (1998), S. 101 u. S. 104; Ripperger (1998), S. 69; Falk/Kosfeld (2005), S. 2 u. S. 19.

986 Vgl. für einen empirischen Beleg dieser Wirkung von Kontrollen Cohen (1965), S. 101. Gleichzeitig wird damit der Grenzertrag opportunistischen Handelns für KO erhöht (vgl. Frey (1993), S. 665), da die „psychologischen Kosten eines schlechten Gewissens durch den Zusammenbruch der Vertrauensbeziehung entfallen“ (Ripperger (1998), S. 69). Dies kann (als indirekte Wirkung erster Ordnung einer Investitionskontrolle) dazu führen, dass andere Bedürfnisse nun opportunistischer verfolgt werden können, als dies im Falle einer Vertrauensbeziehung möglich scheint. Dies löst tendenziell eine sich selbstverstärkende Spirale des Misstrauens aus, die im Extremfall zum völligen Zusammenbruch der Vertrauensbeziehung zwischen Kontrolliertem und Kontrolleur führen kann (vgl. dazu Dalton (1971), S. 4f.; Thieme (1982), S. 153f.; Freimuth (1987), S. 25; Manzoni/Barsoux (1998), S. 101; Ripperger (1998), S. 70). Frey (1993) spricht in diesem Zusammenhang von einem Crowding-

hung zwischen zwei Akteuren sei im Weiteren mit dem Begriff des *Misstrauenseffekt*$_{KO}$ betrieblicher (Investitions-)Kontrollen belegt. Im Einklang mit dieser Hypothese stellen Falk/Kosfeld (2005) in einem Laborexperiment für Kontrollen allgemein fest, dass rund die Hälfte ihrer Versuchspersonen eine Kontrollsituation als ein Indiz für Misstrauen des Vorgesetzten in ihre Leistungsbereitschaft interpretiert haben und dass sie sich hierdurch verletzt gefühlt haben.[987]

Kontrolle als ex ante Verletzung der sozialen Achtungsbedürfnisse:

Die Ankündigung oder Vermutung einer Investitionskontrolle kann vom Kontrollierten auch als Zweifel des Kontrollierenden an seiner Leistungsfähigkeit interpretiert werden,[988] d. h. als Versuch des Kontrolleurs durch eine Kontrolle den Handlungsraum des Kontrollierten einzuschränken sowie ggf. auftretenden Fehlern des Kontrollierten entgegenwirken zu können.[989] Da Akteure meist danach streben, in den Augen anderer Akteure positiv wahrgenommen, respektiert und als unabhängig akzeptiert zu werden,[990] kann für den Kontrollierten eine angekündigte bzw. von ihm erwartete Investitionskontrolle als Reduktion seiner sozialen Achtung bzw. Macht und Autonomie wahrgenommen werden. Sie löst somit dann eine Frustration der sozialen Achtungsbedürfnisse des kontrollierten

---

Out-Effekt des Vertrauens durch Kontrolle (vgl. Frey (1993), S. 664). Dalton (1971) wiederum bezeichnet diesen Effekt gar als das „Paradox of Control“ (Dalton (1971), S. 4).

987 Vgl. Falk/Kosfeld (2005), S. 19. Dieser Effekt lässt sich auch bei anderen Kontrollen bzw. Leistungsbeurteilungen nachweisen. So beispielsweise in der Studie von Strametz/Lometsch (1977) zu den Konsequenzen der Einführung von Leistungsbeurteilungen in der Folge des Betriebsverfassungsgesetzes von 1972 in deutschen Unternehmen. Laut dieser löste die Einführung der Leistungsbeurteilung in 42,3 % der befragten Unternehmen Misstrauenseffekte aus. Vgl. Strametz/Lometsch (1977), S. 16.

988 Vgl. bereits Borer (1978), S. 256.

989 Vgl. Newman (1975), S. 37; Frey (1993), S. 665; Barkema (1995), S. 22; Manzoni/Barsoux (1998), S. 101 u. S. 104; Ripperger (1998), S. 69; Falk/Kosfeld (2005), S. 2 u. S. 19.

990 Als indirekte Wirkung erster Ordnung einer Investitionskontrolle manifestiert sich diese Frustration der sozialen Achtungsbedürfnisse in so genannter Reaktanz, d. h. entweder in (offenen oder verdeckten) Handlungen, die das Ziel einer Wiederherstellung der Freiheit haben (vgl. Brehm (1989), S. 72), in allgemeiner Aggressivität gegenüber dem einengenden Akteur oder aber in motivationalen Reaktionen, die auf eine Veränderung der Bedürfnisstruktur (insbesondere eine Aufwertung bzw. steigende Bedeutung des nicht erfüllten Bedürfnisses nach Autonomie) hinauslaufen (vgl. Brehm (1989), S. 72; hinzuweisen ist dabei, dass diese empirisch bestätigte Annahme der Reaktanztheorie konsistent mit der Frustrationshypothese der ERG-Theorie Alderfers ist und insofern die Erkenntnisse der Reaktanztheorie hier diese Hypothese Alderfers zu stützen). Die Reaktanz als indirekte Wirkung erster Ordnung einer Investitionskontrolle kann mithin im Falle des Investitionsprozesses beispielsweise dazu führen, dass ein Investitionsplaner versucht, den Erfolg von Investitionskontrollen zu torpedieren, dass er geringe Kooperation mit dem Kontrollträger zeigt oder aber versucht, seine Freiheit auf anderen – nicht kontrollierten Gebieten – auszuweiten oder stärker auszunutzen (vgl. dazu auch Freimuth (1987), S. 22, der hierbei von einer Gegenspieler-Strategie der bewussten Ausnutzung der Schwächen und Lücken des Kontrollsystems spricht).

Akteurs aus.[991] Dieser Effekt der Verletzung der Fremdachtungsbedürfnisse eines Akteurs durch Einschränkung seines Handlungsraums mittels einer Kontrolle sei im Weiteren als *Reaktanzeffekt*$_{KO}$ betrieblicher Investitionskontrollen bezeichnet.[992] Für Kontrollen im Allgemeinen kann wieder das bereits erwähnte Laborexperiment von Falk/Kosfeld (2005) als ein erstes Indiz für die Existenz dieses, hier als Reaktanzeffekt$_{KO}$ bezeichneten, Effekts von Kontrollen angeführt werden: In diesem äußerten 48 Prozent der Versuchspersonen Unzufriedenheit über die Einschränkung ihrer Autonomie durch die Kontrolle.[993]

Kontrolle als Nicht-Beeinflussung der Selbstachtungs- und der Leistungsbedürfnisse:

Sowohl die Selbstachtungs- als auch die Selbstverwirklichungs- bzw. Leistungsbedürfnisse von Akteuren können, wie im Kapitel 4 geschildert, nur infolge der Beobachtung der Ergebnisse der eigenen Handlungen durch den Akteur selbst befriedigt bzw. frustriert werden.[994] Somit ist für die Beeinflussung ihres Befriedigungszustandes eigenes Handeln und die Kenntnis von dessen Ergebnissen Voraussetzung. Diese Informationen liegen dem Kontrollierten aber erst nach seiner eigenen Investitionshandlung und nach der Kontrolle (d. h. Feststellung von deren Ergebnissen) vor. Eine Befriedigung oder Frustration von außen, z. B. durch den Kontrolleur oder dessen Kontrollankündigung, ist damit nicht möglich.[995] Folglich besitzt die Investitionskontrolle keine Wirkungen ex ante auf die Selbstachtungsbedürfnisse und/oder die Leistungsbedürfnisse des Kontrollierten.

---

991 Vgl. dazu auch Osterloh (1974), S. 268f., der darauf hinweist, dass eine Investitionskontrolle vom kontrollierten Akteur auch als eine seiner Selbständigkeit entgegengesetzte Druckausübung bzw. Einengung wahrgenommen werden kann. Vgl. auch Holmes/Cullen/Gray (1991), S. 70. Ähnlich aus der allgemeinen Kontrollliteratur auch Cammann (1974), S. 74; Newman (1975), S. 37; Steinle (1975), S. 116; Frey (1993), S. 665; Weber (2004), S. 326; Falk/Kosfeld (2005), S. 2 u. S. 19. Desweiteren vgl. auch Schuler/Marcus (2004), S. 992, zu Leistungsbeurteilungen von Mitarbeitern.

992 Auch hier kann wieder auf die analogen Ergebnisse der Studie von Strametz/Lometsch (1977) für Leistungsbeurteilungen verwiesen werden, in der die Einführung von Leistungsbeurteilungen in 3,8 % der Unternehmen sogar offenen Widerstand der Beurteilten bzw. Kontrollierten auslöste. Vgl. Strametz/Lometsch (1977), S. 16. Laux/Liermann (2003), S. 460, bezeichnen diesen Effekt einer Kontrolle auch als negativen Verhütungseffekt, wenn „die Mitarbeiter zwar eher mit Kontrollen rechnen, aber die möglichen Kontrollen als besonderen Druck empfinden und demotiviert werden".

993 Vgl. Falk/Kosfeld (2005), S. 19.

994 Vgl. hierzu nochmals Alderfer (1969), S. 147.

995 Vgl. die ERG-Theorie nach Alderfer (1969), insbes. S. 147.

(2) Wirkungen ex ante auf die Bedürfnisse des Kontrollträgers

Kontrolle als ex ante Befriedigung der Sicherheitsbedürfnisse durch Zielpräzisierung:

Durch die Ankündigung der Kontrolle sinkt, wie bei der Diskussion der Einflüsse auf die Fähigkeiten unter dem Begriff des Zielpräzisierungseffekts$_{KO}$ noch näher ausgeführt wird, die Wahrscheinlichkeit von Missverständnissen zwischen dem investitionsverantwortlichen Kontrollierten und dem Kontrolleur über die Wünsche des Kontrolleurs an den Kontrollierten.[996] Die Investitionskontrolle wirkt auf diese Weise wie ein Hinweis auf das, was dem Kontrollsubjekt wichtig ist: „They [sic!] very act of measuring and reporting a certain informational cue can cause it to be considered rather than ignored in a decision making process."[997] Indem auf diese Weise diverse, aus Sicht des Kontrollierten denkbare Handlungsalternativen ausgeschlossen werden, d. h. indem der Raum seiner möglichen Handlungen kleiner wird, sinkt die Wahrscheinlichkeit eines Misserfolgs des Kontrollierten aus Sicht des Kontrollsubjekts.[998] Damit einher geht insbesondere eine Steigerung der Sicherheit des Kontrolleurs: Zum einen steigt durch die Ausräumung potenzieller Missverständnisse die Prognostizierbarkeit des Handelns des Kontrollierten und zum anderen verbessern sich potenziell auch die materiellen Aussichten des Kontrolleurs aufgrund geringerer Wahrscheinlichkeit eines Fehlagierens des Kontrollierten. Es ist daher zu erwarten, dass die Bedürfnisse des Kontrolleurs nach Sicherheit ex ante durch eine Investitionskontrolle (teilweise) befriedigt werden können.[999] Dieser Effekt sei im Weiteren als *fähigkeitsbezogener Sicherheitseffekt*$_{KS}$ bezeichnet.

Kontrolle als ex ante Befriedigung der Sicherheitsbedürfnisse durch Erwartungsveränderung:

Die Kontrollankündigung bzw. Vorahnung der Kontrolle durch den Kontrollierten bewirkt, wie nachfolgend noch diskutiert wird, geänderte E→F Erwartungen des Kontrollierten (und damit als indirekte Wirkung erster Ordnung potenziell ein prognostizierbareres und diszipliniertere Handeln des Kontrollobjekts).[1000] Damit steigt die subjektiv wahrgenommene Wahrscheinlichkeit des Kontrollträgers, dass selbst dann, wenn er anschließend doch keine Kontrolle durchführt, seine (insbesondere materiellen) Sicher-

---

996 Vgl. Linder (2005a), S. 80. Vgl. dazu auch die Ausführungen im Kapitel 5.1.4.

997 Flamholtz (1996), S. 62.

998 Vgl. dazu auch Korten (1972), S. 134.

999 Vgl. dazu auch die Ausführungen bei Kelvin (1970), S. 181 u. S. 184, zur Unsicherheitsreduktionsfunktion für den höheren Akteur durch die Ausübung von hierarchischer Macht via der Vorgabe eines Handlungsrahmens für den nachgeordneten Akteur. Vgl. dazu auch Crozier (1964).

1000 Vgl. dazu bereits Anthony (1960), S. 330. Vgl. auch noch die detaillierten Ausführungen zur Wirkung der Investitionskontrolle auf die Erwartungen in Kapitel 5.1.3.

heitsbedürfnisse eher befriedigt werden als ohne Kontrollankündigung.[1001] Da im Gegensatz zum schon dargestellten fähigkeitsbezogenen Sicherheitseffekt$_{KS}$ im vorliegenden Effekt auf die durch die Bedürfnisssituation, die Einstellungen und die (nun geänderten) Erwartungen positiv beeinflusste Leistungsanstrengung des Kontrollierten abgestellt wird, sei diese ex ante Wirkung von Investitionskontrollen auf den Kontrolleur entsprechend als *leistungsanstrengungsbezogener oder motivationsbezogener Sicherheitseffekt*$_{KS}$ bezeichnet.[1002]

Kontrolle als ex ante Frustration bzw. Gefährdung der Befriedigung der Beziehungsbedürfnisse:

Bereits die Vorahnung bzw. Ankündigung einer Investitionskontrolle impliziert, dass dadurch – wie eben dargestellt – der Kontrollierte potenziell ex ante in seinen Bedürfnissen nach Sicherheit, Beziehungen und sozialer Achtung verletzt wird und er somit negativ auf den Kontrollträger eingestimmt ist. Der Kontrolleur wird in diesem Fall als Richter wahrgenommen, vor dem sich der Angeklagte (Akteur KO) verteidigen muss.[1003] Dies bedeutet jedoch auch, dass die Bedürfnisse des Kontrolleurs nach Kameradschaft und sozialer Nähe nicht befriedigt werden können bzw. im Vergleich zur Situation ohne Vorahnung bzw. Ankündigung einer Investitionskontrolle frustriert werden.[1004] Im Weiteren sei dieser Effekt mit dem Begriff des *Abstoßungseffekt*$_{KS}$ belegt.

Kontrolle als ex ante Befriedigung der sozialen Achtungs- und Machtbedürfnisse:

Bereits die bloße Ankündigung einer möglichen Kontrolle oder die Einführung eines Kontrollsystems durch den Kontrollträger kann zu einer Befriedigung der Bedürfnisse des Kontrollsubjekts nach sozialer Achtung und Macht (gegenüber dem Kontrollierten) führen.[1005] Von Bedeutung ist dabei mehr das Gefühl der Macht bzw. das Machtpotenzial über bzw. des möglichen Einflusses auf den anderen als der eigentliche Einsatz dieser Macht (konkret: die Kontrolle und mögliche Anlässe zur Gewährung von Belohnungen bzw. Verteilung von Sanktionen auf Basis ihrer Ergebnisse).[1006] Dieser Effekt sei im Folgenden mit dem Begriff des *Egoeffekts*$_{KS}$ belegt.

[1001] Vgl. dazu teilweise ähnlich auch Ruhnke (2003), S. 255.

[1002] Vgl. zum Zusammenspiel von Bedürfnissen, Einstellungen und Erwartungen bei der Bestimmung der Leistungsanstrengung bzw. Handlungsauswahl das Kapitel 4.3.

[1003] Vgl. Steinle (1975), S. 122.

[1004] Vgl. dazu auch Strametz/Lometsch (1977), S. 2, S. 14 u. S. 174. Siehe auch Wing (2000), S. 62-64; Schuler/Marcus (2004), S. 966.

[1005] Vgl. hierzu auch Tannenbaum (1968b), S. 307. Siehe auch Küpper (2005), S. 279, der Kontrollen als einen „Ausdruck einer Machtbeziehung" sieht.

[1006] Vgl. zu diesem Unterschied bspw. auch Robbins (2001), S. 414; Nienhüser (2003), S. 143.

Kontrolle als Nicht-Beeinflussung der Selbstachtungs- und der Leistungsbedürfnisse:

Wie im Kapitel 4 geschildert, können die Selbstachtungs- als auch die Selbstverwirklichungs- bzw. Leistungsbedürfnisse von Akteuren, der ERG-Theorie Alderfers (1969) folgend, nur aufgrund intrinsischer Folgen, d. h. der Beobachtung der Ergebnisse des eigenen Handelns durch den Akteur selbst befriedigt bzw. frustriert werden.[1007] Somit ist für die Beeinflussung ihres Befriedigungszustands eigenes Handeln und die Kenntnis von dessen Ergebnissen Voraussetzung. Zwar handelt der Kontrolleur, indem er eine Investitionskontrolle ankündigt; jedoch kann er das Ergebnis seiner Kontrollankündigungshandlung erst anhand des Kontrollergebnisses verifizieren. Folglich können seine Selbstachtungs- und Leistungsbedürfnisse auch nicht vor einer Investitionskontrolle in ihrem Befriedigungsstatus beeinflusst werden.[1008] Folglich besitzt die Investitionskontrolle keine Wirkungen ex ante auf die Selbstachtungsbedürfnisse und/oder die Leistungsbedürfnisse des Kontrolleurs.

5.1.2 Wirkungen ex ante auf die Einstellungen

Einstellungen stellen relativ dauerhafte Bewertungen eines bestimmten Objekts dar. Sie basieren auf einer reflexiven Auseinandersetzung mit dem Objekt oder einem affektiven Erlebnis auf Basis der ausgehend von dem Objekt erfahrenen Bedürfnisbefriedigung oder -frustration oder aber auf der Selbstreflektion des eigenen Handelns als Objekt der Einstellung.[1009] Ebenso wie die Vermutung einer Investitionskontrolle Auswirkungen auf die Bedürfnisse sowohl des Kontrollierten als auch des Kontrolleurs besitzt, sind auch Wirkungen bei den Einstellungen nach dem Kontrollierten und dem Kontrolleur zu differenzieren.

(1) Wirkungen ex ante auf die Einstellungen des Kontrollierten

Während die letzten beiden Quellen einer Einstellung den teilweisen oder vollständigen Abschluss einer (eigenen oder beobachtungsbedingten) Erfahrung mit dem Objekt vor-

---

1007 Vgl. hierzu nochmals Alderfer (1969), S. 147.

1008 Im Gegensatz dazu können beispielsweise – wie im Text vorhin dargestellt – die extrinsisch jederzeit zu befriedigenden oder zu frustrierenden (d. h. auch bei eigener Inaktivität und unabhängig vom Ergebnis des eigenen Handelns bzw. dessen Kenntnis) Beziehungs- oder Machtbedürfnisse durchaus bereits durch die Vorahnung bzw. Ankündigung einer Kontrolle in ihrem Befriedigungsstatus beeinflusst werden.

1009 Vgl. hierzu Kapitel 4.1.2.

aussetzen,[1010] steht erstere Quelle auch schon vor einer eigentlichen Handlung zur Verfügung. Dem Gedanken der (sozial-)kognitiven Lerntheorie folgend, kann ein Akteur aufgrund einer (durch die Vermutung einer möglichen Investitionskontrolle seiner Handlungen durch den Kontrolleur ausgelösten) aktiven und reflexiven Auseinandersetzung mit der Umwelt lernen, d. h. eine kognitiv basierte Einstellung zu Objekten (eigenes Investitionshandeln, Investitionskontrolle, Kontrolleur an sich) in dieser Umwelt bilden. Diese Wirkung sei als *Einstellungsbildungseffekt*$_{KO}$ einer Investitionskontrolle bezeichnet und kann bereits vor der eigentlichen Durchführung der Kontrolle oder aber auch ohne nachfolgend tatsächlich durchgeführte Kontrolle stattfinden.

(2) Wirkungen ex ante auf die Einstellungen des Kontrolleurs

Ebenso wie für den Kontrollierten gilt auch für den Kontrolleur, dass dieser zwar vor der eigentlichen Durchführung der Investitionskontrolle keine affektiv- oder verhaltensbasierte Einstellung bilden kann, da diese Erfahrungen über das fremde (bzw. ggf. auch eigene) Handeln voraussetzen, dass er aber durch die aktive Auseinandersetzung mit der vermuteten Kontrolle eine kognitiv basierte Einstellung bilden kann. Diese Vorab-Wirkung einer Investitionskontrolle basiert auf einer reflexiven Auseinandersetzung mit den Vor- und Nachteilen der relevanten Objekte (Investitionsplanungshandeln des Kontrollierten, Investitionskontrolle und kontrollierter Akteur an sich) und sei als *Einstellungsbildungseffekt*$_{KS}$ bezeichnet.

5.1.3 Wirkungen ex ante auf die Erwartungen

Auch für das dritte Basiselement, die Erwartungen, der beiden an einer Investitionskontrolle beteiligten Akteure sind wieder ex ante Wirkungen differenziert nach Kontrolliertem und Kontrolleur zu betrachten.

[1010] Vgl. hierzu auch Krech/Crutchfield/Ballachey (1962), S. 180-199; Wilson (1971), Sp. 447; Triandis (1975), S. 152-181; von Rosenstiel (1975), S. 204. Vgl. auch Thomas (2003), S. 41-44.

(1) Wirkungen ex ante auf die Erwartungen des Kontrollierten

Von den zwei Typen an Erwartungen nach Vroom (1964a) werden durch die Vorahnung bzw. Vermutung einer Investitionskontrolle nur die Instrumentalitäten bzw. E→F Erwartungen beeinflusst:

Nicht-Beeinflussung der H→E Erwartungen des Kontrollierten:

Die wahrgenommene subjektive Selbsteffektivität zur Erzielung eines bestimmten Ergebnisses durch eigene Handlungen wird durch die Vorahnung einer möglicherweise auf die Handlung folgenden Kontrolle nicht beeinflusst. Sie wird vielmehr durch das Erlebnis des eigenen Handelns und seiner erzielten Ergebnisse beeinflusst werden,[1011] d. h. ex post in Bezug auf die Handlung, jedoch nicht schon vorab. Mithin existiert auch keine direkte ex ante Wirkung einer Investitionskontrolle auf die subjektiven H→E Erwartungen des Kontrollierten.

Veränderung der E→F Erwartungen des Kontrollierten:

Ahnt oder vermutet ein Akteur, dass sein Handeln bzw. dessen Ergebnisse (z. B. ein Investitionsantrag) nachfolgend einer Kontrolle unterworfen werden, so löst dies über einen aktiven kognitiven (Lern-)Prozess der Strukturierung der Umwelt und ihrer Anreize F beim betrachteten Akteur eine Veränderung von dessen subjektiven E→F Erwartungen im Vergleich zu einer Situation ohne Kontrollvermutung aus, mit bestimmten Handlungs- (oder Anstrengungs-)alternativen bestimmte angenehme Folgen erlangen bzw. unangenehme Folgen vermeiden zu können.[1012] Aufgrund der (erwarteten) Kontrolle erweisen sich dann bestimmte Handlungs- (oder Anstrengungs-)alternativen als subjektiv instrumenteller (höhere E→F Erwartung) oder subjektiv weniger instrumentell (niedrigere E→F Erwartung) zur Erlangung der vom Akteur angestrebten angenehmen Folgen bzw. zur Vermeidung der unangenehmen Folgen als in einer Situation ohne Kontrollerwartung.[1013] Dieser Effekt auf die E→F Erwartungen sei im Weiteren als *Erwartungsef-*

[1011] Vgl. dazu Sorensen/Franks (1972), S. 746; Bandura (1997), S. 80; Semmer/Pfäfflin (1979), S. 17; Earley (1986), S. 218; Wood/Bandura (1989), S. 364 u. S. 366; Bonner/Sprinkle (2002), S. 323.

[1012] Vgl. dazu auch Laux/Liermann (1986), S. 7.

[1013] Vgl. dazu auch schon die vielen, jedoch auf die indirekte Wirkung erster Ordnung abstellenden Ausführungen in der einschlägigen Literatur, z. B. bei Grimes (1954), S. 86: „A sound system of follow-up through performance reports [d. h. Investitionserfolgskontrollen, *Anm. d. Verf.*] tends to minimize considerably the possibility of this condition [d. h. des geringen Arbeitseinsatzes in der Planungsphase, *Anm. d. Verf.*] and to encourage careful study of all proposals before appropriations are recommended. Not many are likely to sponsor capital projects on the basis of vague information and casual study if they fully realize that their predictions on a specific facility will eventually be matched

fekt$_{KO}$ einer Investitionskontrolle bezeichnet. Er wird nicht durch die Folgen von Handlungsergebnissen an sich, sondern durch die subjektive gedankliche Vorwegnahme der im Falle einer Kontrolle mit alternativen Handlungen jeweils verbundenen Folgen ausgelöst.[1014] Zwar wurde diese direkte Wirkung einer Investitionskontrolle ex ante bisher nicht empirisch näher untersucht, jedoch deuten Ergebnisse von Feld- und Laborstudien zu den in der Terminologie der vorliegenden Arbeit als indirekte Wirkungen einer Kontrolle zu bezeichnenden Effekten auf die praktische Relevanz einer Veränderung der E→F Erwartungen durch Kontrollankündigungen hin:[1015] Sowohl die Feldstudien von Blau (1955),

---

against actual results and that they may have to stand up, utterly embarrassed, to explain how they could have been so greatly mistaken." Ähnlich Myers (1966), S. 21; Lüder (1969), S. 55f.; McCorvey (1969), S. 31; Osterloh (1974), S. 32; Borer (1978), S. 61; Müller-Hedrich (1992), S. 57; Matschke (1993), S. 344. Siehe für Aussagen zu dieser indirekten Wirkung erster Ordnung der Kontrolle in der allgemeinen Kontrollliteratur bspw. auch Newman (1975), S. 42; Thieme (1982), S. 94f.; Schäffer (2003), S. 150.

1014 Vgl. Annett (1969), S. 106. Dabei spielt nicht die objektive Wahrscheinlichkeit einer Investitionskontrolle die zentrale Rolle, sondern vielmehr die subjektive, vom Kontrollierten wahrgenommene Wahrscheinlichkeit (vgl. dazu auch Thieme (1982), S. 94). Diese Wahrnehmung der (objektiven) Kontrollwahrscheinlichkeit wird durch die Erfahrungen des Akteurs KO in vergangenen Kontrollsituationen (sog. Erwartungslerneffekte, auf die noch einzugehen ist) und durch entsprechende Ankündigungen des Kontrolleurs und deren durch die Potenzialnutzungsfähigkeiten des Kontrollierten mitbestimmten Wahrnehmung und Interpretation bestimmt (vgl. Churchill/Cooper (1964); dieselben (1966); Thieme (1982), S. 94).

Sofern diese subjektiv wahrgenommene Wahrscheinlichkeit einer Kontrolle k (mit $k \in [0, 1]$) nicht z. B. aufgrund von Einschränkungen der Potenzialnutzungsfähigkeiten von der objektiven Wahrscheinlichkeit k_o (mit $k_o \in [0, 1]$) abweicht, lässt sich zur analytischen Präzisierung der indirekten Wirkung erster Ordnung der Investitionskontrolle dabei auf die mikroökonomisch-verhaltensorientierte Betriebswirtschaftslehre zurückgreifen. Für eine Darstellung dieser mikroökonomischen Präzisierung des Effekts anhand der Spieltheorie vgl. z. B. Jost (1999), S. 137-145. Vgl. auch Wagenhofer (1992), S. 325.

Im Fall, dass aufgrund begrenzter kognitiver Fähigkeiten, wie von der psychologisch-verhaltensorientierten Betriebswirtschaftslehre meist implizit unterstellt, subjektive und objektive Wahrscheinlichkeiten ($k \neq k_o$) auseinanderfallen, ist hingegen der Effekt zwar empirisch feststellbar, jedoch ohne die Kenntnis der Abweichungsstärke analytisch nicht näher präzisierbar.

1015 Die Veränderung der subjektiven E→F Erwartungen des Kontrollierten aufgrund des Gewinnens der Einsicht bzw. des Lernens über die aus seinen Handlungsalternativen in Verbindung mit der Kontrolle potenziell für seine Bedürfnisbefriedigung resultierenden Konsequenzen, werden ihn dem Handlungsmodell aus Kapitel 4.3 entsprechend nachfolgend (d. h. als indirekte Wirkung der Kontrolle) dazu veranlassen, seine Handlungsauswahl anders zu treffen als ohne die Vorausahnung der Kontrolle, d. h. beispielsweise eine höhere Leistungsanstrengung oder eine konformere Handlungsalternative zu wählen. Allerdings wird dieser Zusammenhang der direkten Wirkung mit den indirekten Wirkungen durch die Selbsteffektivitätswahrnehmung des Kontrollierten moderiert: Der Akteur muss, um ein entsprechend geändertes Handeln als Konsequenz aus seinen geänderten E→F Erwartungen zu zeigen, auch davon überzeugt sein, selbst Einfluss auf die erzielten Ergebnisse (und damit die Folgen) nehmen zu können, d. h. eine hohe H→E Erwartung bei den entsprechenden Handlungen besitzen (vgl. z. B. Wood/Bandura (1989), S. 365). Wie auf Basis des Selbsteffektivitätskonzepts, den Erwartungs-Valenz-Theorien und den empirischen Erkenntnissen der Theorie der Zielsetzung (Goal Setting Theory) zu erwarten ist, wird ein Akteur hingegen kaum bzw. keine Leistungsanstrengung bei einer Aufgabe zeigen, die er für viel zu schwierig hält (d. h. bei der er von einer niedrigen Effektivität seiner Handlungen zur Erreichung des Handlungsergebnisses ausgeht) (vgl. dazu auch Lawler (1976),

Cohen (1965) und Cammann (1974) als auch das aufwändige Laborexperiment von Churchill/Cooper (1964) zeigen, dass Personen, denen eine Kontrolle ihrer Handlungsergebnisse angekündigt wird oder die in den Glauben einer solchen Kontrolle versetzt werden, ihr Handeln vor der Kontrolle (aufgrund veränderter, in den Studien jedoch nicht explizit gemessener E→F Erwartungen) tendenziell mehr in Richtung des – angesichts der geänderten E→F Erwartungen – subjektiv rationalen Handelns konzentrieren, um damit die erwünschten angenehmen Folgen zu erlangen bzw. unangenehme Folgen zu vermeiden.[1016] Allerdings muss diese indirekte Wirkung einer Kontrolle, wie wiederum diverse Feldstudien zeigen, nicht zwangsläufig im Interesse des Kontrolleurs stehen: Immerhin steigt dadurch tendenziell die Arbeitsanstrengung des Kontrollierten in den der Kontrolle unterworfenen Aufgabenbereichen, während sie jedoch in den Aufgaben oder Aufgabenteilen sinkt, die nicht kontrolliert werden.[1017] Schließlich ist es für den Kontrollierten subjektiv rational, seine knappen physischen und kognitiven Fähigkeiten auf diejenigen Aufgaben oder Aufgabenteile zu konzentrieren, deren Ergebnisse in einer potenziellen (Investitions-)Kontrolle vom Kontrolleur zur Festlegung der Folgen herangezogen werden und alle anderen Aufgaben oder Aufgabenteile zu vernachlässigen oder auch sie zugunsten der kontrollierten „auszubeuten".[1018] Dies kann sich (als indirekte Wirkung erster Ordnung der Kontrolle) dann zum einen in einer Vernachlässigung der nicht zur Festlegung der Folgen genutzten Aufgaben oder Teilaufgaben äußern und zum anderen in Versuchen, durch manipulatives Handeln die Ergebnisse der kontrollierten Aufgaben oder Teilaufgaben in der für die Erreichung der angestrebten Folgen subjektiv zweckdienlichen Ausprägung zu beeinflussen.[1019] Sowohl die (aus Sicht des Kontrolleurs funk-

---

S. 1253; Wood/Bandura (1989), S. 365). Siehe hierzu auch nochmals das Handlungsmodell in Kapitel 4.

[1016] Vgl. Blau (1955), S. 35; Churchill/Cooper (1964), S. 255; Cohen (1965), S. 101; Cammann (1974), S. 164, S. 179 u. S. 203.

[1017] Vgl. ähnlich Lawler (1976), S. 1257.

[1018] Vgl. dazu auch Argyris (1952), S. 12; Buggert (1991), S. 30-32; Becker (1993), S. 98; Merchant/Van der Stede (2003), S. 126. Vgl. dazu auch plastisch Engelhardt (1983), S. 990: „Wer allein die Quantität einer Leistung berücksichtigt, wird feststellen müssen, daß Mitarbeiter die Qualität weniger berücksichtigen". Ähnlich auch Blau (1955), S. 36; Hopwood (1972), S. 162f.; Treuz (1974), S. 112; Lawler (1976), S. 1257; Borer (1978), S. 61 u. S. 73f.; Höller (1978), S. 219; Posselt (1986), S. 74f.; Hutzschenreuter (1998), S. 103; Wagenhofer (1999), S. 190; Osterloh (2006), S. 6. Vgl. auch Holmström/Milgrom (1991), die diese indirekte Wirkung erster Ordnung einer Kontrolle anhand eines mikroökonomisch-verhaltensorientierten Multitask-Prinzipal-Agenten-Modells ableiten.

[1019] Die Vernachlässigung der nicht zur Festlegung der Folgen genutzten Aufgaben oder Teilaufgaben kann wiederum erstens die Ausprägung der Vernachlässigung von Ergebnissen haben, die zwar zu seiner Aufgabe bzw. seinem Aufgabengebiet gehören, jedoch nicht zur Festlegung der Folgen genutzt werden (vgl. hierzu Ewert/Wagenhofer (2003), S. 351; Dalton (1971), S. 8; Rosen/Schneck (1967), S. 9; Buggert (1991), S. 32). Zweitens, kann diese Vernachlässigung aber auch in der (kognitiven oder physischen Fähigkeitsaufwand in der Handlungsauswahl und -durchführung reduzierenden) Ignoranz möglicher Externalitäten, d. h. Auswirkungen seines Handelns auf andere Aufgaben und Bereiche,

tionale) stärkere Anstrengung oder geänderte Handlungswahl des Kontrollierten als auch das (aus Sicht des Kontrolleurs dysfunktionale) Handeln der Vernachlässigung bzw. „Ausbeutung" nicht kontrollierter Bereiche ist allerdings eine indirekte Wirkung erster Ordnung der Investitionskontrolle. Sie resultiert aus den durch die Vorausahnung geänderten E→F Erwartungen des Kontrollierten und der Tatsache, dass ein Kontrollierter realiter meist mehrere Aufgaben (oder Aufgabenteile) zu erledigen hat und nicht alle deren Ergebnisse zur Festlegung der für ihn angenehmen oder unangenehmen Folgen genutzt werden.[1020] In Feldstudien zu den (in der Terminologie der vorliegenden Arbeit) indirekten Wirkungen erster Ordnung von Kontrollen im Allgemeinen wurde diese aus Sicht des Kontrolleurs tendenziell dysfunktionale indirekte Wirkung der Kontrollankündigung ebenfalls bereits mehrfach empirisch nachgewiesen.[1021] Und sogar für den spezifi-

---

deren Ergebnisse keine Auswirkung auf die Folgen für ihn selbst haben, Ausdruck finden (vgl. dazu bspw. American Accounting Association (1969), S. 37).
Das manipulative Handeln wiederum besitzt vorsätzlichen Charakter (vgl. dazu auch Blohm (1970), S. 15) und kann ebenfalls in zwei Vairanten auftreten: Der Verfälschung (d. h. die fehlerhafte Aufzeichnung oder Weiterleitung von Daten z. B. in Form bewusster Verzerrung von Schätzwerten einer Investition oder der real eingetretenen Ist-Werte für den Aufwand einer Investition) und der kognitiven oder physischen Fähigkeitsaufwand erfordernden Datenoptimierung (d. h. der bewussten und billigenden Durchführung von Maßnahmen zur „lokalen Optimierung" zulasten anderer Aufgaben, Investitionen, Bereiche oder des Gesamtunternehmens). Vgl. McCorvey (1969), S. 31; Spielberger (1983), S. 46; Merchant/Van der Stede (2003), S. 184. Ein Beispiel für Letzteres ist die bewusst konservative Schätzung bestimmter Investitionen mit dem Ziel der Reduktion ihrer Umsetzungswahrscheinlichkeit und zur Erhöhung der Realisierungswahrscheinlichkeit anderer, leichter zu planender und daher eher mit einem Bonus für gute Planung verbundener Investitionen. Insbesondere dieses aktiv andere Aufgaben bzw. Investitionen negativ beeinflussende, manipulative Handeln ist dabei im Rahmen einer Kontrolle meist kaum feststellbar, da diese anderen Aufgaben bzw. Investitionen ja gerade nicht der Kontrolle unterliegen (vgl. dazu Spielberger (1983), S. 46). Vgl. hierzu auch Ammons (1956), S. 286; Gau (1984), S. 163.

1020 Vgl. Argyris (1952), S. 22; Argyris (1957), S. 136f.; Woodward/Eilon (1966), S. 104; Cammann (1974), S. 26; Höller (1978), S. 219; Posselt (1986), S. 74f.; Hutzschenreuter (1998), S. 103. Vgl. zum Einfluss unterschiedlicher Ausprägungen der Stärke der Unvollständigkeit z. B. durch unterschiedliche Kontrolltiefen, Grade der Kompatibilität zwischen Prüf- und Vergleichsgröße etc. auch Kapitel 6.

1021 Einen frühen, systematisch erfassten empirischen Beleg für diese indirekte Wirkung erster Ordnung einer Kontrollmaßnahme liefert die Studie von Blau (1955). In dieser wurden die Auswirkungen der in Kontrollen überprüften Merkmale des Arbeitsvollzugs auf das Handeln der Bediensteten eines Arbeitsamtes untersucht. Es zeigt sich darin deutlich, dass bei alleiniger Kontrolle der Quantität der Arbeitsleistung die Qualität der Leistung nachließ (vgl. Blau (1955), S. 35-37; für eine Replikation und Diskussion der Studie vgl. Cohen (1965), S. 71-166 u. insbes. die S. 83-85). Auch Woodward/Eilon (1966), S. 104 identifizieren in ihrer Studie der Kontrollen in der Produktion ähnliche Effekte. Einen weiteren empirischen Beleg bietet die Studie von Hopwood (1972) bei einem amerikanischen Großunternehmen, in dem die Kontrollrechnungen zwar starkes Kostenbewusstsein hervorriefen, jedoch auch zu Manipulationshandlungen aller Art sowie einer einseitigen Fokussierung der Kostenstellenleiter auf die Einhaltung ihrer individuellen Kostenziele zulasten anderer Kostenstellen und des Produktionsprozesses insgesamt führten (vgl. Hopwood (1972), S. 167-171). Ähnliche Ergebnisse erzielte auch Cammann (1974), der bei der Untersuchung der Wirkung der Kontrollsysteme bei einem amerikanischen Versorgungsunternehmen zu dem Ergebnis kommt, dass die Mitarbeiter ihren Arbeitseinsatz auf diejenigen Bereiche konzentrieren, die einer Messung unterliegen und deren Messergebnisse von den vorgesetzten Managern zur Beurteilung der kontrollierten Manager verwendet

schen Fall der Investitionskontrolle existiert ein empirischer, jedoch älterer Beleg: So schildern Rosen/Schneck (1967), dass in einem kanadischen Unternehmen des produzierenden Gewerbes die Ankündigung der Kontrolle der Prognosegüte von Investitionsplanungen mittels einer Investitionserfolgskontrolle dazu führte, dass die Kontrollierten alles daran setzten, ihre Schätzwerte einzuhalten und dazu auch auf die (Ver-)Fälschung von Belegen über Erträge und Kosten der einzelnen Investitionsobjekte zurückgriffen.[1022]

(2) Wirkungen ex ante auf die Erwartungen des Kontrollsubjekts

Nicht-Beeinflussung der eigenen H→E Erwartungen des Kontrolleurs:

Da aus der Kontrollankündigung oder Vermutung einer Kontrolle keine Veränderung der wahrgenommenen Selbsteffektivität des Kontrolleurs zur Erzielung entsprechender Ergebnisse (z. B. besserer Investitionsplanungshandlungen durch den Kontrollierten) durch eine Kontrollhandlung erfolgt, sondern eine solche Veränderung nur ex post unter Kenntnis der erzielten Ergebnisse möglich ist,[1023] besitzt eine Investitionskontrolle keine direkte Wirkung ex ante auf die H→E Erwartungen des Kontrolleurs. Ebenso gilt, dass die Ankündigung der Kontrolle sachlogisch auch nicht die Selbsteffektivität des Kontrolleurs hinsichtlich der Durchführung einer „guten" Kontrolle beeinflussen kann, da hierfür Rückkoppelungsinformationen zur Qualität der Kontrolle nötig wären, die jedoch gemäß der in der vorliegenden Arbeit verwendeten Definition der Investitionskontrolle von einer solchen grundsätzlich weder ex ante noch ex post zur Verfügung gestellt werden können. Folglich kommt es auch zu keiner Veränderung der entsprechenden Selbsteffektivitätswahrnehmung.

---

werden (vgl. Cammann (1974), S. 164, S. 179, S. 200-203, S. 205 u. S. 212f.). Ein jüngeres Praxisbeispiel des dysfunktionalen Handelns bei der Firma Bausch & Lomb schildert Maremont (1995). Die Manager des Unternehmens gewährten einerseits langfristige Kundenkredite und drängten andererseits den Händlern enorme Mengen an Endprodukten auf, nur um kurzfristig die vorgegebene Kontrollgröße Umsatz einzuhalten bzw. zu erfüllen (vgl. Maremont (1995), S. 50-56). Auch in der Wirtschaftspolitik lässt sich, wie das manipulative Handeln Griechenlands im Euro-Stabilitätspakt zeigt, der Erwartungseffekt$_{KO}$ erkennen: So hat Griechenland über mehrere Jahre die in die von der EU-Kommission durchgeführte Kontrolle der Staatsdefizite einfließenden Ist-Daten manipuliert, um damit möglichen Defizitverfahren zu entgehen (vgl. dazu Der Spiegel (2004)). Siehe für weitere Beispiele auch Argyris (1952), S. 22; Argyris (1957), S. 136f.; Churchill/Cooper (1965), S. 780; Merchant/Van der Stede (2003), S. 185f.

1022 Vgl. Rosen/Schneck (1967), S. 13.

1023 Vgl. hierzu nochmals Sorensen/Franks (1972), S. 746; Bandura (1997), S. 80; Semmer/Pfäfflin (1979), S. 17; Earley (1986), S. 218; Wood/Bandura (1989), S. 364 u. S. 366; Bonner/Sprinkle (2002), S. 323.

Beeinflussung der eigenen E→F Erwartungen des Kontrolleurs:

Bereits ex ante verändert, wie im letzten Abschnitt dargestellt, eine vorausgeahnte oder angekündigte Investitionskontrolle die E→F Erwartungen des (potenziell) Kontrollierten und damit c. p. (als indirekte Wirkung) das Handeln des Kontrollierten. Über eben diese, als Erwartungseffekt$_{KO}$ bezeichnete, direkte Wirkung von Investitionskontrollen ex ante auf die Erwartungen des Kontrollierten (und damit c. p. das konzentriertere Handeln als indirekte Wirkung erster Ordnung) wird sich der Kontrolleur Erwartungen bilden hinsichtlich der Instrumentalität dieses geänderten Handelns des Kontrollierten (und dessen Ergebnissen) für die Erzielung der von ihm selbst angestrebten oder zu vermeiden gesuchten Folgen.[1024] Mithin besitzt die Ankündigung einer wahrscheinlichkeitsbehafteten Durchführung einer Investitionskontrolle bereits eine ex ante Wirkung auf die individuellen E→F Erwartungen der Ankündigungshandlung des Kontrolleurs.[1025] Diese Wirkung sei im Weiteren als *Erwartungseffekt$_{KS}$* bezeichnet.[1026] Eine Beeinflussung der E→F Er-

---

1024 So beispielsweise hinsichtlich seiner Selbsteffektivität zur Veranlassung des Kontrollierten zu einem Handeln, das zu einem in einer Investitionskontrolle als positiv zu charakterisierenden Handlungsergebnis führt, und das damit für den Kontrolleur wiederum mit bestimmten angenehmen und/oder unangenehmen Anreizen verbunden ist.

1025 Diese direkte Wirkung einer Investitionskontrolle findet ihren Widerhall als indirekte Wirkung erster Ordnung darin, dass es, wenn der Kontrolleur eine solche Veränderung des Handelns des Kontrollierten durch seine Ankündigung einer wahrscheinlichkeitsbehafteten Kontrolle erzielt, subjektiv rational ist, auf die eigentliche Durchführung einer solchen Kontrolle zu verzichten und dennoch aufgrund der geänderten E→F Erwartungen des Kontrollierten aber ohne den entsprechenden Kontrollaufwand die gleichen Folgen F für sich zu erzielen. Vgl. dazu ähnlich auch schon Blau (1955), S. 35: „The supervisor wanted to know the number of interviews completed by each subordinate only in order to take corrective action in case any of them worked too slowly. The fact that the very counting of interviews had induced in them [the subordinates, *Anm. d. Verf.*] to work faster facilitated operations by making such corrective steps superfluous. The use of statistical records not only provided superiors with information which enabled them to rectify poor performance but often obviated the need for doing so." Vgl. ähnlich auch Lüder (1966), S. 1142; Lüder (1969), S. 55f. Allerdings gilt bei dieser indirekten Wirkung erster Ordnung, dass ein Kontrollierter (im Falle Blaus (1955) die Untergebenen), sofern er diesen Sachverhalt korrekt wahrnimmt bzw. interpretiert, sich subjektiv rational dann wieder für undiszipliniertes oder wenig konzentriertes Handeln entscheiden wird. Dies jedoch wiederum zwingt den Kontrolleur wieder zur Durchführung einer solchen Kontrolle, womit sich ein „Spiel" zwischen beiden bzw. zwischen ihren jeweils besten Handlungen (als indirekte Wirkungen) ergibt. Unterstellt man dabei, der mikroökonomisch-verhaltensorientierten Betriebswirtschaftslehre entsprechend, dass die Akteure über vollständige Potenzialnutzungsfähigkeiten verfügen und entsprechend auf Basis der ihnen jeweils vorliegenden Informationen objektiv bzw. intersubjektiv rational handeln, so lässt sich mittels der Spieltheorie dann ein strategisch stabiles Gleichgewicht der Wahlentscheidung des Kontrollierten (diziplinertes/fokussiertes vs. undiszipliniertes/unfokussiertes Handeln) und der Wahlentscheidung des Kontrolleurs (Kontrolle, keine Kontrolle) bestimmen. Vgl. für eine analytische und grafische Darstellung der Ermittlung dieses Gleichgewichts z. B. Jost (1999), S. 137-145.

1026 Aufgrund in der Realität eingeschränkter Fähigkeiten beider Akteure und den daraus resultierenden möglichen Verzerrungen der Situations- bzw. Wahrscheinlichkeitswahrnehmung und -interpretation über die Kontrolle durch den Kontrolleur bzw. das konzentrierte Handeln des Kontrollierten, ist nicht garantiert, dass ein strategisch stabiles Gleichgewicht der jeweiligen Handlungen (wie im Fall der von

wartungen in Bezug auf die Durchführungshandlung bzw. die mit der Kontrolle verbundenen Folgen, hingegen kann ex ante sachlogisch nicht stattfinden. Vielmehr werden nur die E→F Erwartungen bezüglich der Ankündigung durch eben diese verändert.

5.1.4 Wirkungen ex ante auf die Fähigkeiten

Schließlich gilt wie schon in den vorangegangenen Abschnitten, dass auch in diesem wieder eine separate Betrachtung der Wirkungen einer Investitionskontrolle ex ante auf die Fähigkeiten des Kontrollierten und auf diejenigen des Kontrolleurs zu erfolgen hat. Bei den direkten Wirkungen einer Investitionskontrolle auf die Fähigkeiten des kontrollierten Akteurs lassen sich zwei Effekte unterscheiden, während beim Kontrolleur nur ein Effekt auf die Fähigkeiten ex ante auftritt. Auch hier sei wieder mit dem Kontrollierten begonnen.

(1) Wirkungen ex ante auf die Fähigkeiten des Kontrollierten

Zielpräzisierung durch Lerneffekte:

Die Vorahnung oder Ankündigung einer Investitionskontrolle erhöht das deklarative Wissen des Kontrollierten über die von ihm zu erreichenden Handlungsergebnisse bzw. die relative Bedeutung unterschiedlicher Handlungen aus Sicht des Kontrolleurs.[1027] Dieser in der betriebswirtschaftlichen Literatur erstmals durch Ridgeway (1956) angeführte Effekt von Kontrollen basiert darauf,[1028] dass Akteure zwar im Allgemeinen mehr oder minder über die ihnen vom Unternehmen vorgegebenen Ziele informiert sind, dass jedoch durch die Kontrolle bestimmter Handlungsergebnisse eines Akteurs seine Aufmerksamkeit (bei korrekter Wahrnehmung und Interpretation) auf die aus Sicht des Kontrol-

---

vollständigen Potenzialnutzungsfähigkeiten ausgehenden mikroökonomisch-verhaltensorientierten Betrachtung dieser gegenläufigen Spielzüge in der Spieltheorie) zustande kommt. Entsprechend sei hier von Effekten gesprochen und nicht von einem Gleichgewicht ausgegangen, wobei ein solches jedoch nicht ausgeschlossen wird, da es durch sich möglicherweise ausgleichende Verzerrungen der Einschätzungen des Kontrollierten und des Kontrolleurs oder durch entsprechende, noch zu beschreibende Erwartungslerneffekte der Akteure durchaus eintreten kann. Er wird allerdings nur einen Spezial- bzw. Sonderfall darstellen.

1027 Vgl. Linder (2005a), S. 80. Dabei bezieht sich diese Veränderung der Fähigkeiten lediglich auf die deklarativen bzw. die Bestandsfähigkeiten, nicht jedoch auf die prozeduralen Fähigkeiten. Dies ist darauf zurückzuführen, dass dem Akteur durch eine Kontrolle (die als Überprüfung von Ergebnissen definiert wurde; siehe Kapitel 2) nur die Handlungsergebnisse, nicht aber der Prozess (die Handlung) der Erzielung dieser Ergebnisse näher präzisiert wird. Eine Veränderung der Potenzialnutzungsfähigkeiten ex ante kann daher nicht erfolgen.

1028 Vgl. Ridgeway (1956), S. 247.

leurs entscheidenden Handlungen gelenkt werden kann.[1029] Dadurch kann ihm vermittelt werden, worauf bzw. auf welche Handlungsergebnisse das Unternehmen besonderen Wert legt.[1030] Kontrollen reduzieren so ex ante durch Lerneffekte ein potenziell bestehendes Orientierungsproblem ex ante und legen die Richtung des Handelns fest.[1031] Im Gegensatz zum Erwartungseffekt$_{KO}$ geht es bei der Beeinflussung der Fähigkeiten ex ante daher nicht um Beeinflussung der Erwartungen des Kontrollierten (und damit c. p. seiner Leistungsanstrengung), sondern darum, beim Kontrollierten Erkenntnisprozesse auszulösen und ihn durch veränderte Fähigkeiten in die Lage zu versetzen, (potenziell) als indirekte Wirkung der Kontrolle zielkonform(er) zu handeln.[1032] Die Kenntnis der anzustrebenden Ziele ist schließlich eine Voraussetzung, um Handlungen zur Erreichung dieser Ziele präzise auswählen zu können.[1033] Es geht mithin um die Ermöglichung korrekten Handelns, nicht um die Anregung zu entsprechendem Handeln.[1034] Folglich sei der ex ante Effekt auf die Fähigkeiten des Kontrollierten im Weiteren als *Zielpräzisierungseffekt$_{KO}$* bezeichnet. Wenngleich die Existenz dieses Effekts für Investitionskontrollen bisher nicht empirisch untersucht wurde, so zeigen die empirischen Arbeiten zur (sozi-

---

1029 Vgl. für Kontrollen allgemein: Ridgeway (1956), S. 247; Hopwood (1972), S. 173; Cammann (1974), S. 38 u. S. 53; Wagenhofer (1999), S. 190; Laux/Liermann (1986), S. 7; Merchant/Van der Stede (2003), S. 26; Schäffer (2003), S. 155. Siehe für Investitionskontrollen: Linder (2005a), S. 80.
So kann beispielsweise durch die Ankündigung/Einführung einer Antragskontrolle (d. h. einer Kontrolle mit Soll-Werten als Prüf- und Vergleichgegenstände der Kontrolle) und des Verzichts auf Realisations- und Erfolgskontrollen (u. a. mit Ist- und Soll-Werten) für den Kontrollierten präzisiert werden, dass er sich (aus Sicht des Akteurs KS) lediglich auf die Vereinbarkeit der Soll-Größen von Investitionen konzentrieren soll, dass aber die Realitätsnähe der Auszahlungs- und der Einzahlungsprognosen nur sekundäre Bedeutung besitzt. Umgekehrtes wäre beim Verzicht auf Antragskontrollen und stattdessen der alleinigen Nutzung von Realisations- und Erfolgskontrollen zu erwarten.

1030 Vgl. auch Cammann (1974), S. 38 u. S. 53.

1031 Vgl. Locke/Latham (1990), S. 79; Merchant/Van der Stede (2003), S. 26; Linder (2005a), S. 80.

1032 Vgl. dazu Locke/Latham (1984), S. 21: „increasing goal specificity reduces the probability of misunderstandings between a middle manager and a vice president or between a middle manager and subordinates."

1033 Vgl. hierzu auch Locke/Latham (1984), S. 20; vgl. auch Leung/Liu (2003), S. 15. Locke/Latham (1984), S. 21 führen als Beispiel für die Bedeutung der Zielexaktheit die Erkundungstätigkeit einer Erdölgesellschaft an: Während die sehr vage Vorgabe „drill wells" wenig zur Ausrichtung und Fokussierung der Handlungen der Explorationsabteilung beiträgt, bewirkt die Aufforderung, innerhalb des nächsten Jahres drei Ölförderstellen in Oklahoma und Texas zu entwickeln und dabei ein Budget von $ 10 Millionen nicht zu überschreiten, eine wesentlich fokussiertere Zielausrichtung des Handelns des Akteurs.

1034 Die Nützlichkeit dieses Zielpräzisierungseffekts aus Sicht des Kontrollsubjekts hängt dabei zentral von den Potenzialnutzungsfähigkeiten des Kontrollierten ab, da dieser die seiner Meinung nach zur Kontrolle herangezogenen Kriterien zur Zielpräzisierung verwenden wird (vgl. dazu auch Churchill/Cooper (1964), insbes. S. 263). Ist jedoch diese Wahrnehmung aufgrund beschränkter Potenzialnutzungsfähigkeiten des Kontrollierten falsch, so wird auch das Ziel aus Sicht des Kontrolleurs fehlerhaft durch die Kontrolle präzisiert. Auf die Auswirkungen von Einschränkungen der Fähigkeiten der an der Investitionskontrolle beteiligten Akteure auf die diversen (potenziellen) Effekte einer Investitionskontrolle wird nachfolgend noch in den Kapiteln 6.2 und 6.3 näher eingegangen.

al-)psychologischen Zielsetzungstheorie, deren Ergebnisse sich laut ihrer Entwickler Locke/Latham (1990) auch auf die Kontrolle übertragen lassen,[1035] dass die Exaktheit von Zielen (d. h. die Präzisierung der anzustrebenden Ziele durch vorgegebene, exakte Ziele oder aber durch Kontrollen) positiv mit den Handlungsergebnissen (als indirekte Wirkung erster Ordnung) von Akteuren zusammenhängt.[1036]

Auslastung der kognitiven Fähigkeiten durch Ankündigungserkennung:

Voraussetzung dafür, dass der Kontrollierte durch eine vorausgeahnte oder vom Kontrolleur explizit angekündigte (Investitions-)Kontrolle z. B. eine Präzisierung seiner Ziele oder eine Veränderung der Erwartungen erfährt, ist die Wahrnehmung und Deutung entsprechender impliziter oder expliziter Signale des Kontrolleurs durch den Kontrollierten.[1037] Dies setzt den Einsatz kognitiver Fähigkeiten des Kontrollierten bereits vor der eigentlichen Kontrolle bzw. vor seiner eigentlichen, nachfolgend potenziell kontrollierten Handlung voraus und sei als *Kontrollaufwand1*$_{KO}$ bezeichnet.

(2) Wirkungen ex ante auf die Fähigkeiten des Kontrollsubjekts

Nicht-Beeinflussung der Fähigkeiten durch Lerneffekte:

Durch die vom Kontrolleur vorgenommene Ankündigung einer Investitionskontrolle gegenüber dem Kontrollierten wird für ihn selbst kein neues Wissen geschaffen. Schließlich stehen ihm keine neuen Informationen zur Verfügung, die Lerneffekte bei den Fähigkeiten auslösen könnten. Vielmehr transferiert er, wie eben dargestellt, durch die Andeutung einer potenziellen Kontrolle Wissen von sich zum Kontrollierten.[1038] Somit be-

---

1035 Vgl. Locke/Latham (1990), S. 204.

1036 Vgl. zum empirisch beobachtbaren positiven Einfluss der Exaktheit von Zielen auf die Leistung bspw. Locke (1968), S. 168-170; Latham/Yukl (1975), S. 829f. u. 840, und die dort angeführten Studien; Steers (1976), S. 10; Ivancevich (1976), S. 610; Kenis (1979), S. 716; Locke/Latham (1984), S. 10; Locke et al. (1989), S. 284; Locke/Latham (1990), S. 29f.; Leung/Liu (2003), S. 18. Vgl. auch die Ergebnisse der Experimente und Untersuchungen zitiert bei Locke (1968), S. 169f.; vgl. auch die Studie von Leung/Liu (2003), insbesondere die S. 18. Vgl. kritisch zu Zielsetzungstheorie Braun (2004), wobei die Arbeit auf einem zweifelhaften Verständnis der Goal Setting Theory aufsetzt und entsprechend zu wenig überzeugenden Schlussfolgerungen gelangt.

1037 Vgl. zum Fähigkeitenaufwand der Beobachtung des Kontexts bezüglich Informationen bspw. Farr (1991), S. 62, und dortige Quellen.

1038 Zwar ist realiter nicht vollständig auszuschließen, dass der Kontrolleur auch im Rahmen der Vorbereitung einer entsprechenden Kontrollankündigung durch intensives Nachdenken eine Klärung seiner eigenen (an den Kontrollierten zu kommunizierenden) Ziele erreicht und damit über diese hinzulernt, hiervon sei jedoch in der vorliegenden Arbeit zur Vereinfachung abgesehen. Vielmehr sei davon ausgegangen, dass der Kontrolleur über ihm bekannte Ziele verfügt.

sitzt eine Investitionskontrolle auch keine ex ante Wirkung der Erhöhung der Fähigkeiten des Kontrollsubjekts.

Auslastung der kognitiven Fähigkeiten durch Ankündigungsvorgang:

Voraussetzung dafür, dass beim Kontrollierten die diversen, durch eine vorausgeahnte oder vom Kontrolleur explizit angekündigte (Investitions-)Kontrolle hervorgerufenen Effekte auftreten, ist eben jene Ankündigung oder Auslösung der Vermutung einer solchen nachfolgenden Kontrolle durch den Kontrolleur.[1039] Entsprechende Vermutungen beim Kontrollierten auszulösen oder die Kontrolle explizit anzukündigen, ist jedoch für den Kontrolleur mit Aufwand durch dafür nötige Auslastung seiner kognitiven (und ggf. physischen) Fähigkeiten verbunden. Diese ex ante Wirkung sei als *Kontrollaufwand* I_{KS} bezeichnet.

5.2 Wirkungen der eigentlichen Durchführung einer Investitionskontrolle

5.2.1 Wirkungen ex post auf die Bedürfnisse

Genauso wie schon bei der Diskussion der Wirkungen ex ante einer Investitionskontrolle ist auch bei der Betrachtung der Wirkungen ex post bzw. der Wirkungen der eigentlichen Durchführung einer Investitionskontrolle wieder in solche zu untergliedern, die die Bedürfnisse des Kontrollierten betreffen und solche, die die Bedürfnisse des Kontrolleurs tangieren.

(1) Wirkungen auf die Bedürfnisse des Kontrollierten ex post

Die direkten Wirkungen einer Investitionskontrolle auf die Bedürfnisse des Kontrollierten lassen sich anhand des dargestellten Bedürfniskatalogs und der Hypothesen der ERG-Theorie präzisieren. Dabei sei zunächst auf die direkten Wirkung eingegangen, deren Ausprägung in angenehm vs. unangenehm vom Ergebnis der Investitionskontrolle abhängt.

[1039] Vgl. dazu schon Churchill/Cooper (1964), S. 255 u. S. 263, die darauf hinweisen, dass der Kontrollierte durch den Kontrolleur in den Glauben einer entsprechenden, nachfolgenden Kontrolle versetzt werden muss – wofür entsprechende Maßnahmen erforderlich sind.

Befriedigung (Frustration) der Sicherheitsbedürfnisse:

In vielen Fällen wird ein positives (negatives) Kontrollergebnis zumindest in begrenztem Umfang aufgrund der an es gekoppelten angenehmen oder unangenehmen extrinsischen Anreize dazu beitragen, die materielle Situation des Kontrollierten zu sichern (zu gefährden).[1040] Aus der Sicht des Kontrolleurs gute (schlechte) Handlungsergebnisse des Kontrollierten werden so tendenziell eher dazu führen, dass ein Kontrollierter einen Bonus (Malus) erhält oder aber, dass zumindest die Wahrscheinlichkeit seiner Freisetzung geringer (höher) ist als im Fall eines aus der Perspektive des Kontrolleurs unbefriedigenden (befriedigenden), in der Kontrolle festgestellten Ergebnisses. Dies entspricht einer (teilweisen) Befriedigung (Frustration) der Bedürfnisse des Kontrollierten nach Sicherheit.

Befriedigung (Frustration) der Beziehungsbedürfnisse:

Ein im Rahmen der Durchführung einer Investitionskontrolle anhand des Vergleichs von Prüf- und Vergleichsgröße ermitteltes, positives (negatives) Ergebnis der Handlungen des Kontrollierten kann für diesen bedeuten, entweder in den Kreis der „Erfolgreichen" aufgenommen zu werden oder aber dort zu bleiben (dort heraus zu fallen).[1041] Dies impliziert eine Befriedigung (Frustration) seiner Bedürfnisse nach Zugehörigkeit und Kameradschaft.

Befriedigung (Frustration) sozialer Achtungsbedürfnisse:

In einer Investitionskontrolle festgestellte, gute (unbefriedigende) Handlungsergebnisse des Kontrollierten werden in vielen Fällen durch das Umfeld positiv (negativ) wahrgenommen, d. h. dass dem Kontrollierten mehr (weniger) Leistungsfähigkeit oder Leistungsanstrengung zugeschrieben wird als bei einem negativeren (positiveren) Ergebnis.

[1040] So deuten die (wenigen) empirischen Ergebnisse zur Koppelung extrinsischer Anreize an Investitionskontrollen darauf hin, dass durchaus mit den Kontrollergebnissen teilweise auch materielle Vorteile verknüpft werden (vgl. hierfür Kapitel 3.2). Auch wird gerade monetären Anreizen für unternehmenszielkonformes Handeln in der mikroökonomisch-verhaltensorientierten Betriebswirtschaftslehre eine wichtige Rolle für die Wirksamkeit von Kontrollen überhaupt zugeschrieben (vgl. z. B. Ewert/Wagenhofer (1995), S. 415; Ewert/Wagenhofer (2003), S. 351).
Auf den Einfluss einer (Nicht-)Koppelung unterschiedlich hoher Anreize (von Null bzw. keinen bis zu sehr hohen) auf die direkten Wirkungen einer Investitionskontrolle wird im Kapitel 6.10 noch detailliert eingegangen.

[1041] Die im Management von Vertriebsmitarbeitern weit verbreiteten „Clubs der besten Verkäufer des Unternehmens" und das Streben der Vertriebsmitarbeiter, in diesen Clubs durch Erzielung entsprechender positiver Umsatzergebnisse zu bleiben bzw. in sie zu gelangen, zeigen die hohe motivationale Bedeutung der Zugehörigkeit zu einer Gruppe (der Erfolgreichen) für Akteure beispielhaft auf. Vgl. hierzu auch die Ausführungen bei Meffert (1998), S. 843-845.

Dies jedoch bedeutet eine größere (geringere) soziale Achtung des Kontrollierten.[1042] Damit verbunden ist oft auch eine Ausweitung (Einschränkung) des dem Kontrollierten überlassenen Handlungsspielraums:[1043] Größeres (geringeres) Zutrauen in die Fähigkeiten und größeres (kleineres) Vertrauen in die Leistungsanstrengung durch die anderen Akteure erlaubt ihnen bei gleichem subjektivem Risiko dem Kontrollierten mehr (weniger) Freiheitsgrade einzuräumen als im Falle niedrigeren (höheren) Zutrauens oder Vertrauens.[1044] Ein größerer (kleinerer) antizipierter Handlungsspielraum aufgrund der gestiegenen (gesunkenen) Wertschätzung durch Kollegen und Vorgesetzte tragen jedoch zu einer Befriedigung (Frustration) der sozialen Achtungsbedürfnisse des Kontrollierten bei.[1045]

Befriedigung (Frustration) der Selbstachtungsbedürfnisse:

Das Erlebnis, eine nicht einfache Handlung in einer komplexen Situation erfolgreich (nicht erfolgreich) durchgeführt zu haben, schafft beim Kontrollierten ein gesteigertes (gesunkenes) Zutrauen bzw. Vertrauen in die eigene Leistungsfähigkeit.[1046] Dies entspricht einer (teilweisen) Befriedigung (Frustration) der Bedürfnisse des Kontrollierten nach Selbstachtung.[1047] Ebenso werden die Selbstachtungsbedürfnisse bei einem „Versagen“ frustriert.[1048]

Befriedigung (Frustration) der Leistungsbedürfnisse:

Positive (negative) Ergebnisse einer Investitionskontrolle können als intrinsische Folge auch dazu führen, dass der Eindruck, sich bzw. das eigene Handeln verbessert (nicht verbessert) zu haben, zu einer Befriedigung (Frustration) der Bedürfnisse des Kontrollierten nach ständiger Verbesserung des eigenen Handelns beiträgt.[1049]

1042 Vgl. auch Posselt (1986), S. 77. Vgl. ferner Donaldson (1980), S. 123; Neuberger (2004), S. 194f.

1043 Vgl. Borer (1978), S. 52.

1044 Vgl. dazu auch Posselt (1986), S. 77, der darauf hinweist, dass negative Kontrollergebnisse zu vermeiden gesucht werden, um einer Einmischung anderer Dienststellen bzw. Akteure zu entgehen.

1045 Vgl. auch Neuberger (2004), S. 194f. Siehe dazu auch McGregor (1960), S. 85, der darauf hinweist, dass kritisches bzw. negatives Feedback „accentuates his [des Akteur KOs, *Anm. d. Verf.*] dependence and thus readily arouses latent anxieties and hostilities“.

1046 Vgl. Hopwood (1972), S. 161; Borer (1978), S. 51.

1047 Vgl. hierzu ähnlich Lawler (1976), S. 1268.

1048 Vgl. dazu Wallace (1969), S. 325; Bernichon/Cook/Brown (2003), S. 194.

1049 Vgl. hierzu auch Lawler (1976), S. 1280; Hackman/Oldham (1975), S. 160; Hackman/Oldham (1976), S. 258; Deci/Ryan (1985), S. 27. Deci/Ryan (1985), S. 26, sprechen von einem „need for competence“ anstelle eines Selbstverwirklichungsbedürfnisses, wobei jedoch inhaltlich keine weiteren Unterschiede bestehen.

Im Weiteren seien diese aus Sicht des Kontrollierten aktive Motive bzw. Bedürfnisse befriedigenden (frustrierenden) ex post Wirkungen von Investitionskontrollen als *Bedürfnisbefriedigungs-/-frustrationseffekte*$_{KO}$ bezeichnet.

Wie im Kapitel 6.2 noch erläutert wird, ist das Ausmaß der dargestellten Bedürfnisbefriedigungs-/-frustrationseffekte$_{KO}$ u. a. von der jeweiligen Stärke der einzelnen Bedürfnisse abhängig. Jedoch lösen alle – angesichts der aktivierten Motive vom Kontrollierten als relevant erlebten (teilweisen) Bedürfnisbefriedigungen/-frustrationen – bei ihm die von Alderfer (1969) beschriebenen Veränderungen in den Bedürfnisstärken und damit potenziell in den Impulsen für nachfolgende Handlungen aus.

Im Falle einer Befriedigung eines Bedürfnisses führt dies via einer Reduktion der Bedürfnisspannung entsprechend der Befriedigungs-Progressions-Hypothese dazu, dass andere (höhere) Bedürfnisse relativ an Bedeutung für den Akteur gewinnen.[1050] So kann beispielsweise die Befriedigung materieller Sicherheitsbedürfnisse durch einen Bonus oder eine Gehaltserhöhung in Folge eines positiven Investitionskontrollergebnisses dazu beitragen, dass die relative Bedeutung der materiellen Sicherheitsbedürfnisse abnimmt und beispielsweise die Bedürfnisse nach Kameradschaft oder nach sozialer Achtung relativ bedeutsamer werden.

Im entgegengesetzten Fall eines im Hinblick auf die vom Akteur angestrebte Bedürfnisbefriedigung negativen (oder als negativ wahrgenommenen) Ergebnisses einer Investitionskontrolle werden die Bedürfnisse des Kontrollierten nicht befriedigt (bzw. je nach verbundenen Anreizen frustriert).[1051] Das Erlebnis einer solchen Frustration zieht dabei gemäß der ERG-Theorie Alderfers (1969) unterschiedliche mittelfristige Konsequenzen nach sich:

- *Fixierung auf nicht-erfülltes Bedürfnis:* Das Misslingen der Bedürfnisbefriedigung impliziert, dass das nicht befriedigte Bedürfnis des Kontrollierten aufgrund der Dauer der Nichtbefriedigung an (weiterer) Bewusstseinsstärke gewinnt (Frustrationshypothese):[1052] Der Kontrollierte wird dann (als indirekte Wirkung erster Ordnung der Investitionskontrolle) versuchen, dieses nun noch stärker gewordene Bedürfnis – trotz des „Rückschlags" – durch geändertes Handeln (z. B. eine höhere Leistungsanstrengung) zu befriedigen. Cofer/Appley (1964) bezeichnen diesen Zustand als „instigation threshold"[1053]. Gelingt es auch nach erneuten Versuchen mit einem anderen Problemlösungshandeln nicht, ein aktiviertes, aber

[1050] Vgl. dazu die ERG-Theorie Alderfers (1969), S. 151.

[1051] So können bspw. auf das Verhalten des Akteurs bezogene Kontrollen (verhaltensorientierte Kontrollen) leicht zu einer Verletzung des Selbstwertgefühls (self-esteem) der Kontrollierten führen. Vgl. dazu Thieme (1982), S. 189.

[1052] Vgl. Alderfer (1969), S. 150.

[1053] Cofer/Appley (1964), S. 451.

unerfülltes Bedürfnis zu befriedigen, so führt dies zu einem Frustrationszustand des Akteurs („frustration threshold“[1054]).[1055] Damit ist eine Situation eingetreten, bei der unter bestehender Bedürfnisspannung eine Zielerreichung mit den (gegenwärtig) zur Verfügung stehenden Fähigkeiten unmöglich erscheint.[1056] Hält ein derartiger Frustrationszustand über einige Zeit an und stehen neben dem eigentlich nicht befriedigten Bedürfnis insbesondere die „Wahrung der Selbsteinschätzung und die Sicherung der persönlichen Identität“[1057] auf dem Spiel, so führt dies zu Stress („stress threshold“[1058]).[1059] Aufgabenbezogenes und rationales Problemlösungshandeln tritt nun hinter der fast ausschließlichen Tendenz zur Selbstsicherung zurück.[1060] Führt auch dies zu keiner Lösung, so mündet der Prozess in einen Erschöpfungszustand.[1061] Dieser „exhaustion threshold“[1062] ist durch Aktivitätsabfall, Ermüdung und ein Gefühl der Hilf- und Hoffnungslosigkeit gekennzeichnet.[1063]

- *Regression auf ein niedrigeres Bedürfnis*: Die Nicht-Befriedigung eines Bedürfnisses kann aber auch direkt (oder über den eben dargestellten Weg weiterer Versuche der Bedürfnisbefriedigung) dazu führen, dass sich ein niedrigeres Bedürfnis in das Bewusstsein des Akteurs drängt.[1064] So kann die Frustration der Selbstachtungs- und der Leistungsmotive eines Kontrollierten in der Folge einer Investitionskontrolle beispielsweise bewirken, dass dieser sich verstärkt auf die sozialen Achtungsbedürfnisse konzentriert. In ähnlicher Weise kann es beim Vorliegen eines anderen Bedürfnissatisfaktionsgrads bzw. -katalogs beispielsweise dazu kommen, dass das negative Kontrollergebnis eine Frustration der sozialen Achtungsbedürfnisse des Akteurs impliziert und er sich daher auf rein materielle Aspekte (materielle Sicherheitsbedürfnisse) fokussiert.
- *Progression zu einem (höheren) Ersatzbedürfnis*: Als dritte Reaktion ist es möglich, dass durch die Nichtbefriedigung/Frustration des Bedürfnisses direkt (oder über den als ersten dargestellten Weg weiterer Versuche der Bedürfnisbefriedi-

---

1054 Ebenda, S. 451.

1055 Vgl. Cofer/Appley (1964), S. 451. Mit dem Begriff der Frustration ist in diesem Fall (ausnahmsweise) nicht die einmalige Nicht-Erfüllung eines Bedürfnisses gemeint, sondern ein allgemeiner Gefühlszustand der (dauerhaften) Bedürfnisfrustration bei gegebenen Fähigkeiten des Akteurs. Vgl. dazu auch Argyris (1957), S. 40; Neuberger (1974), S. 64.

1056 Vgl. Cofer/Appley (1964), S. 451.

1057 Neuberger (1974), S. 64.

1058 Cofer/Appley (1964), S. 452.

1059 Vgl. Cofer/Appley (1964), S. 452.

1060 Vgl. Cofer/Appley (1964), S. 452.

1061 Vgl. ebenda, S. 452.

1062 Cofer/Appley (1964), S. 452.

1063 Vgl. ebenda, S. 452.

1064 Vgl. Alderfer (1969), S. 151; Alderfer (1972), S. 17.

gung) ein höheres Bedürfnis – ein Ersatzbedürfnis – aktiviert wird (Frustrations-Progressions-Hypothese).[1065] Im Fall der Investitionsplanung und -kontrolle kann so beispielsweise eine Frustration der materiellen Sicherheitsbedürfnisse zu einem (übertriebenen) Streben nach sozialer Anerkennung im Beruf oder aber nach zwischenmenschlichen Beziehungen im Privatleben führen. Die Frustration der sozialen Anerkennungsbedürfnisse aufgrund des negativen Ergebnisses der Investitionskontrolle kann auch dazu führen, dass sich der Akteur auf seine Bedürfnisse der Leistung und Selbstverwirklichung konzentriert – und dies angesichts geringen Erfolgs im Unternehmen eher extern im Privatleben (z. B. im Rahmen eines Hobbys).

Außer den gerade dargestellten fünf Bedürfnisbefriedigungs-/-frustrationseffekten$_{KO}$, die von dem in der Investitionskontrolle ermittelten Handlungsergebnis abhängig sind, existiert jedoch noch eine weitere direkte Wirkung, die vom Kontrollergebnis unabhängig ist: „Wenn die Instanz ihre Folgemaßnahmen ohne vorherige Kontrolle anordnet, können die unterstellten Mitarbeiter den Eindruck gewinnen, ihre Fähigkeiten und ihre Einsatzbereitschaft würde in leichtfertiger Weise beurteilt."[1066] Dieser Eindruck des leichtfertigen Umgangs mit anderen Akteuren dürfte jedoch gleichbedeutend mit einer Verletzung der Bedürfnisse nach Sicherheit und sozialer Achtung dieser Akteure sein. Eine Investitionskontrolle kann durch die Aufdeckung der Abweichungsursachen eine Argumentationsbasis für die Folgehandlungen schaffen und somit eine solche Verletzung der Achtungs- und Sicherheitsmotive vermeiden helfen.[1067] Dieser Effekt der Verletzungsvermeidung sei in Anlehnung an die betriebswirtschaftliche Kontrollliteratur mit dem Begriff des *Rechtfertigungseffekts*$_{KO}$ belegt.[1068]

Schließlich sind neben einer direkten Wirkung einer Befriedigung oder Frustration der Bedürfnisse des Akteurs, aufbauend auf der Theorie der gelernten Bedürfnisse nach McClelland et al. (1953), über diese Bedürfnisbefriedigungs- und -frustrationseffekte auch direkte Wirkungen in Form von Weiterentwicklungs- bzw. Lernprozessen der Motive bzw. Motivstrukturen denkbar.[1069] Diese Lerneffekte der einzelnen, potenziell zu aktivie-

---

[1065] Vgl. Alderfer (1972), S. 27. Vgl. dazu auch schon Maslow (1943), S. 382: „But thwarting of these [currently predominant, *Anm. d. Verf.*] needs produces feelings of inferiority, of weakness and of helplessness. These feelings in turn give rise to either basic discouragement or else compensatory or neurotic trends."

[1066] Laux/Liermann (2003), S. 460.

[1067] Vgl. dazu auch Laux/Liermann (2003), S. 460; Bourguignon/Chiapello (2005), S. 697. Vgl. zu diesem Effekt aus psychologischer Sicht auch die Erläuterungen bei Ilgen/Fisher/Taylor (1979), S. 358, und die dortigen Quellen.

[1068] Vgl. Laux/Liermann (2003), S. 460.

[1069] Vgl. zur Modifikation von Motiven durch Lernprozesse bereits Vroom (1964b), S. 84f.; Melton (1973), S. 31f. und die dort angeführten Studien und Literaturquellen.

renden Motive bzw. die Ergänzung des Motivkatalogs, seien im Weiteren mit dem Begriff des *Motivlerneffekts$_{KO}$* bezeichnet.[1070]

(2) Wirkungen auf die Bedürfnisse des Kontrolleurs ex post

Nicht nur der kontrollierte Akteur erfährt in der Folge der Durchführung einer Investitionskontrolle eine Befriedigung oder Frustration seiner Bedürfnisse, sondern auch der Kontrolleur.[1071] Aufbauend auf den psychologisch-verhaltensorientierten Grundlagen des

---

[1070] Vgl. dazu bspw. Thieme (1982), S. 82: „Wird eine Person in Kontrollsituationen ständig bestraft, so wird sie eher zur Vermeidung von Misserfolg neigen, und sie wird eventuell die Kontrollmaßnahme selbst als Strafe empfinden." Mithin kann nach Thieme (1982) der betrachtete Akteur KO eventuell ein (neues) Motiv der Kontrollvermeidung durch Konditionierung bzw. zeitliches Zusammentreffen der Kontrolle mit negativen Konsequenzen erlernen.
Neben der klassischen Konditionierung sind Lerneffekte bei den Motiven aber auch durch so genannte operante Konditionierung denkbar: Macht ein Akteur die Erfahrung, dass in der Folge von Kontrollen i. d. R. für ihn positive Konsequenzen (Bedürfnisbefriedigungen) verbunden sind, so kann er die Kontrolle als Instrument zur Erlangung solcher Befriedigungen betrachten und damit ein Motiv der Kontrollsuche entwickeln. Umgekehrt ist bei wiederholt negativen Erfahrungen mit Kontrollen jedoch auch das operante Erlernen einer Kontrollphobie bzw. eines Motivs zur Kontrollvermeidung möglich.

[1071] Dabei hängt die Art der Effekte auch davon ab, ob der Kontrolleur als Vorgesetzter des Kontrollierten indirekt dessen Handlungen mitbeeinflusst, oder aber ob er „lediglich" im Rahmen der Kontrolle eine Beziehung zum Kontrollierten besitzt (vgl. hierzu ähnlich Statman/Caldwell (1987), S. 12). In der vorliegenden Arbeit sei zur Vereinfachung der Argumentation und der Parallelität der dann auftretenden Effekte zu den diskutierten Wirkungen auf den Akteur KO, von letzterem „Idealfall", d. h. der Unabhängigkeit der Leistung des Kontrollierten vom Kontrolleur, ausgegangen.
Exkurs: Würde hingegen eine Abhängigkeit der Leistung des Kontrollierten vom vorgesetzen Kontrolleur unterstellt, so ließen sich ebenfalls Bedürfnisbefriedigungs- und -frustrationseffekte von Investitionskontrollen für den Akteur KO identifizieren, die jedoch anders geartet sind als in dem oben bzw. in der vorliegenden Arbeit zugrundegelegten Fall der Unabhängigkeit der Leistung des Akteurs KO vom Akteur KS: Das im Rahmen einer betrieblichen Investitionskontrolle der Handlungsergebnisse eines kontrollierten Akteurs KO ermittelte (positive oder negative) Resultat würde, sofern die Annahme der Unabhängigkeit der Leistung aufgehoben würde – beispielsweise weil der Akteur KS damit eine Leitungsfunktion für Akteur KO übernimmt (vgl. hierzu Thieme (1982), S. 144; Villanova/Bernardin (1989), S. 310; Schäffer (2001), S. 105; Becker (2003b), S. 245 u. S. 247) – auch auf den kontrollierenden Akteur positiv wie negativ „abfärben". Die Wertung des Handelns des Kontrollierten würde im Fall, dass der Kontrolleur eine Leitungsfunktion für den Akteur KO übernimmt, auch eine Bewertung des eigenen Handelns des Kontrollträgers implizieren (vgl. Statman/Caldwell (1987), S. 12; Villanova/Bernardin (1989), S. 310; Becker (2003b), S. 245). Dies bedeutet jedoch, dass im Falle eines positiven (negativen) Kontrollergebnisses nicht nur potenziell die materiellen Sicherheitsbedürfnisse des Akteurs KO befriedigt (frustriert) werden können, sondern über entsprechende positive Anreize bzw. einen entsprechenden Druck mit Sanktionsandrohung auf Akteur KS von ihm vorgesetzten Instanzen, auch diejenigen des Kontrollsubjekts (Dieser Effekt entspringt der Tatsache, dass das KS häufig das KO einer höheren Instanz ist und es sich somit dabei streng genommen nicht um einen neuen Effekt handelt, sondern vielmehr ist dieser Effekt – nur eine Hierarchieebene höher – der gleiche wie der bereits auf den Kontrollierten dargestellte Effekt) Vgl. dazu auch Villanova/Bernardin (1989), S. 307). Ähnlich wie die Sicherheitsbedürfnisse des Kontrolleurs im betrachteten Fall je nach Kontrollergebnis befriedigt (frustriert) werden, wird es

Kapitels 4 lassen sich dabei folgende direkte Wirkungen einer Investitionskontrolle postulieren:

Potenzielle Befriedigung (Frustration) der Sicherheitsbedürfnisse:

Ein in einer Investitionskontrolle festgestelltes unvorteilhaftes Ergebnis der Handlungen des Kontrollierten impliziert, dass der Organisation des Kontrollierten entweder erwartete Einzahlungen entgangen sind bzw. sich als nicht realisierbar erweisen oder aber zu große Auszahlungen zugemutet wurden bzw. zu geringe Auszahlungen eingeplant wurden und damit insgesamt die materielle Situation schlechter als im Fall eines (korrektermaßen) positiven Kontrollergebnisses ist. Selbst dann, wenn daraus für den Kontrolleur keine Auswirkungen auf seine Vergütung resultieren, so bedeutet dies dennoch, dass sich die wirtschaftliche Situation des Unternehmens (in welchem Ausmaß auch immer) verschlechtert hat, womit c. p. weder das aktuelle Vergütungsniveau aller Mitarbeiter noch die Sicherheit der Arbeitsplätze an sich erhöht wurde, sondern tendenziell (zumindest in eventuell kaum offen wahrnehmbarem Ausmaß) abgesunken ist.[1072] Nimmt der Kontrolleur dies wahr, so führt es zu einer (zumindest geringen) Frustration seiner Sicherheitsbedürfnisse. Umgekehrtes gilt hingegen für den Fall positiver in der Investitionskontrolle festgestellter Handlungsergebnisse des Kontrollierten.

Potenzielle Befriedigung (Frustration) der Beziehungsbedürfnisse:

Die Übermittlung positiver wie negativer Kontrollergebnisse an den Kontrollierten beeinflusst die Beziehung des Kontrolleurs zum Kontrollierten und besitzt damit potenziell auch Relevanz für die Zugehörigkeits- bzw. Freundschaftsbedürfnisse des Kontrolleurs.[1073] Während die Übermittlung positiver Kontrollergebnisse der Beziehung besten-

---

gleichzeitig jeweils auch zur Befriedigung (Frustration) der Bedürfnisse des KS nach sozialer Achtung durch Kollegen, Untergebene und Vorgesetzte führen. Gleiches gilt für die Bedürfnisse des Akteurs KS nach Selbstachtung (vgl. hierzu schon Thieme (1982), S. 144). Schließlich gilt diese Argumentation aber natürlich auch hinsichtlich der Leistungsbedürfnisse des KS bzw. ihrer Befriedigung (Frustration). Entsprechend wären bei Aufhebung der Unabängigkeitsannahme der Leistung des KO von KS diese Befriedigungs- bzw. Frustrationseffekte in einem Modell der Investitionskontrolle mit zu berücksichtigen und die Auswirkung alternativer Ausprägungen der Parameter von Investitionskontrollen auf die Stärke dieser Wirkungen zu diskutieren. In der vorliegenden Arbeit wird hierauf zum einen aus Platzgründen und zum anderen angesichts der Parallelität der Effekte zu den jeweiligen in der vorliegenden Arbeit diskutierten Befriedigungs- und Frustrationseffekten des Akteurs KO verzichtet.

1072 Diese Aussage mag sehr weitgehend erscheinen, basiert jedoch auf der Tatsache, dass durch die entgangenen Einzahlungen bzw. zu großen Auszahlungen der Organisation immer ein (wenn auch geringer) Schaden entsteht, da tendenziell die ihr zur Verfügung stehenden knappen Ressourcen suboptimal eingesetzt wurden.

1073 Vgl. z. B. Farr (1991), S. 74; Neuberger (2004), S. 195f.

falls förderlich ist (schlechtestenfalls keinen Einfluss besitzt) und damit Bedürfnisbefriedigungen mit sich bringen kann,[1074] entstehen dem Kontrollierenden infolge der Übermittlung negativer Kontrollergebnisse an den Kontrollierten potenziell Bedürfnisfrustrationen:[1075] Der Kontrollierte wird, wie eben dargestellt, durch negative Kontrollergebnisse frustriert und damit verärgert werden,[1076] womit wiederum die Bedürfnisse des Kontrolleurs nach Beziehungen zu anderen Akteuren verletzt werden bzw. nicht erfüllt werden können.[1077] Diese je nach Ausprägung der Kontrollergebnisse (un-)angenehmere direkte Wirkung auf die Beziehungsbedürfnisse des Kontrolleurs, die eine der im Weiteren als Bedürfnisbefriedigungs- und -frustrationseffekte$_{KS}$ bezeichnete Wirkung ist, sei im Weiteren auch mit dem Begriff des Beziehungs-(frustrations-)effekts$_{KS}$ belegt.[1078]

1074 Vgl. zum positiven Einfluss positiver Beurteilungsergebnisse auf die Beziehung des Beurteilers zum Beurteilten bspw. Villanova/Bernardin (1989), S. 307-309; Farr (1991), S. 74; Muck/Schuler (2004), S. 256f.

1075 Vgl. zu den „Kosten" der und der daraus resultierenden Abneigung gegenüber der Übermittlung negativer Ergebnisse bzw. Beurteilungen bspw. Fisher (1979), S. 534f.; Ilgen/Knowlton (1980), S. 454f.; Bernardin/Beatty (1984), S. 271 u. S. 276; McGregor (1985), S. 84 u. S. 87; Larson (1986), S. 392; Bernardin/Villanova (1986), S. 53; Longenecker/Sims/Gioia (1987), S. 189; Eder/Fedor (1989), S. 328; Villanova/Bernardin (1989), S. 309; Farr (1991), S. 74f.; Wing (2000), S. 64; Manzoni (2002), S. 114; Muck/Schuler (2004), S. 266.

1076 Vgl. auch schon McGregor (1985), S. 84.

1077 Vgl. dazu allgemein auch Argyris (1957), S. 166; Grössle (1957), S. 59-61; Fisher (1979), S. 535 u. S. 538; Kotter (1985), S. 89; Eder/Fedor (1989), S. 329; Villanova/Bernardin (1989), S. 309; Luckett/Eggleton (1991), S. 382f.; Edemann (1993), S. 161; Manzoni (2002), S. 114. Vgl. auch die Hawthorne-Experimente bei Roethlisberger/Dickson (1939), S. 458, in denen u. a. auch festgestellt wurde, dass Vorgesetzte u. U. sogar eher falsche Ergebnisse nach oben in der Hierarchie kommunizieren, als die Beziehung zu ihren Untergebenen in Gefahr zu bringen. Siehe auch das ausführliche Experiment von Fisher (1979), S. 538, das eine Angst vor der Übermittlung negativer Kontrollergebnisse an die Kontrollierten aufzeigt.

1078 Es wäre allerdings bei negativen Kontrollergebnissen auch denkbar, dass gleichzeitig – und den „Übermittlungskosten" an den Kontrollierten entgegenlaufend – das Aufdecken von fehlerhaftem Handeln des Akteurs KO durch Akteur KS auch zur (teilweisen) Befriedigung der Bedürfnisse nach Zugehörigkeit zur „Führung" des letzteren beitragen kann (vgl. für eine solche Vermutung Argyris (1957), S. 166f.; Grössle (1957), S. 60f.). Es ist offensichtlich, dass dann bei negativen Kontrollergebnissen zwei, die Beziehungsbedürfnisse des Akteurs KS betreffenden Effekte einander entgegen laufen und damit die Richtung des Gesamteffekts von der relativen Bedeutung abhängt, die der kontrollierende Akteur KS der Zugehörigkeit zu den beiden Gruppen (Kontrollobjekte versus Führung) zumisst. Angesichts der Inversität der beiden Effekte kann auf eine separate Diskussion beider Effekte jedoch verzichtet werden. Stattdessen sei im Folgenden vereinfachend davon ausgegangen, dass der Frustrationseffekt der Beziehungsbedürfnisse zu Akteur KO bei negativem Kontrollergebnis stärker ist als der Befriedigungseffekt durch Beziehung zur Führung. Mäße der Kontrollträger hingegen mehr Bedeutung der Beziehung zur Führung zu, so wären alle in der Arbeit abgeleiteten Hypothesen zu diesem Frustrationseffekt bei negativem Kontrollergebnis dementsprechend invers umzuformulieren (d. h. statt Bedürfnisfrustration dann jeweils als Bedürfnisbefriedigung).

Potenzielle Befriedigung (Frustration) der Bedürfnisse nach sozialer Achtung bzw. Macht:

Enthält die Leistung des Kontrollierten keine Leistungsbestandteile des Kontrolleurs,[1079] so kann das Aufdecken von fehlerhaftem Handeln des Kontrollierten durch den Kontrollträger (d. h. ein negatives Kontrollergebnis) auch zur Befriedigung der Bedürfnisse des Kontrollsubjekts nach sozialer Achtung beitragen:[1080] Das Identifizieren von fehlerhaftem Handeln des Kontrollierten durch den Kontrollträger kann durch die dem Kontrolleur vorgesetzten Instanzen ebenfalls (implizit oder explizit mittels eines entsprechenden Anreizsystems) positiv wahrgenommen und damit für den Kontrolleur Nutzen stiftend werden. Darüber hinaus kann das Bedürfnis nach Achtung und insbesondere Macht des Kontrollträgers auch dadurch befriedigt werden, dass die Nicht-Weitergabe der Kontrollinformation an andere Akteure im Unternehmen durch den Kontrollträger dessen Macht (Informations- bzw. Erpressungs-Macht) gegenüber dem Kontrollierten erhöht.[1081]

Potenzielle Befriedigung (Frustration) der Selbstachtungs- und Leistungsbedürfnisse:

Im Gegensatz zu den anderen Bedürfnissen erfahren die Selbstachtungs- und Leistungsbedürfnisse des Kontrolleurs keine Beeinflussung ihres Befriedigungsgrads durch die in einer Investitionskontrolle generierten Informationen über die Ergebnisse des Handelns des Kontrollierten. Der Grund hierfür liegt in der Tatsache, dass diese Bedürfnisse gemäß der ERG-Theorie Alderfers (1969) nur durch die Kenntnis der Ergebnisse der eigenen Handlungen (intrinsisch) befriedigt oder frustriert werden können. Da eine Investitionskontrolle jedoch nur Informationen über die Ergebnisse des Handelns des Kontrollierten (und nicht des Kontrolleurs) liefert, können folglich die Selbstachtungs- und Leistungsbedürfnisse des Kontrolleurs nur hinsichtlich der Güte der Ankündigungshandlung oder der Auslösung einer entsprechenden Kontrollvermutung beim Kontrollierten durch die in der Kontrolle generierten Informationen über die Handlungsergebnisse des Kontrollierten befriedigt oder frustriert werden. Hinsichtlich der Qualität der Vergleichshandlung bzw. der Kontrolle an sich können, da über diese die Kontrolle selbst keine Informationen liefern kann, keine Befriedigungen oder Frustrationen der Selbstachtungs- und Leistungsbedürfnisse erfolgen.[1082]

1079 Vgl. dazu auch Fußnote 1071.

1080 Vgl. Blau (1955), S. 164f.; Argyris (1957), S. 166f.; Villanova/Bernardin (1989), S. 309f.

1081 Vgl. zur Macht durch Nicht-Weitergabe von Wissen an andere (Erpressung) näher Nienhüser (2003), S. 159

1082 Vgl. dazu auch nochmals die Unterscheidung der Kontrolle von einer Meta-Kontrolle bzw. Kontrollrevision in Kapitel 2.

Ähnlich wie beim Kontrollierten sei auch hier wieder jeweils von *Bedürfnisbefriedigungseffekten$_{KS}$* bzw. *Bedürfnisfrustrationseffekten$_{KS}$* der Investitionskontrolle gesprochen. Auch für den Kontrollierenden gelten darüber hinaus die bei der Diskussion der direkten Wirkungen auf den Kontrollierten bereits angesprochenen Konsequenzen aus einer Befriedigung oder Frustration eines Bedürfnisses gemäß der ERG-Theorie Alderfers (1969). So kann auch beim Kontrollträger eine Befriedigung der aktuell dominanten Bedürfnisse zur Bedeutungssteigerung noch unbefriedigter, höherer Bedürfnisse führen.[1083] Ähnlich kann eine Frustration eines bestimmten Bedürfnisses zu einer Zunahme der Bedeutung dieses Bedürfnisses führen oder aber direkt (oder zeitverzögert) zu einer Regression auf ein niedrigeres Bedürfnis oder zu einem Ausweichen auf ein Ersatzbedürfnis.[1084]

Neben diesen vom Ergebnis der Investitionskontrolle abhängigen direkten Wirkungen impliziert die Durchführung einer Investitionskontrolle jedoch auch für den Kontrollierenden Wirkungen, die unabhängig vom Ergebnis einer Investitionskontrolle sind. Im Gegensatz zum Kontrollierten lassen sich hier zwei direkte Wirkungen auf die Bedürfnisse des Kontrolleurs erkennen:

- *Sicherung des Befriedigungsstatus der Beziehungsbedürfnisse*: Durch die Kontrolle bzw. die darin gesammelte Information über die Existenz von Abweichungen und deren Ursachen können nachfolgende, mit diesen Informationen im Einklang stehende Entscheidungen des Kontrolleurs aus Sicht des Kontrollierten nicht leichtfertig erscheinen.[1085] Damit kann der Kontrollierende aber Entscheidungen (z. B. über Fortsetzung, Modifikation oder Abbruch der Investition) treffen,[1086] ohne die Fremdachtungs- und Sicherheitsbedürfnisse des Kontrollierten zu verletzten. Dies stellt ihm seinerseits sicher, dass er diese Entscheidungen ohne eine Gefährdung für seine eigenen Bedürfnisse nach zwischenmenschlichen Beziehungen und Freundschaft oder guter Kollegialität (über eine entsprechende Reaktion des „verletzten" Kontrollierten) treffen kann.[1087] Dieser Effekt sei im Weiteren daher auch als *Rechtfertigungseffekt$_{KS}$* einer Investitionskontrolle bezeichnet.

1083 Vgl. dazu wieder die ERG-Theorie bei Alderfer (1969), S. 151.

1084 Vgl. hierzu nochmals die Hypothesen der ERG-Theorie Alderfers (1969), S. 151 sowie die direkt vorangehende Beschreibung der Wirkungen ex post auf die Bedürfnisse des Kontrollierten in diesem Kapitel.

1085 Dem Kontrolleur steht schließlich dank der Kontrolle zusätzliches Wissen zur Verfügung, auf Basis dessen er entscheidet. Dies entspricht einem Zuwachs an Expertenmacht im Sinne von French/Raven (1959), S. 163.

1086 Vgl. Statman/Caldwell (1987), S. 7.

1087 Vgl. dazu auch Kratz (2000), S. 18, der von leichteren (im Sinne angenehmerer) Beurteilungen aufgrund der Kontrollinformationen spricht.

- *Befriedigung der Bedürfnisse nach sozialer Achtung bzw. Macht:* Unabhängig vom eigentlichen Ergebnis der Investitionskontrollhandlung kann der Kontrollierende darüber hinaus auch seine Bedürfnisse nach Macht über andere Akteure befriedigen: Allein schon dadurch, dass es via des von ihm festgestellten Kontrollergebnisses in seiner Macht liegt, über Anreize wie u. a. Beförderungen oder Sanktionen (und damit oft die Karrieremöglichkeiten und die Macht) des Kontrollierten zu verfügen,[1088] kann der Kontrolleur sein Bedürfnis der Einflussnahme auf andere Akteure (teilweise) stillen.[1089] Dabei ist es unerheblich, ob die Kontrolle ein positives Ergebnis des Handelns des Kontrollierten aufzeigt oder ein negatives, da in ersterem Fall die Belohnungsmacht und in letzterem die Sanktionsmacht dem Kontrolleur eine (teilweise) Befriedigung seiner Einfluss- bzw. Machtbedürfnisse erlaubt. Somit hilft sie auch in dieser Hinsicht zum Erhalt der (gegenwärtigen) Befriedigung der sozialen Achtungsbedürfnisse.[1090] Dieser Effekt sei als *Machteffekt*$_{KS}$ bezeichnet und tritt wie erwähnt unabhängig vom Kontrollergebnis ein, wodurch er sich auch vom bereits geschilderten Bedürfnisbefriedigungs-/-frustrationseffekt$_{KS}$ auf die Achtungsbedürfnisse unterscheidet.

Auch beim Kontrolleur können durch die in der Investitionskontrolle gewonnenen Kontrollergebnisse Lerneffekte bei den Motiven bzw. Motivkatalogen ausgelöst werden. Im Gegensatz zum Kontrollierten lassen sich diese Lerneffekte jedoch durch die Beobachtung der Handlungen und der dabei erlebten Folgen des Kontrollierten erklären, d. h. einem Beobachtungslernen gemäß den sozial-kognitiven Lerntheorien: Beobachtete Bedürfnisfrustrationen des Kontrollierten in Investitionskontrollen können so beispielsweise auch beim Kontrolleur ein Motiv der Kontrollvermeidung (d. h. einer Vermeidung, selbst Kontrollierter zu sein) mit sich ziehen. Entsprechend der Bezeichnung der Lernwirkungen betrieblicher Investitionskontrollen auf die Motive des Kontrollierten sei dieser Effekt beim Kontrollsubjekt als *Motivlerneffekt*$_{KS}$ von Investitionskontrollen bezeichnet.

[1088] Vgl. dazu auch Becker (2003b), S. 248 sowie bereits Tannenbaum (1968b), S. 307f.; Dalton (1971), S. 10; Eder/Fedor (1989), S. 329; Villanova/Bernardin (1989), S. 309;

[1089] Vgl. auch Tannenbaum (1968b), S. 307f.; Treuz (1974), S. 52; Thieme (1982), S. 141f.; Neuberger (2004), S. 197.

[1090] Dieser Aspekt lässt sich der so genannten Mikropolitik zuordnen, welche die individuelle Bedürfnisbefriedigung durch Macht- und Dominanzausübung erlaubt, die allerdings oft negativ belegt ist. Vgl. zur Mikropolitik bspw. Sjurts (1995), S. 57-65; Becker (2003b), S. 244-250; Neuberger (2004), S. 196f.

5.2.2 Wirkungen ex post auf die Einstellungen

Auch bei den Effekten einer Investitionskontrolle auf die Einstellungen ist wieder in die (1) Wirkungen auf den Kontrollierten und (2) diejenigen auf den Kontrolleur zu unterscheiden:

(1) Wirkungen ex post auf die Einstellungen des Kontrollierten

Wie im Kapitel 4.1.2 erläutert wurde, können Einstellungen auf kognitiver, konativer bzw. verhaltensbezogener und affektiver Basis erlernt werden.

Während kognitiv basierte Einstellungen bereits vor dem Erleben (oder Beobachten) der Durchführung einer Handlung und ihrer Konsequenzen durch einen aktiven, reflektiven Prozess der Eigenschaftsanalyse der Vor- und Nachteile eines bestimmten Investitionshandelns, der Investitionskontrolle an sich oder des Kontrolleurs an sich gebildet werden können, können während bzw. nach der Durchführung einer Handlung zusätzlich auch affektiv und konativ basierte Einstellungen geformt werden.

So kann der Kontrollierte durch das Betrachten seines eigenen (Investitions-)Handelns gemäß der Selbstwahrnehmungstheorie nach Bem (1970) eine Einstellung zu diesem Handeln bilden.[1091] Aber auch durch die Beobachtung des Handelns des Kontrolleurs in einer Investitionskontrolle und dessen nach außen hin wahrnehmbarer (Un-)Zufriedenheit dabei, kann der Kontrollierte eine Einstellung zur Investitionskontrolle und seinem eigenen Investitionshandeln aus Kontrolleurssicht erwerben, die potenziell sein Handeln (als indirekte Wirkung erster Ordnung) in der Zukunft in entsprechenden Situationen mit prägen wird.[1092]

Neben den konativ erlernten Einstellungen kann eine Investitionskontrolle auch das Erlernen oder Verändern einer affektiv basierten Einstellung des Kontrollierten nach sich ziehen:[1093] Macht der kontrollierte Akteur eine negative (positive) Erfahrung (d. h. resultieren für ihn kognitive Dissonanzen) in einer Investitionskontrolle hinsichtlich der Eignung seines Investitionshandelns, der Investitionskontrolle bzw. des Kontrolleurs hin-

---

[1091] Vgl. Bem (1970), S. 57-61; Bem (1972).

[1092] Vgl. Bem (1970), S. 57; Bem (1972); Weiss (1977), S. 91.

[1093] Dies lässt sich gut durch die Theorien der klassischen und der operanten Konditionierung erklären. Siehe dazu die Ausführungen im Kapitel 4 sowie Krech/Crutchfield/Ballachey (1962), S. 181-199; von Rosenstiel (1975), S. 204f.; Triandis (1975), S. 152-181; Weder (1976), S. 110; Braun/Linder (1979), S. 572f.; Bower/Hilgard (1981), S. 15f. u. S. 326; Olson/Zanna (1993), S. 127; Crawford/Luka/Cacioppo (2002), S. 759; Aronson/Wilson/Akert (2004), S. 232; Zimbardo/Gerrig (2004), S. 282.

sichtlich der Befriedigung seiner Bedürfnisse,[1094] so kann eine veränderte oder neue negative (positive) affektive Einstellung zu seiner Investitionshandlung, zu der Kontrolle an sich aus seiner Sicht und zum Kontrolleur als Lösungsmaßnahme zur Reduktion der kognitiven Dissonanz resultieren.[1095] Die Stärke der Veränderung wird dabei durch das Ausmaß der kognitiven Dissonanz bestimmt, d. h. entsprechend dem Unterschied zwischen vorhandener Einstellung und erfahrenem angenehmem oder unangenehmem Erlebnis.[1096] Die Richtung der Veränderung wiederum wird durch das Verhältnis von erfahrener angenehmer oder unangenehmer Folge und vorhandener Einstellung zum Objekt der Einstellung determiniert.[1097] Entsprechend zeigte sich beispielsweise auch bei einem allgemein auf Feedbackprozesse (und nicht spezifisch auf die Investitionskontrolle) ausgerichteten Laborexperiment mit nachfolgender Feldstudie von Cook (1968), dass die von Versuchspersonen erzielten (positiven bzw. negativen) Handlungsergebnisse sowohl im Labor als auch in der Unternehmenspraxis in sehr hohem Maße mit ihren (positiven bzw. negativen) Einstellungen korrelieren.[1098]

Diese direkten Wirkungen einer Investitionskontrolle auf die Einstellungen des Kontrollierten seien als *Einstellungslerneffekte*$_{KO}$ bezeichnet.

[1094] Vgl. dazu auch Churchill/Cooper (1965), S. 775, die experimentell feststellen, dass „the attitude that the respondent expressed toward the internal audit correlated highly with his attitude toward the internal auditor".

[1095] Vgl. (implizit) Neuberger (2004), S. 195. Vgl. hierzu auch Steiner (1974), der hinsichtlich der Budgetkontrolle die direkte Wirkung der Bildung bzw. Verfestigung einer (negativen) Einstellung unter Rückgriff auf die Theorie der klassischen Konditionierung und die Theorie der kognitiven Dissonanz beschreibt: „Lerntheoretisch betrachtet kann man diesen Vorgang auch als Reizsubstitution im Sinne der klassischen Konditionierung sehen" Steiner (1974), S. 125). Die Furcht vor Sanktionen wird auf das Kontrollsystem übertragen, wodurch aus dem ursprünglich neutralen Reiz ein bedingter wird (vgl. ebenda, S. 125). Liegt eine solche Reizsubstitution vor, so lebt der Kontrollierte in einer beständigen Furcht vor Sanktionen (vgl. ebenda, S. 125). Unterstellt man, dass der Kontrollierte zugleich der subjektiven Auffassung ist, seine volle Leistungsanstrengung und -fähigkeit in seinen Handlungen eingebracht zu haben (bzw. immer noch einzubringen), so kann diese Furcht vor Sanktionen trotz größter Anstrengung zu einem kognitiven Spannungszustand, d. h. einer kognitiven Dissonanz, zwischen wahrgenommener eigener Leistung und Beurteilung bzw. wahrgenommener Leistungsbeurteilung durch den Kontrollträger führen (vgl. Steiner (1974), S. 125). Eine Möglichkeit, mit der der Kontrollierte diesem für ihn unangenehmen kognitiven Spannungszustand begegnen kann, ist die Qualität des Kontrollsystems in Zweifel zu ziehen (vgl. Steiner (1974), S. 126). Dies impliziert eine Abwertung bzw. Bildung einer negative Einstellung zum Kontrollsystem.

[1096] Vgl. z. B. schon Roth (1967), S. 79f. Siehe dazu auch die Theorie der kognitiven Dissonanz bei Festinger (1957), S. 17.

[1097] Vgl. dazu bspw. schon Foppa (1965), S. 63; Roth (1967), S. 78.

[1098] Vgl. Cook (1968), S. 270 u. S. 275.

(2) Wirkungen ex post auf die Einstellungen des Kontrollträgers

Ähnlich wie für den Kontrollierten beeinflusst eine Investitionskontrolle auch die Einstellungen des Kontrollträgers.

Erstens kann sich der Kontrolleur vor oder auch während/nach einer Investitionskontrolle kognitiv mit der Eignung einer Investitionskontrolle, des Investitionshandelns des Kontrollierten und/oder den Eigenschaften des Kontrollierten hinsichtlich der Befriedigung seiner eigenen Bedürfnisse (z. B. nach zwischenmenschlichen Beziehungen oder sozialer Achtung) auseinandersetzen und so zu einer kognitiv basierten Beurteilung kommen. Ebenso kann er auf Basis eines kognitiven Abwägeprozesses im Nachgang eigener Kontrollerfahrungen und der Beobachtung der Kontrollerlebnisse des Kontrollierten eine kognitive Einstellung positiver oder negativer Ausprägung zur kontrollierten Investitionshandlung und der Investitionskontrolle an sich (aus Sicht eines Kontrollierten) erwerben: Selbst wenn der Kontrollträger selbst bisher kein Objekt einer Investitionskontrolle war, kann er durch die Beobachtung der Eignung von Investitionshandlungen und Investitionskontrollen zur Befriedigung der Bedürfnisse des von ihm kontrollierten Akteurs eine Einstellung zu Investitionshandlungen und Investitionskontrollen aus Sicht eines Kontrollierten erwerben, die sein Handeln mit prägen wird, falls er selbst einmal entsprechende Investitionshandlungen durchzuführen hat und/oder Objekt einer Investitionskontrolle wird.

Neben diesen kognitiven Quellen der (Weiter-)Bildung der Einstellungen des Kontrolleurs (zu den Investitionshandlungen des Kontrollierten, dem Kontrollierten an sich und der Investitionskontrolle) kann er auch durch Reflexion des eigenen und des beobachteten Handelns des Kontrollierten eine verhaltensbasierte Einstellung zu diesen Einstellungsobjekten bilden. So treten bei einer ursprünglich negativen Einstellung gegenüber Kontrollen und Kontrolleuren bei der Selbstwahrnehmung des eigenen, ihm übertragenen Aufgabenbündels (d. h. der Durchführung von Kontrollen) und dessen Diskrepanz zu seiner eigentlich negativen Einstellung zur Kontrolle kognitive Dissonanzen auf, die er entweder durch eine Änderung seines Handelns durch Nicht-Kontrolle in der Zukunft oder aber die Veränderung seiner bisher negativen Einstellung in positiver Richtung reduzieren kann.[1099] Der Kontrolleur wird in diesem Fall zu einer auf seinem eigenen Handeln basierten, positiven Einstellung zur Kontrolle gelangen.[1100] Ähnlich kann der Kontrolleur durch Beobachtung des Investitionshandelns des von ihm kontrollierten Akteurs Schlüsse über die Beurteilung dieses Handelns durch den Kontrollierten ziehen und da-

[1099] Vgl. Schäffer (2001), S. 186.

[1100] Vgl. dazu die Selbstwahrnehmungstheorie nach Bem (1970), S. 57-61; Bem (1972), S. 1-62.

durch (potenziell) eine geänderte Einstellung zu diesem Handeln (aus Sicht eines Investitionshandelnden) gewinnen.[1101]

Schließlich kann der Kontrollträger durch die direkte Erfahrung einer Bedürfnisbefriedigung (-frustration) in Folge seines Investitionskontrollhandelns (und damit einhergehender kognitiver Dissonanz mit seiner bestehenden Einstellung) eine affektive, positive (negative) Einstellung zum Handeln des Kontrollierten, ihm allgemein und zur Kontrolle lernen.[1102] Sind für ihn beispielsweise mit Investitionskontrollen Frustrationen seiner Beziehungsbedürfnisse verbunden, so wird er eine negative Einstellung zur Kontrolle erlernen (die dann ihrerseits als indirekte Wirkung erster Ordnung wieder sein Handeln in der Zukunft beeinflussen wird).[1103]

Diese (Weiter-)Entwicklung der Einstellungen des Kontrollträgers zu Investitionshandlungen, zur Investitionskontrolle aus Sicht des Kontrolleurs wie des Kontrollierten und zum Kontrollierten als Person durch kognitiv, konativ oder affektiv ausgelöste Lerneffekte infolge einer Investitionskontrolle, sei mit dem Begriff des *Einstellungslerneffekts*$_{KS}$ belegt.

5.2.3 Wirkungen ex post auf die Erwartungen

Der bereits bekannten Einteilung in direkte Wirkungen auf die Basiselemente des Kontrollierten und direkte Wirkungen auf die Basiselemente des Kontrolleurs der vorangegangenen Abschnitte folgend, kann auch hier wieder in (1) Wirkungen ex post auf die Erwartungen des Kontrollierten und (2) Wirkungen ex post auf die Erwartungen des Kontrolleurs unterteilt werden.

(1) Wirkungen ex post auf die Erwartungen des Kontrollierten

Die direkte Wirkung einer Investitionskontrolle ex post auf die Erwartungen besteht in durch die Rückkoppelungsinformationen ausgelösten Lernprozessen hinsichtlich der

1101 Vgl. dazu allgemein Bem (1970), S. 57. Ist die Einstellung zu den beobachteten Akteuren positiv, d. h. werden diese als Referenzgruppe wahrgenommen, so wird das beobachtete Handeln von diesen als (sofern nichts gegenteiliges von den Beobachteten kommuniziert wird) angenehm bzw. erstrebenswert interpretiert werden. Es wird sich folglich eine zum beobachteten Handeln (und seinen Ergebnissen) positive „verhaltensbasierte" Einstellung bilden. Bei negativer Bewertung der beobachteten Akteure, hingegen wird keine solche Übernahme stattfinden.

1102 Vgl. hierzu ähnlich für die Einstellungsbildung zu Beurteilungsgesprächen Farr (1991), S. 76; Muck/Schuler (2004), S. 270.

1103 Vgl. auch Farr (1991), S. 76.

H→E wie der E→F Erwartungen. Entsprechend sei sie als *Erwartungslerneffekt*$_{KO}$ der Investitionskontrolle bezeichnet.[1104]

Lerneffekt auf die Handlungs-Ergebnis-Erwartungen (H→E):

Die im Rahmen der Kontrolle gewonnenen Informationen über das eigene Handeln und die daraus resultierenden Ergebnisse ermöglichen dem Kontrollierten, etwas über seine Selbsteffektivität zu lernen und damit inwiefern er zukünftige Ergebnisse sich selbst (hohe Selbsteffektivität) zuschreiben kann[1105] sowie, welche Ziele er „realistisch" erreichen kann.[1106] Stellt ein Kontrollierter in Investitionskontrollen fest, dass er sein erwartetes Ergebnis („sein Ziel") mit bestimmten Handlungen nicht erreicht hat, so wird er sich für die Zukunft tendenziell eher niedrigere (bzw. zumindest keine höheren) H→E Erwartungen für diese Handlung bzw. die aus ihr resultierenden Handlungsergebnisse bilden.[1107] Da der Kontrollierte auf diese Weise über den Zusammenhang seiner Handlungen mit den erzielten Ergebnissen lernt,[1108] erfährt er gleichzeitig, inwieweit von Handlungsergebnissen auf seine Handlungen zurückgeschlossen werden kann. Folglich kann er nach und nach besser beurteilen, inwieweit auch der Kontrolleur in der Lage ist, aus den Investitionskontrollergebnissen Rückschlüsse über das Handeln des Kontrollierten zu ziehen.[1109] Ist diese Rückschlussmöglichkeit gering, so weiß der Kontrollierte, dass der Fähigkeitslerneffekt für den Kontrolleur gering ist und das Investitionskontrollergebnis dem Kontrolleur nur eine schlechte Basis für nachfolgende Entscheidungen über Maßnahmen oder eventuelle Belohnungen bzw. Bestrafungen des Kontrollierten bietet.[1110] Der Kontrollierte erfährt auf diese Weise, inwieweit eigenes Fehlverhalten vom Kontrolleur auf-

---

[1104] Vgl. dazu auch ähnlich Schanz (2000), S. 150.

[1105] Vgl. dazu Banduras (1997) Konzept der Selbsteffektivität. Vgl. zur Veränderung der Selbsteinschätzung bzw. der wahrgenommenen eigenen Kompetenz durch Erfahrungen auch Shrauger/Rosenberg (1970), S. 416; Sorensen/Franks (1972), S. 746; Semmer/Pfäfflin (1979), S. 17; Wood/Bandura (1989), S. 364 u. S. 366; Farr (1991), S. 59.

[1106] Vgl. hierzu ähnlich schon Locke (1967), S. 324f., für Feedback im Allgemeinen.

[1107] Vgl. hierzu auch die experimentelle Studie von Earley (1986), S. 218 zur Auswirkung positiven bzw. negativen Feedbacks auf die Selbsteffektivität eines Akteurs in Mitarbeiterbeurteilungen. Siehe ähnlich auch schon Shrauger/Rosenberg (1970), S. 416; Sorensen/Franks (1972), S. 746. Vgl. ferner Farr (1991), S. 68.
Wiederholt sich dieser Prozess, des Feststellens von lediglich geringem Einfluss, so führt dies zu weiterer Frustration, Stress bzw. Angst und mittelfristig zu Hilflosigkeit und Depression. Vgl. dazu ähnlich auch Gist (1987), S. 481. Vgl. allgemein zu den Wirkungen negativen Feedbacks Seligman (1995); Tatum/Nebeker (1995), wobei letztere empirisch den Zusammenhang zwischen interner vs. externer Kontrollwahrnehmung und affektiven Wirkungen wie Frust und Stress belegen. Vgl. für eine kognitionspsychologische Erklärung von Stress und Angst Semmer/Pfäfflin (1979), S. 117-121; Wood/Bandura (1989), S. 366; Bonner/Sprinkle (2002), S. 323.

[1108] Vgl. Lawler (1976), S. 1252; Farr (1991), S. 68; Muck/Schuler (2004), S. 266.

[1109] Vgl. auch Kotter (1985), S. 44.

[1110] Vgl. zu dieser Problematik ausführlich Spielberger (1983).

gedeckt werden kann. Insgesamt ergeben sich daher zwei Konsequenzen: Zum einen kann der Kontrollierte seine Erwartungen über zukünftige Ergebnisse bestimmter Handlungen aktualisieren und zum anderen lernt er damit implizit über die Rückschlussmöglichkeiten des Kontrolleurs auf diese Handlungen.

Lerneffekt auf die Ergebnis-Folge-Erwartungen (E→F):

Die Kontrollaktivitäten des Kontrolleurs beeinflussen die Erwartungen des Kontrollierten „über zukünftige Kontrollaktivitäten der Instanz [des Kontrolleurs, *Anm. d. Verf.*] und den daraus resultierenden Konsequenzen“[1111]. Der Kontrollierte lernt mithin für die Bestimmung zukünftiger E→F Erwartungen aus seinen Erfahrung mit einer Investitionskontrolle.[1112] Diese Lernerfahrung bezieht sich dabei erstens auf die grundsätzliche Wahrscheinlichkeit einer Kontrolle durch den Kontrolleur,[1113] zweitens aber auch auf die Ausprägung der Investitionskontrolle bzw. ihrer in Kapitel 3 identifizierten Parameter und drittens auf die Konstanz der Beziehung von E→F, d. h. der Existenz eines möglichen bewussten Willkürelements (einer Bevorzugung oder Benachteiligung) oder unbewusster Fehlschlüsse, die zu „willkürlichem“ Verteilen von Folgen durch den Kontrollträger führen.[1114] Ersteres (und – wie in Kapitel 6 deutlich wird – auch das zweite) beeinflussen sein subjektives Wahrscheinlichkeitsurteil darüber, dass aus Sicht des Unternehmens dysfunktionales Handeln seinerseits auffällt: Macht der Kontrollierte beispielsweise wiederholt die Erfahrung, dass trotz einer Ankündigung einer Kontrolle durch den Kontrolleur schließlich doch keine durchgeführt wird oder aber, dass diese Kontrolle aufgrund mangelnder Fähigkeiten des Kontrolleurs kaum Potenzial für Rückschlüsse bietet, so beeinflusst dies signifikant seine zukünftigen E→F Erwartungen (und als indirekte Wirkung erster Ordnung seine Handlungs- bzw. Leistungsanstrengungswahl).[1115] Es hilft so, die

---

[1111] Laux/Liermann (2003), S. 460. Vgl. auch Osterloh (1974), S. 248; Matschke (1993), S. 344.

[1112] Vgl. ähnlich für die Kontrolle im Allgemeinen Ewert/Wagenhofer (2003), S. 350. Vgl. auch grundsätzlich Porter/Lawler (1968), S. 39; Lawler (1976), S. 1253. Siehe ähnlich Muck/Schuler (2004), S. 266, für Beurteilungsgespräche.

[1113] Vgl. Matschke (1993), S. 344.

[1114] Während das Willkürelement und seine Wirkungen in der Forschung zur Leistungsmotivation von Akteuren bisher eine weitgehend vernachlässigte Rolle spielt (vgl. Heckhausen (2003), S. 469), so dürfte sein Einfluss auf die Entwicklung der E→F Erwartungen kaum zu überschätzen sein. Dies kann allein schon daraus geschlossen werden, dass trotz bisher fehlender Durchdringung der Thematik durch die Forschung versucht wird, Handlungsempfehlungen zur Reduktion des Problems in der Praxis zu geben (vgl. exemplarisch dafür Thieme (1982), S. 96).

[1115] Vgl. Matschke (1993), S. 344. Vgl. implizit auch schon Lüder (1969), S. 63f. Entsprechend trifft die Aussage Blaus (1955), S. 35, dass die Erwartung einer Kontrolle durch die Kontrollierten eben diese Kontrolle überflüssig mache, nur in einem Ein-Perioden-Modell zu. Sofern mehrerer Zyklen existieren (wie in der Realität), so werden die Kontrollierten aufgrund des Nicht-Eintritts einer Kontrolle ihre Kontrollerwartungen aktualisieren und sich dann ggf. weniger diszipliniert zeigen – der Bedarf einer Kontrolle wird aus Sicht des Kontrolleurs damit aber automatisch wieder steigen!

Erwartungen für die Zukunft zu präzisieren – auch beispielsweise im Hinblick auf die vom Kontrolleur erwarteten, d. h. mit angenehmen Folgen verbundenen, Ergebnisse.[1116] Letzteres hingegen informiert den Akteur über die „Zuverlässigkeit" bzw. Konstanz der E→F Erwartung: Stellt er beispielsweise einen geringen Zusammenhang zwischen seinen erzielten Handlungsergebnissen und den ihm dafür vom Kontrolleur zugewiesenen extrinsischen Folgen fest, so werden auch entsprechende Ankündigungen des Kontrolleurs weniger ernst genommen, d. h. die Erwartung E→F bei diesen Ankündigungen sinkt (und damit als indirekte Wirkung erster Ordnung die Leistungsanstrengung in der Zukunft).[1117] Die Erfahrungen des Kontrollierten mit Investitionskontrollen bzw. dem Kontrolleur führen somit auch zu einem Reputationsaufbau bzw. -abbau des Kontrolleurs.[1118]

(2) Wirkungen ex post auf die Erwartungen des Kontrolleurs

Auch im Fall des Kontrollträgers lassen sich zwei Lernprozesse bei den Erwartungen auf Basis von direkt erlangten oder beobachteten Rückkoppelungsinformationen aus einer betriebswirtschaftlichen Investitionskontrolle identifizieren. Diese direkte Wirkung einer Investitionskontrolle ex post auf die H→E und E→F Erwartungen des Kontrolleurs sei entsprechend als *Erwartungslerneffekt*$_{KS}$ einer Investitionskontrolle bezeichnet.

Lerneffekt auf die Handlungs-Ergebnis-Erwartungen (H→E) der Ankündigungshandlung des Kontrolleurs:

Die im Prozess der Durchführung einer Investitionskontrolle generierten Informationen beziehen sich zwar auf das Handeln des Kontrollierten bzw. dessen Ergebnisse, lösen jedoch beim Kontrolleur ebenfalls potenziell kognitive Dissonanzen aus, wenn sich der Kontrollierte anders verhält (und somit andere Ergebnisse erzielt), als es der Kontrolleur

---

1116 Vgl. dazu Annett (1969), S. 120.

1117 Vgl. dazu die soziale Lerntheorie nach Rotter (1954). Siehe auch die empirische Studie von Cohen (1965), S. 78f., bei der willkürliche Beurteilungen zu Rückgängen der Leistungsanstrengung der Beurteilten führten. Siehe ebenfalls die Untersuchung von Galbraith/Cummings (1967), in der sich zeigte, dass sich relativ hohe Leistungen ergaben, wenn Kontrollierte Rücksicht und Unterstützung durch den vorgesetzten Kontrollträger besonders hoch bewerten und zugleich annehmen, dass dessen Handeln von ihrer Leistung abhängt (vgl. Galbraith/Cummings (1967), S. 254). Vgl. dazu ebenso auch Deutsch (1976), S. 118f., und Kotter (1985), S. 44, sowie die Diskussion der Einflüsse einer Koppelung extrinsischer Anreize an das Kontrollergebnis in Kapitel 6.10 der vorliegenden Arbeit. Andere Ergebnisse erzielte allerdings Cammann (1974), der berichtet, dass „overall, attempting to get motivation [d. h. höhere Leistungsanstrengung des KO, *Anm. d. Verf.*] by making rewards contingent on indicator performance or by using the indicators to pressure managers into better performance does not appear to be effective"[1117].

1118 Vgl. Kotter (1985), S. 44.

als Reaktion auf seine Ankündigung der Kontrolle (oder „Vermutungs-Auslösung") erwartet, d. h. als es der Kontrolleur – ausgehend von seiner wahrgenommenen Selbsteffektivität zur Erzielung von Konformität – beim Kontrollierten erwartet. So kann er auf Basis der Rückkoppelungsinformation Schlüsse daraus ziehen, ob der Kontrollierte in der Tat die von ihm bei der von ihm gewählten Kontrollwahrscheinlichkeit (und damit von ihm erhofften E→F Erwartung des Kontrollierten) erwartete Leistungsanstrengung an den Tag legt, oder aber, ob der Kontrollierte seine Selbsteffektivität zur Erzielung bestimmter Ergebnisse und die Kontrollwahrscheinlichkeit (und damit die E→F Wahrscheinlichkeit bestimmter seiner Handlungsalternativen) anders einschätzt, als der Kontrolleur dies meint.[1119] Damit kann der Kontrolleur seine H→E Erwartungen in Bezug auf eine Beeinflussung der E→F Erwartungen (und damit des Handelns) des Kontrollierten durch die Kontrollankündigung aktualisieren.[1120]

Kein Lerneffekt auf die Handlungs-Ergebnis-Erwartungen (H→E) der Kontrolldurchführungshandlung des Kontrolleurs:

Da der Kontrolleur im Rahmen der Investitionskontrolle nur Informationen über die Ergebnisse des Handelns des Kontrollierten (und implizit seines Ankündigungshandelns) erhebt und auswertet, nicht jedoch hinsichtlich der Qualität seiner Kontrollhandlung selbst, kann er aus den Kontrollergebnissen auch nicht für seine H→E Erwartungen bezüglich der Kontrolldurchführung lernen.[1121]

Lerneffekte auf die Ergebnis-Folge-Erwartungen (E→F) der Ankündigungshandlung des Kontrolleurs:

Der Kontrolleur erhält anhand der Reaktion des Kontrollierten (und ggf. seiner eigenen Vorgesetzten) auf die von ihm generierten Kontrollergebnisse (bzw. festgestellten Er-

---

[1119] Vgl. dazu Laux (1990), S. 7: „Bei der Schaffung bzw. Änderung eines Anreizsystems wird von gewissen Erwartungen hinsichtlich der Art und Stärke der Bedürfnisse der betreffenden Organisationsmitglieder sowie der Eignung von Belohnungen zur Befriedigung dieser Bedürfnisse ausgegangen. Diese Erwartungen können sehr unrealistisch sein. Reaktionskontrollen können die Informationsbasis für die Erwartungsbildung und die Revision von Anreizsystemen verbessern." Vgl. dazu auch Lüder/Neumann (1979), S. 234.

[1120] Vgl. dazu aus der mikroökonomisch-verhaltensorientierten Betriebswirtschaftlehre bspw. auch Hutzschenreuter (1998), S. 42.
Es geht dabei um eine Veränderung der Erwartungen hinsichtlich der Wirksamkeit seines Ankündigungshandelns, nicht seines eigentlichen Kontrolldurchführungshandelns, da ihm dafür durch die Investitionskontrollergebnisse kein Vergleich ermöglicht wird. Dies wäre nur in einer Kontrolle der Güte der Kontrollhandlung (bzw. ihrer Ergebnisse) möglich.

[1121] Dies wäre nur in einer Kontrolle der Kontrolle möglich, d. h. einem Vergleich der Qualität der ermittelten Kontrollergebnisse mit einem Referenzmaßstab für Kontrollergebnisse. Eine solche Kontrolle stellt jedoch keine Investitionskontrolle im Sinne des Kapitels 2 dar.

gebnisse des Handelns des Kontrollierten) Informationen, die potenziell zu seinen bisherigen E→F Erwartungen des Ankündigungshandelns in Konflikt stehen können. Ist dies der Fall, so können aus dieser kognitiven Dissonanz Lerneffekte bei seinen E→F Erwartungen darüber resultieren, inwieweit bestimmte, von ihm durch sein Kontrollankündigungshandeln (und daraus resultierenden Verhaltensänderungen des Kontrollierten) mit ausgelöste Ergebnisse für ihn mit angenehmen oder unangenehmen Folgen verbunden sind.[1122] Mithin lernt der Kontrolleur auch für seine eigenen E→F Erwartungen der Ankündigung einer Investitionskontrolle.

Kein Lerneffekt auf die Ergebnis-Folge-Erwartungen (E→F) der Durchführungshandelung des Kontrolleurs:

Im Hinblick auf die E→F Erwartungen der Kontrolldurchführungshandlung gilt wiederum das gleiche wie für die H→E Erwartungen dieser Handlung: Da der Kontrolleur aus einer Investitionskontrolle nur Informationen über die Ergebnisse des Handelns des Kontrollierten (und implizit seines Ankündigungshandelns) erhält, nicht aber Hinweise zur Qualität seiner eigenen Kontrollhandlung selbst, kann er aus den Kontrollergebnissen auch nicht für seine E→F Erwartungen der Kontrolldurchführung Lehren ziehen bezüglich der Auswirkung guter versus schlechter Kontrollhandlungen auf potenzielle Folgen.[1123]

5.2.4 Wirkungen ex post auf die Fähigkeiten

Auch bei den direkten Wirkungen ex post auf die Fähigkeiten können wieder (1) Effekte auf die Fähigkeiten des Kontrollierten und (2) Wirkungen auf die Fähigkeiten des Kontrolleurs unterschieden werden. Bei beiden treten Lerneffekte, die zur Veränderung der Fähigkeitenausstattung des jeweiligen Akteurs führen, und Auslastungseffekte auf, die eine zeitweilige Reduktion der freien Fähigkeiten darstellen.

(1) Wirkungen ex post auf die Fähigkeiten des Kontrollierten

Lerneffekte auf die Fähigkeiten des Kontrollierten:

Die im Rahmen der Investitionskontrolle generierte Rückkoppelungsinformation über die erzielten Ergebnisse des Handelns und die Ursachen möglicher Abweichungen des erreichten vom angestrebten Ergebnis können beim Kontrollierten zu Lerneffekten im Hin-

---

[1122] Vgl. Farr (1991), S. 76, und dortige Quellen.

[1123] Hierbei gilt wiederum die Aussage aus Fußnote 1121.

blick auf seine Fähigkeiten führen: Bei positivem Kontrollergebnis (bzw. keiner Abweichung) entsteht kein kognitiver Spannungszustand, so dass keine Veränderung an den bei der Handlung eingesetzten Wissensbestandteile erfolgt – der Kontrollierte verfügt dann (ein korrektes Kontrollergebnis vorausgesetzt) bereits über den im Hinblick auf den betrachteten Kontext „ausreichenden" Wissensstand bzw. hinreichende Fähigkeiten.[1124] Bei einer Abweichung, d. h. einem negativen Kontrollergebnis, entsteht hingegen ein kognitiver Spannungszustand,[1125] der (je nachdem wie der Akteur damit verfährt[1126]) mehr oder minder zu einer Veränderung der Fähigkeiten des Kontrollierten, d. h. zu *Fähigkeitslerneffekten*$_{KO}$ führt. So kann die Abweichungsursacheninformation die Erhöhung des Wissens über die Wirksamkeit von Faktoren auf Investitionen nach sich ziehen, indem die Abweichungsursachenanalyse zur Entdeckung bisher unbekannter Einflussgrößen auf Investitionen führt.[1127] Sie erhöht so das deklarative Wissen über die potenziell relevanten und damit zu berücksichtigenden Faktoren. Eben dies konnten Chenhall/Morris (1993) in Bezug auf Investitionserfolgskontrollen auch empirisch feststellen: Die von ihnen befragten investitionsverantwortlichen Manager gaben an, dass die Kontrolle bei ihnen das Verständnis über die bei Investitionsprojekten relevanten Faktoren vergrößert hat.[1128] Die Rückkoppelungsinformation kann den Kontrollierten aber auch auf die Nichtbeachtung ihm bereits bekannter Alternativen oder Einflussgrößen hinweisen, über welche Informationen zum Zeitpunkt seiner Handlung beschaffbar waren, von ihm aber nicht beschafft wurden.[1129] In beiden Fällen verändern sich die Fähigkeiten des Kontrollierten und werden potenziell (richtige Wahrnehmung, Verarbeitung und Memorierung der Sachverhalte vorausgesetzt) zu einer besseren Anpassung des Handelns des Kontrollierten an den gegebenen Kontext führen.[1130] Wird im Rahmen der Abweichungsursachenanalyse festgestellt, dass sowohl alle relevanten Faktoren erkannt, als auch für alle im möglichen Umfang Informationen beschafft wurden, so kann als dritter Lerneffekt auch in gewissem

[1124] Vgl. dazu die Präzisierung der Fähigkeiten und der Lernbegriffe im Kapitel 4.

[1125] Vgl. zu kognitiven Dissonanzen grundlegend Festinger (1957); Festinger/Aronson (1960).

[1126] Vgl. für einen Überblick der alternativen Strategien im Umgang mit diesem Spannungszustand grundlegend Festinger (1957), S. 19-22.

[1127] Vgl. so schon Saatmann (1970), S. 27.

[1128] Vgl. Chenhall/Morris (1993), S. 171.

[1129] Vgl. Saatmann (1970), S. 28.

[1130] Vgl. dazu ähnlich Borer (1978), S. 55. Dabei sei angemerkt, dass diese Erfahrung des kognitiven Spannungszustands nicht unbedingt auf Abweichungen der selbst erzielten Handlungsergebnisse von den selbst angestrebten basieren muss, sondern dass ein Akteur auch das Handeln anderer Akteure oder eines Modells beobachten kann und per Beobachtungslernen aus Investitionskontrollen lernen kann. So kann ein (unerfahrener) Investitionsplaner durch die Beobachtung des Handelns und der Ergebnisse der Investitionskontrollen bei anderen Akteuren (bzw. die Lektüre von deren Kontrollberichten) über die Effektivität und Effizienz von deren Handeln lernen und damit seinen eigenen Wissensbestand erweitern. Hiervon sei jedoch angesichts der dargelegten Fokussierung der vorliegenden Arbeit auf die beiden Akteure Kontrolleur und Kontrollierter im Weiteren zur Vereinfachung abstrahiert.

Umfang eine Verbesserung der kognitiven Prozeduren stattfinden, die ausgehend von korrekten Eingangsgrößen zu den fehlerbehafteten Endwerten geführt haben. Es kann dem Kontrollierten durch die Abweichungen bewusst werden, dass seine Methode bzw. sein Vorgehen zur Generierung der Endwerte bzw. Ergebnisse seines Handelns auf Basis der korrekten Eingangsdaten regelmäßig zu erwarteten Ergebnissen führt, die von den letztlich realisierten Ergebnissen abweichen. Er kann diese Erkenntnis dazu nutzen, nach anderen Vorgehensweisen oder Methoden zu suchen bzw. diese ggf. auch per Versuch und Irrtum herauszufinden. Entsprechend können die ergebnisbezogenen Informationen aus einer Kontrolle auch zu einer Erhöhung der prozeduralen Fähigkeiten des Kontrollierten führen.[1131] Solche Effekte lassen sich dabei auch empirisch infolge von Kontrollen anhand der indirekten Wirkungen erster Ordnung feststellen: So konnten Bolger/Önkal-Atay (2004) experimentell zeigen, dass Akteure auch für ihre Informationsverarbeitung aus Kontrollinformationen lernen und dadurch Verzerrungen, die auf mangelnde Potenzialnutzungsfähigkeiten zurückzuführen sind, in nachfolgenden Handlungen abnehmen.[1132] Da in Investitionskontrollen ergebnisorientierte Größen verglichen werden und sie somit dominant nur Ergebnisfeedback bereitstellen, werden die Veränderungen der prozeduralen Fähigkeiten jedoch im Verhältnis zu Lerneffekten bei Investitionsrevisionen (d. h. Prozessfeedback bzw. verhaltensbezogenen Informationen[1133]) geringer ausfallen.[1134]

Auslastungseffekt der Fähigkeiten des Kontrollierten:

Die Aufnahme, Verarbeitung und Memorierung der dem Kontrollierten am Ende der Kontrolle präsentierten Kontrollergebnisse und Abweichungsursachenanalysen erfordert

[1131] Vgl. zu dieser Wirkung von handlungsergebnisbezogener Kontrollinformation (engl. outcome feedback) allgemein bereits Vroom (1964b), S. 75; Annett (1969), S. 68-75. Vgl. auch Hirst/Luckett (1992), S. 16, die experimentell ebenfalls entsprechende Lerneffekte bei ergebnisorientierten Kontrollinformationen feststellen.

[1132] Vgl. Bolger/Önkal-Atay (2004), S. 34. Diese Verbesserung der Schätzungen ist dabei, wie nähere Analysen von Bolger/Önkal-Atay (2004) zeigen, nicht auf eine übervorsichtige „Hedging-Strategie" durch bewusste Reduktion der eigentlichen Schätzwerte durch die Versuchspersonen zurückzuführen, sondern offensichtlich in der Tat auf Fähigkeitslerneffekte bei den Potenzialnutzungsfähigkeiten.

Anmerkung: In vielen anderen empirischen Studien wird keine explizite Trennung in deklarative und prozedurale Fähigkeiten vorgenommen, so dass sich deren Ergebnisse nur teilweise in die hier gewählte Struktur einfügen lassen. So sind Fähigkeitsverbesserungsprozesse (ohne Unterscheidung in deklarativ versus prozedural, sondern in toto) infolge von Kontrollinformationen u. a auch schon von Witte (1972), S. 83, und Asthana (2002), S. 25, nachgewiesen worden.

[1133] Vgl. hierzu nochmals die Abgrenzung zwischen Investitionskontrolle als auf Handlungsergebnisse bezogener informationsverarbeitender Vergleichs- und Abweichungsauswertungsprozess und Investitionsrevision als auf die Handlung bezogener Vergleichs- und Abweichungsauswertungsprozess im Kapitel 2.

[1134] Vgl. insbes. die Experimente von Hirst/Luckett (1992), S. 16; Bonner/Walker (1994), S. 170; Briers et al. (1999), S. 84. Vgl. auch Luckett/Eggleton (1991), S. 387.

bei diesem den Einsatz kognitiver Kapazitäten, die damit nicht mehr für andere Handlungen zur Verfügung stehen. Darüber hinaus kann es im Fall, dass der Kontrollierte am Kontrollprozess aktiv partizipiert, je nach Grad der Partizipation, zu einem Transfer des kognitiven Kontrollarbeitsaufwands vom Kontrollträger auf den Kontrollierten kommen.[1135] Diese direkte Wirkung der Aufnahme der Kontrollergebnisse und je nach Grad der Partizipation der Erstellung der Kontrollergebnisse auf die Fähigkeiten des Kontrollierten sei als *Kontrollaufwand2*$_{KO}$ bezeichnet.

(2) Wirkungen ex post auf die Fähigkeiten des Kontrollträgers

Lerneffekte auf die Fähigkeiten des Kontrolleurs:

Ähnlich wie beim Kontrollierten dank der Rückkoppelungsinformationen Lerneffekte zur Fähigkeitsveränderung ausgelöst werden, können auch beim Kontrolleur bei den Bestandsfähigkeiten Lerneffekte ausgelöst werden. So erhöht die Kontrollinformation potenziell die kognitiven Bestandsfähigkeiten über die bei Investitionen zu beachtenden Faktoren und ggf. das Ausmaß der für sie beschaffbaren Informationen.[1136] Darüber hinaus lässt sie (in begrenztem Umfang) bei ausreichender Sachkenntnis auch Schlüsse auf die deklarativen wie prozeduralen Fähigkeiten und die gewählte Leistungsanstrengung des Kontrollierten zu.[1137] Diese direkten Wirkungen auf die Fähigkeiten des Kontrolleurs werden in der Kontrollliteratur auch als Entscheidungsunterstützungsfunktion oder Informationsfunktion bezeichnet.[1138] Darüber hinaus kann der Kontrolleur auch im Rahmen der Abweichungsanalyse bzw. der Suche nach den Ursachen möglicher Abweichungen sein Verständnis für Investitionshandlungen im Allgemeinen und darin potenziell bedeutsame Faktoren verbessern (Lernen am Modell des Handeln des Kontrollierten und seines

---

1135 Hierauf wird im Kapitel 6.4 bei der Diskussion des Parameters Partizipation noch näher eingegangen.

1136 Vgl. ählich schon Borer (1978), S. 65.

1137 Vgl. zur Schwierigkeit solcher Schlüsse bei (wie in Realität meist gegebenen) eingeschränkten Fähigkeiten bzw. lückenhaftem deklarativem wie prozeduralem Wissen (insbesondere auch über das genaue Handeln des Kontrollierten) allerdings Spielberger (1983) sowie die Ausführungen im Kapitel 6.3 zum Einfluss der Fähigkeiten des Kontrolleurs auf die Wirkungen einer Kontrolle.

1138 Vgl. z. B. Matschke (1993), S. 344; Ewert/Wagenhofer (2003), S. 348.
Diese direkten Wirkungen auf die Fähigkeiten des Kontrolleurs können sich als indirekte Wirkungen erster Ordnung in aufgrund dieses geänderten Wissens getroffenen Nachfolgeentscheidungen äußern, wie beispielsweise der Gewährung extrinsischer Belohnungen oder der Verhängung von Sanktionen gegenüber dem Kontrollierten, dem korrigierenden Eingreifen oder gar dem Abbruch der begonnenen Investitionshandlung durch den Kontrolleur oder im Wechseln des die Investitionshandlung durchführenden Akteurs (vgl. zu diesen – in der Terminologie der vorliegenden Arbeit als indirekte Wirkungen erster Ordnung zu charakterisierenden Wirkungen – bspw. Lüder (1966), S. 1141; Borer (1978), S. 65; Matschke (1993), S. 344. Vgl. aus der allgemeinen Kontrollliteratur z. B. Cammann (1974), S. 51f.; Flamholtz (1996), S. 60; Laux/Liermann (2003), S. 458).

Misserfolgs).[1139] Alle diese durch die Kontrollergebnisse ausgelösten Lerneffekte bei den Fähigkeiten des Kontrolleurs seien im Weiteren als *Fähigkeitslerneffekte$_{KS}$* bezeichnet.[1140]

Auslastungseffekte auf die Fähigkeiten des Kontrolleurs:

Die Durchführung einer Kontrollhandlung ist für den Kontrolleur (je nach Ausmaß der Partizipation des Kontrollierten[1141]) mit Aufwand in der Form der Auslastung eines Teils oder aller seiner physischen und/oder kognitiven Bestands- wie Potenzialnutzungsfähigkeiten verbunden, insbesondere für die Aufnahme der Daten, deren Bewertung, deren Abspeicherung und deren Kommunikation an den Kontrollierten.[1142] Dieser Auslastungs-

---

1139 Dies wiederum kann sich in potenziell geändertem eigenem Investitionshandeln als indirekter Wirkung erster Ordnung äußern, wenn der Kontrolleur selbst einmal in einer vergleichbaren Situation eine Investitionshandlung durchführt.

1140 Hierzu sind zwei Punkte anzumerken: (1) Erstens ließe sich diskutieren, ob durch die Kontrollinformation beim Kontrolleur neben Lerneffekten hinsichtlich seiner H→E Erwartungen der Kontrollankündigung auch Lerneffekte in Bezug auf die bei der Ankündigung eingesetzten Fähigkeiten auftreten. Da jedoch in der Investitionskontrolle (gemäß der Definition aus Kapitel 2) keine Ursachenanalyse der (zu hohen oder zu niedrigen) Auslösung der Kontrollerwartung beim Kontrollierten stattfindet, eine solche Auswertung jedoch – im Gegensatz zum Fall einer bloßen Veränderung der H→E Erwartungen – Voraussetzung für Lerneffekte hinsichtlich der Verbesserung der Ankündigungshandlungen darstellen, kann von einer Insignifikanz der Kontrollergebnisse für diese (Teil-)Fähigkeiten des Kontrolleurs ausgegangen werden. Entsprechend sei sie auch im Weiteren nicht als Wirkung einer Investitionskontrolle betrachtet. (2) Zweitens ist an dieser Stelle noch zu präzisieren, dass dieser hier beschriebene Fähigkeitslerneffekt$_{KS}$ klar von der in der Literatur teilweise angeführten Wirkung einer Verbesserung der Kontroll(durchführungs-)fähigkeiten des Kontrollträgers (vgl. z. B. Treuz (1974), S. 51; Schäffer (2001), S. 72) zu trennen ist: Während der hier beschriebene Fähigkeitslerneffekt$_{KS}$ auf die Durchführung einer Investitionskontrolle gemäß der in Kapitel 2 beschriebenen Definition und darin generierter Informationen über die Ergebnisse (und mögliche Abweichungsursachen) des Handelns des Kontrollierten rekurriert, setzt die Verbesserung der Kontrollfähigkeiten einen Lerneffekt voraus, der nicht der Investitionskontrolle bzw. den darin generierten Informationen selbst zuzuschreiben ist. Vielmehr sind Lerneffekte in Bezug auf die Kontrollhandlung ursächlich nur einer „Kontrolle der Kontrolle", d. h. einer Kontrolle der Investitionskontrollhandlung des Kontrolleurs (der somit dann zum Kontrollierten wird!) zuzurechnen. Folglich wird die Verbesserung der Kontrollfähigkeiten hier auch nicht als direkte Wirkung einer Investitionskontrolle angeführt.

1141 Zum moderierenden Einfluss des Grads der Partizipation auf den Kontrollaufwand des Kontrolleurs siehe detailliert das nachfolgende Kapitel 6.4.

1142 In der Literatur wird meist nur allgemein von Kosten oder Aufwand der Kontrolldurchführung gesprochen (vgl. exemplarisch Vgl. z. B. Istvan (1961), S. 39; Saatmann (1970), S. 39; Hopwood (1972), S. 158). Aus handlungstheoretischer Sicht lässt sich dieser Kontrollaufwand jedoch in dem Aufwand an Fähigkeiten des kontrollierenden Akteurs beschreiben, der dazu führt, dass bei gleichem Gesamtbestand des Kontrolleurs weniger freie Kapazitäten für andere Handlungen zur gleichen Zeit zur Verfügung stehen und damit die Möglichkeiten für andere (potenziell Bedürfnisbefriedigungen mit sich bringenden) Handlungen geringer werden (vgl. hierzu nochmals das Handlungsmodell und die dort geschilderte Handlungswahl der Akteure und ihre Konsequenzen im Kapitel 4.3). Zwar kommen bei der Kontrolldurchführung realiter auch diverse Sachgegenstände wie bspw. Datenverarbeitungsanlagen zum Einsatz (vgl. hierzu Matschke (1993), S. 345), jedoch lassen sich auch diese durch die erbrachte Arbeit eines Akteurs zu ihrer Anschaffung (und damit entgangenen anderen

effekt (insbesondere der kognitiven Fähigkeiten) sei im Weiteren als *Kontrollaufwand2*$_{KS}$ bezeichnet.[1143]

5.3 Zusammenfassung

Aufbauend auf den im Kapitel 4 gelegten psychologisch-verhaltensorientierten Grundlagen wurden im vorliegenden Kapitel 5 die potenziellen, mit einer Investitionskontrolle verbundenen direkten Wirkungen auf die Basiseigenschaften der beteiligten zwei Akteure hergeleitet.

Dabei ließ sich erkennen, dass sowohl die Vermutung bzw. Vorankündigung einer zukünftigen Investitionskontrolle als auch die eigentliche Durchführung einer solchen direkte Wirkungen auf die im Kapitel 4 beschriebenen, jeweils vier Bestimmungsfaktoren des Handelns der beteiligten Akteure besitzt. So können z. B. bereits vor der Durchführung einer Investitionskontrolle bei Kontrolliertem wie Kontrollträger Bedürfnisse befriedigt oder frustriert werden, Einstellungen gebildet, Erwartungen beeinflusst und Fähigkeiten (durch Zielpräzision) erhöht werden. Aber auch im Zuge der Durchführung einer Investitionskontrolle können u. a. die Bedürfnisse der beteiligten Akteure befriedigt oder frustriert, und Motive, Einstellungen, Erwartungen und Fähigkeiten potenziell durch Lerneffekte verändert werden.

Die nachfolgende Abbildung 22 fasst die in den vorangegangenen Abschnitten beschriebenen direkten Wirkungen betrieblicher Investitionskontrollen ex ante und ex post auf den Kontrollierten zusammen, während die Abbildung 23 einen Überblick über die Aussagen zu den direkten Wirkungen auf den Kontrolleur bietet.

Bedürfnisbefriedigungen) in Auslastungseffekte der physischen und/oder kognitiven Fähigkeiten eines Kontrolleurs ausdrücken. Daher sei zur Vereinfachung der Diskussion in der vorliegenden Arbeit nur von Auslastungseffekten der Fähigkeiten des Akteurs gesprochen.

1143 Dabei kann dieser Aufwand je nach dem im Kapitel 6.4 noch zu diskutierenden Grad der Partizipation des Kontrollierten an der Kontrollhandlung auch teilweise oder ganz (im Fall der Eigen- oder Selbstkontrolle) beim Kontrollierten anfallen.

		Wirkungen auf den Kontrollierten (KO)	
Leistungsanstrengung		**ex ante**	**ex post**
	Motive bzw. Bedürfnisse	*Angsteffekt*$_{KO}$ (Verletzung der Sicherheitsbedürfnisse durch Kontrollankündigung)	*Bedürfnisbefriedigungs-/frustrationsseffekte*$_{KO}$ (vom Kontrollergebnis abhängige Befriedigung oder Frustration der Bedürfnisse)
		Sicherheitseffekt$_{KO}$ (Reduktion von Angst durch geringere Freiheitsgrade)	
		Misstrauenseffekt$_{KO}$: (Verletzung der Beziehungsbedürfnisse durch Vertrauensentzug)	*Rechtfertigungseffekt*$_{KO}$ (Vermeidung der Verletzung der Fremdachtungs- und Sicherheitsbedürfnisse)
		Reaktanzeffekt$_{KO}$ (Verletzung der Selbstwertbedürfnisse durch Einschränkung des Handlungsraums)	*Motivlerneffekt*$_{KO}$ (Lernprozesse für neue oder veränderte Motive)
	Einstellungen	*Einstellungsbildungseffekt*$_{KO}$ (Bildung-/Modifikation durch kognitive Auseinandersetzung mit Eigenschaften)	*Einstellungslerneffekt*$_{KO}$ (Bildung-/Modifikation der Einstellungen)
	Erwartungen	*Erwartungseffekt*$_{KO}$ (Veränderung der E→F Erwartungen des Kontrollierten)	*Erwartungslerneffekt*$_{KO}$ (Lernen H→E sowie der E→F Erwartungen)
Leistungsfähigkeit			
	Fähigkeiten	*Zielpräzisierungseffekt*$_{KO}$ (Reduktion von Unklarheiten durch erhöhtes deklaratives Wissen ex ante)	*Fähigkeitslerneffekt*$_{KO}$ (Lerneffekte für Potenzial und Potenzialnutzung)
		Kontrollaufwand1$_{KO}$ (Auslastung Fähigkeiten)	*Kontrollaufwand2*$_{KO}$ (Auslastung Fähigkeiten)

Abbildung 22: Übersicht der direkten Wirkungen einer Investitionskontrolle auf den Kontrollierten

		Wirkungen auf den Kontrolleur (KS)	
Leistungsanstrengung		**ex ante**	**ex post**
	Motive bzw. Bedürfnisse	*motivationaler Sicherheitseffekt*$_{KS}$ (Sicherheit durch Erwartungsänderung bei Akteur KO)	*Macht- und Achtungseffekt*$_{KS}$ (Befriedigung durch Autoritätssicherung und Belohnung/Bestrafung)
		fähigkeitsbezogener Sicherheitseffekt$_{KS}$ (Reduktion von Angst vor Fehlverhalten durch geringere Freiheitsgrade für KO)	*Bedürfnisbefriedigungs-/-frustrationseffekte*$_{KS}$ (vom Kontrollergebnis abhängige Befriedigung bzw. Frustration der Bedürfnisse – z. B. der Beziehungsbedürfnisse)
		Abstoßungseffekt$_{KS}$ (Frustration der Beziehungsbedürfnisse)	*Rechtfertigungseffekt*$_{KS}$ (Vermeidung der Verletzung der zwischenmenschlichen Beziehungsbedürfnisse)
		Egoeffekt$_{KS}$ (Befriedigung des Machtmotivs oder der Achtungsbedürfnisse durch „Gefühl" der Macht)	*Motivlerneffekt*$_{KS}$ (Lernprozesse für neue oder veränderte Motive)
	Einstellungen	*Einstellungsbildungseffekt*$_{KS}$ (Bildung-/Modifikation durch kognitive Auseinandersetzung mit Eigenschaften)	*Einstellungslerneffekt*$_{KS}$ (Bildung-/Modifikation von Einstellungen)
	Erwartungen	*Erwartungseffekt*$_{KS}$ (Erwartung, dass KO eine Kontrolle erwartet bzw. geänderte E→F Erwartungen besitzt)	*Erwartungslerneffekte*$_{KS}$ (Lernen im Hinblick auf die eigenen H→E und E→F Erwartungen)
Leistungsfähigkeit			
	Fähigkeiten	*Kontrollaufwand1*$_{KS}$ (Auslastung Fähigkeiten)	*Fähigkeitslerneffekt*$_{KS}$ (Veränderung der Fähigkeiten des KS) *Kontrollaufwand2*$_{KS}$ (Auslastung Fähigkeiten)

Abbildung 23: Übersicht der direkten Wirkungen einer Investitionskontrolle auf den Kontrollträger

6 Zusammenhänge zwischen den Parametern und den Wirkungen

„How a control system impacts on behavior is heavily influenced by both the nature of the system and the nature of the people."

Lawler (1976), S. 1248.

6.1 Strukturierungsrahmen der Zusammenhänge

Mit der Identifikation der neun (Gestaltungs-)Parameter von Investitionskontrollen im Kapitel 3 wurde die erste Säule für eine kausal ausgerichtete, verhaltensorientierte Realtheorie der Investitionskontrolle geschaffen. Die im zurückliegenden Kapitel 5 erfolgte Identifikation von 30 potenziellen direkten Wirkungen einer Investitionskontrolle auf die Basischarakteristika des Kontrollierten und des Kontrolleurs stellt die zweite erforderliche Säule dar.[1144]

Zusammen erlauben die beiden Säulen eine Strukturierung des Forschungsfelds einer verhaltensorientierten Theorie der Investitionskontrolle, d. h. der durch eine solche Theorie zu erklärenden, in Abbildung 24 schematisch dargestellten Zusammenhänge zwischen den neun Parametern und den 30 Wirkungen. Dabei wird deutlich, dass die Anzahl der denkbaren Zusammenhänge in einer verhaltensorientierten Theorie der Investitionskontrolle sehr hoch ist.[1145]

Dem in dieser Arbeit zugrunde gelegten ersten Unterziel des theoretisch-kausalen Wissenschaftsziels weiter folgend, können nun, auf dieser Strukturierung aufbauend, vorhan-

---

[1144] Diese Idee der Aufteilung der Argumentation in Wirkungen und die Wirkungen beeinflussende Faktoren findet sich in vereinfachter Form schon in allerdings nicht weiter ausgeführter Fassung bei Treuz (1974), S. 105, und Borer (1978), S. 74.

[1145] So sind allein $n \cdot m$ bzw. $9 \cdot 30 = 270$ einzeln auf ihre Existenz, ihre Richtung, ihre Stärke und ihren Verlauf zu betrachtende Ursache-Wirkungs-Beziehungen denkbar, wobei sich jedoch n teilweise wie z. B. für den Kontrollierten und den Kontrolleur weiter in Teil-n-s (Bedürfnisse, Einstellungen, Erwartungen, Fähigkeiten und deren jeweilige Unterteilungen) aufspalten lässt und die Zahl daher insgesamt noch erheblich größer ist.

dene Forschungsergebnisse aus (Sozial-)Psychologie und Betriebswirtschaftslehre (ggf. ergänzt durch Plausiblitätsüberlegungen) eingeordnet, d. h. auf deren Basis formulierbare Hypothesen über die in Abbildung 24 schematisch dargestellten Zusammenhänge aufgestellt werden. Auch lässt sich auf diesem Weg weiterer Forschungsbedarf in den Bereichen aufzeigen, für die gegenwärtig keine entsprechende Hypothese formuliert werden kann.

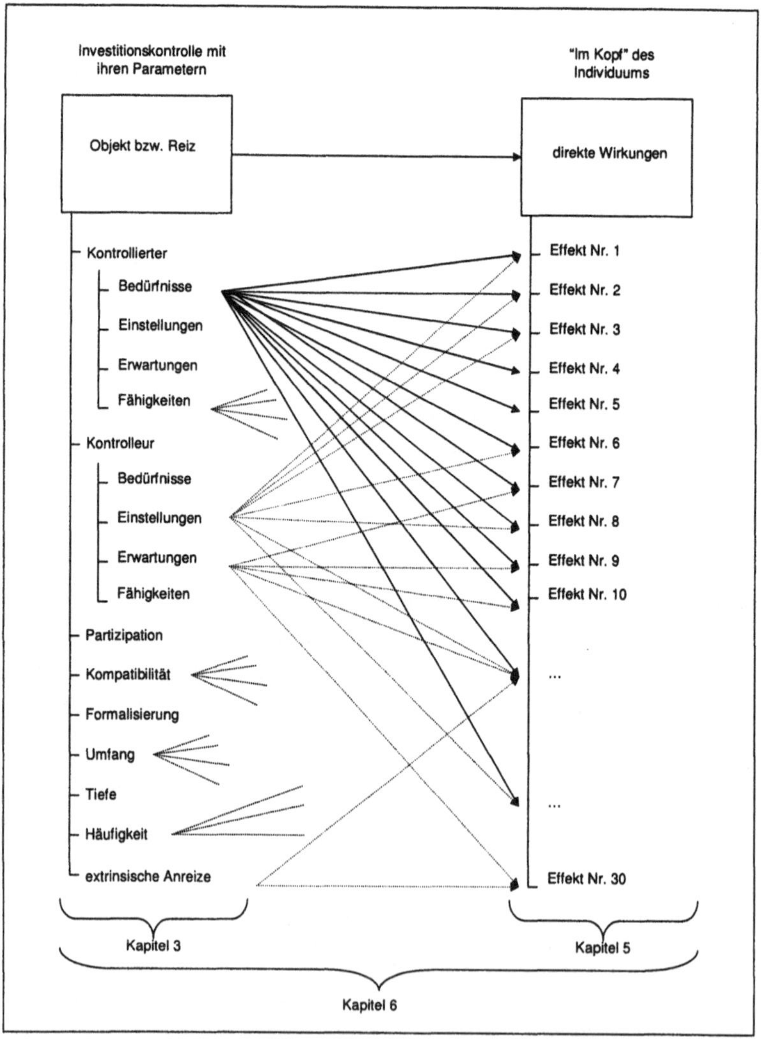

Abbildung 24: Schematische Darstellung der zu betrachtenden Zusammenhänge

Wie ein Vergleich der in diesem Kapitel nachfolgenden, ausführlichen Diskussion der Zusammenhänge mit den anhand der Abbildung 24 identifizierbaren, denkbaren Zusammenhänge zeigt, ist der Prozentsatz der durch vorhandene Erkenntnisse der Forschung oder eigenen Plausiblitätsüberlegungen nicht ausfüllbaren, „weißen Flecken" auf der Problemlandkarte einer Theorie zu den Parametern und direkten Wirkungen einer Investitionskontrolle erheblich.

Dies ist zum einen auf den im Kapitel 3 ausführlich dargestellten, wenig Ausgangspunkte für eine Entwicklung einer verhaltensorientierten Realtheorie bietenden Stand der betriebswirtschaftlichen Investitionskontrollforschung zurückzuführen.

Zum anderen liegt dies jedoch auch daran, dass sich die (sozial-)psychologische Forschung bisher nicht in annähernd ähnlich strukturierter und umfassender Form wie im Kapitel 5 erfolgt, mit der Frage betriebswirtschaftlicher (Investitions-)Kontrollen, ihrer Wirkungen und ihrer (Gestaltungs-)Parameter auseinandergesetzt hat. So lassen sich lediglich Erkenntnisse aus dem Bereich der (sozial-)psychologischen Forschung zu Feedback an Mitarbeiter in Organisationen und viele Konzepte der allgemeinen (sozial-)psychologischen Forschung, die auch dem Handlungsmodell des Kapitels 4 zugrunde gelegt wurden, für eine Ableitung von Hypothesen zu den Zusammenhängen heranziehen.[1146]

Folglich verdeutlichen die nachfolgenden Ausführungen indirekt nochmals den Forschungsbedarf auf dem Gebiet einer verhaltensorientierten Theorie der Investitionskontrolle und bieten vielerlei Anknüpfungspunkte für nachfolgende Arbeiten zur Füllung entsprechender Lücken, für die im Weiteren keine Hypothese vorgestellt werden kann.[1147]

Zur Verbesserung der Lesbarkeit der nachfolgenden Ausführungen werden bewusst nur diejenigen der potenziellen Zusammenhänge zwischen den Parametern und den Wirkungen einzeln aufgeführt, für die auf Basis vorhandener bzw. übertragener Erkenntnisse aus Betriebswirtschaftslehre und (Sozial-)Psychologie sowie eigenen Plausibilitätsüberlegungen eine Hypothese formulierbar ist. Alle anderen der in Abbildung 24 schematisch angeführten potenziellen Zusammenhänge sind in nachfolgenden Arbeiten auf ihre Existenz, Richtung, Stärke und Verlauf zu prüfen und stellen ausgehend vom aktuellen Stand der betriebswirtschaftlichen und (sozial-)psychologischen Forschung Lücken in der For-

---

[1146] Es sei daran erinnert, dass die vorliegende Arbeit grundsätzlich dem Entdeckungs- und nicht dem Prüfungsziel Poppers (1998) folgt und damit mit den Erkenntnissen der (Sozial-)Psychologie keinen Beleg von Aussagen, sondern lediglich die Generierung von (nachfolgend kritisch zu prüfenden) Hypothesen anstrebt (vgl. Kapitel 1.2). Entsprechend ist eine solche Übertragung auch zulässig und fällt nicht unter das Problem des „fish out of water" nach Jensen (1970) bei der Übertragung empirischer Studien als Belege für Hypothesen von einem Kontext in einen anderen.

[1147] Vgl. hierzu nochmals die Ausführungen zu den zwei Unterzielen des theoretischen Wissenschaftsziels in Kapitel 1.2.

schungslandschaft dar. Auf sie wird zur Vermeidung vielfacher Redundanzen im Weiteren nicht mehr einzeln eingegangen.[1148]

6.2 Charakteristika des Kontrollierten

6.2.1 Einfluss auf die ex ante Wirkungen

Der erste der neuen in Kapitel 3 identifizierten Ausprägungsparameter einer Investitionskontrolle ist der Kontrollierte. Dieser lässt sich anhand der in Kapitel 4 diskutierten (sozial-)psychologischen Grundlagen durch vier Basischarakteristika näher beschreiben: (1) seine aktuellen Bedürfnisse, (2) seine Einstellungen, (3) seine Erwartungen und (4) seine Fähigkeiten.

Da diese vier Eigenschaften unterschiedlich ausgeprägt sein können bzw. im Laufe der Zeit nicht fix sind,[1149] ist jeweils der Einfluss unterschiedlicher Bedürfnissatisfaktionsgrade, Einstellungen, Erwartungen und Fähigkeiten des Kontrollierten auf die in Kapitel 5 geschilderten direkten Wirkungen einer Investitionskontrolle zu untersuchen. Im vorliegenden Teilkapitel 6.2.1 wird dieser Einfluss auf die in Kapitel 5.1 identifizierten ex ante Wirkungen thematisiert. Die Einflüsse auf die ex post Wirkungen (Kapitel 5.2) werden daran anschließend in Kapitel 6.2.2 diskutiert.

(1) Bedürfnisse des Kontrollierten

Aufbauend auf den vorhandenen bzw. übertragbaren Forschungserkenntnissen der Betriebswirtschaftslehre und der (Sozial-)Psychologie sowie eigenen Plausiblitätsüberlegungen können für die bisher in der Investitionskontrollforschung kaum betrachteten Bedürfnisse des Kontrollierten folgende Hypothesen formuliert bzw. folgende Zusam-

---

[1148] Angesichts der großen Zahl der insgesamt denkbaren Ursache-Wirkungs-Hypothesen zwischen den neun Parametern und 30 direkten Wirkungen einer Investitionskontrolle würden sonst die nachfolgenden Ausführungen durch vielfache, redundante Hinweise auf die Forschungslücken unnötig aufgebläht. Die Konzentration auf die formulierbaren Hypothesen erlaubt hingegen diese Redundanzen zu vermeiden und stellt gleichzeitig angesichts des aufgerissenen Strukturierungsrahmens der neun Parameter und 30 Wirkungen sicher, dass Forschungslücken einfach durch Vergleich der angeführten Hypothesen und der in der Abbildung 24 schematisch dargestellten denkbaren Zusammenhänge zwischen Parametern und Wirkungen idenfifiziert werden können.

[1149] Vgl. dazu nochmals das Kapitel 4.

menhänge mit den direkten Wirkungen einer Investitionskontrolle hypothesenartig geklärt werden:

Was den Einfluss der Sicherheitsbedürfnisse des Kontrollierten auf den Angsteffekt$_{KO}$ einer Investitionskontrolle anbelangt, ist grundsätzlich davon auszugehen, dass ein Kontrollierter, der über ein wenig satisfiziertes Bedürfnis nach Sicherheit verfügt, d. h. dessen Befriedigungsgrad näher bei Null denn bei Eins liegt, durch eine angekündigte Kontrolle in seiner Bedürfnissatisfaktion weniger weit (in absoluten Größen) verletzt werden kann als ein Akteur, bei dem das Sicherheitsbedürfnis in großen Teilen oder auch ganz befriedigt war.[1150] So kann bei einem Kontrollierten, dessen Sicherheitsbedürfnis bereits vollständig frustriert ist (d. h. der sich auf der bereits in Kapitel 5 erläuterten letzten Eskalationsstufe des „exhaustion threshold"[1151] nach Cofer/Appley (1964) befindet), die Vorausahnung einer Investitionskontrolle keine weitere Frustration dieses Bedürfnisses mehr erzeugen. Daraus lässt sich folgende Aussage ableiten: Je weniger satisfiziert das Sicherheitsbedürfnis ist, desto geringer kann der Effekt der Frustration des betrachteten Bedürfnisses potenziell sein, den eine Investitionskontrolle (maximal) auslösen kann.[1152] Wenngleich auf den ersten Blick vielleicht etwas kontraintuitiv, so folgt aus diesen Überlegungen, dass die noch mögliche, als Angsteffekt$_{KO}$ bezeichnete, Verletzung der Sicherheitsbedürfnisse des Kontrollierten durch die Ankündigung oder Vorausahnung einer Investitionskontrolle daher mit zunehmendem Ausmaß der zuvor vorhandenen Befriedigung der Sicherheitsbedürfnisse größer ausfallen kann. Entsprechend ist als Hypothese zu formulieren:

H 1: Je geringer die Befriedigung der Sicherheitsbedürfnisse des Kontrollierten ist, desto geringer ist c. p. der Angsteffekt$_{KO}$.

Umgekehrt verhält es sich beim Einfluss der Sicherheitsbedürfnisse des Kontrollierten auf den Sicherheitseffekt$_{KO}$ einer Investitionskontrolle. Mit dem Sicherheitseffekt$_{KO}$ wurde die mit einer Investitionskontrolle verbundene Reduktion der Unsicherheiten für den Kontrollierten bzw. das Gefühl „der Sicherheit und bei Bedarf Hilfe im Prozess der Zielerreichung"[1153] beschrieben.[1154] Dies legt folgende Aussage nahe: Je weniger satisfi-

---

[1150] Hierbei wird unterstellt, dass kein negatives Ausmaß der Bedürfnissatisfaktion möglich ist, sondern nur Befriedigungsgrade gleich oder größer Null. Daraus ergibt sich, dass z. B. bei einem Satisfikationsgrad von 0,5 eine größere (absolute) Frustration möglich ist als bei einem Befriedigungsgrad von 0,2.

[1151] Cofer/Appley (1964), S. 452.

[1152] Vgl. hierzu auch die Ausführungen zu Bedürfnissen im Kapitel 4.1 und Alderfer (1969) bzw. Alderfer (1972) zur Satisfaktion von Bedürfnissen.

[1153] Schäffer (2001), S. 195. Ähnlich Cook (1966), S. 86.

ziert das Sicherheitsbedürfnis ist, desto größer kann der Beitrag zur Befriedigung des betrachteten Bedürfnisses potenziell sein, den eine Investitionskontrolle (maximal) zu leisten vermag.[1155] So kann bei einem Kontrollierten, dessen Sicherheitsbedürfnis satisfiziert ist, die Vorausahnung einer Investitionskontrolle keine weitere Befriedigung dieses Bedürfnisses mehr auslösen. Der maximal mögliche Sicherheitseffekt$_{KO}$ sinkt daher mit steigendem Maß der Befriedigung eines Bedürfnisses bzw. der Sicherheitseffekt$_{KO}$ ist potenziell umso größer, je weniger die Sicherheitsbedürfnisse des Kontrollierten befriedigt sind.

H 2: Je geringer die Befriedigung der Sicherheitsbedürfnisse des Kontrollierten ist, desto größer ist c. p. der Sicherheitseffekt$_{KO}$.

Ähnliches ist für die Stärke der Beziehungsbedürfnisse des Kontrollierten und deren Zusammenhang mit dem Misstrauenseffekt$_{KO}$ einer Investitionskontrolle zu erwarten. Schließlich gilt auch hier: je weniger das Bedürfnis des Kontrollierte nach zwischenmenschlichen Beziehungen befriedigt ist, desto weniger kann sein Befriedigungsstatus infolge einer erwarteten Investitionskontrolle absolut betrachtet noch weiter absinken.[1156] Folglich ist zu erwarten, dass der Misstrauenseffekt$_{KO}$ umso stärker ausfällt, je stärker die Beziehungsbedürfnisse des Kontrollierten vor der Vorausahnung oder Ankündigung der Investitionskontrolle befriedigt waren. Illustrieren lässt sich dies durch die auf Kontrollen allgemein bezogene Studie von Barkema (1995), der empirisch feststellt, dass die Beschädigung der Beziehung und die Frustration der Beziehungsbedürfnisse eines Mitarbeiters umso größer sind, je enger und persönlicher die Beziehung zu dem ihn nun kontrollierenden Akteur vorher war.[1157]

H 3: Je geringer die Befriedigung der Beziehungsbedürfnisse des Kontrollierten ist, desto geringer ist c. p. der Misstrauenseffekt$_{KO}$.

Auch im Hinblick auf den Einfluss der Fremdachtungsbedürfnisse des Kontrollierten auf den Reaktanzeffekt$_{KO}$ ist davon auszugehen, dass ein Kontrollierter, der über ein wenig satisfiziertes Bedürfnis nach sozialer Achtung bzw. Respekt durch andere Akteure verfügt, d. h. dessen Befriedigungsgrad näher bei Null denn bei Eins liegt, durch das Indiz mangelnden Zutrauens, d. h. niedriger sozialer Achtung, in seiner Bedürfnissatisfaktion weniger weit absolut abrutschen kann als ein Akteur, bei dem das soziale Achtungsbe-

---

[1154] Vgl. das Kapitel 5.1.1.

[1155] Siehe Fußnote 1152.

[1156] Bei dieser Argumentation wird unterstellt, dass kein negatives Ausmaß der Befriedigung eines Bedürfnisses möglich ist, sondern nur Bedürfnisbefriedigungen größer oder gleich Null möglich sind.

[1157] Vgl. Barkema (1995), S. 38.

dürfnis in großen Teilen oder auch ganz befriedigt war.[1158] Entsprechend ist zu erwarten, dass die Stärke des Reaktanzeffekts$_{KO}$ einer Investitionskontrolle desto höher ist, je größer der Befriedigungsgrad der Fremdachtungsbedürfnisse vorher war bzw. je schwächer das Bedürfnis nach sozialer Achtung vorher war.[1159] In Hypothesenform formuliert heißt dies:

H 4: Je geringer die Befriedigung der Fremdachtungsbedürfnisse des Kontrollierten ist, desto geringer fällt c. p. der Reaktanzeffekt$_{KO}$ aus.

Beim Einstellungsbildungseffekt$_{KO}$, der sich als ein Lerneffekt charakterisieren lässt, ist – wie nachfolgend beim Fähigkeitslerneffekt$_{KO}$ dargestellt – grundsätzlich nicht von einem Einfluss der Stärke der Bedürfnisse des Kontrollierten auf die Effektstärke auszugehen. Nur im Fall, dass die Bedürfnisse vollständig frustriert sind und der Akteur damit unempfindlich gegenüber einer weiteren Frustration derselben wird, wäre es denkbar, dass von einem Rückgang der Bildung einer negativen Einstellung auszugehen ist. Ähnliches gilt, wenn alle zu satisfizierenden Bedürfnisse befriedigt sind und der Kontrollierte damit positiven Eigenschaften eines Objekts keinen weiteren Wert zumisst. Allerdings wird in diesem Fall der Rückgang des Einstellungsbildungseffekts$_{KO}$ nie ganz auf Null erfolgen, da – wie in Kapitel 4 erläutert – die Selbstachtungs- und die Leistungsbedürfnisse nie vollständig befriedigt werden können und somit immer eine (geringe) Verbesserung der Einstellung des Kontrollierten zu einem Objekt möglich bleibt – selbst dann, wenn alle anderen Bedürfnisse bereits vollständig satisfiziert sind.

H 5: Das Ausmaß der Befriedigung der Sicherheits-, Zugehörigkeits-, Achtungs- und Leistungsbedürfnisse des Kontrollierten besitzt mit Ausnahme des Falls der vollständigen Frustration der Bedürfnisse keinen Einfluss auf den Einstellungsbildungseffekt$_{KO}$.

Zum Einfluss der Stärke der Sicherheits-, Zugehörigkeits-, Achtungs- und Leistungsbedürfnisse auf den Erwartungseffekt$_{KO}$ ist, wie bei den nachfolgend noch dargestellten Lerneffekten auf die Fähigkeiten des Kontrollierten, in Analogie auch zu erwarten, dass die Stärke der Veränderung bzw. des Erlernens der E→F Erwartungen vor der eigentlichen Kontrolle unabhängig von der Stärke der Bedürfnisse des Kontrollierten ist. Die

1158 Auch hier gilt wieder die Annahme aus Fußnote 1156.

1159 Vgl. dazu auch die Erkenntnisse der Reaktanztheorie nach Brehm (1966), S. 118, denen zufolge die Reaktanz umso stärker ist, desto wichtiger bzw. instrumenteller die Autonomie für den Akteur zur Beibehaltung seiner Bedürfnissatisfaktion ist. Siehe ferner Brehm (1966), S. 18; Brehm (1989), S. 72.

Stärke der Bedürfnisse spielt lediglich bei der Bestimmung der nachfolgenden Handlungen eine Rolle,[1160] nicht jedoch schon für den Erwartungseffekt$_{KO}$.[1161]

H 6: Das Ausmaß der Befriedigung der Sicherheits-, Zugehörigkeits-, Achtungs- und Leistungsbedürfnisse des Kontrollierten besitzt keinen Einfluss auf den Erwartungseffekt$_{KO}$.

Auch der Zielpräzisierungseffekt$_{KO}$ lässt sich als ein Lerneffekt interpretieren, bei dem die Fähigkeiten des Kontrollierten durch die vom Kontrolleur ausgesandten Signale vor einer Kontrolle verändert werden. Entsprechend ist wieder in Analogie zur den nachfolgenden Argumentationen für Lerneffekte bei den Fähigkeiten auf Basis der durch eine Kontrolle generierten Rückkoppelungsinformationen zu erwarten, dass auch der Zielpräzisierungseffekt$_{KO}$ nicht durch die Stärke der Bedürfnisse des kontrollierten Akteurs beeinflusst wird.

H 7: Das Ausmaß der Befriedigung der Sicherheits-, Zugehörigkeits-, Achtungs- und Leistungsbedürfnisse des Kontrollierten besitzt keinen Einfluss auf den Zielpräzisierungseffekt$_{KO}$.

(2) Einstellungen des Kontrollierten

Für die bisher in der Forschung zu (Investitions-)Kontrollen vernachlässigten Einstellungen des Kontrollierten zu seinem Investitionshandeln, zur Investitionskontrolle als Instrument und zum Kontrolleur,[1162] lassen sich auf der Basis (sozial-)psychologischer Forschungsergebnisse und eigener Plausiblitätsüberlegungen für einige nachfolgend näher

[1160] So wird er dort dann tendenziell eine Handlungsalternative wählen, die dem stärksten Bedürfnis (allerdings unter Berücksichtigung seiner H→E und E→F Erwartungen) gerecht wird. Siehe hierzu das Handlungsmodell in Kapitel 4.3.

[1161] Anzumerken ist zu dieser Aussage, dass auch in der kognitiven Psychologie teilweise eingeräumt wird, dass ein vollständig unmotivierter Organismus wenig Interesse an der Auseinandersetzung mit seinem Kontext besitzt (vgl. so bspw. Tolman (1949a), S. 151). Da jedoch Menschen im Gegensatz zu Tieren über ein mehr oder minder ausgeprägtes Leistungsbedürfnis verfügen, welches gemäß Alderfer (1969), S. 152, nicht satisfiziert werden kann, wird somit immer ein Motiv beim Menschen aktiv sein und das erforderliche Mindestmaß an Interesse an der Auseinandersetzung mit der Umwelt sichergestellt sein (vgl. dazu implizit auch Tolman (1949a), S. 150). Folglich kann davon ausgegangen werden, dass die in Realität möglichen Ausprägungen der Stärke der einzelnen Bedürfnisse des menschlichen Akteurs keinen Einfluss auf seine Lerneffekte ausüben, da das erforderliche Mindestmaß der Beschäftigung mit der Umwelt gewährleistet ist, darüber hinaus aber, wie bereits im Experiment von Tolman/Honzik (1930) deutlich wird, Anreize und Bedürfnisstärken nur noch einen Einfluss auf die Anwendung des Gelernten, nicht aber auf das Lernen selbst besitzen.

[1162] Es sei hierbei nochmals angemerkt, dass, wie experimentelle Studien zeigen, die Einstellung eines Kontrollierten zum Kontrolleur und zur Kontrolle an sich stark korrelieren. Vgl. dazu insbesondere Churchill/Cooper (1965), S. 775.

beschriebene, jedoch bei weitem nicht alle Bereiche Hypothesen zu deren Einfluss auf die direkten Wirkungen einer Investitionskontrolle formulieren.

Die Einstellungen des Kontrollierten besitzen einen wichtigen Einfluss auf den Angsteffekt$_{KO}$ und den Sicherheitseffekt$_{KO}$ einer Investitionskontrolle, da sie den Eindruck des Kontrollierten von einer potenziell bevorstehenden Kontrolle prägen: Je nach Einstellung tritt eher der Angsteffekt$_{KO}$ oder der Sicherheitseffekt$_{KO}$ auf. Verfügt der Kontrollierte über negative Einstellungen zu Investitionshandlungen, Investitionskontrollen und/oder zum Kontrolleur (z. B. aufgrund negativer Erfahrungen mit ihrer Eignung zur Befriedigung seiner Bedürfnisse in der Vergangenheit), so wird er die möglicherweise bevorstehende Kontrolle eher als eine Bedrohung denn als eine Hilfestellung wahrnehmen. Besitzt der Kontrollierte hingegen eine positive Einstellung zu Investitionshandlungen, der Investitionskontrolle und dem Kontrollträger, so wird er eine von ihm vorausgeahnte Kontrolle tendenziell eher als ein Instrument der gegebenenfalls möglichen Hilfestellung bei seinen Handlungen auffassen als bei neutraler Einstellung. Es ist daher zu erwarten, dass beide Effekte bei neutraler Einstellung gleich Null sind, dass jedoch mit zunehmender Negativität der Einstellungen des Kontrollierten zum Investitionshandeln, zum Kontrolleur und zur Kontrolle der Angsteffekt$_{KO}$ ansteigt und dass mit wachsender Positivität der Einstellungen der Sicherheitseffekt zunimmt. Wieder in Hypothesenform formuliert heißt dies:

H 8: Je negativer (unter neutral) die Einstellung des Kontrollierten zum Investitionshandeln, zum Kontrolleur und zur Investitionskontrolle allgemein ist, desto größer ist c. p. der Angsteffekt$_{KO}$.

H 9: Je positiver (über neutral) die Einstellung des Kontrollierten zum Investitionshandeln, zum Kontrolleur und zur Investitionskontrolle allgemein ist, desto größer ist c. p. der Sicherheitseffekt$_{KO}$.

Wie bei der Vorstellung des Leistungshandlungsmodells geschildert, können die Einstellungen eines Akteurs (hier: des Kontrollierten) durch Einstellungen anderer Akteure beeinflusst werden. Voraussetzung dafür ist, dass sich der Akteur mit diesen anderen Akteuren und/oder ihrem Handeln identifiziert. Daraus ergeben sich Implikationen sowohl für den Einfluss der Einstellungen auf den Misstrauenseffekt$_{KO}$ als auch für ihre Bedeutung für den Reaktanzeffekt$_{KO}$: Identifiziert sich der Kontrollierte damit, dass es zu den Aufgaben eines Vorgesetzen bzw. Kontrollträgers gehört, immer wieder die anderen Akteure – und somit auch ihn – zu kontrollieren, d. h. hat er eine positive Einstellung zum Kontrolleur und den Kontrollhandlungen des Kontrolleurs, so wird er eine Investitionskontrolle bedeutend weniger als ein auf ihn als individuellen Akteur gemünztes Signal des Misstrauens oder des mangelnden Zutrauens interpretieren, sondern als in der Rolle des Kontrollträgers immanenten und entsprechend „legitimen" Aufgabenbestandteil.[1163] Es ist dann zu erwarten, dass der Misstrauens- und der Reaktanzeffekt$_{KO}$ c. p. fallen, wenn der Kontrollierte eine positive Einstellung zur Kontrollhandlung und dem Kontrolleur besitzt.[1164] Negative Einstellungen werden hingegen zu einer Erhöhung des Misstrauens- und des Reaktanzeffekts$_{KO}$ führen.[1165] Daraus ergeben sich folgende zwei Hypothesen:

H 10: Je positiver (bzw. je weniger negativ) die Einstellung des Kontrollierten zum Investitionshandeln, zum Kontrolleur und zur Investitionskontrolle allgemein ist, desto geringer ist c. p. der Misstrauenseffekt$_{KO}$.

H 11: Je positiver (bzw. je weniger negativ) die Einstellung des Kontrollierten zum Investitionshandeln, zum Kontrolleur und zur Investitionskontrolle allgemein ist, desto geringer ist c. p. der Reaktanzeffekt$_{KO}$.

Zum Einfluss der Einstellungen auf den Abstoßungseffekt$_{KS}$ ist wie folgt zu argumentieren: Verfügt der Kontrollierte über eine positive Einstellung zum Kontrolleur und dessen Kontrollhandeln, so ist, wie oben dargestellt, mit einem Sinken sowohl des Misstrauenseffekts$_{KO}$ als auch des Reaktanzeffekts$_{KO}$ zu rechnen. Dies impliziert jedoch, dass gleichzeitig die Bedürfnisse des Kontrolleurs nach zwischenmenschlichen Beziehungen befriedigt bleiben bzw. tendenziell weniger stark frustriert werden. Folglich sinkt c. p. der Abstoßungseffekt$_{KS}$ betriebswirtschaftlicher Investitionskontrollen in gleichem Maß, wie die Misstrauens- und Reaktanzeffekte$_{KO}$ mit einer positiven Einstellung des Kontrollierten gegenüber dem Kontrollträger bzw. der Investitionskontrollhandlung sinken.

H 12: Je positiver (bzw. je weniger negativ) die Einstellung des Kontrollierten zum Investitionshandeln, zum Kontrolleur und zur Investitionskontrolle allgemein ist, desto geringer ist c. p. der Abstoßungseffekt$_{KS}$.

Im Fall des denkbaren Einflusses der Einstellungen auf den Erwartungseffekt$_{KO}$ ist zu vermuten, dass eine negative Einstellung des Kontrollierten gegenüber dem Investitionshandeln, der Investitionskontrolle und dem Kontrolleur impliziert, dass diese ohnehin nicht als eine Situation mit „fairer" Aussicht auf angenehme Folgen wahrgenommen werden. Der Kontrollierte wird dann den Signalen der Ankündigung einer Kontrolle weniger Aufmerksamkeit widmen, da ihm kognitive Dissonanzen entstünden, wenn er ent-

[1163] Vgl. auch Küpper (2001), S. 260; Küpper (2005), S. 278.

[1164] Vgl. dazu auch Küpper (2005), S. 279: „Die Wirksamkeit und Akzeptanz von Kontrollen wächst, wenn der Untergebene die fachliche Qualifikation des Kontrollträgers anerkennt oder sich emotional mit ihm identifiziert" (Im Original teilweise kursiv hervorgehoben).

[1165] Vgl. (implizit) auch Mills/Kennedy (1990), S. 26.

gegen seiner eigentlich negativen Einstellung zur Investitionskontrolle dieser Kontrolle Wert bzw. Aufmerksamkeit schenken würde. Ordnet er ihr hingegen – einstellungskonform – keinen größeren Wert zu bzw. beachtet sie wenig, so treten keine zusätzlichen kognitiven Dissonanzen zwischen seiner kognitiven Bewertungshandlung und seinen vorhandenen Einstellungen auf. Die geringere Aufmerksamkeit bedeutet jedoch, dass damit der Erwartungseffekt$_{KO}$ bei negativer Einstellung niedriger als bei neutraler oder positiver Einstellung ausfallen wird.[1166]

H 13: Je positiver (bzw. je weniger negativ) die Einstellung des Kontrollierten zum Investitionshandeln, zum Kontrolleur und zur Investitionskontrolle allgemein ist, desto größer ist c. p. der Erwartungseffekt$_{KO}$.

Hinsichtlich des Einflusses der Einstellungen auf den Zielpräzisierungseffekt$_{KO}$ schließlich ist zu erwarten, dass eine negative Einstellung des Kontrollierten impliziert, dass die durch ihre Ankündigung an den Kontrollierten übermittelten Signale von diesem wenig intensiv zur Änderung der Leistungsfähigkeit verarbeitet werden, sondern stattdessen vom Kontrollierten tendenziell eher abgewertet werden und damit ohne größere Wirkungen auf die Fähigkeiten ex ante bleiben. Dies ist auf die zusätzlichen kognitiven Dissonanzen zurückzuführen, die dann auftreten würden, wenn der Kontrollierte entgegen seiner eigentlich negativen Einstellung zur Investitionskontrolle und dem Kontrolleur diesen Wert bzw. Aufmerksamkeit schenken würde. Ordnet er ihnen hingegen – einstellungskongruent – einen geringen Wert zu, so treten keine zusätzlichen kognitiven Dissonanzen zwischen seiner kognitiven Bewertungshandlung und seinen vorhandenen Einstellungen auf. Folglich wird der Zielpräzisierungseffekt$_{KO}$ bei negativer Einstellung (und damit nur assimilativer Auseinandersetzung der durch die Kontrollankündigung eigentlich vermittelten Hinweise auf das gewünschte Handeln) niedriger ausfallen als bei neutraler. Bei positiver Einstellung zur Kontrolle hingegen wird die Ankündigung einer Kontrolle genauer verarbeitet werden und damit potenziell eine stärkere Anpassung der Fähigkeiten ex ante erfolgen als bei lediglich neutraler Einstellung zur Investitionskontrolle.

[1166] Anzumerken ist, dass diese Veränderung der Stärke der Erwartungsänderung in Abhängigkeit von der Einstellung des Kontrollierten zum Kontrolleur (z. B. in Form von dessen Glaubwürdigkeit oder Willkürvermutung) keinen direkten Schluss auf die Funktionalität bzw. Dysfunktionalität des daran anschließenden Handelns (als indirekter Wirkung erster Ordnung) zulässt.
Vielmehr sind bei der Auswahl der Handlungen wieder von neuem die (vorhandenen oder ggf. in der Zwischenzeit durch Lerneffekte modifizierten) Einstellungen zu berücksichtigen: Sind sie positiv, so wird sich der Kontrollierte tendenziell weniger zu dysfunktionalem Handeln hinreißen lassen als im Falle negativer Einstellungen (vgl. dazu schon Blohm (1970), S. 16; Holmes/Cullen/Gray (1991), S. 68 u. S. 70 sowie Lawler (1976), S. 1263f.; Hoffjan (1997), S. 264; Küpper (2001), S. 260; Küpper (2005), S. 278). Sind sie negativ, so werden eher dysfunktionale Handlungsweisen zum Einsatz kommen (vgl. jeweils ebenda). Dabei wäre jeweils zu erwarten, dass angesichts des stärkeren Erwartungseffekts$_{KO}$ bei positiver Einstellung auch die indirekten Wirkungen stärker ausfallen als bei negativer Einstellung und damit geringerem Erwartungseffekt$_{KO}$.

Der Zielpräzisierungseffekt$_{KO}$ wird daher bei positiver Einstellung größer ausfallen als bei neutraler.

> H 14: Je positiver (bzw. je weniger negativ) die Einstellung des Kontrollierten zum Investitionshandeln, zum Kontrolleur und zur Investitionskontrolle allgemein ist, desto größer ist c. p. der Zielpräzisierungseffekt$_{KO}$.

(3) Erwartungen des Kontrollierten

Für den in der Kontrollliteratur zwar immer wieder postulierten, jedoch nicht näher begründeten Einfluss der Erwartungen des Kontrollierten lassen sich anhand der in Kapitel 5 identifizierten direkten Wirkungen und (sozial-)psychologischen Erkenntnissen einige der in Abbildung 24 schematisch dargestellten Zusammenhänge hypothesenartig klären. Auch hier bleiben jedoch viele der potenziellen Zusammenhänge noch als „weiße Flecken" für zukünftige Forschungsarbeiten.

Das Erlebnis der Bestätigung oder Falsifikation von H→E Erwartungen bestimmt via der Erwartungslerneffekte$_{KO}$ die so genannte Selbsteffektivität bzw. die zukünftig relevanten H→E Erwartungen eines Kontrollierten.[1167] Diese wahrgenommene Selbsteffektivität beeinflusst zentral, ob eine nachfolgend erwartete Investitionskontrolle eher als Bedrohung bzw. Hilfestellung (niedrige Selbsteffektivität mit negativer bzw. positiver Einstellung) oder aber als Angriff auf die eigene Autonomie bzw. Fremdachtung (hohe Selbsteffektivität) vom Kontrollierten wahrgenommen wird.[1168] So beeinflusst das Ausmaß der vom Akteur subjektiv empfundenen Effektivität die wahrgenommene Bedrohung durch den Kontrolleur bzw. die Kontrolle (im Falle negativer Einstellung des Kontrollierten) bzw. die Stärke des Wunschs nach strukturierender Führung (im Falle positiver Einstellung zu dieser Führung bzw. dem Kontrolleur) positiv.[1169] Dies ist jedoch gleichbedeutend mit einer Beeinflussung der Stärke des Angsteffekts$_{KO}$, des Sicherheitseffekts$_{KO}$ und des Reaktanzeffekts$_{KO}$ durch die Höhe der Selbsteffektivität (H→E). Folglich werden der

---

1167 Vgl. dazu Kapitel 4 und Kapitel 5. Siehe auch Bandura (1997), S. 80.

1168 Vgl. hierzu (allerdings ohne Rückgriff auf das Konzept der Selbsteffektivität) schon ähnlich Lawler (1976), S. 1269: „On the extreme are the high F-scale people who want a lot of structure and clear-cut rules and procedures. These people seek jobs where extensive control systems are in effect. Probably more typical, however, are people who want a moderate amount of structure in the world. They will resist a control system that is too rigid and constricting [...]." Desweiteren ähnlich Newman (1975), S. 35 u. S. 37; Kotter (1985), S. 104.

1169 Vgl. dazu Kunczik (1972), S. 269 und die dortige Literatur- und Studienübersicht. Vgl. auch die Untersuchungen von Katz/Macoby/Morse (1950), S. 17f., und dieselben (1951), S. 33f. Vgl. ferner Herbst (1957), S. 26f.; Torrance (1961), S. 101f.

Angsteffekt$_{KO}$ und der Sicherheitseffekt$_{KO}$ c. p. umso größer sein, je unsicherer sich der Kontrollierte fühlt, d. h. desto weniger er den Eindruck hat, selbst einen signifikanten Einfluss mit seinem Handeln auf die sich ergebenen Ergebnisse zu besitzen. Umgekehrt gilt, dass je größer die subjektiv wahrgenommene Selbsteffektivität des Kontrollierten, d. h. je überzeugter der Kontrollierte davon ist, geeignete Fähigkeiten zu besitzen bzw. hohe Erfolgsaussichten zu haben, desto tendenziell weniger wird er eine Überprüfung der Effektivität seiner Handlungen fürchten bzw. eine Strukturierung seiner Arbeit durch andere Akteure (z. B. den Kontrolleur) wünschen und sie stattdessen eher als eine (unerwünschte) Einschränkung seines Handlungsraumes interpretieren.[1170] Es ist daher davon auszugehen, dass ein Kontrollierter mit hoher H→E Erwartung eine Kontrolle c. p. stärker als ein Signal des Mangels an Zutrauen in seine Fähigkeiten durch den Kontrolleur wahrnehmen und damit stärker in seinen Fremdachtungsbedürfnissen verletzt wird als ein Kontrollierter mit niedriger wahrgenommener Selbsteffektivität.[1171] Bei letzterem wird dafür der Angsteffekt$_{KO}$ (negative Einstellung) bzw. der Sicherheitseffekt$_{KO}$ (positive Einstellung) einer Investitionskontrolle größer sein.[1172] Dies führt zu folgenden drei Hypothesen:

H 15: Je größer die H→E Erwartung des Kontrollierten ist, desto geringer ist c. p. der Angsteffekt$_{KO}$.

H 16: Je größer die H→E Erwartung des Kontrollierten ist, desto geringer ist c. p. der Sicherheitseffekt$_{KO}$.

H 17: Je größer die H→E Erwartung des Kontrollierten ist, desto größer ist c. p. der Reaktanzeffekt$_{KO}$.

Da mit steigender Selbsteffektivität der Reaktanzeffekt$_{KO}$ zunimmt und der Angsteffekt$_{KO}$ sowie der Sicherheitseffekt$_{KO}$ abnehmen, ist sodann für den Einfluss der Höhe der

---

1170 Vgl. Elangovan/Xie (1999), S. 366. Vgl. ähnlich Katz/Macoby/Morse (1950); Katz et al. (1951); Lawler (1976), S. 1269.

1171 Vgl. ähnlich Küpper (2005), S. 277f. Hinsichtlich der Verteilung von Akteuren mit hoher und niedriger Selbsteffektivität in der Unternehmenspraxis existiert zwar ein Laborexperiment von Falk/Kosfeld (2005), demzufolge nur sehr wenige Versuchspersonen Verständnis für die Einschränkung ihrer Handlungsmöglichkeiten durch eine Kontrolle äußerten, während viele diese bzw. die daraus resultierende Einschränkung ihrer Autonomie beklagten (vgl. Falk/Kosfeld (2005), S. 19). Jedoch dürfte die Verteilung der Akteure hinsichtlich hoher vs. niedriger Selbsteffektivität zentral vom Kontext und den von diesem gestellten Anforderungen an die Fähigkeiten abhängen, so dass entsprechende Ergebnisse zur Verteilung nicht verallgemeinert werden können. Dies gilt umso mehr für Ergebnisse aus Laborexperimenten, die meist mit sehr einfachen Arbeitsaufgaben operieren, d. h. geringen Anforderungen des Kontexts im Vergleich zu Arbeitsaufgaben im Investitionsbereich von Unternehmen.

1172 Vgl. auch Lawler (1976), S. 1269; Fisher (1996), S. 365; Hoffjan (1997), S. 264. Gegenteiliger Meinung zum Einfluss auf die hier als Sicherheitseffekt$_{KO}$ bezeichnete Wirkung hingegen ist Küpper (2005), S. 278.

H→E Erwartungen auf den Abstoßungseffekt$_{KS}$ zu postulieren, dass dieser Effekt bei Kontrollierten mit negativer Einstellung zur Kontrolle, d. h. Angsteffekt$_{KO}$, mit steigender Selbsteffektivität gleich bleibt, da der Angsteffekt$_{KO}$ nur durch den ebenfalls beim Kontrollierten wenig Sympathie für den Kontrolleur generierenden Reaktanzeffekt$_{KO}$ ersetzt wird. Im Gegensatz dazu nimmt der Abstoßungseffekt$_{KS}$ allerdings zu, falls der Kontrollierte eine positive Einstellung zur Kontrolle besitzt, d. h. einen Sicherheitseffekt$_{KO}$ erfährt, und seine Selbsteffektivität ansteigt, da dann ein eher für die Beziehungswünsche des Kontrolleurs potenziell vorteilhafter Effekt durch einen unvorteilhaften ersetzt wird. Insgesamt ist daher die vereinfachende Hypothese zu formulieren:

H 18: Steigt die H→E Erwartung des Kontrollierten an, so bleibt der Abstoßungseffekt$_{KS}$ mindestens gleich hoch.

Im Hinblick auf die Frage eines möglichen Einflusses der Höhe der Selbsteffektivitätserwartung auf den Erwartungseffekt$_{KO}$ einer Investitionskontrolle ist zu beachten, dass die Selbsteffektivität bzw. H→E Erwartung gemäß der auf Vroom (1964a) aufbauenden Einteilung von der für den Erwartungseffekt$_{KO}$ bedeutsamen E→F Erwartung klar zu trennen ist: Beide Wahrscheinlichkeitsurteile wurden, wie in Kapitel 4 erläutert, als unabhängige Einschätzungen definiert. Auch empirisch lässt sich diese Unabhängigkeit der beiden Erwartungen belegen.[1173] Folglich kann die Höhe der einen Erwartung auch nicht das Ausmaß der anderen beeinflussen. Insgesamt ist daher die Hypothese zu formulieren, dass die Stärke der Selbsteffektivität (Höhe der H→E Erwartung) keinen Einfluss auf den Erwartungseffekt$_{KO}$ besitzt.[1174]

[1173] Vgl. dazu bspw. Bandura (1997), S. 20-22.

[1174] Angemerkt sei hier, dass sich diese Aussage – wie alle Ursache-Wirkungs-Hypothesen in Kapitel 6 – auf die direkten Wirkungen bezieht. Werden demgegenüber auch die indirekten Wirkungen mit berücksichtigt, so gestaltet sich die Situation auf den ersten Blick komplexer: Während die Höhe der Selbsteffektivität auch dann natürlich keinen Einfluss auf den durch die E→F Erwartungen bestimmten Erwartungseffekt$_{KO}$ einer (Investitions-)Kontrolle besitzen kann, da beide Erwartungen von einander unabhängige Wahrscheinlichkeiten darstellen, besitzt die Selbsteffektivität eine als indirekte Wirkung auf das Handeln des Kontrollierten zu bezeichnende Wirkung: Hat ein Kontrollierter in der Vergangenheit die Erfahrung gesammelt, dass er mit seinem Handeln bzw. seiner Leistungsanstrengung wenig Einfluss auf das Handlungsergebnis besitzt (niedrige Selbsteffektivität), so werden bei ihm zwar durch die Vermutung einer Kontrolle die E→F Erwartungen als direkte Wirkung beeinflusst, jedoch nicht das eigentliche Handeln (als indirekte Wirkung), da er ohnehin dann nicht davon ausgeht, nennenswerten Einfluss durch sein Handeln auf die erzielten Ergebnisse ausüben zu können. Dies ist konform mit der Theorie der Selbsteffektivität Banduras (1997), der Theorie der Zielsetzung nach Locke/Latham (1984) bzw. Locke/Latham (1990) und einem speziell auf Kontrollsituationen ausgerichteten Experiment von Elangovan/Xie (1999), die jeweils zu dem Ergebnis kommen, dass die von einem Akteur subjektiv wahrgenommenen Aussichten auf Erfolg bei entsprechendem Handeln seine Handlungsauswahl signifikant beeinflussen (vgl. Locke/Latham (1984), S. 22f.; Wood/Bandura (1989), S. 365; Locke/Latham (1990), S. 28f.; Bandura (1997), S. 2f.; Elangovan/Xie (1999), S. 367; siehe dazu auch Lawler (1976), S. 1257; Murphy/Jackson (1999), S. 353f.; Bonner/Sprinkle (2002), S. 316 u. S. 320).

H 19: Die Höhe der H→E Erwartung des Kontrollierten besitzt keinen Einfluss auf den $\text{Erwartungseffekt}_{KO}$.

(4) Fähigkeiten des Kontrollierten

Für den bisher in der Literatur vernachlässigten Einfluss der Fähigkeiten eines Kontrollierten auf die direkten Wirkungen einer Investitionskontrolle lassen sich aufbauend auf allgemeinen Erkenntnissen der (Sozial-)Psychologie bzw. dem Handlungsmodell und Plausibilitätsüberlegungen einige Zusammenhänge präzisieren.[1175] Allerdings besteht auch hinsichtlich der Fähigkeiten weiterhin noch erheblicher Forschungsbedarf.[1176]

Zunächst sei dabei im Weiteren auf die Potenzialfähigkeiten des Kontrollierten und deren Relevanz für die in Kapitel 5 dargestellten direkten Wirkungen ex ante einer Investitionskontrolle eingegangen.

Für den Einfluss des Ausmaßes der kognitiven Bestandsfähigkeiten auf den Angsteffekt_{KO}, den $\text{Sicherheitseffekt}_{KO}$ und den $\text{Reaktanzeffekt}_{KO}$ lässt sich unter Rückgriff auf folgende Argumentation je eine Hypothese formulieren: Fehlen einem Kontrollierten kognitive Potenzialfähigkeiten zur Ausführung der ihm übertragenen Aufgaben und ist ihm dieser Mangel an Wissen bewusst,[1177] so wird er tendenziell eine bevorstehende Überprüfung (Fall bei negative Einstellung) bzw. Strukturierung (Fall bei positive Einstellung) seines Handelns und damit verbundene Reduktion der bestehenden Freiheitsgrade bzw. eine gegebenenfalls mögliche Hilfe durch einen anderen Akteur (insbesondere durch den Kontrollträger) eher als Bedrohung wahrnehmen (negative Einstellung) bzw. begrüßen (positive Einstellung) als bei geringen eigenen Fähigkeitsdefiziten bzw. großen

Je geringer die subjektive H→E Erwartung eines Akteurs ist, umso geringer wird auch eine Veränderung der E→F Erwartungen Einfluss auf das tatsächliche Handeln des Akteurs nehmen (vgl. hierzu auch Muck/Schuler (2004), S. 266, die bei ängstlichen Personen eine geringere Leistungsanstrengung zur Erreichung der Ziele sehen als bei selbstbewussteren). Da in der vorliegenden Arbeit jedoch die direkten Wirkungen einer Investitionskontrolle und nicht die indirekten im Betrachtungsfokus stehen, ist die oben angeführte Hypothese zu formulieren, dass die Stärke der Selbsteffektivität (Höhe der H→E Erwartung) keinen Einfluss auf die direkte Wirkung, d. h. den $\text{Erwartungseffekt}_{KO}$, besitzt.

[1175] Vgl. zur Definition des subjektiven Fähigkeitenbegriffs als relativem Konstrukt vis à vis der objektiv vom Kontext geforderten Fähigkeiten ggf. nochmals das Kapitel 4. Siehe ähnlich schon Bonner et al. (2000), S. 19.

[1176] Insofern ist auch heute noch Fedor (1991), S. 81, zuzustimmen, der allgemein auf den erheblichen Forschungsbedarf beim Empfänger von Feedbackinformationen hinweist.

[1177] Es sei hier daran erinnert, dass der Mangel an Wissen bestimmt wird durch die Dynamik und die Komplexität des Kontexts (insbesondere die übertragene Arbeitsaufgabe) und das subjektindividuell vorhandene Ausmaß an Fähigkeiten (vgl. nochmals Kapitel 4.1; ähnlich auch Hutzschenreuter (1998), S. 94f.; Herzog (1999), S. 70).

eigenen kognitiven Bestandsfähigkeiten.[1178] Somit werden der Angsteffekt$_{KO}$ bzw. der Sicherheitseffekt$_{KO}$ mit den eigenen (wahrgenommenen) kognitiven Potenzialfähigkeiten negativ korreliert sein. Umgekehrt ist zu erwarten, dass dafür der Reaktanzeffekt$_{KO}$ mit den (wahrgenommenen) Potenzialfähigkeiten des Kontrollierten c. p. positiv zusammenhängt.

H 20: Je größer die (wahrgenommen) kognitiven Bestandsfähigkeiten des Kontrollierten, desto geringer ist c. p. der Angsteffekt$_{KO}$.

H 21: Je größer die (wahrgenommen) kognitiven Bestandsfähigkeiten des Kontrollierten, desto geringer ist c. p. der Sicherheitseffekt$_{KO}$.

H 22: Je größer die (wahrgenommen) kognitiven Bestandsfähigkeiten des Kontrollierten, desto größer ist c. p. der Reaktanzeffekt$_{KO}$.

Im Gegensatz dazu ist nicht von einem Einfluss des Ausmaßes der kognitiven Bestandsfähigkeiten auf den Misstrauenseffekt$_{KO}$ auszugehen. Der Misstrauenseffekt$_{KO}$ basiert auf einer Verletzung der Beziehungsbedürfnisse des Kontrollierten aufgrund seiner Interpretation der Kontrolle als Indiz mangelnden Vertrauens in seine Leistungsbereitschaft.[1179] Seine Leistungsfähigkeit spielt folglich beim Entstehen dieses Effekts keine Rolle.

H 23: Das Ausmaß der Bestandsfähigkeiten des Kontrollierten besitzt keinen Einfluss auf den Misstrauenseffekt$_{KO}$.

Demgegenüber ist allerdings beim Zielpräzisierungseffekt$_{KO}$ wieder ein Einfluss des Ausmaßes der kognitiven Bestandsfähigkeiten zu erwarten: Unterstellt man, dass das Ausmaß der Erfahrung (d. h. des Wissens bzw. der Fähigkeiten) eines Akteurs einen positiven Einfluss auf die Präzision und Zuverlässigkeit hat, mit der der Kontrollierte seine Handlungen zur Erreichung der an ihn gestellten Ziele festlegen kann, so ist zu erwarten, dass mit steigendem Umfang des Erfahrungswissens der Nutzen einer Investitionskontrolle zur Präzisierung der Aufgabenstellung abnimmt: Der Kontrollierte weiß in diesem Fall aus den Erfahrungen mit seinen Handlungen in der Vergangenheit, welche Ziele der Kontrolleur auch diesmal von ihm angestrebt sehen möchte.[1180] Entsprechend ist

[1178] Vgl. dazu die Ausführungen zum Sicherheitseffekt$_{KO}$ in Kapitel 5.1.1. Vgl. auch Cook (1966), S. 86; Kelvin (1970), S. 181, S. 184 u. S. 189; Kunczik (1972), S. 269; Cammann (1974), S. 28; Newman (1975), S. 35 u. S. 37; Lawler (1976), S. 1269; Höller (1978), S. 221; Hoffjan (1997), S. 264; Elangovan/Xie (1999), S. 366; Schäffer (2001), S. 195. Gegenteiliger Meinung (allerdings ohne eingehende Begründung) hingegen Küpper (2005), S. 278.

[1179] Vgl. hierzu die Ausführungen im Kapitel 5.1.1.

[1180] Zu beachten ist hierbei, dass der Wissensbestand eines Akteurs auch durch Veränderungen des Kontexts (Arbeitsaufgabe etc.) veralten kann. Dies sei als ein Rückgang seines Wissens interpretiert und führt mithin wieder dazu, dass eine Investitionskontrolle erneut einen Zielpräzisierungseffekt$_{KO}$ größer Null erzielen kann.

bei großen Potenzialfähigkeiten (d. h. geringen subjektiven Unsicherheiten) von einem geringen (oder im Extremfall sogar gegen Null tendierenden) Zielpräzisierungseffekt$_{KO}$ auszugehen. Gleichzeitig ist jedoch für eine Präzisierung der Arbeitsaufgabe auch ein gewisses Minimalverständnis der Aufgabe an sich erforderlich: So sind, wie nachfolgend für den Fähigkeitslerneffekt$_{KO}$ ausführlich dargestellt, Lerneffekte bezüglich der Fähigkeiten eines Akteurs bei sehr geringem Basiswissen ebenfalls nur schwer möglich. Entsprechend ist mit einem umgekehrt-U-förmigen Verlauf des Zielpräzisierungseffekts$_{KO}$ in Abhängigkeit von den vorhandenen Bestandsfähigkeiten des Kontrollierten zu rechnen.

H 24: Der Zielpräzisierungseffekt$_{KO}$ nimmt mit wachsenden Bestandsfähigkeiten des Kontrollierten zunächst zu, um anschließend bei weiterem Anstieg der Bestandsfähigkeiten wieder abzunehmen.

Jede in eine Investitionskontrolle eingehende oder darin generierte Information muss im Rahmen des Kontrollprozesses vom Kontrollierten und dem Kontrolleur wahrgenommen, verarbeitet (insbesondere beurteilt), memoriert und ggf. untereinander kommunikativ ausgetauscht werden. Die Akteure greifen hierfür auf die ihnen jeweils zur Verfügung stehenden kognitiven Potenzialnutzungsfähigkeiten zurück. Je nach deren subjektindividuellem Ausmaß relativ zum vom Kontext determinierten, objektiv erforderlichen Ausmaß bestehen Lücken bzw. Begrenzungen,[1181] die die direkten Wirkungen einer Investitionskontrolle in ihrem Ausmaß beeinflussen können.[1182]

In der (sozial-)psychologische Forschung werden schon seit langem diverse Konsequenzen solcher Einschränkungen der subjektindividuellen prozeduralen kognitiven Fähigkeiten diskutiert,[1183] die auch nach und nach Eingang in die betriebswirtschaftliche Literatur finden.[1184] Bisher existiert jedoch weder in der (Sozial-)Psychologie noch in der psychologisch-verhaltensorientierten Betriebswirtschaftslehre eine, diese Erkenntnisse integrierende Theorie der Informationsaufnahme, -verarbeitung, -memorierung und -kommunikation.[1185] Entsprechend kann im Weiteren der Einfluss eingeschränkter Potenzialnutzungsfähigkeiten auf die Wirkungen einer Investitionskontrolle nur grob und exemplarisch anhand einiger in der Literatur diskutierter Konsequenzen begrenzter proze-

---

1181 Vgl. auch Robbins (2001), S. 155.

1182 So weist bereits Osterloh (1974) darauf hin, dass Investitionskontrollen nur dann die mit Ihnen verfolgten antizipativen Wirkungen bzw. Ziele erreichen können, wenn „die Kontrollierten [...] Kontrollankündigungen wahrnehmen" (Osterloh (1974), S. 248) und hebt damit diesen Aspekt der Potenzialnutzungsfähigkeiten heraus.

1183 Vgl. z. B. Kahneman/Tversky (1979); Savitsky/Epley/Gilovich (2001); Aronson/Wilson/Akert (2004), S. 125 u. S. 144; Zimbardo/Gerrig (2004), S. 385-390; Myers (2005), S. 417-429.

1184 Vgl. exemplarisch Barnes (1984); Statman/Caldwell (1987); Fedor (1991), S. 88; Hoffjan (1997), S. 249; McFadden (1998), S. 9f.; Weber/Riesenhuber (2002), S. 17-23; Weber et al. (2003); Bourguignon (2004), S. 667f.; Schultz (2005), S. 47f.

1185 Vgl. zum Forschungsstand auch Bourguignon (2004), S. 668.

duraler Fähigkeiten sowie Plausibilitätsüberlegungen veranschaulicht werden, wobei viele potenziell mögliche Zusammenhänge als Forschungslücken bleiben.

Was den Einfluss des Ausmaßes der kognitiven Potenzialnutzungsfähigkeiten auf den Sicherheitseffekt$_{KO}$ anbelangt, ist von einem signifikanten Zusammenhang auszugehen: Eine fehlerbehaftete Wahrnehmung einer Ankündigung einer Investitionskontrolle durch den Kontrolleur und dessen Fähigkeiten und Handlungsintention (Bedürfnisse, Einstellungen, Erwartungen), kann dazu führen, dass dem Kontrolleur vom Kontrollierten beispielsweise zu kleine (oder zu große) Fähigkeiten zugeschrieben werden, als objektiv zutreffend ist. Entsprechend wird ein Kontrollierter die angekündigte Kontrolle durch den „unfähigen" („allwissenden") Kontrolleur eher als eine unnötige Einschränkung der eigenen Handlungsfreiheit (als eine Hilfe und Unsicherheitsreduktion) wahrnehmen und beurteilen als im Falle „vollständiger" Potenzialnutzungsfähigkeiten des Kontrollierten. Es ist somit möglich, dass beispielsweise anstelle des objektiv zu erwartenden Sicherheitseffekts$_{KO}$ ein objektiv nicht zu erwartender Reaktanzeffekt$_{KO}$ auftritt. Auch hier ist dabei zu vermuten, dass diese Verzerrungen der Stärken des Sicherheitseffekts$_{KO}$ (und des Reaktanzeffekts$_{KO}$) c. p. desto geringer sein werden, je größer die prozeduralen Fähigkeiten des Kontrollierten sind.[1186]

H 25: Je größer die prozeduralen Fähigkeiten des Kontrollierten sind, desto geringer werden c. p. die Abweichungen des Sicherheitseffekts$_{KO}$ vom objektiv korrekten Ausmaß sein.

Sowohl in Bezug auf den Misstrauenseffekt$_{KO}$ als auch auf den Reaktanzeffekt$_{KO}$ ist von einem Einfluss des Ausmaßes der kognitiven Potenzialnutzungsfähigkeiten auszugehen: Hier kann eine Fehlwahrnehmung oder Fehlbewertung dazu beitragen, dass der eine der beiden Effekte verstärkt, der andere aber abgeschwächt auftritt. So kann eine falsche Wahrnehmung und Bewertung beispielsweise dazu führen, dass eine Investitionskontrolle, die nur aufgrund von Zweifeln des Kontrolleurs an den Fähigkeiten des Kontrollierten eingeführt wird, als Vertrauensentzug (und weniger als Zweifel an den Fähigkeiten) aufgefasst wird, oder umgekehrt. Entsprechend führen Einschränkungen der Potenzialnutzungsfähigkeiten c. p. zu einem Abweichen der Effektstärken der beiden direkten Wirkungen einer Investitionskontrolle nach oben bzw. nach unten. Dabei ist zu erwarten, dass je größer die prozeduralen Fähigkeiten des Kontrollierten sind, desto geringer diese

[1186] Vgl. zur dabei zugrundegelegten Prämisse die Fußnote 1187.

Abweichungen vom objektiv korrekten Ausmaß der Effekte sein werden.[1187] Als Hypothesen formuliert lässt sich somit festhalten:

H 26: Je größer die prozeduralen Fähigkeiten des Kontrollierten sind, desto geringer werden c. p. die Abweichungen des Misstrauenseffekts$_{KO}$ vom objektiv korrekten Ausmaß sein.

H 27: Je größer die prozeduralen Fähigkeiten des Kontrollierten sind, desto geringer werden c. p. die Abweichungen des Reaktanzeffekts$_{KO}$ vom objektiv korrekten Ausmaß sein.

Ebenso ist beim Erwartungseffekt$_{KO}$ bereits die Aufnahme der Kontrollankündigung von besonderer Bedeutung, da es schon bei ihr durch Einschränkungen der kognitiven Potenzialnutzungsfähigkeiten zu Verzerrungen kommen kann.[1188] Allein oder zusammen mit einer fehlerhaften Bewertung dieser Informationen entstehen durch sie Einflüsse auf den Erwartungseffekt$_{KO}$: Kommt ein Kontrollierter aufgrund subjektiv im Verhältnis zu den objektiv erforderlichen Fähigkeiten eingeschränkten kognitiven Potenzialnutzungsfähigkeiten zu einer (objektiv) fehlerhaften Einschätzung bzw. Erwartung hinsichtlich der Kontrollwahrscheinlichkeit, so resultieren fehlerhafte E→F Erwartungen bei ihm.[1189] Dies ist synonym mit einem verfälschten Ausmaß des Erwartungseffekts$_{KO}$ der Investitionskontrolle. Sowohl Überreaktionen als auch Unterreaktionen sind dabei je nach Richtung der Verzerrung in der Wahrnehmung und/oder Bewertung denkbar. Die Verzerrung der Kontrollwahrscheinlichkeit durch den Kontrollierten führt so c. p. dazu, dass nicht das für den Fall vollständiger prozeduraler Fähigkeiten des Kontrollierten und des Kontrolleur zu erwartende (und beispielsweise mithilfe der mikroökonomisch-verhaltensorientierten Spieltheorie) dann bestimmbare Gleichgewicht in den Erwartungen (bzw. in

---

1187 Eine bedeutende Prämisse für diese Aussage ist dabei, dass sich einzelne, aus einzelnen Fähigkeitseinschränkungen ergebende Verzerrungen der Informationsaufnahme, -verarbeitung, -memorierung und -übermittlung untereinander nicht ausgleichen. Inwiefern diese Prämisse realiter gegeben ist, wurde bisher in der empirischen Forschung zu den Einschränkungen prozeduraler kognitiver Fähigkeiten nicht näher untersucht und stellt eine zentrale Lücke der (sozial-)psychologischen Forschung zu einer integrierten Theorie der Informationsaufnahme, -verarbeitung und -memorierung dar und folglich auch für eine psychologisch-verhaltensorientierte Theorie der Investitionskontrolle.

1188 So weist bereits Osterloh (1974) darauf hin, dass Investitionskontrollen nur dann die mit Ihnen verfolgten antizipativen Wirkungen bzw. Ziele erreichen können, wenn „die Kontrollierten [...] Kontrollankündigungen wahrnehmen“ (Osterloh (1974), S. 248). Auf die Bedeutung der Berücksichtigung von Wahrnehmungseffekten bzw. dem Unterschied zwischen der objektiven Gestaltung eines Kennzahlen-Kontrollsystems und dessen Wahrnehmung durch die kontrollierten Akteure weist auch Cammann (1974) hin: „If the effects of the system on the manager's behavior are to be understood, it is important to focus on his perceptions as he experiences them since these are the basis for his behavior.“ (Cammann (1974), S. 8).

1189 Vgl. dazu auch Laux (1990), S. 29, der darauf hinweist, das mehrere Individuen aus den gleichen Informationen unterschiedliche Schlüsse auf Wahrscheinlichkeiten treffen.

der Terminologie der Spieltheorie: Strategien) des Kontrollierten und des Kontrolleurs eintritt.[1190]

H 28: Je größer die prozeduralen Fähigkeiten des Kontrollierten sind, desto geringer werden c. p. die Abweichungen des Erwartungseffekts$_{KO}$ vom objektiv korrekten Ausmaß sein.

Für den Einfluss des Ausmaßes der kognitiven Potenzialnutzungsfähigkeiten auf den Zielpräzisierungseffekt$_{KO}$ schließlich, kann neben den eben vorgenommenen analogen Argumentationssträngen auch zur plastischen Veranschaulichung auf eine recht aktuelle empirische Studie zur Informationsaufnahme und -verarbeitung bei Mitarbeitern in französischen Unternehmen zurückgegriffen werden: Wie Bourguignon (2004) in einer empirischen Untersuchung feststellt, nehmen Mitarbeiter zum einen lediglich rund 36 Prozent der für sie relevanten Leistungsbeurteilungskriterien von sich aus wahr und unterscheiden sich bei dieser Wahrnehmung personenindividuell auch noch sehr stark.[1191] Auch beurteilen sie die wahrgenommenen Kriterien hinsichtlich der Bedeutung für die Beurteilung ihrer Leistungen sehr unterschiedlich.[1192] Dies lässt vermuten, dass die Ausprägungen der Potenzialnutzungsfähigkeiten von Akteuren auch für den Zielpräzisierungseffekt$_{KO}$ von Kontrollen (bzw. Mitarbeiterbeurteilungen) von großer Bedeutung sind. Erfolgt aufgrund relativ zum objektiv erforderlichen Ausmaß begrenzter individueller Fähigkeiten keine realitätskonforme Wahrnehmung und/oder Interpretation der Kontrollsituation durch den Kontrollierten, so kann c. p. auch keine objektiv zutreffende Präzisierung des Ziels durch eine Kontrolle erfolgen.[1193] Vielmehr wird es durch eine verzerrte Informationsaufnahme und -verarbeitung dazu kommen, dass der Kontrollierte ein anderes Ziel wahrnimmt als dies die Kontrollsituation objektiv kommunizieren würde. Damit wird der Zielpräzisierungseffekt$_{KO}$ c. p. weniger positiv (bzw. potenziell sogar negativ), da der Akteur einer verfälschten Wahrnehmung des objektiv gegebenen Ziels folgt.

H 29: Je größer die prozeduralen Fähigkeiten des Kontrollierten sind, desto positiver (bzw. „korrekter") wird c. p. der Zielpräzisierungseffekt$_{KO}$ ausfallen.

1190 Vgl. für die grafische und analytische Ermittlung dieses Gleichgewichts im Spezialfall vollständiger prozeduraler Fähigkeiten sowohl beim Kontrollierten wie beim Kontrolleur z. B. Jost (1999), S. 137-145.

1191 Vgl. Bourguignon (2004), S. 674f.

1192 Vgl. Bourguignon (2004), S. 676f.

1193 Vgl. dazu auch ähnlich schon Vroom (1964b), S. 74: „Whenever an organziational role requires a person to make differential responses to stimuli [...], the effectiveness of his performance will vary with his capacity to discriminate these stimuli."

6.2.2 Einfluss auf die ex post Wirkungen

Auch bei der Analyse des Einflusses der Charakteristika des Kontrollierten auf die direkten Wirkungen einer Investitionskontrolle ex post sind wieder die vier Basiselemente (1) Bedürfnisse, (2) Einstellungen, (3) Erwartungen und (4) Fähigkeiten des Kontrollierten separat zu analysieren.

(1) Bedürfnisse des Kontrollierten

Auch hinsichtlich der Sicherheits-, Beziehungs-, Fremdachtungs-, Selbstachtungs- und Leistungsbedürfnisse ist zu erwarten, dass die Effekte einer Befriedigung dieser Bedürfnisse durch eine Investitionskontrolle desto größer ausfallen können, je weniger satisfiziert die entsprechenden Bedürfnisse sind. Die Ausnahme aus dieser Regel bildet das Selbstverwirklichungs- bzw. Leistungsbedürfnis, das – wie in Kapitel 4.1.1 erläutert – nicht satisfiziert werden kann,[1194] und das daher keinen Einfluss auf die Höhe des Befriedigungseffekts des Leistungsbedürfnisses ausüben kann. Im Gegensatz zum Fall einer Befriedigung der entsprechenden Bedürfnisse gilt, dass im Fall einer Frustration der Bedürfnisse diese umso größer ausfallen kann, je stärker das Bedürfnis vorher befriedigt war. War es kaum bzw. gar nicht befriedigt, so kann eine Investitionskontrolle auch kaum bzw. nicht zu einem weiteren Rückgang seines Befriedigungsstatus beitragen und wird daher einen entsprechend niedrigeren Frustrationseffekt aufweisen als bei einem bereits stärker befriedigten Bedürfnis. Insgesamt lässt sich daher als (vereinfachte) Hypothese festhalten, dass je stärker ein Bedürfnis ist (d. h. je weniger es bereits satisfiziert ist), desto größer sind die Bedürfnisbefriedigungseffekte$_{KO}$ und desto geringer die Bedürfnisfrustrationseffekte$_{KO}$.

H 30: Je geringer die Befriedigung der Sicherheits-, Beziehungs-, Fremdachtungs-, Selbstachtungs- und Leistungsbedürfnisse des Kontrollierten ist, desto größer sind c. p. die Bedürfnisbefriedigungseffekte$_{KO}$ und desto geringer die Bedürfnisfrustrationseffekte$_{KO}$.

Je weniger satisfiziert die Sicherheits- und Fremdachtungsbedürfnisse des Kontrollierten sind, einen desto kleineren Beitrag kann eine Investitionskontrolle zur Vermeidung einer Frustration dieser Bedürfnisse leisten.[1195] Ein Kontrollierter hingegen, dessen Sicherheits-

[1194] Vgl. Alderfer (1969), S. 152.

[1195] Vgl. hierzu auch die Ausführungen zu Bedürfnissen im Kapitel 4.1.1 und Alderfer (1969) bzw. Alderfer (1972) zur Satisfaktion von Bedürfnissen.

und Fremdachtungsbedürfnisse weitgehend befriedigt sind, wird durch die dem Kontrolleur fundiertere Entscheidungen ermöglichende Investitionskontrolle vor wesentlich größeren Bedürfnisfrustrationen bewahrt als ein Akteur, dessen Sicherheits- und Fremdachtungsbedürfnisse nur wenig satisfiziert sind.[1196] Es ist daher die Hypothese aufzustellen, dass der Rechtfertigungseffekt$_{KO}$ einer Investitionskontrolle umso stärker ist, je stärker die Bedürfnisse des Kontrollierten nach Sicherheit und Fremdachtung befriedigt sind.[1197]

H 31: Je geringer die Befriedigung der Sicherheits- und Fremdachtungsbedürfnisse des Kontrollierten ist, desto schwächer ist der Rechtfertigungseffekt$_{KO}$.

In der (sozial-)psychologischen Literatur wird im Hinblick auf die Bedeutung der Stärke der Bedürfnisse eines Akteurs für den Erwerb von Einstellungen insbesondere über einen Einfluss der Bedürfnisse nach Zugehörigkeit und Fremdachtung spekuliert.[1198] Entsprechend stellt sich die Frage, ob die Stärke der Bedürfnisse eines Kontrollierten Einfluss auf die Stärke etwaiger Einstellungslerneffekte$_{KO}$ einer Investitionskontrolle besitzt. Aufbauend auf der in Kapitel 5.2.2 gewählten Präzisierung des Einstellungslerneffekts$_{KO}$ als direkte Wirkung einer Investitionskontrolle und den psychologisch-verhaltensorientierten Grundlagen des Kapitels 4 ist dieser Einfluss bei näherer Betrachtung auch durchaus zu bejahen, jedoch aus anderen Gründen als auf den ersten Blick zu erwarten bzw. als teilweise in der Literatur angenommen.

So löst das Erlebnis einer unerwartet unangenehmen (angenehmen) Erfahrung hinsichtlich der Eignung des Einstellungsobjekts (hier: des ihm aufgetragenen Investitionshandelns, der Investitionskontrolle und des Kontrolleurs) zur Befriedigung seiner Bedürfnisse beim betrachteten Kontrollierten einen kognitiven Spannungszustand aus,[1199] dessen Abbau (sofern nicht nur die Ausweichstrategien angewandt werden) zu einer Veränderung der vorhandenen Einstellungen zu diesen Objekten[1200] in negativer (respektive positiver) Richtung führt. Die Stärke dieser affektiven Einstellungsänderung wird dabei durch das Ausmaß der kognitiven Dissonanz sowie die Lösungsstrategie bestimmt: Erstere ist es, die durch den aktuellen Bedürfnisstatus beeinflusst werden kann, da bereits vollständig frustrierte Bedürfnisse nicht mehr weiter frustriert werden können bzw. bereits vollständig satisfizierte Bedürfnisse nicht mehr weiter befriedigt werden können und somit auch keine kognitive Dissonanz bzw. ein weiteres unangenehmes bzw. angenehmes Er-

---

1196 Bei dieser Argumentation wird wieder (wie in Kapitel 6.1.1) unterstellt, dass kein negatives Ausmaß des Befriedigungsgrads eines Bedürfnisses möglich ist, sondern nur Grade gleich und größer Null.

1197 Vgl. hierzu auch nochmals die Präzisierung und Erläuterung des Rechtfertigungseffekts$_{KO}$ in Kapitel 5.2.1.

1198 Vgl. z. B. Crown/Marlowe (1964), S. 40 u. S. 43; Triandis (1975), S. 152; Olson/Zanna (1993), S. 138.

1199 Vgl. hierzu grundlegend Festinger (1957), S. 18.

1200 Es sei daran erinnert, dass, wie bereits Churchill/Cooper (1965), S. 775, experimentell feststellen, die Einstellungen eines Akteurs zur Kontrolle und zum Kontrollierten hoch korrelieren.

lebnis mehr stattfinden kann. Die Auswahl der letzteren hingegen wird mit großer Wahrscheinlichkeit nicht durch die aktuelle Bedürfnissituation des Kontrollierten beeinflusst, sondern insbesondere durch die vorhandenen Einstellungen zur Investitionskontrolle. Sind diese negativ, so werden auch die mit der Kontrolle generierten Informationen tendenziell eher abgewertet oder durch eine Suche nach konsonanten Informationen auszugleichen gesucht, wodurch der Lerneffekt geringer (ggf. sogar gleich Null) ausfallen wird.[1201] Relevanz kommt der Stärke der Bedürfnisse des Kontrollierten dann somit erst wieder bei der indirekten Wirkung der Investitionskontrolle zu, d. h. bei der Auswahl der auf die Investitionskontrolle folgenden Handlungen. Bei ihnen können Zugehörigkeits- und Achtungsbedürfnisse (so wie alle anderen Bedürfnisse) durchaus den Kontrollierten dazu bewegen, sich entgegen seiner eigentlich negativen Einstellung zum Kontrolleur trotzdem kooperativ zu ihm zu verhalten, um auf diesem Wege potenziell positiv von diesem bewertet zu werden und damit eine Befriedigung der eigenen Bedürfnisse nach Zuneigung und Fremdachtung zu erzielen.[1202] Ein solches, mit den aufgrund einer Investitionskontrolle als direkter Wirkung gebildeten negativen Einstellungen inkongruentes Handeln kann dann seinerseits durch die Inkonsistenz von Kognition und eigenem Handeln kognitive Dissonanzen hervorrufen, die ihrerseits u. U. zu einer erneuten Veränderung der Einstellungen beitragen können. Diese erneute Veränderung der Einstellung ist dann der in der Literatur immer wieder hervorgehobene Effekt der zunehmenden Konformität der Einstellungen eines Akteurs mit denen eines anderen Akteurs (oder einer Gruppe) mit steigendem Wunsch nach Beziehungen zu diesem anderen Akteur (bzw. zur Mitgliedschaft in der Gruppe).[1203] Sie ist aber nicht auf die Investitionskontrolle an sich, sondern auf das mit den eigenen Einstellungen inkonsistente, (nachfolgende) an bspw. den Zugehörigkeits- oder Fremdachtungsbedürfnissen orientierte Handeln des Kontrollierten zurückzuführen. Mithin setzt der Einfluss der Bedürfnissatisfaktion auf den $\text{Einstellungslerneffekt}_{KO}$ beim Ausmaß der entstehenden kognitiven Dissonanz an.[1204] Dies führt zu nachfolgender Hypothese:

[1201] Vgl. hierzu die eingehenderen Aufführungen im direkt nachfolgenden Abschnitt zu den Einstellungen des Kontrollierten.

[1202] Erklären lässt sich dies dadurch, dass der Kontrollträger, als Konsequenz der (annahmegemäß) höheren sozialen Position als Vorgesetzter oder Stabsmitarbeiter, von denjenigen Kontrollierten, die ein hohes Maß an sozialem Achtungsbedürfnis aufweisen, als Akteur betrachtet wird, dessen Wertschätzung es zu gewinnen wert ist. Entsprechend ist seine Meinung bzw. Einschätzung des Kontrollierten für eben diesen besonders wichtig. Vgl. für verwandte Überlegungen zu Testpersonen in Studien Crowne/Marlowe (1964), S. 46. Ähnliches lässt sich für Akteure mit hohem Zugehörigkeitsbedürfnis in Analogie vermuten.

[1203] Vgl. exemplarisch für diesen Einfluss des Wunsches nach Beziehungen auf die Einstellungen des betrachteten Akteurs Triandis (1975), S. 152; Olson/Zanna (1993), S. 138.

[1204] Nicht zutreffend wäre, wenn hingegen, wie in einzelnen Veröffentlichungen (implizit) erfolgend, Erlernen und Anwendung miteinander verquickt und daher ein Einfluss der Bedürfnisse auf den $\text{Einstellungslerneffekt}_{KO}$ via einer Handlungsänderung abgeleitet würde. So ist, der Definition des Einstel-

H 32: Das Ausmaß der Befriedigung der Sicherheits-, Zugehörigkeits-, Achtungs- und Leistungsbedürfnisse des Kontrollierten besitzt nur im Fall positiver Erfahrungen aber satisfizierter Bedürfnisse und im Fall negativer Erfahrungen und frustrierter Bedürfnisse einen negativen Einfluss auf den Einstellungslerneffekt$_{KO}$.

Auch im Hinblick auf einen möglichen Einfluss der Stärke der Sicherheits-, Zugehörigkeits-, Achtungs- und Leistungsbedürfnisse auf den Erwartungslerneffekt$_{KO}$ ist zu berücksichtigen, dass es sich bei diesem wieder um einen vergleichbaren Lerneffekt auf die H→E und die E→F Erwartungen des Kontrollierten wie die Veränderung von dessen Fähigkeiten handelt, auf die nachfolgend noch näher eingegangen wird. In Analogie der dortigen Ausführungen ist nicht von einem Einfluss der Stärke der Bedürfnisse des Kontrollierten auf das Ausmaß des Erwartungslerneffekts$_{KO}$ auszugehen.[1205]

H 33: Das Ausmaß der Befriedigung der Sicherheits-, Zugehörigkeits-, Achtungs- und Leistungsbedürfnisse des Kontrollierten besitzt keinen Einfluss auf den Erwartungslerneffekt$_{KO}$.

Über die Bedeutung der Stärke der Bedürfnisse bzw. des Satisfaktionsgrads der Bedürfnisse eines Akteurs für den Erwerb neuer Fähigkeiten und Verhaltensweisen wird in der (sozial-)psychologischen wie betriebswirtschaftlichen Literatur seit langem diskutiert.[1206] Dabei wird, implizit aufbauend auf einem behavioristischen Lernbegriff, oft vermutet und von Horenstein (1951) beispielsweise auch experimentell in Tierversuchen untersucht, dass die Stärke der Deprivation eines Bedürfnisses positiv auf das Erlernen neuer Handlungsweisen wirkt.[1207] Während der Gedanke auf den ersten Blick eingängig ist, dass sich ein „motivierter" Akteur intensiver mit den Ergebnissen seines Handelns auseinandersetzt und daher mehr Lehren aus ihnen für die Zukunft zieht bzw. mehr lernt,[1208] so

---

lungslerneffekts$_{KO}$ in Kapitel 5.2.2 und der einschlägigen kognitiven (sozial-)psychologischen Forschung folgend, in das Erlernen (d. h. den Einstellungslerneffekt) und die Anwendung des Gelernten, d. h. ein geändertes Handeln zu unterscheiden (vgl. zur Trennung in Erwerb und Anwendung grundlegend das Experiment von Tolman/Honzik (1930); siehe auch Bandura/Ross/Ross (1963), S. 9; Bandura (1977), S. 28f. u. S. 33f.; Wood/Bandura (1989), S. 363). Entsprechend kann der Einstellungslerneffekt$_{KO}$ nur insofern durch die Bedürfnisse beeinflusst werden, als vollständig frustrierte Bedürfnisse nicht mehr weiter frustriert werden können bzw. vollständig satisfizierte Bedürfnisse nicht mehr weiter befriedigt werden können und nicht originär aufgrund einer, eine Handlungsauswahl voraussetzenden, durchaus ebenfalls bedürfnisgetriebenen Handlung.

1204 Hier gilt wieder die Anmerkung aus Fußnote 1161.

1205 Vgl. hierzu auch die Ausführungen in Fußnote 1161.

1206 Vgl. bspw. Horenstein (1951), S. 210; Miller/Dollard (1973), S. 6; Burris (1976), S. 145; Donaldson (1980), S. 123; McClelland (1987), S. 248f., aus der (Sozial-)Psychologie und Osterloh (1974), S. 263; Schiller (2000), S. 102, aus der Betriebswirtschaftslehre.

1207 Vgl. dazu Horenstein (1951), S. 223.

1208 Vgl. exemplarisch Osterloh (1974), S. 263; Burris (1976), S. 145; Schiller (2000), S. 102.

fragwürdig erscheint er jedoch aus Sicht einer (sozial-)kognitiven Perspektive:[1209] So greifen diese Aussagen und Experimente alle auf einen behavioristischen Lernbegriff zurück, d. h. dass auf ein Lernen anhand einer Verhaltensänderung zurückgeschlossen wird.[1210] Wie jedoch schon das klassische Experiment von Tolman/Honzik (1930) mit Tieren als auch nachfolgende Experimente verdeutlicht haben, ist diese Gleichsetzung einer Verhaltensänderung mit einem Lernen unangebracht.[1211] Daher gehen die kognitiven und sozial-kognitiven Lerntheorien Tolmans (1948) und Banduras (1977) entsprechend auch von einer Trennung in Erwerb bzw. Erlernen durch Veränderung der kognitiven Strukturen eines Tiers oder Menschen und der Anwendung des Gelernten aus.[1212] So kann das Lernen „auch ohne Verstärkung oder Bestrafung stattfinden"[1213] und es ist eine passende und mit entsprechenden, relevanten Anreizen versehene Kontextsituation Voraussetzung dafür, dass sich veränderte Fähigkeiten auch in einem geänderten Handeln widerspiegeln. Entsprechend ist bei Zugrundelegung einer sozial-kognitiven Perspektive zwischen Erwerb und Anwendung von Gelerntem zu trennen und daher die Hypothese, dass die Stärke der Bedürfnisse eines Kontrollierten den Lerneffekt auf die Fähigkeiten des Kontrollierten beeinflusst, stark in Zweifel zu ziehen.[1214] Vielmehr erscheint es wahrscheinlich, dass die Bedürfnisstärke keinen Einfluss auf das Erlernen, d. h. die Veränderung der Fähigkeiten des Kontrollierten als direkte Wirkung einer Investitionskontrolle besitzt, sondern lediglich auf das nachfolgende Handeln des Akteurs, d. h. die indirekte Wirkung erster Ordnung einer Investitionskontrolle.[1215] Da in der vorliegenden Arbeit die direkten Wirkungen im Betrachtungsfokus stehen, ist daher folgende Hypothese aufzustellen:

[1209] Vgl. auch Myers (2005), S. 354.

[1210] Vgl. z. B. Horenstein (1951), S. 210, die von „behavior changes as a function of the strength of the hunger drive" spricht.

[1211] Vgl. Tolman/Honzik (1930), S. 257 u. S. 267.

[1212] Vgl. Tolman/Honzik (1930), S. 257 u. 267; Tolman (1949a), S. 149; Bandura/Ross/Ross (1963), S. 9; Bandura (1977), S. 28f. u. S. 33; Wood/Bandura (1989), S. 363.

[1213] Myers (2005), S. 354.

[1214] Vgl. dazu auch Tolman (1949b), S. 11. Siehe ebenso Myers (2005), S. 354.

[1215] Zu dieser Aussage anzumerken ist, dass auch in der kognitiven Psychologie teilweise eingeräumt wird, dass ein vollständig unmotivierter Organismus wenig Interesse an der Auseinandersetzung mit seinem Umfeld besitzt (vgl. so z. B. Tolman (1949a), S. 151). Menschen verfügen jedoch im Gegensatz zu Tieren über ein mehr oder minder ausgeprägtes Selbstverwirklichungs- bzw. Leistungsbedürfnis. Dieses kann gemäß Alderfer (1969), S. 152, niemals ganz satisfiziert werden. Folglich wird immer zumindest dieses Motiv beim Menschen aktiv sein und damit das erforderliche Mindestmaß an Interesse an der Auseinandersetzung mit der Umwelt sichergestellt sein (vgl. hierzu implizit auch Tolman (1949a), S. 150). Es kann deshalb davon ausgegangen werden, dass die in Realität möglichen Ausprägungen der Stärke der einzelnen Bedürfnisse des menschlichen Akteurs keinen Einfluss auf seine Lerneffekte ausüben, da das erforderliche Mindestmaß der Beschäftigung mit der Umwelt gewährleistet ist, darüber hinaus aber, wie bereits im Experiment von Tolman/Honzik (1930) deutlich wird, Anreize und Bedürfnisstärken lediglich noch einen Einfluss auf die Anwendung des Gelernten, nicht aber auf das Lernen selbst besitzen.

H 34: Das Ausmaß der Befriedigung der Sicherheits-, Zugehörigkeits-, Achtungs- und Leistungsbedürfnisse des Kontrollierten besitzt keinen Einfluss auf den Fähigkeitslerneffekt$_{KO}$.

(2) Einstellungen des Kontrollierten

Einstellungen zu einem Objekt, wie zu der eigenen Investitionsaufgabe, zum Kontrolleur oder zur Investitionskontrolle allgemein können nach herrschender Meinung der (Sozial-)Psychologie Einfluss auf die Informationsaufnahme und -verarbeitung bzw. -memorierung eines Menschen nehmen.[1216] So weist von Rosenstiel (2003) allgemein darauf hin, dass negative Einstellungen gegenüber einem Beurteiler oder der Gruppe an Personen, der er angehört, beispielsweise zu einer überproportionalen Wahrnehmung der abgelehnten Handlungsweisen dieses Beurteilers durch den beurteilten Akteur führen können.[1217] Entsprechend können negative Einstellungen bei erneuten Erfahrungen mit dem Einstellungsobjekt dazu führen, dass ein Akteur (hier: der Kontrollierte), selbst bei – aus objektiver Perspektive – eigentlich angenehmerem Erlebnis, keine Veränderung seiner negativen Einstellung zum Objekt erfährt. Diese Remanenz einer einmal vorhandenen negativen Einstellung zu einem Objekt ist dabei durch ihren Einfluss auf den Umgang des Kontrollierten mit der durch die neue, einstellungsinkonforme Information hervorgerufene kognitive Dissonanz zu erklären.[1218] So ist der kognitive Aufwand bei einer vorhandenen negativen Einstellung und mit dieser Einstellung inkonformen neuen Erfahrungen eine Reduktion der kognitiven Dissonanz durch die in Kapitel 4 geschilderten Ausweichstrategien zu erzielen, tendenziell geringer als der Aufwand einer Anpassung

---

1216 Vgl. exemplarisch Olson/Zanna (1993), S. 129; Izard (1994), S. 26f.; von Rosenstiel (2003), S. 195.

1217 Vgl. von Rosenstiel (2003), S. 195f.

1218 Die nachfolgende Erklärung baut auf der Theorie der kognitiven Dissonanz nach Festinger (1957) auf. Alternativ ließe sich auch auf das so genannte Affect Infusion Model (AIM) nach Forgas (1995) zurückgreifen, demzufolge die Intensität der Verarbeitung inkonsistenter Informationen mit steigender Stärke der Emotion bzw. affektiven Einstellung zu einem Objekt abnimmt. Dies führt zu Wahrnehmungsverzerrungen aufgrund einer inadäquaten Verarbeitung relevanter, wahrnehmungsobjektspezifischer Informationen. Damit wird eine korrekte Änderung der Einschätzungen des Akteurs gegenüber dem Wahrnehmungsobjekt unwahrscheinlicher. Das Affect Infusion Model kommt somit für die Bedeutung affektiver Einstellungen auf die Einstellungslerneffekte bei negativen Einstellungen zu den gleichen Ergebnissen wie die Theorie der kognitiven Dissonanz. Bei positiven Einstellungen hingegen unterstellt es ebenfalls eine Trägheit der Einstellungsveränderung, was im Falle der Theorie der kognitiven Dissonanz bei der Kontrolle als (dann positiv beurteilte) Quelle dieser Informationen unwahrscheinlich ist. Obschon die Theorien bzw. Modelle somit zu divergierenden Ergebnissen für den Fall positiver Einstellungen kommen, sei zur Vereinheitlichung der Argumentation in der vorliegenden Arbeit nur auf die Theorie der kognitiven Dissonanz nach Festinger (1957) zurückgegriffen. Da zudem das AIM bisher empirisch nicht eingehend überprüft ist (vgl. dazu auch Miller (2003), S. 224), ist auch nicht beurteilbar, ob es tatsächlich einen größeren Wahrheitsgehalt als die Theorie der kognitiven Dissonanz besitzt.

der Einstellung.[1219] Dies ist darauf zurückzuführen, dass der Rückgriff auf Ausweichstrategien konform zur ohnehin negativen Bewertung der Kontrolle ist, während ein Veränderungslernen auf Basis der Kontrollinformation insofern neue kognitive Dissonanzen auslöst, als der Kontrollierte diese Informationen ja gerade ablehnt bzw. gering schätzt und eine Veränderung seiner Einstellung auf Basis dieser abgelehnten Informationen daher einstellungsinkonform wäre. Eine negative Einstellung zur Investitionskontrolle bzw. zum Kontrolleur wird daher c. p. zu einer zu geringen Anpassung der Einstellung an neue, positivere Erfahrungen mit Kontrollen führen. Diese Remanenz einer Einstellung gilt jedoch nur bei bestehender negativer Einstellung und eigentlich eine positivere Einstellung rechtfertigenden Erfahrungen, nicht jedoch bei negativen Einstellungen und einer erneut negativen Erfahrung oder bei positiven Einstellungen und (negativeren oder positiveren) Erfahrungen. Dies liegt an der unterschiedlichen Schwierigkeit der Abwertung der Investitionskontrollergebnisse: So lassen sich überraschend positive Ergebnisse im Zusammenhang mit einem negativ eingeschätzten Objekt (wie der Investitionskontrolle) ohne größere Schwierigkeiten abwerten bzw. durch die Suche nach anderen Informationen ausgleichen (d. h. als „Ausreißer" charakterisieren) als die einer positiv bewerteten Handlung, bei der solche Ausreißer „kaum denkbar" erscheinen. Folglich gilt die Remanenz der vorhandenen Einstellung bei eigentlich gegebener konträrer Information nur im Bereich der negativen Einstellung, nicht jedoch auch im Bereich positiver Einstellungen. Insgesamt lässt sich daher postulieren:

H 35: Je negativer (bzw. je weniger positiv) die Einstellung des Kontrollierten zum Kontrolleur und zur Investitionskontrolle an sich ist, desto geringer ist c. p. die Anpassung der Einstellungen des Kontrollierten an die objektiv korrekten Einstellungen (d. h. desto geringer der Einstellungslerneffekt$_{KO}$).

Wie gerade erwähnt, werden Einstellungen (insbesondere affektiv basierte) zu einem Objekt in der (sozial-)psychologischen Literatur auf Basis entsprechender experimenteller Studien oft auch Auswirkungen auf Denk- und Lernprozesse von Menschen zugeschrieben.[1220] Eine positive Einstellung zur Kontrolle wird die Akzeptanz der Kontrollergebnisse erhöhen und somit ein Lernen,[1221] da sie eine Abwertung der Kontrollergebnisse durch deren Ignorieren oder Suchen nach anderen konträren Informationen als alternative Lösungsstrategien zur Fähigkeitsanpassung für die durch die Kontrollergebnisse hervor-

---

[1219] Vgl. zur Auslösung neuer kognitiver Dissonanzen beim Versuch der Reduktion vorhandener kognitiver Dissonanzen durch alternative Strategien das Kapitel 4.

[1220] Vgl. bspw. Olson/Zanna (1993), S. 129; Izard (1994), S. 26f.

[1221] Vgl. für ähnliche Überlegungen auch Borer (1978), S.121, der darauf hinweist, dass „eine positive Einstellung zur Investitionskontrolle [...] zum mindesten für die Erreichung der Lernziele der Kontrolle unterlässlich" ist. Vgl. auch Holmes/Cullen/Gray (1991), S. 65. Siehe aus der Leistungsbeurteilungsliteratur bspw. ähnlich Farr (1991), S. 60 u. S. 67.

gerufene kognitive Dissonanz erschwert.[1222] Der Grund hierfür liegt darin, dass durch diese Lösungsstrategien zur Dissonanzreduktion, neue kognitive Dissonanzen in der Form einer Inkonsistenz der Abwertung der Kontrollergebnisse und der allgemeinen, positiven Einstellung zur Kontrolle entstünden.[1223] Eine negative Einstellung zur Investitionskontrolle hingegen fördert geradezu die Anwendung dieser beiden Lösungsstrategien, da die Strategien konsistent mit den ohnehin vorhandenen Einstellungen sind und eine Anpassung der Fähigkeiten aufgrund der Kontrollergebnisse als dritte Lösungsalternative hingegen durch die negative Einstellung zur Kontrolle tendenziell gebremst wird. Entsprechend ist zu erwarten, dass negative Einstellungen mit größerer Wahrscheinlichkeit dazu führen, dass die Kontrollergebnissen von Seiten der kontrollierten Akteure abgewertet werden und somit die Gelegenheit zur Fähigkeitsverbesserung ungenutzt bleibt.[1224] Insgesamt kann daher die Hypothese formuliert werden:

H 36: Je positiver (bzw. je weniger negativ) die Einstellung des Kontrollierten zum Kontrolleur und zur Investitionskontrolle an sich ist, desto größer ist c. p. die Anpassung der Fähigkeiten des Kontrollierten an die objektiv korrekten Fähigkeiten (d. h. desto größer ist der Fähigkeitslerneffekt$_{KO}$).

(3) Erwartungen des Kontrollierten

Im Rahmen von Kontrollprozessen in der Vergangenheit bildet sich der Kontrollierte H→E und E→F Erwartungen über zukünftige Kontrollen. „Waren sie mit Konsequenzen verbunden, die er für sich und/oder die Unternehmung nicht positiv einschätzt, steigt seine Abneigung gegenüber Kontrollen. Hat er hingegen den Eindruck gewonnen, dass Kontrollen zu von ihm gut beurteilten Änderungen führten, wird er deren Ernsthaftigkeit, Zweckmäßigkeit und Bedeutung positiv einschätzen."[1225] Diese (intersubjektiv betrachtet korrekte) Veränderung der Einschätzung der Vorteilhaftigkeit der Kontrollen für seine Bedürfnisse wird dabei auch dadurch beeinflusst, inwiefern der Kontrollierte den Eindruck besitzt, zum einen mit seinen Fähigkeiten einen Einfluss auf die aus seinen Handlungen resultierenden Ergebnisse nehmen zu können und zum anderen die damit verbun-

---

1222 Vgl. zu den Lösungsstrategien bei kognitiver Dissonanz Festinger (1957), S. 19-22. Vgl. auch Aronson/Wilson/Akert (2004), S. 188, sowie die vorangegangene Argumenation zum Einfluss der Einstellungen auf den Einstellungslerneffekt$_{KO}$.

1223 Vgl. dazu grundlegend Festinger (1957), S. 19.

1224 Vgl. für hierzu auch die Vermutung von Holmes/Cullen/Gray (1991), S. 65; Gadella (1991), S. 89, Gadella/Jones (1996), S. 39, zur Bedeutung der Einstellungsrichtung für Investitionskontrollen. Vgl. ferner Farr (1991), S. 67, zur Bedeutung der Einstellungen in Beurteilungsgesprächen.

1225 Küpper (2005), S. 279.

denen Folgen beeinflussen zu können.[1226] Gelingt es ihm nicht (oder kaum), die Ergebnisse durch eigenes Handeln wirklich zu beeinflussen, so macht der Kontrollierte die Erfahrung niedriger Selbsteffektivität und gewinnt eine niedrige H→E Erwartung für die Zukunft.[1227] Eine geringe (vorhandene) H→E Erwartung des Kontrollierten impliziert,[1228] dass die ihm, aufgrund der in einer Investitionskontrolle festgestellten Ergebnisse, vermittelten intrinsischen und ggf. extrinsischen Belohnungen oder Bestrafungen weitgehend als eine „Farce" erscheinen werden, da er aus seiner Sicht kaum oder keinen Einfluss auf die Ergebnisse besitzt und somit scheinbar auch die Folgen seines Handelns nicht bestimmen kann.[1229] Ähnliches gilt, wenn der Kontrollierte zwar scheinbar die Ergebnisse seines Handelns beeinflussen kann, jedoch der Zusammenhang zwischen Ergebnissen und daraus resultierenden (extrinsischen) Folgen gering erscheint, z. B. weil der Kontrolleur die angenehmen oder unangenehmen Konsequenzen aus Sicht des Kontrollierten willkürlich vergibt. Sowohl im Fall niedriger H→E Erwartungen als auch im Fall niedriger E→F Erwartungen werden dem Kontrollierten daher die Folgen seines Handelns als negativ und nicht beeinflussbar erscheinen, weshalb sie einen Eindruck der Einfluss- und Machtlosigkeit vermitteln werden.[1230] Dieser Eindruck der Machtlosigkeit führt nach Seligman (1995) zu Passivität, Depression und negativen Einstellungen gegenüber Lernsituationen (Kontrollen).[1231] Folglich lässt sich die Hypothese aufstellen, dass mit fallender H→E Erwartung und/oder fallenden E→F Erwartungen des Kontrollierten die von ihm gelernten Einstellungen immer weniger positiv ausfallen werden. Hat der Kontrollierte hingegen erfahren, dass eine hohe H→E Erwartung und/oder E→F Erwartung korrekt ist, so ist zu erwarten, dass die Einstellungen, die er gegenüber einer Kontrolle lernt, eher in positiver Richtung bestehen. In beiden Fällen handelt es sich dabei um einen Einfluss auf den Einstellungslerneffekt$_{KO}$ durch die Höhe der Erwartungen des Kontrollierten. Steigen die H→E und die E→F Erwartungen des Kontrollierten an, so wird auch das Ausmaß der Veränderung von einer gegebenen Einstellung zur neuen, nun gerechtfertigten Einstellung zunehmen. Als Hypothesen formuliert heißt dies:

1226 Vgl. zur Einstellungsbildung bspw. Krech/Crutchfield/Ballachey (1962), S. 181-186; Roth (1967), S. 78; von Rosenstiel (1975), S. 205.

1227 Vgl. dazu auch Bandura (1997), S. 20f.; Seligman (1995). Vgl. für eine kognitionspsychologische Erklärung von Stress und Angst Semmer/Pfäfflin (1979), S. 117-121.

1228 Diese niedrige wahrgenommene Selbsteffektivität kann beispielsweise aus der Erfahrung widriger Umwelteinflüsse auf seine Handlungen in der Vergangenheit (z. B. Unwetter, Unruhen, Anschläge) oder für ihn negativer Interdependenzen mit den Handlungen anderer Akteure resultieren, die jeweils seine kognitiven und/oder physischen Fähigkeiten übersteigen und ihn trotz hoher Leistungsanstrengung an einer Erreichung der gesteckten Ziele hinderten. Vgl. auch Laux (1990), S. 7; Ewert/Wagenhofer (2003), S. 346; Merchant/Van der Stede (2003), S. 462f.

1229 Vgl. Merchant/Van der Stede (2003), S. 188.

1230 Vgl. hierzu auch Schuler/Marcus (2004), S. 992.

1231 Vgl. Seligman (1995), S. 34-37. Ähnlich Wood/Bandura (1989), S. 365. Vgl. ferner Tatum/Nebeker (1995), S. 322, für einen empirischen Beleg. Siehe auch Merchant/Van der Stede (2003), S. 188.

H 37: Die Höhe der H→E Erwartungen des Kontrollierten besitzt einen Einfluss auf den Einstellungslerneffekt$_{KO}$.

H 38: Die Höhe der E→F Erwartungen des Kontrollierten besitzt einen Einfluss auf den Einstellungslerneffekt$_{KO}$.

Stellt der Kontrollierte durch die in einer Investitionskontrolle festgestellten Ergebnisse seines Handelns fest, dass diese Ergebnisse mit seinen H→E Erwartungen inkonsistent sind, so löst dies kognitive Dissonanzen bei ihm aus. Zur Reduktion dieser Dissonanzen stehen dem Kontrollierten, wie in Kapitel 4 erläutert, mehrere Strategien zur Verfügung. Die Auswahl dieser Strategien wird dabei, wie vorhin erläutert, insbesondere durch die Einstellung des Kontrollierten zur Kontrolle bestimmt, da eine negative Einstellung eine vergleichsweise leichte Abwertung der Kontrollergebnisse erlaubt und damit eine Beibehaltung der bestehenden Kognitionen zur Selbsteffektivität.[1232] Die wahrgenommene Selbsteffektivität selbst hingegen besitzt keinen Einfluss auf die Auswahl der Strategien zur Dissonanzreduktion, da sie keine Bewertung impliziert, die eine Abwertung oder Umdeutung der Kontrollergebnisse fördern oder hindern könnte, sondern lediglich ein neutrales Wahrscheinlichkeitsurteil darstellt. Folglich ist die Hypothese zu formulieren.

H 39: Die Höhe der H→E Erwartungen des Kontrollierten besitzt keinen Einfluss auf den Erwartungslerneffekt$_{KO}$.

Angesichts der relativ geringen Durchdringung, die der Frage eines möglichen Einflusses der Stärke der Selbsteffektivität (H→E) auf die Lerneffekte hinsichtlich der Fähigkeiten in der Literatur zuteil wird,[1233] überrascht es nicht, dass sich in der Literatur bis heute zwei gegensätzliche Meinungen finden: Während die eine Richtung von einem Einfluss der H→E Erwartungen auf die Höhe von Lerneffekten ausgeht, lehnt die andere Richtung dies ab und sieht den Einfluss nur bei der Anwendungswahrscheinlichkeit des Gelernten.[1234] Wenngleich zum gegenwärtigen Forschungsstand keine abschließende Beurteilung des Wahrheitsgehalts einer dieser zwei Alternativen möglich ist, erscheint letztere Meinung jedoch aus einer sozial-kognitiven Perspektive bedeutend überzeugender: Schließlich spricht viel dafür, dass ein Akteur zwar aus den Informationen einer Kontrolle gleich viel lernt, dass er aber aufgrund unterschiedlich großer wahrgenommener Selbsteffektivitäten mehr oder weniger stark zur Anwendung des neu Gelernten tendieren wird. Der Lerneffekt an sich auf die Fähigkeiten bleibt damit gleich, nur die Wahrschein-

[1232] Vgl. hierzu auch die Argumentation zum Einfluss der Einstellungen auf die ex ante Effekte in Kapitel 6.2.1.

[1233] Vgl. Fedor (1991), S. 87 u. S. 89.

[1234] Vgl. für ersteren Zweig z. B. Mabe/West (1982), S. 288; Kluge (1999), S. 54; für den zweiten Zweig vgl. bspw. Wood/Bandura (1989), S. 364.

lichkeit der Anwendung des neu Gelernten variiert: Ist die Selbsteffektivität hoch, so wird das gelernte nicht unbedingt angewandt, da der Akteur erwartet, ohnehin auch „auf seine Weise“ das angepeilte Ergebnis zu erreichen. Verfügt der Kontrollierte hingegen über geringe H→E Erwartungen bei der Anwendung „seiner Methode“, so wird er tendenziell deutlich wahrscheinlicher auf die neu gelernte Vorgehensweise zurückgreifen. Folglich ist davon auszugehen, dass die Höhe der jeweiligen H→E Erwartungen des Kontrollierten zwar die Anwendungswahrscheinlichkeit neu gelernter Handlungsweisen beeinflusst, nicht jedoch den Fähigkeitslerneffekt$_{KO}$ im Sinne der kognitiven und sozialkognitiven Lerntheorien und damit dem hier zugrunde gelegten Begriffsverständnis des Lernens als Veränderung des Verhaltens*potenzials*. In Hypothesenform ist daher festzuhalten:

H 40: Die Höhe der H→E Erwartungen des Kontrollierten besitzt keinen Einfluss auf den Fähigkeitslerneffekt$_{KO}$.

(4) Fähigkeiten des Kontrollierten

Bei den Fähigkeiten des Kontrollierten sind wiederum gemäß der Einteilung aus Kapitel 4.1.4 sowohl die Potenzialfähigkeiten als auch die Potenzialnutzungsfähigkeiten auf ihren Einfluss auf die direkten Wirkungen einer Investitionskontrolle ex post zu analysieren. Dabei sei wieder, wie schon bei der Diskussion des Einflusses auf die Wirkungen ex ante, mit den Potenzialfähigkeiten begonnen.

Wie inzwischen schon eine größere Anzahl experimenteller Studien zeigt, ist die Korrelation zwischen Selbsteinschätzung und Fremdeinschätzung wesentlich höher, wenn dem Akteur Wissen über die Leistung bzw. die Handlungsergebnisse anderer Akteure zur Verfügung steht bzw. zur Verfügung gestellt wird.[1235] Fehlt ein solcher „Anker“ durch Vergleichsinformationen, so tendieren Akteure dazu, die Kontrollinformationen „self-enhancing“[1236] wahrzunehmen, d. h. positive Eindrücke über zu bewerten.[1237] Dies führt c. p. zu einer objektiv ungerechtfertigten Erhöhung des Befriedigungsgrads der Selbstachtungsbedürfnisse und somit zu einem objektiv ungerechtfertigt hohen Bedürfnis-

[1235] Vgl. Farh/Dobbins (1989), S. 606.

[1236] Fedor (1991), S. 87.

[1237] Vgl. zu diesem Überbewertungseffekt allgemein auch Anderson/Warner/Spenser (1984); Ashford (1989); Fedor (1991), S. 87f. Allerdings ist dabei zu beachten, dass „the normal tendency for self-evaluations to be self-enhancing when compared to other sources does not rule out the reporting of relatively modest self-ratings for impression management purposes or because of low self-esteem“ (Fedor (1991), S. 113).

befriedigungseffekt$_{KO}$ bzw. ungerechtfertigt niedrigen Bedürfnisfrustrationseffekt$_{KO}$ der Selbstachtungsbedürfnisse durch eine Investitionskontrolle. Es ist daher im Hinblick auf den Einfluss des Ausmaßes der kognitiven Potenzialfähigkeiten auf die Befriedigungs- und -frustrationseffekte der Selbstachtungsbedürfnisse$_{KO}$ folgende Hypothese zu formulieren:

H 41: Je größer die (kognitiven) Bestandsfähigkeiten des Kontrollierten sind, desto geringer ist c. p. die Abweichung der auf die Selbstachtungsbedürfnisse bezogenen Befriedigungs- und -frustrationseffekte$_{KO}$ von den objektiv gerechtfertigten.

Hinsichtlich des Einflusses des Ausmaßes der kognitiven Potenzialfähigkeiten auf den Rechtfertigungseffekt$_{KO}$ ist davon auszugehen, dass ein korrigierendes Eingreifen durch den Kontrolleur für den Kontrollierten ohnehin umso zulässiger (Expertenmacht) erscheint, je geringer die wahrgenommenen eigenen Fähigkeiten des Kontrollierten relativ zu jenen (durch den Kontrollierten wahrgenommenen) des Kontrolleurs sind.[1238] Folglich wird der Rechtfertigungseffekt$_{KO}$, der mit einer Investitionskontrolle verbunden ist, bei konstanten Fähigkeiten des Kontrollträgers mit dem Rückgang des Ausmaßes der (subjektiv wahrgenommenen) kognitiven Potenzialfähigkeiten des Kontrollierten c. p. ebenfalls abnehmen.

H 42: Je größer die (kognitiven) Bestandsfähigkeiten des Kontrollierten sind, desto größer ist c. p. der Rechtfertigungseffekt$_{KO}$ einer Investitionskontrolle.

Seit inzwischen rund fünfzig Jahren haben sich zunächst die (sozial-)psychologische Forschung und später insbesondere auch die betriebswirtschaftliche Marketing- bzw. Konsumentenforschung sowie die Forschung zu organisationalem Lernen intensiv mit der Frage des Einflusses des bestehenden Wissens von Akteuren auf die Fähigkeitslernprozesse dieser Akteure beschäftigt.[1239] Dabei wurde deutlich, dass in vielen Situationen das bestehende Wissen eine entscheidende Rolle für das Lernen neuen Wissens bzw. für

---

1238 Vgl. zur Expertenmacht French/Raven (1959), S. 163; Nienhüser (2003), S. 159.

1239 Vgl. für die psychologische Forschung bspw. Hirst/Luckett (1992); Bonner/Walker (1994), sowie die Arbeiten zur kognitiven Dissonanz von Festinger (1957); Festinger/Aronson (1960); Aronson/Wilson/Akert (2004), S. 188-190; Myers (2005), S. 419 u. S. 427-429. Siehe exemplarisch für die betriebswirtschaftliche Marketing- bzw. Konsumentenforschung Gardner/Vandersteel (1984); Friestad/Thorson (1986). Für einen Überblick darüber vgl. z. B. auch Kroeber-Riel (1992), S. S. 348. Zur Forschung zu organisationalen Lernprozessen vgl. exemplarisch Argyris (1991).

Fähigkeitslerneffekte spielt.[1240] Entsprechendes ist daher grundsätzlich auch für Lernprozesse in Investitionskontrollen zu erwarten.

Beginnend am einen Ende des Kontinuums des Ausmaßes der kognitiven Bestandsfähigkeiten bei Null und unter der Prämisse, dass Investitionshandlungen i. d. R. zumindest durch gewisse minimale Anforderungen hinsichtlich der kognitiven Fähigkeiten charakterisiert sein werden (z. B. der Kenntnis von Investitionsrechenverfahren), ist zu erwarten, dass Rückkoppelungsinformationen aus einer Investitionskontrolle kaum signifikant zu einer Verbesserung der Fähigkeiten beitragen können, wenn nicht zumindest ein bestimmtes Minimum an Basiswissen über den Investitionsprozess, potenziell relevante Faktoren und deren Interaktion(en) beim Kontrollierten bereits vorliegt.[1241] Fehlt ein solches Basiswissen, so lässt sich neues Investitionswissen nur relativ schwer bzw. lediglich in kleinen Schritten hinzulernen:[1242] Schließlich sind in einer solchen Situation nur schwierig Schlussfolgerungen aus den Kontrollergebnissen auf Ursachen der Ergebnisse möglich. Darüber hinaus lassen sich die Kontrollergebnisse nur schwer in einen gedanklichen (Erinnerungs-)Rahmen einordnen, wenn dieser nur sehr rudimentär ausgeprägt ist oder gänzlich fehlt. Folglich wäre in dem (hypothetischen) Fall des vollständigen Fehlens einer entsprechenden investitionsrelevanten kognitiven Potenzialbasis zu erwarten, dass der Fähigkeitslerneffekt$_{KO}$ einer Investitionskontrolle gegen Null tendiert oder aber sogar negativ wird, da falsche Schlüsse und damit fehlerhafte Veränderungen der Fähigkeiten erfolgen.[1243] Entsprechend wurde in mehreren empirischen Feld- und Laborstudien aus den 1990er Jahren und der jüngsten Vergangenheit festgestellt, dass Fähigkeitslerneffekte auf Basis von allgemeinen, ergebnisbezogenen Rückkoppelungsinformationen sowie Investitionskontrollergebnissen ein gewisses Minimalausmaß an Wissen voraussetzen bzw. dass abnehmende Fähigkeiten zu einem Rückgang dieser Fähigkeitslerneffekte führen.[1244]

1240 Vgl. auch Rouse/Morris (1986), S. 358; Fedor (1991), S. 92f ; Kroeber-Riel (1992), S. 344. Siehe auch Miller (2003), S. 206.

1241 Vgl. allgemein zur Bedeutung von Basiswissen in Feedbackprozessen Fedor (1991), S. 92f.

1242 Vgl. dazu auch Schneider (2000), S. 89. Auf die Bedeutung einer Wissensbasis für weitere Lernvorgänge weist ferner bereits ein bekannter Aphorismus hin, der Jean-Jaques Rousseau (1712-1778) zugeschrieben wird: „Man muß viel gelernt haben, um über das, was man nicht weiß, fragen zu können."

1243 Dies kann sich dann beispielsweise in dem als Escalation of Commitment bezeichneten Phänomen äußern, dass Kontrollierte trotz entsprechender (für sie aber kaum oder sogar keine Rückschlüsse über die tatsächliche Situation zulassenden) Rückkoppelungsinformationen Investitionen aufrechterhalten, die bei geringer Unsicherheit als verlustbringend identifiziert werden könnten. Vgl. hierzu ähnlich Hantula/Bragger (1999), S. 425.

1244 Vgl. spezifisch für Investitionskontrollen die empirische Studie von Chenhall/Morris (1993), derzufolge Unsicherheit die Lerneffekte im Hinblick auf die für Investitionen relevanten Faktoren reduziert (vgl. Chenhall/Morris (1993), S. 171). Siehe, bezogen allgemein auf Kontrollen, die Studien von Hirst/Luckett (1992), S. 16; Bonner/Walker (1994), S. 169; Hantula/Bragger (1999), S. 436; Leung/Trotman (2005), S. 542 u. S. 550; Steiners (2005), S. 207.

Während sehr große Einschränkungen der Bestandsfähigkeiten mit großer Sicherheit den Fähigkeitslerneffekt$_{KO}$ deutlich verringern, ist andererseits jedoch denkbar, dass sehr große kognitive Potenzialfähigkeiten potenziell ebenfalls die Lernwirkungen beeinträchtigen: Besitzt ein Kontrollierter bereits signifikantes Wissen über einen bestimmten Sachverhalt, so tendiert er, gemäß der dem Handlungsmodell zugrunde gelegten Theorie der kognitiven Dissonanz und den sie stützenden experimentellen Belegen, dazu, nicht konsonante bzw. Dissonanzen hervorrufende Informationen zu vermeiden bzw. abzuwerten oder durch Gegenargumente zu entkräften,[1245] d. h. den durch die Informationen möglichen Lerneffekt abzuschwächen.[1246] Nur wenn der Kontrollierte sein vorhandenes Wissen über Investitionen, den Investitionsprozess und Investitionsplanungen auf Basis der neuen Informationen entsprechend anpasst, tritt c. p. der Fähigkeitslerneffekt$_{KO}$ im maximalen Ausmaß auf, da sowohl genügend Basiswissen vorhanden ist als auch die neuen Informationen zur Anpassung des Wissens genutzt werden. Versucht er hingegen die Realität zu verändern (z. B. durch Diskussion mit dem Kontrolleur über die Inadäquanz der Kontrollmethoden), um dadurch die kognitive Dissonanz zu reduzieren, so wird der Fähigkeitslerneffekt$_{KO}$ c. p. geringer ausfallen (im Extremfall sogar null sein), da der Akteur nicht für zukünftige Investitionshandlungen lernt, sondern nur „Ausweichstrategien" zur Vermeidung bzw. Verschleierung der durch sein ineffektives Handeln hervorgerufenen Dissonanz einsetzt. Weicht der Kontrollierte schließlich darauf hin aus, sein bestehendes Wissen (und damit sein Handeln im Investitionsprozess) dadurch beibehalten zu können (d. h. die Dissonanz zu vermeiden bzw. zu reduzieren), indem er aktiv Informationen sucht, die mit seinem bisherigen Wissen in Einklang stehen und indem er

Hinzuweisen ist jedoch, dass insbesondere die Operationalisierung und Validität des Konstrukts der Lerneffekte in der Studie von Chenhall/Morris (1993) problematisch ist und eher den Wert der Anwendung neu gelernten Wissens in nachfolgenden Handlungen messen dürfte als wirklich die Fähigkeitsveränderung (vgl. zu weiteren Einschränkungen der Studie auch Chenhall/Morris (1993), S. 176, S. 179. u. S. 182f.). Auch zur Studie von Steiners (2005) ist kritisch anzumerken, dass das Konstrukt der Wettbewerbsintensität durch lediglich drei, teilweise über sehr niedrige Indikatorreliabilität verfügende Indikatoren operationalisiert ist und die Indikator-Fragen breiten Spielraum zur Interpretation bieten (vgl. dazu die Konstruktinformationen bei Steiners (2005), S. 146). Ferner weist, wie die Konstruktinformationen zur erklärten Varianz und der Indikatorreliabilität zeigen, das Konstrukt des Lernens ex post nur eine befriedigende, aber keine wirklich gute Operationalisierung auf (vgl. dazu die Angaben bei Steiners (2005), S. 137).

1245 Vgl. dazu Fedor (1991), S. 91: „The previous processing of the issue would have resulted in a preexisting conclusion. This knowledge would then reduce one's desire to fully process the feedback message and may, in fact, lead to the generation and rehearsal of counterarguments." Vgl. bereits March/Simon (1958), S. 152: „Perceptions that are discordant with the frame of reference are filtered out before they reach consciousness, or are reinterpreted or 'rationalized' so as to remove the discrepancy. The frame of reference serves just as much to validate perceptions as the perceptions do to validate the frame of reference." Vgl. auch Rouse/Morris (1986), S. 359; Argyris (1991), S. 100; Staehle (1999), S. 249; Myers (2005), S. 419 u. S. 427-429.

1246 Siehe hierzu die Ausführungen zur kognitiven Dissonanz in Kapitel 4. Vgl. detailliert auch die Ausführungen bei Zimbardo (1960), S. 86; Baron/Byrne (1997), S. 15f.; Aronson/Wilson/Akert (2004), S. 188. Vgl. ferner Weber (2004), S. 327.

die neue, dissonanzinduzierende Information abwertet,[1247] so fällt der Lerneffekt c. p. ebenfalls ab.[1248]

Es lässt sich somit für die Bedeutung des Ausmaßes der kognitiven Bestandsfähigkeiten des Kontrollierten auf den Fähigkeitslerneffekt$_{KO}$ folgern, dass dieser bei sehr geringen Bestandsfähigkeiten tendenziell geringer als bei mittleren ausfallen wird, dass er aber bei großen Bestandsfähigkeiten davon abhängen wird, welche der drei dargestellten Strategien der Kontrollierte anwendet bzw. in welcher Gewichtung, um mit (potenziell) aus einer Investitionskontrolle resultierenden Dissonanzen umzugehen. Nur wenn er ausschließlich die erste Strategie wählt, wird der Fähigkeitslerneffekt$_{KO}$ auf maximalem Niveau bleiben. Wählt er hingegen zumindest teilweise die Strategien zwei oder drei, bleibt der Fähigkeitslerneffekt$_{KO}$ hinter dem normalen (maximal positiven) Ausmaß zurück. Diese Auswahlentscheidung des Akteurs dürfte dabei zumindest in gewissem Maß wiederum mit seinen kognitiven Bestandsfähigkeiten korrelieren: Je mehr der Kontrollierte bereits an kognitiven Potenzialfähigkeiten besitzt, desto aufwändiger wird es für ihn, eine durch neue, konfliktäre Information ausgelöste Dissonanz durch eine Veränderung seines Wissens (und damit Handelns) gemäß der ersten Strategie zu reduzieren,[1249] da mit steigendem Wissensbestand c. p. tendenziell auch der Umfang der Interdependenzen zwischen einzelnen Wissensbestandteilen zunimmt und somit bei einer Änderung eines Wissensbestandteils mitunter diverse weitere Bestandteile angepasst werden müssten oder aber die Nicht-Anpassung weitere Dissonanzen schaffen würde.[1250] Folglich ist zu erwarten, dass der Kontrollierte mit zunehmenden Bestandsfähigkeiten weniger häufig auf diese erste Strategie der Dissonanzbewältigung zurückgreifen und stattdessen häufiger die Strategien zwei und drei wählen wird. Mithin werden diese ab einem gewissen Ausmaß der kognitiven Potenzialfähigkeiten die dominanten Strategien sein. Aufbauend auf diesen Überlegungen kann gefolgert werden, dass sich insgesamt c. p. in Abhängigkeit vom Ausmaß der kognitiven Bestandsfähigkeiten ein näherungsweise umgekehrt-U-förmiger Verlauf des Fähigkeitslerneffekts$_{KO}$ ergibt.

1247 Vgl. zu diesem auch als „confirmation bias" oder Bestätigungstendenz bezeichneten Vorgehen zum Umgang mit Dissonanzen näher bspw. Myers (2005), S. 419, und dortige Verweise.

1248 Eine mögliche Variante könnte dabei sein, dass er Informationen über das Handeln anderer Akteure im Investitionsprozess (beispielsweise darüber, welche Investitionsrechenmethoden sie anwenden) sucht und so z. B. zu dem Schluss gelangt, dass die Mehrheit der anderen Akteure ebenfalls die statische Amortisationsdauer als Bewertungskriterium verwendet, sein Handeln mithin sozial akzeptiert ist und nicht – wie vielleicht vom Kontrollträger kritisch angemerkt – dem Investitionsplanungshandeln nach Kapitalwert- oder Realoptionswertmethode unterlegen bzw. mit dem Kontext inkompatibel ist.

1249 Vgl. ähnlich auch Kroeber-Riel (1992), S. 346.

1250 Vgl. hierzu ähnlich allgemein unter dem Rubrum des Selbstkonzepts Staehle (1999), S. 249f.; Aronson/Wilson/Akert (2004), S. 188f., und dortige Quellen.

H 43: Der Fähigkeitslerneffekt$_{KO}$ nimmt zunächst mit steigendem Ausmaß der Bestandsfähigkeiten des Kontrollierten zu, um anschließend bei weiterem Anstieg der Potenzialfähigkeiten wieder abzunehmen.

Auch bei den sich aus der eigentlichen Durchführung einer Investitionskontrolle beim Kontrollierten wie beim Kontrolleur ergebenden so genannten ex post Wirkungen sind die entsprechenden Informationen aufzunehmen, zu verarbeiten, zu memorieren und ggf. zu kommunizieren. Für die dabei relevanten Potenzialnutzungsfähigkeiten lassen sich folgende Hypothesen formulieren:[1251]

Zum Einfluss des Ausmaßes der kognitiven Potenzialnutzungsfähigkeiten auf die Bedürfnisbefriedigungs- und -frustrationseffekte$_{KO}$ ist zu erwarten, dass, wenn ein Kontrollierter über begrenzte Potenzialnutzungsfähigkeiten (im Verhältnis zum objektiv von der Situation geforderten Ausmaß) verfügt, er das Ergebnis einer Investitionskontrolle anders wahrnehmen und verarbeiten wird als objektiv korrekt wäre. Hierdurch entsteht ein Einfluss auf die Stärke der mit einer Investitionskontrolle in Abhängigkeit vom Kontrollergebnis verbundenen Befriedigungs- und Frustrationseffekte der Bedürfnisse des Kontrollierten. So kann beispielsweise der aus einer Einschränkung der prozeduralen kognitiven Fähigkeiten resultierende so genannte Spotlight-Effekt, nach dem Akteure zur Überschätzung bzw. Überbewertung der Bedeutung des eigenen Fehlverhaltens für ihre Beurteilung durch andere Akteure tendieren,[1252] dazu führen, dass der vom Kontrollierten wahrgenommene subjektive „Gesichtsverlust" bei negativem Kontrollergebnis in seinen Augen größer ist als der reale, aus Sicht des Kontrollträgers. Damit werden die sozialen Achtungsbedürfnisse des Kontrollierten stärker frustriert als objektiv angemessen bzw. als dies bei „vollständigen" Potenzialnutzungsfähigkeiten (d. h. dem Fehlen eines Spotlight-Effekts) der Fall sein würde.[1253] Ähnlich wie für die sozialen Achtungsbedürfnisse ist jedoch auch für die Befriedigung bzw. Frustration der Selbstachtungsbedürfnisse ein Einfluss „unvollständiger" Potenzialnutzungsfähigkeiten denkbar: So kann eine unter dem Rubrum der selbstwertdienlichen Attributionstendenz (engl. self-serving bias) diskutierte Einschränkung der Potenzialnutzungsfähigkeiten, die in fehlerhaften Attributionen

[1251] Es sei daran erinnert, dass Einschränkungen der Potenzialnutzungsfähigkeiten zwar seit diversen Jahren in der Literatur angeführt werden, dass jedoch bisher noch keine integrierte Theorie der Informationsaufnahme, -verarbeitung und -memorierung existiert (vgl. Bourguignon (2004), S. 668). Entsprechend sind nur grobe Aussagen zum Einfluss der Einschränkungen auf die Effekte der Durchführung von Investitionskontrollen möglich.

[1252] Vgl. zum Spotlight-Effekt ausführlich Savitsky/Epley/Gilovich (2001); Aronson/Wilson/Akert (2004), S. 125 u. S. 144f.

[1253] Vgl. dazu auch Aronson/Wilson/Akert (2004), S. 144.

des Erfolgs bzw. Misserfolgs von Handlungen mündet,[1254] dazu führen, dass der kontrollierte Akteur bei positivem Kontrollergebnis seinen Anteil am Ergebnis seiner Handlungen über- und den zufälligen, positiven Einfluss des Kontexts auf das Handlungsergebnis unterschätzt.[1255] Ebenso wird der Kontrollierte bei negativem Kontrollergebnis seinen Anteil am Handlungsergebnis unter- und den negativen Einfluss des Kontexts überschätzen.[1256] Dieser durch Beschränkungen der prozeduralen kognitiven Fähigkeiten hervorgerufene Self-Serving-Bias führt somit dazu, dass die Stärke der Befriedigung (Frustration) der Selbstachtungsbedürfnisse des kontrollierten Akteurs stärker (schwächer) ausfällt, als dies objektiv bzw. als in Abwesenheit kognitiver Beschränkungen gerechtfertigt wäre. Wie beispielhaft für die Stärke der Befriedigungs- bzw. Frustrationseffekte der sozialen Achtungs- und der Selbstachtungsbedürfnisse aufgezeigt, ist zu erwarten, dass durch Einschränkungen der Potenzialnutzungsfähigkeiten des Kontrollierten allgemein die Stärke der Effekte der Bedürfnisbefriedigung bzw. Bedürfnisfrustration in ihrer Höhe beeinflusst wird. Das Ausmaß der kognitiven Potenzialnutzungsfähigkeiten bestimmt demgemäß mit, wie stark die Bedürfnisbefriedigungs- oder -frustrationseffekte ausfallen, wobei die Abweichung vom objektiv korrekten Ausmaß c. p. umso größer sein wird, je größer die Defizite der prozeduralen Fähigkeiten sind.[1257]

H 44: Je größer die prozeduralen Fähigkeiten des Kontrollierten sind, desto geringer sind c. p. die Abweichungen der Bedürfnisbefriedigungs- und -frustrationseffekte$_{KO}$ vom objektiv gerechtfertigten Ausmaß.

Ähnlich wie bei den Bedürfnisbefriedigungs- und -frustrationseffekten$_{KO}$ ist auch für den Rechtfertigungseffekt$_{KO}$ einer Investitionskontrolle von einem Einfluss des Ausmaßes der kognitiven Potenzialnutzungsfähigkeiten auszugehen: Je nach Ausmaß und Richtung der Einschränkungen der Wahrnehmungs-, Verarbeitungs- und Memorierungsfähigkeiten des Kontrollierten wird ihm eine Investitionskontrolle mehr oder weniger als Rechtfertigung nachfolgender Handlungen des Kontrollträgers geeignet erscheinen. Dabei ist zu erwarten, dass es sowohl zu einer starken Unterreaktion als auch zu einer Überreaktion kommen kann, je nachdem, ob der Kontrollierte die Eignung der Investitionskontrolle zur Verbesserung der Fähigkeiten des Kontrolleurs unterschätzt oder überschätzt.[1258] Entspre-

---

1254 Vgl. z. B. Jost (2000), S. 297f.; Myers (2005), S. 604-606.

1255 Vgl. Jost (2000), S. 198; Zimbardo/Gerrig (2004), S. 769.

1256 Vgl. Zimbardo/Gerrig (2004), S. 769. Vgl. dazu auch Steinle (1975), S. 121; Hoffjan (1997), S. 249.

1257 Vgl. zu dieser Hypothese die Fußnote 1187.

1258 Ob es zu einer Überschätzung oder einer Unterschätzung kommt, lässt sich nicht allgemein aus dem Ausmaß der Fähigkeitsbeschränkungen des Kontrollierten ableiten, sondern hängt von der Art der Einschränkung ab. Angesichts des Fehlens einer integrierten Theorie der Informationsaufnahme, -verarbeitung und -memorierung (vgl. auch Bourguignon (2004), S. 668), ist eine nähere Präzisierung der Aussagen beim gegenwärtigen Forschungsstand nicht möglich.

chend weicht der Rechtfertigungseffekt$_{KO}$ vom Ausmaß bei vollständigen prozeduralen Fähigkeiten des Kontrollierten ab. Dabei wird mit steigenden Fähigkeitslücken auch das Ausmaß dieser Fehlwahrnehmung, -verarbeitung und -memorierung c. p. stärker ausfallen und damit die Abweichung des vom Kontrollierten empfundenen Rechtfertigungseffekts$_{KO}$ vom objektiv korrekten Rechtfertigungseffekt$_{KO}$.[1259]

H 45: Je größer die prozeduralen Fähigkeiten des Kontrollierten sind, desto geringer sind c. p. die Abweichungen des Rechtfertigungseffekts$_{KO}$ vom objektiv gerechtfertigten Ausmaß.

Das Ausmaß der kognitiven Potenzialnutzungsfähigkeiten des Kontrollierten ist auch für den Machteffekt$_{KS}$ von Bedeutung: Eingeschränkte kognitive Potenzialnutzungsfähigkeiten des Kontrollierten können zu einer fehlerbehafteten Einschätzung der Macht des Kontrolleurs führen.[1260] Dies bedeutet: Wenn dem Kontrolleur diese Überschätzung (Unterschätzung) durch den Kontrollierten bewusst wird, steigt (sinkt) seine Macht bzw. Einflussmöglichkeit auf den Kontrollierten. Damit jedoch nimmt potenziell die Eignung einer Investitionskontrolle zur Befriedigung seiner Bedürfnisse nach sozialer Achtung und Macht im Vergleich zu einer Situation, in der der Kontrollierte die Macht des Kontrolleurs richtig einschätzt, zu (ab).[1261] Auch hier ist zu erwarten, dass die Stärke dieser Abweichung des Machteffekts$_{KS}$ vom Ausmaß der prozeduralen Fähigkeiten des Kontrollierten abhängt und die Abweichungen c. p. desto kleiner sind, je größer die Fähigkeiten des Kontrollierten sind.[1262]

H 46: Je größer die Potenzialnutzungsfähigkeiten des Kontrollierten sind, desto geringer sind c. p. die Abweichungen des Machteffekts$_{KS}$ vom objektiv gerechtfertigten Ausmaß.

Da die Einstellungen eines Kontrollierten zu einem bestimmten Objekt, wie im Kapitel 4.1.2 erläutert, insbesondere von seinen Erfahrungen mit der Eignung dieses Objekts zur Befriedigung seiner Bedürfnisse zusammenhängen, folgt aus der eben diskutierten Veränderung der Stärke der Bedürfnisbefriedigungs- und -frustrationseffekte$_{KO}$ durch Einschränkungen der Potenzialnutzungsfähigkeiten auch, dass der Einstellungslerneffekt$_{KO}$ in seiner Höhe beeinflusst wird.[1263] So kann beispielsweise aufgrund des bereits

---

[1259] Vgl. dazu die Fußnote 1187.

[1260] Vgl. dazu allgemein Nienhüser (2003), S. 152f.

[1261] Auch hier gilt, dass sich für die Richtung der Abweichung zum gegenwärtigen Forschungsstand keine allgemeinen Aussagen treffen lassen (vgl. dazu die Ausführungen in Fußnote 1258).

[1262] Vgl. die Anmerkung in Fußnote 1187.

[1263] Vgl. zur Rolle der Informationsverarbeitung bei der Einstellungsbildung auch Kroeber-Riel (1992), S. 210.

erwähnten Spotlight-Effekts eine aus objektiver Sicht übertrieben negative Ausprägung der zu erlernenden Einstellung resultieren.[1264] Dies bedeutet, dass c. p. damit ein weniger positiver (im Extremfall sogar negativer) Einstellungslerneffekt$_{KO}$ entsteht. Umgekehrt können unzureichende prozedurale Fähigkeiten aber auch via des selbstwertdienlichen Attributionsfehlers bzw. Selbstschutzes zu einer objektiv übertrieben positiven Einschätzung der eigenen Arbeit und damit zu einer besonders negativen Einschätzung der diese Arbeit – aus der subjektiven Sicht – nicht korrekt bewertenden Kontrolle führen.[1265] Auch der Einstellungslerneffekt$_{KO}$ einer Investitionskontrolle wird daher durch Fähigkeitseinschränkungen in seinem Vorzeichen und Ausmaß verzerrt, wobei sich folgende Beziehung postulieren lässt:[1266]

H 47: Je größer die Potenzialnutzungsfähigkeiten des Kontrollierten sind, desto geringer sind c. p. die Abweichungen des Einstellungslerneffekts$_{KO}$ vom objektiv gerechtfertigten Ausmaß.

Auch für das Erlernen von Erwartungen spielen die prozeduralen Fähigkeiten des Kontrollierten eine wichtige Rolle.[1267] So können Einschränkungen dieser Fähigkeiten zu fehlerhaften Erwartungen führen trotz objektiv richtiger Eingangsinformationen.[1268] Beispielsweise können Verarbeitungsfehler zu einer Fehlattribution der Ergebnisse des eigenen Handelns und damit zu einer zu niedrigen oder zu hohen Veränderung der H→E Erwartung als objektiv gerechtfertigt führen.[1269] Ebenso können aber auch schon in der Wahrnehmung oder der nachfolgenden Memorierung Fehler auftreten. Es kann daher die Hypothese aufgestellt werden, dass der Erwartungslerneffekt$_{KO}$ (sowohl hinsichtlich der H→E als auch der E→F Erwartungen) desto näher am objektiv korrekten Ausmaß liegt, je größer bzw. je vollständiger die Potenzialnutzungsfähigkeiten des Kontrollierten sind.[1270]

H 48: Je größer die Potenzialnutzungsfähigkeiten des Kontrollierten sind, desto geringer sind c. p. die Abweichungen des Erwartungslerneffekts$_{KO}$ vom objektiv gerechtfertigten Ausmaß.

1264 Zum Spotlight-Effekt vgl. nochmals Savitsky/Epley/Giovich (2001).

1265 Vgl. hierzu bezogen auf Mitarbeiterbeurteilungen Muck/Schuler (2004), S. 269. Vgl. allgemein zur selbstwertdienlichen Verzerrung bspw. Myers (2005), S. 604-606.

1266 Vgl. hierzu aber die Ausführungen in Fußnote 1187.

1267 Vgl. Tolman (1949a), S. 151.

1268 Vgl. hierzu ähnlich auch schon Laux (1990), S. 29.

1269 Vgl. dazu ausführlich Bandura (1997), S. 225f. Vgl. auch Myers (2005), S. 615f.

1270 Vgl. aber die Fußnote 1187.

Schließlich gilt aber auch für den Fähigkeitslerneffekt$_{KO}$, dass „Lernen setzt [u. a., *Anm. d. Verf.*] Wahrnehmung voraus. Was nicht wahrgenommen wird, kann auch nicht gelernt werden."[1271] Durch Verzerrung der Wahrnehmung und/oder der Bewertung der wahrgenommenen Informationen aus einer Investitionskontrolle kann der Fall eintreten, dass der Kontrollierte fehlerhafte Schlüsse aus der Kontrolle (bzw. ihren Ergebnissen) zieht und damit die Fähigkeiten fehlerhaft anpasst. Somit ist zu erwarten, dass das Ausmaß der kognitiven Potenzialnutzungsfähigkeiten positiv mit der Validität des Gelernten und damit mit der Höhe der Fähigkeitsverbesserung (bzw. negativ mit einer möglichen Fähigkeitsverschlechterung) zusammenhängt.[1272] Auch durch Einschränkungen der Memorierungsfähigkeit des Akteurs resultiert ein geringerer Fähigkeitslerneffekt$_{KO}$, da das, angesichts der vorhandenen, korrekt wahrgenommenen und verarbeiteten Informationen, mögliche Ausmaß der Fähigkeitsverbesserung nicht erreicht wird. Auch hier ist von einem negativen Zusammenhang zwischen dem Ausmaß der prozeduralen Fähigkeiten eines Akteurs und dem Umfang der Abweichungen zum objektiv möglichen Fähigkeitslerneffekt$_{KO}$ auszugehen.[1273]

H 49: Je größer die Potenzialnutzungsfähigkeiten des Kontrollierten sind, desto geringer sind c. p. die Abweichungen des Fähigkeitslerneffekts$_{KO}$ vom objektiv gerechtfertigten Ausmaß der Fähigkeitsveränderung.

6.3 Eigenschaften des Kontrolleurs

6.3.1 Einfluss auf die ex ante Wirkungen

Ebenso wie für den Kontrollierten gilt auch für den Kontrolleur, dass bei seiner Betrachtung die einem Menschen zugrunde gelegten vier Basiseigenschaften bzw. Charakteristika (1) Bedürfnisse, (2) Einstellungen, (3) Erwartungen und (4) Fähigkeiten wieder jeweils im Hinblick auf ihre Bedeutung für die direkten Wirkungen einer Investitionskontrolle zu untersuchen sind. Auch beim Kontrolleur sei dabei mit den Bedürfnissen begonnen.

1271 Staehle (1999), S. 207.

1272 Erste Studienergebnisse aus dem Bereich der Leistungsbeurteilungsforschung zeigen, dass Akteure, die über größere kognitive Aufnahme- und Verarbeitungsfähigkeiten verfügen, sich tendenziell korrekter bzw. ihre Leistung tendenziell valider einschätzen (vgl. hierzu Mabe/West (1982), S. 288; Moser (2004), S. 90, und dort angeführte Studien). Diese korrekte Einschätzung kann als Voraussetzung für die richtige Anpassung der Fähigkeiten bzw. nachfolgend bessere Handlungen betrachtet werden.

1273 Vgl. Fußnote 1187.

(1) Bedürfnisse des Kontrolleurs

Aufbauend auf den im Kapitel 4 gelegten psychologisch-verhaltensorientierten Grundlagen können für die bisher in der Literatur wenig beachteten Bedürfnisse des Kontrolleurs folgende Hypothesen zu ihrem Einfluss auf die direkten Wirkungen einer Investitionskontrolle aufgestellt werden.[1274]

Allgemein kann zunächst gesagt werden: Je weniger satisfiziert ein Bedürfnis, wie bspw. das Sicherheitsbedürfnis ist, einen desto größeren Beitrag kann eine Investitionskontrolle zur Befriedigung dieses Bedürfnisses leisten.[1275] So kann bei einem Kontrolleur, dessen Sicherheitsbedürfnis weitgehend satisfiziert ist, seine Ankündigung einer Investitionskontrolle kaum eine weitere Befriedigung dieses Bedürfnisses liefern. Der leistungsanstrengungsbezogene und der fähigkeitsbezogene Sicherheitseffekt$_{KS}$ einer Investitionskontrolle auf den Kontrolleur sinken daher mit steigendem Ausmaß der Befriedigung seiner Sicherheitsbedürfnisse. Mit anderen Worten: Die Sicherheitseffekte beim Kontrolleur sind umso größer, je weniger sein Sicherheitsbedürfnis befriedigt ist.

H 50: Je geringer die Befriedigung der Sicherheitsbedürfnisse des Kontrolleurs ist, desto größer ist c. p. der motivationale Sicherheitseffekt$_{KS}$.

H 51: Je geringer die Befriedigung der Sicherheitsbedürfnisse des Kontrolleurs ist, desto größer ist c. p. der fähigkeitsbezogene Sicherheitseffekt$_{KS}$.

Von einem umgekehrten Verhältnis und Einfluss ist demgegenüber hinsichtlich der Bedeutung der Stärke des Beziehungsbedürfnisses für den Abstoßungseffekt$_{KS}$ auszugehen. Ein Kontrolleur, dessen Bedürfnisse nach sozialen Beziehungen ohnehin kaum satisfiziert sind, kann durch eine Investitionskontrolle kaum eine weitere Frustration dieser ohnehin nicht erfüllten Bedürfnisse erleben.[1276] Im Gegensatz dazu kann ein Kontrolleur, dessen Bedürfnisse nach sozialen Beziehungen bisher weitgehend befriedigt waren, einen bedeutend stärkeren Abstoßungseffekt$_{KS}$, d. h. eine bedeutend stärkere Verletzung in seinen Beziehungsbedürfnissen zum Kontrollierten durch eine Kontrolle erleben. Der Abstoßungseffekt$_{KS}$ einer Investitionskontrolle steigt somit mit steigendem Ausmaß der

[1274] Angesichts des vollständigen Fehlens von Überlegungen hierzu in der einschlägigen Investitionskontrollliteratur stellen auch hier wieder, wie nachfolgend an der geringen Anzahl der auf dem aktuellen Forschungsstand formulierbaren Hypothesen deutlich wird, viele der potenziell möglichen Zusammenhänge noch in nachfolgenden Arbeiten zu untersuchende Forschungslücken dar.

[1275] Vgl. hierzu auch die Ausführungen zu Bedürfnissen im Kapitel 4.1.1 und Alderfer (1969) bzw. Alderfer (1972) zur Satisfaktion von Bedürfnissen.

[1276] Dabei wird unterstellt, dass ein Absinken des Befriedigungsstatus unter Null nicht möglich ist.

Befriedigung der Beziehungsbedürfnisse des Kontrolleurs bzw. ist umso kleiner, je weniger dieses Bedürfnis vor der Ankündigung oder Auslösung der Kontrollvermutung durch den Kontrolleur satisfiziert ist.

H 52: Je geringer die Befriedigung der Beziehungsbedürfnisse des Kontrolleurs ist, desto kleiner ist c. p. der Abstoßungseffekt$_{KS}$.

Im Gegensatz dazu ist beim Egoeffekt$_{KS}$ wieder von einem positiven Einfluss des Befriedigungsgrads des Fremdachtungsbedürfnisses auszugehen: Je weniger satisfiziert das Fremdachtungsbedürfnis des Kontrolleurs ist, einen desto größeren Beitrag kann eine Investitionskontrolle zur Befriedigung dieses Bedürfnisses leisten, da bei bereits weitgehend erfüllten Bedürfnissen die weitere Bedürfnisbefriedigung bis zum Zustand vollständiger Satisfaktion logischerweise kleiner ausfallen muss.[1277] So kann bei einem Kontrolleur, dessen Bedürfnis nach sozialer Achtung bzw. Macht weitgehend satisfiziert ist, seine Ankündigung einer Investitionskontrolle gegenüber dem Kontrollierten kaum eine weitere Befriedigung dieses Bedürfnisses liefern. Der Egoeffekt$_{KS}$ einer Investitionskontrolle sinkt vielmehr mit steigendem Ausmaß der Befriedigung seiner sozialen Achtungsbedürfnisse bzw. der Egoeffekt$_{KS}$ ist umso größer, je weniger diese Bedürfnisse befriedigt sind.

H 53: Je geringer die Befriedigung der Fremdachtungsbedürfnisse des Kontrolleurs ist, desto größer ist c. p. der Egoeffekt$_{KS}$.

Beim Einstellungsbildungseffekt$_{KS}$, der sich als ein Lerneffekt charakterisieren lässt, ist – wie nachfolgend in Kapitel 6.3.2 beim Fähigkeitslerneffekt$_{KS}$ dargestellt – grundsätzlich nicht von einem Einfluss der Stärke (bzw. Bedürfnisinsatisfaktion) der Sicherheits-, Zugehörigkeits-, Achtungs- und Leistungsbedürfnisse des Kontrolleurs auszugehen. Nur in dem Spezialfall, dass die Bedürfnisse des Kontrolleurs vollständig frustriert sind und er damit unempfindlich gegenüber einer weiteren Frustration derselben wird, wäre es denkbar, dass von einem Rückgang der Bildung einer negativen Einstellung auszugehen ist. Ähnliches gilt für die Bildung einer positiven Einstellung, wenn alle zu satisfizierenden Bedürfnisse befriedigt sind und der Kontrollierte damit positiven Eigenschaften eines Objekts keinen weiteren Wert zumisst. Allerdings wird in diesem Fall der Rückgang des Einstellungsbildungseffekts$_{KO}$ nie ganz auf Null erfolgen, da – wie in Kapitel 4.1.1 erläutert – die Leistungsbedürfnisse nie vollständig befriedigt werden können und somit immer eine (geringe) Verbesserung der Einstellung des Kontrollierten zu einem Objekt

---

1277 Vgl. hierzu auch die Ausführungen zu Bedürfnissen im Kapitel 4 und Alderfer (1969) bzw. Alderfer (1972) zur Satisfaktion von Bedürfnissen.

möglich bleibt – selbst dann, wenn alle anderen Bedürfnisse bereits vollständig satisfiziert sind.

H 54: Das Ausmaß der (Un-)Befriedigung (d. h. die daraus resultierende Stärke) der Sicherheits-, Zugehörigkeits-, Achtungs- und Leistungsbedürfnisse des Kontrolleurs besitzt mit Ausnahme der Fälle der vollständigen Frustration bzw. vollständigen Satisfaktion der Bedürfnisse keinen Einfluss auf den Einstellungsbildungseffekt$_{KS}$.

Wie bei den nachfolgend noch dargestellten Lerneffekten auf die Fähigkeiten des Kontrolleurs, ist in Analogie auch für das Erlernen neuer E→F Erwartungen vor der eigentlichen Kontrolle davon auszugehen, dass das Ausmaß der Befriedigung (bzw. die hieraus resultierende Stärke) der Sicherheits-, Zugehörigkeits-, Achtungs- und Leistungsbedürfnisse keinen Einfluss auf den Erwartungseffekt$_{KS}$ besitzt. Die Stärke der Bedürfnisse spielt lediglich bei der Bestimmung der nachfolgenden Handlungen eine Rolle,[1278] nicht jedoch schon für den Erwartungseffekt$_{KS}$.[1279]

H 55: Das Ausmaß der Befriedigung (bzw. der Stärke) der Sicherheits-, Zugehörigkeits-, Achtungs- und Leistungsbedürfnisse des Kontrolleurs besitzt keinen Einfluss auf den Erwartungseffekt$_{KS}$.

(2) Einstellungen des Kontrolleurs

Für die bisher praktisch gänzlich vernachlässigte Frage der Bedeutung der Einstellungen des Kontrollträgers zur Kontrolle und zum Kontrollierten für die direkten Wirkungen einer Investitionskontrolle lassen sich folgende Hypothesen formulieren, die jedoch nur einen Teil der potenziell möglichen Zusammenhänge abdecken.

Für den Einfluss der Einstellungen auf den Abstoßungseffekt$_{KS}$ lässt sich folgende Argumentation anführen: Je negativer der Kontrolleur zum Kontrollierten eingestellt ist, desto weniger wird eine Beziehung zu diesem Kontrollierten dazu geeignet sein, die Beziehungsbedürfnisse des Kontrolleurs zu befriedigen. Die Beziehung zum Kontrollierten verliert damit ihren Anreizwert zur Befriedigung der Freundschaftsbedürfnisse.[1280] Diese Beziehung besitzt dann im Extremfall keine Relevanz mehr für die Befriedigung dieser

---

1278 So wird er dort dann tendenziell eine Handlungsalternative wählen, die dem stärksten Bedürfnis (allerdings unter Berücksichtigung seiner H→E und E→F Erwartungen) gerecht wird. Siehe hierzu das Handlungsmodell in Kapitel 4.3.

1279 Vgl. hierzu die Anmerkung in Fußnote 1161.

1280 Vgl. hierzu nochmals das Kapitel 4.

Bedürfnisse. Entsprechend ist zu erwarten, dass bei einem Kontrollträger mit negativer Einstellung zum Kontrollierten der Abstoßungseffekt$_{KS}$ c. p. geringer ausfällt als bei einem Kontrolleur mit neutraler oder gar positiver Einstellung zum Kontrollierten für den die Beziehung zum Kontrollierten einen höheren Wert darstellt.[1281]

> H 56: Je positiver (bzw. je weniger negativ) die Einstellung des Kontrolleurs zum Kontrollierten ist, desto größer ist der Abstoßungseffekt$_{KS}$.

Auf der bekannten Typologie der Machtbasen nach French/Raven (1959) aufbauend, lässt sich eine sehr positive Einstellung des Kontrollträgers gegenüber dem Kontrollierten als eine Machtbasis des Kontrollierten gegenüber dem Kontrolleur interpretieren.[1282] Dies bedeutet im Umkehrschluss, dass die Bedürfnisse des Kontrolleurs nach Macht über den Kontrollierten c. p. geringer befriedigt sind als im Fall, dass er eine neutrale Einstellung gegenüber dem Kontrollierten besitzt (und dieser damit nicht über „referent power" gegenüber ihm verfügt). Folglich ist zu erwarten, dass eine Investitionskontrolle besonders gut auf dieses bestehende Machtbedürfnis des Kontrolleurs passt, d. h. dass der Egoeffekt$_{KS}$ sehr stark auftreten wird, und nicht, aufgrund ohnehin bereits weitgehend befriedigter Machtbedürfnisse des Kontrolleurs, nur noch wenig zu einer weiteren Befriedigung derselben beitragen kann.[1283] Als Hypothese formuliert lässt sich daher festhalten:

> H 57: Je positiver (bzw. je weniger negativ) die Einstellungen des Kontrollträgers zum Kontrollierten sind, desto größer ist c. p. der Beitrag, den eine Investitionskontrolle zur Befriedigung der Machtbedürfnisse des Kontrolleurs beitragen kann, d. h. umso stärker ist der Egoeffekt$_{KS}$.

Eine negative Einstellung des Kontrolleurs zum Kontrollierten wird tendenziell dessen Urteil über die objektive Wahrscheinlichkeit, dass sich der Kontrollierte undiszipliniert oder unkonzentriert verhält, beeinflussen. So wäre zu erwarten, dass bei negativer Einstellung des Kontrolleurs zum Kontrollierten die Wahrscheinlichkeit überschätzt wird, dass sich letzterer undiszipliniert oder einseitig auf die Maximierung der Erfolgsmessgrößen fokussiert verhält, womit der Erwartungseffekt$_{KO}$ der Ankündigung einer Investitionskontrolle zu hoch eingeschätzt wird. Entsprechend wäre bei negativer Einstellung des Kontrolleurs (objektiv bzw. im Verhältnis zu neutraler Einstellung) ein zu großer

---

[1281] Vgl. die Beschreibung des Abstoßungseffekts$_{KS}$ in Kapitel 5.1.1.

[1282] Vgl. hierzu die Ausführungen zur „referent power" bei French/Raven (1959), S. 162.

[1283] Es sei daran erinnert, dass Alderfer (1969), S. 152, folgend auch für die Achtungs- bzw. Machtbedürfnisse eine Satisfizierbarkeit unterstellt wird. Folglich kann eine Kontrolle bei bereits satisfizierten Machtbedürfnissen des Kontrolleurs ihm auch keine weitere Bedürfnisbefriedigung mehr bieten.

Erwartungseffekt$_{KO}$ zu erwarten. Umgekehrtes ist für den Fall positiver Einstellungen des Kontrolleurs zum Kontrollierten zu vermuten. Insgesamt lässt sich daher die Hypothese formulieren:

H 58: Je stärker die Einstellungen des Kontrollträgers zum Kontrollierten von einer neutralen Einstellung abweichen, desto größer wird c. p. die Abweichung beim Erwartungseffekt$_{KS}$ vom normalen Ausmaß ausfallen.

(3) Erwartungen des Kontrolleurs

Hinsichtlich der bisher in der Literatur praktisch vollständig vernachlässigten[1284] Implikationen der Erwartungen des Kontrolleurs für die direkten Wirkungen einer Investitionskontrolle lassen sich auf Basis vorhandener Forschungsergebnisse und eigener einfacher Plausibilitätsüberlegungen nur einige wenige Hypothesen formulieren. Dabei muss wieder, wie beim Kontrollierten, in Einflüsse der H→E und der E→F Erwartungen differenziert werden, wobei jedoch beim Kontrolleur prinzipiell jeweils zwei dieser Erwartungen denkbar sind: Einmal eine H→E und eine E→F Erwartung hinsichtlich der Ankündigungshandlung bzw. Vorausahnungshandlung des Kontrolleurs und einmal im Hinblick

---

[1284] Diese in Kapitel 3 hervorgehobene Vernachlässigung überrascht umso mehr als spätestens seit Merton (1948) in der soziologischen, (sozial-)psychologischen (und davon inspiriert auch in der betriebswirtschaftlichen Literatur) intensiver über ein als Selbsterfüllende-Prophezeihung (engl. self-fulfilling prophecy oder Pygmalion Effect) oder Andorra-Effekt bezeichnetes Phänomen diskutiert wird (vgl. exemplarisch Blau (1955), S. 170; Merton (1968), S. 447; Reber/Van Gilder (1982), S. 41; Jones (1986), S. 41; Comelli/von Rosenstiel (1995), S. 100; Madon/Jussim/Eccles (1997), S. 791; Manzoni/Barsoux (1998), S. 101; Pfeffer (1998), S. 113; Becker (2003b), S. 235; Neuberger (2004), S. 35f.). Dieser „Selbsterfüllenden Prohezeihung" zufolge gilt, dass ursprünglich fehlerhafte Erwartungen eines Akteurs über einen anderen (bzw. dessen Handeln) dazu führen, dass diese fehlerhaften Erwartungen schließlich eintreten, d. h. dass der zweite Akteur, der den Gegenstand der Erwartungen des ersten bildet, sein Handeln an die Erwartungen des ersten Akteurs anpasst (vgl. z. B. Merton (1968), S. 477; Comelli/von Rosenstiel (1995), S. 100). Dieser Prozess, der sich plakaktiv auch als „one tends to find what one expects" (Jones (1986), S. 41) beschreiben lässt, läuft dabei unbewusst ab und kann sich sowohl in negativer wie in positiver Richtung ereignen. Seine Bedeutung für Kontrollen erscheint unmittelbar einleuchtend, da sich der Kontrolleur Erwartungen über das Handeln des Kontrollierten bildet und daher eine solche „Selbsterfüllende Prophezeihung" möglich erscheint. Dennoch fehlt bis heute eine kognitionspsychologische Betrachtung des Phänomens und eine Verknüpfung dieser Betrachtung mit Kontrollen. Vielmehr konzentriert sich die bisherige Forschung zu diesem Phänomen auf behavioristische Ansätze und gelangt entsprechend wenig überraschend zu sehr unterschiedlichen Aussagen der Wirkung von Erwartungen auf das Handeln (als behavioristischer bzw. indirekter Wirkung) des Erwartungsobjekts (vgl. für eine Meta-Analyse Madon/Jussim/Eccles (1997)). Angesichts der mangelnden kognitionspsychologischen Aufarbeitung dieses Phänomens kann in der vorliegenden Arbeit auch keine Verknüpfung mit ihm vorgenommen werden. Sie muss vielmehr, basierend auf einer entsprechenden Aufarbeitung, als ein Feld für zukünftige, dieses Phänomen eingehend analysierende Forschungsarbeiten betrachtet werden.

auf die H→E und die E→F Erwartungen der Durchführungshandlung einer Investitionskontrolle.

Im Hinblick auf den Einfluss der Selbsteffektivität bzw. Höhe der H→E Erwartungen bezüglich der Auswirkungen einer Kontrollankündigung auf den Kontrollierten, lassen sich für den motivationalen und den fähigkeitsbezogenen Sicherheitseffekt$_{KS}$ folgende Überlegungen anstellen: Je größer die H→E Erwartung des Kontrolleurs ist, den Kontrollierten durch die Ankündigung einer Kontrolle zu hoher Leistungsanstrengung und konformem Handeln bewegen zu können,[1285] desto größer sind die leistungsanstrengungsbezogenen und fähigkeitsbezogenen Sicherheitseffekte$_{KS}$ einer Ankündigung der Investitionskontrolle. Schließlich hängen beide Effekte davon ab, dass es dem Kontrolleur gelingt, die Leistungsanstrengung bzw. Leistungsfähigkeit des Kontrollierten (z. B. durch unterstützende Handlungen im Investitionsprozess) zu erhöhen und damit bessere Ergebnisse der Investitionstätigkeit zu erzielen.[1286]

H 59: Je größer die H→E Erwartung des Kontrolleurs bezüglich der Auswirkungen der Kontrollankündigung ist, desto größer ist c. p. der leistungsanstrengungsbezogene Sicherheitseffekt$_{KS}$.

H 60: Je größer die H→E Erwartung des Kontrolleurs bezüglich der Auswirkungen der Kontrollankündigung ist, desto größer ist c. p. der fähigkeitsbezogene Sicherheitseffekt$_{KS}$.

Ein ähnlicher Einfluss der Höhe der H→E Erwartungen bezüglich der Auswirkungen einer Kontrollankündigung ist für den Erwartungseffekt$_{KS}$ zu postulieren: Schätzt der Kontrolleur seine Selbsteffektivität zur Auslösung geänderter Erwartungen des Kontrollierten durch sein Ankündigungs- bzw. Signalisierungshandeln gering ein, so bedeutet dies, dass der Erwartungseffekt$_{KS}$ einer Investitionskontrolle gering ist. Umgekehrtes gilt, wenn er seine Selbsteffektivität hoch einschätzt.[1287]

1285 Dies entspricht im Falle des motivationalen Sicherheitseffekts$_{KS}$ der Erwartung des Kontrolleurs, dass der Kontrollierte über genügend Fähigkeiten zur sachgerechten Durchführung der Investitionshandlung verfügt, d. h. über eine hohe Effektivität verfügt und lediglich ausreichende Anstrengung an den Tag legen muss, und im Fall des fähigkeitsbezogenen Sicherheitseffekts$_{KS}$ der Erwartung, dass der Kontrollierte eine geringe Effektivität besitzt, und daher der Kontrolleur seine Fähigkeiten ggf. mit einbringen muss.

1286 Als indirekte Wirkung wird sich diese hohe Selbsteffektivitätswahrnehmung des Kontrolleurs dann in entsprechend intensiver Kontrolle äußern.

1287 Diese Selbsteffektivität wird sich auch darin äußern, ob der Kontrolleur überhaupt eine entsprechende Ankündigung oder Signalisierung vornimmt. So lässt ein Laborexperiment von Falk/Kosfeld (2005), S. 15, das zu dem Ergebnis kommt, dass Vorgesetzte, die kontrollieren, niedrigere Erwartungen über die Leistungsanstrengung des Kontrollierten haben als diejenigen, die auf eine Kontrolle verzichten, auch

H 61: Je größer die H→E Erwartung des Kontrolleurs bezüglich der Auswirkungen der Kontrollankündigung, desto größer der Erwartungseffekt$_{KS}$.

(4) Fähigkeiten des Kontrolleurs

Aufbauend auf den zugrunde gelegten psychologisch-verhaltensorientierten Grundlagen aus Kapitel 4 lassen sich sowohl für das Ausmaß der Potenzialfähigkeiten als auch der Potenzialnutzungsfähigkeiten einige Hypothesen zu deren Einfluss auf die direkten Wirkungen einer (Investitions-) Kontrolle ableiten,[1288] welche die in der betriebswirtschaftlichen wie psychologischen Literatur immer wieder allgemein postulierte Bedeutung der Fähigkeiten des Kontrollträgers näher präzisieren und veranschaulichen.[1289] Allerdings bestehen auch hier noch für weite Bereiche der potenziellen Zusammenhänge Forschungslücken. Zunächst sei im Weiteren auf die Bedeutung der Potenzialfähigkeiten bzw. die ihres Ausmaßes auf die Wirkungen ex ante einer Investitionskontrolle eingegangen:

Um dem Kontrollierten in einer potenziellen Kontrolle Fehler nachweisen zu können, muss der Kontrollträger im betreffenden Aufgabenbereich das notwendige Expertenwissen besitzen. Der Angsteffekt$_{KO}$ hängt somit davon ab, inwiefern der Kontrollierte glaubt, dass der Kontrollträger zu einer solchen Aufdeckung fähig ist. Verfügt der Kontrolleur über Einschränkungen der Potenzialfähigkeiten (d. h. fehlt ihm Expertenwissen im relevanten Bereich), so wird (sofern der Kontrollierte dies korrekt wahrnimmt und beurteilt) dies c. p. negativ auf den Angsteffekt$_{KO}$ wirken.

H 62: Je größer die (wahrgenommen) kognitiven Bestandsfähigkeiten des Kontrolleurs sind, desto größer ist c. p. der Angsteffekt$_{KO}$.

---

darauf schließen, dass die vorgesetzen Kontrolleure in ersterem Fall eine höhere wahrgenommene Selbsteffektivität besitzen als in letzerem Fall.

1288 Explizit sei darauf hingewiesen, dass – entsprechend der in der vorliegenden Arbeit gewählten Zweiteilung menschlicher kognitiver Fähigkeiten in deklarative und prozedurale Fähigkeiten – Schlüsse eines Kontrollträgers, die auf Basis von Kontrollergebnissen gezogen werden, sowohl aufgrund unzureichender Potenzialfähigkeiten wie aufgrund mangelhafter Potenzialnutzungsfähigkeiten falsch sein können. Vgl. dazu implizit auch schon Schuler (1989), S. 422. Folglich sind beide im Hinblick auf mögliche Einschränkungen bzw. deren Auswirkungen auf (Investitions-)Kontrollen getrennt zu untersuchen; was jedoch eine gleichzeitige Wirkung von Einschränkungen der deklarativen und solchen der prozeduralen Fähigkeiten auf die Effekte der Investitionskontrolle explizit nicht ausschließen soll.

1289 Vgl. für entsprechende Postulate aus der Investitionskontrollforschung bspw. Ehrenreich (1983), S. 35, und für die sozialpsychologische Forschung z. B. Lee (1985), S. 322f.

Auch um dem Kontrollierten aufgabenbezogene Hilfestellungen geben zu können, muss der Kontrollträger im betreffenden Aufgabenbereich das notwendige Expertenwissen besitzen.[1290] Da der Sicherheitseffekt$_{KO}$ zentral davon abhängt, dass der Kontrollierte den Eindruck hat, dass der Kontrollträger zu einer solchen Hilfestellung fähig ist, wird (sofern der Kontrollierte dies zutreffend wahrnimmt und beurteilt) eine Einschränkung der Bestandsfähigkeiten des Kontrollträgers (d. h. ein Mangel an Expertenwissen) c. p. negativ auf den Sicherheitseffekt$_{KO}$ wirken.[1291]

H 63: Je größer die (wahrgenommen) kognitiven Bestandsfähigkeiten des Kontrolleurs sind, desto größer ist c. p. der Sicherheitseffekt$_{KO}$.

Im Gegensatz dazu ist allerdings nicht von einem Einfluss des Ausmaßes der kognitiven Bestandsfähigkeiten auf den Misstrauenseffekt$_{KO}$ auszugehen. Schließlich ist der Misstrauenseffekt$_{KO}$ auf den Eindruck des Kontrollierten zurückzuführen, der Kontrolleur zweifle an seiner Leistungsbereitschaft. Dieser Eindruck kann aber unabhängig von den deklarativen Fähigkeiten des Kontrolleurs auftreten bzw. ausgelöst werden. Damit besitzt das Ausmaß der Bestandsfähigkeiten bzw. des Wissens des Kontrollträgers keinen Einfluss auf den Misstrauenseffekt$_{KO}$.

H 64: Die Höhe der kognitiven Bestandsfähigkeiten des Kontrolleurs besitzt keinen Einfluss auf den Misstrauenseffekt$_{KO}$.

Beim Reaktanzeffekt$_{KO}$ ist hingegen wieder von einem Einfluss des Ausmaßes der kognitiven Bestandsfähigkeiten des Kontrolleurs auszugehen: Fehlt dem Kontrollträger Wissen über den zu kontrollierenden Sachverhalt, so wirkt seine Kontrolle unglaubwürdig für den Kontrollierten.[1292] Fehlende Kenntnisse entsprechen einem Fehlen von „Expert Power"[1293], d. h. dem Einfluss des Kontrolleurs auf den Kontrollierten aufgrund seines Fach- oder Spezialwissens, und führt damit dazu, dass dessen Eingriffe in den Handlungsbe-

[1290] Vgl. Hoffjan (1997), S. 267.

[1291] Vgl. dazu auch Hoffjan (1997), S. 267.

[1292] Vgl. dazu auch Fedor (1991), S. 84; Schäffer (2001), S. 183. Vgl. auch die Studienergebnisse für Revisoren von Churchill/Cooper (1966), S. 111f. u. S. 119. Auch in der Forschung zu Mitarbeiterbeurteilungen wird die Kenntnis des Beurteilenden als zentraler Faktor für die Akzeptanz von Beurteilungen erachtet. Vgl. für einen Überblick hierzu z. B. Cederblom (1982), S. 223, sowie Bernardin/Villanova (1986), S. 53. Entscheidend ist dabei allerdings die vom Kontrollierten wahrgenommene Kompetenz des Kontrolleurs und nicht dessen objektive Fähigkeit (vgl. Schäffer (2001), S. 183). Diese Einschätzung muss nicht mit jener des Kontrolleurs übereinstimmen. So stellen Bernardin/Villanova (1986), S. 53f., empirisch fest, dass die Beurteilung der Fähigkeiten der Beurteilenden durch diese selbst versus die beurteilten Mitarbeiter deutlich unterschiedlich sind.

[1293] French/Raven (1959), S. 163. Auch bereits Francis Bacon (1597) weist darauf hin, dass „Knowledge itself is power" (Bacon (1597), Essays: Religiöse Betrachtungen, zitiert nach Kleinhans (1989), S. 6).

reich des Kontrollierten von diesem nicht mehr ohne Widerstand akzeptiert werden.[1294] Es ist folglich davon auszugehen, dass die Größe der Einschränkungen der Bestandsfähigkeiten des Kontrollträgers c. p. positiv auf die Stärke des Reaktanzeffekts$_{KO}$ wirkt: Verfügt der Kontrollträger nicht über die entsprechenden kognitiven Fähigkeiten, so wird der Kontrollierte die Investitionskontrolle als unbegründete Einmischung und Einengung auffassen,[1295] die seine sozialen Achtungsbedürfnisse verletzt.

H 65: Je größer die (wahrgenommen) kognitiven Bestandsfähigkeiten des Kontrolleurs sind, desto geringer ist c. p. der Reaktanzeffekt$_{KO}$.

Da sowohl der Reaktanzeffekt$_{KO}$ als auch der Sicherheitseffekt$_{KO}$ zentral durch die Höhe der Bestandsfähigkeiten des Kontrolleurs mitbestimmt werden, ist zu erwarten, dass auch der Abstoßungseffekt$_{KS}$ entsprechend variiert. Somit lässt sich folgende Aussage formulieren: Je größer das Ausmaß der Potenzialfähigkeiten des Kontrolleurs ist, desto höher ist der Sicherheits- und desto geringer ist der Reaktanzeffekt$_{KO}$, d. h. desto geringer ist der Abstoßungseffekt$_{KS}$.

H 66: Je größer die (wahrgenommen) kognitiven Bestandsfähigkeiten des Kontrolleurs sind, desto geringer ist c. p. der Abstoßungseffekt$_{KS}$.

Auch der Egoeffekt$_{KS}$ nimmt mit steigendem Umfang der Potenzialfähigkeiten des Kontrolleurs ab. Schließlich ist der Kontrolleur umso abhängiger von der Arbeit des Kontrollierten, je geringer seine eigenen kognitiven Bestandsfähigkeiten über den zu kontrollierenden Sachverhalt sind.[1296] Das heißt, dass die soziale Achtung bzw. die Macht, die der Kontrolleur besitzt, mit dem Abfallen seiner Expertenmacht ebenfalls abnimmt, sofern der Kontrollierte diesen Mangel an Potenzialfähigkeiten erkennt.[1297] Entsprechend ist zu

---

1294 Vgl. auch Tannenbaum (1968a), S. 11; Kelvin (1970), S. 172; Kirsch (1974), S. 130; Kotter (1985), S. 85 u. S. 112; Fedor (1991), S. 82-84; Robbins (2001), S. 416; Schuler/Marcus (2004), S. 992. Auch reagieren, wie die empirische Studie von Bachman/Smith/Slesinger (1968), S. 224, aufzeigt, Kontrollierte auf Expertenmacht positiver bzw. weniger reaktant als auf Belohnungs- und Bestrafungsmacht.

1295 Vgl. dazu auch Küpper (2005), S. 279, der auf die Bedeutung der (wahrgenommenen) fachlichen Qualifikation des Kontrollträgers für die Akzeptanz von Kontrollen hinweist.

1296 Vgl. zum Gedanken der Abhängigkeit von Unternehmen von ihren fachlichen Experten (Mitarbeitern) auch Mintzberg (1983), S. 24-26 u. S. 164. Vgl. zur Expertenmacht French/Raven (1959), S. 163.

1297 Vor einer Kontrolle ist denkbar, dass dem Kontrollierten dieser Mangel an Bestandsfähigkeiten des Kontrolleurs nicht vollkommen bewusst wird, so dass er erst im Rahmen der eigentlichen Durchführung der Kontrolle dies feststellt (vgl. Churchill/Cooper (1964), S. 263). In diesem Fall bleibt die Expertenmacht des Kontrolleurs damit ex ante bei dieser einen Kontrolle unberührt (nicht jedoch bei nachfolgenden), weshalb dann auch in diesem einen Fall der Egoeffekt$_{KS}$ gleich bleibt. Vgl. zur experimentellen Untersuchung der Bedeutung der Fähigkeiten des Kontrolleurs hinsichtlich der ex ante und der ex post Wirkungen einer Kontrolle auch Churchill/Cooper (1964), S. 263.

erwarten, dass die Achtungs- bzw. Machtbedürfnisse des Kontrolleurs bei vom Kontrollierten korrekt wahrgenommenen, geringen Fähigkeiten weniger befriedigt sind als bei hohen Fähigkeiten. Dann aber gilt, dass der $Egoeffekt_{KS}$ einer Investitionskontrolle c. p. größer ist als bei großen Fähigkeiten.

H 67: Je größer die (wahrgenommen) kognitiven Bestandsfähigkeiten des Kontrolleurs sind, desto geringer ist c. p. der $Egoeffekt_{KS}$.

Im Gegensatz dazu nimmt der $Erwartungseffekt_{KO}$ mit steigendem Ausmaß der kognitiven Bestandsfähigkeiten des Kontrolleurs unter einer bestimmten Bedingung zu. Sofern der Kontrollierte die Bestandsfähigkeiten des Kontrolleurs nicht kennt, kann deren Ausmaß folglich auch keinen Einfluss auf die Erwartungen des Kontrollierten und damit den $Erwartungseffekt_{KO}$ nehmen.[1298] Im Fall, dass der Kontrollierte hingegen entweder auf Basis früherer, eigener Erfahrungen oder anderer Signale des Kontrolleurs über Wissen bezüglich der Fähigkeiten des Kontrolleurs für die kontrollierte Materie (und entsprechend auch für die aus den Kontrollergebnissen zu ziehenden Schlussfolgerungen über das Handeln des Kontrollierten) verfügt, ist das Ausmaß dieser deklarativen Fähigkeiten des Kontrolleurs jedoch von Bedeutung für den $Erwartungseffekt_{KO}$: Verfügt der Kontrollträger, relativ zum objektiv erforderlichen Ausmaß, nicht über ausreichendes Wissen, d. h. besteht für ihn subjektive Unsicherheit, so kann er nur schwer auf die Ursachen der in der Kontrolle ermittelten Abweichungen zurückschließen.[1299] Ist sich der Kontrollierte dieser Tatsache bewusst, so kann er eine aus Sicht des Kontrolleurs unerwünschte Handlungsalternative (z. B. eine niedrige Leistungsanstrengung) wählen und ein in einer Investitionskontrolle ermitteltes negatives Kontrollergebnis beispielsweise durch den Verweis auf widrige Umwelteinflüsse erklären, da der Kontrollträger dann nicht (oder zumindest nicht zuverlässig) auf das Handeln des Kontrollierten zurückschließen kann.[1300] Folglich wird der $Erwartungseffekt_{KO}$ c. p. bei kleinen Bestandsfähigkeiten des Kontrollträgers (und deren Kenntnis durch den Kontrollierten) geringer sein als bei großen kognitiven Potenzialfähigkeiten und damit besseren Rückschlussmöglichkeiten des Kontrolleurs.

H 68: Je größer die (wahrgenommen) kognitiven Bestandsfähigkeiten des Kontrolleurs sind, desto größer ist c. p. der $Erwartungseffekt_{KO}$.

Ähnlich wie jede einer Investitionskontrolle zugrunde liegende sowie darin generierte Information vom Kontrollierten wahrgenommen, verarbeitet und memoriert werden

[1298] Vgl. dazu den experimentellen Beleg von Churchill/Cooper (1964), S. 263.
[1299] Vgl. Spielberger (1983), S. 328.
[1300] Vgl. ebenda, S. 328.

muss, impliziert auch die Tätigkeit des Kontrollträgers ebensolche kognitive Handlungen.[1301] Entsprechend kann es bei unvollständigen prozeduralen Fähigkeiten des Kontrolleurs zu gleichen oder ähnlichen Verzerrungen der Wahrnehmung, Verarbeitung und Memorierung sowie Kommunikation von Kontrollinformationen kommen, die ihrerseits die Stärke und Richtung der Effekte einer Investitionskontrolle moderieren.[1302] Auch hier können aufgrund des Fehlens einer integrierten psychologischen Theorie der kognitiven Verzerrungen nur grobe Hypothesen formuliert werden.[1303]

Eingeschränkte kognitive prozedurale Fähigkeiten des Kontrolleurs können dazu führen, dass die Eignung einer angekündigten Investitionskontrolle zur Reduktion von, durch mangelnde Leistungsanstrengung oder Leistungsfähigkeit des Kontrollierten stammenden, Fehlern durch den Kontrolleur überschätzt oder aber unterschätzt wird. Entsprechend wird die Stärke der Sicherheitseffekte$_{KS}$ bei unvollständigen prozeduralen Fähigkeiten vom objektiv korrekten Ausmaß bei vollständigen prozeduralen Fähigkeiten abweichen. Dabei erscheint es plausibel, dass das Ausmaß dieser Abweichungen durch die Stärke der Fähigkeitsdefizite mitbestimmt wird und dass die Abweichungen umso größer sind, je geringer die prozeduralen Fähigkeiten sind.[1304]

H 69: Je größer die prozeduralen Fähigkeiten des Kontrolleurs sind, desto geringer werden c. p. die Abweichungen des leistungsbereitschaftsbezogenen Sicherheitseffekts$_{KS}$ vom objektiv korrekten Ausmaß sein.

H 70: Je größer die prozeduralen Fähigkeiten des Kontrolleurs sind, desto geringer werden c. p. die Abweichungen des fähigkeitsbezogenen Sicherheitseffekts$_{KS}$ vom objektiv korrekten Ausmaß sein.

[1301] Vgl. dazu auch allgemein für Beurteilertätigkeiten Schuler (1989), S. 402; Becker (2003b), S. 221f.; Schuler/Marcus (2004), S. 957.

[1302] Vgl. auch Laux/Liermann (2003), S. 456. Wenngleich in der psychologischen und betriebswirtschaftlichen Literatur Probleme der Aufnahme, Verarbeitung und Memorierung von Informationenen dominant für „weiche“ Bewertungs- und Entscheidungsprozesse angeführt werden, so gelten sie jedoch auch bei „harten“, auf Zahlen basierten Prozessen (vgl. Becker (2003b), S. 233). Allerdings dürften sie dort, wie die Studie von Moers (2005), S. 79, nahelegt, geringer sein als bei weichen bzw. subjektiven Beurteilungen.

[1303] Vgl. zum Problem des Fehlens einer integrierten Theorie der Verzerrungen Schuler (1989), S. 420; Schuler/Marcus (2004), S. 984. Vgl. für einen Überblick über die diversen, separat in der Liteatur diskutierten, so genannten kognitiven Verzerrungen bspw. Jost (2000), S. 197-300.

[1304] Bei dieser Aussage wird unterstellt, dass sich einzelne Verzerrungen nicht gegenseitig aufheben. Über die Realitätsnähe dieser Annahme lassen sich angesichts des Fehlens einer integrierten Theorie der Informationsaufnahme, -verarbeitung und -memorierung (vgl. dazu auch Bourguignon (2004), S. 668) zum gegenwärtigen Forschungsstand keine Aussagen treffen. Entsprechend ist diese Annahme nur ein Arbeitspostulat für die vorliegende Arbeit.

Auch für die Wahrnehmung und Bewertung der Verletzung der Sicherheits-, Freundschafts- und Achtungsbedürfnisse des Kontrollierten durch die Ankündigung bzw. Vorahnung einer Kontrolle ist ein verzerrender Einfluss bei mangelnden prozeduralen Fähigkeiten zu erwarten. Dabei kann es sowohl zu einer Über- als auch zu einer Unterschätzung dieser Frustrationseffekte beim Kontrollierten durch den Kontrolleur kommen. In welcher Richtung sich die Stärke des Abstoßungseffekts$_{KS}$ entwickelt, hängt dabei von der Art der Verzerrung bzw. dem Typ der Fähigkeitseinschränkung ab. Insgesamt ist dabei zu erwarten, dass die Abweichung des Abstoßungseffekts$_{KS}$ desto stärker sein wird, je größer diese Einschränkungen der kognitiven prozeduralen Fähigkeiten des Kontrollsubjekts sind.[1305]

H 71: Je größer die prozeduralen Fähigkeiten des Kontrolleurs sind, desto geringer werden c. p. die Abweichungen des Abstoßungseffekts$_{KS}$ vom objektiv korrekten Ausmaß sein.

Im Verhältnis zu den vom Kontext objektiv geforderten Fähigkeiten können eingeschränkte subjektive, kognitive prozedurale Fähigkeiten des Kontrolleurs auch dazu führen, dass er die eigene Macht unter- oder überschätzt.[1306] Entsprechend kann er auch sein mit der Ankündigung einer Investitionskontrolle beim Kontrollierten aufgebautes Machtpotenzial („Drohpotenzial“) unter- oder überschätzen. Je nachdem wird der Egoeffekt$_{KS}$ stärker oder schwächer ausfallen als in einer Situation mit „vollständigen“ Potenzialnutzungsfähigkeiten des Kontrolleurs. Dabei ist zu erwarten, dass die Abweichung des Egoeffekts$_{KS}$ vom objektiv richtigen Ausmaß desto größer sein wird, je geringer die prozeduralen Fähigkeiten des Kontrolleurs sind.[1307]

H 72: Je größer die prozeduralen Fähigkeiten des Kontrolleurs sind, desto geringer werden c. p. die Abweichungen des Egoeffekts$_{KS}$ vom objektiv korrekten Ausmaß sein.

Das Ausmaß der kognitiven Potenzialnutzungsfähigkeiten des Kontrollträgers besitzt aber auch einen Einfluss auf den Kontrollierten bzw. dessen Erwartungseffekt$_{KO}$: Fehlerbehaftete Äußerungen des Kontrolleurs oder die Unfähigkeit zur richtigen Transformation der geplanten Kontrollwahrscheinlichkeit in die kommunizierte Wahrscheinlichkeit, führen zu stärkeren (bzw. schwächeren) Veränderungen der E→F Erwartungen einzelner Handlungsalternativen des Kontrollierten.[1308] Dies ist identisch mit einem fehlerhaften

[1305] Siehe Fußnote 1304.
[1306] Vgl. Nienhüser (2003), S. 152.
[1307] Siehe hierzu die Anmerkung in Fußnote 1304.
[1308] Vgl. dazu ähnlich auch Deutsch (1976), S. 125

Ausmaß des Erwartungseffekts$_{KO}$. Dabei ist zu vermuten, dass ein negativer Zusammenhang zwischen dem Ausmaß der prozeduralen Fähigkeiten des Kontrolleurs und der Größe dieser Abweichung des Erwartungseffekts$_{KO}$ vom objektiv korrekten Ausmaß, d. h. bei „vollständigen" Fähigkeiten, besteht.[1309]

H 73: Je größer die prozeduralen Fähigkeiten des Kontrolleurs sind, desto geringer werden c. p. die Abweichungen des Erwartungseffekts$_{KO}$ vom objektiv korrekten Ausmaß sein.

Selbstverständlich können entsprechende Einschränkungen der prozeduralen Fähigkeiten des Kontrolleurs sich auch auf dessen eigene Erwartungsbildungsprozesse auswirken: Wie bei allen Lerneffekten führen eingeschränkte Fähigkeiten potenziell zu einer Reduktion des Erwartungseffekts$_{KS}$, da „korrekte" Veränderungen der Erwartungen die richtige Wahrnehmung, Bewertung und Memorierung voraussetzen. Auch hier wird das Ausmaß der prozeduralen Fähigkeiten negativ mit der Abweichungsstärke verbunden sein.[1310]

H 74: Je größer die prozeduralen Fähigkeiten des Kontrolleurs sind, desto geringer werden c. p. die Abweichungen des Erwartungseffekts$_{KS}$ vom objektiv korrekten Ausmaß sein.

Auch beim Zielpräzisierungseffekt$_{KO}$ ist von einem negativen Einfluss eingeschränkter kognitiver Potenzialnutzungsfähigkeiten des Kontrolleurs auszugehen. So führen fehlerbehaftete Äußerungen des Kontrolleurs über das, was kontrolliert wird, zu falschen Präzisierungen beim Kontrollierten.[1311] Entsprechend ist zu erwarten, dass, wenn der Kontrolleur über unvollständige prozedurale Fähigkeiten (insbesondere zur Kommunikation) verfügt, der Zielpräzisierungseffekt$_{KO}$ geringer ausfällt als bei ausreichend großen Fähigkeiten, da der Kontrollierte dann den Äußerungen oder Andeutungen des Kontrolleurs tendenziell nicht das „richtige" Ziel entnehmen wird.

H 75: Je größer die prozeduralen Fähigkeiten des Kontrolleurs sind, desto geringer werden c. p. die Abweichungen des Zielpräzisierungseffekts$_{KO}$ vom objektiv korrekten Ausmaß sein.

1309 Siehe Anmerkung in Fußnote 1304.

1310 Vgl. dazu aber Fußnote 1304.

1311 Vgl. hierzu auch Deutsch (1976), S. 125, der auf die Bedeutung der richtigen Äußerung der Wünsche des Vorgesetzten an den Untergebenen hinweist.

6.3.2 Einfluss auf die ex post Wirkungen

Wie eben für die ex ante Wirkungen einer Investitionskontrolle erörtert, sind auch bei den ex post Wirkungen die vier Basiselemente oder Eigenschaften (1) Bedürfnisse, (2) Einstellungen, (3) Erwartungen und (4) Fähigkeiten des Kontrollsubjekts separat auf ihre Bedeutung für diese Wirkungen zu analysieren.

(1) Bedürfnisse des Kontrolleurs

Im Hinblick auf einen möglichen Einfluss des Befriedigungsgrads der Sicherheits-, Beziehungs-, Fremdachtungs-, Selbstachtungs- und Leistungsbedürfnisse auf den jeweiligen Teileffekt der Bedürfnisbefriedigungs-/-frustrationseffekte$_{KS}$ ist ähnlich wie schon bei den vergleichbaren Effekten beim Kontrollierten zu erwarten, dass je weniger satisfiziert die entsprechenden Bedürfnisse sind, desto größer können die Effekte einer Befriedigung dieser Bedürfnisse durch eine Investitionskontrolle ausfallen. Die Ausnahme von dieser Regel bilden das Selbstachtungs- und das Selbstverwirklichungs- bzw. Leistungsbedürfnis, die nicht satisfiziert werden können,[1312] und die daher keinen Einfluss auf die Höhe des Befriedigungseffekts des Selbstachtungs- und des Leistungsbedürfnisses ausüben können. Im Gegensatz zum Fall einer Befriedigung der entsprechenden Bedürfnisse gilt, dass im Fall einer Frustration der Bedürfnisse diese umso größer ausfallen kann, je stärker das Bedürfnis vorher befriedigt war. War es kaum bzw. gar nicht befriedigt, so kann eine Investitionskontrolle auch kaum bzw. nicht zu einem weiteren Rückgang seines Befriedigungsstatus beitragen. Sie wird daher einen entsprechend niedrigeren Frustrationseffekt aufweisen als bei einem bereits stärker befriedigten Bedürfnis.[1313] So kann ein gegebenes negatives Kontrollergebnis einen Kontrolleur, dessen Beziehungsbedürfnisse satisfiziert sind, da er eine enge Beziehung zum Kontrollierten hat, bedeutend stärker frustrieren als einen Kontrolleur, dessen Beziehungsbedürfnisse wenig satisfiziert sind, da er keine enge Bindung mit dem Kontrollierten besitzt.[1314] Insgesamt lässt sich daher als (vereinfachte) Hypothese festhalten:

[1312] Vgl. Alderfer (1969), S. 152.

[1313] Im Gegensatz zur Befriedigung gilt dies im Falle der Frustration auch für das Leistungsbedürfnis, da auch für dieses von einem Nullpunkt der Befriedigung ausgegangen werden kann.

[1314] Vgl. dazu Fisher (1979), S. 534f. u. S. 537f.; Ilgen/Knowlton (1980), S. 454; Larson (1986), S. 392; Schuler (1989), S. 421; Farr (1991), S. 74; McClelland (1995), S. 128; Manzoni (2002), S, 114; von Rosenstiel (2003), S. 197.

H 76: Je geringer die Befriedigung der Sicherheits-, Beziehungs- und Fremdachtungsbedürfnisse des Kontrolleurs ist, umso größer sind die Bedürfnisbefriedigungseffekte$_{KS}$ und desto geringer die Bedürfnisfrustrationseffekte$_{KS}$.

Ähnliches lässt sich auch bezüglich des Einflusses der Stärke des Beziehungsbedürfnisses auf den Rechtfertigungseffekt$_{KS}$ formulieren: Sind die Bedürfnisse nach sozialen Beziehungen eines Kontrolleurs ohnehin kaum satisfiziert, so kann er durch eine Investitionskontrolle auch kaum das Erleiden einer weiteren Frustration diesbezüglich vermeiden.[1315] Im Gegensatz dazu kann ein Kontrolleur, dessen Bedürfnisse nach sozialen Beziehungen bisher weitgehend befriedigt waren, bei unsachgemäßen Entscheidungen eine bedeutend stärkere Verletzung in seinen Beziehungsbedürfnissen zum Kontrollierten erleben. Dies impliziert, dass die Investitionskontrolle bzw. ihr Rechtfertigungseffekt$_{KS}$ für diesen Akteur bedeutend wichtiger sind bzw. ihre Wirkung zur Schonung der Beziehung und damit seines Befriedigungsgrads stärker ist, als für einen Akteur, bei dem auch eine fundierte Rechtfertigung kaum die ohnehin frustrierten Beziehungen zum Kontrollierten schonen kann. Der Rechtfertigungseffekt$_{KS}$ einer Investitionskontrolle steigt somit mit steigendem Maß der Befriedigung der Beziehungsbedürfnisse des Kontrolleurs an bzw. ist umso kleiner, je weniger dieses Bedürfnis vor der Durchführung der Kontrolle satisfiziert ist.

H 77: Je geringer die Befriedigung der Beziehungsbedürfnisse des Kontrolleurs ist, desto geringer ist c. p. der Rechtfertigungseffekt$_{KS}$.

Für das Fremdachtungsbedürfnis des Kontrolleurs gilt ebenfalls, dass eine Investitionskontrolle einen desto größeren Beitrag zu seiner Befriedigung leisten kann, je weniger es satisfiziert ist.[1316] So kann bei einem Kontrolleur, dessen Bedürfnis nach sozialer Achtung bzw. Macht weitgehend satisfiziert ist, seine Ankündigung einer Investitionskontrolle gegenüber dem Kontrollierten kaum eine weitere Befriedigung dieses Bedürfnisses liefern.[1317] Der Machteffekt$_{KS}$ einer Investitionskontrolle sinkt vielmehr mit steigendem Ausmaß der Befriedigung seiner sozialen Achtungsbedürfnisse bzw. der Machteffekt$_{KS}$ ist umso größer, je weniger diese Bedürfnisse befriedigt sind.

H 78: Je geringer die Befriedigung der Fremdachtungsbedürfnisse des Kontrolleurs ist, desto größer ist c. p. der Machteffekt$_{KS}$.

1315 Dabei wird unterstellt, dass ein Absinken des Befriedigungsstatus unter Null nicht möglich ist.

1316 Vgl. hierzu auch die Ausführungen zu Bedürfnissen im Kapitel 4 und Alderfer (1969) bzw. Alderfer (1972) zur Satisfaktion von Bedürfnissen.

1317 Es sei daran erinnert, dass auch das Fremdachtungsbedürfnis im Gegensatz zum Selbstverwirklichungs- oder Leistungsbedürfnis satisfizierbar ist. Vgl. Alderfer (1969), S. 152.

Bei der Frage eines möglichen Einflusses der Stärke der Sicherheits-, Zugehörigkeits-, Achtungs- und Leistungsbedürfnisse auf den Einstellungslerneffekt$_{KS}$ ist wieder zu beachten, dass die Möglichkeit zur Einstellungsänderung davon abhängt, dass der Kontrolleur noch angenehme oder unangenehme Erfahrungen mit der Kontrolle und dem Kontrollierten[1318] machen kann. Sind seine Bedürfnisse vollständig frustriert, so kann er keine weitere, bedürfnisrelevante – und damit auch einstellungsrelevante – negative Erfahrung mehr machen. Ähnliches gilt für den Fall satisfizierter Bedürfnisse und positiver Erfahrungen – wobei angesichts der Nicht-Satisfizierbarkeit der Leistungsbedürfnisse jedoch immer ein geringes Ausmaß an weiteren Befriedigungen möglich bleibt. In allen anderen Fällen kann das Erlebnis einer Investitionskontrolle beim Kontrolleur noch kognitive Dissonanzen hervorrufen und damit, je nach der von ihm zur Reduktion der Dissonanz gewählten Strategie,[1319] mehr oder minder stark seine Einstellungen verändern. Da die Auswahlentscheidung der Strategie zur Dissonanzreduktion jedoch nicht durch die Bedürfnisse, sondern durch seine Einstellungen bestimmt wird, bedeutet dies, dass mit Ausnahme der dargestellten Fälle, in denen kein (oder nur ein geringer) Einstellungslerneffekt$_{KS}$ mehr stattfinden kann, der Einstellungslerneffekt$_{KS}$ unabhängig von der Höhe der Bedürfnissatisfaktion ist.

H 79: Das Ausmaß der Befriedigung der Sicherheits-, Zugehörigkeits-, Achtungs- und Leistungsbedürfnisse des Kontrolleurs besitzt nur in dem Fall positiver Erfahrungen aber satisfizierter Bedürfnisse und im Fall negativer Erfahrungen und frustrierter Bedürfnisse einen negativen Einfluss auf den Einstellungslerneffekt$_{KS}$.

In Bezug auf den Erwartungslerneffekt$_{KS}$ ist ebenfalls auszuführen, dass die Stärke der Sicherheits-, Zugehörigkeits-, Achtungs- und Leistungsbedürfnisse keinen Einfluss auf diesen Lerneffekt besitzt. Da es sich beim Erwartungslerneffekt$_{KS}$ um einen vergleichbaren Lerneffekt auf die H→E und die E→F Erwartungen des Kontrolleurs bezüglich seiner Ankündigungshandlung wie bei der nachfolgend näher erläuterten Veränderung seiner Fähigkeiten handelt, ist in Analogie zu den sich anschließenden Ausführungen zum Fähigkeitslerneffekt$_{KS}$ davon auszugehen, dass die Stärke der Bedürfnisse des Kontrolleurs keinen signifikanten Einfluss auf das Ausmaß des Erwartungslerneffekts$_{KS}$ ausübt.[1320]

H 80: Die Höhe der Bedürfnissatisfaktion der Sicherheits-, Zugehörigkeits-, Achtungs- und Leistungsbedürfnisse des Kontrolleurs besitzt keinen Einfluss auf den Erwartungslerneffekt$_{KS}$.

[1318] Es sei nochmals darauf hingewiesen, dass, wie bereits Churchill/Cooper (1965), S. 775, experimentell feststellen, die Einstellungen eines Akteurs zur Kontrolle und zum Kontrollierten hoch korrelieren.

[1319] Vgl. hierzu grundlegend Festinger (1957), S. 18.

[1320] Hierzu wird auf die Anmerkung aus Fußnote 1161 verwiesen.

Die Bedeutung der Stärke der Bedürfnisse bzw. des Satisfaktionsgrads der Bedürfnisse eines Akteurs für den Erwerb neuer Fähigkeiten wird, wie schon bei der Diskussion der Bedeutung der Bedürfnisse des Kontrollierten für die direkten Wirkungen der Investitionskontrolle ín Kapitel 6.2 erwähnt, in der (sozial-)psychologischen wie betriebswirtschaftlichen Literatur seit langem diskutiert.[1321] Während die Idee eines Einflusses der Bedürfnisstärke auf die Fähigkeitslerneffekte auf den ersten Blick durchaus eingängig erscheint, so fragwürdig ist sie bei näherer Betrachtung aus einer sozial-kognitiven Perspektive:[1322] Immerhin ist zwischen Erwerb bzw. Erlernen durch Veränderung der kognitiven Strukturen und der Anwendung des Gelernten zu differenzieren.[1323] So kann einerseits „Lernen auch ohne Verstärkung oder Bestrafung stattfinden"[1324]. Andererseits ist ein passender und mit entsprechenden, relevanten Anreizen versehener Kontext Voraussetzung dafür, dass sich veränderte Fähigkeiten auch in einem geänderten Handeln widerspiegeln.[1325] Entsprechend ist bei Zugrundelegung einer (sozial-)kognitiven Perspektive zwischen Erwerb und Anwendung von Gelerntem zu trennen und daher analog, wie schon bei der Bedeutung der Bedürfnisse des Kontrollierten, auch hinsichtlich der Bedürfnisse des Kontrolleurs ein Einfluss auf den entsprechenden Lerneffekt bei den Fähigkeiten (direkte Wirkung) zu verneinen.[1326]

H 81: Die Höhe der Satisfaktion der Sicherheits-, Zugehörigkeits-, Achtungs- und Leistungsbedürfnisse des Kontrolleurs besitzt keinen Einfluss auf den Fähigkeitslerneffekt$_{KS}$.

(2) Einstellungen des Kontrolleurs

Ähnlich wie für den bereits diskutierten ex ante auftretenden Egoeffekt$_{KS}$ einer Investitionskontrolle lässt sich auch für die Befriedigung der Machtbedürfnisse des Kontrolleurs ex post durch die Möglichkeit der Gewährung von Belohnungen und Bestrafungen („reward power"[1327] und „coercive power"[1328]) ein Einfluss der Einstellungen des Kontrolleurs auf die Effektstärke erwarten: Bei positiven Einstellungen des Kontrollträgers zum Kon-

---

[1321] Vgl. bspw. Horenstein (1951), S. 210; Miller/Dollard (1973), S. 6; Burris (1976), S. 145; Donaldson (1980), S. 123; McClelland (1987), S. 248f., aus der (Sozial-)Psychologie und Osterloh (1974), S. 263; Schiller (2000), S. 102, aus der Betriebswirtschaftslehre.

[1322] Vgl. die Ausführungen im Kapitel 6.2; siehe auch Myers (2005), S. 354.

[1323] Vgl. u. a. Tolman/Honzik (1930), S. 257 u. 267; Tolman (1949a), S. 149; Bandura/Ross/Ross (1963), S. 9; Bandura (1977), S. 28f. u. S. 33; Wood/Bandura (1989), S. 363.

[1324] Myers (2005), S. 354.

[1325] Siehe hierzu auch die Darstellung der kognitiven und sozial-kognitiven Lerntheorien in Kapitel 4.2.

[1326] Auch hier gilt wieder die Anmerkung aus Fußnote 1279. Vgl. auch die ausführlichere Diskussion im Kapitel 6.2 sowie Tolman (1949b), S. 11; Myers (2005), S. 354.

[1327] French/Raven (1959), S. 156.

[1328] French/Raven (1959), S. 157.

trollierten, d. h. einem Machtdefizit des Kontrolleurs hinsichtlich der „referent power", wird eine Investitionskontrolle (bzw. die mit ihr potenziell verbundene Möglichkeit, zu belohnen oder zu bestrafen) beim Kontrollträger eher einen normalen Machteffekt$_{KS}$ auslösen als im Fall, dass die Machtbedürfnisse stärker satisfiziert sind (z. B. aufgrund neutraler Einstellung des Kontrolleurs zum Kontrollierten und positiver Einstellung des letzteren zum ersteren).

H 82: Je positiver (bzw. je weniger negativ) die Einstellungen des Kontrollträgers zum Kontrollierten sind, desto größer ist der Beitrag, den eine Investitionskontrolle zur Befriedigung der Machtbedürfnisse des Kontrolleurs beitragen kann, d. h. desto stärker ist c. p. der Machteffekt$_{KS}$.

Darüber hinaus, und wie für den Abstoßungseffekt$_{KS}$ bereits dargestellt, spielt ein negativ bewerteter Kontrollierter eine geringere Rolle für die Befriedigung der Beziehungsbedürfnisse des Kontrolleurs. Folglich wird der Rechtfertigungseffekt$_{KS}$ umso geringer sein, je negativer (bzw. je weniger positiv) die Einstellungen des Kontrolleurs zum Kontrollierten sind.

H 83: Je positiver (bzw. je weniger negativ) die Einstellung des Kontrollträgers zum Kontrollierten ist, desto größer ist c. p. der Rechtfertigungseffekt$_{KS}$.

Verfügt der Kontrolleur über eine negative Einstellung zum Investitionshandeln des Kontrollierten und zum Kontrollierten als Person, so ist davon auszugehen, dass der Kontrollierte relativ wenig zur Befriedigung der Beziehungsbedürfnisse des Kontrolleurs geeignet ist. Mithin ist zu erwarten, dass sowohl im Fall der Übermittlung positiver Kontrollergebnisse und einer daraus potenziell resultierenden Verbesserung der Beziehung zum Kontrollierten, als auch im Fall der Kommunikation negativer Kontrollergebnisse und damit einhergehender Verletzung der Beziehung zum Kontrollierten, das Ausmaß dieser Befriedigungs- bzw. Frustrationseffekte der Beziehungsbedürfnisse des Kontrolleurs hinter dem Ausmaß bei neutraler oder sogar positiver Einstellung zurückbleibt.

H 84: Je positiver (bzw. je weniger negativ) die Einstellung des Kontrollträgers zum Kontrollierten ist, desto größer sind c. p. die Beziehungs-(-frustrations-)effekte$_{KS}$.

Wie schon beim Kontrollierten angesprochen, wird seit diversen Jahren in der (sozial-)psychologischen Forschung darüber diskutiert, dass Informationen, die mit den Einstellungen des betrachteten Akteurs im Einklang stehen, tendenziell leichter aufgenommen, verarbeitet und abgespeichert werden als mit den Einstellungen konfliktäre Informationen.[1329] So werden beispielsweise Erfolge von Akteuren, die vom beurteilenden oder kontrollierenden Akteur positiv bewertet werden (z. B. als sympathisch), eher den Handlungen des kontrollierten Akteurs zugeschrieben als im Falle neutraler Einstellung oder gar negativer Einstellung zum Kontrollierten.[1330] Umgekehrt werden Misserfolge eher einem negativ bewerteten Kontrollierten zugeschrieben als Erfolge.[1331] Dieser Einfluss der bestehenden Einstellungen des Kontrolleurs für die Einstellungslerneffekte$_{KS}$ lässt sich erklären anhand der mit alternativen Reaktionsstrategien auf durch einstellungsinkonsistente Informationen hervorgerufene kognitive Dissonanzen:[1332] Bei einem angenehmen Kontrollergebnis, jedoch bestehender negativer Einstellung, sind die Strategien der Dissonanzreduktion durch Abwertung der Kontrollergebnisse („nur Zufall") oder Suchen nach konträren Informationen („doch nicht so gut, wie gedacht") mit geringen neuen kognitiven Dissonanzen für den Kontrolleur verbunden.[1333] Im Gegenteil: Die Abwertung der Kontrollergebnisse entspricht dann der ohnehin negativen Beurteilung der Kontrollhandlung und ist daher ohne größeren Aufwand möglich. Eine Änderung der negativen Einstellung aufgrund der gemachten Erfahrung hin zu einer positiven würde hingegen neuen Aufwand für den Kontrolleur generieren: Schließlich müsste er dann auch sein gewohntes Handeln ändern, um nicht durch das nun einstellungsinkonforme Handeln neue kognitive Dissonanzen zu erfahren. Folglich wird der Kontrolleur tendenziell weniger wahrscheinlich die Strategie der Einstellungsänderung verfolgen und der Einfachheit halber lieber nur das Kontrollergebnis bzw. die damit verbundenen Folgen als „Ausreißer" abwerten. Eine negative Einstellung zur Investitionskontrolle bzw. dem Kontrollierten wird daher c. p. zu einer zu geringen Anpassung der Einstellung des Kontrollträgers an neue, positivere Erfahrungen mit Kontrollen bzw. dem Kontrollierten führen. Eine solche Trägheit der Anpassung der Einstellung besteht jedoch nur bei vorhandener negativer Einstellung und dazu konträren, neuen Erfahrungen. Im Fall positiver Einstellung zur Kontrolle hingegen ist eine Abwertung ihrer Ergebnisse zur Beibehaltung der alten Einstellung mit großen neuen kognitiven Dissonanzen verbunden, da die Abwertung die eigene Handlung in Frage stellen würde. Folglich wird eher die Strategie der Einstellungsanpassung zum Zuge kommen. Insgesamt lässt sich daher festhalten:

H 85: Je negativer (bzw. je weniger positiv) die Einstellung des Kontrolleurs zum Kontrollierten, zu dessen Handeln und zur Investitionskontrolle an sich ist, desto ge-

[1329] Vgl. u. a. Feldman (1981), S. 133; Olson/Zanna (1993), S. 130; Forgas (1995); Becker (2003b), S. 242; von Rosenstiel (2003), S. 195.

[1330] Vgl. hierzu auch Becker (2003b), S. 235, und dortige Quellen.

[1331] Vgl. auch von Rosenstiel (2003), S. 195.

[1332] Alternativ könnte auch hier wieder anstelle der Theorie der kognitiven Dissonanz nach Festinger (1957) auf das Affect Infusion Model nach Forgas (1995) zurückgegriffen werden. Siehe zur Begründung des Rückgriffs auf die Theorie der kognitiven Dissonanz die Fußnote 1218.

[1333] Vgl. zur Auslösung neuer kognitiver Dissonanzen beim Versuch der Reduktion vorhandener kognitiver Dissonanzen durch alternative Strategien grundlegend Festinger (1957), S. 19.

ringer ist c. p. die Anpassung der Einstellungen des Kontrolleurs an die objektiv korrekten Einstellungen (d. h. desto geringer ist der Einstellungslerneffekt$_{KS}$).

Vorhandene Einstellungen beeinflussen auch, inwieweit der Kontrolleur bei der Verarbeitung der Informationen, die eine Änderung seiner Erwartungen nahe legen, diese Anpassung tatsächlich via Lerneffekten vornimmt oder ob er auf Ausweichstrategien, wie z. B. die Abwertung der Kontrollergebnisse, zurückgreift. Ist die Einstellung zur Kontrolle positiv, so wird der Kontrolleur tendenziell weniger wahrscheinlich auf die Strategie der Dissonanzreduktion durch Abwertung der Kontrollergebnisse zurückgreifen, da dieses Vorgehen mit seiner Einstellung im Konflikt stünde und damit neue kognitive Dissonanzen schaffen würde. Verfügt der Kontrolleur hingegen über eine negative Einstellung zur Kontrolle, so wird ihm die Abwertung der zu seinen bisherigen Erfahrungen konträren Informationen leichter fallen, als sowohl seine bisherigen Erwartungen als auch seine Einstellungen anzupassen. Beides jedoch wäre erforderlich, um die ursprünglichen kognitiven Dissonanzen im Hinblick auf die Erwartungen als auch die sich aus einer Erwartungsanpassung ergebenenden, nachfolgenden kognitiven Dissonanzen bezüglich der Einstellungsinkonformität eines solchen Vorgehens der Einstellungsänderung zu reduzieren. Angesichts dieses doppelten Anpassungsaufwands im Falle negativer Einstellungen zur Investitionskontrolle ist es wahrscheinlich, dass die Erwartungslerneffekte$_{KS}$ bei neuen, erwartungsinkonsistenten Erfahrungen bei negativen Einstellungen geringer ausfallen werden als im Falle einer neutralen (oder positiven) Einstellung. Somit kann festgehalten werden:[1334]

H 86: Je negativer (bzw. je weniger positiv) die Einstellung des Kontrolleurs zum Kontrollierten und zur Investitionskontrolle an sich ist, desto geringer ist c. p. die Anpassung der Erwartungen des Kontrolleurs an die objektiv korrekten Erwartungen (d. h. desto geringer der Erwartungslerneffekt$_{KS}$).

Des Weiteren ist von einem negativen Einfluss negativer Einstellungen auf den Fähigkeitslerneffekt$_{KS}$ auszugehen: Diverse theoretische wie empirische (sozial-)psychologische Studien deuten darauf hin, dass Einstellungen starken Einfluss auf die Informationsaufnahme, -verarbeitung und -abspeicherung bei Menschen besitzen können.[1335] Besitzt der Kontrollträger eine negative (positive) Einstellung zur Investitionskontrolle, so wird er den Kontrollergebnissen selbst wenig (viel) Bedeutung zumessen bzw. sie abwerten (nicht abwerten). Damit sinkt (steigt) jedoch automatisch die Wahr-

1334 Vgl. dazu auch March/Olsen (1975), S. 164, und von Rosenstiel (2003), S. 195, die darauf hinweisen, dass Vorurteile zu einer verzerrten Anpassung der Erwartungen von Akteuren führen können.

1335 Vgl. Olson/Zanna (1993), S. 129, und dort zitierte Studien; Izard (1994), S. 26.

scheinlichkeit, etwas aus den Handlungen und ihren Ergebnissen für die Zukunft zu lernen. Die Stärke des Fähigkeitslerneffekts$_{KS}$, d. h. das Ausmaß der Verbesserung der Fähigkeiten, wird somit umso kleiner (größer) ausfallen, je negativer (bzw. je weniger positiv) die Einstellung des Kontrolleurs zur Kontrolle ist.

H 87: Je negativer (bzw. je weniger positiv) die Einstellung des Kontrolleurs zum Kontrollierten und zur Investitionskontrolle an sich ist, desto geringer ist c. p. die Anpassung der Fähigkeiten des Kontrolleurs an die objektiv korrekten Fähigkeiten (d. h. desto geringer ist der Fähigkeitslerneffekt$_{KS}$).

(3) Erwartungen des Kontrolleurs

Ähnlich wie im Fall der ex ante Wirkungen einer Investitionskontrolle lassen sich für den Einfluss der Erwartungen des Kontrolleurs im Fall der ex post Wirkungen angesichts des rudimentären Forschungsstands nur einige wenige Aussagen in Hypothesenform formulieren.

Für den Einfluss der Selbsteffektivität bzw. der Höhe der H→E Erwartungen des Kontrolleurs bezüglich der Durchführung einer Investitionskontrolle auf den Rechtfertigungseffekt$_{KS}$ ist wie folgt zu argumentieren: Sofern der Kontrolleur seine Effektivität zur Aufdeckung von Abweichungen bzw. der Verbesserung seiner Fähigkeiten auf Basis der Kontrollergebnisse für gering erachtet, wird er auch einer von ihm durchgeführten Investitionskontrolle (aufgrund der von ihm angenommenen wenig beeinflussbaren Qualität dieser Kontrolle) kaum Rechtfertigungswirkung gegenüber dem Kontrollierten zuschreiben. Schließlich setzt diese Rechtfertigung voraus, dass er nach der Kontrolle über bessere Fähigkeiten verfügt als zuvor. Glaubt er jedoch nicht daran, dass diese Verbesserung eintritt, so bedeutet dies, dass er auch nicht davon ausgehen wird, dass die Kontrollergebnisse in der Tat geeignet sind, seine Beziehung zum Kontrollierten vor einer Verletzung zu bewahren. Folglich ist zu erwarten, dass der Rechtfertigungseffekt$_{KS}$ einer Investitionskontrolle bei niedrigen H→E Erwartungen des Kontrollträgers bezüglich der Durchführung einer Kontrolle geringer sein wird als bei hohen H→E Erwartungen.

H 88: Je größer die H→E Erwartung des Kontrolleurs bezüglich der Kontrolldurchführung ist, desto größer ist c. p. der Rechtfertigungseffekt$_{KS}$.

Im Gegensatz dazu ist ein Einfluss der Höhe der H→E Erwartungen bezüglich der Ankündigung einer Investitionskontrolle auf den Einstellungslerneffekt$_{KS}$ zu verneinen. Zwar findet sich in der Literatur vereinzelt das Postulat, dass „erwartete Verhaltensweisen [...] eher bemerkt und auch später erinnert [werden, *Anm. d. Verf.*] als unerwartete"[1336] und damit implizit die Vermutung, dass die Erwartungen des Kontrolleurs dessen (Einstellungs-)Lerneffekte beeinflussen könnten. Dies erscheint aber angesichts der Aussagen der (sozial-)kognitiven Lerntheorien sowie der Theorie der kognitiven Dissonanz bei näherer Betrachtung eher unwahrscheinlich. So hängt die Wahl der Strategie im Umgang mit einer kognitiven Dissonanz zwar von der Möglichkeit zur Abwertung der dissonanten Information und damit von den Einstellungen des Kontrollierten zur Quelle dieser Information ab,[1337] jedoch nicht von den Erwartungen eines Akteurs. Auch finden sich in der Literatur diverse Experimente, deren Ergebnisse den Einfluss der Selbsteffektivität wenig wahrscheinlich erscheinen lassen.[1338] Vielmehr spricht einiges dafür, dass die entsprechenden Behauptungen zum Einfluss der wahrgenommenen Selbsteffektivität auf die Einstellungslerneffekte auf eine Vermengung der Begriffe Erwartungen und Einstellungen in der Literatur zurückzuführen sind. So setzen diejenigen Veröffentlichungen, die einen solchen Einfluss der H→E Erwartungen auf die Lerneffekte bei Einstellungen postulieren, Erwartungen meist mit einer überdauernderen Beurteilung gleich. Damit verwenden sie einen Erwartungsbegriff, der mit dem der dominanten (sozial-)psychologischen und betriebswirtschaftlichen Literatur inkompatibel ist und eher dem der Einstellungen entspricht. Insgesamt kann daher trotz gegenteiliger Postulate in der Literatur davon ausgegangen werden, dass die vorhandenen Erwartungen des Kontrolleurs keinen Einfluss auf die Einstellungslerneffekte$_{KS}$ besitzen und sie erst die nachfolgende Handlung(-sauswahl) (d. h. die indirekte Wirkung erster Ordnung) beeinflussen.

H 89: Die Höhe der H→E Erwartung des Kontrolleurs bezüglich der Kontrollankündigung besitzt keinen Einfluss auf den Einstellungslerneffekt$_{KS}$.

(4) Fähigkeiten des Kontrolleurs

In Kapitel 4.1.4 wurden die Fähigkeiten eines Menschen in Potenzialfähigkeiten und Potenzialnutzungsfähigkeiten unterteilt. Bei der Untersuchung des Einflusses der Fähigkeiten des Kontrolleurs auf die ex post Wirkungen einer Investitionskontrolle auf die an ihr beteiligten zwei Individuen sind, dieser Präzisierung des Fähigkeitenbegriffs entsprechend, wieder beide Fähigkeitstypen des Kontrollsubjekts zu unterscheiden. Zunächst sei dabei, wie schon bei der Diskussion des Einflusses der Fähigkeiten auf die ex ante Wirkungen erfolgt, näher auf die Bestands- oder Potenzialfähigkeiten eingegangen.

1336 Becker (2003b), S. 235. Vgl. auch Zadny/Gerard (1974), S. 37-49; Feldman (1981), S. 135.
1337 Vgl. hierzu die Ausführungen im vorangegangenen Teilkapitel zu den Einstellungen des Kontrolleurs.
1338 Vgl. dazu Higgins/Bargh (1987), S. 380-382, und dortige Quellenangaben.

In der allgemeinen betriebswirtschaftlichen wie der (sozial-)psychologischen Literatur wird immer wieder eine Bedeutung der Fähigkeiten eines Vorgesetzen für die Akzeptanz von dessen Entscheidungen und Einschätzungen hervorgehoben.[1339] Es ist daher zu erwarten, dass ein entsprechender Zusammenhang auch bei Investitionskontrollen besteht: Je geringer die kognitiven Fähigkeiten des Kontrollsubjekts sind, desto weniger wird der Kontrollierte allgemein dessen Entscheidungen oder Handlungsanweisungen akzeptieren. Da eine Investitionskontrolle vermittels der durch sie ausgelösten Fähigkeitslerneffekte$_{KS}$ dazu beitragen kann, das Fähigkeitenausmaß des Kontrolleurs zu vergrößern bzw. Fähigkeitsdefizite abzubauen (sofern korrekte Schlüsse aus den Kontrollergebnissen gezogen werden), ist zu erwarten, dass bei geringen kognitiven Bestandsfähigkeiten des Kontrolleurs vor der Investitionskontrolle der Rechtfertigungseffekt$_{KO}$ der Kontrolle größer ist als bei ohnehin gegebenem hohem Wissen und entsprechend geringem Wissenszuwachs durch die Kontrolle. Schließlich ist die Wahrscheinlichkeit einer durch leichtfertige Entscheidungen, d. h. durch mangelnde Fähigkeiten des Kontrolleurs, hervorgerufenen Verletzung der sozialen Achtungsbedürfnisse des Kontrollierten infolge des Ausbaus dieser Fähigkeiten gesunken.[1340] Gleichzeitig gilt jedoch, dass – wie nachfolgend für den Fähigkeitslerneffekt$_{KS}$ noch detailliert dargestellt wird – eine Verbesserung der Fähigkeiten des Kontrolleurs, was zu gerechtfertigteren Entscheidungen desselben führen würde, nur schwer möglich ist, wenn der Kontrolleur über wenig sachbezogenes Wissen verfügt. Es fällt dann nämlich ein Rückschluss und eine Einordnung der neuen Informationen angesichts eines fehlenden kognitiven Bezugsrahmens schwer. Somit lässt sich als Hypothese formulieren, dass ein umgekehrt-U-förmiger Verlauf des Ausmaßes des Rechtfertigungseffekts$_{KO}$ einer Investitionskontrolle in Abhängigkeit vom Ausmaß der dem Kontrolleur zur Verfügung stehenden Bestandsfähigkeiten besteht.

H 90: Der Rechtfertigungseffekt$_{KO}$ einer Investitionskontrolle steigt zunächst mit wachsenden Bestandsfähigkeiten des Kontrolleurs an, um anschließend bei weiterem Anstieg der Potenzialfähigkeiten c. p. wieder zurückzugehen.

Verfügt der Kontrolleur nicht über ausreichend Wissen zum kontrollierten Sachverhalt und/oder zur Abweichungsauswertung, so wirkt das Kontrollergebnis für den Kontrollierten (richtige Wahrnehmung und Beurteilung des Fähigkeitsmangels des Kontrolleurs

[1339] Vgl. exemplarisch French/Raven (1959), S. 163; Churchill/Cooper (1966), S. 111f. u. S. 119; Cederblom (1982), S. 223; Bernardin/Villanova (1986), S. 53; Fedor (1991), S. 84; Hoffjan (1997), S. 267; Schäffer (2001), S. 183; Küpper (2005), S. 279.

[1340] Limitierend wirkt jedoch das Rückschlussproblem, das sich für den Kontrolleur bei geringen deklarativen und prozeduralen Fähigkeiten und damit hoher Unsicherheit ergibt, und das zu fehlerhaftem Lernen führen kann (d. h. niedrigerem Fähigkeitslerneffekt$_{KS}$). Entsprechend wird der Rechtfertigungseffekt$_{KO}$ bei geringen Fähigkeiten nur wenig größer ausfallen als bei großen Fähigkeiten.

unterstellt) qualitativ wenig überzeugend bzw. wenig verlässlich und nicht glaubwürdig. Unglaubwürdige Rückkoppelungsinformationen zum eigenen Handeln werden jedoch vom Kontrollierten tendenziell weniger ernst genommen und daher sowohl niedrigere Befriedigungs- als auch Frustrationseffekte$_{KO}$ auslösen.[1341] Es ist daher die Hypothese zu formulieren, dass die Bedürfnisbefriedigungs-/-frustrationseffekte$_{KO}$ einer Investitionskontrolle umso geringer sein werden, je geringer die Verlässlichkeit der vom Kontrolleur generierten Kontrollinformationen aus Sicht des Kontrollierten ist, d. h. je geringer die Fähigkeiten des Kontrolleurs sind.

H 91: Je größer die (wahrgenommen) kognitiven Bestandsfähigkeiten des Kontrolleurs sind, desto größer sind c. p. die Bedürfnisbefriedigungseffekte$_{KO}$ bzw. Bedürfnisfrustrationsffekte$_{KO}$.

Zur Beurteilung eines möglichen Einflusses des Ausmaßes der kognitiven Bestandsfähigkeiten des Kontrolleurs auf den Machteffekt$_{KS}$ ist näher auf das Machtverhältnis zwischen Kontrolliertem und Kontrolleur einzugehen: Je größer die Fähigkeiten eines Kontrolleurs sind, umso eher wird er relativ zum Kontrollierten den Status eines Experten besitzen und damit über Expertenmacht verfügen.[1342] Dies wird, der Annahme einer Satisfizierbarkeit der Bedürfnisse nach sozialer Achtung und Macht durch Alderfer (1969) folgend, tendenziell dazu führen, dass die Fremdachtungsbedürfnisse des Kontrolleurs bereits teilweise oder aber vollständig befriedigt sind.[1343] Somit können vom Kontrolleur an den Kontrollierten infolge einer Investitionskontrolle zu verteilende Belohnungen und Bestrafungen weniger zur zusätzlichen Befriedigung der Machtbedürfnisse beitragen als bei kaum oder gar nicht-satisfizierten sozialen Achtungsbedürfnissen. Dies lässt sich als Hypothese wie folgt formulieren: Je größer die Potenzialfähigkeiten und damit tendenziell die Expertenmacht des Kontrolleurs ist, desto geringer ist der zusätzliche Befriedigungseffekt auf die Machtbedürfnisse im Falle einer Sanktions- oder Belohnungsvergabe, da die Bedürfnisse des Kontrolleurs nach sozialer Achtung bzw. Macht bereits zu einem Teil oder vollständig durch die Expertenmacht befriedigt sind. Der Machteffekt$_{KS}$ einer Investitionskontrolle wird daher mit steigendem Ausmaß der Fähigkeiten des Kontrolleurs c. p. abnehmen.

H 92: Je größer die (wahrgenommen) kognitiven Bestandsfähigkeiten des Kontrolleurs sind, desto geringer ist c. p. der Machteffekt$_{KS}$.

[1341] Vgl. dazu ähnlich für Leistungsbeurteilungen Farr (1991), S. 66.

[1342] Vgl. zur Expertenmacht French/Raven (1959), S. 163; Bachman/Smith/Slesinger (1968), S. 225; Kelvin (1970), S. 185 u. S. 196; Staehle (1999), S. 404.

[1343] Vgl. zur Unterscheidung befriedigbarer und nicht-befriedigbarer Bedürfnisse Alderfer (1969), S. 152.

Wiederum von einem Einfluss des Ausmaßes der kognitiven Bestandsfähigkeiten des Kontrolleurs ist für das Erlernen von Einstellungen beim Kontrollierten aus den Kontrollerfahrungen auszugehen: Verfügt ein Kontrolleur über entsprechendes, relevantes Fachwissen bei der Auswertung von Abweichungen in Kontrollen, so wird ein Kontrollierter diese Kontrollhandlung eher als valide und fundiert betrachten als bei einem Kontrolleur, der aufgrund eingeschränkter kognitiver Potenzialfähigkeiten keine hochwertige Abweichungsauswertung durchführen kann und dessen Versuche eher laienhaft auf den Kontrollierten wirken.[1344] Es ist daher zu erwarten, dass die Einstellung des Kontrollierten zur Investitionskontrollhandlung des Kontrolleurs desto positiver wird, je größer die kognitiven Bestandsfähigkeiten des Kontrolleurs sind. Im Einklang mit dieser Hypothese konnten Bachman/Smith/Slesinger (1968) bereits empirisch feststellen, dass ein kontrollierender Vorgesetzter signifikant besser durch die Untergebenen beurteilt wird, wenn er Expertenwissen besitzt, als wenn er lediglich über legitime Macht im Sinne French/Ravens (1959) verfügt.[1345] Ausgehend von einer gegebenen Einstellung des Kontrollierten kann somit die Einstellung sich umso mehr verbessern, über je mehr Fähigkeiten der Kontrolleur verfügt. Dies ist jedoch gleichbedeutend damit, dass der potenzielle Lerneffekt einer Investitionskontrolle der Anpassung der gegebenen Einstellung an die (neuen bzw. tatsächlich gegebenen) Eigenschaften des Kontrolleurs und der Kontrolle größer sein kann.

H 93: Das Ausmaß der kognitiven Bestandsfähigkeiten des Kontrolleurs besitzt einen positiven Einfluss auf den Einstellungslerneffekt$_{KO}$.

Ebenso wie für den Einstellungslerneffekt$_{KO}$ gilt auch für sein Pendant auf die Einstellungen des Kontrolleurs, dass geringe kognitive Bestandsfähigkeiten des Kontrolleurs zur Durchführung der Investitionskontrollhandlung tendenziell eine stärkere Frustration der Selbstachtungs- und Leistungsbedürfnisse des Kontrolleurs hervorrufen als im Fall größerer Fähigkeiten. Entsprechend (und zu Recht) wird er tendenziell eine negativere Einstellung zu seinen Handlungen (d. h. der Investitionskontrolle) erlernen als bei größeren Bestandsfähigkeiten (und entsprechend geringeren Problemen bei der Kontrolldurchführung).[1346] Somit gilt auch hier, dass ausgehend von einer gegebenen Einstellung des Kontrolleurs mit einem deutlichen Ansteigen seiner Fähigkeiten eine größere Verbesserung der Einstellung möglich wird als bei einer verhältnismäßig kleinen Verbesserung der

[1344] Bei dieser Aussage wird implizit unterstellt, dass der Kontrollierte dieses Defizit an Fähigkeiten des Kontrolleurs richtig wahrnimmt und zudem selber über tendenziell zumindest etwas größere Fähigkeiten verfügt.

[1345] Vgl. Bachman/Smith/Slesinger (1968), S. 224.

[1346] Vgl. hierzu ähnlich für die Rolle der kognitiven Bestandsfähigkeiten in Beurteilungsgesprächen auch Muck/Schuler (2004), S. 270.

Fähigkeiten des Kontrolleurs. Dies ist jedoch gleichbedeutend damit, dass der mögliche Einstellungslerneffekt$_{KS}$ einer Investitionskontrolle zunimmt.

H 94: Das Ausmaß der kognitiven Bestandsfähigkeiten des Kontrolleurs besitzt einen positiven Einfluss auf den Einstellungslerneffekt$_{KS}$.

Für den Fähigkeitslerneffekt$_{KO}$ ist wieder von einer Relation zum Ausmaß der kognitiven Bestandsfähigkeiten des Kontrolleurs auszugehen: Verfügt der Kontrolleur über unzureichende Fähigkeiten zur adäquaten Beurteilung des kontrollierten Sachverhalts und zur Identifikation der Fehlerursachen und ist sich der Kontrollierte dieser Tatsache bewusst, so werden die durch entsprechende vom Kontrolleur ermittelte Kontrollergebnisse beim Kontrollierten hervorgerufenen kognitiven Dissonanzen mit größerer Wahrscheinlichkeit durch eine Abwertung der Kontrollergebnisse beseitigt als im Falle ausreichender Fähigkeiten des Kontrolleurs (und entsprechender Glaubwürdigkeit der Kontrollergebnisse). Die Wahrscheinlichkeit, dass die Kontrollergebnisse für Veränderungen der Fähigkeiten des Kontrollierten genutzt werden, nimmt somit mit sinkendem Ausmaß der Fähigkeiten des Kontrolleurs ab. Dies führt im Fall, dass das Kontrollergebnis trotz der Einschränkungen der Fähigkeiten des Kontrolleurs korrekt ist, dazu, dass die Verbesserung der Fähigkeiten des Kontrollierten geringer ausfällt als normal. Der Fähigkeitslerneffekt$_{KO}$ fällt dann entsprechend geringer aus. Im Fall, dass das Kontrollergebnis hingegen aufgrund der Fähigkeitsdefizite beim Kontrolleur tatsächlich (und nicht nur aus subjektiver Sicht des Kontrollierten) wenig Überzeugungskraft besitzt, führt dies potenziell auch dazu, dass fehlerhafte Anpassungen der Fähigkeiten des Kontrollierten unterbleiben. Insofern lässt sich zwar keine Aussage über die Richtung, jedoch über das Ausmaß der Anpassung treffen, welches bei eingeschränkten Fähigkeiten des Kontrolleurs (und entsprechender Wahrnehmung durch den Kontrollierten) bedeutend geringer ist als bei ausreichenden Fähigkeiten.

H 95: Je geringer das Ausmaß der kognitiven Bestandsfähigkeiten des Kontrolleurs ist, desto größer ist c. p. die Abweichung des Fähigkeitslerneffekts$_{KO}$ von seinem objektiv (d. h. bei „vollständigen" Fähigkeiten) korrekten Wert.

Wie hinsichtlich der Bedeutung der vorhandenen Bestandsfähigkeiten des Kontrollierten auf die Fähigkeitslerneffekte$_{KO}$ dargestellt, ist auch für den Kontrolleur davon auszugehen, dass die Stärke des Fähigkeitslerneffekts$_{KS}$ sowohl bei sehr geringen als auch bei sehr großen Fähigkeiten geringer ausfallen wird, als bei einem mittleren Niveau. So zeigt Spielberger (1983) an einem mikroökonomisch-verhaltensorientierten Modell für die Investitionskontrolle, dass große Unsicherheit des Kontrolleurs, d. h. geringe kognitive Potenzialfähigkeiten des Kontrollträgers im Vergleich zum objektiv erforderlichen Ausmaß, das Ziehen von Rückschlüssen aus den in einer Kontrolle generierten Informationen für den Kontrolleur erschweren.[1347] Die bei der Diskussion der Relevanz der Bestandsfähigkeiten des Kontrollierten bereits angeführten empirischen Studien deuten ebenfalls in diese Richtung.[1348] Es ist daher davon auszugehen, dass es bei signifikanten Defiziten in den Bestandsfähigkeiten des Kontrolleurs erheblich schwieriger als bei geringen Defiziten ist, aus den Kontrollinformationen für eine Verbesserung der Fähigkeiten zu lernen.[1349] Dies gilt dabei für ein Lernen über die (1) bei Investitionen relevanten Faktoren (d. h. insbesondere auch Lücken der deklarativen Fähigkeiten des Kontrolleurs), die (2) Arbeitsanstrengung des Kontrollierten zur Informationsbeschaffung der ihm bekannten Faktoren und (3) die möglicherweise beim Kontrollierten vorliegenden Einschränkungen der (prozeduralen) Fähigkeiten. Entsprechend fällt der Fähigkeitslerneffekt$_{KS}$ bei geringen Bestandsfähigkeiten des Kontrolleurs niedrig, „gleich Null" bzw. potenziell (falls völlig falsche Schlüsse gezogen werden) sogar negativ aus. Gleichzeitig gilt jedoch, dass auf Basis psychologisch-verhaltensorientierter Überlegungen auch im Falle großer bis sehr großer Potenzialfähigkeiten mit einem Rückgang des Fähigkeitslerneffekts$_{KS}$ zu rechnen ist: Schließlich führen, wie im Kapitel 4 dargestellt, neue, von den bereits vorhandenen Fähigkeiten abweichende Informationen zu kognitiven Dissonanzen.[1350] Je größer die vorhandenen Bestandsfähigkeiten eines Akteurs sind, umso aufwändiger wird es für den Akteur, diese neuen Informationen durch Anpassung seines vorhandenen Wissens zu integrieren und umso wahrscheinlicher wird es, dass er stattdessen auf Ausweichstrategien wie die Abwertung der neuen Information oder Suche nach anderen, konsonanten Informationen zur Dissonanzreduktion zurückgreift, die den Lerneffekt reduzieren oder sogar gänzlich auf Null fallen lassen.[1351] Ähnlich wie schon beim Kontrollierten in

---

[1347] Vgl. Spielberger (1983), S. 326; ähnlich auch Laux/Liermann (2003), S. 472f. u. S. 488f.

[1348] Vgl. hierzu die Ausführungen im Kapitel 6.2.2.

[1349] Vgl. hierzu aus der mikroökonomisch-verhaltensorientierten Betriebswirtschaftslehre die ausführliche Untersuchung Spielbergers (1983) anhand des Delegationswertkonzepts zur Bedeutung von Unsicherheit (d. h. im hier verstandenen Sinne subjektiv eingeschränkten Fähigkeiten im Vergleich zu den objektiv durch den Kontext erforderlichen Fähigkeiten) für die Möglichkeit, Rückschlüsse aus Ergebniskontrollen zu ziehen. Seine formal-analytischen Delegationswert-Modelle zeigen dabei die Problematik oder sogar gänzliche Unmöglichkeit valider Rückschlüsse auf. Ähnlich kommt auch Becker (1993), S. 98, zu dem Ergebnis, dass Einfachheit der kontrollierten Aufgabe (d. h. geringe Fähigkeitsdefizite) wichtig für valide Rückschlüsse ist. In der Prinzipal-Agenten-Theorie stellt die Annahme, dass „weder der Arbeitseinsatz noch der Umweltzustand vom Prinzipal beobachtet werden kann" (Wagenhofer (1993), S. 165), d. h. dass der Prinzipal über ungenügend Wissen verfügt, den zentralen Ausgangspunkt der Analyse dar und führt zu dem Problem, dass ein schlechtes Ergebnis vom Agenten vor dem Prinzipal immer mit einem ungünstigen Umweltzustand gerechtfertigt werden kann und damit der Prinzipal nicht wirklich erfährt, ob der Agent eine hohe oder niedrige Anstrengung gewählt hat (vgl. z. B. Wagenhofer (1992), S. 322; Wagenhofer (1993), S. 165).

[1350] Vgl. Festinger (1957), S. 18; Festinger/Aronson (1960), S. 214; Zimbardo (1960), S. 86; Aronson/Wilson/Akert (2004), S. 188; Zimbardo/Gerrig (2004), S. 780.

[1351] Vgl. dazu die Ausführungen zur Bedeutung des Ausmaßes der deklarativen Bestandsfähigkeiten des Kontrolleurs auf den Fähigkeitslerneffek$_{KO}$ weiter vorne in diesem Kapitel. Vgl. auch Kroeber-Riel

diesem Kapitel dargestellt, wird daher auch beim Kontrolleur mit steigendem Ausmaß der vorhandenen deklarativen Fähigkeiten die Tendenz zur Wahl einer Ausweichstrategie anstelle der Veränderung der bestehenden deklarativen Fähigkeiten zunehmen. Insgesamt ist daher für den Einfluss des Umfangs der kognitiven deklarativen Fähigkeiten des Kontrolleurs auf die Stärke des Fähigkeitslerneffekts$_{KS}$ von einem näherungsweise umgekehrt-U-förmigen Verlauf auszugehen.

H 96: Der Fähigkeitslerneffekt$_{KS}$ einer Investitionskontrolle steigt zunächst mit wachsenden Bestandsfähigkeiten des Kontrolleurs an, um anschließend bei weiterem Anstieg der Potenzialfähigkeiten c. p. wieder zurückzugehen.

Darüber hinaus ist mit einem Einfluss des Ausmaßes der kognitiven Bestandsfähigkeiten des Kontrolleurs auf den Kontrollaufwand2$_{KS}$ zu rechnen: Je weniger vertraut ein Kontrolleur sachlich und fachlich mit den von ihm anhand der Ergebnisse kontrollierten Investitionshandlungen des Kontrollierten ist, umso mehr muss sich der Kontrollträger in die zu kontrollierende Aufgabe einarbeiten. Entsprechend steigt mit abnehmenden Bestandsfähigkeiten des Kontrolleurs der (kognitive) Kontrollaufwand2$_{KS}$ zur Durchdringung des kontrollierten Sachverhalts.

H 97: Je geringer das Ausmaß der kognitiven Bestandsfähigkeiten des Kontrolleurs ist, desto größer ist c. p. der Kontrollaufwand2$_{KS}$.

Auch die Potenzialnutzungsfähigkeiten des Kontrolleurs üben, wie die nachfolgenden Ausführungen verdeutlichen, einen wichtigen Einfluss auf die ex post Wirkungen einer Investitionskontrolle aus. Ausgehend von den vorhandenen Erkenntnissen aus (Sozial-)Psychologie und Betriebswirtschaftslehre,[1352] ergänzt um Plausibilitätsüberlegungen, lassen sich dabei jedoch nur grobe Aussagen treffen: Auch hier erweist sich, wie schon bei den ex ante Wirkungen das Fehlen einer integrierten Theorie der Informationsaufnahme, -verarbeitung und -memorierung als Hindernis für präzise und valide Aussagen.[1353]

Unvollständige prozedurale Fähigkeiten des Kontrolleurs können u. a. auch eine fehlerbehaftete Wahrnehmung und Einschätzung des Rechtfertigungsausmaßes einer Kontrollhandlung aus Sicht des Kontrolleurs mit sich bringen: Die Ergebnisse einer Kontrolle

---

(1992), S. 346. Zu den alternativen Strategien im Umgang mit kognitiven Dissonanzen vgl. grundlegend Festinger (1957), S. 19f.

1352 Für einen Überblick vgl. bspw. Bourguignon/Chiapello (2005), S. 692f.

1353 Zum Mangel an einer integrierten Theorie der Informationsaufnahme, -verarbeitung und -memorierung vgl. Bourguignon (2004), S. 668.

können als zu gut oder zu schwach zur Vermeidung einer Verschlechterung der Beziehungen zum Kontrollierten wahrgenommen bzw. beurteilt werden als sie objektiv bei Betrachtung mit „perfekten" Potenzialnutzungsfähigkeiten vorliegt. Dabei ist zu erwarten, dass das Ausmaß der Abweichung des Rechtfertigungseffekts$_{KS}$ vom objektiv gerechtfertigten Umfang in einem negativen Verhältnis zum Ausmaß der prozeduralen Fähigkeiten stehen wird.[1354]

H 98: Je größer die prozeduralen Fähigkeiten des Kontrolleurs sind, desto geringer werden c. p. die Abweichungen des Rechtfertigungseffekts$_{KS}$ vom objektiv korrekten Ausmaß sein.

Eingeschränkte prozedurale Fähigkeiten bei der Kommunikation der Kontrollinformationen an den Kontrollierten können aber auch dazu führen, dass dessen Befriedigungs- und Frustrationseffekte in anderer Höhe ausfallen als im Falle vollständiger Potenzialnutzungsfähigkeiten des Kontrolleurs.[1355] Mithin ist von einem Einfluss des Ausmaßes der Potenzialnutzungsfähigkeiten des Kontrolleurs auf die Bedürfnisbefriedigungseffekte$_{KO}$ bzw. -frustrationseffekte$_{KO}$ zu rechnen. Es kann daher die Hypothese aufgestellt werden, dass das Ausmaß dieser Abweichung von der objektiv – angesichts der Ergebnisse einer Investitionskontrolle – gerechtfertigten Stärke der Befriedigungs- und Frustrationseffekte negativ mit dem Ausmaß der prozeduralen Fähigkeiten des Kontrolleurs zusammenhängt.[1356]

H 99: Je größer die prozeduralen Fähigkeiten des Kontrolleurs sind, desto geringer werden c. p. die Abweichungen der Bedürfnisbefriedigungs- und -frustrationseffekte$_{KO}$ vom objektiv korrekten Ausmaß sein.

Eingeschränkte Potenzialnutzungsfähigkeiten des Kontrolleurs können durch die Beeinflussung der Bewertung der vorgefundenen Handlungsergebnisse des Kontrollierten ebenfalls dazu führen, dass die Stärke des Beziehungsbefriedigungs- bzw. -frustrationseffekts$_{KS}$ abweichend vom Niveau bei vollständigen Fähigkeiten ausfällt. So wird in der Leistungsbeurteilungsliteratur seit längerem auf die Gefahr hingewiesen, dass Beurteiler (respektive Kontrolleure) den Einfluss des Kontexts auf die Handlungsergebnisse unterschätzen, die der Beurteilte bzw. Kontrollierte mit seinen Handlungen erzielt hat (sog. Attributionsfehler).[1357] Dies kann dazu führen, dass ein negatives Kontrollergebnis mehr dem falschen Handeln des Kontrollierten aufgrund mangelnder Leistungsan-

---

[1354] Vgl. ebenfalls Fußnote 1304.
[1355] Vgl. dazu implizit Lawler (1976), S. 1269.
[1356] Vgl. dazu wieder Fußnote 1304.
[1357] Vgl. exemplarisch Manzoni/Barsoux (1998), S. 100; Kießling-Sonntag (2000), S. 227.

strengung zur Last gelegt wird als externen Faktoren bzw. seinen relativ zum Kontext eingeschränkten Fähigkeiten. Eine solche Fehlattribution des Misserfolgs wird jedoch ihrerseits zu einer stärkeren Frustration der Beziehungsbedürfnisse des Kontrolleurs infolge der Übermittlung dieser Kontrollergebnisse führen, da die Sicherheits-, Beziehungs- und Achtungsbedürfnisse des Kontrollierten dann stärker frustriert werden als dies objektiv gerechtfertigt ist. Umgekehrt ist bei positivem Kontrollergebnis ebenso aufgrund der Fehlattribution des Erfolgs eine übermäßige bzw. objektiv zu große Befriedigung der Beziehungsbedürfnisse des Kontrolleurs denkbar, da dann die Sicherheits-, Beziehungs- und Achtungsbedürfnisse des Kontrollierten in übergebührlichem Maß befriedigt werden.[1358]

> H 100: Je größer die prozeduralen Fähigkeiten des Kontrolleurs sind, desto geringer werden c. p. die Abweichungen der Beziehungsbefriedigungs- bzw. -frustrationseffekte$_{KS}$ vom objektiv korrekten Ausmaß sein.

Einschränkungen der kognitiven Bestandsnutzungsfähigkeiten des Kontrolleurs können ferner dazu führen, dass er die eigene Macht unter- oder überschätzt.[1359] So können Wahrnehmungs- oder Bewertungsfehler beispielsweise zu einer fehlerhaften Einschätzung der Informationsweitergabemacht[1360] führen, d. h. dass die Veröffentlichung oder Weiterleitung eines negativen Kontrollergebnisses vielleicht viel weniger (oder viel mehr) die Bedürfnisse des Kontrollierten verletzt, als der Kontrolleur meint, und daher die subjektive Befriedigung des Machtbedürfnisses des Kontrolleurs höher (niedriger) ausfällt, als dies angesichts des Kontrollergebnisses gerechtfertigt wäre. Auch hier ist wieder zu erwarten, dass diese abweichende Stärke des Machteffekt$_{KS}$ durch das Ausmaß der kognitiven, prozeduralen Fähigkeiten des Kontrolleurs bestimmt wird. Je größer diese Fähigkeiten sind, desto geringer wird die Abweichung in der subjektiven Effektstärke von der objektiv gerechtfertigten Effektstärke sein.[1361]

> H 101: Je größer die prozeduralen Fähigkeiten des Kontrolleurs sind, desto geringer werden c. p. die Abweichungen des Machteffekts$_{KS}$ vom objektiv korrekten Ausmaß sein.

Das Ausmaß der kognitiven Potenzialnutzungsfähigkeiten besitzt darüber hinaus auch Einfluss auf den Einstellungslerneffekt$_{KS}$: Einschränkungen der Potenzialnutzungsfähigkeiten des Kontrollträgers können zum Phänomen des bereits erwähnten Attributionsfeh-

---

[1358] Vgl. hierzu auch Manzoni (2002), S. 117-119, sowie die Anmerkung in Fußnote 1304.

[1359] Vgl. Nienhüser (2003), S. 152.

[1360] Vgl. zum Konzept der Informationsweitergabe, die der Expertenmacht entspricht, sich jedoch auf negatives Wissen bezieht, Nienhüser (2003), S. 159.

[1361] Vgl. aber Fußnote 1304 für die dabei implizit zugrundegelegte Annahme.

lers in der Informationsverarbeitung führen. Dies bedeutet, dass der Kontrollträger die Ursachen für mögliche Abweichungen zwischen Prüf- und Vergleichsgröße eher dem Handeln (oder Nichthandeln) des kontrollierten Akteurs zuschreibt als möglichen Umwelteinflüssen.[1362] Er wird daher die vom Kontrollierten erzielten Handlungsergebnisse in der gegebenen Situation negativer bewerten als objektiv aufgrund des Umwelteinflusses richtig wäre.[1363] Umgekehrt könnte das Fehlen von Abweichungen zu stark dem Handeln des Kontrollierten zugeschrieben werden, sodass dieses ungebührlich positiv beurteilt wird. In beiden Fällen wird die Richtung der Veränderung der Einstellung verfälscht und damit der Einstellungslerneffekt$_{KS}$ c. p. niedriger ausfallen, als objektiv gerechtfertigt wäre. Ähnlich wäre durch die vorschnelle Einordnung eines Kontrollierten anhand einiger seiner Eigenschaften in eine bestimmte gedankliche Kategorie, d. h. durch den so genannten Halo-Effekt, eine Verzerrung der Einstellungen denkbar, die ein Kontrollträger über einen Kontrollierten bildet.[1364] Der erstmals von Thorndike (1920) systematisch beschriebene Halo-Effekt kann dabei, wie eine Meta-Analyse experimenteller Studien zeigt, bis zu 30 Prozent der Gesamtvarianz bei Beurteilungen ausmachen.[1365] Es ist daher zu erwarten, dass der Einstellungslerneffekt$_{KS}$ sowohl durch den Attributionsfehler als auch durch den Halo-Error verzerrt wird. Daher lässt sich folgende Hypothese formulieren:[1366]

H 102: Je größer die prozeduralen Fähigkeiten des Kontrolleurs sind, desto geringer werden die Abweichungen des Einstellungslerneffekts$_{KS}$ vom objektiv korrekten Ausmaß sein.

Während die Erwartungslerneffekte bei Kontrollobjekt wie Kontrollsubjekt tendenziell Schritt für Schritt eine Verbesserung der Erwartungen (und damit der Prognosen über zukünftige Entwicklungen allgemein und der Handlungsweisen anderer Akteure im Be-

---

1362 Vgl. zur Attributionsverzerrung auch Tversky/Kahneman (1974), S. 1127; Steinle (1975), S. 121; Feldman (1981), S. 133; Lee (1985), S. 323; Fedor (1991), S. 88; Hoffjan (1997), S. 249; Manzoni (2002), S. 117f.; Becker (2003b), S. 232-234; Muck/Schuler (2004), S. 269; Myers (2005), S. 615f., und dort jeweils angegebene experimentelle bzw. empirische Studien.

1363 Vgl. Manzoni/Barsoux (1998), S. 100.

1364 Vgl. hierzu Lee (1985), der darauf hinweist, dass diese Verzerrungen der Beurteilung auf „one's willingness to see similarity and consistency, failure to record and attend hit rates, and the discounting of impression-inconsistent information" (Lee (1985), S. 323) zurückzuführen sind. Vgl. auch Feldman (1981), S. 130f.; Schuler (1989), S. 422; Jost (2000), S. 252; Becker (2003b), S. 227; von Rosenstiel (2003), S. 198; Neuberger (2004), S. 36f. Von Rosenstiel (2003) nennt dabei auch praktische Beispiele aus Leistungsbeurteilungen, wie, dass der pünktliche Mitarbeiter auch der einsatzfreudigere ist und der Intelligentere auch der Fleißigere (vgl. von Rosenstiel (2003), S. 198). Für weitere Kategorisierungen im Arbeitsalltag vgl. auch Manzoni/Barsoux (1998), S. 103.

1365 Vgl. King/Hunter/Schmidt (1980), S. 509. Eine jüngere Meta-Analyse zu dieser Fragestellung existiert leider nach Kenntnis des Verfassers nicht.

1366 Vgl. dazu Fußnote 1304.

sonderen) ermöglichen,[1367] haben Untersuchungen von Tversky/Kahneman (1974) auch verdeutlicht, dass diese Erwartungslerneffekte realiter aufgrund von Fähigkeitsbeschränkungen und daraus resultierenden Attributionsfehlern vermutlich in geringerem Ausmaße ablaufen als bei „idealtypisch" vollständigen kognitiven Fähigkeiten. So vernachlässigen Akteure allgemein (d. h. auch der Kontrolleur) oft in ihrer Prognosen- bzw. ihrer Erwartungsbildung den Einfluss des Zufalls auf die Handlungsergebnisse anderer Akteure.[1368] Dies führt dazu, dass eine Schätzfehlerreduktion tendenziell in geringerem Umfang stattfindet, als dies bei objektiver Prognose unter Berücksichtigung der Zufallseinflüsse möglich wäre.[1369] Im Fall einer Investitionskontrolle ist daher zu erwarten, dass der Kontrollträger auch die Reaktion des Kontrollierten auf eine Kontrollankündigung (d. h. seine Tendenz zu diszipliniertem Handeln) falsch einschätzt. Ebenso können die bereits erwähnten Kategorisierungs- bzw. Halo-Effekte dazu führen, dass dem Kontrollierten fälschlicherweise Charakteristika (z. B. seine Fähigkeiten zur Erzielung der vom Kontrolleur geforderten Ergebnisse) zugeschrieben werden.[1370] Damit entwickelt der Kontrolleur fehlerhafte Erwartungen über die H→E Erwartungen des Kontrollierten. Diesen Überlegungen Rechnung tragend, kann die Hypothese aufgestellt werden, dass das Ausmaß der Potenzialnutzungsfähigkeiten beim Kontrolleur positiv mit dem Maß der Verbesserung bzw. der Stärke des Erwartungslerneffekts$_{KS}$ einer Investitionskontrolle verbunden ist.[1371]

H 103: Je größer die prozeduralen Fähigkeiten des Kontrolleurs sind, desto geringer werden c. p. die Abweichungen des Erwartungslerneffekts$_{KS}$ vom objektiv korrekten Ausmaß sein.

Bereits intuitiv einleuchtend ist die Bedeutung der prozeduralen Fähigkeiten zur Kommunikation in einer Situation, in der ein Akteur das Ergebnis der Handlungen eines anderen kontrolliert. Verfügt der Kontrolleur über unzureichende prozedurale Fähigkeiten zur präzisen Kommunikation der Kontrollergebnisse an den kontrollierten Akteur, so wird

---

1367 Bei dieser Argumentation wird unterstellt, dass die Situation bzw. das tatsächliche Handeln konstant bleibt, so dass nur die Fehlschätzung zur Realität abnimmt.

1368 Vgl. Tversky/Kahneman (1974), S. 1127. Vgl. dazu auch Steinle (1975), S. 121, mit weiteren empirischen Belegen sowie Feldman (1981), S. 133; Lee (1985), S. 323; Manzoni/Barsoux (1998), S. 100; Jost (2000), S. 295f.; Myers (2005), S. 615f.

1369 Vgl. dazu auch Laux (1990), S. 29, der darauf hinweist, dass Personen „aus gleichen Informationen unterschiedliche Rückschlüsse ziehen".

1370 Zum Halo-Error vgl. grundlegend Thorndike (1920). Für eine detaillierte Diskussion seiner Bedeutung im Erwartungsbildungsprozess vgl. Feldman (1981), S. 139. Siehe auch King/Hunter/Schmidt (1980), S. 509f., für eine meta-analytische Betrachtung des typischen Ausmaßes des Halo-Errors. Siehe ferner Manzoni/Barsoux (1998), S. 103, für eine Darstellung seiner Wirkung im Unternehmensalltag. Siehe allgemein zu gedanklichen Kategorisierung von Objekten auch Myers (2005), S. 417.

1371 So ist durch Fähigkeitsausbau via Training bspw. eine Reduktion von entsprechenden „kognitiven Verzerrungen" möglich (vgl. dazu Feldman (1981), S. 140f., und dort angeführte Quellen).

letzterer fehlerhafte Schlüsse in Bezug auf die Ergebnisse und die Rolle seines Handelns ziehen. Damit sinkt jedoch per definitionem der Fähigkeitslerneffekt$_{KO}$. Diesen Zusammenhang illustriert die bereits erwähnte empirische Studie von Hantula/Bragger (1999), in der sich ein signifikanter Zusammenhang zwischen der Präzision der Rückkoppelungsinformationen und dem Lernen von Akteuren zeigte.[1372] Auch Meyer/Walker (1961) kommen zu dem Ergebnis, dass die Güte der Diskussionsführung, mit der der Kontrollträger das Kontrollergebnis mit dem Kontrollierten bespricht, ein Schlüsselfaktor für (aus Fähigkeitslerneffekten resultierende) Änderungen im Handeln des Kontrollierten ist.[1373] Es ist daher zu erwarten, dass der Fähigkeitslerneffekt$_{KO}$ desto größer sein wird, je größer die Potenzialnutzungsfähigkeiten des Kontrollträgers zur Informationsausgabe (Kommunikation der Kontrollergebnisse an den Kontrollierten) sind.[1374]

H 104: Je größer die prozeduralen Fähigkeiten des Kontrolleurs sind, desto geringer werden c. p. die Abweichungen der Fähigkeitslerneffekte$_{KO}$ vom objektiv korrekten Ausmaß sein.

Ähnlich wie die prozeduralen Fähigkeiten des Kontrolleurs für die Verbesserung der Fähigkeiten des Kontrollierten von Bedeutung sind, besitzen sie auch einen Einfluss auf den Fähigkeitslerneffekt$_{KS}$: Eine Verbesserung der Fähigkeiten infolge von Investitionskontrollen setzt das korrekte Erkennen bzw. Diskriminieren und Interpretieren der Ursachen für Abweichungen zwischen der Prüf- und der Vergleichsgröße voraus.[1375] Werden die Kontrollinformationen nicht richtig wahrgenommen und verarbeitet (z. B. aufgrund falscher Attribution von Abweichungen[1376]), so werden c. p. die Rückschlüsse auf die Abweichungsursachen fehlerbehaftet sein und damit der Fähigkeitslerneffekt$_{KS}$ schwächer (d. h. angesichts des objektiv gegebenen Kontexts in weniger vorteilhafter Weise, „gleich Null“ oder potenziell sogar in unvorteilhafter Richtung) ausfallen als bei voll-

---

1372 Vgl. Hantula/Bragger (1999), S. 436.

1373 Vgl. Meyer/Walker (1961), S. 296. Zu beachten ist jedoch, dass die Studie von Meyer/Walker (1961) diverse kleinere methodische Probleme aufweist und sich insbesondere auf eine Veränderung des Handelns (als indirekter Wirkung erster Ordnung) bezieht und nicht auf den kognitiven Fähigkeitslerneffekt$_{KO}$ als direkter Wirkung einer Kontrolle.

1374 Neben der Präzision der Übermittlung der Ergebnisse einer Investitionskontrolle an den kontrollierten Akteur wäre natürlich auch eine unbewusste, unglückliche bzw. auf prozedurale Fähigkeitsdefizite zurückzuführende, den Kontrollierten bzw. seine Beziehungs- und sozialen Achtungsbedürfnisse verletztende Kommunikation als Einflussfaktor auf den Fähigkeitslerneffekt$_{KO}$ denkbar (vgl. zu diesem Punkt bspw. Thieme (1982), S. 301; Hoffjan (1997), S. 267; Pfohl/Stölzle (1997), S. 256). Dieser Fall wird hier nicht betrachtet, da er dem Fall einer informellen Koppelung extrinsischer, nicht-monetärer Anreize an das Kontrollergebnis entspricht und die Konsequenzen einer Koppelung extrinsischer Anreize als separater Gestaltungsparameter der Kontrolle noch im Kapitel 6.10 diskutiert wird.

1375 Vgl. Kennedy/Mills (1992), S. 26.

1376 Zum Attributionsfehler vgl. bspw. Myers (2005), S. 615f.

ständigen Fähigkeiten.[1377] Auch hier ist zu erwarten, dass das Ausmaß der Abweichung des Fähigkeitslerneffekts$_{KS}$ vom objektiv korrekten Ausmaß umso größer sein wird, je geringer die Potenzialnutzungsfähigkeiten des Kontrolleurs sind. Als Hypothese ist daher festzuhalten:

H 105: Je größer die prozeduralen Fähigkeiten des Kontrolleurs sind, desto geringer werden die Abweichungen der Fähigkeitslerneffekte$_{KS}$ vom objektiv korrekten Ausmaß sein.

6.4 Partizipation des Kontrollierten an der Kontrolle

6.4.1 Einfluss auf die ex ante Wirkungen

Mit dem Begriff der Partizipation bzw. des Partizipationsgrads p wird das prozentuale Ausmaß beschrieben, in dem der Kontrollierte an der Durchführung einer Investitionskontrolle, d. h. den Handlungen des Vergleichs von Prüf- und Vergleichsgröße sowie der Abweichungsanalyse, aktiv teilnimmt bzw. diese (teilweise oder vollständig) übernimmt.[1378] Dieses Ausmaß kann zwischen null und einhundert Prozent liegen. Im ersten Extremfall ($p = 0\ \%$) wird in der einschlägigen Literatur von einer Fremdkontrolle und in letzterem Extremfall ($p = 100\ \%$) von einer Eigen- oder Selbstkontrolle gesprochen.[1379] Je größer der Partizipationsgrad p ist, umso mehr entspricht folglich eine Kontrolle einer Selbstkontrolle; umso geringer p ist, desto stärker einer Fremdkontrolle.

Ausgehend von den psychologisch-verhaltensorientierten Grundlagen des Kapitels 4 ergänzt um Plausibilitätsüberlegungen lassen sich für folgende der denkbaren Zusammenhänge der Partizipation mit den direkten Wirkungen einer Investitionskontrolle ex ante Hypothesen generieren.

1377 Vgl. zur Bedeutung der Informationsaufnahme und -verarbeitung in Beurteilungsprozessen auch Vroom (1964b), S. 74; McKeachie (1973), S. 454; Tversky/Kahneman (1974), S. 1127; Kennedy/Mills (1992), S. 26. Vgl. auch bereits Grull (1921), S. 27.

1378 Mit dem Parameter Partizipation wird somit der bereits im Kapitel 5 erwähnten Möglichkeit unterschiedlicher Akteurskonstellationen bei den Kontrollhandlungen Rechnung getragen. Wie dort bereits diskutiert, erfolgt in der vorliegenden Arbeit aus Platzgründen eine Beschränkung dieser Diskussion auf die in der Literatur üblichen Varianten des Einakteursfalls und des Mehrakteursfall in der Form einer Fremdkontrolle.

1379 Vgl. exemplarisch Borer (1978), S. 124; Holmes/Cullen/Gray (1991), S. 55f.

Je größer die Beteiligung des Kontrollierten an der Durchführung einer Investitionskontrolle ist, desto umfangreicher sind auch seine Möglichkeiten auf das Kontrollergebnis oder dessen Interpretation durch den Kontrolleur einzuwirken und damit potenziell die mit dem Ergebnis verbundenen angenehmen oder unangenehmen Folgen in seinem Sinne (zumindest teilweise) zu beeinflussen. Dies impliziert jedoch, dass der von ihm bereits aufgrund der Vorausahnung oder Ankündigung der Kontrolle gefühlte „Sicherheitsverlust" durch eine nachfolgend potenziell erfolgende Kontrolle bei hoher Partizipation *p* geringer ist als bei niedriger Partizipation. Als Hypothese formuliert lautet dieser Zusammenhang:

H 106: Je größer die Partizipation des Kontrollierten an der Investitionskontrolle ist, desto geringer ist der Angsteffekt$_{KO}$.

Der Sicherheitseffekt$_{KO}$ basiert – wie in Kapitel 5.1.1 erläutert – darauf, dass ein anderer Akteur (genauer: das Kontrollsubjekt) in den Handlungsprozess des Kontrollierten involviert ist.[1380] Je geringer diese Beteiligung jedoch ist, d. h. je größer die Partizipation *p* ist, umso geringer wird c. p. damit auch der Sicherheitseffekt$_{KO}$ sein. Im Extremfall reiner Selbstkontrolle, d. h. einer Partizipation von $p = 100\ \%$, fällt die Effektstärke c. p. auf Null.[1381] Die empirische Studie von Bassett/Meyer (1968) zum negativen Einfluss hoher Partizipationsniveaus auf die Befriedigungssituation der Wünsche nach Strukturierung und externer Führung durch Mitarbeiterbeurteilungen kann als eine Illustration dieses Zusammenhangs dienen.[1382] Es ist somit folgende Hypothese aufzustellen:

H 107: Je größer die Partizipation des Kontrollierten an der Investitionskontrolle ist, desto geringer ist c. p. der Sicherheitseffekt$_{KO}$.

Weiter ist davon auszugehen, dass je größer die Partizipation *p* ist, umso weniger stark wird der Kontrollierte eine Investitionskontrolle als Entzug des Vertrauens in seine Leistungsbereitschaft durch den Kontrolleur interpretieren.[1383] Mithin sinkt mit steigender Partizipation *p* die Effektstärke des Misstrauenseffekt$_{KO}$. Im Extremfall, wenn die Partizipation $p = 100\ \%$ erreicht, fällt der Misstrauenseffekt$_{KO}$ c. p. auf Null,[1384] da eine

---

1380 Vgl. dazu Kapitel 5.1.1.

1381 Vgl. ähnlich Hoffjan (1997), S. 264.

1382 Vgl. Bassett/Meyer (1968), S. 428f. Siehe auch ähnlich die Untersuchung von Vroom (1959), S. 327, allerdings mit nur in Teilen zu den Definitionen dieser Arbeit kompatibler Operationalisierung der z. T. auch durch andere Begriffe belegten Konstrukte.

1383 Vgl. ähnlich Borer (1978), S. 125; Dillon/Caldwell (1981), S. 21; Holmes/Cullen/Gray (1991), S. 56 u. S. 63. Siehe ähnlich (in umgekehrter Argumentation für $p = 0$) auch Brettel/Schäffer (2004), S. 1, und dortige Quellen bezüglich Kontrollen im Allgemeinen.

1384 Vgl. dazu Borer (1978), S. 125; Dillon/Caldwell (1981), S. 21; Holmes/Cullen/Gray (1991), S. 56 u. S. 63.

Selbstkontrolle großes Vertrauen der Instanz in die Leistungsbereitschaft des Kontrollierten impliziert.[1385]

H 108: Je größer die Partizipation des Kontrollierten an der Investitionskontrolle ist, desto geringer ist c. p. der Misstrauenseffekt$_{KO}$.

Ähnlich wie für die Leistungsanstrengung gilt auch für die Wahrnehmung der Kontrolle als Entzug des Zutrauens in die Fähigkeiten des Kontrollierten, dass der Kontrollierte diese umso weniger als Verletzung seiner Fremdachtungsbedürfnisse und den Kontrolleur als Richter empfinden wird, je stärker er an der Investitionskontrolle beteiligt ist (und je weniger daher der Kontrollträger wirklich „kontrolliert"). Immerhin bedeutet es keine Einschränkung des eigenen Handlungsraums und damit der Fremdachtung, sich selbst bzw. die eigene Effektivität zu überprüfen.[1386] Auch lässt sich die Partizipation durch den Kontrollierten als ein Ausdruck der Bedeutung seiner eigenen Fähigkeiten aus Sicht des Kontrollträgers interpretieren: „Durch eine solche Partizipation zeigt er dem Kontrollierten seine Wertschätzung. Für den Kontrollierten wird erkennbar, dass der Kontrollträger sein Wissen im Hinblick auf die Gestaltung der Kontrolle als wichtig erachtet."[1387] Entsprechend ist zu erwarten, dass der Reaktanzeffekt$_{KO}$ einer Investitionskontrolle mit steigender Partizipation p abnimmt.[1388] Im Extremfall, wenn die Partizipation auf hundert Prozent ansteigt, sinkt die Effektstärke des Reaktanzeffekts$_{KO}$ c. p. auf Null. Damit im Einklang kommen mehrere empirischen Studien zu einem negativen Einfluss der Partizipation auf die Verletzung der Achtungs- bzw. Autonomiebedürfnisse von Beurteilten.[1389]

H 109: Je größer die Partizipation des Kontrollierten an der Investitionskontrolle ist, desto geringer ist c. p. der Reaktanzeffekt$_{KO}$.

Ähnlich ist auch für den leistungsanstrengungsbezogenen Sicherheitseffekt$_{KS}$ und den leistungsfähigkeitsbezogenen Sicherheitseffekt$_{KS}$ von einem negativen Einfluss des

---

[1385] Vgl. auch Osterloh (1974), S. 263: „Durch die Eigenkontrolle wird die Selbständigkeit der Mitarbeiter wesentlich erhöht. [...] Die Eigenkontrolle übt wiederum eine starke motivierende Wirkung auf die Mitarbeiter aus, so daß die Voraussetzungen für die Anwendung der Eigenkontrolle durch die Anwendung selbst geschaffen bzw. verbessert werden." Vgl. dazu auch Hersey/Blanchard (1969), S. 113.

[1386] Vgl. ähnlich Thieme (1982), S. 157; Hoffjan (1997), S. 264; Pfohl/Stölzle (1997), S. 257; Brettel/Schäffer (2004), S. 1, für Kontrollen im Allgemeinen.

[1387] Küpper (2005), S. 280 (Im Original teilweise in fettem Satz).

[1388] Vgl. hierzu auch Gadella/Jones (1996), S. 39, die auf die Bedeutung der Partizipation des Kontrollierten für die Akzeptanz einer Investitionskontrolle durch den Kontrollierten hinweisen.

[1389] Vgl. Vroom (1959), S. 322-327; French/Kay/Meyer (1966), S. 18; Bassett/Meyer (1968), S. 424 u. S. 429; Cawley/Keeping/Levy (1998), S. 624.

Grads der Partizipation auszugehen: Je stärker der Kontrollierte sich selbst kontrolliert, d. h. je höher der Grad der Partizipation *p* ist, desto geringer ist die Eignung einer Investitionskontrolle zum Schutz des Kontrolleurs bzw. des durch ihn vertretenen Unternehmens vor fehlerhaftem Handeln durch den Kontrollierten aufgrund mangelnder Fähigkeiten oder zu geringer Leistungsanstrengung.[1390] Entsprechend sinkt die Effektstärke beider Sicherheitseffekte mit steigendem Partizipationsgrad c. p. ab.

H 110: Je größer die Partizipation des Kontrollierten an der Investitionskontrolle ist, desto geringer ist c. p. der motivationale Sicherheitseffekt$_{KS}$.

H 111: Je größer die Partizipation des Kontrollierten an der Investitionskontrolle ist, desto geringer ist c. p. der fähigkeitsbezogene Sicherheitseffekt$_{KS}$.

Wenn die Bedürfnisse des Kontrollierten nach Freundschaft und sozialer Achtung aufgrund zunehmender Partizipation weniger stark verletzt werden,[1391] so impliziert dies, dass auch die Bedürfnisse des Kontrolleurs nach Freundschaft weniger stark frustriert werden. Im Extremfall reiner Selbstkontrolle (p = 100 %) fällt die Effektstärke des Abstoßungseffekts$_{KS}$ auf Null.[1392] Liegt hingegen reine Fremdkontrolle vor (p = 0 %), so erreicht der Abstoßungseffekt$_{KS}$ seine maximale Stärke. Hierauf deutet auch ein Feldexperiment von French/Kay/Meyer (1966) hin. Diese untersuchten für ihre zwei Gruppen mit je 42 Versuchspersonen den Einfluss alternativer Partizipationsniveaus (p = groß vs. p = klein) in den jährlichen Leistungsbeurteilungsgesprächen u. a. auf die „man-manager relations“[1393]. Wenngleich ihre Operationalisierung dieses Faktors nicht ganz unproblematisch erscheint, so deuten ihre Ergebnisse doch in die Richtung, dass eine steigende Partizipation im Beurteilungsgespräch c. p. zu einer Verbesserung der Beziehungen zwischen kontrolliertem Mitarbeiter und Manager führt.[1394] Folglich ist die Hypothese aufzustellen:

H 112: Je größer die Partizipation des Kontrollierten an der Investitionskontrolle ist, desto geringer ist c. p. der Abstoßungseffekt$_{KS}$.

1390 Vgl. dazu die Argumentation pro Fremdkontrollen bei Thieme (1982), S. 157. Vgl. dazu auch Küpper (2001), S. 263; Küpper (2005), S. 305.

1391 Vgl. dazu auch schon Bassett/Meyer (1968), S. 421f.; Steinle (1975), S. 122; Gadella/Jones (1996), S. 39.

1392 Eine etwas andere Erklärung für diese Reduktion der Abstoßung zwischen Kontrolliertem und Kontrolleur bietet Küpper (2001). Dieser geht davon aus, dass bei einer reinen Fremdkontrollsituation durch die Partizipation „die Beziehung zwischen Kontrollträger und Kontrolliertem [...] intensiviert und damit häufig verbessert“ (Küpper (2001), S. 263) wird. Allerdings bleibt bei Küpper (2001) offen, warum und wie eine intensivere Beziehung zwischen Kontrollsubjekt und Kontrolliertem zu geringerer Abstoßung zwischen den beiden Akteuren führt.

1393 French/Kay/Meyer (1966), S. 8.

1394 Vgl. French/Kay/Meyer (1966), S. 18.

Je stärker der Kontrollierte an der Investitionskontrollhandlung aktiv beteiligt wird, eine desto geringere Basis bietet eine Kontrolle für den Kontrolleur zur Befriedigung seiner Macht- und Achtungsbedürfnisse.[1395] Schließlich verringert sich aufgrund der Einbindung des Kontrollierten, d. h. dessen „legitime" Mitarbeit an der Ergebnisfeststellung, die Legitimationsmacht des Kontrolleurs, da er diese dann mit dem ebenfalls mit der Kontrolle beauftragten Kontrollierten teilen muss.[1396] Insgesamt sinkt damit, wenn der Kontrolleur diesen Verlust seiner Macht wahrnimmt, c. p. mit steigender Partizipation *p* der ex ante Befriedigungseffekt der Machtbedürfnisse des Kontrollträgers. Für den Fall, dass die Partizipation auf hundert Prozent ansteigt, fällt der Egoeffekt$_{KS}$ auf Null.

H 113: Je größer die Partizipation des Kontrollierten an der Investitionskontrolle ist, desto geringer ist c. p. der Egoeffekt$_{KS}$.

Indessen ist die Frage eines möglichen Einflusses des Grads der Partizipation auf den Erwartungseffekt$_{KO}$ etwas komplizierter: Grundsätzlich ist es für die direkte Wirkung auf die E→F Erwartungen des Kontrollierten bei Konstanz aller anderen Parameter unerheblich, ob die vorausgeahnte Kontrolle von einem (Fremd-)Kontrolleur alleine ($p = 0$ %) oder aber in Zusammenarbeit mit dem Kontrollierten selbst (d. h. mit $p > 0$ %) erfolgt.[1397] Lediglich falls eine reine Selbstkontrolle erfolgen soll, kann der Kontrollierte durch die bewusste Entscheidung, diese Kontrolle doch nicht durchzuführen, Einfluss auf die eigenen E→F Erwartungen bestimmter Handlungsalternativen nehmen. Folglich spielt der Partizipationsgrad *p* für die Stärke des Erwartungseffekts$_{KO}$, abgesehen von diesem Extremfall, keine Rolle.[1398]

1395 Vgl. ähnlich Küpper (2005), S. 305.

1396 Vgl. zur Legitimationsmacht French/Raven (1959), S. 158f.; Robbins (2001), S. 431.

1397 Unter dieser Konstanz der anderen Parameter bzw. der ceteris-paribus-Bedingung ist dabei hier insbesondere das Ausmaß der dem die Kontrolle durchführenden Selbst- oder Fremdkontrolleur, relativ zum vom Kontext geforderten Umfang, zur Verfügung stehenden Fähigkeiten anzuführen.

1398 Von Bedeutung kann der Partizipationsgrad allenfalls hinsichtlich der indirekten Wirkung erster Ordnung einer Investitionskontrolle sein: So nimmt mit steigender Partizipation *p* der Einfluss des Kontrollierten auf die Kontrollergebnisse (z. B. durch manipulatives Handeln bei deren Ermittlung) und damit daraus resultierenden intrinsischen wie extrinsischen Folgen zu (vgl. bspw. Lawler (1976), S. 1262; Matschke (1993), S. 355). Entsprechend wird in der einschlägigen Literatur meist der Partizipation ein signifikant negativer Einfluss auf die Stärke der Disziplinierung der kontrollierten Akteure zu hoher Leistungsanstrengung und ein positiver Einfluss auf Manipulationsversuche zugeschrieben (vgl. exemplarisch Heebink (1964), S. 49; Terborgh (1967), S. 254; Lüder (1969), S. 132; Boersema (1978), S. 39; Dillon/Caldwell (1981), S. 21; Holmes/Cullen/Gray (1991), S. 55). Dieses Postulat erweist sich jedoch in dieser allgemeinen Formulierung als zweifelhaft, wenn nicht davon ausgegangen wird, dass sich ein sich selbst kontrollierender Akteur in signifikantem Maß selbst betrügen wird, da dann ein entsprechend signifikanter Anreiz für verzerrendes und durch geringe Leistungsanstrengung gekennzeichnetes Handeln nur im Falle einer gleichzeitigen Koppelung extrinsischer Anreize an das Kontrollergebnis besteht. Dies aber stellt einen eigenen Parameter einer Investitionskontrolle dar und ist analytisch klar vom Parameter der Partizipation zu trennen. Ohne

H 114: Die Höhe der Partizipation spielt außer im Fall von p =100 % keine Rolle für den Erwartungseffekt$_{KO}$.

Etwas komplexer ist die Situation auch hinsichtlich des Einflusses des Grads der Partizipation auf den Zielpräzisierungseffekt$_{KO}$: Sofern dem Kontrollierten auf irgendeine Weise übermittelt wird, was und wie er selbständig kontrollieren soll, so besitzt der Grad der Partizipation *p* (eine richtige Wahrnehmung und Verarbeitung dieser geforderten Kontrollobjekte vorausgesetzt) keinen Einfluss auf die Stärke des Zielpräzisierungseffekts$_{KO}$. Somit hängt die Stärke der Zielpräzisierung von den entsprechenden allgemeinen Regelungen des Investitionskontrollprozesses sowie der Wahrnehmung und Interpretation dieser Regeln durch den Kontrollierten ab und nicht notwendigerweise vom Partizipationsgrad. Wird dem Kontrollierten hingegen diese Information nicht übermittelt, da die Kontrolle bspw. nicht formalisiert ist, so führt ein steigender Partizipationsgrad *p* zu ei-

---

diese Anreizkoppelung bestehen hingegen nur intrinsische Anreize zu undiszipliniertem oder manipulativem Handeln bzw. zu einem Selbstbetrug. Ein solcher Selbstbetrug ist grundsätzlich in der Realität natürlich nicht auszuschließen, da unerfreuliche Kontrollergebnisse kognitive Dissonanzen im Hinblick auf das Selbstbild bzw. die Selbstachtung auslösen können und sich dann dieses manipulative Handeln als eine Lösungsstrategie anbietet (vgl. dazu implizit auch Festinger (1957), S. 18; Heebink (1964), S. 49; Statman/Caldwell (1987), S. 12f.). Nur ist fraglich, ob dies eine dermaßen starke Verzerrung, wie in der einschlägigen Literatur unterstellt (vgl. z. B. Statman/Caldwell (1987), S. 12f.), mit sich bringt (vgl. ähnlich auch für die Mitarbeiterbeurteilungsliteratur Schuler/Marcus (2004), S. 968). Zumal eine positive Verzerrung der Kontrollergebnisse im Hinblick auf die Befriedigung der Leistungsbedürfnisse des kontrollierten Akteurs zu dem Dilemma führt, dass der Kontrollierte dann zwar kurzfristig diese Bedürfnisse teilweise befriedigen kann (sofern er selbst auf seinen Selbstbetrug mit hereinfällt), dass er dafür aber bei zukünftigen Handlungen eine umso stärkere Verbesserung seiner Ergebnisse erzielen muss, um wieder eine teilweise Befriedigung der Leistungsbedürfnisse zu erzielen. Insofern wird dem betrachteten Akteur auch im Hinblick auf die mittelfristigen Konsequenzen für die Befriedigung seiner Leistungsbedürfnisse ein Selbstbetrug wenig verlockend erscheinen. Folglich ist zu erwarten, dass bei lediglich intrinsischen Anreizen der Partizipationsgrad *p* c. p. keinen nennenswerten Einfluss auf die Stärke der indirekten Wirkung erster Ordnung des disziplinierteren Handelns einer Investitionskontrolle besitzt (vgl. hierzu auch die detaillierten Ausführungen zum Gestaltungsparameter der Anreizkoppelung im Kapitel 6.10).

Im Gegensatz zur vorliegenden Arbeit wird in der mikroökonomisch-verhaltensorientierten betriebswirtschaftlichen Forschung angesichts des verwendeten offenen Nutzenbegriffs meist keine Unterscheidung in die nur intrinsisch zu befriedigenden Selbstachtungs- und Leistungsbedürfnisse und die anderen, nur extrinsisch zu befriedigenden Bedürfnisse vorgenommen. Vielmehr wird stattdessen dominant auf letztere fokussiert und damit unterstellt, dass immer extrinsische Anreize mit einer Kontrolle verbunden sind. Folgerichtig gelangt die mikroökonomisch-verhaltensorientierte Forschung zu dem Ergebnis eines negativen Einflusses einer Partizipation auf die Disziplinierung des Agenten und eines positiven Einflusses auf das Ausmaß des fokussierten bzw. manipulativen Handelns desselben. Entsprechend wird ein möglichst geringer Einfluss des Agenten auf das Erfolgsmaß (bspw. auch durch eine niedrige Partizipation) gefordert (vgl. hierfür exemplarisch Weißenberger (2003), S. 80).

nem Rückgang der Zielpräzisierung, da die Kontrolle ihm dann keine Hilfestellung bei der Frage nach dem anzustrebenden Ziel bieten kann.[1399]

H 115: Die Höhe der Partizipation besitzt außer im Fall des Fehlens von formalen Regelungen zur Kontrolle keinen Einfluss auf den Zielpräzisierungseffekt$_{KO}$.

6.4.2 Einfluss auf die ex post Wirkungen

Auch für die Wirkungen ex post lassen sich auf der Basis von Erkenntnissen aus (Sozial-)Psychologie und Betriebswirtschaftslehre in Verbindung mit Plausibilitätsüberlegungen Zusammenhänge mit dem Grad der Partizipation präzisieren.

Wiederholt wird in der (sozial-)psychologischen wie betriebswirtschaftlichen Literatur über eine Anfälligkeit von Selbstbeurteilungen für bewusste und unbewusste Verzerrungen spekuliert.[1400] Über die Stärke dieser „Mildetendenz"[1401] lässt sich jedoch streiten, da ohne eine Koppelung extrinsischer Anreize an das Kontrollergebnis der Kontrollierte nur durch die intrinsisch zu befriedigenden Bedürfnisse zu einer solchen Verzerrung verleitet werden könnte (und sich ihr Ausmaß bei lediglich intrinsischen Anreizen entsprechend klein ausnehmen sollte).[1402] Darüber hinaus führt die bei einer Partizipation von $p < 100\ \%$ nötige Diskussion der Einschätzungen zwischen Kontrolliertem und Kontrolleur zu einem Anreiz, keine völlig überoptimistischen Einschätzungen abzugeben, um sich vor dem Kontrolleur nicht zu sehr rechtfertigen zu müssen.[1403] Angesichts dieser beiden Aspekte erscheint die in der Vergangenheit in (sozial-)psychologischer wie betriebswirtschaftlicher Literatur diskutierte Gefahr zu milder Kontrollergebnisse zwar nicht ausschließbar, jedoch eher gering.[1404] Es kann demzufolge die Hypothese formuliert

[1399] Vgl. hierzu auch Bassett/Meyer (1968), S. 428, die empirisch feststellen, dass bei hoher Partizipation die Beurteilten ohne Vorkenntnisse über das, was in einer Beurteilung zu betrachten ist und wie die Ergebnisse zu bewerten sind, systematisch weniger präzise Vorstellungen über die durch sie anzustrebenden Ziele besitzen als Beurteilte mit entsprechenden Vorkenntnissen, respektive Informationen.

[1400] Vgl. exemplarisch aus der Investitionskontrollliteratur Helfert (1960), S. 96; Istvan (1961), S. 42; Schaefer (1963), S. 83; Gallinger (1980), S. 20; Holmes/Cullen/Gray (1991), S. 55; siehe aus der psychologischen Literatur bspw. Schuler/Marcus (2004), S. 968.

[1401] Schuler/Marcus (2004), S. 968.

[1402] Vgl. dazu auch die näheren Ausführungen in den Kapiteln 3.1.2 und 3.2.3 zum Status Quo der Forschung zum Parameter Partizipation.

[1403] Vgl. Schuler/Marcus (2004), S. 968.

[1404] Vgl. für eine ähnliche Einschätzung aus Sicht der psychologischen Mitarbeiterbeurteilungsliteratur Schuler/Marcus (2004), S. 968.

werden, dass das Ausmaß der Partizipation des Kontrollierten an der Durchführung einer Investitionskontrolle nur unwesentlich zu überhöhten Befriedigungs- und zu geringen Frustrationseffekten führt.

H 116: Die Höhe der Partizipation besitzt einen unwesentlich verzerrenden Einfluss hin zu überhöhten Bedürfnisbefriedigungs- und zu geringen Bedürfnisfrustrationseffekten$_{KO}$.

Je stärker der Kontrollierte selber an der Ermittlung der Kontrollergebnisse beteiligt war, umso weniger fällt dem Kontrolleur die (unangenehme) Aufgabe zu, potenziell negative Informationen über die Leistung des Kontrollierten an diesen übermitteln zu müssen und damit diesen gegen sich aufzubringen. Es ist daher zu erwarten, dass mit steigender Partizipation p der Kontrolleur weniger in die Rolle des Richters gedrängt wird, und damit seine Bedürfnisse nach interpersonellen Beziehungen zum Kontrollierten weniger stark aufs Spiel gesetzt werden als bei niedrigerem p – mithin nimmt der Beziehungsfrustrationseffekt$_{KS}$ in seiner Stärke ab. Umgekehrt nimmt jedoch auch der Beziehungsförderungseffekt$_{KS}$ im Falle eines positiven Kontrollergebnisses mit zunehmender Partizipation des Kontrollierten an der Kontrolle ab, da der Kontrolleur dann c. p. mengenmäßig weniger (angenehme) Informationen an den Kontrollierten übermittelt, da dieser sie ohnehin schon durch die eigene Beteiligung an der Kontrolle kennt.

H 117: Je größer die Partizipation des Kontrollierten an der Investitionskontrolle ist, desto geringer ist c. p. der Beziehungsfrustrationseffekt$_{KS}$ bzw. der Beziehungsförderungseffekt$_{KS}$.

Der Grad der Partizipation des Kontrollierten an der Kontrollhandlung ist auch für den Machteffekt$_{KS}$ von Bedeutung: Je stärker der Kontrollierte an der Investitionskontrollhandlung aktiv beteiligt wird, desto stärkeren Einfluss kann er auf das Kontrollergebnis ausüben,[1405] d. h. umso weniger abhängig wird er vom Kontrolleur im Hinblick auf die Erzielung von Belohnungen bzw. Bestrafungen. Somit schwindet (bei korrekter Wahrnehmung und Interpretation dieses Zusammenhangs durch die Akteure) die Belohnungs- und Sanktionsmacht des Kontrolleurs.[1406] Gleichzeitig kann mit steigender Partizipation auch die Expertenmacht des Kontrolleurs sinken, da sein Wissensvorsprung durch die Investitionskontrolle gegenüber dem Kontrollierten geringer ausfällt als bei niedriger

[1405] Vgl. ähnlich Matschke (1993), S. 355.

[1406] Vgl. zur Macht durch Belohnung und Sanktion French/Raven (1959), S. 156-158. Vgl. auch Nienhüser (2003), S. 156f.

Partizipation.[1407] Darüber hinaus fällt mit steigender Partizipation p und damit einhergehendem größeren Einfluss des Kontrollierten auf die Kontrollergebnisse auch die Informationsmacht des Kontrolleurs, da er dann immer weniger die „Realität kontrolliert" bzw. autonom über die Informationsweitergabe an den Kontrollierten (oder Dritte) bestimmen und diese damit von sich abhängig halten kann.[1408] Schließlich verringert sich aufgrund der Einbindung des Kontrollierten, d. h. dessen „legitime" Mitarbeit an der Ergebnisfeststellung, auch die Legitimationsmacht des Kontrolleurs, da er diese dann mit dem ebenfalls zum Kontrollieren beauftragten Kontrollierten teilen muss.[1409] Insgesamt sinkt damit, wenn der Kontrolleur diesen Verlust seiner Macht wahrnimmt, c. p. mit steigender Partizipation p der ex post Befriedigungseffekt der Machtbedürfnisse des Kontrollträgers. Im Fall, dass die Partizipation auf $p = 100\ \%$ ansteigt, fällt der Machteffekt$_{KS}$ auf Null. Zusammenfassend lässt sich daher als Hypothese festhalten:

H 118: Je größer die Partizipation des Kontrollierten an der Investitionskontrolle ist, desto geringer ist c. p. der Machteffekt$_{KS}$.

In der Investitionskontrollliteratur wird mehrfach auf „besonders positive Effekte"[1410] im Hinblick auf Fähigkeitslerneffekte der kontrollierten Personen bei Selbstkontrolle (d. h. einer Partizipation $p = 100\ \%$) hingewiesen.[1411] Angesichts der realiter aufgrund von Fähigkeitsdefiziten nie völlig perfekten Kommunikation zwischen zwei Akteuren ist in der Tat zu erwarten, dass der Grad der Partizipation p positiv mit den Fähigkeitslerneffekten$_{KO}$ in Beziehung steht: So entscheidet (wenn keine perfekte Kommunikation stattfindet) der Partizipationsgrad p darüber, inwieweit der Kontrollierte etwas über den Erfolg seines Handelns und mögliche Abweichungen durch ihm bisher unbekannte, aber zu berücksichtigende Faktoren erfährt.[1412] Folglich beeinflusst die Partizipation auch die Stärke des Fähigkeitslerneffekts$_{KO}$ positiv. Daneben existiert jedoch noch ein weiterer Einfluss der Partizipation auf den Fähigkeitslerneffekt$_{KO}$: Bei niedriger Partizipation fällt es dem Kontrollierten leicht, im Falle eines negativen Kontrollergebnisses dieses und die Investitionskontrollhandlung insgesamt abzuwerten und damit die durch das negative

---

[1407] Vgl. zur Expertenmacht March/Simon (1958), S. 165; French/Raven (1959), S. 163; Nienhüser (2003), S. 159.

[1408] Vgl. zur Informationsmacht schon March/Simon (1958), S. 165. Vgl. auch Staehle (1999), S. 403f.

[1409] Vgl. zur Legitimationsmacht French/Raven (1959), S. 158f.; Robbins (2001), S. 431.

[1410] Lüder (1980), S. 370.

[1411] Vgl. z. B. Lüder (1969), S. 169; Hägg (1977), S. 43 u. S. 45; Lüder (1980), S. 370. Ähnliche Vermutungen werden auch in der psychologischen Leistungsbeurteilungsliteratur geäußert. Vgl. bspw. Schuler (1989), S. 410.

[1412] Vgl. dazu Steinle (1975), S. 121; Lawler (1976), S. 1272. Vgl. auch Gadella (1991), S. 92.

Kontrollergebnis hervorgerufene kognitive Dissonanz abzubauen.[1413] Bei hoher Partizipation hingegen müsste der Kontrollierte bei Anwendung dieser Strategie der Dissonanzreduktion sich selbst tendenziell mit abwerten, da ein eine Dissonanzreduktion durch Abwertung bzw. Realitätsverzerrung ermöglichendes und entsprechend als „fehlerhaft" wahrgenommenes oder interpretiertes Investitionskontrollergebnis implizieren würde, dass er selbst für diese Fehlerhaftigkeit mit verantwortlich ist. Somit befindet er sich in einer Situation, in der er entweder die Investitionshandlung als fehlerhaft anerkennen kann oder aber seine Investitionskontrollhandlung als fehlerhaft beurteilen muss. Folglich steigt bei hohem Partizipationsgrad p die Wahrscheinlichkeit, dass der Kontrollierte die kognitive Dissonanz nicht durch eine verzerrte Wahrnehmung der Kontrolle bzw. ihrer Ergebnisse reduziert, sondern durch eine Anpassung seiner handlungsrelevanten kognitiven Fähigkeiten (insbesondere der Bestandsfähigkeiten).[1414] Dies bedeutet, dass der Fähigkeitslerneffekt$_{KO}$ positiver als bei niedriger Partizipation p ausfällt. Die Partizipation p beeinflusst somit c. p. (auf zwei Wegen) das Ausmaß des Fähigkeitslerneffekts$_{KO}$ positiv. Mit dieser Hypothese des positiven Einflusses der Partizipation auf die Fähigkeitslerneffekte$_{KO}$ im Einklang stellen Cawley/Keeping/Levy (1998) in einer metaanalytischen Untersuchung von 27 Studien der Mitarbeiterbeurteilungsforschung fest, dass die Partizipation des Beurteilten einen statistisch signifikanten Einfluss auf den Nutzen der Beurteilung hinsichtlich einer Verbesserung der Fähigkeiten des Beurteilten besitzt.[1415] Es spricht daher viel dafür, dass eine Partizipation auch positiv auf den Fähigkeitslerneffekt$_{KO}$ wirken wird. Allerdings stellt sich die Frage, ob nicht mit steigender Partizipation auch die im Kapitel 6.2 diskutieren Fähigkeitsbeschränkungen des Kontrollierten stärker bei der Kontrollergebnisermittlung zum Tragen kommen und daher das Kontrollergebnis zunehmend mit steigendem p, beispielsweise durch den Attributionsfehler, verfälscht (bzw. im Falle des Attributionsfehlers überoptimistisch verzerrt) wird.[1416] Da mit steigender Partizipation gleichzeitig auch der potenzielle Einfluss eingeschränkter Fähigkeiten des Kontrolleurs, so beispielsweise die aus dem Attributionsfehler beim Kontrolleur resultierende überpessimistische Einschätzung des Handlungsergebnis-

---

1413 Vgl. dazu ähnlich Steinle (1975), S. 122. Vgl. zur Strategie der Reduktion kognitiver Dissonanzen durch Verzerrung der Realitätswahrnehmung grundlegend Festinger (1957), S. 21. Siehe auch Aronson/Wilson/Akert (2004), S. 188.

1414 Vgl. zu diesen alternativen Strategien im Umgang mit kognitiven Dissonanzen grundlegend Festinger (1957), S. 19 u. S. 21. Siehe auch Aronson/Wilson/Akert (2004), S. 188.

1415 Vgl. Cawley/Keeping/Levy (1998), S. 624. Siehe als exemplarische Studie hierzu, die bereits erwähnte Untersuchung von Basset/Meyer (1968), S. 427.

1416 So kann der so genannte Attributionsfehler beim Kontrollierten, der aus eingeschränkten prozeduralen Fähigkeiten resultiert, dazu führen, dass mit steigender Partizipation des Kontrollierten die Einschätzung des Handlungsergebnisses des Kontrollierten mehr und mehr in positiver Richtung verzerrt wird. Vgl. dazu auch Steinle (1975), S. 121; Lee (1985), S. 323; Jost (2000), S. 295-298; Fedor (1991), S. 88; von Rosenstiel (2003), S. 192, und dort jeweils angegebene experimentelle bzw. empirische Studien, die auch auf das Pendant, den Attributionsfehler beim Kontrolleur, eingehen.

ses,[1417] abnimmt,[1418] ist eine genaue Aussage darüber, bei welchem Partizipationsgrad das Optimum aus Verzerrungen, Abwertungen des Kontrollergebnisses und unvollständiger Kommunikation erreicht wird, nur bei Kenntnis der jeweiligen Fähigkeiten bzw. Fähigkeitsdefizite von Kontrolleur und Kontrolliertem möglich. Festhalten lässt sich daher nur eine grobe Hypothese zum Einfluss der Partizipation auf die Fähigkeitslerneffekte$_{KO}$. Diese lautet:

H 119: Je größer die Partizipation des Kontrollierten an der Investitionskontrolle ist, desto größer ist c. p. der Fähigkeitslerneffekt$_{KO}$.

Ähnlich wie für den Fähigkeitslerneffekt$_{KO}$ geschildert, beeinflusst die Partizipation p bei unvollständiger Kommunikation auch den Fähigkeitslerneffekt$_{KS}$. Allerdings besteht hier ein negativer Zusammenhang: je größer die Partizipation p ist, umso weniger erfährt der Kontrollträger direkt selbst über das Handeln des Kontrollierten bzw. dessen Erfolg. Im Gegensatz zum Fähigkeitslerneffekt$_{KO}$ besteht jedoch kein weiterer Einfluss der Partizipation p auf den Fähigkeitslerneffekt$_{KS}$ via der Veränderung der Wahrscheinlichkeit der Dissonanzreduktion, da dieser Effekt nur bei der Kontrolle eigenen Handelns, nicht jedoch bei der Kontrolle des Handelns eines anderen eintreten wird.[1419] Allerdings ist auch beim Fähigkeitslerneffekt$_{KS}$ wieder der Aspekt der Reduktion der aus Fähigkeitsdefiziten des Kontrolleurs potenziell resultierenden Verzerrungen des Kontrollergebnisses mit steigender Partizipation p sowie die gleichzeitig zunehmenden möglichen Verzerrungen durch eventuell vorhandene Fähigkeitseinschränkungen des Kontrollierten zu berücksichtigen.[1420] Auch hier lässt sich daher nur eine grobe Hypothese aufstellen.

H 120: Je größer die Partizipation des Kontrollierten an der Investitionskontrolle ist, desto geringer ist c. p. der Fähigkeitslerneffekt$_{KS}$.

1417 Vgl. die Diskussion des Einflusses eingeschränkter Fähigkeiten des Kontrolleurs auf die direkten Wirkungen einer Investitionskontrolle im Kapitel 6.3 sowie die in Fußnote 1416 angegebenen Quellen. Kritisch zur Annahme der zu harten Fremdbeurteilungen hingegen Moser (2004), S. 86.

1418 Vgl. auch Grull (1921), S. 125; Matschke (1993), S. 355; Hoffjan (1997), S. 264f.; Bouquin (2001), S. 200; Schäffer (2001), S. 181 u. S. 182. Vgl. ähnlich allgemein zu Selbst- versus Fremdbeurteilungen Bernardin/Villanova (1986), S. 53f.; Schuler (1989), S. 410; Alvarez/Bernal (1999), S. 131f.; von Rosenstiel (2003), S. 192f.; Moser (2004), S. 86; Muck/Schuler (2004), S. 269; Schuler/Marcus (2004), S. 969. Letztere führen diverse Studien an, die eine recht geringe Übereinstimmung der Fremd- und der Selbstbeurteilungen in Leistungsbeurteilungen von lediglich rund R = 0,3 aufzeigen (vgl. ebenda, S. 969). Ob die Abweichungen bei eher „harten" Investitionskontrollen im Verhältnis zu den tendenziell eher „weichen" Leistungs- bzw. Mitarbeiterbeurteilungen ebenfalls so groß sind, wurde bisher in der Forschung nicht beleuchtet. Gewisse, wenn wohl auch kleinere Abweichungen erscheinen jedoch nicht unwahrscheinlich.

1419 Schließlich beziehen sich die Kontrollergebnisse auf das Handeln des Kontrollierten und nicht sein eigenes und erlauben daher problemlos ein Abwerten des Handelns des Kontrollierten bei negativem Kontrollergebnis.

1420 Vgl. hierzu die vorangehende Diskussion des Einflusses der Partizipation auf den Fähigkeitslerneffekt$_{KO}$ sowie die Kapitel 6.2 und 6.3 zum Einfluss der Fähigkeiten von Kontrolliertem und Kontrolleur.

Für den Aufwand, der für die beiden an einer Kontrolle beteiligten Akteure anfällt, lässt sich ebenfalls ein Einfluss des Partizipationsgrads p erkennen. So gilt erstens, dass sich ein (Fremd-)Kontrolleur erst in die zu kontrollierende Arbeitsaufgabe bzw. das Investitionsprojekt des Kontrollierten einarbeiten muss, während der Kontrollierte damit bereits vertraut ist.[1421] Der Kontrollierte kann somit bei Selbstkontrolle (p = 100 %) die Kontrolle ohne zusätzliche Einarbeitungskosten durchführen.[1422] Bei jedem p < 100 % hingegen muss sich der (Fremd-)Kontrolleur erst in den Sachverhalt einarbeiten, wodurch zusätzliche Einarbeitungskosten entstehen.[1423] Darüber hinaus führt eine Partizipation p = 100 % vermutlich auch zu kleinerem formalem und institutionellem Aufwand als bei jedem p < 100 %.[1424] Es ist daher auf Basis der Überlegungen zu den Kosten des Einarbeitens und der formalen und institutionellen Gestaltung zu erwarten, dass bei p = 100 % insgesamt der niedrigste gesamte Kontrollaufwand2_{KO} und Kontrollaufwand2_{KS} anfällt.[1425] Bei jedem p < 100 % liegt dieser gesamte Aufwand um die Einarbeitungskosten und die institutionellen und formalen Kosten höher,[1426] wobei jedoch zu vermuten ist, dass diese Kosten nicht linear mit dem Partizipationsgrad p verknüpft sind, sondern ausgehend von ihrem Maximum bei p = 0 % mit steigendem p einer immer stärker fallenden Kostenkurve folgen, die bei p = 100 % die Abszisse erreicht.[1427] Neben diesem Einfluss der Veränderung des Partizipationsgrads p wäre jedoch auch noch ein zweiter, gegenläufiger Effekt denkbar: Kostenvorteile durch Spezialisierung. Die Konzentration der Kontrollaktivitäten

---

[1421] Vgl. dazu die empirische Studie Lüders (1969): Gemäß der antwortenden Unternehmen sind „die Ersteller der Investitionsvorrechungen [...] mit den Objekten vertraut und deshalb in der Lage, die Nachrechnungen in sehr viel kürzerer Zeit zu erstellen als unabhängige Personen" (Lüder (1969), S. 32). Vgl. dazu auch Istvan (1961), S. 41f.; Kooken (1961), S. 173; Schaefer (1963), S. 84; Heebink (1964), S. 49; Terborgh (1968), S. 254; Lüder (1969), S. 32 u. S. 132; McCorvey (1969), S. 33; Abdelsamad (1973), S. 234; Dillon/Caldwell (1981), S. 21; Statman/Caldwell (1987), S. 12; Mills/Kennedy (1990), S. 11; Gadella (1991), S. 92; Holmes/Cullen/Gray (1991), S. 55 u. S. 63; Matschke (1993), S. 355; Neale (1995), S. 22, und für die allgemeine Kontrollliteratur z. B. Thieme (1982), S. 156; Schäffer (2001), S. 180, sowie die jeweils dort angegebene Literatur.

[1422] Vgl. Schäffer (2001), S. 180: „(Nur) durch Selbstkontrolle wird der Zugriff auf akteursspezifisches Wissen möglich, das anderen Akteuren nicht ohne weiteres zugänglich ist." Vgl. ähnlich schon Heebink (1964), S. 49; Statman/Caldwell (1987), S. 12; Goeldel (1997), S. 127 u. S. 154.

[1423] Zu diesen Einarbeitungskosten sind auch eventuelle Zeiten hinzuzuzählen, in denen der Kontrolleur den Kontrollierten zum besseren Verständnis von dessen Tätigkeiten und Aufgaben befragen muss. Diese Zeiten würden somit symmetrisch für den Kontrollträger und den Kontrollierten anfallen. Vgl. dazu ähnlich auch Loth (1970), S. 50.

[1424] Vgl. Thieme (1982), S. 156.

[1425] Auch Hoffjan (1997), S. 264, verweist auf die niedrigeren Kontrollkosten einer Selbstkontrolle im Vergleich zu Fremdkontrollen.

[1426] Vgl. auch Istvan (1961), S. 42.

[1427] Diesem Kurvenverlauf liegt die Annahme zugrunde, dass bereits ein geringer Prozentsatz der Kontrolle, der nicht vom Kontrollierten selbst übernommen wird, eine vergleichsweise große Einarbeitung des Kontrolleurs sowie annähernd bei jedem p < 1 ein etwa gleich großer formaler und insitutioneller Aufwand besteht bzw. dieser nur unterproportional mit dem Rückgang des Anteils der Fremdkontrolle abnimmt.

bei einer Stelle (dem Kontrollträger) im Falle einer Fremdkontrolle (oder niedrigen Partizipation) kann, so die Meinung in Teilen der Literatur, im Vergleich zum Selbstkontrollfall (oder hoher Partizipation) Spezialisierungsvorteile durch die große Anzahl der vom Kontrollsubjekt durchgeführten Kontrollen ermöglichen.[1428] Dies würde bedeuten, dass eine einzelne dieser vielen (dominant als Fremdkontrollen ausgelegter) Kontrollen aufgrund der Spezialisierungsvorteile kostengünstiger als eine vergleichbare Selbstkontrolle wäre. Dabei wäre zu erwarten, dass diese Kostenvorteile umso größer sind, je geringer der Partizipationsgrad p ist, da umso mehr die Spezialisierung zum Tragen kommt; wobei auch hier eine Exponentialfunktion wahrscheinlich erscheint (mit $p = 0$ % als minimalem und $p = 100$ % als maximalem Wert). Es bestünden dann somit zwei einander gegenläufige Effekte des Partizipationsgrads p auf den gesamten Kontrollaufwand der beiden Akteure. Entsprechend schwer sind eindeutige Aussagen möglich. Jedoch ist zu beachten, dass diese Lernkurveneffekte bei der Kontrolle eine Rückkoppelung des „Erfolgs" einer Investitionskontrolle an den kontrollierenden Akteur voraussetzen. Dies aber ist nicht Bestandteil einer wie in Kapitel 2 definierten Investitionskontrolle. Mithin können die Spezialisierungsvorteile aus der Betrachtung des Aufwands einer solchen Investitionskontrolle ausgeblendet werden.[1429] Auch lässt sich durchaus für die einzelnen Akteure eine (vereinfachte) Aussage über die Entwicklung des für sie jeweils individuell relevanten Kontrollaufwands treffen. So ist grundsätzlich davon auszugehen, dass je mehr der Kontrollierte an der Kontrolle partizipiert, sein (kognitiver) Aufwand zunimmt, während gleichzeitig der Aufwand bei seinem Pendant, dem Kontrolleur, abnimmt. Zwar wird es sich dabei aufgrund der eben erläuterten nicht-linearen Entwicklung des Kontrollaufwands durch fixe Einarbeitungskosten und formalen sowie institutionellen Aufwand nicht um Linearverläufe im strengen Sinn handeln, jedoch können vereinfachend folgende näherungsweise Hypothesen formuliert werden:

H 121: Je größer die Partizipation des Kontrollierten ist, desto größer ist der Kontrollaufwand2_{KO}.

H 122: Je größer die Partizipation des Kontrollierten ist desto geringer ist der Kontrollaufwand2_{KS}.

[1428] Vgl. dazu Schwaninger (1989), S. 197; Goeldel (1997), S. 154f.

[1429] Eine solche Rückkoppelung wäre nur durch Kontrollen der Kontrollen möglich. Vgl. zur Diskussion dieser oftmals postulierten, in der vorliegenden Arbeit gemäß der gewählten Definition der Investitionskontrolle aber aus der Betrachtung ausgeschlossenen, Lernkurveneffekte bei der Durchführung von Investitionskontrollen auch Kapitel 5.2.4.

6.5 Kompatibilität von Prüf- und Vergleichsgröße

6.5.1 Einfluss auf die ex ante Wirkungen

Eine (Investitions-)Kontrolle beinhaltet im Kern einen Vergleich einer Prüfgröße mit einer Vergleichsgröße.[1430] Die Validität der dabei ermittelten Abweichungen hängt somit von der Vergleichbarkeit dieser Größen ab,[1431] wobei in der Literatur zu Investitionskontrollen drei Dimensionen dieser Kompatibilität von Prüf- und Vergleichsgröße c (mit $c \in [0, 1]$) unterschieden werden:[1432] (a) die Vergleichbarkeit der Zeiträume, auf die sich Prüf- und Vergleichsgröße beziehen,[1433] (b) die Kompatibilität der Methoden der Berechnung von Prüf- und Vergleichsgröße[1434] und (c) die Vergleichbarkeit des Gegenstandsbereichs von Prüf- und Vergleichsgröße.[1435]

Aufbauend auf den psychologisch-verhaltensorientierten Grundlagen des Kapitels 4 und Plausiblitätsüberlegungen lassen sich für den Einfluss dieser Kompatibilität der Vergleichs- und Prüfgrößen auf die direkten Wirkungen einer Investitionskontrolle die nachfolgenden Hypothesen formulieren.[1436]

Einschränkungen der Kompatibilität von Prüf- und Vergleichsgröße führen dazu, dass, falls in der Kontrolle Abweichungen zwischen den beiden Größen festgestellt werden, diese nur schwerlich einen Rückschluss auf die Ursachen zulassen. Ist sich der Kontrollierte dieses Umstands bewusst, so wird er mit einer erwarteten Kontrolle weniger eine entsprechende mögliche Gefahr verbinden, da er sich ggf. leicht exkulpieren kann. Folglich werden schon durch die Ankündigung bzw. Vorausahnung einer solchen wenig aus-

---

[1430] Vgl. exemplarisch Matschke (1993), S. 359; Schäffer (2001), S. 14.

[1431] Vgl. ähnlich, jedoch lediglich auf die Erfolgskontrolle bezogen, Lüder (1969), S. 36: „Der wirkungsvolle Einsatz von Investitionskontrollrechnungen erfordert eine Koordinierung mit der Investitionsvorrechnung. Beide Rechnungen müssen Ergebnisse liefern, die vergleichbar sind." Vgl. ähnlich auch Schaefer (1963), S. 78; Gadella (1991), S. 87 u. S. 98; Steven/Böning (1999), S. 459.

[1432] Vgl. zum nachfolgenden auch ausführlich Kapitel 3. Siehe ähnlich auch schon Lüder (1969), S. 36f.

[1433] Vgl. exemplarisch Myers (1966), S. 23; Lüder (1969), S. 36.

[1434] Vgl. bspw. Lüder (1969), S. 36; Borer (1978), S. 186-235; Gordon/Myers (1991), S. 41.

[1435] Vgl. z. B. Schaefer (1963), S. 78; Lüder (1969), S. 36f. u. S. 85; Humphrey (1970), S. 10, S. 188f. u. S. 191; Rockley (1973), S. 227; Hastie (1974), S. 38; Mills/Kennedy (1990), S. 7; Gadella (1991), S. 98; Holmes/Cullen/Gray (1991), S. 58 ; Schwellnuß (1991), S. 73-82 ; Cherry (1993), S. 29; Lüder (1996), Sp. 802; Lüder (2001), Sp. 1114.

[1436] Wie in Kapitel 6.1 erläutert, werden nur diejenigen Zusammenhänge diskutiert, für die aufbauend auf dem vorhandenen Forschungsstand und eigenen Plausiblitätsüberlegungen Hypothesen generiert werden können. Alle anderen der potenziellen Zusammenhänge aus Abbildung 24 stellen Forschungslücken und Aufgaben für zukünftige Projekte dar.

sagekräftigen Kontrolle die Sicherheitsbedürfnisse des Kontrollierten weniger frustriert als bei hoher Kompatibilität von Prüf- und Vergleichsgröße. Das führt zu folgender Hypothese:

H 123: Je größer die Kompatibilität von Prüf- und Vergleichsgröße ist, desto größer ist c. p. der $Angsteffekt_{KO}$.

Mangelnde zeitliche, methodische oder inhaltliche Kompatibilität von Prüf- und Vergleichsgröße erschweren es dem Kontrolleur, auf Basis der Kontrollinformationen dem Kontrollierten bei seiner Aufgabe Hilfe zu leisten bzw. den Aufgabenraum zu strukturieren. Nimmt der Kontrollierte dies korrekt wahr, so wird er mit einer erwarteten Kontrolle weniger eine entsprechende mögliche Hilfestellung und Strukturierung durch den Kontrolleur verbinden. Die Kontrolle wird damit weniger geeignet sein, seine Sicherheitsbedürfnisse zu befriedigen. Das führt zu folgender Hypothese:

H 124: Je größer die Kompatibilität von Prüf- und Vergleichsgröße ist, desto größer ist c. p. der $Sicherheitseffekt_{KO}$.

Zeitliche, methodische und inhaltliche Inkompatibilitäten zwischen den beiden in der Kontrolle gegenübergestellten Größen können vom Kontrollierten als Zeichen interpretiert werden, dass der Kontrollträger anscheinend nicht wirklich Wert auf das Aufdecken von Leistungsanstrengungsdefiziten des Kontrollierten legt. Andernfalls würde der Kontrollträger sinnvollerweise sich um eine möglichst hohe Kompatibilität von Prüf- und Vergleichsgrößen bemühen. Nimmt der Kontrollierte diesen Zusammenhang entsprechend wahr, so wird er eine Kontrolle auf Basis nur eingeschränkt vergleichbarer Größen als ein verhältnismäßig geringes Zeichen von Misstrauen ihm gegenüber interpretieren. Folglich ist zu erwarten, dass die Stärke des $Misstrauenseffekts_{KO}$ umso größer ist, je größer die Kompatibilität zwischen Vergleichs- und Prüfgröße ist.

H 125: Je größer die Kompatibilität von Prüf- und Vergleichsgröße ist, desto größer ist c. p. der $Misstrauenseffekt_{KO}$.

Inkompatibilitäten zwischen den beiden in der Kontrolle gegenübergestellten Größen können vom Kontrollierten aber auch als Indiz gewertet werden, dass der Kontrollträger nicht wirklich auf die Aufdeckung von fähigkeitsbezogenen Fehlern abzielt, sondern anscheinend weitgehend Zutrauen in die Fähigkeiten des Kontrollierten besitzt. Andernfalls würde sich der Kontrollträger sinnvollerweise um eine möglichst hohe Kompatibilität von Prüf- und Vergleichsgrößen bemühen, da er nur so auch Fehler aufdecken kann und den Handlungsraum des Kontrollierten nicht durch eine „Grauzone" inkompatibler

Prüf- und Vergleichsgrößen relativ uneingeschränkt lässt. Nimmt der Kontrollierte diesen Zusammenhang entsprechend wahr, so wird er eine Kontrolle auf Basis nur eingeschränkt vergleichbarer Größen als ein verhältnismäßig geringes Zeichen mangelnden Zutrauens durch den Kontrollträger interpretieren. Folglich ist zu erwarten, dass die Stärke des Reaktanzeffekts$_{KO}$ umso größer ist, je größer die Kompatibilität zwischen Vergleichs- und Prüfgröße ist.

H 126: Je größer die Kompatibilität von Prüf- und Vergleichsgröße ist, desto größer ist der Reaktanzeffekt$_{KO}$.

Wie bei der Diskussion des Einflusses zeitlicher, methodischer und inhaltlicher Inkompatibilitäten auf den Sicherheits-, den Misstrauens- und den Reaktanzeffekt$_{KO}$ beschrieben, nehmen diese mit steigender Kompatibilität von Prüf- und Vergleichsgröße zu. Dies bedeutet, dass bei einem durch hohe wahrgenommene Selbsteffektivität charakterisierten Kontrollierten die Beziehung zwischen Kontrollträger und Kontrolliertem bei steigender Kompatibilität c. p. in zunehmendem Maße belastet wird und die Beziehungsbedürfnisse des Kontrollträgers weniger befriedigt werden können. Während der Einfluss der Kompatibilität von Prüf- und Vergleichsgröße somit bei Kontrollierten mit hoher wahrgenommener Selbsteffektivität eindeutig bestimmbar ist, verhalten sich bei Kontrollierten mit niedriger Selbsteffektivität ein steigender Misstrauens- und ein wachsender Sicherheitseffekt$_{KO}$ konträr zueinander. Folglich wird, je nach relativer Stärke der beiden Effekte, der Anstieg des Abstoßungseffekts$_{KO}$ wesentlich geringer als im Falle hoher Selbsteffektivität stattfinden oder aber konstant bleiben, falls sich der Sicherheits- und der Misstrauenseffekt$_{KO}$ gegenseitig in ihren Entwicklungen kompensieren. Insgesamt lässt sich daher nur die Aussage treffen, dass der Abstoßungseffekt$_{KO}$ beim Kontrollierten mit hoher Selbsteffektivität c. p. steigen wird, wenn die Kompatibilität zunimmt.

H 127: Je größer die Kompatibilität von Prüf- und Vergleichsgröße ist, desto größer ist c. p. der Abstoßungseffekt$_{KS}$, falls der Kontrollierte über eine hohe Selbsteffektivität verfügt.

Mit steigendem Ausmaß an Inkompatibilität zwischen den Vergleichsgrößen in einer Investitionskontrolle sinkt aufgrund der damit verbundenen Rückschlussprobleme für den Kontrolleur die Wahrscheinlichkeit, dass fehlerhaftes Handeln des Kontrollierten aufgedeckt wird. Ferner kann der Kontrollierte bei Abweichungen diese, bei eingeschränkter oder völlig fehlender Kompatibilität der Größen, auf Inkompatibilitäten der Prüf- und der Vergleichsgröße zurückführen und sich damit für ein negatives Kontrollergebnis exkulpieren.[1437] Nimmt der Kontrollierte diesen Umstand korrekt wahr, so reduziert sich mit sinkender Kompatibilität auch die durch eine Kontrollankündigung ausgelöste Veränderung seiner E→F Erwartungen, d. h. der Erwartungseffekt$_{KO}$.[1438]

H 128: Je größer die Kompatibilität von Prüf- und Vergleichsgröße ist, desto größer ist c. p. der Erwartungseffekt$_{KO}$.

Bei großer Disparität zwischen Vergleichs- und Prüfgröße ist der Wert einer Investitionskontrolle für den Kontrollierten zur Klärung seiner Arbeitsaufgabe gering: Da tendenziell immer signifikante Abweichungen zwischen der Prüf- und der Vergleichsgröße allein schon aufgrund der Inkompatibilitäten auftreten und diese Abweichungen nur schwer von solchen zu trennen sind, die auf falsches Handeln zurückzuführen sind, kann der Kontrollierte aus der angekündigte Kontrolle bei geringer Kompatibilität kaum Hilfestellungen über das tatsächlich erwünschte Handeln erhalten.[1439] Entsprechend ist zu postulieren, dass die Stärke des Zielpräzisierungseffekts$_{KO}$ positiv mit dem Grad der Kompatibilität zusammenhängt.[1440] Als Hypothese formuliert heißt dies:

H 129: Je größer die Kompatibilität von Prüf- und Vergleichsgröße ist, desto größer ist c. p. der Zielpräzisierungseffekt$_{KO}$.

[1437] In der mikroökonomisch-verhaltensorientierten Betriebswirtschaftslehre finden sich unter den Begriffen des Informationsgehalts und der relativen Erfolgsmessung zwei Diskussionsstränge, die bzw. deren Ergebnisse mit der hier diskutierten Frage der Kompatibilität von Prüf- und Vergleichsgröße eng zusammenhängen. So thematisiert die Forschung zum Informationsgehalt die Rolle unterschiedlich guter Rückschlussmöglichkeiten auf das Handeln des Agenten anhand eines Erfolgsmaßes und die Arbeiten zur relativen Erfolgsmessung die Frage der Auswirkungen exogener Einflüsse und die Vergleichbarkeit des relativen Referenzmaßstabs auf die Anreizkompatibilität (bzw. hier: die Disziplinierung) des Agenten. Vgl. exemplarisch Winter (1996); Hutzschenreuter (1998), S. 102f.; Weißenberger (2003), S. 74-80 und die dort jeweils angeführten Quellen.

[1438] Vgl. hierzu ähnlich auch bereits Anthony (1960), S. 333.
Als indirekte Wirkung erster Ordnung äußert sich dieser reduzierte Erwartungseffekt$_{KO}$ in weniger diszipliniertem bzw. weniger konzentriertem Handeln. Entsprechend kommt eine empirische Feldstudie von Schäffer/Willauer (2002) zu einem positiven Einfluss des Kompatibilitätsgrads (Schäffer/Willauer (2002) sprechen von der Enge der Verbindung von Planung und Kontrolle) auf die Durchsetzungswirkung von Zielen, d. h. auf die Disziplinierungsstärke (vgl. Schäffer/Willauer (2002), S. 84).

[1439] Vgl. dazu ähnlich auch Siegwart/Menzl (1978), S. 86f.; Schäffer (2003), S. 155.

[1440] Geringe Kompatiblität oder vollständige Inkompatibilität findet als indirekte Wirkung erster Ordnung ihren Widerhall in fehlerhaften Handlungen. Vgl. dazu bereits Annett (1969), S. 120, und dort angegebene Experimente. Vgl. dazu aber auch Küpper (2005), S. 281, der – allerdings wenig klar – davon spricht, dass mit der Eindeutigkeit von Kontrollergebnissen „die Verhaltenswirkungen in der Regel verstärkt“ werden.

6.5.2 Einfluss auf die ex post Wirkungen

Mangelnde Kompatibilität von Prüf- und Vergleichsgröße erschwert die zuverlässige Ermittlung von Abweichungen und deren Ursache(n). Für den Kontrollierten wie den Kontrolleur wird dadurch die Möglichkeit erschwert, aus den Kontrollergebnissen zu lernen.[1441] Vielmehr ist mit Fehlschlüssen und damit fehlerhaftem bzw. falschem Lernen zu rechnen. Erkennt der Kontrollierte, dass sich aufgrund der eingeschränkten Kompatibilität von Prüf- und Vergleichsgrößen keine validen Schlüsse aus den Kontrollergebnissen ziehen lassen, so wird er die auf inkompatiblen Vergleichsgrößen basierende Investitionskontrolle weniger als Rechtfertigung für nachfolgende Entscheidungen des Kontrolleurs akzeptieren. Als Hypothese formuliert lässt sich somit festhalten, dass der Rechtfertigungseffekt$_{KO}$ c. p. mit dem Grad der Kompatibilität zunehmen wird.

H 130: Je größer die Kompatibilität von Prüf- und Vergleichsgröße ist, desto größer ist c. p. der Rechtfertigungseffekt$_{KO}$.

Inkompatibilitäten zwischen den in eine Investitionskontrolle eingehenden Prüf- und Vergleichsgrößen wirken sich analog auch auf den Rechtfertigungseffekt$_{KS}$ aus. Da sie, wie eben schon dargestellt, die Abweichungsermittlung und Abweichungsursachensuche erschweren, behindern sie die Lernmöglichkeiten für beide beteiligten Akteure. So ist mit Fehlschlüssen und damit fehlerhaftem bzw. falschem Lernen bei mangelnder Kompatibilität von Prüf- und Vergleichsgröße zu rechnen.[1442] Wird sich der Kontrollierte darüber bewusst, dass sich aufgrund der eingeschränkten Kompatibilität von Prüf- und Vergleichsgrößen keine validen Schlüsse aus den Kontrollergebnissen ziehen lassen, so wird er stärker an der Entscheidungseignung der mit der Kontrolle generierten Vergleichsergebnisse zweifeln als bei hoher Kompatibilität. Folglich ist zu erwarten, dass er eine auf nicht oder nur eingeschränkt kompatiblen Vergleichsgrößen basierende Investitionskontrolle weniger als Rechtfertigung für nachfolgende Entscheidungen des Kontrolleurs akzeptieren wird. Damit ist jedoch ein geringerer Schutz der Befriedigung der Bedürfnisse des Kontrolleurs nach Freundschaft und Zuneigung ex post verbunden.[1443] Dies führt zu folgender Hypothese:

[1441] Vgl. hierzu auch die Feldstudie von Steiners (2005), S. 213, in der ein positiver Zusammenhang zwischen Güte von Kontrollinformationen und einem Lernen von Geschäftsführern festgestellt wird. Anzumerken ist jedoch, dass die Konstrukte in der Studie nicht unproblematisch operationalisiert sind.

[1442] Vgl. hierzu auch die Fußnote 1441.

[1443] Diese geringe Eignung der Kontrollergebnisse zur Rechtfertigung kann sich wiederum als indirekte Wirkung erster Ordnung in einem Verzicht des Kontrolleurs auf den Rückgriff auf entsprechende Kontrollinformationen zur Begründung seiner Nachfolgeentscheidungen äußern. Damit grob im Einklang stellt bspw. Frank (2000), S. 177, in einer Feldstudie fest, dass die Qualität von

H 131: Je größer die Kompatibilität von Prüf- und Vergleichsgröße ist, desto größer ist c. p. der Rechtfertigungseffekt$_{KS}$.

Wie gerade (implizit) schon dargestellt, hängt die Möglichkeit zum validen Rückschluss aus Kontrollergebnissen vom Grad der Kompatibilität zwischen den zwei in der Kontrolle gegenübergestellten Größen der Typen Soll, Wird und Ist ab. Sind Prüf- und Vergleichsgröße nicht oder nur teilweise kompatibel, so erschwert dies, wie oben erläutert, eine Abweichungsermittlung und Abweichungsursachensuche und damit die Möglichkeit für den Kontrollierten wie den Kontrolleur, aus den Kontrollergebnissen zu lernen. Es ist mit Fehlschlüssen und damit fehlerhaftem bzw. falschem Lernen zu rechnen.[1444] Entsprechend ist zu postulieren, dass das Ausmaß der Kompatibilität positiv auf den Fähigkeitslerneffekt$_{KO}$ wirkt.

H 132: Je größer die Kompatibilität von Prüf- und Vergleichsgröße ist, desto größer ist c. p. der Fähigkeitslerneffekt$_{KO}$.

So wie unpräzise Informationen beim Kontrollierten zu fehlerbehafteten Rückschlüssen und damit unvollständigem Lernen führen können, können sie auch beim Kontrollsubjekt zu einer Reduktion des Fähigkeitslerneffekts$_{KS}$ führen.[1445] Es lässt sich daher die Hypothese aufstellen, dass das Ausmaß der Kompatibilität von Prüf- und Vergleichsgröße in einer Investitionskontrolle c. p. positiv auf den Fähigkeitslerneffekt$_{KS}$ wirkt.

Kostenrechnungsinformationen, d. h. Kontrollinformationen zu den laufenden Kosten, positiv mit der Wahrscheinlichkeit ihrer Nutzung zur Fundierung nachfolgender Entscheidungen einhergeht. Ähnlich kommt auch die Studie von Hunold (2003), S. 170, hinsichtlich der Nutzungswahrscheinlichkeit von Kostenrechnungsinformationen durch Kämmerer in komunalen Verwaltungen zu dem Ergebnis, dass diese positiv mit der subjektiv wahrgenommen Güte der Kontrollinformationen zusammenhängt. Siehe weiter die Studie von Steiners (2005), S. 193.

1444 Vgl. Kahneman/Lovallo (1993), S. 18. Vgl. dazu auch die Feldstudie von Steiners (2005), S. 213, in der ein positiver Zusammenhang zwischen der Güte der Kontrollinformationen und den Lerneffekten festgestellt wurde. Fehlerhaftes Lernen (oder kein Lernen) kann dabei wiederum (als indirekte Wirkung erster Ordnung einer Kontrolle) falsche Folgeentscheidungen nach sich ziehen. So zeigen Hantula/Bragger (1999) in einem Laborexperiment, dass unpräzise Kontrollinformationen, für die mangelnde Kompatibilität zwischen Prüf- und Vergleichsgröße eine Ursache ist, unter bestimmten Voraussetzungen zu einem so genannten „Escalation of Commitment“, d. h. einer verspäteten oder völlig unterbleibenden Abbruchsentscheidung eines Projekts, führen (vgl. Hantula/Bragger (1999), S. 424). Vgl. zum Escalation of Commitment auch bspw. Statman/Caldwell (1987); Weber et al. (2003), S. 25-29; Riesenhuber (2005).

1445 Vgl. hierzu Gadella (1991), S. 98. Siehe auch Kahneman/Lovallo (1993), S. 18. Auch kommt die bereits erwähnte Feldstudie von Schäffer/Willauer (2002) zu dem Ergebnis, dass ein statistisch signifikant positiver Zusammenhang zwischen der Enge der Verbindung von Planung und Kontrolle (d. h. Kompatibiltität der beiden) und der Güte der Willensbildung (als indirekter Wirkung erster Ordnung einer Kontrolle) besteht (vgl. Schäffer/Willauer (2002), S. 84).

H 133: Je größer die Kompatibilität von Prüf- und Vergleichsgröße ist, desto größer ist c. p. der Fähigkeitslerneffekt$_{KS}$.

Inkompatible Vergleichs- und Prüfgrößen lassen sich (zumindest in gewissem Umfang) durch entsprechende (kognitive) (Umformungs- bzw. Umrechen-)Handlungen des Kontrolleurs (respektive bei Selbstkontrolle des Kontrollierten) oder durch eine Umgestaltung der betriebswirtschaftlichen Datensammlungs- und -verarbeitungsanlagen vergleichbar machen.[1446] Dies ist jedoch mit Aufwand in der Form der Auslastung kognitiver Kapazitäten verbunden, die dann nicht für andere Handlungen zur Verfügung stehen.[1447] Die Herstellung der Kompatibilität oder zumindest einer teilweisen Kompatibilität zwischen Prüf- und Vergleichsgröße zur Sicherstellung verlässlicher Abweichungsfeststellung und Abweichungsursachenanalysen wird, so ist zu erwarten, umso aufwändiger bezüglich der zeitlichen und umfangsmäßigen Belastung der knappen kognitiven Kapazitäten des Akteurs sein, je inkompatibler die Ausgangsdaten sind.[1448]

H 134: Je größer die Kompatibilität von Prüf- und Vergleichsgröße ist, desto geringer ist c. p. der Kontrollaufwand2$_{KO}$.

H 135: Je größer die Kompatibilität von Prüf- und Vergleichsgröße ist, desto geringer ist c. p. der Kontrollaufwand2$_{KS}$.

6.6 Formalisierung

6.6.1 Einfluss auf die ex ante Wirkungen

Die bewusste, schriftliche, unpersönliche a priori Regelung der Kontrollgegenstände, des Kontrollprozesses, der Kontrollorganisation und der Kontrollinstrumente, beispielsweise

---

[1446] Vgl. auch Steven/Böning (1999), S. 459.

[1447] Vgl. auch Steven/Böning (1999), S. 459: „Dieses Vergleichbarkeitsproblem lässt sich zwar entweder dadurch lösen, dass die Investitionsplanung auf Basis von Kosten- und Erlösen durchgeführt wird, oder dass Zahlungen während der Nutzungsphase ermittelt werden, beides erweist sich jedoch als aufwändig".

[1448] Dieser Umformungsaufwand ist dabei, wie immer wieder in der Literatur hervorgehoben wird, offensichtlich in der Unternehmenspraxis nicht unerheblich und führt dazu, dass die Unternehmen angesichts des Aufwands meist nur auf teilweise kompatible Daten zurückgreifen (vgl. Steven/Böning (1999), S. 459). Vgl. dazu auch Paudtke (1976), S. 259: „In der Praxis stößt die Ermittlung der für Investitionsrechnungen benötigten Daten häufig auf erhebliche Schwierigkeiten, weil die Daten entweder überhaupt nicht bzw. nur mit einem wirtschaflich nicht vertretbaren Aufwand zu beschaffen sind oder zu ungenau sind". Siehe ähnlich ferner Gadella (1991), S. 96f.

durch Kontrollkalender, Kontrollschaubilder, Kontrollhandbücher, Kontrollrahmen (Darstellungen der Input-Output-Beziehungen der Kontrolle) und Kontrollformulare sowie der tatsächliche Einsatz dieser Regelungen in Kontrollprozessen, kann mit dem Begriff der Formalisierung der Investitionskontrolle belegt werden.[1449] Für das Ausmaß dieses, bisher in der Literatur zu Investitionskontrollen allgemein wenig beachteten, Parameters f (mit $f \in [0\,\%, 100\,\%]$)[1450] lassen sich auf Basis vorhandener und übertragbarer Überlegungen aus Betriebswirtschaftslehre und (Sozial-)Psychologie sowie eigenen Plausibilitätsüberlegungen die nachfolgend beschriebenen Hypothesen formulieren.[1451]

Liegt eine starke Formalisierung der Investitionskontrolle vor, d. h. wird sie als eine gleich bleibende Standardprozedur durchgeführt, so wird, sofern der Kontrollierte den Eindruck besitzt, dass diese Standardprozedur für seine Situation bzw. seine Aufgabenstellung nicht adäquat ist, die Formalisierung dazu führen, dass die Investitionskontrolle weniger als ein adäquates Analyse- bzw. Strukturierungsinstrument wahrgenommen wird. Dies bedeutet jedoch, dass zum einen der Angsteffekt$_{KO}$ bei den Akteuren mit negativer Einstellung zur Kontrolle sinkt, da eine solche Kontrolle eine weniger ernst zunehmende Bedrohung darstellt bzw. sich der Kontrollierte besser auf sie einstellen kann, da sie transparenter ist.[1452] So sinkt u. a. die Willkürmöglichkeit für den Kontrolleur, was einem Zugewinn an Sicherheit (unabhängig vom Kontrollergebnis) für den Kontrollierten

---

1449 Vgl. dazu für Investitionskontrollen bspw. McCorvey (1969), S. 33. Aus der allgemeinen Kontrollliteratur vgl. z. B. Ahrend (2002), S. 251. Vgl. ähnlich aus der (wesentlich umfangreicheren Literatur zur Formalisierung von Planungsprozessen bspw. Ueno/Sekaran (1992), S. 664; Goeldel (1997), S. 118; Kreikebaum (1997), S. 201; Weber/Schäffer/Willauer (2000), S. 17; Sponem (2004), S. 105f., und dortige Verweise. Siehe auch Faber (1980), S. 48f.; Weber (1985), S. 126; Bodewes (2000), S. 37; Kieser/Walgenbach (2003), S. 169; Scott (2003), S. 35, für die Formalisierung aus Sicht der Organisationsliteratur. Dabei sei Faber (1980), S. 48, und Krüger (2005), S. 146, folgend, die Formalisierung als die Dokumentation der Regelungen automatisch beinhaltend betrachtet. Des Weiteren sei der Begriff eines formalisierten Kontrollprozesses nur dann verwendet, wenn die schriftlichen Regelungen des Prozesses auch in der Praxis eingesetzt bzw. beachtet werden (vgl. dazu Bodewes (2000), S. 37 u. S. 96f.). Teilweise findet sich in der Literatur auch der Begriff der Standardisierung (vgl. z. B. Küpper (2005), S. 306), der wenngleich uneinheitlich verwendet, meist weitgehend synonym zum hier verwendeten Begriff der Formalisierung ist.

1450 Vgl. zur Konzeptualisierung der Formalisierung als einem Kontinuum von 0 bis 100 % auch Ahrend (2002), S. 251. Vgl. allgemein dazu auch aus der Organisationsliteratur Robbins (2001), S. 491; Kieser/Walgenbach (2003), S. 169.

1451 Auch hier gilt wieder, dass die nachfolgenden Hypothesen diejenigen aller denkbaren Zusammenhänge abbilden, für die auf Basis vorhandener Erkenntnisse aus (Sozial-)Psychologie und Betriebswirtschaftslehre ergänzt um Plausibilitätsüberlegungen entsprechende Aussagen über die Zusammenhänge formuliert werden können. Alle anderen der möglichen Zusammenhänge sind in zukünftigen Forschungsprojekten noch zu untersuchen.

1452 Vgl. grundlegend zum Angsteffekt$_{KO}$ Kapitel 5.1.1.

bedeutet.[1453] Andererseits fällt gleichzeitig auch der Sicherheitseffekt$_{KO}$ ab bzw. weg, d. h. das Pendant bei den Kontrollierten mit positiver Einstellung zur Kontrolle.[1454] Neben diesem negativen Einfluss der Formalisierung der Investitionskontrolle auf den Angst- bzw. den Sicherheitseffekt$_{KO}$ ist jedoch auch zu beachten, dass bei einem sehr geringen Ausmaß der Formalisierung der Kontrollträger weniger Richtlinien zur Kontrolldurchführung besitzt und damit dessen mögliche Fähigkeitsdefizite stärker zum Tragen kommen als bei einer gewissen Formalisierung, die ihm bei der Kontrolle Hilfestellung leistet. Somit ist weniger von einem linearen, negativen Zusammenhang von Formalisierungsgrad und Ausmaß der Angst- bzw. Sicherheitseffekte$_{KO}$ als von einem umgekehrt-U-förmigen Verlauf auszugehen. Sowohl bei niedriger als auch bei hoher Formalisierung werden der Angst- und der Sicherheitseffekt$_{KO}$ eher niedrig ausfallen, während sie bei mittlerer Formalisierung am höchsten sind. Als Hypothesen formuliert lässt sich festhalten:

H 136: Mit steigendem Grad der Formalisierung der Investitionskontrolle nimmt zunächst der Angsteffekt$_{KO}$ zu, um dann jedoch wieder bei weiter ansteigender Formalisierung abzunehmen.

H 137: Mit steigendem Grad der Formalisierung der Investitionskontrolle nimmt zunächst der Sicherheitseffekt$_{KO}$ zu, um dann jedoch wieder bei weiter ansteigender Formalisierung abzunehmen.

Ist die Investitionskontrolle stark formalisiert, so stellt sie aus Sicht des Kontrollierten eine fixe Regelprozedur im Investitionsprozess dar, die jedes Mal gleich durchgeführt wird. Dies wiederum kann beim einzelnen, potenziell einer Kontrolle unterzogenen Kontrollierten dazu führen, dass er weniger den Eindruck besitzt, die Regelung bzw. die Investitionskontrolle sei auf ihn ausgerichtet, als vielmehr, dass es sich bei ihr um eine Standardprozedur handelt, die für alle Akteure im Unternehmen gilt.[1455] Der Kontrollierte wird daher eine Kontrolle weniger als eine Form des Misstrauens seiner eigenen Leistungsanstrengung gegenüber auffassen.[1456] Entsprechend ist zu erwarten, dass die Stärke des Misstrauenseffekts$_{KO}$ c. p. mit dem Grad der Formalisierung von Investitionskontrollen in der Stärke sinkt.

[1453] Vgl. zur Reduktion von Willkür in Leistungsbeurteilungsprozessen durch Prozessvorgaben Bourguignon/Chiapello (2005), S. 687 u. S 695.

[1454] Ist die formalisierte Investitionskontrolle hingegen aus Sicht des Kontrollierten der betrachteten Situation angemessen, so tritt kein Rückgang des Sicherheitseffekts$_{KO}$ auf.

[1455] Vgl. für ähnliche Überlegungen zu Kontrollen allgemein auch Churchill/Cooper (1965), S. 769. Vgl. ähnlich ferner Küpper (2001), S. 263; Küpper (2005), S. 281.

[1456] Vgl. Gordon/Myers (1991), S. 40. Vielmehr wird er den Eindruck besitzen, dass er dieser Kontrolle nur aus Gleichheits- bzw. Gerechtigkeitsgründen unterzogen wird, aber eigentlich das (Fehl-)Handeln aufgrund mangelnder Leistungsanstrengung anderer Akteure im Betrachtungsfokus steht.

H 138: Je größer die Formalisierung der Investitionskontrolle ist, desto geringer ist c. p. der Misstrauenseffekt$_{KO}$.

Wie gerade für den Misstrauenseffekt$_{KO}$ dargestellt, gilt auch, dass mit steigender Formalisierung der Investitionskontrolle der Kontrollierte diese weniger als einen Ausdruck mangelnden Zutrauens in seine eigenen, individuellen Fähigkeiten auffassen wird. Vielmehr wird er sie tendenziell als ein in erster Linie als Standardprozedur angewendetes Instrument interpretieren, das primär eher das (Fehl-)Handeln aufgrund (potenziell) mangelnder Fähigkeiten anderer Akteure kontrollieren will.[1457] Entsprechend ist davon auszugehen, dass die Stärke des Reaktanzeffekts$_{KO}$ c. p. mit steigendem Grad der Formalisierung von Investitionskontrollen abnehmen wird.[1458]

H 139: Je größer die Formalisierung der Investitionskontrolle ist, desto geringer ist c. p. der Reaktanzeffekt$_{KO}$.

Wie eben erläutert, besteht beim Misstrauenseffekt$_{KO}$ und beim Reaktanzeffekte$_{KO}$ ein negativer Zusammenhang mit dem Grad der Formalisierung des Investitionskontrollprozesses. Demgegenüber ist beim Angsteffekt$_{KO}$ und beim Sicherheitseffekt$_{KO}$ jeweils eher mit einem umgekehrt-U-förmigen Verlauf zu rechnen. Angesichts der unterschiedlichen Kurvenverläufe ist damit nur schwer eine exakte Aussage über den Verlauf des Abstoßungseffekts$_{KS}$, ausgehend vom gegenwärtigen Forschungsstand, möglich. Allerdings ist zu erwarten, dass der Abstoßungseffekt$_{KS}$ bei hohem Formalisierungsgrad tendenziell am niedrigsten ist, während er bei mittlerer Formalisierung dann sein Maximum erreicht, wenn der Kontrollierte negativ zur Kontrolle eingestellt ist, d. h. einen Angsteffekt$_{KO}$ erfährt. Besitzt der Kontrollierte hingegen eine positive Einstellung und empfindet er daher den Sicherheitseffekt$_{KO}$, so reduziert dies die Höhe des Abstoßungseffekts$_{KS}$ bei mittlerer Formalisierung. Bei sehr geringer Formalisierung dürften der Misstrauens- und der Reaktanzeffekt$_{KO}$ hingegen dafür sorgen, dass ein hohes Maß an Abstoßung erreicht wird. Damit kann zum gegenwärtigen Forschungsstand folgende näherungsweise Hypothese aufgestellt werden:

H 140: Je größer die Formalisierung der Investitionskontrolle ist, desto geringer ist c. p. der Abstoßungseffekt$_{KO}$.

1457 Vgl. zu einer solchen Wahrnehmung ähnlich auch Churchill/Cooper (1965), S. 769; Küpper (2001), S. 263; Küpper (2005), S. 281.

1458 Vgl. hierzu auch Schuler/Marcus (2004), S. 992, denenzufolge formalisierte Beurteilungsprozesse besser akzeptiert werden als nicht-formalisierte.

Eine Formalisierung stellt relevante Informationen bereit, sichert die gleich bleibende Durchführung und schafft damit Klarheit bzw. wirkt dem Entstehen von Gerüchten entgegen.[1459] Dies bedeutet, dass durch eine hohe Formalisierung die E→F Wahrscheinlichkeiten alternativer Handlungen durch den Kontrollierten besser abgeschätzt werden können als bei niedriger Formalisierung, und damit wiederum eine zuverlässigere Bestimmung der Erwartungswerte alternativer Handlungen möglich wird.[1460] Angesichts dieser durch eine hohe Formalisierung im Vergleich zu einer geringen Formalisierung genaueren E→F Erwartungen ist die Hypothese zu formulieren, dass die Höhe des Erwartungseffekts$_{KO}$ einer Investitionskontrolle mit ihrer Formalisierung positiv zusammenhängt.

H 141: Je größer die Formalisierung der Investitionskontrolle ist, desto größer ist c. p. der Erwartungseffekt$_{KO}$.

Da mit zunehmender Formalisierung für den Kontrollierten eine steigende Klarheit bzw. exaktere E→F Erwartungen verbunden sind, steigt auch für den Kontrolleur die H→E Erwartung zur Erzielung der mit einer Investitionskontrolle erhofften Änderungen der E→F Erwartungen des Kontrollierten. Es spricht demzufolge viel dafür, dass auch der Erwartungseffekt$_{KS}$ mit steigender Formalisierung zunimmt.

H 142: Je größer die Formalisierung der Investitionskontrolle ist, desto stärker ist c. p. der Erwartungseffekt$_{KS}$.

In einer bereits erwähnten empirischen Feldstudie konnte Bourguignon (2004) feststellen, dass Akteure in Unternehmen im Durchschnitt lediglich rund 36 Prozent der Kriterien wahrnehmen, anhand derer ihre eigene Leistung gemessen und bewertet wird.[1461] Auch variiert, wie die Untersuchung zeigt, diese Wahrnehmung zusätzlich sehr stark zwischen einzelnen Akteuren.[1462] Die Kenntnis der relevanten Erfolgs- bzw. Misserfolgskriterien ist jedoch zentrale Voraussetzung für ein auf diese Kriterien bzw. diese von der Instanz vorgegebenen Ziele ausgerichtetes Handeln.[1463] Durch eine Formalisierung der

---

[1459] Vgl. explizit für Investitionskontrollen Dillon/Caldwell (1981), S. 20; Gordon/Myers (1991), S. 40. Vgl. ähnlich aus der Literatur zu Planungs- und Entscheidungsprozessen Goeldel (1997), S. 118; Kreikebaum (1997), S. 201; Reitmeyer (2000), S. 138; Spieker (2003), S. 73; Florissen (2005), S. 182. Siehe auch allgemein Faber (1980), S. 52; Robbins (2001), S. 491f.; Scott (2003), S. 35.

[1460] Vgl. dazu auch Robbins (2001), S. 430.

[1461] Vgl. Bourguignon (2004), S. 674f.

[1462] Vgl. Bourguignon (2004), S. 674f.

[1463] Vgl. ähnlich schon Annett (1969), S. 147; Deutsch (1976), S. 124f. Vgl. dazu auch die Literatur zur Zielsetzungstheorie, z. B. Locke (1968), S. 168-170; Latham/Yukl (1975), S. 829f. u. S. 840; Steers (1976), S. 10; Ivancevich (1976), S. 610; Kenis (1979), S. 716; Locke/Latham (1984), S. 10; Locke et al. (1989), S. 284; Leung/Liu (2003), S. 18. Kritisch zur Allgemeingültigkeit der Zielsetzungstheorie allerdings Seijts (2001).

Investitionskontrolle mittels Kontrollkalender, Kontrollhandbücher, etc. kann Transparenz über den Kontrollprozess, den Kontrollinhalt (insbesondere die in der Investitionskontrolle zur Urteilsfindung herangezogenen Kriterien) und die Kontrollorganisation usw. geschaffen werden.[1464] Damit wird möglichen Gerüchten der Nährboden entzogen und der Kontrollierte kann sich stärker auf die „richtigen" Kriterien seiner Arbeitsaufgabe konzentrieren.[1465] Es lässt sich daher die Hypothese formulieren, dass der Grad der Formalisierung der Investitionskontrolle c. p. den Zielpräzisierungseffekt$_{KO}$ positiv beeinflusst.

H 143: Je größer die Formalisierung der Investitionskontrolle ist, desto größer ist c. p. der Zielpräzisierungseffekt$_{KO}$.

Schließlich sinkt durch die Formalisierung auch der Aufwand, den der Kontrolleur betreiben muss, um beim Kontrollierten die Vermutung einer Kontrolle auszulösen.[1466] Ebenso sinkt der Aufwand, der dem Kontrollierten durch die Aufmerksamkeit auf die kleinen und/oder größeren Signale des Kontrolleurs der Ankündigung einer Kontrolle anfällt. Dies führt zu folgenden zwei Hypothesen zum Zusammenhang von Formalisierung und Kontrollaufwand:

H 144: Je größer die Formalisierung der Investitionskontrolle ist, desto geringer ist c. p. der Kontrollaufwand1$_{KO}$.

H 145: Je größer die Formalisierung der Investitionskontrolle ist, desto geringer ist c. p. der Kontrollaufwand1$_{KS}$.

6.6.2 Einfluss auf die ex post Wirkungen

Eine starke Formalisierung des Investitionskontrollprozesses reduziert die an den Kontrolleur gestellten Fähigkeitsanforderungen im Hinblick auf die Durchführung der Kon-

1464 Vgl. hierzu synonym aus der Planungsliteratur bspw. Kreikebaum (1997), S. 200f.; Reitmeyer (2000), S. 138; Spieker (2003), S. 73.

1465 Vgl. Dillon/Caldwell (1981), S. 20; Gordon/Myers (1991), S. 40. Vgl. hierzu synonym für die Formalisierung der Planung auch Goeldel (1997), S. 118; Kreikebaum (1997), S. 201; Spieker (2003), S. 73; Florissen (2005), S. 182. Siehe aus der allgemeinen Organisationsliteratur auch Faber (1980), S. 52; Murphy/Jackson (1999), S. 331; Robbins (2001), S. 491f.; Scott (2003), S. 35.

1466 Diese Aussage unterstellt, dass die Formalisierung der betrachteten Investitionskontrolle besteht, d. h. dass der Kontrolleur diese nicht selbst zuerst vornehmen muss, sondern sie ihm von einer anderen Instanz vorgegeben ist bzw. abgenommen wurde (vgl. hierzu allgemein für die Festlegung der Formalisierung Faber (1980), S. 49f.; Mintzberg (1983), S. 145). So kann der Aufwand zur Formalisierung der Investitionskontrolle aus der Betrachtung des Aufwands einer Kontrolle ausgeschlossen werden.

trolle und die Beurteilung des betrachteten Sachverhalts.[1467] Hierdurch kann selbst ein wenig sachkundiger Akteur eine halbwegs akzeptable Kontrolle durchführen bzw. entsprechende, für eine Verbesserung seiner Fähigkeiten geeignete, Informationen generieren.[1468] Daher ist zu erwarten, dass die Akzeptanz von Nachfolgeentscheidungen größer ist, wenn der Kontrollierte erkennt, dass sich die Fähigkeitsdefizite des Kontrolleurs aufgrund einer wohl strukturierten Kontrolle nicht nennenswert negativ auf das Kontrollergebnis und damit die nachfolgenden Entscheidungen des Kontrolleurs auswirken werden. Der Rechtfertigungseffekt$_{KO}$ einer Investitionskontrolle wird daher mit dem Formalisierungsgrad ansteigen. Auch sorgt die Formalisierung für Transparenz im Kontrollprozess.[1469] Damit erlaubt sie es dem Kontrollierten zu beurteilen, wie „gerechtfertigt" die Entscheidungen des Kontrolleurs tatsächlich sind. Damit sinkt für den Kontrolleur die Möglichkeit zur Willkür im Kontrollprozess. Auch hierdurch steigt der „Fairness-" bzw. Rechtfertigungsaspekt der Kontrollinformationen an und damit der Rechtfertigungseffekt$_{KO}$. Folglich wird der Rechtfertigungseffekt$_{KO}$ einer Investitionskontrolle c. p. mit wachsender Formalisierung ansteigen. Allerdings gilt gleichzeitig, dass die Formalisierung auch eine Einschränkung der situationsgerechten Durchführung einer Kontrolle mit sich bringen kann, wodurch wiederum ab einem bestimmten Grad der Formalisierung tendenziell mit einem Rückgang der Verbesserung der Fähigkeiten des Kontrolleurs zu rechnen ist.[1470] Nimmt der Kontrollierte auch dies wahr, so wird der Rechtfertigungseffekt$_{KO}$ damit ab einem gewissen Grad der Formalisierung wieder abnehmen. Insgesamt ist daher mit einem umgekehrt-U-förmigen Verlauf der Funktion von Formalisierung und Höhe des Rechtfertigungseffekts$_{KO}$ auszugehen.

H 146: Mit steigendem Grad der Formalisierung der Investitionskontrolle nimmt zunächst der Rechtfertigungseffekt$_{KO}$ zu, um dann jedoch wieder bei weiter ansteigender Formalisierung abzunehmen.

Ähnlich wie hinsichtlich der direkten Wirkung einer Investitionskontrolle auf die Fremdachtungsbedürfnisse des Kontrollierten gilt auch für die Wirkung auf die Freundschaftsbedürfnisse des Kontrolleurs, dass der Grad der Formalisierung zunächst positiv auf den

---

1467 Vgl. Mills/Kennedy (1990), S. 21. Vgl. auch allgemein Lingnau (2005), S. 240.

1468 Siehe auch ähnlich Gordon/Myers (1991), S. 40. Vgl. dazu detaillierter die nachfolgenden Ausführungen zum Fähigkeitslerneffekt$_{KS}$.

1469 Vgl. dazu Gordon/Myers (1991), S. 40, die der Formalisierung von Invesitionserfolgskontrollen die Aufgabe zuschreiben, „to provide guidance and uniformity to what otherwise could turn out to be an unevenly, and possibly an inappropriately, applied process. It also adds objectivity to what might be perceived as a threatening process, thus minimizing psychological barriers". Vgl. hierzu aus der Planungsliteratur auch Goeldel (1997), S. 118; Kreikebaum (1997), S. 201; Spieker (2003), S. 73; Florissen (2005), S. 182. Siehe auch allgemein Faber (1980), S. 52; Robbins (2001), S. 491f.; Scott (2003), S. 35.

1470 Ist eine formalisierte Investitionskontrolle hingegen situationsadäquat, so tritt dieser Rückgang nicht ein. Der Rechtfertigungseffekt$_{KO}$ bleibt dann auf seinem (hohen) Niveau.

Rechtfertigungseffekt$_{KS}$ wirkt und anschließend negativ: Zunächst stellt nämlich eine Formalisierung eine transparente und valide Durchführung der Kontrolle und entsprechend zuverlässige Kontrollinformationen für Fähigkeitslerneffekte sicher. Ab einem gewissen Grad jedoch wird aus der Hilfestellung ein Hemmnis, da eine situationsgerechte Anpassung des Kontrollprozesses erschwert wird und die generierten Informationen weniger zur Entscheidungsfundierung geeignet sind.[1471] Somit sinkt, sofern der Kontrollierte dies zutreffend wahrnimmt und interpretiert, ab diesem Formalisierungsgrad der Rechtfertigungseffekt$_{KS}$, d. h. die Wirkung der Vermeidung einer Verletzung der Beziehungsbedürfnisse, wieder ab.

H 147: Mit steigendem Grad der Formalisierung der Investitionskontrolle nimmt zunächst der Rechtfertigungseffekt$_{KS}$ zu, um dann jedoch wieder bei weiter ansteigender Formalisierung abzunehmen.

Die Formalisierung des Investitionskontrollprozesses führt dazu, dass gleiche Kontrollprobleme tendenziell auch einheitlich gelöst werden.[1472] Sie reduziert nicht nur die Notwendigkeit, über Handlungsalternativen nachzudenken,[1473] sondern schränkt grundsätzlich auch den Spielraum für eigene Entscheidungen ein.[1474] Damit nehmen die Möglichkeiten für das Kontrollsubjekt ab, seine ihm grundsätzlich durch die Übertragung der Investitionskontrolle zugesprochene, legitime Macht über den Kontrollierten noch weiter durch ein gewisses Willkürelement in der Kontrolle auszubauen.[1475] Vielmehr schränkt die Formalisierung seinen Handlungsspielraum ein.[1476] Folglich ist davon auszugehen, dass die Machtbedürfnisse des Kontrollträgers nicht in gleichem Maße befriedigt werden können, wie wenn ihm, dank fehlender Formalisierung, eine gewisse „Willkürmacht" zukommt.[1477] Entsprechend ist die Hypothese aufzustellen, dass der Machteffekt$_{KS}$ einer

---

[1471] Siehe hierzu aber die Anmerkung in Fußnote 1470.

[1472] Vgl. ähnlich für die Wirkung der Formalisierung der Planung explizit Kreikebaum (1997), S. 200, und implizit Reitmeyer (2000), S. 54.

[1473] Vgl. dazu allgemein auch Robbins (2001), S. 492; Florissen (2005), S. 182.

[1474] Vgl. Robbins (2001), S. 491.

[1475] Vgl. (implizit) Lawler (1976), S. 1269. Siehe aus der Planungsliteratur ähnlich bspw. Kreikebaum (1997), S. 200. Ähnlich weisen in der Literatur zur Mitarbeiterbeurteilung Folger/Konovsky/Cropanzano (1992), S. 139f., auf die der Willkür des Beurteilers durch schriftliche, rechtliche Rahmenbedingungen gesetzten Grenzen hin.

[1476] Vgl. auch Faber (1980), S. 54; Buggert (1991), S. 31; Staehle (1999), S. 405; Robbins (2001), S. 430 u. S. 491. Vgl. auch implizit Murphy/Jackson (1999), S. 331; Kieser/Walgenbach (2003), S. 134.

[1477] Vgl. hierzu Dillon/Caldwell (1981), S. 20; Gordon/Myers (1991), S. 40. Vgl. dazu auch Robbins (2001), S. 430, der auf die Freiräume zu politischem Handeln, die durch Unklarheiten geschaffen werden, hinweist.

Investitionskontrolle mit steigendem Grad der Formalisierung c. p. abnimmt, da sich auch die Abhängigkeit des Kontrollierten vom Kontrolleur verringert.[1478]

H 148: Je größer die Formalisierung der Investitionskontrolle ist, desto geringer ist c. p. der Machteffekt$_{KS}$.

Die Formalisierung der Investitionskontrolle schafft Transparenz und stellt einen gleich bleibenden Kontrollprozess sicher. Aufgrund der damit einhergehenden geringeren Willkürgefahr durch den Kontrolleur kann eine Formalisierung beim Kontrollierten zu einer Zunahme der Wahrscheinlichkeit positiver Kontrollerlebnisse und damit potenziell einer (objektiv angesichts der „besseren" bzw. „willkürfreieren" Kontrolle gerechtfertigten) positiven Einstellung zur Kontrolle beitragen. Umgekehrt könnte jedoch die Erfahrung, dass Kontrollen bei hoher Formalisierung nur noch starr ablaufen und entsprechend wenig situationsgerecht sind, zu einer (objektiv gerechtfertigten) negativen Einstellung zu Kontrollen und dem Kontrollträger führen. In beiden Fällen variiert mit der Veränderung des Formalisierungsgrads der Investitionskontrolle, ausgehend von einer gegebenen Einstellung des Kontrollierten, das mögliche Ausmaß der Veränderung dieser Einstellung, d. h. der Einstellungslerneffekt$_{KO}$. Insgesamt erscheint daher ein U-förmiger Verlauf der Stärke des Einstellungslerneffekts$_{KO}$ in Abhängigkeit vom Ausmaß der Formalisierung denkbar.

H 149: Mit steigendem Grad der Formalisierung der Investitionskontrolle nimmt der Einstellungslerneffekt$_{KO}$ zunächst ab, um dann jedoch wieder bei weiter ansteigender Formalisierung zuzunehmen.

Eine Formalisierung der Investitionskontrolle kann, sofern der Kontrolleur diese „Hilfestellung" nicht für erforderlich bzw. hilfreich hält, als unnötiges, die eigene Handlungs- und Entscheidungsfreiheit einschränkendes und allenfalls „lästiges Übel" empfunden werden.[1479] Ist dies der Fall, so ist zu erwarten, dass der Kontrolleur aufgrund der dadurch frustrierten Fremdachtungsbedürfnisse (u. a. via eines gesunkenen Machteffekts$_{KS}$) eine (aus intersubjektiver Perspektive gerechtfertigte) negative Einstellung erlernt.[1480] Wird

---

[1478] Vgl. hierzu auch die mikroökonomisch-verhaltensorientierten Überlegungen bei Prendergast (1993), S. 769, der bei subjektiver Evaluation eine Tendenz von Akteuren zum Gehorsam gegenüber dem Vorgesetzten bzw. Bewerter aufzeigt, welcher sich bspw. in Form der papageienhaften, pro forma Übernahme der Meinung des Bewerters äußert. Durch den Einsatz einer objektiveren Beurteilung bzw. objektiveren Beurteilungskriterien kann diese Tendenz reduziert werden (vgl. ebenda, S. 769).

[1479] Vgl. dazu Becker (2003b), S. 246 für Leistungsbeurteilungsprozesse. Ähnlich für die Formalisierung der Planung bspw. Buggert (1991), S. 31; Kreikebaum (1997), S. 200. Vgl. allgemein auch Faber (1980), S. 53; Krüger (2005), S. 145.

[1480] Vgl. ähnlich, aber für die Formalisierung der Planung Kreikebaum (1997), S. 200. Siehe auch allgemein Faber (1980), S. 53f.

die Formalisierung hingegen als Hilfe wahrgenommen (z. B. bei eingeschränkten Fähigkeiten des Kontrolleurs[1481]), so kann eine Formalisierung auch eine (dann aus objektiver Sicht zutreffende) positive Kontrolleinstellung schaffen (oder eine negative abschwächen helfen). Auch hier gilt somit, dass mit der Variation des Grads der Formalisierung der Investitionskontrolle c. p. auch das Ausmaß der möglichen Einstellungsänderung des Kontrolleurs verändert wird. Dabei dürfte hier wieder ein ähnlicher Zusammenhang wie beim Kontrollierten bestehen:

H 150: Mit steigendem Grad der Formalisierung der Investitionskontrolle nimmt der Einstellungslerneffekt$_{KO}$ zunächst ab, um dann jedoch wieder bei weiter ansteigender Formalisierung zuzunehmen.

Wie bereits bei der Diskussion des Einflusses auf die ex ante Wirkungen einer Investitionskontrolle dargelegt, ermöglicht ein stark formalisierter Kontrollprozess dem Kontrollierten bereits vor einer Investitionskontrolle, sich exakte E→F Erwartungen zu bilden.[1482] Schließlich steigt mit wachsendem Formalisierungsgrad der Kontrolle die Transparenz und sinken die Freiheitsgrade für den Kontrolleur. Dies führt dazu, dass der Kontrollierte ex post wenig im Hinblick auf eine Verbesserung der E→F Erwartungen durch eine Investitionskontrolle hinzulernen kann.[1483] Eine Formalisierung senkt somit den Erwartungslerneffekt$_{KO}$ hinsichtlich der E→F Erwartungen. Hingegen ist kein Einfluss auf den Erwartungslerneffekt$_{KO}$ bezüglich der H→E Erwartungen des Kontrollierten zu erwarten, da durch eine Formalisierung des Investitionskontrollprozesses der Kontrollierte c. p. keine bessere Information über seine eigene Selbsteffektivität (H→E Erwartungen) erhält. Insgesamt ergibt sich jedoch aufgrund der kleineren Lerneffekte bezüglich der E→F Erwartungen ein mit steigender Formalisierung sinkender Erwartungslerneffekt$_{KO}$.

H 151: Je größer die Formalisierung der Investitionskontrolle ist, desto geringer ist c. p. der Erwartungslerneffekt$_{KO}$.

Eine Formalisierung stellt sicher, dass ein Investitionskontrollprozess auch bei geringen Fähigkeiten des Kontrolleurs adäquat durchgeführt wird und die Ergebnisse damit valide (und keine verfälschten oder gänzlich falschen) Schlussfolgerungen und Lerneffekte zu-

---

1481 Vgl. dazu auch Mills/Kennedy (1990), S. 12.

1482 Vgl. dazu allgemein für formalisierte Prozesse auch Robbins (2001), S. 430; Scott (2003), S. 35; Lingnau (2005), S. 240. Vgl. aber auch schon Merton (1968), demzufolge die Formalisierung zu einer stärkeren Internalisierung der Regeln führt.

1483 Dabei wird definitionsgemäß, wie bei allen den in diesem Teilkapitel formulierten Hypothesen, davon ausgegangen, dass die Formalisierung sowohl die Existenz entsprechender Regelungen als auch ihre Anwendung umfasst. Siehe dazu die Definition der Formalisierung vorne, sowie Bodewes (2000), S. 37 u. S. 96f.

lassen. Schließlich erfordert ein hoch formalisierter Kontrollprozess weniger subjektinternes Wissen über den Kontroll- und den zugrunde liegenden Investitionsprozess beim Kontrollträger,[1484] wodurch Einschränkungen der deklarativen Fähigkeiten des Kontrolleurs weniger stark ins Gewicht fallen als bei wenig formalisierten Prozessen, die entsprechend hohes Wissen beim Akteur voraussetzen.[1485] Ähnlich können durch eine stärkere Formalisierung auch (teilweise) mögliche Verzerrungen durch Einschränkungen der Potenzialnutzungsfähigkeiten des Kontrolleurs reduziert werden.[1486] So konnten in einigen psychologischen Experimenten Reduktionen der Verzerrungen in Mitarbeiterbeurteilungen durch eine Formalisierung identifiziert werden.[1487] Insofern trägt eine gewisse Formalisierung bei begrenzten Fähigkeiten des Kontrolleurs positiv zum Fähigkeitslerneffekt$_{KS}$ (sowie aufgrund der höheren Qualität der Ergebnisse zum Fähigkeitslerneffekt$_{KO}$) bei. Auch führt eine Formalisierung dazu, dass die Ergebnisse einer Investitionskontrolle leichter in die (gleiche) Struktur der vorhandenen Erfahrungen mit Investitionen eingeordnet werden können bzw. mit diesen Erfahrungen in Bezug gesetzt und mögliche „neue Erkenntnisse" klarer von bereits bekannten zu unterscheiden sind.[1488] Dadurch wird tendenziell die Verbesserung der Fähigkeiten des Kontrolleurs verstärkt, da Abweichungen nicht lediglich auf unterschiedliche Vorgehensweisen bei der Kontrolle zurückzuführen sind, sondern tatsächlich „Neues" aufzeigen. Andererseits kann eine zu starke Formalisierung auch dazu führen, dass die Form der Investitionskontrolle wichtiger als der Inhalt wird,[1489] und somit aufgrund situationsinadäquater Kontrolle weniger

---

1484 Vgl. Mills/Kennedy (1990), S. 21: „When clearly written, sufficiently comprehensive and user friendly, they [manuals, *Anm. d. Verf.*] are of value to both the audit team and those involved in the project who might wish to know about the audit process and individual responsibilities". Vgl. auch Lingnau (2005), S. 240. Die Formalisierung erlaubt den Rückgriff auf Handlungswissen (des Handbuchschreibers), das dem Kontrollträger sonst nicht (zwangsläufig) zur Verfügung stünde (vgl. ebenda, S. 240).

1485 Die Argumentation bezieht sich auf den Kontrollträger und unterstellt, dass dieser nicht auch mit der Formalisierung des Kontrollprozesses beauftragt ist, sondern diese Formalisierung durch einen dritten Akteur erfolgt (vgl. hierzu allgemein für die Festlegung der Formalisierung Faber (1980), S. 49f.; Mintzberg (1983), S. 145). Dieser muss dann jedoch, im hier interessierenden Fall der Investitionskontrolle, hohes Wissen über den Investitions- wie den Kontrollprozess besitzen, um ihn formalisieren zu können (vgl. hierzu allgemein auch Goeldel (1997), S. 118; Weber/Schäffer/Willauer (2000), S. 17f.). Fehlt diesem dritten Akteur hingegen Wissen, d. h. legt er einen nicht-praktikablen Investitionskontrollprozess fest, so steigen die Anforderungen an die Fähigkeiten des Kontrolleurs, trotz der inadäquaten „Vorschriften" einen funktionierenden Kontrollprozess sicherzustellen.

1486 Vgl. dazu Merchant/Van der Stede (2003), S. 469. Vgl. (teilweise implizit) auch Schuler (1989), S. 420f.; von Rosenstiel (2003), S. 191; Zimbardo/Gerrig (2004), S. 30.

1487 Vgl. Schuler (1989), S. 421 und dortige Quellen.

1488 Vgl. dazu ähnlich Lüder (1969), S. 122; Gadella (1991), S. 89; Gadella/Jones (1996), S. 39. Vgl. ähnlich für Beurteilungsgespräche auch Muck/Schuler (2004), S. 257.

1489 Vgl. ähnlich für die Planung Kreikebaum (1997), S. 200, und allgemein Faber (1980), S. 53; Staehle (1999), S. 30; Scott (2003), S. 37; Krüger (2005), S. 145.

gelernt wird als bei geringerer Formalisierung.[1490] Der Fähigkeitslerneffekt$_{KS}$ sinkt somit bei zu hoher Formalisierung wieder ab.[1491] Daher ist von einem grob umgekehrt-U-förmigen Verlauf der Funktion zwischen Formalisierung auf der Abszisse und dem Fähigkeitslerneffekt$_{KS}$ auf der Ordinate auszugehen.[1492] Entsprechendes ist auch für den Fähigkeitslerneffekt$_{KO}$ zu erwarten.

H 152: Mit steigendem Grad der Formalisierung der Investitionskontrolle nimmt zunächst der Fähigkeitslerneffekt$_{KO}$ zu, um dann jedoch wieder bei weiter ansteigender Formalisierung abzunehmen.

H 153: Mit steigendem Grad der Formalisierung der Investitionskontrolle nimmt zunächst der Fähigkeitslerneffekt$_{KS}$ zu, um dann jedoch wieder bei weiter ansteigender Formalisierung abzunehmen.

Zu guter Letzt muss dank einer Formalisierung eines Prozesses ein Akteur „nicht mehr jedes Mal erneut entscheiden, wie das Problem gelöst werden soll“[1493]. Die Formalisierung enthebt den Akteur somit der Notwendigkeit über alternative Handlungsweisen nachzudenken.[1494] Dies impliziert, dass der kognitive Aufwand zur Vorbereitung und Durchführung der Handlung sowie der Aufnahme-, Verarbeitung und Memorierung ihrer Ergebnisse sinkt.[1495] Folglich ist zu erwarten, dass der Kontrollaufwand beim Kontrolleur

---

1490 So kann starke Formalisierung dazu führen, dass die Analyse oberflächlicher ausfällt, da schnell auf eine eingeschränkte Anzahl an Kategorien zurückgegriffen wird und nicht nach der besten Erklärung, sondern nach der ersten, formal akzeptablen gesucht wird (vgl. dazu Merton (1968, S. 252f.)). Vgl. auch Dalton (1971), S. 5. Siehe ebenfalls (aufgrund des damit verbundenen schematischen, unflexiblen Vorgehens) kritisch gegenüber einer zu hohen Formalisierung bei Beurteilungsgesprächen Muck/Schuler (2004), S. 257. Ähnlich Faber (1980), S. 53, und Neuberger (2004), S. 18, für die Formalisierung von Prozessen im Allgemeinen.

1491 Dies gilt jedoch nur, wenn die formalisierte Investitionskontrolle nicht für die spezifische, kontrollierte Investitionshandlung adäquat ist. Ist die Formalisierung gut auf die Investitionshandlung zugeschnitten, so findet diese Abnahme der Fähigkeitslerneffekte$_{KO}$ nicht statt. Vgl. dazu auch die Anmerkung in Fußnote 1470.

1492 Vgl. für eine ähnliche Vermutung und empirische Prüfung hinsichtlich des Einflusses der Formalisierung von Innovationsprozessen auf Innovationen Bodewes (2000), S. 101 u. S. 205f. Sofern sich diese Überlegungen auch auf die Formalisierung von Planungsprozessen übertragen lassen, ließen sich die dort in der empirischen Forschung festgestellten, widersprüchlichen Ergebnisse zum (linearen) Einfluss der Formalisierung auf die Entscheidungsqualität (d. h. implizit den Fähigkeitslerneffekten der Planung) neben potenziell variierenden Operationalisierungen des Formalisierungsbegriffs (vgl. zu diesem Punkt allgemein in der empirischen Organisationsforschung Bodewes (2000), S. 25-36) auch durch den nicht-linearen Verlauf erklären. Vgl. exemplarisch für die divergierenden Ergebnisse zum Einfluss der Formalisierung auf die Planung Reitmeyer (2000), S. 139; Weber/Schäffer/Willauer (2000), S. 19; Schäffer/Willauer (2003), S. 102, und Spiecker (2003), S. 73.

1493 Lingnau (2005), S. 240.

1494 Vgl. auch Faber (1980), S. 52; Mintzberg (1983), S. 145; Bodewes (2000), S. 93; Robbins (2001), S. 492; Neuberger (2004), S. 17f.

1495 Vgl. auch Spieker (2003), S. 73. Unterstellt wird bei dieser Aussage wiederum, dass die Formalisierung gegeben ist, d. h. dass der Aufwand zur Formalisierung der Investitionskontrolle für

wie beim Kontrollierten c. p. in einem negativen Zusammenhang mit dem Grad der Formalisierung der Investitionskontrolle steht.[1496]

H 154: Je größer die Formalisierung der Investitionskontrolle ist, desto geringer ist c. p. der Kontrollaufwand2$_{KO}$.

H 155: Je größer die Formalisierung der Investitionskontrolle ist, desto geringer ist c. p. der Kontrollaufwand2$_{KS}$.

6.7 Kontrollumfang

6.7.1 Einfluss auf die ex ante Wirkungen

Der relativ häufig in der Investitionskontrollliteratur thematisierte Kontrollumfang *u* wird in der Literatur meist als Anteil der überprüften Investitionsanträge, -projekte oder -objekte an der Gesamtzahl der Investitionsmaßnahmen eines Unternehmens (GI) definiert.[1497] Da sich diese Definition nicht direkt auf die Ebene einzelner Individuen, sondern auf die des Gesamtunternehmens bezieht, und damit mit der in der vorliegenden Arbeit gewählten, an einer einzelnen Investitionskontrollhandlung orientierten Perspektive inkompatibel ist, muss sie entsprechend transformiert werden. Folglich sei abweichend von der üblichen Definition mit dem Umfang *u* die Anzahl der in einem bestimmten Zeitraum vom kontrollierenden Akteur überprüften Investitionsanträge, -projekte, -objekte aus der Gesamtzahl aller von ihm durchgeführten Investitionshandlungen (allgemein: I) bezeichnet. Dieser Umfang sei mit *u* ($u \in \{1, 2, 3, ..., I\}$) gekennzeichnet.[1498]

---

die Aussage irrelevant ist, da er durch eine dritte Person getragen wird (vgl. hierzu allgemein für die Festlegung der Formalisierung Faber (1980), S. 49f.; Mintzberg (1983), S. 145).

1496 Ein erstes Indiz für diese Hypothese liefert auch eine empirische Feldstudie von Weber/Schäffer/Willauer (2000) aus dem Gebiet der Planungsforschung (d. h. dem Pendant zur Kontrolle). Diese kommt zu dem Ergebnis, dass ein „höherer Formalisierungsgrad [...] tendenziell mit einer höheren Effizienz der Planung" (dieselben, S. 19), einhergeht.

1497 Vgl. z. B. Kooken (1961), S. 142; Nicholson (1962), S. 403; Lüder (1969), S. 59; Osterloh (1974), S. 62.

1498 Sofern $u < I$ ist, müssen Auswahlkriterien für die einzelnen Investitionsprojekte definiert werden (vgl. dazu Lüder (1969), S. 59; Holmes/Cullen/Gray (1991), S. 52f.; Cherry (1993), S. 29). Im Weiteren sei davon ausgegangen, dass diese Auswahl anhand des „Zufallskriteriums" erfolgt, d. h. dass eine zufallsgesteuerte Auswahl und keine bewusste Auswahl stattfindet (vgl. Holmes/Cullen/Gray (1991), S. 53). Dieses Vorgehen ist, wie in Kapitel 3.2.3 dieser Arbeit erläutert, durchaus auch in der Praxis anzutreffen (ähnlich auch Holmes/Cullen/Gray ebenda, S. 53). Allerdings muss einschränkend erwähnt werden, dass diverse empirische Studien auch feste Kriterien, wie bspw. die Investitionssumme, als in der Praxis genutztes Auswahlkriterium identifizieren. Angesichts der Schwierigkeit, allgemeine

Bei jedem Umfang $u > 1$ werden somit mehr als ein Vergleichs- und Abweichungsanalyseprozess pro Zeitraum an voneinander verschiedenen Investitionen durchgeführt, wobei zu unterscheiden ist, ob die einzelnen *u* Kontrollen an den unterschiedlichen Investitionen streng chronologisch nacheinander innerhalb des gegebenen Zeitraums erfolgen oder aber, ob die einzelnen Kontrollen sich zumindest teilweise zeitlich überlagern.

In ersterem Fall handelt es sich um *u* vollständig unabhängige Investitionskontrollen, weshalb nicht mit einem Einfluss auf die Höhe der direkten Wirkungen einer dieser einzelnen *u* Investitionskontrollen zu rechnen ist. Dementsprechend ist auch keine weitere Untersuchung dieses Falls erforderlich.[1499]

In letzterem Fall hingegen ist zu beachten, dass die einzelnen *u* Investitionskontrollen aufgrund der zumindest partiellen zeitlichen Überlagerung potenziell in ihren direkten Wirkungen interagieren können, da z. B. zur gleichen Zeit die gleichen Fähigkeiten des Kontrolleurs und des Kontrollierten beansprucht werden und es dadurch zu einer als „Information Overload" zu charakterisierenden Situation kommen kann.[1500] Ebenso kann es zu gleichzeitigen Bedürfnisbefriedigungs- oder -frustrationseffekten kommen, die, angesichts der unterstellten Satisfizierbarkeit aller Bedürfnisse außer dem Leistungsbedürfnis, zu einem Abfallen der einzelnen Befriedigungseffekte (bis auf Null) führen können.[1501]

Hypothesen auf Basis der diversen in den Studien angeführten möglichen Kriterien zu generieren, sei hier vereinfachend auf die Auswahl nach dem Zufall abgestellt. Im Fall des Rückgriffs auf andere Auswahlkriterien müssen einzelne der folgenden Hypothesen entprechend angepasst werden.

1499 So lässt sich auch der in der Literatur postulierte negative Zusammenhang zweier unabhängiger Kontrollen auf den Ertrag der Fähigkeitslerneffekte$_{KO}$ aufgrund potenziell in beiden Kontrollen festgestellter identischer Fehler in den beiden überprüften Investitionen und dem Fehlen eines Lerneffekts damit bei der zweiten Kontrolle (vgl. dazu bspw. Lüder (1969), S. 70) einfach anhand einer Veränderung der Fähigkeiten des Kontrollierten durch die erste Kontrolle (Fähigkeitslerneffekt$_{KO}$) und damit geringeren Fähigkeitsdefiziten und entsprechend auch weniger zu Lernendem bzw. zu Verbesserndem in der zweiten Kontrolle erklären. Diese vermeintliche Interaktion entspricht daher nur der Betrachtung einzelner Kontrollen unter verschiedenen Ausprägungen des Parameters Fähigkeiten des Kontrollierten. Eine Betrachtung dieses Falls stimmt daher vollständig mit der Analyse einer einzelnen Investitionskontrolle überein, weshalb seine separate Diskussion nur unnötige Redundanzen in der Argumentation nach sich ziehen würde.

1500 Diese Situation (bzw. der Einfluss einer Überbelastung der kognitiven Fähigkeiten des Kontrolleurs wie des Kontrollierten bei einem Kontrollumfang *u* größer als der kritische Wert u_k) entspricht dabei den bereits in den Kapiteln Kapiteln 6.2 und 6.3 diskutierten Situationen einer Kontrolle unter eingeschränkten Fähigkeiten des Kontrollierten bzw. des Kontrolleurs. Angesichts der prominenten Stellung, die dem Parameter Kontrollumfang in der einschlägigen Literatur zuteil wird, und zwecks leichterer Verständlichkeit, seien diese Einflüsse hier dennoch nochmals separat für ihn diskutiert.

1501 Genauso ist selbstverständlich denkbar, dass alle *u* Kontrollen eine Frustration eines bestimmten Bedürfnisses mit sich ziehen, das dann je nach zuvor gegebenem Befriedigungsstatus des Bedürfnisses und dem Ausmaß der Frustrationen durch die *u* Kontrollen potenziell schon bei u-1 Kontrollen vollständig frustriert, d. h. der Satisfaktionsgrad auf Null abgesunken ist, und das daher durch die u-te Kontrolle nicht mehr weiter frustriert werden kann. In diesem Fall fällt die Stärke des u-ten Frustrationseffekts dann, wie schon in den Teilkapiteln zu den Bedürfnissen des Kontrollierten bzw. des Kontrolleurs dargestellt, ebenfalls auf Null.

Entsprechend ist dieser zweite Fall näher zu beleuchten. Dabei lassen sich für ihn, aufbauend auf den vorhandenen Forschungsergebnissen der (Sozial-)Psychologie und der Betriebswirtschaftslehre sowie auf Plausibilitätsüberlegungen, nachfolgende Hypothesen, beginnend beim Einfluss auf den Angsteffekt_{KO}, formulieren.

Der Angsteffekt_{KO} wird nur dann auftreten, wenn der Kontrollierte sich im Rahmen der Investitionskontrolle eine Aufdeckung möglicher Abweichungen und ihrer Ursachen durch den Kontrolleur ausmalt. Hierfür spielen jedoch – wie bereits erwähnt – die Fähigkeiten des Letzteren zu dieser Aufdeckung eine zentrale Rolle für das Auftreten bzw. die Stärke dieses Effekts einer einzelnen Kontrolle. So lange wie der Kontrollierte den Eindruck besitzt, dass der Kontrollträger nicht aufgrund der Menge der kontrollierten Investitionen *u* überfordert ist, bleibt (unvollständige Frustration der Sicherheitsbedürfnisse des Kontrollierten unterstellt[1502]) der Angsteffekt_{KO} einer dieser *u* Kontrollen auch bei zunehmendem Kontrollumfang konstant. Übersteigt der Kontrollumfang *u* hingegen eine im Hinblick auf die Fähigkeiten des Kontrollträgers kritische Marke der Anforderungen an eben diese und/oder ist das Sicherheitsbedürfnis des Kontrollierten bereits vollständig frustriert, so fällt das Ausmaß eines (möglichen) individuellen Angsteffekts_{KO} einer einzelnen dieser *u* Kontrollen (ggf. bis auf Null) ab.[1503]

H 156: Der Kontrollumfang besitzt so lange keinen Einfluss auf den Angsteffekt_{KO}, bis die Fähigkeiten des Kontrolleurs überlastet werden oder die Sicherheitsbefürfnisse frustriert sind, dann sinkt er (potenziell bis auf Null).

Da der $\text{Sicherheitseffekt}_{KO}$ darauf aufsetzt, dass der Kontrollierte sich im Rahmen der Investitionskontrolle gegebenenfalls Hilfestellungen durch den Kontrolleur erhofft, spielt die Fähigkeit des letzteren zu dieser Hilfe eine zentrale Rolle für das Auftreten bzw. die Stärke dieses Effekts einer einzelnen Kontrolle. So lange wie der Kontrollierte meint, dass der Kontrollträger ihm im Rahmen der angekündigten Investitionskontrolle bei den einzelnen Investitionen helfen kann und nicht aufgrund der Menge der kontrollierten Investitionen *u* überlastet ist, bleibt (unvollständige Satisfaktion der Sicherheitsbedürfnisse unterstellt[1504]) der $\text{Sicherheitseffekt}_{KO}$ einer dieser *u* Kontrollen auch bei zunehmen-

---

[1502] Vgl. hierzu die Ausführungen zum Einfluss unterschiedlich stark frustrierter Bedürfnisse des Kontrollierten auf die direkten Wirkungen einer Investitionskontrolle im Kapitel 6.2 vorne.

[1503] Es tritt somit der gleiche Effekt ein, wie bei einem im Teilkapitel zu den Eigenschaften des Kontrolleurs unterstellten Rückgang der Fähigkeiten des Kontrolleurs. Gleichzeitig bedeutet dies in einer kumulativen Betrachtung der einzelnen Investitionskontrollen, die in der vorliegenden Arbeit aber nicht weiter verfolgt wird, dass das Ausmaß der kumulierten Angsteffekte_{KO} mit dem Umfang *u* bis zu einem bestimmten Maximalwert ansteigt und dann auch bei weiter steigendem *u* auf diesem Niveau verharrt.

[1504] Vgl. hierzu die Angabe in Fußnote 1502.

dem Kontrollumfang konstant. Wächst der Kontrollumfang *u* hingegen über ein im Hinblick auf die Fähigkeiten des Kontrollträgers kritisches Niveau der Anforderungen an dessen kognitive Fähigkeiten an und/oder ist das Sicherheitsbedürfnis bereits (weitgehend) satisfiziert, so fällt die Stärke eines potenziellen, individuellen $\text{Sicherheitseffekts}_{KO}$ einer einzelnen dieser *u* Kontrollen (ggf. bis auf Null) ab.[1505]

H 157: Der Kontrollumfang besitzt so lange keinen Einfluss auf den $\text{Sicherheitseffekt}_{KO}$, bis die Fähigkeiten des Kontrolleurs überlastet werden oder das Sicherheitsbedürfnis vollständig satisfiziert ist, dann sinkt er.

Das Ausmaß *u*, in dem die Investitionshandlungen (bzw. ihre Ergebnisse) eines Akteurs kontrolliert werden, kann von diesem auch als Indiz für den Grad aufgefasst werden, in dem der Kontrolleur ihm bzw. seiner Bereitschaft zu hoher Leistungsanstrengung vertraut: Verzichtet der Kontrollträger weitgehend auf eine Überprüfung der Handlungsergebnisse des Akteurs, so zeigt dies dem Kontrollierten an, dass der Kontrolleur ihn für willens (und fähig) hält, allein und ohne Druck gute Handlungsergebnisse zu erzielen.[1506] Wählt das Kontrollsubjekt hingegen einen großen Kontrollumfang *u*, so signalisiert es damit mangelndes Vertrauen in die Leistungsbereitschaft (und/oder Zutrauen zur Leistungsfähigkeit) des Kontrollierten.[1507] Es ist daher davon auszugehen, dass grundsätzlich c. p. mit steigendem Kontrollumfang *u* die individuellen $\text{Misstrauenseffekte}_{KO}$ so lange konstant bleiben, bis der Effekt der Frustration aufgrund vollständig frustrierter Bedürfnisse nicht mehr weiter zum Tragen kommen kann.[1508]

H 158: Der Kontrollumfang besitzt so lange keinen Einfluss auf den $\text{Misstrauenseffekt}_{KO}$, bis die Beziehungsbedürfnisse des Kontrollierten vollständig frustriert sind.

Ebenso wie der Kontrollierte ein Steigen des Umfangs der kontrollierten Investitionen als ein Signal für ein (gestiegenes) Misstrauen des Kontrollträgers in seine Leistungsbereitschaft interpretieren kann, kann er es auch als (gestiegenes) Misstrauen in seine Leistungsfähigkeit wahrnehmen.[1509] Ein höherer Kontrollumfang *u* geht dann mit einer größeren kumulativen Verletzung der sozialen Achtungs- bzw. Autonomiebedürfnisse des Kontrollierten einher als bei weniger Kontrollen, so lange wie diese Bedürfnisse noch

1505 Siehe hierzu Fußnote 1503.

1506 Vgl. hierzu ähnlich Groll (2004), S. 112.

1507 Vgl. dazu auch Frey (1993), S. 663f.

1508 Dabei spielt der Auslastungsgrad der kognitiven Kapazitäten des Kontrolleurs keine Rolle, da allein schon die Tatsache, dass eine Kontrolle angekündigt wird, als Geringschätzung der Leistungsbereitschaft des Kontrollierten erachtet werden kann.

1509 Vgl. auch Frey (1993), S. 665.

frustriert werden können und der Satisfaktionsgrad nicht bereits Null erreicht hat.[1510] Ein großer Kontrollumfang *u* kann insbesondere bei Akteuren mit hoher wahrgenommener Selbsteffektivität den Eindruck erwecken, dass der Kontrollträger den Kontrollierten für unfähig hält und sich die Kontrolle im Extremfall somit gegen seine Person richtet.[1511] Die kumulierten Reaktanzeffekte$_{KO}$ werden entsprechend bei diesen Akteuren mit steigendem *u*, so lange die Achtungsbedürfnisse noch frustrierbar sind, zunehmen.[1512] Auch die individuellen Reaktanzeffekte$_{KO}$ bleiben so lange unberührt, fallen dann jedoch sobald die Fremdachtungsbedürfnisse vollständig frustriert sind, ab.

H 159: Der Kontrollumfang besitzt so lange keinen Einfluss auf den Reaktanzeffekt$_{KO}$, bis die Fremdachtungsbedürfnisse des Kontrollierten vollständig frustriert sind.

Auch für den Abstoßungseffekt$_{KS}$ gilt, dass er so lange mit steigendem Kontrollumfang *u* in „normalem" Ausmaß erfolgen wird, bis die Beziehungsbedürfnisse des Kontrolleurs soweit frustriert sind, dass ein erneuter Effekt geringer oder bei bereits vollständiger Frustration völlig ausfällt.[1513]

H 160: Der Umfang besitzt so lange keinen Einfluss auf den Abstoßungseffekt$_{KO}$, bis die Beziehungsbedürfnisse des Kontrolleurs vollständig frustriert sind.

Der Erwartungseffekt$_{KO}$ wird, wie in Kapitel 5.1.3 geschildert, dadurch hervorgerufen, dass ein Kontrollierter mit einer bestimmten Aufdeckungswahrscheinlichkeit rechnet und sich daher seine E→F Erwartungen alternativer Handlungen verändern. Das Ausmaß dieser Veränderung der E→F Erwartungen hängt dabei zentral von der vermuteten Wahrscheinlichkeit ab, dass tatsächlich eine Kontrolle durchgeführt wird. Je mehr Projekte eines Kontrollierten daher einer Investitionskontrolle unterzogen werden, desto größer ist auch die Wahrscheinlichkeit, dass ein einzelnes Projekt bzw. Objekt Gegenstand einer Kontrolle wird.[1514] Der Erwartungseffekt$_{KO}$ einer einzelnen Kontrolle steigt daher zu-

---

1510 Vgl. dazu ähnlich Thieme (1982), S. 90. Siehe auch (implizit) Lawler (1976), S. 1270.

1511 Vgl. dazu teilweise ähnlich Küpper (2001), S. 263.

1512 Vgl. hierzu ähnlich Newman (1975), S. 34. Siehe auch die kompatiblen Aussagen der Reaktanztheorie nach Brehm (1966), S. 118f.

1513 Vgl. wieder die Ausführungen zum Einfluss unterschiedlich stark ausgeprägter bzw. satifizierter/frustrierter Bedürfnisse auf die direkten Wirkungen einer Investitionskontrolle in Kapitel 6.3. Entsprechend steigt so lange auch die kumulierte Menge der Abstoßungseffekte$_{KS}$ an, wobei diese Hypothese implizit wohl auch durch Versuchspersonen, die Rolle eines Vorgesetzten spielend, geteilt wird. So zeigt das bereits mehrfach erwähnte Laborexperiment von Falk/Kosfeld (2005), dass die überwiegende Mehrheit der Vorgesetzten (74 Prozent) in ihrem Experiment tendenziell versuchen, einen möglichst geringen Kontrollumfang *u* bzw. sogar einen Umfang von Null anzuwenden (vgl. Falk/Kosfeld (2005), S. 14), was dafür spricht, dass auch die Kontrolleure in diesem Experiment von einem Anstieg der kumulierten Abstoßungseffekte mit steigendem *u* ausgehen.

1514 Vgl. ähnlich schon Lüder (1969), S. 63.

nächst mit dem Anstieg von *u*.[1515] Allerdings sinkt ab einem bestimmten Umfang *u* angesichts begrenzter Fähigkeiten des Kontrolleurs die Wahrscheinlichkeit, dass fehlerhaftes Handeln in einer Kontrolle durch den Kontrolleur aufgedeckt wird. Entsprechend steigt ab diesem kritischen *u* zwar noch die Wahrscheinlichkeit einer Kontrolle an sich, jedoch sinkt die Wahrscheinlichkeit, dass tatsächlich fehlerhaftes Handeln bzw. dessen Ergebnisse in einer solchen Kontrolle identifiziert werden, wodurch die Gesamtwahrscheinlichkeit bzw. die E→F Erwartungen des Kontrollierten ab diesem kritischen *u* gleich bleiben. Das heißt, dass ab einem bestimmten kritischen *u*, und damit verbundenen maximalen Erwartungseffekt$_{KO}$ einer Investitionskontrolle, bei weiter steigendem *u* dieser nicht mehr zunimmt.

H 161: Der Kontrollumfang besitzt bis zu einem kritischen *u* einen positiven Einfluss auf den Erwartungseffekt$_{KO}$.

6.7.2 Einfluss auf die ex post Wirkungen

Zum Einfluss des Kontrollumfangs auf die Bedürfnisbefriedigungs- und -frustrationseffekte$_{KO}$ ist Folgendes anzuführen: Die Stärke der Bedürfnisbefriedigung oder -frustration, die der Kontrollierte im Rahmen der Kontrolle erfährt, hängt erstens von der Stärke der Ausprägung des Kontrollergebnisses (vorteilhaft/unvorteilhaft) und zweitens vom aktuellen Status der Befriedigung seiner Bedürfnisse ab. Ersteres jedoch wird nur durch die tatsächlichen Fehler im Handeln des Kontrollierten, d. h. dessen Leistungsanstrengung und Leistungsfähigkeit, sowie den Prozentsatz bestimmt, in dem diese Fehler bzw. Abweichungen in der Kontrolle durch den Kontrolleur aufgedeckt werden. Dieser Prozentsatz wird jedoch allenfalls indirekt durch den Kontrollumfang via einer Aus- bzw. Überlastung der Fähigkeiten des Kontrolleurs bei der Durchführung der *u* Kontrollen beeinflusst. Folglich gilt, dass der Kontrollumfang *u* (so lange wie die Fähigkeiten ausreichen und der Bedürfnissatisfaktionsgrad keine Restriktion auf die Höhe der Effekte ausübt) keinen Einfluss auf die Bedürfnisbefriedigungs- und -frustrationseffekte$_{KO}$ besitzt. Erst bei Überlastung der Fähigkeiten und/oder Absinken der Effekte aufgrund entsprechender Bedürfnisbefriedigungssituation – wie im Teilkapitel 6.3 zu den Fähigkeiten des Kontrolleurs bzw. 6.2 zu den Bedürfnissen des Kontrollierten erläutert – können diese abweichen.

[1515] Kumuliert betrachtet wird daher als indirekter Wirkung erster Ordnung der Kontrolle mit steigendem *u* das insgesamte Handeln des Kontrollierten immer disziplinierter ausfallen (vgl. dazu auch Matschke (1993), S. 345). Gleichzeitig sinkt auch die Tendenz, sich nur auf einzelne Investitionen zu konzentrieren. Vgl. ähnlich implizit auch Lawler (1976), S. 1264 u. S. 1275; Merchant/Van der Stede (2003), S. 190; Schäffer (2003), S. 155, für Kontrollen im Allgemeinen.

H 162: Der Kontrollumfang besitzt so lange keinen Einfluss auf die Bedürfnisbefriedigungs- und -frustrationseffekte$_{KO}$, bis die Fähigkeiten des Kontrolleurs überlastet oder die Bedürfnisse des Kontrollierten vollständig befriedigt bzw. frustriert sind.

Im Weiteren ist zu bemerken, dass für den dem Rechtfertigungseffekt$_{KO}$ zugrunde liegenden Fähigkeitslerneffekt$_{KS}$ nur die in einer Kontrolle festgestellten Abweichungen und damit generierten kognitiven Dissonanzen von Bedeutung sind. Diese werden jedoch nur durch die tatsächlichen Fehler im Handeln des Kontrollierten und den Prozentsatz bestimmt, in dem diese Fehler bzw. Abweichungen in der Kontrolle durch den Kontrolleur aufgedeckt werden, was u. a. aus dem Ausmaß der prozeduralen und deklarativen Fähigkeiten des Kontrolleurs resultiert. Folglich gilt, dass (so lange wie die Fähigkeiten ausreichen und der Bedürfnissatisfaktionsgrad der Fremdachtungsbedürfnisse keine Restriktion auf die Höhe des Effekts ausübt) der Kontrollumfang *u* keinen Einfluss auf den Rechtfertigungseffekt$_{KO}$ besitzt. Erst bei Überbelastung der Fähigkeiten und/oder entsprechender Bedürfnisbefriedigungssituation kann – wie im Kapitel 6.3 zu den Fähigkeiten des Kontrolleurs bzw. 6.2 zu den Bedürfnissen des Kontrollierten beschrieben – der Rechtfertigungseffekt$_{KO}$ absinken.[1516]

H 163: Der Kontrollumfang besitzt so lange keinen Einfluss auf den Rechtfertigungseffekt$_{KO}$, bis die Fähigkeiten des Kontrolleurs überfordert oder die Bedürfnisse des Kontrollierten vollständig befriedigt sind.

Die Stärke der Befriedigung oder Frustration seiner Beziehungsbedürfnisse, die der Kontrolleur im Rahmen der Übermittlung negativer Kontrollergebnisse an den Kontrollierten erlebt, hängt zum einen von der Ausprägung des Kontrollergebnisses (positiv/negativ) und zum anderen vom aktuellen Status der Befriedigung seiner Beziehungsbedürfnisse ab.[1517] Ersteres wird nur durch die tatsächlichen Fehler im Handeln des Kontrollierten, d. h. dessen Leistungsanstrengung und Leistungsfähigkeit, und den Prozentsatz bestimmt, in dem diese Fehler bzw. diese Abweichungen in der Kontrolle aufgedeckt werden. Dieser Prozentsatz wird jedoch allenfalls indirekt durch den Kontrollumfang infolge einer Aus- bzw. Überlastung der Fähigkeiten des Kontrolleurs bei der Durchführung der *u* Kontrollen beeinflusst. Folglich gilt, dass der Kontrollumfang *u* (so lange die Fähigkeiten

---

1516 Vgl. hierzu auch die Ausführungen zum Einfluss unterschiedlicher Ausmaße an Fähigkeiten sowie unterschiedlicher Bedürfnissatisfaktionsgrade bzw. Bedürfnisstärken auf die direkten Wirkungen einer Investitionskontrolle in den vorangegangenen Kapiteln 6.2. und 6.3 zum Kontrollierten und zum Kontrolleur.

1517 Abgesehen davon spielen auch die Einstellungen des Kontrolleurs zum Kontrollierten eine Rolle. Siehe hierzu die Ausführungen im Kapitel 6.3, die hier zur Vermeidung übergroßer Redundanz nicht nochmals wiedergegeben werden.

ausreichen und der Bedürfnissatisfaktionsgrad keine Restriktion auf die Höhe der Effekte ausübt) keinen Einfluss auf den Beziehungsförderungs- bzw. -frustrationseffekt$_{KS}$ ausübt. Erst bei Überlastung der Fähigkeiten und/oder beim Absinken des Effekts aufgrund entsprechender Bedürfnisbefriedigungssituation – wie in den Kapiteln 6.2 und 6.3 zu den Fähigkeiten des Kontrolleurs bzw. zu den Bedürfnissen des Kontrollierten erläutert – kann dieser absinken.[1518]

H 164: Der Kontrollumfang besitzt so lange keinen Einfluss auf den Beziehungsfrustrations- oder -förderungseffekt$_{KS}$, bis die Fähigkeiten des Kontrolleurs überlastet oder seine Beziehungsbedürfnisse vollständig befriedigt bzw. vollständig frustriert sind.

Auch für den Machteffekt$_{KS}$ spielt nur die Abweichungshöhe und die damit für den Kontrolleur ggf. verbundene Belohnungs- und Sanktionsmacht sowie Informationsmacht und der aktuelle Status der Befriedigung der Machtbedürfnisse des Kontrolleurs eine Rolle. Die Abweichungshöhe wird wiederum durch die objektiv vorhandenen Fehler – ihrerseits durch die Leistungsanstrengung und Fähigkeit des Kontrollierten determiniert – und die Aufdeckungsrate, d. h. die Fähigkeiten des Kontrolleurs, bestimmt. Der Umfang u kann daher keinen direkten Einfluss auf den Machteffekt$_{KS}$ einer einzelnen Investitionskontrolle ausüben. Lediglich via einer Überlastung der Fähigkeiten des Kontrolleurs bei (zu) hohem u und/oder einer mit u-1 Kontrollen erzielten Satisfaktion des Machtbedürfnisses besitzt der Kontrollumfang einen Einfluss auf die Höhe des u-ten Machteffekts$_{KS}$.[1519]

H 165: Der Kontrollumfang besitzt so lange keinen Einfluss auf den Machteffekt$_{KS}$, bis die Fähigkeiten des Kontrolleurs überlastet oder seine Machtbedürfnisse vollständig befriedigt sind.

Je mehr Investitionsprojekte bzw. -objekte der Kontrollträger kontrolliert, umso eher lernt er (freie kognitive Kapazität vorausgesetzt) etwas hinzu. Entsprechend kann er dann objektiv wie auch aus Sicht des Kontrollierten besser korrekte Nachfolgeentscheidungen treffen. Damit wird er tendenziell weniger seine Beziehungen zum Kontrollierten gefährden, da seine Handlungen dann fundierter wirken. Entsprechend steigt mit dem Umfang u der Investitionskontrollen der kumulierte Rechtfertigungseffekt$_{KS}$ an – jedenfalls so lange, bis es zu einer kognitiven Überlastung des Kontrollträgers kommt und/oder aber die Beziehungsbedürfnisse des Kontrolleurs nicht mehr weiter vor einem Absinken des Befriedigungsstatus geschützt werden können, da sie aufgrund anderer Effekte der Inves-

[1518] Siehe hierzu Fußnote 1516.
[1519] Siehe Fußnote 1516.

titionskontrolle(n) bereits vollständig frustriert sind.[1520] Dann sinkt c. p. mit weiterem Ansteigen von *u* bei gleicher gesamter „Rechtfertigung" das Ausmaß des individuellen $\text{Rechtfertigungseffekts}_{KS}$ ab.

H 166: Der Kontrollumfang besitzt so lange keinen Einfluss auf den $\text{Rechtfertigungseffekt}_{KS}$, bis die Fähigkeiten des Kontrolleurs überlastet sind oder seine Beziehungsbedürfnisse bereits vollständig frustriert sind und daher auch keine weitere Frustration mehr abgewendet werden kann.

Werden die Ergebnisse einer Investitionshandlung eines Akteurs nicht kontrolliert ($u = 0$), so kann aus der betreffenden Investitionshandlung bzw. ihren Ergebnissen folglich auch nicht gelernt werden.[1521] Dementsprechend ist der $\text{Fähigkeitslerneffekt}_{KO}$ dann gleich Null. Bei jedem $u > 0$ gilt, dass desto eher Projekte bzw. Objekte entdeckt werden, bei denen Abweichungen existieren, je größer der Kontrollumfang *u* ist. Daher nimmt mit dem Umfang *u* die kumulierte Menge der einzelnen $\text{Fähigkeitslerneffekte}_{KO}$ so lange zu, bis die Fähigkeiten ausgeschöpft sind (und die bei den Eigenschaften des Kontrolleurs in Kapitel 6.3 beschriebenen Einflüsse auf die direkten Wirkungen einer Investitionskontrolle auftreten). Der Umfang besitzt damit so lange keinen Einfluss auf die individuellen $\text{Fähigkeitslerneffekte}_{KO}$ (und damit auch ihre kumulierte Menge), bis die kognitiven Kapazitäten überlastet sind. Der $\text{Fähigkeitslerneffekt}_{KO}$ wird damit nur durch das Ausmaß der Fehler in der Investitionshandlung und ihren durch die verfügbaren kognitiven Fähigkeiten determinierten Aufdeckungsprozentsatz bestimmt.[1522]

H 167: Der Kontrollumfang besitzt so lange keinen Einfluss auf den $\text{Fähigkeitslerneffekt}_{KO}$, bis die Fähigkeiten des Kontrollierten überbeansprucht werden.

Ebenso wie gerade für den Kontrollierten dargestellt, gilt natürlich auch für den Kontrolleur, dass, wenn die Ergebnisse einer Investitionshandlung eines Kontrollierten nicht kontrolliert ($u = 0$) werden, auch der Kontrolleur aus der betreffenden Investitionshand-

---

[1520] Auch hier wird wieder unterstellt, dass der Befriedigungsgrad eines Bedürfnisses nicht unter Null absinken kann. Fällt daher der Satisfaktionsgrad auf Null, so kann folglich keine weitere Frustration mehr erfolgen. Eine Investitionskontrolle kann dann auch via des $\text{Rechtfertigungseffekts}_{KS}$ keine Frustration mehr vermeiden helfen – der $\text{Rechtfertigungseffekt}_{KS}$ einer Kontrolle ist dann Null.

[1521] Vgl. hierzu Lawler (1976), S. 1279, und dort angeführte experimentelle Studien zu Kontrollen im Allgemeinen, die diesen Zusammenhang experimentell bestätigen. Vgl. auch die jüngere Studie von Hirst/Luckett (1992), die ebenfalls diesen Punkt bestätigt.

[1522] Hinsichtlich des in der Investitionskontrollliteratur postulierten negativen Einflusses auf die Grenzerträge einer Investitionskontrolle zur Fähigkeitsverbesserung mit steigendem Kontrollumfang u sei hier daran erinnert, dass es sich hierbei nicht um einen originären Einfluss des Kontrollumfangs handelt, sondern um die sachlogische Konsequenz aus Fähigkeitslerneffekten in der ersten Kontrolle und damit geringeren, noch zu verbessernden Fähigkeiten infolge der zweiten Kontrolle. Dies ist entsprechend durch den Parameter der Fähigkeiten des Kontrollierten abzubilden.

lung bzw. ihren Ergebnissen nicht lernen kann.[1523] Folglich ist der Fähigkeitslerneffekt$_{KS}$ dann gleich Null. Bei jedem $u > 0$ gilt: Je größer der Kontrollumfang u ist, desto eher werden Projekte bzw. Objekte entdeckt, bei denen Abweichungen existieren. Folglich nimmt mit dem Umfang u die kumulierte Menge der einzelnen Fähigkeitslerneffekte$_{KS}$ so lange zu, bis die Fähigkeiten ausgeschöpft sind. Der Umfang der einzelnen Fähigkeitslerneffekte$_{KS}$ bleibt damit – so lange entsprechende freie Kapazität besteht – gleich bzw. wird nur durch das Ausmaß der Fehler in der Investitionshandlung und ihren Aufdeckungsprozentsatz bestimmt. Übersteigt der Umfang u die Fähigkeiten des Kontrolleurs, so treten hingegen die Einflüsse auf, die im Rahmen der Diskussion der Eigenschaften des Kontrolleurs aus Kapitel 6.3 bereits erörtert wurden. Damit ist die Hypothese zu formulieren, dass der Kontrollumfang so lange keinen Einfluss auf den Fähigkeitslerneffekt$_{KS}$ einer Kontrolle besitzt, wie die Fähigkeiten ausreichend groß sind.

H 168: Der Kontrollumfang besitzt so lange keinen Einfluss auf den Fähigkeitslerneffekt$_{KS}$, bis die Fähigkeiten des Kontrolleurs überlastet sind.

Während die Mehrzahl der Autoren zu Investitionskontrollen von einem konstanten Ausmaß des Kontrollaufwands je Investitionsprojekt ausgeht,[1524] finden sich auch die Auffassungen, dass der Aufwand unterschiedlich hoch oder sprungfix ist.[1525] Für die in der vorliegenden Arbeit zugrunde gelegte Definition des Kontrollumfangs als Anzahl der kontrollierten Investitionen eines Kontrollierten lässt sich jedoch leicht erkennen, dass für den Kontrollumfang u nicht von einem Einfluss auf den Kontrollaufwand2$_{KS}$ bzw. Kontrollaufwand2$_{KO}$ einer einzelnen Investitionskontrolle auszugehen ist. Dieser Aufwand wird vielmehr durch Parameter bestimmt wie die Kontrolltiefe oder die Kompatibilität von Prüf- und Vergleichsgröße, die den Aufwand einer einzelnen Kontrolle tatsächlich beeinflussen können. Der Umfang hingegen kann nur die Summe der Kontrollaufwände mehrerer Kontrollen beeinflussen. Auch ist nicht davon auszugehen, dass zwischen dem Auslastungsgrad der Fähigkeiten in einer Kontrolle und dem Auslastungsgrad der Fähigkeiten in einer anderen Kontrolle ein Zusammenhang besteht, es sei denn der Kontrolleur würde über die Kontrolldurchführung an sich lernen. Ein solches Lernen erfordert jedoch Rückkoppelungsinformationen zur Güte der Investitionskontrolle, d. h. eine Kontrolle der Kontrolle. Eben eine solche wurde jedoch in Kapitel 2 klar von der in der vorliegenden Arbeit betrachteten (Investitions-)Kontrolle abgegrenzt d. h. nicht unter den Begriff der Investitionskontrolle gefasst. Da eine Investitionskontrolle dem Kontrolleur somit keine Rückkoppelungsinformation zur Güte seiner eigenen Kontrolldurchführung bietet, können auch im Laufe der Zeit durch die Investitionskontrolle keine Erfah-

---

[1523] Vgl. hierzu die Angaben in Fußnote 1521.

[1524] Vgl. z. B. Lüder (1969), S. 60 u. S. 69f.; Kromschröder (1972), S. 49f.

[1525] Vgl. z. B. Matschke (1993), S. 345.

rungs- oder Lerneffekte hinsichtlich der Durchführung und damit eine Reduktion des Kontrollaufwands mit zunehmender kumulierter Menge der Kontrollen erfolgen. Daher ist die Hypothese zu formulieren, dass der Kontrollumfang *u* keinen Einfluss auf die Höhe des Kontrollaufwands2$_{KS}$ bzw. Kontrollaufwands2$_{KO}$ einer einzelnen Investitionskontrolle besitzt.

H 169: Der Kontrollumfang besitzt keinen Einfluss auf den Kontrollaufwand2$_{KO}$.

H 170: Der Kontrollumfang besitzt keinen Einfluss auf den Kontrollaufwand2$_{KS}$.

6.8 Kontrolltiefe

6.8.1 Einfluss auf die ex ante Wirkungen

Die Kontrolltiefe *t* entspricht dem Prozentsatz der kontrollierten Datenwerte eines Investitionsantrags, -projekts oder -objekts eines Akteurs an der Gesamtzahl der mit dem Antrag, dem Projekt oder dem Objekt verbundenen monetären und nicht-monetären Datenwerte zu einem bestimmten Kontrollzeitpunkt.[1526]

Für ihren Einfluss (mit $t \in [0\ \%, 100\ \%]$) auf die direkten Wirkungen einer Investitionskontrolle können, auf Basis der bestehenden, in Kapitel 3 und Kapitel 4 dargelegten betriebswirtschaftlichen und psychologischen Erkenntnisse sowie ergänzenden Plausibilitätsüberlegungen, für nachfolgende Zusammenhänge Hypothesen entwickelt werden.

Da mit steigender vermuteter Kontrolltiefe *t* die Anzahl der geprüften Daten des kontrollierten Investitionsantrags, -projekts bzw. -objekts wächst, steigt (unvollständige Frustration der Sicherheitsbedürfnisse des Kontrollierten unterstellt) auch die Bedrohung, die eine solche Kontrolle für einen Kontrollierten darstellt, der Investitionskontrollen aufgrund negativer Einstellungen nicht als Hilfestellung, sondern als Verletzung seiner Sicherheitsbedürfnisse empfindet. Schließlich steigt die Wahrscheinlichkeit, dass selbst

[1526] Teilweise werden anstelle des Begriffs Kontrolltiefe in der Literatur auch die Bezeichnungen Kontrollintensität und Kontrollenge verwendet (vgl. exemplarisch Coenen (1998), S. 23; Schäffer/Willauer (2002), S. 84 u. S. 91; Merchant/Van der Stede (2003), S. 190; Schäffer (2003), S. 155). Liegt die Kontrolltiefe bei $t < 1$, so ist auch hier ähnlich wie beim Umfang die Festlegung von Kriterien zur Auswahl der zu kontrollierenden Daten erforderlich (vgl. Lüder (1969), S. 89). Im Weiteren sei diese Auswahl nicht weiter thematisiert, vielmehr seien nur die Auswirkungen alternativer Kontrolltiefen diskutiert. Für weitere Ausführungen sei stattdessen bspw. auf Lüder (1969), S. 89-100, verwiesen.

kleinere Fehler aufgedeckt werden, wenn die Kontrolltiefe zunimmt. Allerdings wird dies nur so lange gelten, wie die Fähigkeiten des Kontrolleurs nicht überfordert (und die Bedürfnisse nach Sicherheit des Kontrollierten nicht vollständig frustriert) sind. Ab diesem Punkt wird ein weiteres Anwachsen der Kontrolltiefe c. p. nicht mehr zu einem weiteren Ansteigen der vom Kontrollierten wahrgenommenen Bedrohung durch den Kontrolleur führen, d. h. der Angsteffekts$_{KO}$ nimmt nicht weiter zu. Vielmehr gilt dann, analog wie schon im Kapitel 6.3 bei den Fähigkeitsdefiziten des Kontrolleurs (bzw. dem Kapitel 6.2 bei der Bedürfnisstärke des Kontrollierten) diskutiert, dass mit steigender Kontrolltiefe (und damit mangelnden Fähigkeiten/frustrierten Sicherheitsbedürfnissen) der Angsteffekt$_{KO}$ wieder abnehmen wird.

H 171: Der Angsteffekt$_{KO}$ steigt mit wachsender Kontrolltiefe so lange an, bis die Fähigkeiten des Kontrolleurs überlastet oder die Sicherheitsbedürfnisse des Kontrollierten vollständig frustriert sind.

Der mit zunehmender, erwarteter Kontrolltiefe *t* wachsende Prozentsatz der geprüften Datenwerte eines Investitionsantrags, -projekts oder -objekts impliziert, dass der Kontrollierte auch bei (kleinen) Teilbereichen seiner Handlung gegebenenfalls eher auf Unterstützung durch den Kontrolleur hoffen kann als im Fall niedriger Kontrolltiefe. Daher ist davon auszugehen, dass mit steigender Kontrolltiefe *t* (unvollständige Satisfaktion der Sicherheitsbedürfnisse des Kontrollierten unterstellt) auch der Sicherheitseffekt$_{KO}$ einer Investitionskontrolle anwächst. Hiermit grob im Einklang stellt Fisher (1996) empirisch fest, dass Akteure mit niedriger Selbsteffektivität eingehendere Informationen positiver aufnehmen als weniger umfassende (und als Akteure mit hoher Selbsteffektivität).[1527] Allerdings wird dieser Zusammenhang nur so lange gelten, wie die Fähigkeiten des Kontrolleurs nicht überfordert (und die Bedürfnisse nach Sicherheit des Kontrollierten nicht vollständig satisfiziert) sind. Ab diesem Punkt wird ein weiteres Anwachsen der Kontrolltiefe c. p. nicht mehr zu einem weiteren Ansteigen der wahrgenommenen Hilfsmöglichkeit durch den Kontrolleur führen, d. h. zu einem Wachsen des Sicherheitseffekts$_{KO}$. Vielmehr gilt dann, wie schon im Kapitel 6.3 zu Fähigkeitsdefiziten des Kontrolleurs (bzw. dem Kapitel 6.2 bei der Bedürfnisstärke des Kontrollierten) diskutiert, dass mit steigender Kontrolltiefe (und damit mangelnden Fähigkeiten bzw. satisfizierten Sicherheitsbedürfnissen) der Sicherheitseffekt$_{KO}$ wieder abnehmen wird.

H 172: Der Sicherheitseffekt$_{KO}$ steigt mit wachsender Kontrolltiefe so lange an, bis die Fähigkeiten des Kontrolleurs überlastet oder die Sicherheitsbedürfnisse des Kontrollierten vollständig satisfiziert sind.

1527 Vgl. Fisher (1996), S. 365.

Eine eingehendere Investitionskontrolle kann vom Kontrollierten auch als Indiz gewertet werden, dass der Kontrolleur besonders wenig Vertrauen in die Leistungsbereitschaft des Kontrollierten besitzt und daher bis ins Detail dessen Investitionshandeln bzw. die Ergebnisse dieses Handelns überprüfen möchte.[1528] Dies impliziert, dass der Kontrollierte in seinem Bedürfnis nach Zugehörigkeit und Freundschaft stärker frustriert wird als bei einer geringeren Kontrolltiefe und damit einem geringeren Ausdruck des Misstrauens durch den Kontrollträger. Voraussetzung dafür ist selbstverständlich wieder, dass die Beziehungsbedürfnisse des Kontrollierten noch frustriert werden können. Es kann daher die nachfolgende Hypothese aufgestellt werden:

H 173: Der Misstrauenseffekt$_{KO}$ nimmt mit steigender Kontrolliefe so lange zu, bis die Beziehungsbedürfnisse des Kontrollierten vollständig frustriert sind.

Wie gerade für die Wahrnehmung einer Kontrolle als Ausdruck des Zweifels an der Vertrauenswürdigkeit dargestellt, ist auch für ihre Interpretation als Indiz für mangelndes Zutrauen von einem positiven Zusammenhang der Kontrolltiefe mit dem Reaktanzeffekt$_{KO}$ auszugehen.[1529] Bedingung dafür ist jedoch, dass der Kontrollierte sich als selbsteffektiv wahrnimmt und so überhaupt ein Reaktanzeffekt$_{KO}$ möglich ist. Andernfalls tritt, wie im Kapitel 6.2 bei den Erwartungen diskutiert, kein Reaktanz-, sondern nur ein Angst- oder ein Sicherheitseffekt$_{KO}$ ein. Ein Anwachsen der Kontrolltiefe *t* wird bei einem Kontrollierten mit hoher H→E Erwartung eine zunehmende ex ante Verletzung seiner sozialen Achtungsbedürfnisse mit sich bringen.[1530] Immerhin impliziert eine höhere Kontrolltiefe geringere Freiheitsgrade für den Kontrollierten und damit für einen sich als selbsteffektiv wahrnehmenden Kontrollierten ein stärkeres Anzeichen mangelnden Zutrauens in seine, seiner Meinung nach jedoch durchaus ausreichenden, Fähigkeiten. Es lässt sich daher die Hypothese formulieren, dass die Tiefe *t* einer Investitionskontrolle c. p. die Stärke des Reaktanzeffekts$_{KO}$ positiv beeinflusst.[1531] Hiermit im Einklang stehen auch die empirischen Erkenntnisse der Reaktanztheorie nach Brehm (1966) und Brehm (1989), die ein verstärkt reaktantes Handeln (als indirekte Wirkung erster Ordnung) von Personen mit zunehmender Enge der Einschränkungen (z. B. durch Überwachungen) des Handlungsspielraums dieser Individuen aufzeigen.[1532] Allerdings ist auch hier wieder zu erwarten, dass – wie in Kapitel 6.2 dargestellt – der Reaktanzeffekt$_{KO}$ bei vollständiger

1528 Vgl. ähnlich Manzoni/Barsoux (1998), S. 101 u. S. 104. Siehe implizit auch Küpper (2005), S. 281.

1529 Vgl. auch Manzoni/Barsoux (1998), S. 101 u. S. 104. Siehe dazu auch Brehm (1966), S. 4, S. 6 u. S. 118f.; Brehm (1989), S. 72f. Vgl. ferner auch die Aufführungen bei Heineke (2005), S. 247, zum Verdichtungsgrad von Informationen als inversem Pendant zum hier verwendeten Grad der Kontrolltiefe).

1530 Vgl. hierzu auch Merchant/Van der Stede (2003), S. 223.

1531 Vgl. ähnlich auch (implizit) Küpper (2005), S. 281.

1532 Vgl. Brehm (1966), S. 4, S. 6 u. S. 118f.; Brehm (1989), S. 72f.

Frustration der sozialen Achtungsbedürfnisse des Kontrollierten auf Null fällt. Damit ist folgende Hypothese für den Einfluss der Kontrolltiefe auf den Reaktanzeffekt$_{KO}$ zu formulieren.

H 174: Der Reaktanzeffekt$_{KO}$ nimmt mit steigender Kontrolliefe so lange zu, bis die Fremdachtungsbedürfnisse des Kontrollierten vollständig frustriert sind.

Der Prozentsatz der an einem Investitionsprojekt zu einem bestimmten Zeitpunkt kontrollierten Daten *t*, beeinflusst das Ausmaß, in dem, gegebenenfalls bei mangelhafter Leistungsbereitschaft oder Leistungsfähigkeit des Kontrollierten, entsprechende Fehler aufgedeckt und potenziell durch den Kontrolleur korrigiert werden können. Folglich nimmt mit steigender Kontrolltiefe auch die ex ante Befriedigung der Sicherheitsbedürfnisse des Kontrolleurs zu. Als Hypothese formuliert: Je größer die Kontrolltiefe *t* ist, desto größer sind c. p. die Sicherheitseffekte einer Investitionskontrolle auf den Kontrollträger. Zu beachten ist jedoch, dass angesichts gegebener Fähigkeiten diese ab einer gewissen Kontrolltiefe überlastet sein werden. Tritt dieser Fall ein, so erfolgt kein weiterer Anstieg der Sicherheitseffekte$_{KS}$. Im Gegenteil, es kann sogar zu Fehlinterpretationen der Daten kommen. Ist dies dem Kontrolleur bewusst, so sinken die Sicherheitseffekte daher ab einer gewissen Kontrolltiefe wieder ab. Auch gilt, dass die Sicherheitseffekte nur dann auftreten werden, wenn die Sicherheitsbedürfnisse des Kontrolleurs nicht bereits vollständig satisfiziert sind.

H 175: Der motivationale Sicherheitseffekt$_{KS}$ steigt mit wachsender Kontrolltiefe so lange an, bis die Fähigkeiten des Kontrolleurs überlastet oder seine Sicherheitsbedürfnisse vollständig befriedigt sind.

H 176: Der fähigkeitsbezogene Sicherheitseffekt$_{KS}$ steigt mit wachsender Kontrolltiefe so lange an, bis die Fähigkeiten des Kontrolleurs überlastet oder seine Sicherheitsbedürfnisse vollständig befriedigt sind.

Da eine höhere Kontrolltiefe *t* zu einem verstärkten Misstrauenseffekt$_{KO}$ führt, ist zu erwarten, dass auch die Beziehungsbedürfnisse des Kontrollträgers in stärkerem Maße in Mitleidenschaft gezogen werden als bei niedriger Kontrolltiefe. Dies gilt umso mehr, sofern auch noch der Reaktanzeffekt$_{KO}$ signifikant durch die Kontrolltiefe erhöht wird; umso weniger hingegen, je größer der Sicherheitseffekt$_{KO}$ ist. Insgesamt ist folglich zu erwarten, dass der Abstoßungseffekt$_{KS}$ c. p. mit steigender Kontrolltiefe *t* tendenziell zunimmt, wobei das Ausmaß durch die Selbsteffektivitätswahrnehmung des Kontrollierten mitbestimmt wird. Angesichts der bereits in Kapitel 6.3 erläuterten Bedeutung des Grads der Satisfikation der Beziehungsbedürfnisse des Kontrolleurs für die Höhe des Abstoßungseffekt$_{KS}$ ist somit als Hypothese festzuhalten:

H 177: Der Abstoßungseffekt$_{KS}$ nimmt mit wachsender Kontrolltiefe so lange zu, bis die Beziehungsbedürfnisse des Kontrolleurs vollständig frustriert sind.

Durch ein Ansteigen des Prozentsatzes der kontrollierten Datenwerte eines Investitionsantrags, -projekts und/oder -objekts an der Gesamtzahl der mit der betrachteten Investitionshandlung des Kontrollierten verbundenen monetären und nicht-monetären Datenwerte zu einem bestimmten Kontrollzeitpunkt steigt die Wahrscheinlichkeit, dass abweichendes Handeln (bzw. dessen Ergebnisse) in einer Investitionskontrolle durch den Kontrolleur aufgedeckt wird.[1533] Dies impliziert eine stärkere Veränderung der E→F Erwartungen des Kontrollierten als bei geringerer Kontrolltiefe. Der Erwartungseffekt$_{KO}$ einer vermuteten Investitionskontrolle nimmt somit mit größerer Kontrolltiefe *t* zu.[1534] Allerdings wird dieser Zusammenhang nur so lange gelten, bis die Fähigkeiten des Kontrolleurs aufgrund der großen, mit einer hohen Kontrolltiefe *t* verbundenen Informationsmenge ausgelastet sind. Die dem Kontrolleur zur Verfügung stehenden kognitiven Kapazitäten der Informationsaufnahme, -verarbeitung und -abspeicherung bestimmen, wie viel Kapazität pro Stimulus (hier: pro Kontrollobjekt der kontrollierten Investition) eingesetzt werden kann.[1535] Je größer diese kognitiven Fähigkeiten sind, desto später werden diese mit steigender Kontrolltiefe vollständig ausgelastet bzw. überlastet werden, d. h. desto später treten die, bereits bei der Diskussion der Relevanz der Fähigkeiten von Kontrolliertem und Kontrolleur in den Kapiteln 6.2 und 6.3 erwähnten, Effekte unzureichender Fähig-

---

[1533] Vgl. Matschke (1993), S. 345. Siehe ähnlich für Budgetkontrollen auch Kren (1993), S. 111-113 u. S. 115; Künkele/Schäffer (2005), S. 7.

[1534] Damit steigt gleichzeitig die Wahrscheinlichkeit, dass die Investitionskontrolle als indirekte Wirkung erster Ordnung beim (potenziell) Kontrollierten mehr auf die Zielerreichung konzentriertes Handeln auslöst. So kommen Schäffer/Willauer (2002) in ihrer Feldstudie zu dem Ergebnis, dass mit zunehmender Kontrolltiefe geringere Abweichungen zwischen angestrebten und realisierten Werten einhergehen (vgl. Schäffer/Willauer (2002), S. 84). Ähnlich stellt auch bereits Blau (1955), S. 36, in seiner Studie fest: „Statistical reports influenced operations by inducing interviewers to concentrate their efforts upon the factors which were measured and thus would affect their rating". Allerdings muss diese Konzentration des Kontrollierten auf die Erreichung positiver Kontrollergebnisse nicht unbedingt aus Unternehmenssicht funktional sein. Vielmehr kann sie auch zu dysfunktionalem Handeln als indirekter Wirkung erster Ordnung der Kontrollankündigung anregen (vgl. dazu z. B. Argyris (1952), S. 12; Holmström/Milgrom (1991); Becker (1993), S. 98; Robbins (2001), S. 430; entgegengesetzter Meinung hingegen Künkele/Schäffer (2005), S. 7, wobei ihre empirische Studie diese Position jedoch nicht stützt).
Auch in der mikroökonomisch-verhaltensorientierten Betriebswirtschaftslehre finden sich unter den Begriffen des Informationsgehalts, der Informationsqualität und des Informationsprinzips eines Erfolgsmaßes, mit dem der Prinzipal auf die Handlungen eines risikoaversen Agenten zurückschließen will, ähnliche Aussagen. So stellt bspw. Weißenberger (2003), S. 75, fest, dass „die Anreizkompatibilität dieses Erfolgsmaßes c. p. um so höher [ist, *Anm. d. Verf.*], je größer der Informationsgehalt des Erfolgsmaßes bezogen auf die Aktionswahl des Agenten ist". Vgl. auch die von Weißenberger (2003) angeführten weiteren mikroökonomisch-verhaltensorientierten Quellen.

[1535] Vgl. dazu implizit Becker (2003b), S. 242.

keiten auf. Bei gegebenen Fähigkeiten bedeutet dies, dass mit steigender Kontrolltiefe an einem bestimmten Wert *t* ein kritischer Punkt erreicht wird: Bei jeder Kontrolltiefe *t* über diesem kritischen Wert wird, sofern der Kontrollierte die Überforderung des Kontrolleurs korrekt wahrnimmt und interpretiert, der $\text{Erwartungseffekt}_{KO}$ potenziell wieder fallen, da ein überforderter Kontrolleur mit geringerer Wahrscheinlichkeit korrekte Schlüsse über das Handeln des Kontrollierten aus der Informationsflut entnehmen wird.

H 178: Der $\text{Erwartungseffekt}_{KO}$ steigt mit wachsender Kontrolltiefe so lange an, bis die Fähigkeiten des Kontrolleurs überlastet sind, und fällt dann wieder ab.

Mit wachsender Kontrolltiefe *t* steigt die Wahrscheinlichkeit, dass fehlerhaftes Handeln des Kontrollierten (bzw. dessen Ergebnisse) in einer Investitionskontrolle durch den Kontrolleur identifiziert wird.[1536] Dies impliziert eine stärkere Veränderung der E→F Erwartungen des Kontrollierten als bei einer niedrigeren Kontrolltiefe. Der $\text{Erwartungseffekt}_{KO}$ einer vermuteten Investitionskontrolle steigt somit mit zunehmender Kontrolltiefe *t* an.[1537] Dies gilt jedoch nur so lange, bis die Fähigkeiten des Kontrolleurs aufgrund der großen mit einer hohen Kontrolltiefe *t* verbundenen Informationsmenge ausgelastet sind. Jenseits dieses kritischen Werts wird, sofern der Kontrollierte die Überforderung des Kontrolleurs korrekt wahrnimmt und interpretiert, der $\text{Erwartungseffekt}_{KO}$ potenziell wieder fallen, da ein überforderter Kontrolleur mit geringerer Wahrscheinlichkeit korrekte Schlüsse über das Handeln des Kontrollierten aus der Informationsflut entnehmen wird. Ist sich der Kontrolleur dieses Zusammenhangs bewusst, so verhält sich der $\text{Erwartungseffekt}_{KS}$ entsprechend dem Verlauf des $\text{Erwartungseffekts}_{KO}$.

H 179: Der $\text{Erwartungseffekt}_{KS}$ steigt mit wachsender Kontrolltiefe so lange an, bis die Fähigkeiten des Kontrolleurs überlastet sind, und fällt dann wieder ab.

Die Tiefe bzw. Feingranularität, mit der in einer Kontrolle die Ergebnisse des Handelns des Kontrollierten untersucht werden, bestimmt für diesen bereits ex ante, worauf der Kontrolleur Wert legt.[1538] Je größer die Tiefe der Kontrolle, desto präziser ersichtlich werden für einen Kontrollierten die anzustrebenden (Teil-)Ergebnisse seiner Handlungen. Daher ist zu postulieren, dass der $\text{Zielpräzisierungseffekt}_{KO}$ mit zunehmender Kontrolltiefe ansteigen wird; allerdings nur so lange, bis die Fähigkeiten des Kontrollierten zur Wahrnehmung und Interpretation dieses Signals ausgelastet sind. Bei darüber hinausgehender Kontrolltiefe wird kein Ansteigen der Zielpräzisierung mehr erreicht. Im Gegenteil: Es besteht dann die Gefahr, dass der Kontrollierte aus der Vielzahl der Informatio-

---

1536 Vgl. Matschke (1993), S. 345.

1537 Vgl. hierzu die Ausführungen in Fußnote 1534.

1538 Vgl. hierzu nochmals die Beschreibung des $\text{Zielpräzisierungseffekts}_{KO}$ in Kapitel 5.1.4.

nen eine fehlerhafte Zielpräzisierung entnimmt, daher der Zielpräzisierungseffekt$_{KO}$ einer Investitionskontrolle wieder zu fallen beginnt und potenziell, bei falschen Schlüssen, sogar negativ wird. Es tritt somit wieder eine vergleichbare Situation mit dem in Kapitel 6.2 geschilderten Fall großer Fähigkeitsdefizite und damit sehr wenig postivem oder sogar unvorteilhaftem Zielpräzisierungseffekt$_{KO}$ ein.

H 180: Der Zielpräzisierungseffekt$_{KO}$ steigt mit wachsender Kontrolltiefe so lange an, bis die Fähigkeiten des Kontrollierten überlastet sind, und fällt dann wieder ab.

6.8.2 Einfluss auf die ex post Wirkungen

Eine eingehendere Kontrolle erhöht die Wahrscheinlichkeit, dass eine (noch so kleine) Abweichung festgestellt und damit ein Anlass für Kritik bzw. Sanktionen gefunden wird. Dies impliziert, dass der Kontrollträger mit steigender Kontrolltiefe tendenziell eher eine Sanktionsmacht besitzt, was zur Befriedigung seiner Machtbedürfnisse beiträgt. Gleichzeitig sinkt jedoch damit die Wahrscheinlichkeit, Belohnungen verteilen zu können, wodurch wiederum die Befriedigung seiner Machtbedürfnisse mittels der Belohnungsmacht sinkt. Da jedoch, wie im Kapitel 4.1.1 erläutert, Bestrafungen tendenziell eine größere Beeinflussung des Bedürfnissatisfaktionsgrads als Belohnungen besitzen, wird (sofern der Kontrolleur dies korrekt wahrnimmt) mit zunehmender Kontrolltiefe *t* ein leicht positiver Einfluss auf den Machteffekt$_{KS}$ resultieren, da der Machtgewinn durch die häufigere Bestrafungsvergabe an den Kontrollierten den Machtverlust durch seltenere Belohnungsvergabe überkompensiert.

H 181: Der Machteffekt$_{KS}$ steigt mit wachsender Kontrolltiefe leicht an.

Je geringer die Kontrolltiefe ist, umso geringer ist die Lernwirkung auf die beteiligten Akteure.[1539] Dies impliziert, dass das Kontrollsubjekt bei geringer Kontrolltiefe nur über eine wenig geeignete Basis verfügt, entsprechende, objektiv rationale nachfolgende Entscheidungen zu treffen. Sofern der Kontrollierte diese Problematik korrekt wahrnimmt, ist zu erwarten, dass auch die Akzeptanz der Nachfolgeentscheidungen des Kontrolleurs durch den Kontrollierten bei niedriger Kontrolltiefe geringer ausfallen wird als bei hoher Kontrolltiefe. Dies ist gleichbedeutend mit einem positiven Einfluss der Kontrolltiefe auf

1539 Vgl. hierzu ausführlich die nachfolgende Beschreibung der Auswirkungen alternativer Kontrolltiefen auf die Fähigkeitslerneffekte. Vgl. (implizit) auch schon Kren (1993), S. 111.

die Stärke des Rechtfertigungseffekts$_{KO}$.[1540] Allerdings wird auch hier ab einer gewissen Kontrolltiefe mit einer Überlastung der Fähigkeiten des Kontrolleurs zu rechnen sein, so dass ab diesem Punkt mit steigender Kontrolltiefe kein weiterer Zuwachs des Rechtfertigungseffekts$_{KO}$ mehr verbunden sein wird. Aufgrund überlasteter Fähigkeiten kann es dann sogar, wie bereits im Teilkapitel zu den Fähigkeiten des Kontrolleurs dargestellt, zu einem Rückgang der Fähigkeitslerneffekte$_{KS}$ kommen und damit zu einem Rückgang des Rechtfertigungseffekts$_{KO}$.

H 182: Der Rechtfertigungseffekt$_{KO}$ steigt mit wachsender Kontrolltiefe so lange an, bis die Fähigkeiten des Kontrolleurs überlastet sind, und fällt dann wieder ab.

Da der Kontrollierte tendenziell einer eingehenderen Kontrolle eine stärkere Verbesserung der Fähigkeiten des Kontrolleurs zuschreiben wird und damit die Beziehung zwischen Kontrolliertem und Kontrolleur weniger belastet wird, kann auch der Kontrolleur seine Beziehungsbedürfnisse tendenziell mit steigender Kontrolltiefe besser vor einer Frustration schützen. Mithin nimmt mit steigender Kontrolltiefe auch der Rechtfertigungseffekt$_{KS}$ so lange zu, bis (aus Sicht des Kontrollierten) die Fähigkeiten des Kontrolleurs überfordert sind. Dann tritt der gleiche Effekt wie schon bei Fähigkeitsdefiziten des Kontrolleurs diskutiert auf, d. h. der Rechtfertigungseffekt$_{KS}$ sinkt wieder.

H 183: Der Rechtfertigungseffekt$_{KS}$ steigt mit wachsender Kontrolltiefe so lange an, bis die Fähigkeiten des Kontrolleurs überlastet sind, dann fällt er wieder ab.

Durch die präzisere Analyse der Ergebnisse sind bessere Veränderungen der H→E Erwartungen des Kontrollierten möglich. Entsprechend steigt der Erwartungslerneffekt$_{KO}$ mit zunehmender Kontrolltiefe an. Dies gilt jedoch nur so lange, bis die Potenzialnutzungsfähigkeiten des Kontrollierten überfordert sind. Dann sinkt aufgrund von Fehlschlüssen der Erwartungslerneffekt$_{KO}$ wieder ab.

H 184: Der Erwartungslerneffekt$_{KO}$ steigt mit wachsender Kontrolltiefe so lange an, bis die Fähigkeiten des Kontrollierten überlastet sind, dann fällt er wieder ab.

Eine tiefergehende Analyse der Handlungsergebnisse des Kontrollierten ermöglicht dem Kontrolleur eine bessere Einschätzung des durch sein Kontroll-(ankündigungs-) handeln beim Kontrollierten ausgelösten, geänderten Handelns bzw. der Effektivität seines Kontroll-(ankündigungs-)handelns bessere Investitionsergebnisse zu erzielen. Es ist daher

[1540] Vgl. dazu ähnlich auch Lüder (1980), S. 368, der „möglichst wenig angreifbare" Ergebnisse fordert, wenn eine Kontrolle zur Rechenschaftslegung (und damit indirekt) für die Rechtfertigung von Nachfolgehandlungen dienen soll.

davon auszugehen, dass der Erwartungslerneffekt$_{KS}$ des Kontrolleurs mit zunehmender Kontrolltiefe *t* einer Investitionskontrolle so lange ansteigt, bis seine Fähigkeiten überlastet sind, und wieder, wie bereits bei der Diskussion der Fähigkeiten des Kontrolleurs als Parameter einer Investitionskontrolle in Kapitel 6.3.2 diskutiert, aufgrund von Fähigkeitsdefiziten Rückgänge beim Erwartungslerneffekt$_{KS}$ eintreten werden.

H 185: Der Erwartungslerneffekt$_{KS}$ steigt mit wachsender Kontrolltiefe an, bis die Fähigkeiten des Kontrolleurs überlastet sind, und fällt dann wieder ab.

Je genauer und eingehender Investitionsanträge, -projekte und -objekte kontrolliert werden, desto eher werden c. p. auch anfänglich vielleicht wenig auffallende oder sich auf höher aggregierten Ebenen ausgleichende Fehler aufgedeckt.[1541] Dadurch kann tendenziell mehr (insbesondere auch für Detailfragen) gelernt werden. Entsprechend ist ein positiver Einfluss der Kontrolltiefe *t* auf den Fähigkeitslerneffekt$_{KO}$ zu erwarten. Dies gilt jedoch nur so lange, bis die Fähigkeiten des Kontrollierten voll ausgelastet sind. Eine Kontrolltiefe, die eine über die gegebenen Grenzen der Potenzialnutzungsfähigkeiten hinausgehende Menge an wahrzunehmenden, zu verarbeitenden und abzuspeichernden Informationen bereitstellt, wird daher keinen Zuwachs beim Fähigkeitslerneffekt$_{KO}$ mehr erzielen. Es besteht sogar die Gefahr, dass der Kontrollierte bei einer solch hohen Kontrolltiefe aus der Masse an Informationen aufgrund eines so genannten „information overload" falsche Schlüsse zieht, da er dann nur bestimmte Teilinformationen wahrnimmt und verarbeitet.[1542] Entsprechend ist die Hypothese aufzustellen, dass der Einfluss der Kontrolltiefe auf die Fähigkeitslerneffekte$_{KO}$ so lange positiv ist, bis die Potenzialnutzungsfähigkeiten des Kontrollierten voll ausgeschöpft sind; steigt die Kontrolltiefe darüber hinaus, so wird der Fähigkeitslerneffekt$_{KO}$ wieder zu sinken beginnen. Insgesamt wäre daher c. p. ein umgekehrt-U-förmiger Verlauf des Fähigkeitslerneffekts$_{KO}$ in Abhängigkeit von der Kontrolltiefe *t* zu erwarten.

H 186: Der Fähigkeitslerneffekt$_{KO}$ steigt mit wachsender Kontrolltiefe so lange an, bis die Fähigkeiten des Kontrollierten überlastet sind, und fällt dann wieder ab.

Auch für den Kontrollträger gilt, dass er c. p. umso mehr für seine Fähigkeiten lernen kann, je intensiver er Investitionsanträge, -projekte und -objekte kontrolliert.[1543] Mit die-

[1541] Vgl. hierzu ähnlich Ammons (1956), S. 287; Semmer/Pfäfflin (1979), S. 173; Kren (1993), S. 111.

[1542] Vgl. dazu Annett (1969), S. 145.

[1543] Siehe auch Weber (2004), S. 415, für Kontrollen im Allgemeinen. Ähnlich stellt ferner auch Schäffer (2003) hinsichtlich des von ihm als Lernfunktion bezeichneten Fähigkeitslerneffekts$_{KS}$ die Hypothese auf, dass „eine hohe Kontrollintensität in der Regel eine sinnvolle Verwendung der Kontrollergebnisse erleichtern" (Schäffer (2003), S. 155) wird. Wenngleich Schäffer (2003) den Begriff der

ser Hypothese grob im Einklang konnten Schäffer/Willauer (2002) in einer Feldstudie einen positiven Einfluss der Kontrolltiefe auf eine, auf Fähigkeitslerneffekte$_{KS}$ hindeutende, indirekte Wirkung erster Ordnung, die „Effektivität der Willensbildung"[1544], feststellen.[1545] Allerdings gilt auch für den Einfluss der Kontrolltiefe auf den Fähigkeitslerneffekt$_{KS}$, dass wiederum mit einem Absinken des Effekts (potenziell sogar in den negativen Bereich) zu rechen ist, wenn die durch die Kontrolltiefe *t* geforderten kognitiven Fähigkeiten die vorhandenen Fähigkeiten des Kontrolleurs übersteigen. Folglich scheint trotz des Ergebnisses von Schäffer/Willauer (2002) eher ein umgekehrt-U-förmiger Verlauf des Fähigkeitslerneffekts$_{KS}$ in Abhängigkeit von *t* zu erwarten zu sein, denn ein positiv linearer.[1546]

H 187: Der Fähigkeitslerneffekt$_{KS}$ steigt mit wachsender Kontrolltiefe so lange an, bis die Fähigkeiten des Kontrolleurs überlastet sind, dann fällt er wieder ab.

Im Hinblick auf den Einfluss der Kontrolltiefe auf den Kontrollaufwand2$_{KS}$ und den Kontrollaufwand2$_{KO}$ erscheint es unmittelbar plausibel, dass eine intensivere Auseinandersetzung mit einem Investitionsantrag, -projekt oder -objekt einen höheren Kontrollaufwand bei den an der Kontrolle beteiligten Akteuren mit sich bringt.[1547] Sowohl bei dem mit der eigentlichen Durchführung betrauten Kontrolleur als auch beim Kontrollierten, der die diversen Kontrollinformationen aufnehmen soll, beansprucht eine höhere Kontrolltiefe mehr kognitive Fähigkeiten.[1548]

Kontrollintensität nicht präzisiert, so ist aus der Argumentation zu schließen, dass er sich auf die Kontrolltiefe bezieht.

1544 Schäffer/Willauer (2002), S. 76.

1545 Vgl. Schäffer/Willauer (2002), S. 84. Zu einem lediglich auf den ersten Blick sehr ähnlichen Ergebnis kommen auch Künkele/Schäffer (2005), S. 23, wobei jedoch zu beachten ist, dass das dort als abhängige Größe verwendete Konstrukt der „Effektivität der Budgetkontrolle" bzw. seine Operationalisierung nicht dem hier verwendeten Fähigkeitslerneffekt$_{KO}$ entspricht.

1546 Da in der Untersuchung von Schäffer/Willauer (2002) nur eine Datenanalyse hinsichtlich der Beschreibbarkeit der Punktwolken durch lineare Zusammenhänge erfolgt und keine Überprüfung auf nicht-lineare Verläufe, ist auch ein solcher Verlauf (weiterhin) denkbar. Ein nicht-linearer Verlauf könnte auch die Ursache für die relativ geringe, durch die linerare Untersuchung erklärte Varianz von 0,31 in der Studie von Schäffer/Willauer (2002), S. 84, sein. Darüber hinaus wäre aber auch denkbar, dass die in der Unternehmenspraxis anzutreffenden Kontrolltiefen unter diesem kritischen Wert liegen, und daher ein positiver Zusammenhang zwischen Kontrolltiefe und Fähigkeitslerneffekt$_{KS}$ in den Studien angezeigt wird.

1547 Vgl. ähnlich auch Merchant/Van der Stede (2003), S. 222, und Weber (2004), S. 415, für Kontrollen im Allgemeinen. Im Gegensatz zu diesen Postulaten können jedoch Künkele/Schäffer (2005), S. 23, in ihrer empirischen Studie keinen statistisch signifikanten Zusammenhang zwischen Kontrolltiefe (dort als Kontrollintensität bezeichnet) und Kontrollaufwand (dort: Effizienz der Budgetkontrolle) feststellen. Dies dürfte jedoch an einer zweifelhaften Operationalisierung des Konstrukts liegen.

1548 Vgl. Merchant/Van der Stede (2003), S. 222 bzw. S. 415. Siehe auch Heineke (2005), S. 149.

Dies zum einen aufgrund der größeren Menge an zu verarbeitenden Informationen und der geforderten Sachkenntnis, zum anderen aber auch angesichts der Schwierigkeit der Beschaffung vergleichbarer Daten, die mit steigender Kontrolltiefe zunimmt.[1549] Immerhin impliziert eine höhere Kontrolltiefe *t*, dass nicht nur wie bei niedrigen *t* auf aggregierter Ebene eine (näherungsweise) Kompatibilität bestehen muss, sondern auch in allen Teilgrößen.[1550] Schließlich sinkt dabei die Möglichkeit, dass sich kleinere Inkompatibilitäten eventuell gegenseitig auf der betrachteten, höheren Ebene bzw. Aggregation ausgleichen können.[1551] Es ist daher zu erwarten (sofern ein solcher Ausgleich einzelner kleiner Inkompatibilitäten realiter tatsächlich möglich ist), dass mit steigender Kontrolltiefe *t* und gegebener (In-)Kompatibilität der Daten auch der Aufwand (insbesondere für den Kontrolleur) der Sicherstellung der Kompatibilität der Einzelgrößen c. p. zunimmt.

Ob jedoch der Anstieg des $Kontrollaufwands2_{KS}$ und des $Kontrollaufwands2_{KO}$ mit zunehmender Kontrolltiefe *t* nur proportional oder sogar überproportional stattfindet, lässt sich auf Basis der bisherigen Erkenntnisse zur Kontrolltiefe nicht bestimmen. Daher seien folgende grobe Hypothesen aufgestellt:

H 188: Je größer die Kontrolltiefe einer Investitionskontrolle ist, desto größer ist der $Kontrollaufwand2_{KO}$.

H 189: Je größer die Kontrolltiefe einer Investitionskontrolle ist, desto größer ist der $Kontrollaufwand2_{KS}$.

6.9 Kontrollhäufigkeit

6.9.1 Einfluss auf die ex ante Wirkungen

Unter der Kontrollhäufigkeit *h* (mit $h \in [1, 2, 3, \ldots \infty]$) wird in der Investitionskontrollliteratur die Anzahl der weiteren Kontrollhandlungen verstanden, denen ein einmal kontrollierter Investitionsantrag bzw. ein Investitionsprojekt oder -objekt während des Investitionslebenszyklus weiterhin, d. h. zeitlich nacheinander, unterworfen wird.[1552] Für den Einfluss der Kontrollhäufigkeit *h* auf die direkten Wirkungen einer Investitionskontrolle lassen sich dabei, wieder unter Rückgriff auf die zugrunde gelegten psychologisch-

---

1549 Vgl. Steven/Böning (1999), 459.

1550 Vgl. ebenda, S. 459.

1551 Vgl. Steven/Böning (1999), 459.

1552 Vgl. hierzu bspw. Lüder (1969), S. 68; Matschke (1993), S. 349. Im Weiteren seien die Begriffe Häufigkeit und Frequenz synonym verwendet.

verhaltensorientierten Grundlagen sowie aufgrund von Plausibilitätsüberlegungen, für diverse Zusammenhänge nachfolgende Hypothesen generieren.[1553]

Für den Angsteffekt$_{KO}$ einer Investitionskontrolle, der – wie bereits erläutert – bei einem Kontrollierten signifikant sein wird, der zum einen über eine geringe wahrgenommene Selbsteffektivität und zum anderen über eine negative Einstellung verfügt, ist hinsichtlich der Kontrollhäufigkeit nicht davon auszugehen, dass diese den einzelnen Angsteffekt$_{KO}$ beeinflussen wird. Die wahrgenommene Bedrohung kann dabei prinzipiell durch jede individuelle Kontrolle ausgelöst werden, d. h. sowohl durch die erste als auch durch nachfolgende Kontrollen. Sie hängt, wie bereits erläutert, u. a. zentral mit den wahrgenommen Fähigkeiten des Kontrolleurs zur Aufdeckung von Fehlern zusammen. Da die Kontrollen bei $h > 1$ definitionsgemäß nacheinander stattfinden, treten keine gleichzeitigen Auslastungseffekte der Fähigkeiten des Kontrolleurs wie z. B. beim Kontrollumfang $u > 1$ auf. Daher wird eine Investitionskontrolle auch nicht den Angsteffekt$_{KO}$ einer anderen Kontrolle aufgrund von Fähigkeitsauslastungen negativ beeinflussen. Allerdings ist je nach Stärke der Sicherheitsbedürfnisse des Kontrollierten denkbar, dass mit der ersten Investitionskontrolle bereits eine vollständige Frustration für den Kontrollierten erreicht wurde. Eine oder mehrere weitere Kontrollen werden daher keinen wahrgenommenen Zuwachs an Bedürfnisfrustration für den Kontrollierten mehr bieten können. Der Angsteffekt$_{KO}$ fällt dann auf Null. Dies liegt jedoch nicht originär an der Kontrollhäufigkeit, sondern am aktuellen Grad der Bedürfnissatisfikation. Als Hypothese zusammengefasst lässt sich folglich postulieren:

H 190: Die Kontrollhäufigkeit besitzt keinen eigenen originären Einfluss auf den Angsteffekt$_{KO}$.

Der Sicherheitseffekt$_{KO}$ einer Investitionskontrolle, der als zweiter im Hinblick auf seine Beeinflussung durch die Kontrollhäufigkeit betrachtet sei, besteht darin, dass der Kontrollierte sich durch eine Kontrolle Hilfe und Strukturierung durch den Kontrolleur er-

---

1553 Die Hypothesen gehen dabei im Einklang mit der einschlägigen Literatur (implizit) davon aus, dass dem Kontrolleur zum Zeitpunkt der Wahlentscheidung über die Höhe von *h* die Anzahl Fehler im Handeln des Kontrollierten nicht mit Sicherheit bekannt ist.
Des Weiteren wird, wie in Kapitel 5 bereits erläutert, definitionsgemäß davon ausgegangen, dass potenziell in einer Kontrolle aufgedeckte Fehler bei der Umsetzung eines Investitionsplans auf fehlerhafte Pläne, d. h. Fehler in der Planerstellung, zurückzuführen sind: Solche Abweichungen können nur dann auftreten, wenn in der Planung die (eingeschränkten) Fähigkeiten bzw. die zu geringe Leistungsbereitschaft zur Umsetzung der Pläne nicht richtig antizipiert wurden. Sie bestehen damit bereits zum Zeitpunkt der Planverabschiedung und können als Planungsfehler bezeichnet werden. Sie treten nicht erst – wie bei schneller Betrachtung naheliegt – in der Realisierung auf, sondern werden nur i. d. R. erst dann offensichtlich.

hofft.[1554] Diese Hoffnung kann dabei prinzipiell durch jede individuelle Kontrolle ausgelöst werden, d. h. sowohl durch die erste als auch durch nachfolgende Kontrollen. Sie hängt, wie bereits erläutert, zentral mit den wahrgenommen Fähigkeiten des Kontrolleurs zur Hilfeleistung und Strukturierung zusammen. Da die Kontrollen bei $h > 1$ definitionsgemäß nacheinander stattfinden, treten keine gleichzeitigen Auslastungseffekte der Fähigkeiten des Kontrolleurs auf. Somit wird eine Investitionskontrolle auch nicht den Sicherheitseffekt$_{KO}$ einer anderen solchen Kontrolle aufgrund von Fähigkeitsauslastungen negativ beeinflussen. Allerdings ist je nach Stärke der Sicherheitsbedürfnisse des Kontrollierten denkbar, dass mit der ersten Investitionskontrolle bereits eine vollständige Strukturierung und Unsicherheitsreduktion für den Kontrollierten erreicht wurde, womit eine oder mehrere weitere Kontrollen keinen wahrgenommenen Gewinn an Sicherheit bzw. Bedürfnisbefriedigung für den Kontrollierten mehr bieten können, und demgemäß der Sicherheitseffekt$_{KO}$ auf Null fällt. Auch hier ist dies jedoch wieder originär auf den Grad der Bedürfnisbefriedigung zurückzuführen und nicht auf die Höhe der Kontrollfrequenz.

H 191: Die Kontrollhäufigkeit besitzt keinen eigenen originären Einfluss auf den Sicherheitseffekt$_{KO}$.

Ebenso wie für den Angsteffekt$_{KO}$ und den Sicherheitseffekt$_{KO}$ einer Investitionskontrolle gilt auch für die Interpretation der Ankündigung einer Kontrolle als Indiz für das Misstrauen des Kontrolleurs in die Leistungsbereitschaft des Kontrollierten, dass dieser Effekt prinzipiell von jeder einzelnen Kontrolle ausgelöst werden kann.[1555] Allerdings gilt dies nur, wenn die Bedürfnisse des Kontrollierten nach zwischenmenschlichen Beziehungen nicht bereits vollständig frustriert sind, d. h. wenn eine Kontrolle diese tatsächlich noch weiter frustrieren kann.[1556] Der Misstrauenseffekt$_{KO}$ hängt daher ebenfalls weniger von der Kontrollhäufigkeit h ab, als vom aktuellen Status der Befriedigung bzw. Frustration der Bedürfnisse des Kontrollierten nach Beziehungen (zum Kontrolleur).

H 192: Die Kontrollhäufigkeit besitzt keinen eigenen originären Einfluss auf den Misstrauenseffekt$_{KO}$.

Auch für den Reaktanzeffekt$_{KO}$ gilt, dass jede Kontrolle einen solchen Effekt auslösen kann. Werden statt einer Investitionskontrolle somit mehrere solcher Kontrollen betrach-

---

[1554] Vgl. dazu nochmals die Beschreibung des Sicherheitseffekts$_{KO}$ in Kapitel 5.1.1.

[1555] Folglich lassen sich die Effekte mehrerer Kontrollen prinzipiell addieren. Vgl. auch implizit Luckett/Eggleton (1991), S. 385.

[1556] Vgl. zur Bedeutung des aktuellen Bedürfnissatisfaktionsgrads auf die Stärke der direkten Wirkungen einer Investitionskontrolle die Ausführungen in Kapitel 6.2.

tet, so wird die Gesamtsumme der Effekte mehrerer Kontrollen mit steigender Anzahl dieser Kontrollen folglich zunehmen.[1557] Allerdings kann bzw. können solche Reaktanzeffekte$_{KO}$ nur dann auftreten, wenn angesichts des jeweils aktuellen Bedürfnissatisfaktions- bzw. -frustrationsgrads noch eine weitere Frustration der sozialen Achtungsbedürfnisse des Kontrollierten größer Null möglich ist.[1558] Entscheidend ist insofern auch hier wieder der Grad der Bedürfnisbefriedigung – und nicht die Kontrollhäufigkeit. Entsprechend ist festzuhalten, dass die Kontrollhäufigkeit selbst keinen Einfluss auf die einzelnen Reaktanzeffekte$_{KO}$ besitzt.

H 193: Die Kontrollhäufigkeit besitzt keinen eigenen originären Einfluss auf den Reaktanzeffekt$_{KO}$.

Sowohl der leistungsanstrengungsbezogene Sicherheitseffekt$_{KS}$ als auch der fähigkeitsbezogene Sicherheitseffekt$_{KS}$ basieren darauf, dass der Kontrolleur seine Sicherheitsbedürfnisse durch die Ankündigung einer Kontrolle und der damit (erhofften) verbundenen Änderungen im Handeln des Kontrollierten, besser befriedigen kann als ohne eine solche Kontrolle. Da die Kontrollhäufigkeit jedoch – wie nachfolgend noch dargestellt – keinen Einfluss auf die E→F Erwartungen des Kontrollierten in *einer* Kontrolle besitzt, werden auch die beiden Sicherheitseffekte beim Kontrollträger nicht mit steigender Kontrollfrequenz in ihrer Höhe verändert. Allerdings ist zu beachten, dass die Stärke der Sicherheitseffekte von der Stärke bzw. dem Satisfaktionsgrad der Sicherheitsbedürfnisse des Kontrolleurs abhängt. Sind diese bereits satisfiziert, so kann eine weitere Kontrolle keine weitere Bedürfnisbefriedigung mit sich bringen und somit auch keine positiven Sicherheitseffekte für den Kontrolleur. Da dies jedoch weniger mit der Kontrollhäufigkeit als mit dem jeweils aktuellen Status der Befriedigung der Sicherheitsbedürfnisse zusammenhängt, ist somit ein originärer Einfluss der Kontrollhäufigkeit auf die Sicherheitseffekte beim Kontrolleur zu verneinen.

H 194: Die Kontrollhäufigkeit besitzt keinen eigenen originären Einfluss auf den motivationalen Sicherheitseffekt$_{KS}$.

H 195: Die Kontrollhäufigkeit besitzt keinen eigenen originären Einfluss auf den fähigkeitsbezogenen Sicherheitseffekt$_{KS}$.

Ebenso wie jede einzelne Kontrolle von neuem vom Kontrollierten als Zeichen mangelnden Vertrauens und/oder Zutrauens des Kontrolleurs aufgefasst werden kann, und damit entsprechende Bedürfnisfrustrationen beim Kontrollierten selbst ohne anschließende Durchführung einer entsprechenden Kontrolle auslösen wird, so wird damit auch eine

---

[1557] Vgl. dazu Ilgen/Fisher/Taylor (1979), S. 363; Küpper (2005), S. 281.

[1558] Siehe Fußnote 1556.

Frustration der Bedürfnisse des Kontrolleurs nach zwischenmenschlichen Beziehungen, d. h. ein Abstoßungseffekt$_{KS}$, einhergehen.[1559] Dies gilt jedoch nur wenn die Beziehungsbedürfnisse des Kontrolleurs im entsprechenden Ausmaß noch frustriert werden können, d. h. wie ihr aktueller Befriedigungsgrad über bzw. auf gleichem Niveau mit diesem Ausmaß der Frustration durch eine Kontrolle liegt. Sinkt der Befriedigungsstatus darunter ab, so wird der Abstoßungseffekt$_{KS}$ geringer bzw. bei einem Befriedigungsstatus von Null fällt er ebenfalls auf Null. Damit gilt, dass die Stärke jedes dieser Abstoßungseffekte$_{KS}$ einzelner Investitionskontrollen von der Kontrollhäufigkeit h unabhängig ist, der Effekt vielmehr durch den Status der Befriedigung bzw. Frustration der Beziehungsbedürfnisse des Kontrolleurs determiniert wird.

H 196: Die Kontrollhäufigkeit besitzt keinen eigenen originären Einfluss auf den Abstoßungseffekt$_{KS}$.

Durch jede Ankündigung einer Kontrolle kann der Kontrollträger seine sozialen Achtungs- bzw. Machtbedürfnisse teilweise befriedigen, sofern er nicht bereits eine Satisfaktion derselben erreicht hat.[1560] Kündigt er daher mehrere Kontrollen an ($h > 1$) so trägt jede Kontrolle jeweils zur Befriedigung seiner Machtbedürfnisse bei. Der Beitrag je Kontrolle, d. h. der Egoeffekt$_{KS}$, bleibt aber durch die Anzahl der Kontrollen h unberührt. Er hängt vielmehr vom jeweils gegebenen Satisfaktionsgrad der sozialen Achtungs- bzw. Machtbedürfnisse des Kontrolleurs ab.

H 197: Die Kontrollhäufigkeit besitzt keinen eigenen originären Einfluss auf den Egoeffekt$_{KS}$.

Mit zunehmender Kontrollhäufigkeit steigt zwar potenziell die Gesamtwahrscheinlichkeit, dass ein aus Sicht des Kontrolleurs unerwünschtes Handeln (z. B. geringe Leistungsanstrengung) des Kontrollierten in allen h Kontrollen zusammen (irgendwann) auffällt, sie lässt aber die Wahrscheinlichkeit k_h unberührt, dass es in einer bestimmten Kontrolle identifiziert wird. Schließlich kann die Häufigkeit h die individuellen, unabhängigen Wahrscheinlichkeiten k_h der Aufdeckung des suboptimalen Handelns in den einzelnen Kontrollen nicht beeinflussen. Diese werden vielmehr beispielsweise durch die Fähigkeiten des Kontrollträgers zur Aufdeckung bestimmt. Dies bedeutet, dass auch die E→F Erwartungen des Kontrollierten bei einer individuellen Kontrolle durch die Verän-

[1559] Zum Abstoßungseffekt$_{KS}$ als direkter Wirkung einer Investitionskontrolle auf die Beziehungsbedürfnisse des Kontrolleurs vgl. grundlegend Kapitel 5.1.1.

[1560] Vgl. hierzu nochmals Alderfer (1969), S. 152, für die Unterscheidung in satisfizierbare und nichtsatisfizierbare Bedürfnisse, wobei das soziale Achtungsbedürfnis bzw. Machtbedürfnis ersterer Gruppe zugerechnet wird

derung der Kontrollhäufigkeit *h* nicht geändert werden. Damit wird sich auch der Erwartungseffekt$_{KO}$ einer Investitionskontrolle nicht mit einer Variation der Kontrollhäufigkeit *h* verändern.

H 198: Die Kontrollhäufigkeit besitzt keinen Einfluss auf den Erwartungseffekt$_{KO}$.

Ist dem Kontrolleur – wie eben erläutert – bewusst, dass die Variation der Kontrollhäufigkeit *h* keinen Einfluss auf die E→F Erwartungen des Kontrollierten hinsichtlich einer Investitionskontrolle besitzt, so wird er auch keine entsprechende Erwartung der Veränderung dieser E→F Erwartungen des Kontrollierten durch die Variation der Kontrollhäufigkeit *h* hegen. Folglich gilt auch hier, dass die Kontrollhäufigkeit nicht über Einfluss auf den Erwartungseffekt$_{KS}$ einer Investitionskontrolle verfügt.

H 199: Die Kontrollhäufigkeit besitzt keinen Einfluss auf den Erwartungseffekt$_{KS}$.

Versteht ein Kontrollierter anhand der Ankündigung einer Investitionskontrolle, welche Ziele er aus Sicht des Kontrolleurs mit seinem Handeln verfolgen soll, so können nachfolgende Investitionskontrollen (gleiche Ziele des Kontrolleurs unterstellt) keine weitere Zielpräzisierung auslösen. Nur wenn die erste Ankündigung (z. B. aufgrund eingeschränkter Potenzialnutzungsfähigkeiten des Kontrollierten) keine vollständige Präzisierung der anzustrebenden Ziele mit sich bringt, kann eine bzw. können nachfolgende Kontrolle(n) noch einen Zielpräzisierungseffekt$_{KO}$ größer Null auslösen. Auch hier erweist sich somit die Kontrollhäufigkeit als irrelevanter Parameter, der die Zielpräzisierung einer Kontrolle nicht beeinflusst. Vielmehr hängt auch hier die eigentliche Zielpräzisierung einer Kontrolle von den anderen (Gestaltungs-)Parametern einer Investitionskontrolle ab. Je nach deren Ausprägung fällt diese Zielpräzisierung einer einzelnen Kontrolle höher oder niedriger aus – und lässt damit für weitere Kontrollen keinen oder einen Raum für eine Steigerung der kumulierten Zielpräzisierung. Daher lässt sich folgende Hypothese zum Zusammenhang von Kontrollhäufigkeit und Zielpräzisierungseffekt$_{KO}$ aufstellen:

H 200: Die Kontrollhäufigkeit besitzt keinen eigenen originären Einfluss auf den Zielpräzisierungseffekt$_{KO}$.

Auch in Bezug auf einen denkbaren Einfluss der Kontrollhäufigkeit auf den Kontrollaufwand1$_{KO}$ und den Kontrollaufwand1$_{KS}$ ist ein solcher Zusammenhang zu verneinen: Da die Kontrollen bei $h > 1$ nacheinander ablaufen, ist nicht mit einem Einfluss einer

Kontrolle auf den (kognitiven) Aufwand einer nachfolgenden Kontrollankündigung bzw. auf die Vorausahnung einer nachfolgenden Kontrolle bei den Akteuren zu rechnen.[1561]

H 201: Die Kontrollhäufigkeit besitzt keinen Einfluss auf den Kontrollaufwand l_{KO}.

H 202: Die Kontrollhäufigkeit besitzt keinen Einfluss auf den Kontrollaufwand l_{KS}.

6.9.2 Einfluss auf die ex post Wirkungen

Von prominenter Rolle sind bei den ex post Wirkungen insbesondere die Bedürfnisbefriedigungs- und -frustrationseffekte$_{KO}$. Auf diese übt die Kontrollhäufigkeit aber keinen Einfluss aus: Frustration bzw. Befriedigung hängen vom Ausmaß der Fehler (bzw. dem Ausmaß der daraus resultierenden, aufgedeckten Abweichungen zwischen Prüf- und Vergleichsgröße) ab. Werden alle Fehler in der ersten Kontrolle identifiziert, so können in den nachfolgenden Kontrollen keine Abweichungen mehr aufgedeckt,[1562] und damit auch keine Bedürfnisfrustrationseffekte$_{KO}$ mehr ausgelöst werden. Die Kontrollhäufigkeit besitzt somit keinen Einfluss auf die gesamte Menge an Bedürfnisbefriedigungen bzw. -frustrationen für einen Kontrollierten bei einer Investition. Vielmehr bestimmen die Menge der Fehler und der Prozentsatz, mit dem diese Fehler in einer Kontrolle aufgedeckt werden, diese Effekte (einer Kontrolle). Es ist daher die Hypothese zu formulieren, dass die Kontrollhäufigkeit *h* an sich keinen Einfluss auf die Stärke der Bedürfnisbefriedigungs- und -frustrationseffekte$_{KO}$ einer Kontrolle besitzt.[1563]

H 203: Die Kontrollhäufigkeit besitzt keinen eigenen originären Einfluss auf die Bedürfnisbefriedigungs- und -frustrationseffekte$_{KO}$.

Wurden bei der ersten Kontrolle alle Fehler im Investitionshandeln des Kontrollierten anhand der Kontrollergebnisse korrekt identifiziert, so fällt ein entsprechender Fähigkeitsverbesserungs- bzw. Lerneffekt beim Kontrolleur in der zweiten Kontrolle mangels noch aufdeckbarer Fehler des Kontrollierten aus.[1564] Damit fallen aber auch mögliche, durch die Kontrollergebnisse begründbare, in das Handeln des Kontrollierten eingreifende, Nachfolgehandlungen des Kontrolleurs wie eine Projektabbruchsentscheidung o. ä. weg. Sämtliche dieser eingreifenden Nachfolgehandlungen sind dann nicht mehr durch

---

[1561] Zur Definition der hier zugrunde gelegten Größe Kontrollaufwand vgl. nochmals Kapitel 5.1.4.

[1562] Vgl. hierzu nochmals die Anmerkung in Fußnote 1553.

[1563] Vgl. hierzu auch die Überlegungen von Cederblom (1982), S. 222, zur Wirkung unterschiedlicher Häufigkeiten der Mitarbeiterbeurteilungen, die implizit einen ähnlichen Zusammenhang annehmen.

[1564] Siehe dazu auch die Ausführung in Fußnote 1553.

die Kontrollergebnisse gerechtfertigt. Das heißt, dass der Rechtfertigungseffekt$_{KO}$ der Investitionskontrolle gegenüber dem Kontrollierten dann ausbleibt bzw. auf Null fällt. Wurden hingegen (z. B. aufgrund eingeschränkter Fähigkeiten des Kontrollierenden) in der ersten Kontrolle nur ein Teil der Fehler im Investitionshandeln des Kontrollierten aufgedeckt, so können (nicht vollständige Frustration der Beziehungsbedürfnisse des Kontrollierten unterstellt) die nicht identifizierten Fehler (bzw. ihre Ergebnisse) in nachfolgenden weiteren Kontrollen noch aufgedeckt werden und zu Lerneffekten führen. Damit besitzen auch diese nachfolgende(n) Kontrolle(n) noch einen positiven Rechtfertigungseffekt$_{KO}$. Das Ausmaß des Effekts wird dabei von den noch nicht entdeckten Fehlern der vorangegangenen Kontrolle(n) (und dem Grad der Bedürfnisbefriedigung der Beziehungsbedürfnisse des Kontrollierten) abhängen.[1565] Je mehr Fehler bereits identifiziert wurden, und je kleiner bzw. je geringer die in der betrachteten Kontrolle aufgedeckten Fehler sind, sowie je niedriger das aktuelle Bedürfnisbefriedigungsniveau, umso kleiner ist der aus der betrachteten Kontrolle resultierende Rechtfertigungseffekt$_{KO}$. Insgesamt ist daher zu erwarten, dass die Kontrollhäufigkeit *h* keinen originären Einfluss auf den Rechtfertigungseffekt$_{KO}$ einer Kontrolle besitzt.

H 204: Die Kontrollhäufigkeit besitzt keinen eigenen originären Einfluss auf den Rechtfertigungseffekt$_{KO}$.

Der Beziehungsförderungs- bzw. -frustrationseffekt$_{KS}$ beruht auf der Übermittlung positiver bzw. negativer Kontrollergebnisse an den Kontrollierten durch den Kontrolleur. Daraus folgt, dass, wenn in einer ersten Kontrolle eines Investitionsantrags, -projekts oder -objekts alle Fehler im Investitionshandeln des Kontrollierten anhand der Kontrollergebnisse objektiv zutreffend identifiziert sind und damit ein „richtiges" Kontrollergebnis erzielt wurde, weder ein entsprechender Beziehungsförderungs- noch ein Beziehungsfrustrationseffekt$_{KS}$ beim Kontrolleur in der zweiten Kontrolle anfällt. Ebenso fällt er auf Null, wenn die Beziehungsbedürfnisse des Kontrolleurs zum Kontrollierten vollständig frustriert sind und ein weiteres Absinken durch die Übermittlung negativer Kontrollergebnisse an den Kontrollierten damit nicht mehr möglich ist. Gleiches gilt für den Fall, dass die Beziehungsbedürfnisse vollständig satisfiziert sind für die Wirkung der Übermittlung positiver Kontrollergebnisse. Darüber hinaus sinkt der Beziehungsförderungs- bzw. -frustrationseffekt$_{KS}$ (wie in Kapitel 6.3 bereits gezeigt), wenn der Kontrolleur eine negative Einstellung zum Kontrollierten besitzt, d. h. die Beziehung zu diesem

[1565] Diese sind dabei durch die zu kontrollierenden Handlungen des Kontrollierten ex ante festgelegt und verändern sich (annahmegemäß) in der Zwischenzeit zwischen zwei Kontrollen nicht weiter. Zwar mögen sie aufgrund größerer Auswirkungen in späteren Perioden leichter identifizierbar sein, dies darf jedoch nicht darüber hinwegtäuschen, dass sie von vorneherein bereits bestanden (und nur nicht erkannt wurden).

für ihn ohnehin von geringer Relevanz ist. Wurde allerdings (z. B. aufgrund eingeschränkter Fähigkeiten) in der ersten Kontrolle kein der tatsächlichen Situation objektiv vollständig entsprechendes Kontrollergebnis erzielt, und sind die Bedürfnisse noch nicht vollständig frustriert bzw. satisfiziert, und ist weiter die Einstellung zum Kontrollierten neutral oder positiv, so können in nachfolgenden Kontrollen noch nicht-neutrale Kontrollergebnisse auftreten und damit im Rahmen ihrer Übermittlung an den Kontrollierten Beziehungsförderungs- bzw. -frustrationseffekte$_{KS}$ beim Kontrollträger auslösen. Allerdings liegt dies auch in diesem Fall nicht originär an der Kontrollhäufigkeit, sondern am insbesondere durch die Fähigkeiten des Kontrolleurs bestimmten Aufdeckungsprozentsatz der Fehler, der aktuellen Bedürfnissituation und den Einstellungen. Insgesamt ist daher festzuhalten, dass die Kontrollhäufigkeit *h* keinen originären Einfluss auf den Beziehungsfrustrationseffekt$_{KS}$ besitzt.

H 205: Die Kontrollhäufigkeit besitzt keinen eigenen originären Einfluss auf die Beziehungsförderungs- bzw. -frustrationseffekte$_{KS}$.

Auch für den Rechtfertigungseffekt$_{KS}$ ist zu erwarten, dass dieser zum einen durch das aktuelle Ausmaß der Befriedigung der Bedürfnisse des Kontrolleurs nach zwischenmenschlichen Beziehungen sowie durch die von der Einstellung zum Kontrollierten beeinflusste Eignung desselben zur Befriedigung der entsprechenden Bedürfnisse des Kontrolleurs und zum anderen durch den Prozentsatz der in der Investitionskontrolle aufgedeckten Fehler des Kontrollierten (und damit die Lerneffekte des Kontrolleurs) bestimmt wird. Für die Kontrollhäufigkeit hingegen ist nicht davon auszugehen, dass sie einen originären Einfluss auf die „Rechtfertigung“ der Nachfolgeentscheidungen des Kontrolleurs aus Sicht des Kontrollierten besitzt und damit, via entsprechender Reaktionen des Kontrollierten, auch nicht auf die Befriedigung dieser Beziehungsbedürfnisse des Kontrolleurs. Schließlich beeinflusst die Kontrollhäufigkeit als originärer Parameter weder die Einstellungen, noch die Bedürfnissatisfaktion, noch den Prozentsatz der in einer Kontrolle aufgedeckten Fehler des Kontrollierten.

H 206: Die Kontrollhäufigkeit besitzt keinen eigenen originären Einfluss auf den Rechtfertigungseffekt$_{KS}$.

Da der mit einer Investitionskontrolle potenziell für den Kontrolleur verbundene Machteffekt$_{KS}$ darauf beruht, dass der Kontrollträger dem Kontrollierten, in Abhängigkeit vom jeweiligen Kontrollergebnis potenziell (sofern eine Anreizkoppelung besteht), angenehme oder unangenehme extrinsische Folgen vermitteln kann (sog. Belohnungs- und Bestrafungsmacht), hängt das Ausmaß, in dem eine bestimmte Kontrolle zur Befriedigung seiner Machtbedürfnisse beiträgt, u. a. von der „Positivität“ bzw. „Negativität“ des Kontrollergebnisses, dem Grad der Befriedigung der Bedürfnisse des Kontrollierten (bzw. der daraus abgeleiteten Relevanz von extrinsischen Anreizen für diesen) sowie vom aktuellen Bedürfnisbefriedigungsgrad der Machtbedürfnisse des Kontrolleurs ab: Fällt das Kontrollergebnis positiv aus (aufgrund nur minimaler Abweichungen), so kann der Kontrollträger dafür Belohnungen verteilen; fällt es negativ aus (aufgrund deutlicher Abweichungen) so kann er zwar keine Belohnungen aber ggf. Bestrafungen verhängen. Das gesamte objektive Ausmaß der von ihm zu gewährenden Belohnungen bzw. zu verhängenden Strafen hängt dabei vom objektiv richtigen Kontrollergebnis, d. h. den objektiv erzielten Handlungsergebnissen des Kontrollierten ab. Je näher das in einer ersten Kontrolle generierte Kontrollergebnis an diesem objektiv richtigen Kontrollergebnis liegt, umso mehr schöpft der Kontrollträger bereits mit dieser ersten Kontrolle das Ausmaß der ihm insgesamt zu Verfügung stehenden „objektiven" angenehmen und unangenehmen Anreize aus, und desto weniger bleibt für nachfolgende Kontrollen noch Raum für neue, sich näher an das objektive Kontrollergebnis annähernde Kontrollergebnisse und damit für die Anreizgewährung übrig. Falls das Kontrollergebnis der ersten Kontrolle bereits dem, unter Kenntnis des gesamten Investitionszyklus, „richtigen" Kontrollergebnis entspricht, bleibt für nachfolgende Kontrollen keine Annäherung mehr an dieses Ergebnis offen. Es besteht dann auch keine Gelegenheit mehr, Anreize an den Kontrollierten zu verteilen. Dies impliziert jedoch, dass auch keine Machteffekte$_{KS}$ mehr ausgelöst werden können. Solche Effekte setzten auch voraus, dass die vom Kontrolleur zu verteilenden Belohnungen bzw. Sanktionen für den Kontrollierten auch in der Tat (noch) einen solchen Charakter besitzen, d. h. dass es sich um – in anbetracht der jeweils aktuellen Bedürfnissituation – relevante Folgen handelt.[1566] Folgen, die keine Relevanz für den Kontrollierten besitzen, sind hingegen für den Kontrolleur auch nicht als Machtbasis geeignet. Sind somit alle extrinsisch zu befriedigenden Bedürfnisse bereits vollständig frustriert, so stellt eine extrinsische Bestrafung auch keine relevante Folge – und somit auch keine Machtbasis für den Kontrolleur – mehr dar. Ebenso gilt, dass selbst im Fall, dass der Kontrolleur noch Belohnungen und Bestrafungen verteilen kann, seine Machtbedürfnisse jedoch bereits vollständig befriedigt sind, kein Machteffekt$_{KS}$ mehr eintritt.[1567] Die mit einer einzelnen Kontrolle verbundenen Machteffekte$_{KS}$ hängen somit nur von der „Güte" der Kontrolle ab, d. h. der Nähe der ermittelten Kontrollergebnisse zu den objektiv richtigen Kontrollergebnissen, von der Relevanz der Folgen für den Kontrollierten, d. h. dessen Bedürfnissituation, und vom Grad der Befriedigung der Achtungsbedürfnisse des Kontrolleurs, nicht jedoch von der Kontrollhäufigkeit.

[1566] Vgl. zur Unterscheidung relevanter vs. irrelevanter Folgen Kapitel 4.

[1567] Vgl. dazu die Diskussion alternativer Bedürfnisstärken bzw. -satisfikationsgrade und deren Einfluss auf die direkten Wirkungen einer Investitionskontrolle im Kapitel 6.3.

H 207: Die Kontrollhäufigkeit besitzt keinen eigenen originären Einfluss auf den Macheffekt$_{KS}$.

Die Einstellung des Kontrollierten zur Investitionskontrolle und dem Kontrolleur hängt u. a. von den Erfahrungen des Kontrollierten mit diesen Objekten ab. Macht der Kontrollierte in der ersten Kontrolle bereits aufgrund der mit der Kontrolle verbundenen Aufdeckung aller Fehler seines Handelns und der mit dieser Aufdeckung verbundenen (unangenehmen) Folgen eine unangenehme Erfahrung, so können in weiteren Kontrollen, da entweder keine weiteren Fehler mehr aufgedeckt werden können, oder aber seine Bedürfnisse bereits derart frustriert sind, dass ein weiteres Absinken des Befriedigungsgrads nicht mehr möglich ist, auch keine weiteren (unangenehmen) Erfahrungen und damit Einstellungslerneffekte$_{KO}$ auftreten. Nur in dem Fall, dass in der ersten Kontrolle nicht alle objektiven Fehler aufgedeckt und damit nicht alle objektiv verbundenen unangenehmen Folgen vom Kontrollierten erlebt werden, können in weiteren Kontrollen noch Fehler identifiziert und weitere (Teile der objektiv insgesamt mit allen Fehlern verbundenen) unangenehmen Folgen zu Einstellungslerneffekten$_{KO}$ führen. Jedoch bleibt auch hier das eigentliche, objektive Ausmaß der unangenehmen Folgen durch das objektiv bestehende Fehlerausmaß und den Bedürfnissatisfaktions- bzw. -frustrationsgrad bestimmt und nicht durch die Kontrollhäufigkeit *h*. Damit wird eine Veränderung der Kontrollhäufigkeit keinen Einfluss auf den Einstellungslerneffekt$_{KO}$ einer einzelnen Kontrolle ausüben.

H 208: Die Kontrollhäufigkeit besitzt keinen eigenen originären Einfluss auf den Einstellungslerneffekt$_{KO}$.

Auch für den Kontrollträger gilt, dass das Gesamtausmaß der für ihn mit Kontrollen einer Investitionshandlung des Kontrollierten verbundenen angenehmen oder unangenehmen Erfahrungen durch das Fehlerausmaß der Handlungen des Kontrollierten und den Bedürfnissatisfaktions- bzw. -frustrationsgrad seiner eigenen Bedürfnisse determiniert ist, und dass, bei vollständiger Aufdeckung aller objektiv vorhandenen Fehler in der ersten Kontrolle und/oder vollständig satisfizierten oder frustrierten Bedürfnissen, damit auch keine Einstellungslerneffekte$_{KS}$ mehr in nachfolgenden Kontrollen der gleichen Investition erfolgen können. Somit besitzt auch beim Kontrollträger die Kontrollhäufigkeit *h* keinen originären Einfluss auf den Einstellungslerneffekt$_{KS}$ einer Investitionskontrolle.

H 209: Die Kontrollhäufigkeit besitzt keinen eigenen originären Einfluss auf den Einstellungslerneffekt$_{KS}$.

Werden in einer Investitionskontrolle alle Fehler in der kontrollierten Investitionshandlung identifiziert und die Erwartungen des Kontrollierten über seine subjektiven H→E Erwartungen entsprechend durch den $\text{Erwartungslerneffekt}_{KO}$ an die „objektiv" richtigen H→E Erwartungen angepasst, so können nachfolgende Kontrollen der gleichen Investition keine subjektiven $\text{Erwartungslerneffekte}_{KO}$ bezüglich der H→E Erwartungen mehr auslösen. Wurde hingegen in der ersten Kontrolle nur ein Teil der Fehler im Investitionshandeln (bzw. den diesem zugrunde liegenden subjektiven Erwartungen) des Kontrollierten aufgedeckt, so können die nicht identifizierten Fehler (bzw. fehlerhaften subjektiven Erwartungen) in nachfolgenden, weiteren Kontrollen noch aufgedeckt werden und H→E $\text{Erwartungslerneffekte}_{KO}$ nach sich ziehen. Folglich besitzen dann auch diese nachfolgende(n) Kontrolle(n) noch einen positiven $\text{Erwartungslerneffekt}_{KO}$ bezüglich der subjektiven H→E Erwartungen. Gleiches gilt für mögliche Fehler in den subjektiven E→F Erwartungen des Kontrollierten und deren „Aufdeckung" durch die, für ihn via einer Kontrolle (oder keiner Kontrolle) mit seinen Handlungsergebnissen, verbundenen Folgen.

Das Ausmaß des Effekts wird dabei von den noch nicht entdeckten fehlerhaften subjektiven H→E und E→F Erwartungen der vorangegangenen Kontrolle(n) abhängen. Je größer das Ausmaß der erkannten Fehler in den subjektiven H→E und E→F Erwartungen der vorangegangen Kontrolle(n) ist und je kleiner die in der betrachteten Kontrolle aufgedeckten Fehler in diesen subjektiven Erwartungen relativ zu den „objektiven" sind, desto kleiner ist der aus der betrachteten Kontrolle resultierende H→E und E→F $\text{Erwartungslerneffekt}_{KO}$. Insgesamt ist daher zu erwarten, dass die Kontrollhäufigkeit *h* keinen Einfluss auf die Gesamtsumme der $\text{Erwartungslerneffekte}_{KO}$ mehrerer Kontrollen besitzt. Diese ist fix durch die Stärke der insgesamt ex ante vorliegenden fehlerbehafteten subjektiven H→E und E→F Erwartungen des Kontrollierten vorgegeben und hängt nicht von der Häufigkeit *h* der Kontrollen ab. Die Kontrollhäufigkeit an sich besitzt aber auch keinen Einfluss auf den $\text{Erwartungslerneffekt}_{KO}$ einer einzelnen Kontrolle. Dessen Ausmaß wird vielmehr nur durch den seitens der anderen (Gestaltungs-)Parameter determinierten Prozentsatz aufgedeckter Abweichungen (und damit durch den Prozentsatz der erkannten Fehler der H→E und E→F Erwartungen) einer Investitionskontrolle bestimmt.

H 210: Die Kontrollhäufigkeit besitzt keinen eigenen originären Einfluss auf den $\text{Erwartungslerneffekt}_{KO}$.

Auch beim $\text{Erwartungslerneffekt}_{KS}$ gilt die gleiche Argumentation zum Einfuß der Kontrollhäufigkeit auf das Erwartungslernen des Kontrollierten: Je mehr der gesamten Fehler in den Erwartungen des Kontrolleurs über das Handeln des Kontrollierten in einer Kontrolle aufgedeckt werden, umso weniger ist für nachfolgende Kontrollen noch Raum für $\text{Erwartungslerneffekte}_{KS}$. Die Häufigkeit mit der eine Investitionshandlung eines Kontrollierten einer Kontrolle unterzogen wird, bestimmt damit nicht von sich aus den Erwartungslerneffekt$_{KS}$ einer Kontrolle. Vielmehr hängt dies von der Aufdeckung der Fehler ab, die ihrerseits u. a. durch die Fähigkeiten des Kontrolleurs bestimmt wird. Insgesamt lässt sich folglich postulieren, dass die Kontrollhäufigkeit keinen Einfluss auf den Erwartungslerneffekt$_{KS}$ einer Kontrolle besitzt.[1568]

H 211: Die Kontrollhäufigkeit besitzt keinen eigenen originären Einfluss auf den Erwartungslerneffekt$_{KS}$.

Der Fähigkeitslerneffekt$_{KO}$ beruht, wie in Kapitel 5.2.4 geschildert, auf der Aufdeckung von Abweichungen bzw. Fehlern im Investitionshandeln, die zu einer Anpassung der Fähigkeiten näher an die vom Kontext geforderten Fähigkeiten führt. Daraus folgt, dass, wenn in einer ersten Kontrolle eines Investitionsantrags, -projekts oder -objekts alle Fehler im Investitionshandeln des Kontrollierten anhand der Kontrollergebnisse korrekt identifiziert werden, ein entsprechender Fähigkeitsverbesserungs- bzw. Lerneffekt beim Kontrollierten in der zweiten Kontrolle mangels noch aufdeckbarer Fehler des Kontrollierten entfällt. Das heißt, dass der Fähigkeitslerneffekt$_{KO}$ der Investitionskontrolle ausbleibt bzw. auf Null fällt. Wurde demgegenüber (z. B. aufgrund eingeschränkter Fähigkeiten) in der ersten Investitionskontrolle nur ein Teil der Fehler im Investitionshandeln des Kontrollierten erkannt, so können die nicht identifizierten Fehler (bzw. ihre Ergebnisse) in nachfolgenden, weiteren Kontrollen noch ans Licht gebracht werden und damit zu Lerneffekten führen. Folglich besitzen dann diese nachfolgende(n) Kontrolle(n) noch einen positiven Fähigkeitslerneffekt$_{KO}$. Das Ausmaß des Effekts wird dabei von den noch nicht entdeckten Fehlern der vorangegangenen Kontrolle(n) und der Aufdeckungsrate in der betrachteten Kontrolle abhängen. Je mehr Fehler bereits identifiziert wurden, und je kleiner die in der betrachteten Kontrolle aufgedeckten Fehler sind, desto kleiner ist der aus dieser Kontrolle resultierende Fähigkeitslerneffekt$_{KO}$.[1569] Insgesamt ist daher zu erwarten,

---

1568 Nur die gesamten Erwartungslerneffekte$_{KS}$ mehrerer Kontrollen werden, unvollständige Fehleraufdeckung in jeder der einzelnen Kontrollen unterstellt, mit zunehmender Kontrollhäufigkeit ansteigen. Dies liegt aber nicht originär an der Kontrollhäufigkeit, sondern an der unvollständigen Identifikation der Fehler in jeder dieser einzelnen Kontrollen.

1569 Dabei wird in der Investitionskontrollliteratur oft unterstellt, dass in der ersten Kontrolle am meisten Fehler aufgedeckt werden und in nachfolgenden nur noch immer kleinere Prozentsätze der gesamten Fehlermenge (vgl. exemplarisch Lüder (1966), S. 1143; Lüder (1969), S. 70; ebenso aus der allgemeinen Kontrollliteratur: Latzko (2000), S. 56). Über die Realitätsnähe dieser Annahme so genannter abnehmender Grenzerträge der Kontrollhäufigkeit lässt sich kontrovers diskutieren. Insbesondere Borer (1978) kritisiert diese Annahme als unrealistisch (vgl. hierzu S. 149f.), allerdings mit einer wenig fundierten Argumentation. Jedoch ist sein Einwand gegen die allgemeine Unterstellung abnehmender Grenzerträge mit steigender Kontrollhäufigkeit prinzipiell und unabhängig von der tatsächlichen Realitätsnähe im Ergebnis nicht falsch: Der Ertrag einer Investitionskontrolle wird, wie im Text oben weiter ausgeführt wird, nicht von der Häufigkeit der Kontrolle an sich, sondern von der Ausgestaltung und der daraus resultierenden Fehleraufdeckungsquote der einzelnen Kontrollen

dass die Kontrollhäufigkeit *h* keinen Einfluss auf die Gesamtsumme der Fähigkeitslerneffekte$_{KO}$ mehrerer Kontrollen besitzt. Diese ist fix durch das Ausmaß der vom Kontrollierten insgesamt gemachten Fehler vorgegeben und hängt nicht von der Häufigkeit der Kontrollen ab. Die Kontrollhäufigkeit an sich besitzt aber auch keinen Einfluss auf den einzelnen Fähigkeitslerneffekt$_{KO}$. Dessen Ausmaß wird vielmehr nur durch den von anderen (Gestaltungs-)Parametern determinierten Prozentsatz aufgedeckter bzw. gelernter Fehler einer Investitionskontrolle bestimmt. Folglich ergibt sich die Hypothese, dass die Kontrollhäufigkeit *h* allein keinen Einfluss auf den Fähigkeitslerneffekt$_{KO}$ besitzt.[1570]

H 212: Die Kontrollhäufigkeit besitzt keinen eigenen originären Einfluss auf den Fähigkeitslerneffekt$_{KO}$.

Analog zum Fähigkeitslerneffekt$_{KO}$ gilt auch beim Fähigkeitslerneffekt$_{KS}$, dass (sofern nicht in der ersten Kontrolle alle Fehler aufgedeckt wurden) mit steigender Kontrollhäufigkeit *h* der gesamte Fähigkeitenzuwachs so lange positiv ist, bis alle Fehler aufgedeckt sind.[1571] Dies bedeutet jedoch nicht, dass die Kontrollhäufigkeit an sich das Ausmaß eines dieser einzelnen Fähigkeitslerneffekte$_{KS}$ beeinflusst. Diese werden vielmehr durch die

---

bestimmt. Je nach Ausgestaltung („Güte") der Kontrolle durch entsprechende Wahl der anderen acht in der vorliegenden Arbeit diskutierten „Gestaltungsparameter", wird diese Aufdeckungsquote einer Investitionskontrolle höher oder niedriger ausfallen, wobei nur für den Fall, dass in der ersten Kontrolle bereits über 50 % der Fehler identifiziert wurden, mit Sicherheit ein abnehmender Grenzertrag weiterer Kontrollen allgemein eintreten wird. Werden hingegen in der ersten Kontrolle weniger als 50 % der Fehler aufgedeckt, so ist in der zweiten Kontrolle ebenso noch ein Prozentsatz von über 50 % denkbar (d. h. ein gestiegener Grenzertrag) wie ein im Vergleich zur ersten aufgrund der gewählten Ausgestaltung noch niedriger (d. h. ein gefallener Grenzertrag). Angesichts dieser Problematik der allgemeinen Vorhersage des Grenzertrags weiterer Kontrollen bzw. da der Grenzertrag eine dependente Variable der acht anderen Gestaltungsparameter von Investitionskontrollen ist, empfiehlt sich, statt der in der Literatur geführten Diskussion um den „wahren" Grenzertrag, ein Verzicht auf entsprechende allgemeine Grenzertragsaussagen im Hinblick auf den (diesen Ertrag ohnehin nicht beeinflussenden) Faktor Kontrollhäufigkeit.

1570 Allenfalls ließe sich argumentieren, dass bei größerer Häufigkeit der Kontrolle der zeitliche Abstand der einzelnen Kontrolle zu einzelnen Teilhandlungen abnimmt, was nach einigen experimentellen Studien tendenziell zu stärkeren Lerneffekten führt (vgl. dazu bspw. Ammons (1956), S. 287). Allerdings ist dabei zu beachten, dass die in diesen Experimenten eingesetzten bzw. kontrollierten Arbeitsaufgaben meist sehr einfach waren und der Abstand einer Investitionskontrolle zu einzelnen kontrollierten Handlungen allein schon aufgrund des Zeitbedarfs für die Datenermittlung tendenziell deutlich über den in diesen Experimenten getesteten Zeiträumen liegen wird, wodurch die Aussagekraft dieser Experimente für die vorliegende Fragestellung stark zu bezweifeln ist. Darüber hinaus greifen diese Experimente auch auf behavioristische Lerntheorien zurück, d. h. betrachten geändertes Handeln als Beleg für Lernen. Da in der vorliegenden Arbeit kognitive und sozial-kognitive Lerntheorien als Basis verwendet werden, stellt sich somit auch die Frage der grundsätzlichen Gültigkeit entsprechender Ergebnisse für die vorliegende Arbeit. Folglich sei hier auf eine Berücksichtigung dieser experimentellen Studien verzichtet.

1571 Vgl. ähnlich schon Lüder (1969), S. 69f.

anderen (Gestaltungs-)Faktoren in ihrer Höhe beeinflusst, nicht jedoch durch die Kontrollhäufigkeit.[1572]

H 213: Die Kontrollhäufigkeit besitzt keinen eigenen originären Einfluss auf den Fähigkeitslerneffekt$_{KS}$.

Hinsichtlich des (kognitiven) Aufwands jeder einzelnen Kontrollhandlung für die beteiligten Akteure finden sich insbesondere im Fall des Kontrolleurs unterschiedliche Stimmen in der Literatur. Während die Mehrzahl der Veröffentlichungen von einem konstanten Aufwand je Kontrollhandlung ausgeht,[1573] postuliert Borer (1978) fallenden Kontrollaufwand.[1574] Grundsätzlich ist dabei in der Tat aufgrund potenziell reduzierten Einarbeitungsaufwands im Falle einer Partizipation $p < 1$ bei erneuter Kontrolle der gleichen Investition durch den gleichen Kontrolleur mit einer gewissen Reduktion des Aufwands der zweiten und folgenden Kontrollen zu rechnen.[1575] Liegt hingegen Selbstkontrolle ($p = 1$) vor, so fallen ohnehin keine Einarbeitungskosten des Fremdkontrolleurs an, womit diese dann in nachfolgenden Kontrollen auch nicht geringer ausfallen können (d. h. der Kontrollaufwand2$_{KO}$ ist konstant). Somit ist zwar ein geringerer Kontrollaufwand2$_{KS}$ bei einer zweiten oder dritten Kontrolle des gleichen Investitionsvorhabens oder -objekts möglich, jedoch ist der Rückgang des Kontrollaufwands2$_{KS}$ deutlich geringer als von Borer (1978) unterstellt, da die von ihm postulierten (und ebenfalls den Kontrollaufwand senkenden) Erfahrungs- oder Lernkurveneffekte bei der Kontrolldurchführung nicht durch eine Investitionskontrolle erzielt werden können, sondern nur im Rahmen einer Kontrolle der Kontrolle.[1576] Insgesamt kann daher nur von etwas geringerem Einarbeitungsaufwand bei den nachfolgenden Kontrollen bei $h > 1$ ausgegangen werden, wobei jedoch auch dieser Effekt nicht auf den originären Einfluss der Kontrollhäufigkeit, sondern auf das Fähigkeitenausmaß des Kontrolleurs, d. h. dessen Sach- und Fachkenntnisse zurückzuführen ist.

H 214: Die Kontrollhäufigkeit besitzt keinen eigenen originären Einfluss auf den Kontrollaufwand2$_{KO}$.

H 215: Die Kontrollhäufigkeit besitzt keinen eigenen originären Einfluss auf den Kontrollaufwand2$_{KS}$.

[1572] Siehe hierzu auch Fußnote 1570.

[1573] Vgl. bspw. Lüder (1969), S. 69; Matschke (1993), S. 349.

[1574] Vgl. Borer (1978), S. 151

[1575] Voraussetzung hierfür ist jedoch die Konstanz des Fremdkontrollträgers und der (d. h.: bei der) kontrollierten Investition. Letzteres ist dabei durch die Definition der Kontrollhäufigkeit in der vorliegenden Arbeit sichergestellt, ersteres insofern als lediglich von einem Kontrolleur und einem Kontrollierten ausgegangen wird (vgl. dazu die Einleitung zu Kapitel 5).

[1576] Vgl. hierzu auch die Ausführungen zum Fähigkeitslerneffekt$_{KS}$ in Kapitel 5.2.4, sowie detaillierter zu diesem Lernen über die Kontrolle z. B. Treuz (1974), S. 51; Schäffer (2001), S. 72.

6.10 Ausmaß der Koppelung extrinsischer Anreize

6.10.1 Einfluss auf die ex ante Wirkungen

Für den potenziellen Einfluss des Ausmaßes *a* (mit a ∈ [0, ∞]) der formell oder informell[1577] an das in der Kontrolle ermittelte Ergebnis gekoppelten extrinsischen (angenehmen bzw. unangenehmen) Folgen auf die direkten Wirkungen einer Investitionskontrolle lassen sich, auf Basis vorhandener Erkenntnisse aus Betriebswirtschaftslehre und (Sozial-)Psychologie sowie Plausibilitätsüberlegungen, folgende der (möglichen) Zusammenhänge hypothesenartig klären.[1578] Dabei besteht jedoch, wie allgemein für den Zusammenhang von Anreizen und Kontrollen schon von Bonner/Sprinkle (2002) festgestellt,[1579] noch Forschungsbedarf zur Klärung diverser auf Basis der bisherigen Erkenntnisse nicht präzisierbarer Zusammenhänge aus Abbildung 24 in Kapitel 6.1 schematisch dargestellten Menge der denkbaren Zusammenhänge.

Zu Beginn sei dabei wieder auf den Angsteffekt$_{KO}$ und den Sicherheitseffekt$_{KO}$ eingegangen. Die bei Akteuren mit geringer Selbsteffektivität durch eine Kontrolle signalisierte Bedrohung (negative Einstellung) bzw. Hilfestellung bei Problemen mit der Handlung (positive Einstellung) wird durch die Koppelung extrinsischer Anreize gemäß der Definition der beiden Effekte nicht beeinflusst, da die extrinsischen Anreize weder etwas an den Fähigkeiten des Kontrolleurs ändern, dem Kontrollierten Fehler nachzuweisen (Angsteffekt$_{KO}$) bzw. strukturierend und helfend zur Seite zu stehen (Sicherheitseffekt$_{KO}$), noch an der Selbsteffektivität des Kontrollierten.

H 216: Das Ausmaß der an das Kontrollergebnis gekoppelten extrinsischen Anreize für den Kontrollierten besitzt keinen Einfluss auf den Angsteffekt$_{KO}$.

[1577] Eine solche informelle Koppelung extrinsischer Anreize besteht dabei, obwohl Partizipation und Koppelung extrinsischer Anreize analytisch klar zu trennende Parameter einer Kontrolle sind (vgl. Kapitel 3), realiter oft auch bereits dann, wenn die Partizipation auf $p < 1$ sinkt. In diesem Fall nimmt eine zweite Person (d. h. der Kontrolleur) am Kontrollprozess außer dem Kontrollierten teil und nimmt die generierten Kontrollergebnisse wahr. So wird der Kontrolleur den Kontrollierten anhand der Ergebnisse oft (unterbewusst oder sogar bewusst) bewerten, wodurch potenziell auch die Bedürfnisse des Kontrollierten nach Beziehungen und/oder sozialer Achtung tangiert werden. Der Fall ohne jegliche extrinsische Anreize bzw. bei $a = 0$ ist daher ein in der Praxis wohl seltener Extremfall auf dem Kontinuum von 0 bis ∞.

[1578] Es sei hier daran erinnert, dass mit den extrinsischen Anreizen sowohl monetäre als auch nichtmonetäre angenehme wie unangenehme Folgen für den Kontrollierten bezeichnet seien, die von außen auf den Kontrollierten einwirken. Zur Präzisierung des Anreizbegriffs vgl. Kapitel 4.1.1.

[1579] Vgl. Bonner/Sprinkle (2002), S. 328.

H 217: Das Ausmaß der an das Kontrollergebnis gekoppelten extrinsischen Anreize für den Kontrollierten besitzt keinen Einfluss auf den Sicherheitseffekt$_{KO}$.

Die Koppelung extrinsischer Anreize an die Investitionskontrolle kann für den Kontrollierten das allgemeine Signal einer Investitionskontrolle, dass der Kontrolleur ihm nicht vertraut, verstärken: Extrinsische, mit einer Investitionskontrolle verbundene Anreize kommunizieren implizit die Botschaft, dass der Kontrolleur Zweifel an der intrinsischen Leistungsbereitschaft des Kontrollierten hat und es daher für erforderlich hält, durch entsprechende extrinsische Anreize (Versprechungen bzw. Drohungen) zusätzlich Druck zu hoher Leistungsbereitschaft auf extrinsischem Weg aufzubauen.[1580] Folglich ist zu erwarten, dass der Misstrauenseffekt$_{KO}$ mit einer Anreizkoppelung c. p. ansteigt. Mit dieser Hypothese im Einklang stehen auch die Ergebnisse des Laborexperiments zu Kontrollen im Allgemeinen von Falk/Kosfeld (2005).[1581] Ausgehend von der im Kapitel 4.1.1 zugrunde gelegten Prämisse eines stärkeren Einflusses von Bestrafungen auf den Bedürfnisbefriedigungsgrad als von Verstärkungen,[1582] wäre zu erwarten, dass der Misstrauenseffekt$_{KO}$ mit einer Koppelung von Bestrafungen sogar noch stärker ansteigt als im Falle, dass nur Belohnungen an die Kontrollergebnisse gekoppelt werden. Vereinfacht lässt sich aber folgende Hypothese zum Zusammenhang der Menge extrinsischer Anreize *a* und dem Misstrauenseffekt$_{KO}$ formulieren:

H 218: Je größer das Ausmaß der an das Kontrollergebnis gekoppelten extrinsischen Anreize für den Kontrollierten ist, desto stärker ist c. p. der Misstrauenseffekt$_{KO}$.

Da der Kontrolleur beim Kontrollierten durch eine Koppelung extrinsischer Anreize an die Ergebnisse seines Handelns bzw. seiner Handlungsauswahl nur die Leistungsbereitschaft des Kontrollierten zu beeinflussen versuchen kann, jedoch durch die Anreize per definitionem kein ex ante Einfluss auf das Maß der Fähigkeiten des Kontrollierten ausgeht, wird die Anreizkoppelung (sofern beide Akteure diese Zusammenhänge erkennen) nur zu einer Verstärkung des Eindrucks des Kontrollierten führen, es werde seiner Leistungsbereitschaft misstraut, nicht jedoch seine Leistungsfähigkeit bezweifelt. Entsprechend übt eine Koppelung extrinsischer Anreize c. p. keinen Einfluss auf den durch die

[1580] Vgl. dazu auch Blau (1955), S. 174: „The supervisor who often backs his directives with promises of rewards or punishment gives evidence to his subordinates that he does not expect unconditional obedience". Ähnlich Falk/Kosfeld (2005), S. 15; Osterloh (2006), S. 16.

[1581] Vgl. Falk/Kosfeld (2005), S. 24.

[1582] Siehe hierzu nochmals die Ausführungen im Kapitel 4.1.1.

(Un-)Fähigkeitsbeurteilung des Kontrolleurs vis à vis dem Kontrollierten bestimmten Reaktanzeffekt$_{KO}$ aus.[1583]

> H 219: Das Ausmaß der an das Kontrollergebnis gekoppelten extrinsischen Anreize für den Kontrollierten besitzt keinen Einfluss auf den Reaktanzeffekt$_{KO}$.

Das Ausmaß der ex post an eine Investitionskontrolle gekoppelten, relevanten Anreize für den Kontrollierten beeinflusst den Bedürfnisbefriedigungs- bzw. -frustrationswert eines Handlungsergebnisses für diesen und führt (als indirekte Wirkung erster Ordnung) bereits ex ante zu einer verstärkten Konzentration auf die stärker mit Belohnungen verbunden bzw. weniger mit Bestrafungen verknüpften Handlungen. Daher verändert sich auch die Sicherheit des Kontrolleurs vor geringer Leistungsanstrengung des Kontrollierten trotz konstanter E→F Erwartungen des Kontrollierten. Dies jedoch ist synonym mit einer Erhöhung des leistungsanstrengungsbezogenen Sicherheitseffekts$_{KS}$ gegenüber einer angekündigten Kontrolle mit geringen extrinsischen Anreizen (oder lediglich intrinsischen Anreizen).

> H 220: Je größer das Ausmaß der an das Kontrollergebnis gekoppelten, relevanten extrinsischen Anreize für den Kontrollierten ist, umso stärker ist c. p. der motivationale Sicherheitseffekt$_{KS}$.

Im Gegensatz dazu ist für das Pendant, den fähigkeitsbezogenen Sicherheitseffekt$_{KS}$, nicht von einem Einfluss der Anreizkoppelung auszugehen: Durch eine Koppelung extrinsischer Anreize an das Ergebnis einer Investitionskontrolle werden weder die Fähigkeiten des Kontrollierten noch die des Kontrolleurs tangiert,[1584] d. h. dass auch keine Veränderung des fähigkeitsbezogenen Sicherheitseffekts$_{KS}$ stattfindet.

> H 221: Das Ausmaß der an das Kontrollergebnis gekoppelten extrinsischen Anreize für den Kontrollierten besitzt keinen Einfluss auf den fähigkeitsbezogenen Sicherheitseffekt$_{KS}$.

In dem Maße, wie der Kontrollierte durch eine Investitionskontrolle den Eindruck gewinnt, dass der Kontrolleur ihm nicht vertraut (Leistungsanstrengungsaspekt) oder eine

---

[1583] Anderer Auffassung scheint Lawler (1976), S. 1273, zu sein, der einen positiven Einfluss auf „resistance to control systems" erkennt. Allerdings bleibt dabei offen, ob er damit tatsächlich den Reaktanzeffekt$_{KO}$ im Sinne der vorliegenden Arbeit meint oder aber doch eher den eben diskutierten Misstrauenseffekt$_{KO}$. Ersterer kann sich, aufgrund der gewählten Definition, jedoch nicht durch eine Anreizkoppelung verändern; wohl aber – wie eben dargestellt – letzterer.

[1584] Vgl. hierzu auch die vorangegangene Argumentation zum Einfluß des Ausmaßes extrinsischer Anreize auf den Reaktanzeffekt$_{KO}$.

erfolgreiche Handlungsdurchführung nicht zutraut (Leistungsfähigkeitsaspekt) und damit seine Bedürfnisse nach Beziehung und Freundschaft einerseits und sozialer Achtung andererseits frustriert werden, wird der Kontrollierte negativ auf den Kontrollträger eingestimmt sein.[1585] Dies bedeutet jedoch, dass dessen eigene Bedürfnisse nach Freundschaft und Nähe frustriert werden. Es ist folglich zu erwarten, dass die Stärke des Abstoßungseffekts$_{KS}$ mit steigendem Ausmaß der extrinsischen Anreize, die an das Kontrollergebnis gekoppelt werden, c. p. zunimmt.[1586]

H 222: Je größer das Ausmaß der an das Kontrollergebnis gekoppelten extrinsischen Anreize für den Kontrollierten ist, umso größer ist c. p. der Abstoßungseffekt$_{KS}$.

Wie bei der Vorstellung des Handlungsmodells in Kapitel 4 beschrieben, bestimmen sowohl die Eintrittswahrscheinlichkeiten der Handlungsergebnisse und deren (stochastische) Folgen als auch die Eignung dieser (intrinsischen und extrinsischen) Folgen zur Befriedigung bzw. Frustration aktuell relevanter Bedürfnisse eines Akteurs dessen Auswahlentscheidung zwischen alternativen Handlungsmöglichkeiten. Erstere werden dabei durch die Kontroll- bzw. Aufdeckungswahrscheinlichkeit bestimmt, während letztere, d. h. die Eignung zur Befriedigung oder Frustration von Bedürfnissen, vom Status der Bedürfnisbefriedigung und den an die Investitionskontrolle gekoppelten extrinsischen Anreizen abhängen. Sobald der Kontrollierte nicht ausschließlich durch intrinsisch zu befriedigende Motive nach Selbstachtung und Leistung angetrieben wird,[1587] sondern zumindest in gewissem Umfang auch durch Sicherheitsbedürfnisse, Freundschaftsmotive oder soziale Achtungsbedürfnisse, führt eine Koppelung entsprechender extrinsischer (angenehmer oder unangenehmer) Anreize (größer Null) an das Kontrollergebnis dazu, dass für den Kontrollierten mehr Bedürfnisbefriedigung bzw. -frustration vom Ergebnis der Investitionskontrolle und damit seinem Handeln bzw. den Handlungsalternativen

---

1585 Hiermit grob im Einklang stellt bereits Hopwood (1972) fest, dass bei einer Anreizkoppelung an Performance Measurement Systeme die Beziehungen zwischen kontrolliertem Mitarbeiter und kontrollierendem Vorgesetzten deutlich schlechter ausfallen als ohne die Koppelung (vgl. Hopwood (1972), S. 168).

1586 Vgl. dazu auch Reber/Van Gilder (1982), S. 44, die darauf hinweisen, dass Bestrafungen und Sanktionen zu Feindseligkeit gegenüber dem Vorgesetzten bzw. kontrollierenden Akteur von Seiten des kontrollierten Akteurs führen. Vgl. dazu auch Latzko (2000), S. 57, der ebenfalls auf die Gefahren einer Belastung der Beziehung zwischen Vorgesetztem und Untergebenem durch die Koppelung finanzieller Anreize an Rückkoppelungsprozesse im Unternehmen hinweist.

1587 Vgl. dazu Mawhinney (1979), S. 434-456, der darstellt, dass Akteure mit einem dominanten Leistungsmotiv tendenziell wenig durch extrinsische Anreize beeinflusst werden. Auch Vecchio (1982), S. 489 stellt fest, dass die Arbeitsanstrengung dominant intrinsisch bzw. durch das Leistungsmotiv motivierter Akteure nicht durch die Gewährung extrinsischer Anreize erhöht werden kann, sondern nur die von Akteuren mit niedrigem Leistungsbedürfnis, d. h. dominant extrinsischen Bedürfnissen.

abhängt.[1588] Hierdurch werden einige Handlungsalternativen attraktiver (stärkere Befriedigung) und andere unattraktiver (geringere Befriedigung bzw. sogar Frustration) als in einer Situation, in der nur intrinsische Anreize an das Kontrollergebnis gekoppelt sind. Dies beeinflusst somit zwar seine Handlungsauswahl (und damit als indirekte Folge erster Ordnung einer Investitionskontrolle sein Handeln[1589]), besitzt jedoch ex definitionem keine Relevanz für die Höhe der E→F Erwartungen, die lediglich ein Wahrscheinlichkeitsurteil darstellen, welches als solches von der Höhe der einzelnen Folgen unabhängig ist. Folglich ist die Hypothese zu formulieren, dass zwar mit wachsendem Ausmaß der an die Ergebnisse gekoppelten extrinsischen Anreize die Handlungsauswahl des Kontrollierten beeinflusst werden kann, allerdings nicht die dem Erwartungseffekt$_{KO}$ zugrunde liegenden E→F Erwartungen in ihrer Höhe.

H 223: Das Ausmaß der an das Kontrollergebnis gekoppelten extrinsischen Anreize für den Kontrollierten besitzt keinen Einfluss auf den Erwartungseffekt$_{KO}$.

Schließlich ist auch ein Einfluss des Ausmaßes der formal oder informell gekoppelten extrinsischen Anreize auf den Zielpräzisierungseffekt$_{KO}$ zu verneinen: Investitionskontrollen lenken die Aufmerksamkeit des Kontrollierten auf diejenigen Bereiche, die dem Unternehmen (respektive dem Kontrolleur) besonders wichtig sind.[1590] Sie erhöhen somit sein Wissen über die anzustrebenden Ziele.[1591] Die Stärke dieses ex ante bestehenden Zielpräzisierungseffekts$_{KO}$ wird durch eine Koppelung der in der eigentlichen Kontrolle erst zu ermittelnden Kontrollergebnisse an extrinsische Anreize jedoch nicht beeinflusst: Die an die Kontrolle gekoppelten Anreize liefern dem Kontrollierten keine weiteren Informationen zur Verbesserung seiner Fähigkeiten, die die Kontrolle nicht auch ohne die Anreize allein auf Basis der in ihr kontrollierten Größen liefern würde.[1592]

1588 Vgl. dazu ähnlich auch Schäffer (2001), S. 142.

1589 So deuten mehrere empirische Studien aus dem Bereich der Forschung zu Budgetkontrollen auf eine Verstärkung der Tendenz zu (aus Unternehmenssicht) dysfunktionalem Handeln der Kontrollierten durch eine Anreizkoppelung hin (vgl. z. B. Fisher et al. (2002), S. 848, und dortige Quellen). Allerdings spielen, wie im Kapitel 4.3 erläutert, auch die Erwartungen und Einstellungen eines Menschen bei seiner Handlungsauswahl eine Rolle, was dazu führen kann, dass aufgrund entgegenstehender Einstellungen oder der Erwartung, dass Fehlverhalten ohnehin nicht aufgedeckt oder tatsächlich geahndet wird, dennoch durch den Kontrollierten kein entsprechendes dysfunktionales Handeln gewählt wird. Damit im Einklang steht, dass Künkele/Schäffer (2005), S. 23, im Gegensatz zu diversen anderen Studien keinen statistisch signifikanten unmittelbaren Zusammenhang zwischen Anreizkoppelung der Kontrollergebnisse einer Budgetkontrolle und dysfunktionalem Handeln des Kontrollierten feststellen können, was durch intervenierende kognitive Faktoren (Bedürfnisse, Einstellungen, Erwartungen und Fähigkeiten) zwischen Reiz (Kontrolle mit Anreizkoppelung) und Reaktion (Handeln) erklärbar wäre.

1590 Vgl. hierzu ähnlich auch Dalton (1971), S. 32.

1591 Vgl. auch nochmals die Ausführungen zum Zielpräzisierungseffekt$_{KO}$ in Kapitel 5.1.4.

1592 Zwar findet sich in der Literatur immer wieder ein Hinweis darauf, dass „The rewards attract the employees' attention and inform or remind them of the relative importance of often competing results

H 224: Das Ausmaß der an das Kontrollergebnis gekoppelten extrinsischen Anreize für den Kontrollierten besitzt keinen Einfluss auf den Zielpräzisierungseffekt$_{KO}$.

6.10.2 Einfluss auf die ex post Wirkungen

Während die Investitionskontrolle bzw. ihre Ergebnisse als Rechtfertigung für nachfolgende Handlungen des Kontrolleurs – z. B. auch die Vergabe angenehmer oder unangenehmer extrinsischer Anreize an den Kontrollierten – dienen können,[1593] kann umgekehrt eine Koppelung extrinsischer Anreize an das Kontrollergebnis keinen Einfluss auf den Rechtfertigungseffekt$_{KO}$ einer Investitionskontrolle ausüben, da dieser nur von der Verbesserung der Fähigkeiten des Kontrolleurs aus Sicht des Kontrollierten für fundierte und nicht leichtfertige Nachfolgeentscheidungen abhängt. Diese Verbesserung der Fähigkeiten des Kontrolleurs kann jedoch durch eine Koppelung extrinsischer Anreize für den Kontrollierten an das Kontrollergebnis nicht direkt beeinflusst werden, sondern allenfalls via eines (als indirekte Wirkung erster Ordnung der erwarteten Kontrolle) ausgelösten manipulativen Handelns und damit fehlerhaftem Fähigkeitslernen auf Seiten des Kontrolleurs. Dies jedoch wäre dann als Wechselwirkung zwischen der Veränderung der Erwartungen des Kontrollierten und den Fähigkeitslerneffekten des Kontrolleurs zu charakterisieren und nicht als direkte Wirkung des Ausmaßes der an das Kontrollergebnis gekoppelten extrinsischen Anreize auf den Rechtfertigungseffekt$_{KO}$.

H 225: Das Ausmaß der an das Kontrollergebnis gekoppelten extrinsischen Anreize für den Kontrollierten besitzt keinen originären Einfluss auf den Rechtfertigungseffekt$_{KO}$.

---

areas, such as costs, quality, customer service, asset management, and future growth" (Merchant/Van der Stede (2003), S. 367; ähnlich schon Dalton (1971), S. 32), jedoch handelt es sich dabei nicht um Einflüsse auf den Lerneffekt bezüglich der Fähigkeiten des Kontrollierten ex ante, sondern vielmehr um Einflüsse auf die Valenzen alternativer Handlungsmöglichkeiten aufgrund geänderter Eignung bzw. Nicht-Eigung dieser Alternativen zur Bedürfnisbefriedigung, die bei der Auswahl der dann im (Investitions-)Handeln an den Tag gelegten Alternative eine Rolle spielen (Leistungsanstrengungsaspekt). Dieser Einfluss ist jedoch strikt vom Einfluss auf die Fähigkeiten des Kontrollierten, d. h. auf die Möglichkeit, entsprechend der Vorstellungen des Kontrolleurs zu handeln, zu unterscheiden.

[1593] Vgl. dazu die Darstellung des Rechtfertigungseffekts im Kapitel 5.2.1. Vgl. dazu auch Vroom (1964b), S. 77.

Während in vielen Handlungsmodellen unterstellt wird, dass keine Verdrängung intrinsischer Leistungsbereitschaft durch extrinsische Anreize erfolgt,[1594] und in zahlreichen Managementbüchern die Koppelung extrinsischer Anreize an die Handlungsergebnisse von Kontrollierten schon fast „mantra-artig" propagiert wird,[1595] wird gleichzeitig seit langem in der (sozial-)psychologischen wie betriebswirtschaftlichen Forschung versucht,[1596] für das ebenfalls weit verbreitete Postulat einer möglichen Verdrängung intrinsischer Leistungsbereitschaft durch extrinsische Anreize (sog. „crowding-out" oder „overjustification"[1597]) empirische Belege und theoretische Begründungen zu erbringen.[1598] Die diese Frage beleuchtenden inzwischen rund einhundert empirischen Studien und Meta-Analysen der vorhandenen empirischen Erkenntnisse ziehen die Allgemeingültigkeit dieses Postulats jedoch sehr in Zweifel.[1599] So treten entsprechende Verdrängungseffekte grundsätzlich nur bei materiellen extrinsischen Anreizen auf.[1600] Darüber hinaus tritt das Phänomen auch nur dann auf, wenn diese materiellen extrinsischen Anreize weitgehend unabhängig von den durch einen Akteur erzielten Handlungs*ergebnissen* verteilt werden.[1601] Trotz anders lautender Postulate in vielen Veröffentlichungen ist daher, aufbauend auf den vorliegenden empirischen Erkenntnissen, nur in dem Spezialfall, dass die (materiellen) extrinsischen Anreize mehr oder minder entkoppelt bzw. willkürlich gewährt werden, mit einer gewissen Wahrscheinlichkeit eine Verdrängung der intrinsischen Leistungsbereitschaft durch die extrinsischen Anreize zu erwarten.[1602]

Dieses durch die empirischen Studien nahe gelegte Ergebnis steht dabei – wenngleich bisher in der Literatur nicht entsprechend diskutiert – auch mit den Aussagen der ERG-Theorie Alderfers (1969) in Einklang: Die Befriedigung der nur intrinsisch zu befriedigenden Selbstachtungs- und Leistungsbedürfnisse eines Akteurs setzt die zuverlässige Kenntnis der Ergebnisse des eigenen Handelns durch den Akteur voraus. Erhält er keine entsprechende Information oder sind die Informationen über seine Handlungsergebnisse unklar oder verwirrend, so können die Selbstachtungs- und Leistungsbedürfnisse nicht

---

[1594] Vgl. exemplarisch Galbraith/Cummings (1967), S. 240: „Following the above definition, it is assumed that the valence acquired through internalized motivation is independent of the valence of externally-mediated rewards and penalties." Für weitere Beispiele siehe Deci (1972), S. 219; Mawhinney (1979), S. 411.

[1595] Vgl. z. B. Copeland/Koller/Murrin (2002), S. 143-144.

[1596] Vgl. exemplarisch schon die frühen Arbeiten von Deci (1971), S. 105; Deci (1972), S. 220f.

[1597] Myers (2005), S. 355.

[1598] Vgl. hierzu Bonner/Sprinkle (2002), S. 324; Kunz (2004), S. 143; Osterloh (2006), S. 9-14.

[1599] Vgl. dazu die Meta-Analyse von Eisenberger/Cameron (1996), insbes. die S. 1157-1159, sowie die Meta-Analyse von Cameron/Pierce (2002), S. 115-174. Vgl. dazu auch Guzzo/Jete/Katzell (1985), S. 289; Gibson/Ivancevich/Donnelly (1994), S. 242; Bonner et al. (2000), S. 38f; Bonner/Sprinkle (2002), S. 324f. Anderer Meinung hingegen sind Mawhinney (1979), S. 437, und Osterloh (2006), S. 16.

[1600] Vgl. Eisenberger/Cameron (1996), S. 1158.

[1601] Vgl. Eisenberger/Cameron (1996), S. 1157; Cameron/Pierce (2002), S. 232.

[1602] Vgl. Cameron/Pierce (2002), S. 232.

befriedigt werden. Der Frustrations-Regressions-Hypothese zufolge steigt damit die Bedeutung niedriger, d. h. gemäß der ERG-Theorie extrinsisch zu befriedigender, Bedürfnisse. Folglich wird sich der Akteur dann vermehrt um die Befriedigung dieser extrinsischen Bedürfnisse kümmern. Eine Vergabe extrinsischer Anreize, die für den betrachteten Akteur nicht in einem verständlichen Zusammenhang mit den von ihm wahrgenommenen Handlungsergebnissen steht, kann bei ihm Zweifel an der Validität der von ihm wahrgenommenen Handlungsergebnisse auslösen. Diese Zweifel (an der Zuverlässigkeit der von ihm wahrgenommen Handlungsergebnisse) reduzieren jedoch in gewisser Weise deren Eignung zur Bestimmung der eigenen Leistung und der damit gerechtfertigten Achtung vor sich selbst bzw. der erreichten Verbesserung im Vergleich zu vorangegangenen Leistungen – die Stärke der Befriedigung der Selbstachtungs- und Leistungsbedürfnisse infolge dieser wahrgenommenen Handlungsergebnisse sinkt daher. Dieser Rückgang impliziert, dass (je nach Ausmaß des Absinkens) durchaus auch die Situation eintreten kann, dass keine zusätzliche Befriedigung aus den wahrgenommenen Handlungsergebnissen mehr resultiert. In diesem Fall jedoch haben die Handlungen des Kontrollierten keinen Erfolg mehr hinsichtlich der Befriedigung dieser Bedürfnisse, wodurch potenziell (angesichts des Nicht-Erreichens einer Befriedigung dieser Bedürfnisse) gemäß der Frustrations-Regressions-Hypothese Alderfers (1969) eine Konzentration auf niedrigere Bedürfnisse resultieren kann. Aufbauend auf diesen Überlegungen ist zu folgern, dass bei einer nicht willkürlichen Koppelung extrinsischer Anreize an die in einer Kontrolle festgestellten Ergebnisse des Handelns des Kontrollierten, kein negativer Einfluss auf die Stärke der Befriedigung der Selbstachtungs- und Leistungsbedürfnisse resultieren kann.

Folglich kann in diesem Fall die Nichtverdrängungsprämisse, die sich in vielen Handlungsmodellen implizit oder explizit wieder findet und die auch durch die umfangreiche meta-analytische Arbeit von Cameron/Pierce (2002) weiter erhärtet wurde, als valide Ausgangsposition betrachtet werden.[1603] Daher sei sie auch der vorliegenden Arbeit zugrunde gelegt. Als Hypothese formuliert bedeutet dies:

H 226: Das Ausmaß der an das Kontrollergebnis gekoppelten extrinsischen Anreize für den Kontrollierten besitzt keinen Einfluss auf die Bedürfnisbefriedigungseffekte$_{KO}$ der Selbstachtungs- und Leistungsbedürfnisse.

So wie für den Rechtfertigungseffekt$_{KO}$ vorhin dargestellt, gilt auch hinsichtlich der direkten Wirkung einer Investitionskontrolle zur Vermeidung der Verletzung der Beziehungsbedürfnisse des Kontrolleurs durch Sicherstellung der Rechtfertigung nachfolgen-

---

1603 Cameron/Pierce (2002), S. 4, stellen pointiert fest: „Although the claim that rewards [...] have general negative effects is popular, it is also wrong."

der Handlungen aus Sicht des Kontrollierten folgendes: Die Investitionskontrolle bzw. ihre Ergebnisse können zwar als Rechtfertigung für solche nachfolgende Handlungen des Kontrolleurs – z. B. die Vergabe angenehmer oder unangenehmer extrinsischer Anreize an den Kontrollierten oder Abbruchsentscheidungen – dienen,[1604] jedoch kann umgekehrt eine Koppelung extrinsischer Anreize an das Kontrollergebnis sachlogisch keinen Einfluss auf die Rechtfertigung entsprechender Nachfolgehandlungen ausüben. Diese Rechtfertigung hängt vielmehr von der Fundierung der Nachfolgeentscheidungen (und damit dem nicht leichtfertigen Umgang mit dem Kontrollierten) durch eine mittels der Investitionskontrolle erreichte Verbesserung der Fähigkeiten des Kontrolleurs aus Sicht des Kontrollierten ab. Diese Verbesserung der Fähigkeiten des Kontrolleurs kann jedoch durch eine Koppelung extrinsischer Anreize für den Kontrollierten an das Kontrollergebnis originär nicht beeinflusst werden. Allenfalls ließe sich argumentieren, dass via eines (als indirekte Wirkung erster Ordnung der erwarteten und mit relevanten extrinsischen Anreizen verbundenen Kontrolle) ausgelösten manipulativen Handelns und damit fehlerhaftem Fähigkeitslernen auf Seiten des Kontrolleurs ein Rückgang der Rechtfertigungseignung auftreten könnte. Dies jedoch wäre dann als Wechselwirkung zwischen der Veränderung der Erwartungen des Kontrollierten und den Fähigkeitslerneffekten des Kontrolleurs zu charakterisieren und nicht als direkte Wirkung des Ausmaßes der an das Kontrollergebnis gekoppelten extrinsischen Anreize auf den Rechtfertigungseffekt$_{KS}$. Folglich ist nicht von einem originären Einfluss der Koppelung extrinsischer Anreize auf die Höhe des Rechtfertigungseffekts$_{KS}$ auszugehen.

H 227: Das Ausmaß der an das Kontrollergebnis gekoppelten extrinsischen Anreize für den Kontrollierten besitzt keinen originären Einfluss auf den Rechtfertigungseffekt$_{KS}$.

Mit einer formalen oder informellen Verknüpfung extrinsischer Anreize an das (geringe oder große Abweichungen aufzeigende) Ergebnis, das in einer Investitionskontrolle festgestellt wird, steigt (je nach Anreiz) die Stärke der Bedürfnisbefriedigungs- bzw. -frustrationseffekte$_{KO}$ der entsprechenden (bzw. des entsprechenden), extrinsisch zu befriedigenden Bedürfnisse(s) für den Kontrollierten.[1605] Diese Zunahme der Befriedigungs-

[1604] Vgl. dazu die Hypothese H 225 vorne. Vgl. dazu auch Vroom (1964b), S. 77.

[1605] Dabei ist zu beachten, dass einzelne Anreize auch mehrere Bedürfnisse eines Akteurs befriedigen bzw. frustrieren können. So stehen bspw. realiter meist die soziale Achtung eines Akteurs bzw. sein Rang und seine Bezahlung in einem funktionalen Verhältnis zueinander und beeinflussen sich beide gegenseitig, „so daß die höhere Bezahlung auch ihrerseits wieder rangwirksam wird" (Grössle (1957), S. 69). Wenn folglich „die Bezahlung also nicht nur ein Mittel zur materiellen Bedürfnisbefriedigung, sondern auch ein Statussymbol" (Grössle (1957), S. 70) ist, so führt die Koppelung extrinsischer Anreize an das Ergebnis einer Investitionskontrolle auch zu einer automatischen Beeinflussung der Bedürfnisbefriedibzw. -frustrationseffekte$_{KO}$ bei den Sicherheits-, Beziehungs- und Fremdachtungsbedürfnissen in Abhängigkeit vom Ausmaß der gekoppelten extrinsischen Anreize gilt dabei so lange, bis der angenehme Anreiz zur vollständigen Satisfaktion bzw. der unangenehme Anreiz zu vollständigen Frustration des bzw. der betreffenden Bedürfnisse führt. Dann fällt der Effekt jeweils wieder auf Null ab: Die entsprechenden extrinsischen Anreize sind in diesem Fall für den Akteur angesichts der dann aktuellen Bedürfnissituation nicht mehr relevant. Sie sind entweder bereits vollständig befriedigt (Belohnungen) oder können nicht mehr weiter frustriert werden (Bestrafungen). Vereinfacht lautet die Hypothese daher:

H 228: Die Stärke der Bedürfnisbefriedigungs- bzw. -frustrationseffekte$_{KO}$ der Sicherheits-, Beziehungs- und Fremdachtungsbedürfnisse nimmt mit wachsendem Ausmaß *a* der an das Kontrollergebnis gekoppelten extrinsischen Anreize so lange zu, bis die Sicherheits-, Beziehungs- und Fremdachtungsbedürfnisse des Kontrollierten vollständig befriedigt bzw. vollständig frustriert sind, und die Effekte damit jeweils wieder auf Null fallen.

Durch die Koppelung extrinsischer Anreize an das eine (große oder kleine bzw. keine) Abweichung aufzeigende Kontrollergebnis, nimmt – wie gerade dargestellt – die Höhe der Bedürfnisbefriedigungs- bzw. -frustrationseffekte$_{KO}$ für den Kontrollierten zu. Damit verändert sich jedoch automatisch auch die Eignung bzw. Nicht-Eignung der Übermittlung dieser Kontrollergebnisse an den Kontrollierten zur Förderung der Beziehung des Kontrolleurs zum Kontrollierten. Dies ist gleichbedeutend mit einer Änderung der Stärke des Beziehungsförderungs- bzw. -frustrationseffekts$_{KS}$. So stellen dann auch bereits Kay/Meyer/French (1965) fest, dass die Beziehung zwischen Beurteiler und Beurteiltem durch das Ausmaß der Belohnungen bzw. Sanktionen beeinflusst wird.[1606] Während somit grundsätzlich für die Investitionskontrolle ein positiver Zusammenhang des Ausmaßes *a* der an das Kontrollergebnis gekoppelten extrinsischen Anreize und der Höhe des Beziehungsförderungseffekts$_{KS}$ (im Fall für den Kontrollierten angenehmer Anreize) bzw. des Beziehungsfrustrationseffekts$_{KS}$ (im Fall unangenehmer Anreize) als Hypothese zu postulieren ist, so ist jedoch zu beachten, dass die Beziehungsbedürfnisse des Kontrolleurs vollständig befriedigt bzw. frustriert werden können. Hieraus folgt, dass dieser positive Zusammenhang nur so lange Gültigkeit besitzt, bis die Beziehungsbedürfnisse des Kontrollträgers entweder vollständig satisfiziert sind und weitere Verbesserungen der Beziehungen keine zusätzliche Befriedigung mehr bringen, oder aber bis sie vollständig frust-

---

gung sowohl der (materiellen) Sicherheitsbedürfnisse als auch der sozialen Achtungsbedürfnisse. Vgl. hierzu ähnlich auch Statman/Caldwell (1987), S. 13.

1606 Vgl. Kay/Meyer/French (1965), S. 315.

riert sind und eine weitere Verschlechterung keinen Einfluss mehr ausüben kann. Insgesamt ist daher nachfolgende grobe Hypothese festzuhalten:

H 229: So lange die Beziehungsbedürfnisse des Kontrolleurs nicht vollständig befriedigt bzw. frustriert sind und damit kein Beziehungsförderungs- bzw. -frustrationseffekt$_{KS}$ mehr auftreten kann, steigt mit zunehmendem Ausmaß der an das gegebene Kontrollergebnis gekoppelten extrinsischen Anreize für den Kontrollierten der Beziehungsförderungs- bzw. -frustrationseffekt$_{KS}$.

Anreize und Sanktionen, die im Rahmen einer Anreizkoppelung gewährt werden, entsprechen einer Machtbasis im Sinne French/Ravens (1959), mit der der Vorgesetzte bzw. Kontrollträger das Handeln des Kontrollobjekts beeinflussen kann.[1607] Dem Kontrolleur wächst somit neben seiner „legitimate Power"[1608], d. h. insbesondere aufgrund seiner Rolle im Unternehmen,[1609] durch die Anreizkoppelung weitere Macht zu. Je größer die Belohnungen bzw. Bestrafungen sind, die der Kontrolleur an den Kontrollierten verteilen darf, desto größer ist (eine Relevanz der Belohnungen oder Bestrafungen, d. h. der Anreize für den Kontrollierten vorausgesetzt) nach French/Raven (1959) die Macht des Kontrolleurs über den Kontrollierten.[1610] Schließlich sind im Falle einer Entkoppelung extrinsischer Anreize mit dem Kontrollergebnis einer Investitionskontrolle nur intrinsische Folgen verbunden, die jedoch per definitionem nicht extern vermittelt sind und daher auch nicht dem Einfluss bzw. der Macht des Kontrolleurs unterliegen. Allerdings ist auch hier wiederum zu beachten, dass die extrinsischen Anreize für den Kontrollierten relevant sein müssen: Sind die entsprechenden extrinsisch zu frustrierenden Bedürfnisse bereits vollständig frustriert, so kann der Kontrolleur durch weitere Bestrafungen keine Macht mehr über den Kontrollierten ausüben. Der Machteffekt$_{KS}$ fällt dann auf Null. Entsprechendes gilt auch für den Fall vollständig satisfizierter Bedürfnisse und Belohnungen. Daher ist folgende Hypothese aufzustellen:

H 230: Der Machteffekt$_{KS}$ nimmt mit anwachsendem Ausmaß der an das Kontrollergebnis gekoppelten extrinsischen Anreize für den Kontrollierten so lange zu, bis entweder die Machtbedürfnisse des Kontrolleurs vollständig satisfiziert sind oder aber die gekoppelten Anreize ihre Relevanz für den Kontrollierten verlieren und der Effekt damit jeweils wieder auf Null fällt.

[1607] Vgl. zu den alternativen Machtbasen grundlegend die Typologie von French/Raven (1959), S. 155-158.

[1608] French/Raven (1959), S. 159.

[1609] Neben der Macht aufgrund einer bestimmten Rolle zählen French/Raven (1959), S. 159, aber auch die Reziprozitätsmacht zur „legitimate Power" hinzu, die sie allgemein als eine Macht, die aus den Werten bzw. Einstellungen eines Akteurs hinsichtlich der „Berechtigtheit" des Einflusses durch bestimmte Objekte (Akteure) und seiner Verpflichtung diesen Einflüssen nachzukommen definieren (vgl. ebenda, S. 159).

[1610] Vgl. French/Raven (1959), S. 156f. Vgl. auch Nienhüser (2003), S. 156.

Das Ausmaß *a* der an eine Investitionskontrolle gekoppelten extrinsischer Anreize beeinflusst die ex post Befriedigungs- bzw. Frustrationseffekte der extrinsisch zu befriedigenden Bedürfnisse.[1611] Da die Einstellung zentral von der Eignung eines Objekts aus Sicht des Kontrollierten zur Befriedigung seiner Bedürfnisse bestimmt wird,[1612] ist davon auszugehen, dass sich auch die Ausprägung der Einstellung (positiv oder negativ) mit zunehmendem Umfang relevanter, extrinsischer Anreize erhöht.[1613] Große, relevante Bestrafungen bei negativem Kontrollergebnis führen damit bspw. zum Erlernen einer stark negativen Einstellung zur Investitionskontrolle; während geringe Bestrafungen zum Erlernen nur gering negativer Einstellungen beitragen.[1614] Dies ist gleichbedeutend mit einem Einfluss des Ausmaßes der mit der Kontrolle verbundenen extrinsischen Anreize für den Kontrollierten auf den Einstellungslerneffekt$_{KO}$. Je größer die angenehmen oder unangenehmen extrinsischen Anreize *a* sind, desto größer kann der Einstellungslerneffekt$_{KO}$ werden, vorausgesetzt, die Bedürfnisse des Kontrollierten sind nicht bereits vollständig frustriert (unangenehme Anreize der Menge *a*) bzw. vollständig satisfiziert (angenehme Anreize der Menge *a*).

H 231: So lange die Bedrüfnisse des Kontrollierten nicht vollständig satisfiziert (Fall bei Belohungen) bzw. frustriert (Fall bei Bestrafungen) sind, besitzt das Ausmaß der an das Kontrollergebnis gekoppelten extrinsischen Anreize für den Kontrollierten einen positiven Einfluss auf die Höhe des Einstellungslerneffekts$_{KO}$.

Das Ausmaß *a* der an die Ergebnisse einer Investitionskontrolle für den Kontrollierten gekoppelten relevanten, extrinsischen Anreize beeinflusst jedoch auch die Einstellungen des Kontrolleurs bzw. den Einstellungslerneffekt$_{KS}$. Immerhin bestimmt, wie eben dargestellt, das Ausmaß der extrinsischen Anreize mit die Eignung einer Investitionskontrolle zur Befriedigung beispielsweise der Machtbedürfnisse des Kontrolleurs. Entsprechend ist die Hypothese aufzustellen, dass die Menge *a* der an eine Investitionskontrolle gekoppel-

---

[1611] Vgl. dazu die Hypothese H 228 vorne. Siehe allerdings auch die Hypothese H 226.

[1612] Vgl. Krech/Crutchfield/Ballachey (1962), S. 181-186; Roth (1967), S. 78; von Rosenstiel (1975), S. 205; Crawford/Luka/Cacioppo (2002), S. 758-760.

[1613] Vgl. dazu allgemein auch Crawford/Luka/Cacioppo (2002), S. 759. Unterstellt wird bei dieser Aussage, dass die Bedürfnisse weder vollständig frustriert noch vollständig satisfiziert sind, da dann die entsprechenden Anreize keinen weiteren Anreizwert mehr besitzen, d. h. nicht mehr „relevant" sind.

[1614] Vgl. dazu bspw. schon das Experiment von Kay/Meyer/French (1965), S. 315. Dabei wird gemäß Kapitel 4.1.1 eine Bestrafung negativer wahrgenommen als eine gleich große Belohnung positiv erscheint. Demgemäß fällt die (objektiv richtige) Einstellungsänderung bei Bestrafungen stärker aus als bei gleich großen Belohnungen. Folgerichtig wird in der Kontrollliteratur auch gefordert, dass Bestrafungen vermieden werden sollten, um eine neutrale oder gar positive Einstellung zur Kontrolle und dem Kontrollierenden überhaupt zu ermöglichen (vgl. Thieme (1982), S. 136; vgl. auch Deutsch (1976), S. 118; Laux (1990), S. 6 Laux/Liermann (2003), S. 456; Merchant/Van der Stede (2003), S. 188).

ten, für den Kontrollierten relevanten, extrinsischen Anreize den Einstellungslerneffekt$_{KS}$ positiv beeinflusst, sofern die Fremdachtungsbedürfnisse des Kontrolleurs nicht bereits vollständig befriedigt sind.[1615]

H 232: Das Ausmaß der an das Kontrollergebnis gekoppelten extrinsischen Anreize beeinflusst den Einstellungslerneffekt$_{KS}$ so lange positiv, bis die Fremdachtungsbedürfnisse des Kontrolleurs vollständig satisfiziert sind oder die Anreize ihre Relevanz für den Kontrollierten verlieren und der Effekt dann jeweils auf Null fällt.

In vielen Veröffentlichungen zur Kontrolle findet sich die Mutmaßung, dass extrinsische, an das Kontrollergebnis gekoppelte Anreize zu einer Verstärkung der Lerneffekte im Vergleich zu einer Situation mit weniger oder keinen extrinsischen Anreizen führen.[1616] Diese den Lerntheorien nach Thorndike (1911) und Skinner (1965) folgende Verstärkung der Lerneffekte aufgrund größerer Intensität der Erfahrung ist intuitiv auf den ersten Blick einsichtig. Allerdings ist sie angesichts diverser experimenteller Erkenntnisse, insbesondere des berühmten Experiments von Tolman/Honzik (1930), und der Erkenntnis, dass in Erlernen und Anwendung zu trennen ist, abzulehnen.[1617] Die Behauptung der stärkeren (schwächeren) Veränderung des Handelns eines Akteurs aufgrund größerer (kleinerer) Anreize basiert vielmehr auf der Vermengung einer Verhaltensänderung mit Lerneffekten. Ersteres umfasst sowohl das Erlernen als auch die Anwendung des Gelernten (d. h. die indirekte Wirkung erster Ordnung der Kontrolle), wobei für diese Anwendung in der Tat die in einem bestimmten Kontext mit den alternativen Handlungen verbundenen angenehmen oder unangenehmen Folgen gemäß dem Handlungsmodell aus Kapitel 4.3 bedeutsam sind – nicht jedoch für das Lernen an sich. Folglich gilt, dass das Ausmaß der an eine Investitionskontrolle gekoppelten extrinsischen Anreize keinen Einfluss auf die Stärke des Fähigkeitslerneffekts$_{KO}$ besitzt.[1618]

H 233: Das Ausmaß der an das Kontrollergebnis gekoppelten extrinsischen Anreize für den Kontrollierten besitzt keinen Einfluss auf den Fähigkeitslerneffekt$_{KO}$.

[1615] Das heißt nicht, dass sich die Einstellungen des Kontrolleurs aufgrund der ihm mit der Anreizkoppelung zufallenden größeren Macht nicht (positiv) verändern. Dies aber ist dann objektiv korrekt, d. h. es beeinflusst die Höhe des Einstellungslerneffekts$_{KS}$ nicht.

[1616] Vgl. z. B. Dalton (1971), S. 10.

[1617] Vgl. grundlegend Tolman/Honzik (1930), S. 257 u. S. 267. Siehe aber auch die Ausführungen zur kognitiven Psychologie und kognitiven Lerntheorie u. a. bei Mazur (2004), S. 298-301; Myers (2005), S. 354f.

[1618] Die bereits erwähnte Studie von Künkele/Schäffer (2005), S. 23f., kommt zu einem dieser Hypothese auf den ersten Blick widersprechenden Ergebnis. Jedoch ist zu beachten, dass die von Künkele/Schäffer (2005), S. 30, verwendete Operationalisierung des Konstrukts „Effektivität der Budgetkontrolle" kaum mit dem Verständnis des hier verwendeten Fähigkeitslerneffekts$_{KO}$ vereinbar ist, weshalb sich die entsprechenden Ergebnisse nicht übertragen lassen.

Da es sich bei dem Umfang der an ein Investitionskontrollergebnis gekoppelten Anreize gemäß dem Verständnis der Literatur um angenehme oder unangenehme extrinsische Folgen für den Kontrollierten und nicht den Kontrolleur handelt, können von diesen extrinsischen Anreizen grundsätzlich – selbst bei Unterstellung eines behavioristischen Lernbegriffs – keine Auswirkungen auf die Fähigkeitslerneffekte$_{KS}$ ausgehen. Folglich ist als Hypothese festzuhalten:

H 234: Das Ausmaß der an das Kontrollergebnis gekoppelten extrinsischen Anreize für den Kontrollierten besitzt keinen Einfluss auf den Fähigkeitslerneffekt$_{KS}$.

Die Durchführung der eigentlichen Kontrolltätigkeit bzw. der für sie notwenige kognitive Aufwand wird durch die Anreizkoppelung an sich weder beim Kontrollierten noch beim Kontrolleur beeinflusst.[1619] Allerdings sind auch die extrinsischen Anreize (z. B. in Form eines Bonus für den Kontrollierten) für den Kontrolleur (sofern er für deren Beschaffung zuständig ist) mit Kosten verbunden,[1620] die sich wieder in zeitlich vor- oder nachgelagerten Auslastungen seiner kognitiven oder physischen Fähigkeiten ausdrücken lassen und die somit zum Aufwand der Kontrolle hinzugerechnet werden könnten.

H 235: Das Ausmaß der an das Kontrollergebnis gekoppelten extrinsischen Anreize für den Kontrollierten besitzt keinen Einfluss auf den Kontrollaufwand2$_{KO}$.

H 236: Je größer das Ausmaß der an das Kontrollergebnis gekoppelten, relevanten extrinsischen Anreize für den Kontrollierten ist, desto größer ist der Kontrollaufwand2$_{KS}$.

1619 Allenfalls beim Versuch des Ausgleichens möglicher, durch die Anreizkoppelung ausgelöster Verzerrungseffekte (als indirekte Wirkung erster Ordnung) zur Erzielung stärkerer Fähigkeitslerneffekte beim Kontrollierten und beim Kontrolleur (via einer Bereinigung dieser Verzerrungen) wäre ein Ansteigen des Kontrollaufwands$_{KS}$ zu erwarten. Von einem solchen Versuch des Kontrollträgers sei im Weiteren jedoch nicht ausgegangen. Entsprechend bleibt der kognitive Durchführungsaufwand für die Kontrolle konstant.
Gegenteiliger Meinung hingegen sind Künkele/Schäffer (2005), S. 13, wobei ihre Argumentation jedoch auf einer fehlerhaften Vermengung der Parameter Anreizkoppelung und Partizipation basiert und ihre empirische Prüfung dieses Zusammenhangs an einer grundsätzlich falschen Operationalisierung der Effizienz der Budgetkontrolle als Effizienz der Budgetierung leidet, weshalb die Ergebnisse hier nicht weiter berücksichtigt zu werden brauchen.

1620 Vgl. hierzu Hutzschenreuter (1998), S. 89f.

6.11 Zusammenfassung

Aufsetzend auf den, im Kapitel 3 anhand der Literatur zu Investitionskontrollen identifizierten, neun (Ausgestaltungs-)Parametern von Investitionskontrollen und den – ausgehend von psychologisch-verhaltensorientierten Überlegungen – im Kapitel 5 entworfenen hypothetischen Wirkungen einer Investitionskontrolle, wurde im Kapitel 6 eine Einordnung bestehender Forschungserkenntnisse, ergänzt um Plausibilitätsüberlegungen in diese Struktur vorgenommen. Dabei konnten viele der denkbaren Zusammenhänge zwischen den Parametern und den direkten Wirkungen einer Investitionskontrolle in Hypothesenform präzisiert werden. Angesichts der großen Anzahl an Hypothesen sei hier auf eine detaillierte Zusammenfassung bzw. Wiederholung derselben verzichtet. Vielmehr sei nur auf zwei bedeutsame Aspekte näher eingegangen, die im Kapitel 6 deutlich wurden:

- Zum einen zeigen die auf Basis bestehender Erkenntnisse der Betriebswirtschaftslehre und der (Sozial-)Psychologie sowie eigener Plausibilitätsüberlegungen für die entworfene Struktur formulierbaren Hypothesen zwischen (Gestaltungs-)Parametern und direkten Wirkungen einer Investitionskontrolle auf, dass die Stärke der einzelnen, in Kapitel 5 identifizierten direkten Wirkungen sehr unterschiedlich ausgeprägt sein können und dass, ohne die Kenntnis der Ausprägung der (Gestaltungs-)Parameter, kaum eine Aussage über die direkten Wirkungen einer Investitionskontrolle möglich ist.

  So ziehen beispielsweise unterschiedlich stark ausgeprägte Bedürfnisse des Kontrollierten unterschiedlich hohe Sicherheits-, Misstrauens-, Reaktanz- und Bedürfnisbefriedigungs- bzw. -frustrationseffekte$_{KO}$ nach sich. Ähnlich wie bei den Bedürfnissen des Kontrollierten spielen jedoch – entgegen der bisher vollständigen Vernachlässigung in der Investitionskontrollliteratur – auch die Bedürfnisse des Kontrollträgers eine entscheidende Rolle für die direkten Wirkungen einer Investitionskontrolle. Auch ihre Stärke bestimmt die Höhe von Effekten wie z. B. des Abstoßungseffekts$_{KS}$ oder des Machteffekts$_{KS}$. Gleichzeitig üben aber auch die Einstellungen des Kontrolleurs einen Einfluss auf die mit den Beziehungen zum Kontrollierten zusammenhängenden Wirkungen, wie bspw. den Abstoßungseffekt$_{KS}$ oder den Rechtfertigungseffekt$_{KS}$, aus. Ebenso führen unterschiedlich groß ausgeprägte Fähigkeiten des Kontrollierten wie des Kontrolleurs und sich daraus ergebende Fähigkeitsdefizite relativ zum Kontext, zu Einflüssen auf die direkten Wirkungen einer Investitionskontrolle wie z. B. den Fähigkeitslerneffekt$_{KO}$ bzw. den Fähigkeitslerneffekt$_{KS}$. Aber auch Parameter wie die Partizipation des Kontrollierten an der Kontrolle, der Grad der Kompatibilität von Prüf- und Vergleichsgröße, die Formalisierung, die Kontrolltiefe, der Kontrollumfang und die Menge der an die Kontrollergebnisse gekoppelten extrinsischen Anreize, üben Einfluss auf die in Kapitel 5 dargestellten, direkten Wirkungen einer Investitionskontrolle aus.

Einzig der Parameter der Kontrollhäufigkeit, dem in der einschlägigen Literatur zu Investitionskontrollen einige Aufmerksamkeit zu Teil wird, verfügt nicht über einen eigenen, originären Einfluss auf diese direkten Wirkungen einer Investitionskontrolle. Er stellt mithin den einzigen der bisher in der weitgehend entscheidungsorientiert ausgerichteten Literatur diskutierten (Gestaltungs-)Parameter von Investitionskontrollen dar, der bei Anwendung einer verhaltensorientierten Perspektive, ausgehend vom bestehenden Forschungsstand, als vernachlässigbar betrachtet werden kann. Es ist daher gegenwärtig zu vermuten, dass er nicht Bestandteil einer zukünftigen psychologisch-verhaltensorientierten Theorie der Investitionskontrolle sein wird.

- Zum anderen zeigt die Anzahl der auf Basis bestehender Forschungsergebnisse formulierbaren Hypothesen im Verhältnis zur Menge der denkbaren Zusammenhänge, wie sie in der Abbildung 24 in Kapitel 6.1 schematisch dargestellt wurden, dass noch erhebliche Lücken in einer verhaltensorientierten Theorie der Investitionskontrolle klaffen. So ist beispielsweise der Einfluss der Erwartungen des Kontrolleurs auf die direkten Wirkungen einer Investitionskontrolle gegenwärtig nur rudimentär und lückenhaft beschreibbar. Ebenso ist z. B. die Anzahl der ausgehend vom vorhandenen Forschungsstand formulierbaren Hypothesen zur Beeinflussung der Einstellungsbildungs- und -lerneffekte einer Investitionskontrolle, auf den Kontrollierten wie den Kontrolleur, gering. Faktisch kann gegenwärtig keiner der neun Parameter oder der 30 Effekte einer Investitionskontrolle gemäß dem aufgezeigten Strukturierungs- und Analyserahmen als umfassend erforscht betrachtet werden.

Das Kapitel 6 zeigt daher auf, dass im Forschungsgebiet einer verhaltensorientierten Theorie der Investitionskontrolle noch viel Raum vorhanden ist für zukünftige Forschungsarbeiten, die, dem zweiten Unterziel des theoretisch-kausalen Wissenschaftszieles folgend, diese „weiße Flecken" zu erkunden suchen. Das Ausmaß der Lücken erscheint derart signifikant, dass diverse Forschungsarbeiten mit variierenden Forschungsstrategien und -methoden erforderlich sein dürften, um sie auch nur annähernd zu schließen. Dies gilt umso mehr, als bei einigen der Zusammenhänge, für die, auf Basis vorhandener Forschungsergebnisse, Hypothesen formulierbar sind, die Präzision dieser Hypothesen teilweise noch ausgebaut werden kann und (zum Zweck einer Verbesserung des Erkenntnisstands auch) sollte.

7 Schlussbetrachtung

„The model is, therefore, presented as a mechanism to integrate the findings from our investigation. More importantly, however, it is presented with the hope of encouraging additional research to test various implications that follow from it."

Porter/Lawler (1968), S. 15.

„It seems that the only manly thing to do is not to fear mistakes, to plunge in, to do the best that one can, hoping to learn enough from blunders to correct them eventually. At present the only alternative is simply to refuse to work with the problem."

Maslow (1954), S. 199f.

7.1 Zusammenfassung der Ergebnisse

Wie im Kapitel 1 thematisiert wurde, besitzen Investitionen eine zentrale Rolle für Unternehmen und werden dennoch in der betriebswirtschaftlichen Forschung weitgehend nur im Hinblick auf ihre (monetäre) Bewertung bzw. den Prozessschritt der Alternativenbewertung näher untersucht. Andere Bereiche des Investitionsprozesses, insbesondere die Kontrollschritte, werden vergleichsweise wenig betrachtet. Dieses Forschungsdefizit zumindest teilweise aufzuarbeiten, war Ziel der vorliegenden Arbeit. Im Einzelnen wurde angestrebt,

- den Begriff der Investitionskontrolle zu klären,
- die bis dato weit verstreuten Einzelergebnisse der nationalen und internationalen theoretischen und empirischen Forschung zu Investitionskontrollen zusammenzutragen, zu systematisieren und kritisch zu beleuchten, wozu insbesondere die Diskussion von Wirkungen bzw. Zielen und von (Gestaltungs-)Parametern einer Investitionskontrolle sowie deren Einfluss auf erstere gehört,
- realistische bzw. verhaltensorientierte Grundlagen für eine Theorie betriebswirtschaftlicher Investitionskontrollen zu legen,

- darauf aufbauend die potenziellen Wirkungen einer Investitionskontrolle auf die beteiligten Individuen (Kontrollierter wie Kontrolleur) systematisch und strukturiert darzustellen und
- auf Basis eines die Wirkungen und (Gestaltungs-)Parameter der Investitionskontrolle in Beziehung setzenden Strukturierungsrahmens, verhaltensorientierte Hypothesen über den jeweiligen Einfluss dieser Parameter auf die diversen Wirkungen herzuleiten und damit den Nukleus einer Theorie der Investitionskontrolle zu entwickeln bzw. implizit damit all diejenigen Bereiche zu identifizieren, die noch Forschungslücken auf dem Weg zu einer vollständigen Theorie der Investitionskontrolle sind.

Diesen sich aus dem aktuellen Forschungstand zur Investitionskontrolle ergebenden Zielen entsprechend, wurde in der vorliegenden Arbeit nach einer Begriffspräzisierung (im Sinne des nominalistisch-deskriptiven Wissenschaftsziels) eine auf das theoretisch-kausale Wissenschaftsziel einerseits und das Entdeckungsziel andererseits ausgerichtete, verhaltensorientierte und sachlich-analytische Forschungsstrategie auf kognitiver Ebene gewählt. Dabei orientiert sich der Aufbau der Arbeit an den dargestellten fünf Problemstellungen.

In einem ersten Schritt wurde entsprechend im Kapitel 2 der bisher in der Literatur uneinheitlich präzisierte Begriff der betriebswirtschaftlichen Investitionskontrolle geklärt.

Betriebswirtschaftliche Investitionskontrollen wurden, ausgehend vom vermögensorientierten Investitionsbegriff und einer mittleren Auffassung des Kontrollbegriffs, als systematische, informationsverarbeitende und in den Investitionsprozess integrierte Handlungen definiert, in denen ein beurteilender Vergleich zwischen zwei ergebnisorientierten, quantitativen oder qualitativen Größen der Typen Soll, Wird und Ist sowie eine Auswertung eventueller Abweichungen hinsichtlich ihrer Ursachen vollzogen wird.

Im Kapitel 3 wurde auf dieser Definition des Investitionskontrollbegriffs aufbauend, der internationale Stand der theoretischen und empirischen Forschung der vergangenen rund fünfzig Jahre zu den Wirkungen und Zielen sowie zu den (Gestaltungs-)Parametern von Investitionskontrollen zusammengestellt, strukturiert und kritisch bewertet. Dabei zeigte sich, dass die bestehende theoretische wie empirische Forschung zu Investitionskontrollen noch weit von einer Theorie der Investitionskontrolle entfernt ist:

- So ist im Hinblick auf die Wirkungen und Ziele von Investitionskontrollen festzustellen, dass die Forschung sich weitgehend auf eine Betrachtung letzterer, d. h. eine pragmatisch-finale Perspektive, konzentriert und die Frage der tatsächlich mit dem Instrument Investitionskontrolle verbundenen Wirkungen weitgehend unerörtert bleibt.[1621] Zudem ist die pragmatisch-finale Perspektive dabei auch noch sehr verengt und konzentriert sich fast ausschließlich auf die in der Literatur als Informationsfunktion bezeichnete Funktion.[1622]

- Auch in Bezug auf die (Gestaltungs-)Parameter von Investitionskontrollen und ihren Einfluss auf die Zielerreichung bzw. auf die Stärke der Wirkungen der Kontrollen erweist sich der internationale theoretische wie empirische Forschungsstand als wenig ergiebig. Allerdings lassen sich aus der Vielzahl der variierenden Bezeichnungen sowohl in der theoretischen wie in der empirischen Forschung neun gemeinsame (Gestaltungs-)Faktoren von Investitionskontrollen identifizieren: (1) die Charakteristika des Kontrollierten, (2) die Eigenschaften des Kontrolleurs, (3) die Partizipation des Kontrollierten an der Kontrolle, (4) die Kompatibilität von Prüf- und Vergleichsgröße, (5) die Formalisierung der Investitionskontrolle, (6) der Kontrollumfang, (7) die Kontrolltiefe, (8) die Kontrollhäufigkeit und (9) das Ausmaß der an die Kontrollergebnisse gekoppelten extrinsischen Anreize. Jedoch existieren kaum fundierte Aussagen bzw. empirische Erkenntnisse zum kausalen Einfluss dieser Parameter auf die Wirkungen einer Investitionskontrolle. Ein zentraler Grund hierfür besteht in dem eklatanten Mangel an Forschungserkenntnissen zu eben diesen Wirkungen, d. h. der Unkenntnis der von der Ausprägung der (Gestaltungs-)Parameter abhängigen Variablen „Wirkungen".

Dieser, in Kapitel 3 dargestellte, aus Sicht einer auf Erkenntnis realer Phänomene ausgerichteten Betriebswirtschaftslehre äußerst unbefriedigende und für die Unternehmenspraxis wenig hilfreiche Status Quo der Forschung zu Investitionskontrollen, unterstreicht daher die Notwendigkeit, Grundzüge einer verhaltensorientierten Theorie betriebswirtschaftlicher Investitionskontrollen zu entwickeln.

Fundament einer solchen verhaltensorientierten Theorie ist dabei eine „Blaupause" des Menschen bzw. der sein Handeln bestimmenden Basiselemente und ihres Zusammenspiels. Daher wurden mit Kapitel 4 der Arbeit zunächst psychologisch-verhaltensorientierte Grundlagen für eine solche Theorie der Investitionskontrolle gelegt. Hierzu gehörte insbesondere die Präzisierung der zentralen Begriffe der menschlichen Bedürfnisse, Einstellungen, Erwartungen und Fähigkeiten. Daneben wurde aber auch die Interaktion dieser Eigenschaften bei der Auswahl von Handlungen sowie die Verände-

---

[1621] Zur Unterscheidung in eine pragmatisch-finale und eine theoretisch-kausale Perspektive vgl. ausführlich Kapitel 1.2.

[1622] Es sei an dieser Stelle nochmals zur Terminologie angemerkt, dass die gebräuchlichen (und daher auch hier noch verwendeten) Bezeichnungen der (gleichgeordneten) Informations- und Verhaltensfunktionen falsch sind, da das Verhalten grundsätzlich alles bewusste wie unbewusste physische wie psychische Agieren und Reagieren von Menschen bezeichnet (vgl. z. B. Höller (1978), S. 3) und somit (terminologisch) die Informationsfunktion lediglich eine Teilfunktion der Verhaltensfunktion darstellen kann.

rung der Charakteristika im Zeitablauf durch Lerneffekte geklärt, d. h. ein Handlungsmodell formuliert.

Auf diesen Grundlagen aufbauend wurden im Kapitel 5 die potenziellen, mit einer betriebswirtschaftlichen Investitionskontrolle verbundenen (direkten) Wirkungen auf den Kontrollierten wie den Kontrolleur strukturiert und präzisiert. Dabei wurde deutlich, dass Investitionskontrollen sowohl durch die Ankündigung bzw. Vorausahnung als auch durch den Prozess der eigentlichen Kontrolldurchführung direkte Wirkungen auf die Bedürfnisse, Einstellungen, Erwartungen und Fähigkeiten der an ihr beteiligen Akteure besitzen. Insgesamt konnten dabei 30 unterschiedliche Effekte einer Investitionskontrolle auf die Bedürfnisse, Einstellungen, Erwartungen und Fähigkeiten des Kontrollierten oder des Kontrolleurs ex ante bzw. ex post identifiziert werden.

Einigen dieser direkten Wirkungen entsprechen Effekte, die seit längerem in der einschlägigen Literatur zu Investitionskontrollen (allerdings weitgehend ohne psychologisch-verhaltensorientierte Fundierung) postuliert werden. Die weit überwiegende Mehrzahl dieser direkten Wirkungen wurde jedoch bisher in der Investitionskontrollliteratur nicht angesprochen.[1623] Zu ihnen gehören u. a. beispielsweise die als Abstoßungseffekt$_{KS}$ bezeichnete ex ante Verletzung der Beziehungsbedürfnisse sowie die als Ego- und Machteffekt$_{KS}$ bezeichneten Auswirkungen auf die sozialen Achtungsbedürfnisse des Kontrolleurs.

Die große Anzahl von 30 unterschiedlichen Effekten, die in Kapitel 5 basierend auf (sozial-)psychologischen Grundlagen identifiziert werden konnte, zeigt zum einen auf, dass das Spektrum möglicher Wirkungen bedeutend größer ist als bisher angenommen. Zum anderen bilden die Erkenntnisse des Kapitels 5 den Ansatzpunkt für die Untersuchung des Einflusses alternativer Ausprägungen der Kontrolle bzw. ihrer neun in der Literatur diskutierten (Gestaltungs-)Parameter auf diese Wirkungen. Sie legen damit die Grundlage für das Kapitel 6.

Im Kapitel 6 wurde durch die Kombination der in Kapitel 3 identifizierten neun (Gestaltungs-)Parameter von Investitionskontrollen mit den 30 potenziellen, in Kapitel 5 hergeleiteten direkten Wirkungen, ein Strukturierungs- und Analyserahmen für die zwischen den Parametern und den Wirkungen bestehenden Zusammenhänge aufgestellt. In diesen wurden anschließend die bestehenden Erkenntnisse aus betriebswirtschaftlicher oder (sozial-)psychologischer Forschung, ergänzt um Plausibilitätsüberlegungen, im Rahmen einer Formulierung von Hypothesen zu diesen Zusammenhängen eingeordnet.

Dabei wurde, wenngleich einige Hypothesen gegenwärtig nur grob zu formulieren sind, deutlich, dass die Ausprägung der einzelnen direkten Wirkungen einer Investitionskon-

---

[1623] Vgl. zum Forschungsstand nochmals Kapitel 3.

trolle sehr stark von der Ausgestaltung der (Gestaltungs-)Parameter beeinflusst wird. So hängt beispielsweise die Stärke des Misstrauenseffekts$_{KO}$ vom Bedürfnissatisfaktionsgrad und den Potenzialnutzungsfähigkeiten des Kontrollierten, vom Grad der Partizipation, dem Ausmaß der Kompatibilität zwischen Prüf- und Vergleichsgröße, vom Formalisierungsgrad der Investitionskontrolle, von der Kontrolltiefe und vom Ausmaß der an die Investitionskontrolle gekoppelten extrinsischen Anreize ab. Ähnlich gestaltet sich die Situation bei den anderen 29 direkten Wirkungen einer Investitionskontrolle auf die beteiligten Individuen und ihrem Zusammenspiel mit den (Ausgestaltungs-)Parametern.

Einzig für den Parameter der Kontrollhäufigkeit, dem in der einschlägigen Literatur zu Investitionskontrollen einige Aufmerksamkeit zu Teil wird, konnte in den – auf Basis des gegenwärtigen Stands der betriebswirtschaftlichen und (sozial-)psychologischen Forschung – analysierbaren Zusammenhängen kein eigener, originären Einfluss auf diese direkten Wirkungen einer Investitionskontrolle im Sinne dieser Arbeit zuerkannt werden. Daher kann er als ein Parameter charakterisiert werden, der wahrscheinlich nicht Bestandteil einer zukünftigen psychologisch-verhaltensorientierten Theorie der Investitionskontrolle sein wird.

Neben den zahlreichen Zusammenhängen, die auf Basis vorhandener Forschungsergebnisse, ergänzt um eigene Plausibilitätsüberlegungen, hypothesenartig geklärt werden konnten, existieren jedoch noch viele andere, prinzipiell denkbare Zusammenhänge, für die sich auf der Basis bisheriger Forschungserkenntnisse keine Aussagen über die Existenz, die Richtung und den Verlauf eines solchen Einflusses formulieren lassen. Sie stellen „weiße Flecken" auf der Problemlandkarte einer verhaltensorientierten Theorie der betriebswirtschaftlichen Investitionskontrolle dar.

7.2 Bewertung und Implikationen für die Forschung

Nachdem in Kapitel 3 der bisherige theoretische und empirische Forschungsstand zur betriebswirtschaftlichen Investitionskontrolle einer kritischen Analyse unterzogen wurde, und sich daraus ergebende Forschungsaufgaben für die vorliegende Arbeit präzisiert wurden, sei nun auch diese Arbeit selbst einer kritischen Rückschau unterworfen. Darüber hinhaus seien auch Implikationen für die weitere Forschung zu Investitionskontrollen aufgezeigt.

Der in Kapitel 2 präzisierte Investitionskontrollbegriff zeichnet sich dadurch aus, dass er zum einen mit dem in Theorie wie Praxis weit verbreiteten (Vor-)Verständnis einer Investitionskontrolle als Kontrolle einer vermögensbestimmt definierten Investition kompatibel ist und gleichzeitig Abgrenzungs- und Begründungsprobleme des Kontrollbegriffs

u. a. zur Investitionsrevision und zur Systemkontrolle vermeidet, quantitative wie qualitative Kontrollgegenstände zulässt und schließlich nicht willkürlich – wie diverse andere, teilweise weit verbreitete Definitionen in der Literatur – Vergleichskombinationen der Größen Soll, Wird und Ist ausschließt, sondern sowohl Antrags-, Realisations- und auch Erfolgskontrollen unter den Begriff der Investitionskontrolle fasst. Damit liefert diese Definition eine solide Basis für die theoretische wie empirische Analyse des Phänomens Investitionskontrolle – in der vorliegenden Arbeit wie in zukünftigen Forschungsvorhaben. Auch besitzt der gewählte Investitionskontrollbegriff angesichts der in der vorliegenden Arbeit auf sachlich-analytische Weise angestrebten Zielsetzung der Entwicklung von Grundzügen einer (verhaltensorientierten) Theorie der Investitionskontrolle, den Vorteil, dass er keine Unterscheidung in der Diskussion zum Entwurf von Grundzügen einer Kontrolle im Allgemeinen erfordert. So besteht kein grundlegender Unterschied in den Kontrollhandlungen an sich zwischen unterschiedlichen speziellen Kontrollen (z. B. einer Budget-, einer Investitions- oder einer Forschungsprojektkontrolle). Insofern sind Aussagen zu Ursache-Wirkungs-Zusammenhängen für eine dieser Kontrollen prinzipiell auch auf die anderen Kontrollen übertragbar. Vielmehr bestehen Unterschiede zwischen diesen Kontrollen nur in der Fristigkeit der zugrunde gelegten Kontrollgegenstände (z. B. ein Jahresbudget vs. eine Investition vs. ein Forschungsprojekt) und damit im Umfang der durchschnittlichen Wissensdefizite bei Kontrolleur wie Kontrolliertem sowie der Kompatibilität von Prüf- und Vergleichsgröße. Da in einem sachlich-analytischen Forschungsvorhaben, wie der vorliegenden Arbeit, die Spezifizierung von Funktionsgleichungen nicht Bestandteil ist, spielen diese Unterschiede für die Arbeit keine Rolle. Somit trägt die Arbeit nicht nur zum Forschungsfortschritt bezüglich Investitionskontrollen bei, sondern kann – mit dieser, auf Wenn-Dann- bzw. Je-Desto-Aussagen beschränkten, nicht formal-ausspezifizierten Weise, auch zum Fortschritt im Bereich der Forschung zu Budget- oder Forschungsprojektkontrollen beitragen.

Die in Kapitel 3 dargestellte, bis dato in der internationalen Literatur zweifelsohne als umfangreichste Zusammenstellung und Strukturierung zu bezeichnende Analyse der theoretischen und empirischen Investitionskontrollforschung der zurückliegenden rund fünfzig Jahre zeigt, dass auch nach relativ langer Erforschung (mit z. B. über einhundert empirischen Studien) nur wenige Fragestellungen annähernd geklärt sind. Vielmehr bestehen noch sehr viele Forschungslücken beim Instrument Investitionskontrolle. Damit ruft die Arbeit zum einen den Mangel an Erkenntnissen auf dem Gebiet der Investitionskontrolle hoffentlich stärker ins Bewusstsein der betriebswirtschaftlichen Forschung und bietet zum anderen reichhaltige Anregungen für Forschungsprojekte.

Die im Hinblick auf die Entwicklung einer verhaltensorientierten Theorie der Investitionskontrolle vordringlichsten dieser vielen Forschungsaufgaben wurden in den Kapiteln 4 bis 6 der vorliegenden Arbeit in Angriff genommen.

Das Kapitel 4 dient dabei der Aufarbeitung und Zugänglichmachung aktueller (sozial-)psychologische Grundlagen für eine verhaltensorientierte Theorie der Investitionskontrolle bzw. für die Investitionskontrollforschung. Dieses Fundament ist Voraussetzung für die Schließung zentraler Lücken der Investitionskontrollforschung.

Mit der Identifikation von dreißig direkten Wirkungen einer Investitionskontrolle auf die beteiligten Personen (Kontrollierter und Kontrolleur) in Kapitel 5 wiederum, wurde die zentrale in Kapitel 3 beschriebene Lücke in der Forschung zu Investitionskontrollen geschlossen. Wie das Kapitel 5 dabei offenbart, sind die Wirkungen einer Investitionskontrolle um ein vielfaches umfangreicher und komplexer als häufig in der theoretischen und empirischen Forschung zu Investitionskontrollen bisher unterstellt.

Die schiere Anzahl der direkten Wirkungen verdeutlicht die verengte Sicht der bisherigen, dominant pragmatisch-final orientierten Literatur hinsichtlich der Effekte (funktionaler oder dysfunktionaler Natur) von Investitionskontrollen und die mangelnde Zuverlässigkeit entsprechender in der Literatur versuchter Nutzen-Aufwandsanalysen in Abhängigkeit von der Ausprägung der (Gestaltungs-)Faktoren einer Investitionskontrolle. Die in der vorliegenden Arbeit angewandte theoretisch-kausale Perspektive, die in der betriebswirtschaftlichen Forschung immer wieder eingefordert wird,[1624] erweist sich (wie auch im Kapitel 6 deutlich wurde) in der Tat als für die Entwicklung einer Realtheorie äußerst fruchtbar.

Auch spielt der Kontrollträger aus psychologisch-verhaltensorientierter Perspektive eine bedeutend größere Rolle bei der Analyse von (Investitions-)Kontrollen, als ihm bisher zugebilligt wurde: Immerhin fünfzehn der präzisierten direkten Effekte einer Investitionskontrolle beziehen sich auf seine Bedürfnisse, Einstellungen, Erwartungen und Fähigkeiten. Eine stärkere Betrachtung des Kontrolleurs in Kontrollsituationen ist daher für zukünftige Forschungsarbeiten zu fordern.[1625]

Ferner wurde in Kapitel 5 ebenfalls deutlich, dass sowohl die Vorausahnung bzw. Vermutungen einer Investitionskontrolle als auch die eigentliche Durchführung einer Kontrolle in entsprechenden Analysen zu den Wirkungen zu berücksichtigen sind, da von beiden Effekte auf die beteiligten Personen ausgehen. Während diese Erkenntnis im Hinblick auf die Erwartungen eines Menschen nicht neu ist, wurde sie hinsichtlich der Bedürfnisse, Einstellungen und Fähigkeiten von an Kontrollen beteiligten Personen bisher nicht in der Investitionskontrollforschung thematisiert. Kapitel 5 weitet damit den Be-

---

[1624] Vgl. exemplarisch Weißenberger (2002), S. 401; Becker (2004), S. 103.

[1625] Ähnlich fordert auch Meyer (2003), S. 181f., allgemein für betriebswirtschafliche Analysen eine Abkehr von einer oft verwendeten, aber einseitigen Perspektive der Steuerung eines Untergebenen hin zu einer Betrachtung der Interaktionsbeziehung zwischen zwei Akteuren und den jeweiligen Anreizen für beide Seiten.

trachtungsfokus aus und eröffnet neue, viel versprechende Felder für theoretische wie empirische Forschungsarbeiten.

Auf den ersten Blick vielleicht etwas unbefriedigend erscheinen mag, dass Kapitel 5 (und auch Kapitel 6) keine expliziten Aussagen zu den indirekten Wirkungen erster und zweiter Ordnung einer Investitionskontrolle treffen.[1626] Zu diesen indirekten Wirkungen gehören, wie bereits mehrfach dargestellt, beispielsweise die Auswirkungen veränderter Fähigkeiten auf die Güte der Investitionshandlungen in der Zukunft (indirekte Wirkung erster Ordnung). Diese Güte muss dabei trotz der in dieser Arbeit detailliert betrachteten direkten Wirkungen von Investitionskontrollen auf die beteiligten Akteure nicht immer dann steigen, wenn der betrachtete Akteur aufgrund von Kontrollinformationen lernt, da es denkbar ist, dass aufgrund möglicherweise entgegenstehender Bedürfnisse, Einstellungen oder Erwartungen die neuen Kenntnisse schlicht nicht angewendet werden.[1627] Dies kann daran liegen, dass angesichts der aktuellen Bedürfnislage eines Akteurs die vom Kontext zur Änderung des Handelns bereitsgestellten Anreize irrelevant oder aber zu gering sind, um eine Veränderung des Handelns auch tatsächlich auszulösen. Beispielsweise kann sich ein Akteur bei entsprechend bedeutsamem Achtungsbedürfnis dazu entscheiden, trotz besseren Wissens gleich zu handeln und damit nicht öffentlich eingestehen zu müssen, dass das vergangene Handeln suboptimal war, was eine Reduktion seines Ansehens und damit des Befriedigungsgrads seiner Bedürfnisse nach sich ziehen würde.[1628] Ebenso, wie eine entsprechende Konstellation der aktuell bedeutsamen Bedürfnisse einen Akteur trotz Fähigkeitslerneffekten potenziell zu gleichem (suboptimalen) Handeln veranlassen kann, ist gemäß dem Handlungsmodell aus Kapitel 4.3 auch bei entsprechenden, einem bestimmten Handeln entgegenstehenden Einstellungen oder aber Erwartungen von einem solchen Effekt bzw. bspw. einem Fehlen einer solchen indirekten Wirkung einer Investitionskontrolle im Hinblick auf verbesserte Investitionsplanungshandlungen auszugehen.

Da sich jedoch die indirekten Wirkungen erster Ordnung, wie in Abbildung 25 veranschaulicht, aus den Aussagen der Kapitel 5 bzw. 6 in Verbindung mit dem in Kapitel 4.3 dargelegten Handlungs(-auswahls-)modell unmittelbar, situationsspezifisch ableiten lassen, wurde auf ihre explizite Diskussion in einem eigenen Kapitel verzichtet.

Eine explizite Aufnahme in einem eigenen Kapitel hätte nur den ohnehin nicht geringen Umfang der vorliegenden Arbeit weiter ausgeweitet. Auch stellen die in der vorliegenden

---

[1626] Vgl. dazu die Abbildung 25.

[1627] Vgl. hierzu nochmals die Ergebnisse von Tolman/Honzik (1930), S. 266f., zur Bedeutung entsprechender relevanter Anreize dafür, dass Gelerntes tatsächlich auch angewandt wird.

[1628] Vgl. hierzu auch die Literatur zum Self-Justification-Effect wie bspw. Staw (1976) und Staw (1981) bzw. des so genannte Mental-Accounting bei z. B. Thaler (1985); Statman/Caldwell (1987); Weber et al. (2003), S. 25-28.

Arbeit explizit diskutierten direkten Wirkungen einer Investitionskontrolle, wie in den Kapitel 1.2 und 3 erläutert, forschungslogisch die Voraussetzung für eine Diskussion der indirekten Wirkungen (erster wie zweiter Ordnung) dar. Ihnen gebührt auch daher eine Priorität in der Betrachtung. Weiter wird erhofft, dass durch die Fokussierung auf die explizite Diskussion der direkten Wirkungen in dieser Arbeit der bisher in der Literatur anzutreffenden, bedauernswerten Vermengung der direkten und indirekten Wirkungen stärker entgegengewirkt werden kann.

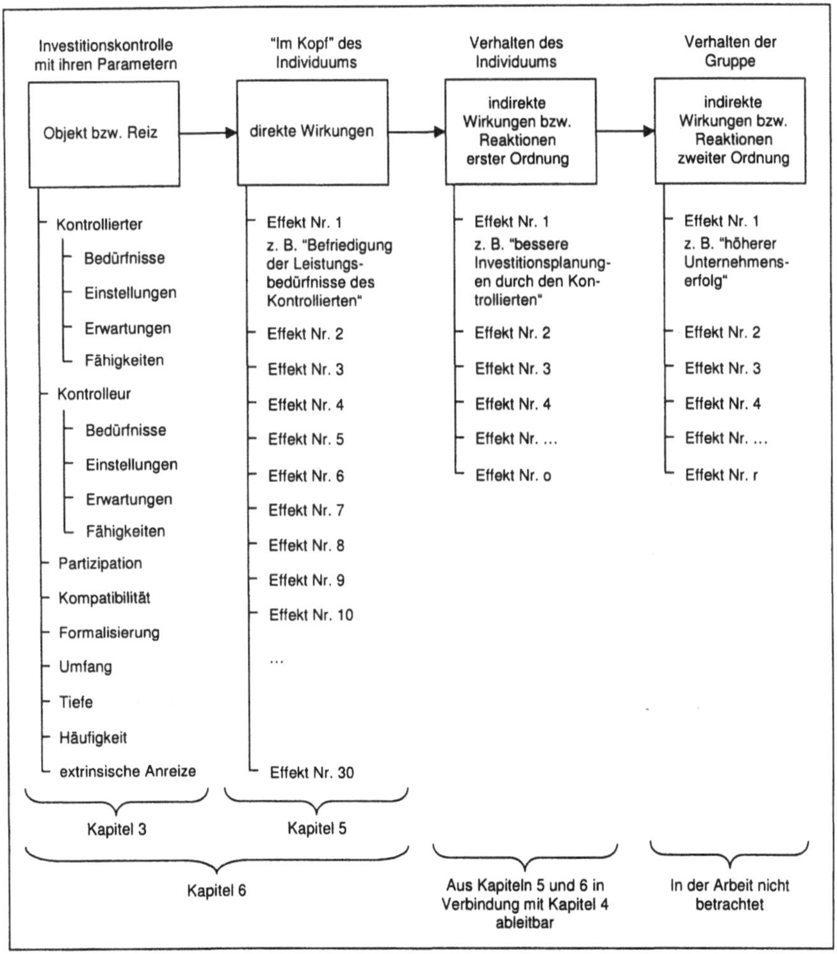

Abbildung 25: Forschungsbeitrag der vorliegenden Arbeit zu einer verhaltensorientierten Theorie der Investitionskontrolle

Diese bewusste Konzentration auf die direkten Wirkungen behindert somit einerseits angesichts des in Kapitel 4.3 vorgestellten Handlungsmodells nicht die Ableitung bzw. das Verständnis der indirekten Wirkungen erster Ordnung. Andererseits belässt sie eine eingehende Analyse der indirekten Wirkungen zweiter Ordnung als Forschungsaufgabe für die Zukunft. Für eine Analyse dieser indirekten Wirkungen zweiter Ordnung ist dabei die Schaffung entsprechender Brückenannahmen zur Transformierung der in Kapitel 4 beschriebenen, individuellen Handlungen in kollektives Verhalten gemäß dem methodologischen Individualismus erst noch vorzunehmen.[1629] Die vorliegenden Arbeit hat hierauf, insbesondere aus Gründen des aktuellen Forschungsstands und der dementsprechend zweckmäßig erscheinenden forschungslogischen Reihenfolge, die primären, direkten Wirkungen in den Betrachtungsfokus gestellt und lediglich ein Handlungsmodell vorgestellt, anhand dessen sich die indirekten Wirkungen erster Ordnung aus den Aussagen zu den direkten Wirkungen ableiten lassen und auf eine Diskussion insbesondere der indirekten Wirkungen zweiter Ordnung bewusst verzichtet. Wie das Kapitel 6 verdeutlich hat, bestehen auch bereits bei den direkten Wirkungen aufgrund des niedrigen Forschungsstands erhebliche Forschungslücken, die es vor der Analyse der indirekten Wirkungen zu schließen gilt. Insofern trägt das Vorgehen dieser Arbeit dem Stand der Investitionskontrollforschung Rechnung.

In Kapitel 6 wurde, aufbauend auf den vorangehenden Kapiteln, ein Strukturierungs- und Analyserahmen für die Zusammenhänge zwischen den in Kapitel 5 identifizierten, bisher in der Literatur weitgehend unbekannten direkten Wirkungen einer Investitionskontrolle und den in der Literatur anzutreffenden neun (Gestaltungs-)Parametern aus Kapitel 3 vorgestellt und, soweit ausgehend vom aktuellen Stand der betriebswirtschaftlichen und (sozial-)psychologischen Forschung möglich, eine Klärung dieser Vielzahl möglicher Zusammenhänge zwischen den (Ausgestaltungs-)Parametern und den direkten Wirkungen vorgenommen.

Damit wurde erreicht, dass alle potenziell relevanten Teilbereiche des Forschungsgebiets Investitionskontrolle in einen Strukturierungsrahmen einbezogen, die vorhandenen aber teilweise stark verstreuten Erkenntnisse aus Betriebswirtschaftslehre und (Sozial-)Psychologie, die sich auf Investitionskontrollen übertragen lassen, strukturiert erfasst

[1629] Die Entwicklung realitätsnaher Brückenannahmen oder Transformationsregeln kann auch aus allgemeiner betriebswirtschaftlich-methodologischer Perspektive als ein wichtiges, eingehend noch weiter zu ergründendes Forschungsfeld betrachtet werden: Nur durch entsprechende realitätsnahe Brückenannahmen kann letztlich, dem methodologischen Individualismus folgend, individuelles Verhalten in kollektives Verhalten überführt werden (vgl. z. B. McClelland (1961), S. 47; Hummell/Opp (1971), S. 81; Lindenberg (1977), S. 48-50; Schanz (1977), S. 67f.; Büschges (1985), S. 10-12; Coleman (1994), S. 166f.; Kunz (2005), S. 13f. u. S. 123; Meyer (2005), S. 2-7; Opp (2005), S. 92-95 u. S. 103-105; Felin/Hesterly (2006), S. 9), welches für Unternehmen als Kollektive gerade auch aus Praxissicht besonders bedeutsam erscheint.

und integriert wurden, und schließlich dass die noch bestehenden „weißen Flecken" auf der Problemlandkarte aufgedeckt wurden.

Das Hypothesengefüge stellt dabei, im Gegensatz zu diversen anderen Analysen von Kontrollen oder Feedback-Prozessen, einen in sich geschlossenen, alle wesentlichen, bekannten psychologischen Konstrukte umfassenden, realitätsnahen und feingranularen Rahmen dar. Es geht damit weit über die üblichen, sich meist zumindest hinsichtlich der Begrifflichkeiten widersprechenden, allzu oft zu groben Partialbetrachtungen hinaus, die kein zusammenhängendes Bild präsentieren, sondern deren Ergebnisse oft als unvereinbar erscheinen.

So wurden zum einen ein Nukleus einer verhaltensorientierten Theorie der Investitionskontrolle und zum anderen die Voraussetzung für nachfolgende Arbeiten geschaffen, die die vorhandenen Lücken schließen und damit Schritt für Schritt diesen Kern zu einer vollständigen, verhaltensorientierten Theorie der Investitionskontrolle ausbauen wollen.[1630] Beides fehlte bisher in der Investitionskontrollforschung, wie die Analyse des Forschungsstands in der vorliegenden Arbeit sichtbar werden ließ.

Die Arbeit zeigt mit den in Kapitel 6 generierten 236 Hypothesen zu den Zusammenhängen zwischen den (Gestaltungs-)Parametern und den direkten Wirkungen einer Investitionskontrolle auch, dass die intuitive Meinung, die Wirkungen eines Kontrollinstruments seien von dessen Ausgestaltung abhängig, in großen Teilen zutreffend ist. Damit stellt sie diese intuitive Meinung auf ein (sozial-)psychologisch begründetes Fundament. Gleichzeitig verdeutlicht sie aber auch, dass nicht alle landläufig als relevant betrachteten Parameter wirklich aus psychologisch-verhaltensorientierter Perspektive von Bedeutung sind: So besitzt entgegen der weit verbreiteten Überzeugung der Parameter Kontrollhäufigkeit, ausgehend vom vorhandenen Stand der Forschung, keinen originären Einfluss auf die direkten Wirkungen einer Investitionskontrolle aus verhaltensorientierter Perspektive. Sofern sich diese Hypothese im Rahmen der Klärung gegenwärtig noch nicht beantwortbarer Zusammenhänge in der Zukunft erhärten lässt, hilft diese Erkenntnis, die Aufmerksamkeit der Forschung weg von der Kontrollhäufigkeit hin zu potenziell von größerem Erkenntnisgewinn charakterisierten Fragestellungen zu lenken, was aus forschungsökonomischer Perspektive wünschenswert erscheint.[1631]

Die vorliegende Arbeit zeigt gerade mit den Kapiteln 5 und 6 deutlich auf, dass das Spektrum möglicher Effekte und Zusammenhänge bei einer an der allgemeinen Realität orientierten Modellierung potenziell größer und komplexer ist als bei einer einfacheren,

---

[1630] Vgl. zu dieser Funktion eines dem ersten Unterziel des theoretisch-kausalen Forschungsziels folgenden Strukturierungsrahmens grundlegend auch schon Argyris (1957), S. IX; Fedor (1991), S. 75; Ruhnke (1997), S. 319; Chenhall (2003), S. 160.

[1631] Vgl. dazu allgemein auch Heinen (1978), S. 224.

stärker von der allgemeinen Realität abstrahierenden Betrachtungsperspektive, wie beispielsweise der mikroökonomisch-verhaltensorientierten Betriebswirtschaftslehre, die nur einen Spezialfall der Realität abbildet.[1632] Die vorliegende Arbeit unterstreicht damit zum einen die bereits mehrfach in der betriebswirtschaftlichen Literatur postulierte und teilweise auch bereits aufgezeigte Fruchtbarkeit des psychologisch-verhaltensorientierten Ansatzes zur Untersuchung betriebswirtschaftlicher Phänomene.[1633] Zum anderen verdeutlicht sie – insbesondere in Kapitel 6 – aber auch ein in der psychologisch-verhaltensorientierten Literatur zwar nicht völlig unbekanntes, aber bisher wenig diskutiertes Massenphänomen, das mit einer solchen realitätsnahen Analyse verbunden ist. Der im Vergleich potenziell größere Wahrheitsgehalt bzw. Gültigkeitsbereich psychologisch-verhaltensorientierter Aussagen rechtfertigt jedoch durchaus den tendenziell höheren Aufwand einer solchen Analyse.

Gleichzeitig illustriert das Kapitel 6, dass die in der betriebswirtschaftlichen Literatur immer wieder geäußerten Zweifel an der Eignung einer psychologisch-verhaltensorientierten Perspektive zur Ableitung ähnlich präziser Ursache-Wirkungs-Aussagen, wie dies beispielsweise die Modelle des mikroökonomisch-verhaltensorientierten Ansatzes erlauben, aufgrund des geringen bisherigen Forschungsstands nicht völlig unbegründet sind.[1634] So sind einige der aufgestellten Hypothesen aufgrund des recht rudimentären und in der Regel von geringer Granularität charakterisierten Forschungsstands zu für (Investitions-)Kontrollen relevanten Fragestellungen relativ grob. Die in der vorliegenden Arbeit getroffenen hypothetischen Aussagen erscheinen

[1632] Vgl. dazu allgemein ähnlich auch Küpper (2001), S. 60. Beispielshaft sei hier auf den Zielpräzisierungseffekt$_{KO}$ oder die Einstellungslerneffekte verwiesen. Auch erlaubt der psychologisch-verhaltensorientierte Ansatz bspw. den aus der normativen Prinzipal-Agenten-Theorie oder der Spieltheorie bekannten, hier als Erwartungseffekt$_{KO}$ bezeichneten, Wirkungseffekt zu präzisieren: Er erlaubt es aufzuzeigen, dass entgegen den Ergebnissen der Prinzipal-Agenten-Theorie durchaus von Kontrollen auch ohne eine Koppelung der Kontrollergebnisse an das Beurteilungs- bzw. Anreizsystem bereits Verhaltenseffekte ausgelöst werden können (Vgl. hierzu Coenen (1998), S. 5f., der annimmt, dass die Verhaltenswirkung von Instrumenten nicht isoliert, sondern nur unter Berücksichtigung der vom Kontext gewährten Anreize untersucht werden kann (vgl. ähnlich Ewert/Wagenhofer (1995), S. 415; Ewert/Wagenhofer (2003), S. 351)). Während dies unter den Prämissen des mikroökonomisch-verhaltensorientierten Ansatzes durchaus richtig ist, zeigt der psychologisch-verhaltensorientierte Ansatz auf, dass hier der Prinzipal-Agenten-Theorie nur begrenzte Wahrheit in Bezug auf die Praxis zukommt. Vgl. ähnlich für die psychologisch-verhaltensorientierte betriebswirtschaftliche Forschung Küpper (2001), S. 60.

[1633] Vgl. exemplarisch das Postulat von Weißenberger (2002), S. 403, sowie die Forschungsstränge des Behavioral Accounting und des Behavioral Finance als Belege diese Fruchtbarkeit.

[1634] Dies liegt jedoch zum Gutteil daran, dass es die betriebswirtschaftliche Forschung bisher vernachlässigt hat, eigene psychologisch-verhaltensorientierte Untersuchungen durchzuführen, die auf für den betriebswirtschaftlichen Kontext relevante Fragestellungen zugeschnitten sind. Eben dies wäre eine Voraussetzung, um die Präzision der Aussagen von Arbeiten nach dem psycholgisch-verhaltensorientieten Ansatz zu erhöhen.

damit zwar angesichts des gegebenen Forschungsstands akzeptabel,[1635] lassen aber teilweise eine weitere Präzisierung wünschenswert erscheinen. Dafür ist es jedoch erforderlich, dass anstelle der bisher üblichen grobgranularen theoretischen wie empirischen Analysen zu kontrollrelevanten Aspekten feingranulare (d. h. angesichts des Forschungsstands insbesondere auf kognitiver Ebene erfolgende) Betrachtungen durchgeführt werden, die sich besser in den entworfenen, (sozial-)psychologisch fundierten Strukturierungs- und Analyserahmen einordnen lassen als die bestehenden Arbeiten. Auf diesem Weg kann mittelfristig die Aussagequalität erhöht werden, und damit das Präzisionsdefizit im Vergleich zu mikroökonomisch-verhaltensorientierten Ansätzen Schritt für Schritt reduziert werden.

Auch lassen sich, auf Basis der vorhandenen Erkenntnisse aus Betriebswirtschaftslehre und (Sozial-)Psychologie ergänzt um Plausibilitätsüberlegungen, bei weitem nicht alle denkbaren Zusammenhänge des Strukturierungsrahmens auf ihre Existenz und ihre Richtung hin beurteilen. Es gilt daher all diejenigen denkbaren, in Kapitel 6.1 umrissenen Zusammenhänge, für die auf Basis vorhandener Erkenntnisse keine Hypothesen gebildet werden konnten, in nachfolgenden Arbeiten eingehender zu betrachten und damit nach und nach diese „weißen Flecken" auf der Problemlandkarte zu schließen.

Darüber hinaus ist zu beachten, dass es sich bei allen im Kapitel 6 formulierten Aussagen, dem in der Arbeit verfolgten Entdeckungsziel folgend, um Hypothesen handelt, die gemäß dem kritischen Rationalismus erst noch im Rahmen einer kritischen Prüfung auf ihren Wahrheitsgehalt hin zu hinterfragen sind. Die zur Aufstellung des Wirkungsgefüges neben den Theorien herangezogenen diversen empirischen Studien bzw. Experimente aus der Betriebswirtschaftslehre und/oder der (Sozial-)Psychologie können dies nicht leisten. Ihr Beitrag besteht vielmehr in der mit ihrer Hilfe besseren Exploration möglicher Wirkungen und Zusammenhänge, d. h. der Hypothesengenerierung in dieser Arbeit. Folglich besitzen die Aussagen des Kapitels 6 bis zu ihrer empirischen Nicht-Falsifikation keine Überzeugungskraft für die Praxis.[1636] Daher spricht die vorliegende Arbeit auch bewusst keine Empfehlungen für die Praxis aus bzw. diskutiert nicht Implikationen ihrer Ergebnisse für die Praxis. Diese sind zwar für die Verbesserung von Investitionskontrollen in der Praxis wünschenswert, jedoch ohne eine vorherige empirische Prüfung der in der vorliegenden Arbeit generierten Hypothesen aus forschungstheoretischer Sicht nicht zulässig. Die direkte Bereitstellung von Empfehlungen für die Unternehmenspraxis wird ohnehin mit einer dem theoretisch-kausalen Forschungsziel folgenden Arbeit nicht angestrebt.

[1635] Vgl. grundsätzlich zur Frage der Akzeptierbarkeit von Aussagen ausgehend vom Forschungsstand auch Massé (1959), S. VIIf.

[1636] Vgl. Popper (1998), S. 82f.

Der Verzicht, die in der vorliegenden Arbeit generierten Hypothesen auch gleich einer eigenen kritischen empirischen Überprüfung zu unterziehen, mag auf den ersten Blick als Manko oder als Versuch „to avoid the dirty and painstakingly slow, expensive, and methodological means by which empirical evidence can be conceived and nurtuered"[1637] erscheinen. Jedoch ist zu beachten, dass die Hypothesengenerierung als gleichberechtigtes Wissenschaftsziel neben der stärker strukturierten und in der Forschung populäreren Erkenntnissicherung steht.[1638] Entsprechend kann dem kritischen Rationalismus folgend in Forschungsarbeiten, die dem Entdeckungsziel folgen, auf eine sofortige Prüfung der entworfenen Aussagen verzichtet werden.[1639] Gerade angesichts der Konzentration der betriebswirtschaftlichen Forschung auf das Prüfungsziel,[1640] und der damit verbundenen Gefahr der einseitigen Beschränkung auf die Prüfung wenig innovativer oder theoretisch gering fundierter ad hoc Hypothesen,[1641] will die vorliegende Arbeit einen Kontrapunkt setzen, indem sie sich freiwillig ausschließlich auf die systematische Etablierung von Hypothesen beschränkt. Sie setzt damit bewusst einen Gegenpol zur von Popper (1972) explizit abgelehnten, aber dennoch immer noch anzutreffenden ad hoc Forschung.[1642]

Die empirische Prüfung der in der vorliegenden Arbeit entworfenen Hypothesen, die die Basis für zukünftige technologische Arbeiten schafft, bleibt damit als gleichberechtigte Forschungsarbeit für die Zukunft. Dabei erscheint eine enge Zusammenarbeit bei dieser Prüfung mit Forschern aus dem Bereich der (Sozial-)Psychologie sinnvoll: Da die entworfenen Hypothesen dominant auf Arbeiten und Erkenntnissen der kognitiv orientierten (sozial-)psychologischen Forschung aufbauen, kann durch eine Zusammenarbeit mit (sozial-)psychologischen Forschern von deren Methodenwissen (z. B. zum Thematischen-Apperzeptions-Test[1643], Globaler Selbstberichte bzw. Response-Time-Tests[1644] und des Experimentaufbaus[1645]) hinsichtlich der kritischen Prüfung der (aus klassisch betriebswirtschaftlicher Perspektive teilweise nicht leicht prüfbar erscheinenden) Aussagen zu den kognitiven Konstrukten Bedürfnisse, Einstellungen, Erwartungen und Fähigkei-

---

1637 Jensen (1970), S. 508.

1638 Vgl. Popper (1998), S. 82f.; Popper (2002), S. 6.

1639 Vgl. Popper (1998), S. 82f.

1640 Vgl. Amshoff (1993), S. 21.

1641 Vgl. Schanz (1977), S. 328 sowie dortige Quellen. Siehe weiter auch Möller (2005), S. 180.

1642 Vgl. Popper (1972), S. 40.

1643 Der sog. Thematische-Apperzeptions-Test (TAT) kann zur Messung der Bedürfnisstärke herangezogen werden. Vgl. allgemein zum TAT z. B. Zimbardo/Gerrig (2004), S. 532.

1644 Zu den Methoden der Messung von Einstellungen durch Globale Selbstberichte oder Response-Time-Test siehe bspw. den knappen Überblick bei Olson/Zanna (1993), S. 123f., und die dort zitierten Quellen. Für eine ausführlichere Diskussion vgl. bspw. Fishbein/Ajzen (1975), S. 53-106; Ajzen (1988), S. 8-18.

1645 Für eine kurze Einführung in die Experimentkonstruktion und die Experimentalpsychologie vgl. z. B. Sarris/Reiß (2004).

ten,[1646] profitiert und eine verlässliche und valide Prüfung erreicht werden.[1647] Die vorliegende Arbeit liefert mit ihren im Rahmen der Beantwortung ihrer Forschungsfragen generierten Hypothesen einen breiten Fundus an potenziellen zukünftigen kooperativen Forschungsprojekten zwischen Betriebswirten und Psychologen.

Bei den empirischen Arbeiten, die eine Prüfung der Hypothesen anhand von Feldstudien anstreben, böte es sich dabei – insbesondere im deutschsprachigen Raum – an, auch der zwar für eine Entwicklung einer Theorie der Investitionskontrolle nicht unbedingt erforderlichen, jedoch (gerade auch von der Praxis) oft gewünschten Information über die Verbreitung des Instruments Investitionskontrolle, methodisch rigoroser nachzugehen als in der Vergangenheit. Immerhin sind die bestehenden Erkenntnisse auf diesem Gebiet, wie in Kapitel 3 dargelegt, bisher zur Beantwortung dieser Frage nur wenig geeignet.

[1646] Angemerkt sei dabei jedoch, dass auch in eher „klassischen" Fragen der Betriebswirtschaftslehre empirische Probleme bestehen können. So erweist sich auch bei mikroökonomisch-verhaltensorientierten Modellen die Messung zentraler Konstrukte wie z. B. der Agency-Costs oder der Transaktionskosten oft als schwierig (vgl. Schneider (1987), S. 488-490).

[1647] Einwenden ließe sich hier, dass eine solche Kooperation vielleicht nicht nötig wäre, sofern anstelle der (aus betriebswirtschaftlicher Sicht zunächst einmal als schwieriger prüfbar erscheinenden) kognitiven Konstrukte behavioristische Ansätze eingesetzt worden wären. Dem ist jedoch – wie in Kapitel 1.2 detailliert erläutert – entgegenzuhalten, dass sich die (sozial-)psychologische Forschung inzwischen einig ist, dass sich lediglich wenig komplexe Handlungen (z. B. Reflexe) durch die klassischen behavioristischen, den Menschen als „black box" betrachtenden Ansätze erklären lassen. Komplexere Handlungen, zu denen ohne Zweifel auch das Handeln von Individuen in Unternehmen und insbesondere im Investitionskontrollprozess zu zählen sein wird, lassen sich durch diese einfacheren behavioristischen Ansätze nicht erklären. Vielmehr erweisen sich hier (sozial-)kognitive Perspektiven als überlegen (vgl. auch Myers (2005), S. 340). Eben einer solchen folgt daher auch die vorliegende Arbeit und nimmt dafür in Kauf, dass sich entsprechende Hypothesen nur mit etwas größerem Aufwand und (psychologischem) Fach- und Methodenwissen prüfen lassen. Dafür erlauben die Arbeit und die in ihr generierten Hypothesen beispielsweise auch so aus behavioristischer Perspektive überraschende Phänomene wie den so genannten Self-Justification Effect zu erklären, sowie die in der klassischen, großzahligen empirischen betriebswirtschaftlichen Forschung sehr häufig festzustellenden Widersprüche zwischen einzelnen Studien abzubilden, da im Gegensatz zu diesen, als behavioristisch zu charakterisierenden empirischen Studien, die vorliegende Arbeit die zwischen Reiz und die Verhaltensreaktion der betrachteten Individuen stehenden kognitiven Konstrukte mit berücksichtigt und somit zu differenzierteren Aussagen gelangt (zum Self-Justification Effect vgl. z. B. Staw (1976); Staw (1981); vgl. exemplarisch für widersprüchliche empirische Ergebnisse in der (behavioristischen) betriebswirtschaftlichen Forschung die Studien zum Einfluss einer Anreizkoppelung auf die Verhaltenswirkungen von Budgetkontrollen bei Fisher et al. (2002), S 848, sowie Künkele/Schäffer (2005), S. 23).

Anhang

Anhang 1: Bezeichnungen für Investitionskontrollen

Typ	Begriffe
Antragskontrolle:[1648]	• Antragskontrolle • Checking for accuracy • Cross-checking • Investitionsantragskontrolle • Planungskontrolle • Preaction review of capital expenditure proposals • Preapproval audit/review • Pre-auditing • Review • Verification
Realisationskontrolle:[1649]	• Ausführungskontrolle • Control during construction • Control of authorized outlays • Contrôle en cours de réalisation • Cost control • Durchführungskontrolle • Expenditure control • In-progress control • Investitionsbudgetkontrolle • Kapitaleinsatzkontrolle • Kontrolle der Investitionsdurchführung • Monitoring • Progress reports • Project status report • Projektausführungskontrolle • Realisationskontrolle • Report on appropriation status • Suivi • Tracking • Value reappraisals

1648 Zu den Begriffen vgl. Istvan (1961), S. 16; Pflomm (1963), S. 31; Lambrix/Singhvi (1984), S. 12; Gadella (1991), S. 94; Lüder (1993), Sp. 1983; Lehmann-Grube (1994), S. 10f.; Lüder (1995), Sp. 972; Lüder (1996), Sp. 795; Merchant/Van der Stede (2003), S. 440; Linder (2004), S. 47f.

1649 Vgl. zu den Begriffen die Arbeiten von Dean (1954), S. 122; Istvan (1961), S. 32; Jankowski (1969), S. 14; Lüder (1969), S. 15; Humphrey (1970), S. 124; Schnell/Nicolosi (1974), S. 253; Siegwart/Kunz (1982), S. 76; Staehlin (1988), S. 27; Hackney (1992), S. 338 u. S. 343; Müller-Hedrich (1992), S. 24; Hofmann (1993), S. 86; Lüder (1993), Sp. 1983; Lüder (1995), Sp. 972; Lüder (1996), Sp. 795; Zügner (1996), S. 335; Bouquin (2001), S. 349; De Bodt/Bouquin (2001), S. 145; Fabozzi/Peterson (2003), S. 359; Linder (2004), S. 47f.

Erfolgskontrolle:[1650]	• Budget review • Control • Contrôle a posteriori • contrôle ex post • Erfolgskontrolle • Ergebniskontrolle • Evaluation • Follow-up reporting/study • Investitionskontrolle • Investitionsprojektkontrolle • Investitionsrevision • Make good study/report • Make-good study • Nachrechnung • Performance audit/review • Post Appraisal • Post audit • Postaudit • Post-audit • Postcompletion audit • Post completion analysis/audit • Post-completion audit/study • Postcompletion review/study • Post-evaluation • Postévaluation • Post-implementation audit/evaluation • Post mortem • Post-mortem • Post-project appraisal • Project Reappraisal • Tracking • Wirtschaftlichkeitskontrolle

[1650] Vgl. als Quellen der Begriffe: Dean (1954), S. 122; Jaedicke (1960), S. 59; Istvan (1961), S. 38; Nicholson (1962), S. 3; Schröter (1962), S. 116; Caughron (1965), S. 47; Cubbage (1968), S. 164; Jankowski (1969), S. 1 u. S. 16; Lüder (1969), S. 14f.; Blohm (1970), S. 10; Lüder (1970), S. 709; Saatmann (1970), S. 7; Gremillet (1972), S. 36; Abdelsamad (1973), S. 232; Schnell/Nicolosi (1974), S. 256; Boersema (1978), S. 35; Lüder/Neumann (1979), S. 1; Gallinger (1980), S. 13; Dillon/Caldwell (1981), S. 18; Siegwart/Kunz (1982), S. 78; Staehlin (1988), S. 28; Kumar (1990), S. 203; Krug (1991), S. 240; Küpper (1991), S. 172; Myers/Gordon/Hamer (1991), S. 317 u. S. 324; Neale (1991c), S. 113; Schwellnuß (1991), S. 8 u. S. 11; Hackney (1992), S. 355; Müller-Hedrich (1992), S. 24; Neale/Buckley (1992), S. 445; Hofmann (1993), S. 88; Lüder (1993), Sp. 1982; Schaefer (1993), S. II u. S. 146; Solaro (1993), Sp. 965; Lüder (1995), Sp. 972; Gadella/Jones (1996), S. 38; Lüder (1996), Sp. 795; Zügner (1996), S. 335; Jaspersen (1997), S. 122; CMA (1999), S. 1; Rösgen (2000), S. 249; Bouquin (2001), S. 349; De Bodt/Bouquin (2001), S. 145; Fabozzi/Peterson (2003), S. 360; Linder (2004), S. 47f.; Atkinson/Kaplan/Young (2004), S. 508.

Anhang 2: Feldstudien zur Investitionskontrolle

Autor(en) und Veröffentlichungsjahr	Erhebungsjahr (bzw. -zeitraum)	Untersuchtes Land[1651]	Angesprochene Unternehmen[1652]	Angesprochene Stichprobe (n)	Verwertbare Antworten ($n_{effektiv}$)	Methode[1653]	Verbreitung (in % von $n_{effektiv}$)[1654]			Wirkungen[1655]	
							Antragskontrolle	Realisationskontrolle	Erfolgskontrolle	indirekte 1. Ordnung	indirekte 2. Ordnung
Abdelsamad (1973)	1968 1969	USA	I, G	460	200	F, D	-	-	92,5[1656] 78,9	-	-
AK Benchmarking (1994)	1993	D	I, G	?	5	?	ja	-	-	-	-
Al-Saleh/Mills (1996)	1995	UK	I, M, K	67	36	F	-	66,6	55,5	-	-
Azzone/Maccarrone (2001)	?	ITL	I, G	124	34	F	-	-	70,6	-	-
Berry (1984)	1973 1976	UK	?	?	1	I, F	-	ja	ja	-	-
Blair (1971)	?	CA	?, G	?	150	F	-	?	70	-	-

[1651] Ländercode siehe Abkürzungs- und Symbolverzeichnis zu dieser Arbeit vorne.

[1652] Grundgesamtheit: V = sowohl Industrie- als auch Dienstleistungsunternehmen; I = nur Industrieunternehmen (verarbeitendes Gewerbe, Bergbau, Steine/Erden, Energie/Wasser und Baugewerbe); D = nur Dienstleistungsunternehmen (Handel, Gastgewerbe, Verkehr, Finanzierung, Vermietung, Unternehmensdienstleister, öffentliche und private Dienstleister); * = nur Teilbereiche (z. B. nur Energie); - = keine Angaben; A = alle Unternehmensgrößen (gemessen nach Umsatz); G = Großunternehmen; M = mittelgroße Unternehmen; K = kleine Unternehmen.

[1653] Methode: I = Interviews; F = Fragebogen; D = Dokumentenanalyse; S = Selbstberichtete Praktiken.

[1654] Hinweis: Sofern die Stichprobengröße kleiner oder gleich 5 ist, wird um Fehlschlüssen vorzubeugen kein Verbreitungsprozentsatz angegeben, sondern nur ein „ja" angegeben, sofern zumindest einige der Unternehmen die Kontrolle prakizieren bzw. ein „nein" falls keines der Unternehmen kontrolliert. Das Symbol „-" steht für nicht untersucht oder keine Angaben.

Boersema (1978)	1975 1976	CA	I, G	?	25	I	-	?	50	-	-
Bowman (1958)	?	USA	I, G	1	1	S	-	-	ja	o	-
Brantjes et al. (1999)	?	NL	I*, G	1	1	S	-	-	ja	o	-
Carter/Williams (1958)[1657]	1955 1956	UK	V*, A	269[1658]	246	I	-	-	?[1659]	-	-
Caughron (1965)	?	USA	?	1	1	S	-	-	ja	-	-
Chenhall/Morris (1993)	?	AUS	?, G, M	?	85	F	-	?	56,5	•	-
Collier/Gregory (1995)	1993	UK	D*, A	?	6	I, D	-	-	66,6	-	-
Connelly (1959)	?	USA	I, G	1	1	S	-	-	ja	-	-
Cooper/Cornick/ Redmon (1992)	1988	USA	I, G	500	102	F	-	-	80,4	o	-
Corr (1983)	1981	USA	I, A	?	16	I	-	87,5	79,2	o	-
		CA	I, A	?	8						
Cubbage (1968)	?	USA	I*, A	?	5	I, D	-	ja	ja	-	-
Dean (1954)	?	USA	?	?	1	I, D	-	ja	ja	-	-
De Bodt/Bouquin (2001)	1999 ?	FR	V, G	1000	44	F	-	61,0	48,6	-	-

1655 Indirekte Wirkungen erster und zweiter Ordnung der Investitionskontrolle: o = teilweise und nur deskriptiv untersucht; • = eingehend empirisch untersucht (z. B. mittels Clusteranalyse, einfacher oder multipler Regression etc.). Anmerkung: Da sich keine der Studien mit den direkten Wirkungen beschäftigt, wurde auf eine separate Spalte für diese verzichtet.

1656 Die zwei unterschiedlichen Prozentsätze ergeben sich dadurch, ob nach Großprojekten oder allen anderen Projekten gefragt wurde. Vgl. Abdelsamad (1973), S. 235.

1657 Während die Ergebnisse der Untersuchung zum Investitionsprozess in Carter/Williams (1958) publiziert wurden, finden sich Details zur Datenerhebung bei Carter/Williams (1957), S. 193-200.

1658 Hierbei handelt es sich nicht um eine einzelne, sondern mehrere, bewusste Stichprobenziehungen nach bestimmten Branchen oder Unternehmensgrößen. Vgl. hierzu die detaillierten Angaben bei Carter/Williams (1957), S. 196-200.

1659 Carter/Williams (1958), S. 89-92, geben keinen Prozentsatz der Verbreitung von Ex-Post-Investitionskontrollen an. Ihre Ausführungen lassen aber den Schluss zu, dass diese bei relativ wenigen Unternehmen praktiziert werden.

Dillon (1974)	?	USA	?	?[1660]	21	I	-	-	66,6	o	-
	?	USA	I, G	100 [1661]	55	F	-	-	80,0	-	-
Farragher (1986)	1984	USA	D, G	500	149	F	-	66	71[1662]	-	-
Farragher/Kleiman/Sahu (1999)	?	USA	I, G	379	128	F	-	?[1663]	88	-	-
Fremgen (1973)	1971	USA	V*, ?	250	177	F	-	?	?[1664]	-	-
Ghobadian/Smyth (1989)	1987	UK	V, G	150 [1665]	51[1666]	F	-	-	55	-	-
Gitman/Mercurio (1982)	1980	USA	I, G	1000	177 [1667]	F	-	-	88,1 [1668]	-	-
Gordon/Myers (1991)	?	USA	I*, G	690	282	F	-	-	75,5	-	-
Griffin (1957)	?	USA	I*, ?	1	1	S	-	-	ja	-	-
Grimes (1954)	?	USA	I*, G	1	1	S	ja	-	ja	-	-
Günther/Herhaus (1992)	?	D	I*, G	1	1	S	?	ja	nein	-	-
Gulliver (1987)	?	UK	I*, G	1	1	S	-	-	ja	o	-

[1660] Hierbei handelt es sich ausschließlich um Firmen aus dem US-Bundesstaat Texas. Eine Angabe, wie viele Unternehmen angesprochen wurden, fehlt jedoch. Vgl. Dillon (1974), S. 59-61.

[1661] Bei dieser Stichprobe handelt es sich um eine Zufallsstichprobe aus den Fortune Magazine 500 industrial companies der USA. Vgl. Dillon (1974), S. 60, sowie für eine detaillierte namentliche Aufstellung der Stichprobe ebenda, S. 196-199.

[1662] Dieser Prozentsatz bezieht sich auf Post-Audits im Allgemeinen. Bei näherer Eingrenzung auf „Project-By-Project Basis" sinkt die Verbreitung auf nur 32% ab. Vgl. Farragher (1986), S. 300.

[1663] Farragher/Kleiman/Sahu (1999), S. 145, geben nur an, dass 88 % der Unternehmen einen Projektmanager einsetzen, dessen Aufgabe die termin-, kosten- und qualitätsgerechte Implementierung der Investition ist.

[1664] Fremgen (1973) gibt nur Aspekte der Bedeutung und der Schwierigkeit der Investitionskontrolle an. Vgl. Fremgen (1973), S. 25.

[1665] Hierbei handelt es sich um eine Zufallsstichprobe nach dem Schichtenverfahren auf Basis des Unternehmensumsatzes (5 Schichten) aus den „Times 1000" Unternehmen. Vgl. hierzu Ghobadian/Smyth (1989), S. 126.

[1666] Hierbei handelt es sich um einen Rücklauf, bei dem größere Unternehmen überrepräsentiert sind. Darüber hinaus variierte die Rücklaufquote mit der Branche. Vgl. zu dieser Verzerrung Ghobadian/Smyth (1989), S. 127.

[1667] Diese Stichprobe besteht im Gegensatz zur beabsichtigten Grundgesamtheit zu rund 94 % aus Unternehmen des verarbeitenden Gewerbes, während andere Industrieunternehmen unterrepräsentiert sind. Vgl. zu dieser Verzerrung Gitman/Mercurio (1982), S. 22.

[1668] Dieser Prozentsatz ergibt sich nach Gitman/Mercurio (1983), wenn sowohl formal festgeschriebene (56,3 %) als auch ad hoc oder informal vorgesehene Investitionskontrollen (31,8 %) aufsummiert werden. Vgl. Gitman/Mercurio (1983), S. 28.

Gutenberg (1959)	1954 1956	D	I, G, M	80	76	I	-	?[1669]	?[1670]	-	-
Hägg (1977)	1973 1976	S	I, G	?	2	I, D	-	-	ja	o	-
Haka (1987)	?	USA	V, G, M	?	35	I, F	-	-	?[1671]	-	•
Hall (2000)	1998	RSA	I, G	300	65	F	-	?	?[1672]	-	-
Hamilton (1981)[1673]	1980	USA	V, G, M	60	22	I, F	50	78	75	-	-
Han (1986)	1983	MA	V,G	239	70	F	-	-	85,7	-	-
Helfert (1960)	?	USA	I, G	?	3	I, D	ja	ja	ja	o	-
Holmes/Fox (1991)	?	UK	?, G	?	12	I	-	-	ja[1674]	-	-
Honko (1966)	1964 1965	FI	I*, A	55	(40) 38	F, I	-	65[1675]		-	-
Honko/Virtanen (1975)	1973	FI	I, G	50	46	F	-	80[1676]	58,7 [1677]	-	-
Hoskins/Dunn (1974)	1973	CA	V*, G	100	12 (58)	I, (F)	-	-	33,3 [1678]	-	-
Huikku (2004)	2002 2004	FI	I, G	30	30	I, D	-	-	50	o	o

1669 Gutenberg (1959) gibt nur an, dass „die Unternehmen [...] die Etatkontrolle durchaus nicht einheitlich und mit sehr unterschiedlicher Intensität" vornehmen (Gutenberg (1959), S. 172).

1670 Gutenberg (1959) gibt keinen Prozentsatz hierfür an. Er beschreibt nur knapp (und im Zusammenhang der Planung) das Beispiel eines Hüttenwerks. Vgl. Gutenberg (1959), S. 210.

1671 Ähnlich wie bei Kim (1982) berichtet Haka (1987) nicht den Verbreitungsgrad, obwohl aus den Angaben zu schließen ist, dass entsprechende Daten eigentlich erhoben wurden.

1672 Ähnlich wie Fremgen (1973) gibt auch Hall (2000) nur Ergebnisse zur Bedeutung und dem Schwierigkeitsgrad der Investitionskontrolle an.

1673 Hamilton (1978) betrachtet nur die Kontrolle von Investitionen in EDV-Systeme.

1674 Holmes/Fox (1991), S. 143, verweisen darauf, dass die Unternehmen, die keine Investitionskontrolle durchführen, auch ablehnten, zu diesem Thema überhaupt Interviews zu führen. Folglich sind in ihrer Stichprobe mit einer Ausnahme nur Unternehmen, die post-completion audits durchführen.

1675 Die Untersuchung unterscheidet nicht zwischen Kontrolle während der Realisation und Kontrolle nach Inbetriebnahme der Investition. Vgl. Honko (1966), S. 72, und Honko/Virtanen (1975), S. 107f.

1676 Werden auch diejenigen Unternehmen mitberücksichtigt, die „oft" eine Kontrolle durchführen, so liegt der Prozentsatz bei insgesamt 95,6 %. Vgl. Honko/Virtanen (1975), S. 106.

1677 Auch hier gilt, dass der Prozentsatz signifikant höher liegt, wenn die Unternehmen, die „oft" eine Kontrolle durchführen zu jenen, die „immer" eine praktizieren, hinzuaddiert werden: 82,6 %. Vgl. Honko/Virtanen (1975), S. 106.

1678 Diese Angabe bezieht sich auf die zwölf Unternehmen, die im Rahmen von Interviews intensiver untersucht wurden. Vgl. Hoskins/Dunn (1974), S. 52.

Humphrey (1970)	?	USA	?	?	7	I	-	-	?[1679]	-	-
Istvan (1961)	1959	USA	V,G	147?	48	I, D	93,3	?	50	○	-
Joos-Sachse (1997)	1996	D	I*,G, M	143	62	F	-	100	55	-	-
Kempster (1967)	?	USA	I, G	?	28	I	?[1680]	?[1681]	67,9	-	-
Kim (1975)	1974	USA	I, G	186?	54	F	-	-	76[1682]	-	-
Kim (1982)	1981 ?	USA	I, G	500	132	F	-	?	?[1683]	-	•
Klammer (1972)	1970	USA	I, G	369	184	F	-	-	88[1684]	-	-
Klammer/Walker (1984)	1980	USA	I, G	500	188	F	-	67[1685]	90[1686]	-	-
Klammer/Koch/Wilner (1991)	1988	USA	I, G	484	100	F	-	72[1687]	86[1688]	-	-
Kolb (1968)	?	D	I*, M	1	1	S	ja	ja	?	-	-
Kooken (1961)	?	USA	I, D*	130[1689]	68	F, I	-	-	35,3	-	-
	?	USA	?	?[1690]	21	F	-	-	76,2	-	-
Kumar (1990)	?	CA	I?, G	430	92	F	-	-	18,1[1691]	-	-

1679 Aus den Angaben bei Humphrey (1970), S. 129, ist nicht zu entnehmen, ob und welche Unternehmen eine Investitionskontrolle durchführen, da er nur erwähnt, dass zwei Unternehmen sich zur Veröffentlichung ihrer Dokumente bereiterklärt haben – nicht jedoch wieviele der Unternehmen Kontrollen durchführen.

1680 Sowohl für die Verbreitung der Antragskontrolle als auch für die der Realisationskontrolle macht Kempster (1967) keine Angaben, sondern beschränkt sich auf die Beschreibung der Kontrollträger und einzelner anderer Aspekte. Vgl. hierzu Kempster (1967), S. 16 u. S. 81.

1681 Vgl. die Fußnote 1680.

1682 Kim (1975) fragt auch nach der entsprechenden Verbreitung anno 1969 und erhält dafür 43 %.

1683 Kim (1982) untersucht den Zusammenhang des Ausbaugrads des Investitionsmanagements und des Unternehmenserfolgs. Er fragt hierzu sowohl die Verbreitung der mitlaufenden als auch der ex post Kontrolle ab, gibt jedoch keine Prozentsätze in seinen Veröffentlichungen dafür an.

1684 Klammers (1972) Studie betrachtet neben dem Jahr 1970 auch die Jahre 1964 und 1959. Die jeweiligen Prozentsätze betrugen dabei: 61% und 50%.

1685 Die Studie beinhaltet auch Angaben zu den Jahren 1975 (61%) und 1970 (62%).

1686 Neben dem Jahr 1980 wurden auch die Jahre 1975 und 1970 betrachtet, dabei ergaben sich 75% und 67%. Vgl. Klammer/Walker (1984), S. 145.

1687 Die entsprechenden Prozentsätze für 1984 und 1980 betrugen 66% bzw. 61%.

1688 Für 1984 und 1980 betrugen diese Prozentsätze 78% bzw. 76%.

1689 Kooken (1961) führte zwei getrennte Untersuchungen für seine Analyse durch. Die erste richtete sich an 130 große Industrie- und Handelsunternehmen in Kalifornien. Im Gegensatz dazu richtet sich die zweite an wenig mehr als 21 (genaue Angaben fehlen) „National Firms". Vgl. Kooken (1961), S. 19, S. 184 u. S. 188.

1690 Siehe Fußnote 1689.

Lambrix/Singhvi (1984)	1978 1984	USA	I, G	1	1	S	ja	-	-	o	-
Lapsley (1986)	?	UK	V*, ?	166	97	F	-	-	48,5	-	-
Lazaridis (2002)	2002	ZYP	?, M, K	120	100	F	-	96[1692]		-	-
Lilleyman (1984)	1983	AUS	V, G	371	98	F	-	82	84[1693]	-	-
Lüder (1969)	?	D	I, G	?	13	I	-	-	38,5	-	-
	?	USA	V, G	?	25	I	-	-	76,0	-	-
Lüder (1980)	1976 1977	D	I, G	124	77	I,D, F	-	-	66,6	-	-
McIntyre/Coulthurst (1985)	1983	UK	V,M	750	141	F	-	-	52,5 [1694]	-	-
Meier (1970)	?	CH	I*, A	412	109	F, I	-	?[1695]	?[1696]	-	-
Melzer (1977)	1976	D	I, A	?	26	I	-	-	80,8 [1697]	-	-
Miller (1960)	?	USA	V*, G	200 [1698]	127	F	-	-	78[1699]	-	-

[1691] Dieser Prozentsatz bezieht sich auf die „systems operations PIRs (six or more months after installation)" (Kumar (1990), S. 210). Werden alle Investitionskontrollen (inklusive derer „just before cutover", d. h. Inbetriebnahme) berücksichtigt, so liegt der Prozentsatz bei 79,1 % (vgl. ebenda, S. 207). Allerdings ist zu beachten, dass selbst dann nur 29,7 % der Unternehmen 75 % oder mehr ihrer Investitionen kontrollieren.

[1692] Lazaridis (2002) fragt nicht direkt die Verbreitung von Kontrollen ab, sondern ob grundsätzlich Cash Flow Schätzungen in der Planung später mit den realisierten Werten verglichen werden (vgl. Lazaridis (2002), S. 66). Eine Zuordnung auf einzelne Kontrollen ist somit nicht möglich.

[1693] Dabei führen 22 % der Befragten immer eine Kontrolle durch, während die übrigen 62 % nur manchmal eine derartige Kontrolle durchführen (vgl. Lilleyman (1984), S. 133).

[1694] Je nachdem, ob auf die bloße Durchführung vereinzelter Kontrollen oder aber auf die Kontrolle von „most" und „all projects" abgestellt wird, führen entweder rund 95,7% der antwortenden Unternehmen oder nur 52,5% eine Investitionskontrolle nach Implementierung durch. Vgl. hierzu McIntyre/Coulthurst (1985), S. 56.

[1695] Meier (1970) gibt keine genauen Zahlen für die Verbreitung an, verweist aber darauf, dass „praktisch alle Unternehmen" in seiner Erhebung eine solche Kontrolle durchführen (Meier (1970), S. 103).

[1696] Auch hierfür gibt Meier (1970) nur an, dass „nur bei wenigen Unternehmen eine Investitionsprojektkontrolle systematisch angewendet wird. Bei den meisten Unternehmen fehlt aber eine solche Kontrolle überhaupt" (Meier (1970), S. 105).

[1697] Vgl. dazu die leider etwas unklaren Angaben bei Melzer (1977), S. 127 u. S. 132. Lüder/Neumann (1979), S. 34, entnehmen der Arbeit Melzers (1977) jedoch einen wenig nachvollziehbaren Prozentsatz von 23%.

[1698] Miller (1960) stellt dabei auf gut geführte Unternehmen ab und strebt keine repräsentative Erfassung aller Unternehmen an. Vgl. hierzu Miller (1960), S. 72.

[1699] Vgl. hierzu die Bemerkung in Fußnote 1698.

Miller/O'Leary (1997)	1990 1994	USA	I*, G	1	1	I, D	ja	ja	ja	-	-
Mills/Kennedy (1993a/b)	1992	UK	V, G	?[1700]	16	I	-	-	81,3	-	-
Morgan/Tang (1992)	1990	UK	D*, G	156	71	F	-	-	53[1701]	○	-
Myers (1966)	?	USA	?, G	?	5	D	-	-	ja	-	-
Myers/Gordon/Hamer (1991)	?	USA	I, G	690	62[1702] (282)	F, D	-	-	?	-	•
Neale (1991a)	1985	UK	V,G, M	1000	383	F	-	-	48	-	-
Neale (1991b)	1990	UK	V, G	489	291	F	-	92	79	-	-
Neale (1994)	1990	NO	V, G	291	93	F	-	-	41[1703]	-	-
Neale/Holmes (1985)	1985	UK	I*, ?	56	28[1704]	F	-	-	71,4	-	○
Nicholson (1962)	1958	USA	I, G	500	155	F	-	-	65,8	○	-
	?	USA	I, G	10	6	I, D	-	-	ja[1705]	○	-
Nicholson/Ffolliott (1966)[1706]	1964	CA	V*, G, M	294	105	F	-	-	34,3[1707]	-	-

[1700] Mills/Kennedy (1993a) bzw. Mills/Kennedy (1993b) greifen als bewusste Teil-Stichprobe auf Unternehmen zurück, die zuvor in Studien zur Unternehmensstruktur und -kultur von Goold/Campbell (1987) und Goold/Quinn (1990) befragt wurden.

[1701] Morgan/Tang (1992) brechen diesen Prozentsatz weiter auf die zwei untersuchten Branchen Einzelhandel (71 %) und Finanzdienstleistungen (38 %) herunter. Vgl. Morgan/Tang (1992), S. 221.

[1702] Hierbei handelt es sich um 31 Unternehmenspaare (31 Untersuchungsobjekte und 31 Unternehmen in der Kontrollgruppe) aus einem größeren Rücklauf, die mithilfe des Wilcox-Matched-Pair-Verfahrens untersucht wurden. Vgl. Myers/Gordon/Hamer (1991), S. 321f.

[1703] Der Verbreitungsgrad zwischen einzelnen Branchen variiert dabei jedoch erheblich: Im Energiesektor wurde mit 77 % im Vergleich zum produzierenden Gewerbe mit 34 % und dem Dienstleistungsgewerbe (36 %) die größte Verbreitung festgestellt. Vgl. Neale (1994), S. 38.

[1704] Auf Basis der Angaben von Neale/Holmes (1985), S. 6, ist zu vermuten, dass es sich bei dieser Stichprobe um eine Untergruppe der Stichprobe aus der bei Neale (1991a) beschriebenen Erhebung von 1985 handelt.

[1705] Betrachtet wurden nur Unternehmen, die eine Investitionskontrolle durchführen. Vgl. Nicholson (1962), S. 54-71.

[1706] Während die auf die Kontrolle bezogenen Studienergebnisse in Nicholson/Ffolliott (1966) veröffentlicht wurden, sind die Angaben zur Datenerhebung für die Gesamtstudie in Nicholson/Ffolliott (1965), S. 85f., angegeben.

[1707] Dieser Wert von Nicholson/Ffolliott bezieht sich auf die Kontrolle des Erfolgs einer Investition. Im Falle einer bloßen Kostenkontrolle steigt der Wert auf 94,3 % an. Vgl. hierzu Nicholson/Ffolliott (1966), S. 60.

Nicolaou (2003)[1708]	2002	US, ?	I*, G, M	2	2	I	-	-	ja	-	-
Pflomm (1963)	?	USA	?	?	346	I, D	?[1709]	?	?[1710]	-	-
Pierce/Tsay (1992)	1978	USA	I, G	200	95	F	-	-	?[1711]	-	-
	1988	USA	I, G	200	73	F	-	-	?	-	-
Pike (1983)	1980 1981	UK	V*, G	208	150	F	-	80,0	48,0	o	-
Pike/Wolfe (1988)	1986	UK	V*, G	140 [1712]	100	F	-	84	64	o	-
Pike (1996)	1992	UK	V*, G	129 [1713]	99	F	-	84	72	-	-
Posey/Roth/Dittrich (1985)	1982	USA	V, G	250	168	F	-	95	58[1714]	-	-
		USA	V, M	250			-	84	49		
Rockley (1973)	1968 1970	UK	V*, ?	238	69	F, I	-	80[1715]	56	o	•
Rosenblatt (1980)	1975	USA	V(?), A	?	21	I	-	-	?	-	-
Saatmann (1970)	1968	D	?, G	?	8	?	-	-	0,0	-	-

1708 Nicolaou (2003) betrachtet die Kontrolle von Investitionen in EDV-Software (d. h. Investitionen in immaterielle Vermögensgegenstände).

1709 Pflomm (1963) macht hierzu keine näheren Angaben. Er gibt nur an, dass „a few companies perform cross-checking [engl. für Investitionsantragskontrolle, *Anm. d. Verf.*] prior to presenting proposals to management" Pflomm (1963), S. 31.

1710 Auch hier gibt Pflomm (1963) keine genaue Zahl an. Stattdessen gibt er an, dass „most companies make some post-completion audits of completed projects" (Pflomm (1963), S. 80).

1711 Da Pierce/Tsay (1992) bei ihrer Umfrage auf eine Likertskala mit 7 Punkten zurückgreifen, geben sie nur an, dass die durchschnittliche Antwort auf die Frage „Usage of a Post-Completion Audit Program" bei 4,54 (1978) bzw. 4,49 (1988) liegt. Vgl. hierzu Pierce/Tsay (1992), S. 137.

1712 Dabei handelt es sich um die gleiche Basis (die 300 größten, börsennotierten Unternehmen des UK) wie bei der 1980/81 Studie. Vgl. hierzu auch Pike (1996), S. 81.

1713 Auch für diese Studie wurde wieder auf die gleiche Basis (um Konkurse, Fusionen etc. bereinigt) wie in der Studie von 1980/81 zurückgegriffen. Vgl. Pike (1996), S. 81.

1714 Posey/Roth/Dittrich (1985) unterscheiden bei ihrer Untersuchung im Gegensatz zu den anderen Studien zwischen zwei Kontrollobjekten: Dem Vergleich der Erlöse und der Kostensenkungen. Die angegebenen Werte beziehen sich auf die Erlöskontrolle. Im Fall der Ex-Post Kostensenkungskontrolle liegt die Verbreitung bei 64 % bzw. 50 % für Groß- bzw. Mittelunternehmen.

1715 Rockley (1973), S. 177, gibt nur an, dass „over 80% of the respondent firms had some method of reporting the progress of projects which were in course of installation".

Scapens/Sale (1981)	1980	UK	I, G	734	211 [1716]	F	-	-	36,3	-	-
	1980	USA	I, G	497	205	F	-	-	84,2	-	-
Schaefer (1963)	?	USA	I, ?	?	1(6) [1717]	I, D	-	-	ja	-	-
Scheffler (1961)	?	D	I, ?	?	31	?	-	? [1718]	87,1	-	-
Schneider (1976)	1975	D	I*, K, M	103	93	I	-	67,7 [1719]		-	-
Segelod (1997)	1990 1991	S	I?, G	54	29	D, I	-	-	45	-	-
Segelod (2000)	1996 1999	S	D*, G	13?	13	I	? [1720]	? [1721]	? [1722]	-	-
Smith (1994)	?	USA	I, G	72	67	I	-	-	76 [1723]	-	•
Staehlin (1988)	1983	CH	I, G	60	46	F, I	-	89,1	93,5	-	-
Terborgh (1967)	1965	USA	I, ?	?	?	F	? [1724]	-	59 [1725]	-	-
Usry (1966)	?	USA	I*, G	?	1	I	-	ja	ja	-	-

1716 Scapens/Sale (1981) zielten in ihrer Untersuchung auf divisionalisierte Unternehmen ab. Unter Berücksichtigung der nicht-divisionalisierten Unternehmen im Rücklauf wurden 300 (UK) bzw. 247 (USA) Antworten erhalten. Vgl. Scapens/Sale (1981), S. 393.

1717 Schaefer (1963) weist zwar darauf hin, dass für seine Arbeit sechs Industrieunternehmen befragt wurden, beschreibt jedoch nur die Praktiken eines Unternehmens aus dem produzierenden Gewerbe näher.

1718 Scheffler (1961), S. 169f., macht keine Aussagen über die Verbreitung per se, jedoch über die Träger dieser Realisationskontrollen.

1719 Hierbei handelt es sich um das gewichtete arithmetische Mittel der beiden Branchen, Elektroindustrie (67 %) und Maschinenbau (69 %). Vgl. für eine einzelne Aufspaltung Schneider (1976), S. 266. Wie bei Schneider (1976), S. 336, deutlich wird, bezieht er sowohl Realisations- als auch Erfolgskontrollen unter den Begriff der Investitionskontrolle und erhebt diese nicht einzeln.

1720 Segelod (2000) verweist lediglich darauf, dass „capital budgeting procedures are simpler, and investment requests are processed more informally" was auf eine geringe Verbreitung einer systematischen Antragskontrolle in „professional service groups" hindeuten dürfte. Vgl. Segelod (2000), S. 144.

1721 Auch hier fehlen genaue Angaben. Laut Segelod (2000) ist die mitlaufende Investitionskontrolle aber üblicher als die ex-post Investitionskontrolle: „corporate management lays more emphasis on monitoring projects as they develop" (Segelod (2000), S. 148).

1722 Vgl. hierzu die Fußnote 1721.

1723 Dieser Prozentsatz dürfte angesichts der gewählten Stichprobenziehungsmethode Smiths (1994), in der Firmen aufgrund der Vergütungsysteme z. T. aus der Studie ausgeschlossen wurden, nur teilweise repräsentativ sein. Vgl. dazu die Schilderung der Stichprobenziehung bei Smith (1994), S. 131.

1724 Terborgh (1967) gibt hierzu keine Verbreitung an, sondern beschreibt nur einzelne Prozessaspekte. Vgl. hierzu Terborgh (1967), S. 26f. und die dortige Fußnote 1.

1725 Dieser Prozentsatz bezieht sich auf die Frage nach einer regelmäßigen Ex-Post Kontrolle und nicht auf die bloße Existenz eines solchen Verfahrens. Vgl. Terborgh (1967), S. XXI.

Van Pelt (1967)	?	USA	I*, G	1	1	S	-	-	ja	○	-
Van Vleck (1976)	1973	USA	V*, G	650	241	F	-	-	47,9 [1726]	-	●
Viafore (1975)	1972 1974	USA	V*, G	79	4 (23) [1727]	I, D	?[1728]	-	?[1729]	-	-
Ward/Taylor/Bond (1996)	1994	UK	I, G	250	60?	F	-	-	72[1730]	-	-
Watson (1953)	?	USA	I, ?	?	361	?	?[1731]	?[1732]	?[1733]	-	-
Weber/Linder/Spillecke (2002)	2001	D	V*, G	4	4	I, D	-	ja	ja	-	-
Wehrle-Streif (1989)	1987	D	V,G	500	202	F	-	52,2	33,7	-	-
	1987	AT	V,G	100	34	F	-	68,8	31,3	-	-
	1987	CH	V,G	100	30	F	-	48,2	33,3	-	-
Westwick/Shohet (1976)	1974 1975	UK	V, ?	?	81	F	56,8	-	64,2	-	-
Williams (1970)	1969	USA	I*, G	147	100	F	-	-	81,8	-	-

1726 Diese Angabe bezieht sich auf die „average percentage of capital expenditures receiving post completion audits", was als Kontrollumfangsangabe gleichzeitig auch den Verbreitungsgrad der Investitionskontrolle impliziert. Vgl. hierzu detailliert Van Vleck (1976), S. 187.

1727 Viafore (1975) zielte mit seiner Untersuchung auf die empirische Überprüfung von Kapitalallokationssimulationsmodellen ab, weshalb er aufgrund des hierfür notwenigen historischen Datenmaterials eine bewusste Unterauswahl auf nur vier im Detail untersuchte Unternehmen traf. Vgl. Viafore (1975), S. 66-71 u. S. 72f.

1728 Für die Verbreitung der Antragskontrolle in seiner Stichprobe macht Viafore (1975) keine Angabe. Aus seinen Ausführungen kann jedoch geschlossen werden, dass die Unternehmen diese mehrheitlich praktizieren. Vgl. hierzu Viafore (1975), S. 128-130.

1729 Aus den Angaben bei Viafore (1975), S. 153, ist nur zu entnehmen, dass „post-audit information" wohl i. d. R. fehlten.

1730 Im Gegensatz zu den anderen Studien beschränken sich Ward/Taylor/Bond (1996) auf die Untersuchung der Praktiken beim Umgang mit EDV-Investitionen und betrachten nicht Investitionen allgemein.

1731 Hierfür wird kein Prozentsatz angegeben. Watson (1953), S. 27, beschränkt sich bei der Antragskontrolle auf die Angabe, dass der Treasurer oder Controller dafür zuständig ist.

1732 Anstelle eines Prozentsatzes gibt Watson (1953) an, dass „most companies use progress reports to help control capital expenditures" (Watson (1953), S. 31).

1733 Watson (1953) gibt keinen Prozentsatz an, sondern verweist lediglich darauf, dass „it is the exception rather than the rule for management to make a retroactive check on completed capital project in order to determine if the advantages claimed at its inception have materialized" (Watson (1953), S. 38).

Wong/Farragher/Leung (1987)	1985	MA	V*, G	141	57	F	-	89	82	-	-
	1985	SI	V*, G	63	29	F	-	83	90	-	-
	1985	HK	V*, G	78	19	F	-	89	69	-	-
Yamamoto (1998)	1989 1991	JPN	?, G	10	3	I, D	-	-	ja	-	-
Zoeller (1959)	?	USA	I, G	1	1	S	-	-	ja	-	-

Literaturverzeichnis

A

Abdelsamad, M. H. (1973), A Guide to Capital Expenditure Analysis, New York, NY: Amacom.

Adam, D. (1997), Investitionscontrolling, 2., bearbeitete und erweiterte Auflage, München/Wien: Oldenbourg Verlag.

Adams, J. S. (1965), Toward an understanding of inequity, in: Journal of Abnormal and Social Psychology, Volume 67 (1963), Issue 5, S. 422-436.

Ahrend, K.-M. (2002), Strategische Kontrolle zur Verbesserung der Agilität im deutschen Konzern, in: Zeitschrift für Planung, 13. Jahrgang (2002), S. 243-261.

Ajzen, I. (1988), Attitudes, Personality, and Behavior, Stony Stratford: Open University Press.

Ajzen, I./Fishbein, M. (1980), Understanding Attitudes and Predicting Social Behavior, Englewood Cliffs, NJ: Prentice-Hall.

AK Benchmarking Controlling (1994), Benchmarking Investitionsantragsbearbeitung, Vallendar: WHU.

Albach, H. (1959), Wirtschaftlichkeitsrechnung bei unsicheren Erwartungen, Beiträge zur betriebswirtschaftlichen Forschung, Band 7, Köln/Opladen: Westdeutscher Verlag.

Albach, H. (1962), Investition und Liquidität, Wiesbaden: Gabler Verlag.

Albach, H. (1987), Investitionspolitik erfolgreicher Unternehmen, in: Zeitschrift für Betriebswirtschaftslehre, 57. Jahrgang (1987), S. 636-661.

Albert, H. (1984), Wissenschaftstheorie, in: Grochla, E./Witrtman, W. (Hrsg.), Handwörterbuch der Betriebswirtschaft, vierte, völlig neu gestaltete Auflage, Band 1, Teil 2, Stuttgart: C. E. Poeschel Verlag, Sp. 4674-4692.

Alchian, A. A./Demsetz, H. (1972), Production, Information Costs, and Economic Organization, in: The American Economic Review, Volume 62 (1972), Issue 5 (December), S. 777-795.

Alderfer, C. P. (1969), An Empirical Test of a New Theory of Human Needs, in: Organizational Behavior and Human Performance, Volume 4 (1969), Issue 4, S. 142-175.

Alderfer, C. P. (1972), Existence, Relatedness and Growth: Human Needs in Organizational Settings, New York, NY: The Free Press.

Alderfer, C. P. (1977), A critique of Salancik and Pfeffer's Examination of Need-Satisfaction Theories, in: Administrative Science Quarterly, Volume 22 (1977), December, S. 658-669.

Al-Saleh, N./Mills, R. (1996), Capital Budgeting Practices in Medium and Small Sized British Companies, Working Paper Series HWP 9625, Henley-on-Thames: Henley Management College.

Alvarez, G./Bernal, A. O. (1999), Work Feedback and the Accuracy of Performance Self-Assessments, in: Psychology in Spain, Volume 3 (1999), Issue 1, S. 126-137.

American Accounting Association (1969), Extension of Accounting Theory, in: Bruns, W. J. jr/DeCoster, D. T. (Hrsg.), Accounting and its Behavioral Implications, New York, NY et al.: McGraw-Hill, S. 35-37.

Ammons, R. B. (1956), Effects of Knowledge of Performance, in: Journal of General Psychology, Volume 54 (1956), S. 279-299.

Amshoff, B. (1993), Controlling in deutschen Unternehmungen: Realtypen, Kontext und Effizienz, Wiesbaden: Gabler Verlag.

Annett, J. (1969), Feedback and Human Behavior: The effects of knowledge of results, incentives and reinforcement on learning and performance, Baltimore, MD/Harmondsworth, Middlesex: Penguin Books.

Anthony, R. N. (1960), Management Accounting: Text and Cases, Homewood, IL: Richard D. Irwin.

Anthony, R. N. (1973), Some Fruitful Directions for Research in Management Accounting, in: Dopuch, N./Revsine, L. (Hrsg.), Accounting Research 1960-1970: A Critical Evaluation, o. O., IL: Center for International Education and Research in Accounting, S. 37-68.

Anthony, R. N./Govindarajan, V. (2003), Management Control Systems, eleventh edition, Boston, MA: McGraw-Hill.

Argyris, C. (1952), The Impact of Budgets on People, New York, NY: Controllership Foundation.

Argyris, C. (1957), Personality and Organization: The Conflict Between System and the Individual, New York, NY: Harper Brothers.

Argyris, C. (1991), Teaching Smart People How to Learn, in: Harvard Business Review, Volume 69 (1991), Issue 3 (May-June), S. 99-109.

Argyris, C./Schön, D. A. (1978), Organizational Learning: A Theory of Action Perspective, Reading, MA: Addison-Wesley Publishing.

Aronson, E./Wilson, T. D./Akert R. M. (2004), Sozialpsychologie, 4., aktualisierte Auflage, München: Pearson Education.

Asthana, S. (2002), Do Accounting Estimates Get More Accurate With Experience and Does The Market Care: The Case of SFAS 106, in: Review of Accounting and Finance, Volume 1 (2002), Issue 2, S. 23-43.

Atkinson, A. A./Kaplan, R. S./Young, M. S. (2004), Management Accounting, fourth edition, Upper Saddle River, NJ: Prentice-Hall/Pearson.

Atkinson, J. W./Litwin, G. H. (1960), Achievement Motive and Test Anxiety Conceived as Motive to Approach Success and Motive to Avoid Failure, in: Journal of Abnormal and Social Psychology, Volume 60 (1960), Issue 1, S. 52-63.

Azzone, G./Maccarrone, P. (2001), The design of the investment post-audit process in large organizations: evidence from a survey, in: European Journal of Innovation Management, Volume 4 (2001), Issue 2, S. 73-87.

B

Bach, S./Bilgeri, A./Brettel, M./Grothe, M./Langer, C./Miller, A./Schäffer, U./Weber, J. (2002), Grundmodell einer dynamischen Theorie ökonomischer Akteure, CCM Forschungspapier, Nr. 6, Vallendar: WHU.

Bachman, J. G./Smith, C. G./Slesinger, J. A. (1968), Control, Performance, and Satisfaction: An Analysis of Structural and Individual Effects, in: Tannenbaum, A. S. (Hrsg.), Control in Organizations, New York, NY et al.: McGraw-Hill, S. 213-227.

Baker, J. C. (1981), Capital Budgeting in West European Companies, in: Management Decision, Volume 19 (1981), Issue 1, S. 3-10.

Ballmann, W. (1954), Beitrag zur Klärung des betriebswirtschaftlichen Investitionsbegriffes und zur Entwicklung einer Investitionspolitik der Unternehmung, Dissertation, Mannheim: Wirtschaftshochschule.

Bandura, A. (1977), Social Learning Theory, Englewood-Cliffs, NJ: Prentice-Hall.

Bandura, A. (1997), Self-Efficacy: The Exercise of Control, New York, NY: W. H. Freeman and Company.

Bandura, A./Locke, E. A. (2003), Negative Self-Efficacy and Goal Effects Revisited, in: Journal of Applied Psychology, Volume 88 (2003), Issue 1, S. 87-99.

Bandura, A./Ross, D./Ross, S. A. (1963), Imitation of Film-mediated Aggressive Models, in: Journal of Abnormal and Social Psychology, Volume 66 (1963), Issue 1, S. 3-11.

Barkema, H. G. (1995), Do Managers Work Harder When They are Monitored?, in: Kyklos, 48. Jahrgang (1995), Heft 1, S. 19-42.

Barnes, J. H. (1984), Cognitive Biases and Their Impact on Strategic Planning, in: Strategic Management Journal, Volume 5 (1984), S. 139-157.

Baron, R. A./Byrne, D. (1997), Social Psychology, 8th edition, Boston, MA et al.: Allyn and Bacon.

Bassett, G. A./Meyer, H. H. (1968), Performance Appraisal Based On Self-Review, in: Personnel Psychology, Volume 21 (1968), S. 421-430.

Bathe, J./Müller, D. (2002), Zur entscheidungsorientierten Phasenstruktur des Investitionscontrollings, in: Zeitschrift für Planung, 13. Jahrgang (2002), S. 323-343.

Baumgartner, H./Irvine, B. (1977), A Survey of Capital Budgeting Techniques used in Canadian Companies, in: Cost & Management (CMA-Management), Volume 51 (1977), January-February, S. 51-54.

Becker, A. (2003a), Controlling als reflexive Steuerung von Organisationen, Stuttgart: Schäffer-Poeschel Verlag.

Becker, A. (2004), Jenseits des Kerns des Controlling: Management Accounting as Social and Institutional Practice, in: Zeitschrift für Controlling & Management, 48. Jahrgang (2004), Heft 2, S. 95-107.

Becker, F. G. (2003b), Grundlagen betrieblicher Leistungsbeurteilungen: Leistungsverständnis und -prinzip, Beurteilungsproblematik und Verfahrensprobleme, 4., aktualisierte Auflage, Stuttgart: Schäffer-Poeschel Verlag.

Becker, T. (1993), Informationsorientierte Überwachungskonzepte zur Kontrolle von Vorständen, Stuttgart: Schäffer-Poeschel Verlag.

Bem, D. J. (1970), Beliefs, Attitudes, and Human Affairs, Belmont, CA: Brooks/Cole Publishing.

Bem, D. J. (1972), Self-perception theory, in: Berkowitz, L. (Hrsg.), Advances in Experimental Social Psychology, Volume 6, New York, NY: Academic Press, S. 1-62.

Berland, N. (2002), Le contrôle budgétaire, Collection Repères, Paris: Editions La Découverte.

Bernardin, H. J./Beatty, R. W. (1984), Performance Appraisal: Assessing Human Behavior at Work, Boston, MA: Kent Publishing.

Bernardin, H. J./Villanova, P. (1986), Performance Appraisal, in: Locke, E. (Hrsg.), Generalizing from Laboratory to Field Settings: Research Findings from Industrial-Organizational Psychology, Organizational Behavior, and Human Resource Management, Lexington, MA/Toronto, Ont.: Lexington Books, S. 43-62.

Bernichon, T./Cook, K. E./Brown, J. D. (2003), Seeking Self-Evaluative Feedback: The Interactive Role of Global Self-Esteem and Specific Self-Views, in: Journal of Personality and Social Psychology, Volume 84 (2003), Issue 1, S. 194-204.

Berry, A. J. (1984), The Control of Capital Investment, in: Journal of Management Studies, Volume 21 (1984), Issue 1, S. 61-81.

Betge, P. (1991), Investitionsplanung: Methoden, Modelle, Anwendungen, Wiesbaden: Gabler Verlag.

Betriebswirtschaftlicher Ausschuß (1974), Unternehmerische Investitionskontrolle, Herne/Berlin: Verlag Neue Wirtschafts-Briefe.

Bettelheim, C. (1963), Choix et efficence des Investissements, Textes du colloque Franco-Polonais – Paris 17-20 Mai 1960 – réuinis par C. Bettelheim avec la collaboration de M. Godelier, Paris/Le Havre: Mouton & Co.

Biddle, B. J. (1979), Role Theory: Expectations, Identities, and Behaviors, New York, NY et al.: Academic Press.

Birnberg. J. G. (1973a), Comments on a Paper by David Green, in: Dopuch, N./Revsine, L. (Hrsg.), Accounting Research 1960-1970: A Critical Evaluation, o. O., IL: Center for International Education and Research in Accounting, S. 126-132.

Birnberg, J. G. (1973b), Empirical Research in Behavioral Accounting, in: Management International Review, Volume 13 (1973), Issue 2-3, S. 71-81.

Blair, A. (1971), Completing the Capital Investment Sequence: An Accounting Challenge, in: Cost & Management (CMA Management), Volume 47 (1971), May-June, S. 51-53.

Blake, R. R./Mouton, J. S. (1964), The Managerial Grid: Key Orientations for Achieving Production Through People, Houston, TX: Gulf Publishing.

Bland, J. M./Altman, D. G. (1986), Statistical Methods for Assessing Agreement Between Two Methods of Clinical Measurement, Lancet, Volume 1 (1986), S. 307-310.

Blau, P. M. (1955), The Dynamics of Bureaucracy: A Study of Interpersonal Relations in Two Government Agencies, Chicago, IL: The University of Chicago Press.

Bleicher, K./Meyer, E. (1976), Führung in der Unternehmung: Formen und Modelle, Reinbek bei Hamburg: Rowohlt Verlag.

Block, S. (1997), Capital Budgeting Techniques Used by Small Business Firms in the 1990s, in: The Engineering Economist, Volume 42 (1997), Issue 4 (Summer), S. 289-302.

Blohm, H. (1970), Schwachstellenanalyse als Instrument der Internen Revision - dargestellt am Investitionsbereich im kybernetischen System, in: Zeitschrift Interne Revision, 5. Jahrgang (1970), Heft 1, S. 9-16.

Blohm, H./Lüder, K. (1991), Investition: Schwachstellen im Investitionsbereich des Industriebetriebes und Wege zu ihrer Beseitigung, 7., überarbeitete und erweiterte Auflage, München: Verlag Franz Vahlen.

Bloth, K. M. (1975), Interne Revision und Investitionskontrolle, in: Zeitschrift Interne Revision, 10. Jahrgang (1975), Heft 4, S. 193-203.

Bodewes, W. E. J. (2000), Neither Chaos nor Rigidity: An Empirical Study on the Effect of Partial Formalization on Organizational Innovativeness, o. O.: Dutch University Press.

Böcker, F. (1988), Marketing-Kontrolle, Stuttgart et al.: W. Kohlhammer Verlag.

Boersema, J. M. (1978), Capital Budgeting Practices including the Impact of Inflation, Toronto: Canadian Institute of Accountants.

Bolger, F./Önkal-Atay, D. (2004), The effects of feedback on judgemental interval predictions, in: International Journal of Forecasting, Volume 20 (2004), S. 29-39.

Bonner, S. E./Hastie, R./Sprinkle, G. B./Young, S. M. (2000), A review of the effects of financial incentives on performance in laboratory tasks: implications for management accounting, in: Journal of Management Accounting Research, Volume 13 (2000), S. 19-64.

Bonner, S. E./Sprinkle, G. B. (2002), The effects of monetary incentives on effort and task performance: theories, evidence, and a framework for research, in: Accounting, Organizations and Society, Volume 27 (2002), S. 303-345.

Bonner, S. E./Walker, P. L. (1994), The Effects of Instruction and Experience on the Acquisition of Auditing Knowledge, in: The Accounting Review, Volume 69 (1994), Issue 1, S. 157-178.

Borer, D. (1978), Innerbetriebliche Investitionskontrolle in Theorie und Praxis, Bern/Stuttgart: Verlag Paul Haupt.

Bosse, C. (2000), Investitionsmanagement in divisionalen Unternehmen: Strategiebestimmung, Koordination von Investitionsentscheidungen und Anreizsysteme, Chemnitz: GUC Verlag.

Boulding, K. E. (1936), Time and Investment, in: Economica, New Series, Volume 3 (1936), May, S. 196-220.

Bouquin, H. (2001), Le contrôle de gestion, 5e édition mise à jour, Paris: Presses Universitaires de France.

Bourguignon, A. (2004), Performance Management and Management Control: Evaluated Managers' Point of View, in: European Accounting Review, Volume 13 (2004), Issue 4, S. 659-687.

Bourguignon, A./Chiapello, E. (2005), The role of criticism in the dynamics of performance evaluation, in: Critical Perspectives on Accounting, Volume 16 (2005), S. 665-700.

Bower, G, H./Hilgard, E. R. (1981), Theories of Learning, 5th edition, Englewood-Cliffs, NJ: Prentice-Hall.

Bowman, K. J. (1958), We Follow Up Our Capital Outlays, in: N.A.A. Bulletin (Management Accounting (US)), Volume 39 (1958), Issue 9 (March), S. 91-92.

Bramsemann, U. (2006), Handlungstheoretisch fundierte betriebswirtschaftliche Forschung (Arbeitstitel), Dissertation in Vorbreitung, Vallendar: WHU.

Bramsemann, U./Heineke, C./Kunz, J. (2004), Verhaltensorientiertes Controlling – Konturierung und Entwicklungsstand einer Forschungsperspektive, in: Die Betriebswirtschaft, 64. Jahrgang (2004), Oktober, S. 550-570.

Brantjes, M./von Eije, H./Eusman, F./Prins, W. (1999), Post-Completion Audit within Heineken, in: Management Accounting (UK), Volume 77 (1999), Issue 4, S. 20-22.

Braun, J. J./Linder, D. E. (1979), Psychology Today: An Introduction, 4th edition, New York, NY: Random House.

Braun, T. (2004), Jenseits der Zielsteuerung: Eine kritische Untersuchung zielbasierter Instrumente der Unternehmenssteuerung, Köln: Kölner Wissenschaftsverlag.

Brehm, J. W. (1966), A Theory of Psychological Reactance, New York, NY: Academic Press.

Brehm, J. W. (1989), Psychological Reactance: Theory and Applications, in: Advances in Consumer Research, Volume 16 (1989), Issue 1, S. 72-75.

Breid, V. (1995), Aussagefähigkeit agencytheoretischer Ansätze im Hinblick auf die Verhaltenssteuerung von Entscheidungsträgern, in: Zeitschrift für betriebswirtschaftliche Forschung, 47. Jahrgang (1995), S. 821-854.

Brettel, T./Schäffer, U. (2004), Warum bezahlen Akteure dafür, kontrolliert zu werden?, Working Paper Nr. 15, Östrich-Winkel: European Business School – Lehrstuhl für Controlling.

Briers, M. L./Chow, C. W./Hwang, N-C. R./Luckett, P. F. (1999), The Effects of Alternative Types of Feedback on Product-Related Decision Performance: A Research Note, in: Journal of Management Accounting Research, Volume 11 (1999), S. 75-92.

Brown, J. S./Duguid, P. (2001), Knowledge and Organization: A Social-Practical Perspective, in: Organization Science, Volume 12 (2001), Issue 2, S. 198-213.

Bruns, W. J. jr./DeCoster, D. T. (1969b), [ohne Titel – Einführung zu Teil 2], in: Bruns, W. J. jr./DeCoster, D. T. (Hrsg.), Accounting and its Behavioral Implications, New York, NY et al.: McGraw-Hill, S. 49-50.

Buggert, W. (1991), Dysfunktionale Verhaltenswirkungen von Budgetierungssystemen, in: Controller Magazin, 16. Jahrgang (1991), Heft 1, S. 28-38.

Büschges, G. (1985), Methodologischer Individualismus und empirische Soziologie, in: Büschges, G./Raub, W. (Hrsg.), Soziale Bedingungen – Individuelles Handeln – Soziale Konsequenzen, Frankfurt am Main/Bern/New York: Peter Lang Verlag, S. 3-22.

Burris, R. W. (1976), Human Learning, in: Dunnette, M. D. (Hrsg.), Handbook of Industrial and Organizational Psychology, Chicago, IL: Rand McNally Publishing, S. 131-146.

Busyrjow, W. (1954), Planung der Investitionen, in: Havemann, W./Freiberg, P. (Hrsg.), Über die Finanzierung und Kontrolle der Investitionen, 16 Beiträge, Ost-Berlin: Verlag die Wirtschaft, S. 5-15.

C

Cameron, J./Pierce, D. W. (2002), Rewards and Intrinsic Motivation: Resolving the Controversy, Westport, CN: Bergin & Garvey.

Cammann, C. (1974), The Impact of a Feedback System on Managerial Attitudes and Performance, Dissertation, o. O.: Yale University.

Campbell, J. P./Pritchard, R. D. (1976), Motivation Theory in Industrial and Organizational Psychology, in: Dunnette, M. D. (Hrsg.), Handbook of Industrial and Organizational Psychology, Chicago, IL: Rand McNally Publishing, S. 63-130.

Carr, C./Tomkins C. (1996), Strategic investment decisions: the importance of SCM. A comparative analysis of 51 case studies in U.K., U.S. and German companies, in: Management Accounting Research, Volume 7 (1996), S. 199-217.

Carter, C. F./Williams, B. R. (1957), Industry and Technical Progress: Factors Governing the Speed of Application of Science, London: Oxford University Press.

Carter, C. F./Williams, B. R. (1958), Investment in Innovation, London: Oxford University Press.

Cartwright, D. (1959a), Power: A neglected variable in social psychology, in Cartwright, D. (Hrsg.), Studies in Social Power, Ann Arbor, MI: University of Michigan, S. 1-14.

Cartwright, D. (1959b), Preface, in Cartwright, D. (Hrsg.), Studies in Social Power, Ann Arbor, MI: University of Michigan, S. V-VII.

Cattell, R. B. (1963), Theory of Fluid and Crystalized Intelligence: A Critical Experiment, in: (The) Journal of Educational Psychology, Volume 54 (1963), Issue 1, S. 1-22.

Cawley, B. D./Keeping, L. M./Levy, P. E. (1998), Participation in the Performance Appraisal Process and Employee Reactions: A Meta-Analytic Review of Field Investigations, in: Journal of Applied Psychology, Volume 83 (1998), Issue 4, S. 615-633.

Cederblom, D. (1982), The Performance Appraisal Interview: A Review, Implications, and Suggestions, in: Academy of Management Review, Volume 7 (1982), Issue 2, S. 219-227.

Charreaux, G. (2001), Introduction, in: Charreaux, G. (Hrsg.), Images de l'investissement, Paris: Librairie Vuibert, S. 1-10.

Chomsky, N. (1971), The Case against B. F. Skinner, in: The New York Review of Books, December 30, verfügbar unter: http://www.chomsky.com/BFSkinner.pdf.

Chenhall, R. H. (2003), Management controls systems design within its organizational context: findings from contingency-based research and directions for the future, in: Accounting, Organizations and Society, Volume 28 (2003), S. 127-168.

Chenhall, R. H./Morris, D. (1993), The Role of Post Completion Audits, Managerial Learning, Environmental Uncertainty and Performance, in: Behavioral Research in Accounting, Volume 5 (1993), S. 170-186.

Cherry, K. (1993), Why Aren't More Investments Profitable?, in: Journal of Cost Management, Volume 7 (1993), Issue 2, S. 28-37.

Chmielewicz, K. (1994), Forschungskonzeptionen der Wirtschaftswissenschaft, 3., unveränderte Auflage, Stuttgart: Schäffer-Poeschel Verlag.

Christensen, P. (2003), Topics in meta-analyses: A literature survey, Oslo: The Institute of Transport Economics.

Christy, G. A. (1966), Capital Budgeting: Current Practices and Their Efficiency, Bureau of Business and Economic Research, Eugene, OR: University of Oregon.

Churchill, N. C./Cooper, W. W. (1962), Effects of Auditing Records: Individual Task Accomplishment and Organization Objectives, Office of Naval Research, Pittsburgh. Reprinted in: Cooper, W. W./Leavitt, H. J./Shelly, M. W., II (Hrsg.), New Perspectives in Organization Research, NY et al.: John Wiley & Sons, S. 270-275.

Churchill, N. C./Cooper, W. W. (1964), Effects of Auditing Records: Individual Task Accomplishment and Organization Objectives, in: Cooper, W. W./Leavitt, H. J./Shelly, M. W., II (Hrsg.), New Perspectives in Organization Research, New York, NY et al.: John Wiley & Sons, S. 270-275.

Churchill, N. C./Cooper, W. W. (1965), A Field Study of Internal Auditing, in: The Accounting Review, Volume 40 (1965), Issue 4 (October), S. 767-781.

Churchill, N. C./Cooper, W. W. (1966), A Field Study of Auditing as a Mechanism for Organizational Control, in: Lawrence, J. R. (Hrsg.), Operational Research and the Social Sciences, London et al.: Tavistock Publications, S. 109-127.

CMA (1999), Post Appraisal of Capital Expenditures, Strategic Management Series – Management Accounting Guideline: Management Control, Mississauga, Ont.: The Society of Management Accountants of Canada.

Coenen, M. (1998), Kostenkontrollmanagement und Verhaltenssteuerung, Wiesbaden: Deutscher Universitäts-Verlag.

Coenenberg, A. G. (2000), Jahresabschluß und Jahresabschlußanalyse: Betriebswirtschaftliche, handelsrechtliche, steuerrechtliche und internationale Grundlagen – HGB, IAS, US-GAAP, 17., völlig neu bearbeitete und erweiterte Auflage, Landsberg am Lech: verlag moderne industrie.

Coenenberg, A. G./Haller, A. (1993), Externe Rechnungslegung, in: Hauschildt, J./Grün, O. (Hrsg.), Ergebnisse Empirischer Betriebswirtschaftlicher Forschung, Stuttgart: Schäffer-Poeschel Verlag, S. 557-599.

Cofer, C. N./Appley, M. H. (1964), Motivation: Theory and Research, New York, NY et al.: John Wiley & Sons.

Cohen, H. (1965), The Demonics of Bureaucracy: Problems of Change in a Government Agency, Ames, IO: Iowa State University.

Coleman, J. S. (1994), A Rational Choice Perspective on Economic Sociology, in: Smelser, N. J./Swedberg, R. (Hrsg.), The Handbook of Economic Sociology, Princeton, NJ: Princeton University Press, S. 166-180.

Collier, P./Gregory, A. (1995), Investment appraisal in service industries: a field study analysis of the U.K. hotels sector, in: Management Accounting Research, Volume 6 (1995), Issue 1, S. 33-57.

Comelli, G./Rosenstiel, L. von (2001), Führung durch Motivation: Mitarbeiter für Organisationsziele gewinnen, 2., überarbeitete Auflage, München: Verlag Franz Vahlen.

Connelly, R. P. (1959), An Approach to the Determination of Realized Benefits from Capital Investment, in: Lesser, A. jr. (Hrsg.), Planning and Justifying Capital Expenditures, Hoboken, NJ: Stevens Institute of Technology, S. 26-28.

Cook, D. M. (1968), The Impact on Managers of Frequency of Feedback, in: Academy of Management Journal, Volume 11 (1968), S. 263-277.

Cook, S. L. (1966), Connective introducing Chapters 8-19, in: Lawrence, J. R. (Hrsg.), Operational Research and the Social Sciences, London et al.: Tavistock Publications, S. 85-93.

Cooper, W. D./Cornick, M.F./Redmon, A. (1992), Capital budgeting: A 1990 Study of Fortune 500 Company Practice, in: Journal of Applied Business Research, Volume 8 (1992), Issue 3, S. 20-23.

Copeland, T./Koller, T./Murrin, J. (2002), Unternehmenswert: Methoden und Strategien für eine wertorientierte Unternehmensführung, Frankfurt am Main/New York, NY: Campus Verlag.

Corr, A. V. (1983), The Capital Expenditure Decision, Montvale, NJ/Hamilton, Ont.: National Association of Accountants/The Society of Management Accountants of Canada.

Caughron, R. E. (1965), How we follow up capital expenditures, in: N.A.A. Bulletin (Management Accounting (US)), Volume 46 (1965), Issue 10 (April), S. 47-52.

Crawford, E. L./Luka, B./Cacioppo, J. T. (2002), Social Behavior, in: Pashler, H./Gallistel, R. (Hrsg.), Stevens' Handbook of Experimental Psychology - Volume 3: Learning, Motivation, and Emotion, Third edition, New York, NY: John Wiley & Sons, S. 737-799.

Crockett, H. J. jr. (1973), The Achievement Motive and Differential Occupational Mobility in the United States, in: McClelland, D. D./Steele, R. S. (Hrsg.), Human Motivation: A Book of Readings, Morristown, NJ: General Learning Press, S. 181-201.

Crown, D. P./Marlowe, D. (1964), The Approval Motive, Studies in Evaluative Dependence, New York, NY et al.: John Wiley & Sons.

Crozier, M. (1964), The Bureaucratic Phenomenon, Chicago, IL/London: University of Chicago Press/Tavistock Publishing.

Cubbage, K. W. (1968), A Comparison of Theoretical and Practical Concepts on the Plant Expansion Investment Decision: A Study in the Tire and Rubber Industry, D.B.A. Dissertation, o. O.: University of Colorado.

Cullen, D. (1997), Maslow, Monkeys and Motivation Theory, in: Organization, Volume 4 (1997), Issue 3, S. 355-373.

D

Daft, R. L./Noe, R. A. (2001), Organizational behavior, Fort Worth, TX: Harcourt College Publishers.

Dalton, G. W. (1971), Motivation and Control in Organizations, in: Dalton, G. W./Lawrence, P. R. (Hrsg.), Motivation and Control in Organizations, Homewood, IL/Georgetown, Ont.: Richard D. Irwin/The Dorsey Press, S. 1-35.

Däumler, K.-D. (1989), Grundlagen der Investitions- und Wirtschaftlichkeitsrechnung: mit Beispielen, Fragen und Aufgaben, Antworten und Lösungen, Testklausur, finanzmathematischen Tabellen, 6., überarbeitete Auflage, Herne/Berlin: Verlag Neue Wirtschafts-Briefe.

De Bodt, E./Bouquin, H. (2001), Le contrôle de l'investissement, in: Charreaux, G. (Hrsg.), Images de l'investissement - Au-delà de l'évaluation financière: une lecture organisationnelle et stratégique, Paris: Librairie Vuibert, S. 115-166.

Dean, J. (1951), Capital Budgeting, New York: Columbia University Press.

Dean, J. (1954), Measuring the Productivity of Capital, in: Harvard Business Review, Volume 32 (1954), Issue 1, S. 120-130.

Deci, E. L. (1971), Effects of Externally Mediated Rewards On Intrinsic Motivation, in: Journal of Personality and Social Psychology, Volume 18 (1971), Issue 1, S. 105-115.

Deci, E. L. (1972), The Effects of Contingent and Noncontingent Rewards and Controls on Intrinsic Motivation, in: Organizational Behavior and Human Performance, Volume 8 (1972), S. 217-229.

Deci, E. L./Ryan, R. M. (1985), Intrinsic Motivation and Self-Determination in Human Behavior, New York, NY/London: Plenum Press.

De Man, H. (1927), Der Kampf um die Arbeitsfreude: Eine Untersuchung auf Grund der Aussagen von 78 Industriearbeitern und Angestellten, Jena: Eugen Diederichs.

Der Spiegel (2004), Griechen tricksten jahrelang Europa aus, in: Der Spiegel, unter http://www.spiegel.de/wirtschaft/0,1518,319532,00.html, [23.09 2004].

Dettmer, H./Friedrich, R./Hausmann, T./Himstedt, L. (2000), Investitionsmanagement: problemorientiert, München/Wien: Oldenbourg Verlag.

Deutsch, M. (1976), Konfliktregelung: Konstruktive und destruktive Prozesse, München: Ernst Reinhardt Verlag.

Dillon, R. D. (1974), An Empirical Evaluation and Extension of the Postaudit of Capital Expenditures, D.B.A Dissertation, o. O.: Texas Tech University.

Dillon, R./Caldwell, J. (1981), A System for Postauditing Capital Projects, in: Managerial Planning (Planning Review), Volume 9 (1981), January-February, S. 18-22 u. S. 30.

Dixit, A./Pindyck, R. S. (1994), Investment under uncertainty, Princeton, NJ: Princeton University Press.

Donaldson, L. (1980), Behavioral Supervision: Practical Ways to Change Unsatisfactory Behavior and Increase Productivity, Reading, MA et al.: Addison-Wesley Publishing.

Drury, C./Tayles, M. (1996), UK capital budgeting practices: some additional survey evidence, in: The European Journal of Finance, Volume 2 (1996), S. 371-388.

Dunnette, M. D. (1976), Aptitudes, Abilities, and Skills, in: Dunnette, M. D. (Hrsg.), Handbook of Industrial and Organizational Psychology, Chicago, IL: Rand McNally, S. 473-520.

Dyckman, T. R. (1973), Some Fruitful Directions for Research in Management Accounting: Some Comments, in Dopuch, N./Revsine, L. (Hrsg.), Accounting Research 1960-1970: A Critical Evaluation, o. O., IL: Center for International Education and Research in Accounting, S. 79-88.

E

Earley, P. C. (1986), An Examination of the Mechanisms Underlying the Relation of Feedback to Performance, in: Academy of Management Proceedings, o. Jg. (1986), S. 214-218.

Edelmann, W. (1993), Lernpsychologie, 3., neu bearbeitete Auflage, Weinheim: Psychologie Verlags Union.

Eder, R. W./Fedor, D. B. (1989), Impression Management: Its Interpretative Role in the Supervisor-Employee Feedback Process, in: Giacalone, R. A./Rosenfeld, P. (Hrsg.), Impression Management in Organizations, Hillsdale, NJ et al.: Lawrence Erlbaum Associates, S. 327-339.

Ehrenreich, K. B. (1983), Postaudit Review of Capital Budgeting, in: The Internal Auditor, o. Jg. (1983), February, S. 33-35.

Eibl-Eibesfeldt, I. (1973), Der vorprogrammierte Mensch; Das Ererbte als bestimmender Faktor im menschlichen Verhalten, Wien/München/Zürich: Verlag Fritz Molden.

Eich, D. (1976), Investition, Begriff, in: Büschgen, H. E. (Hrsg.), Handwörterbuch der Finanzwirtschaft, Stuttgart: C. E. Poeschel Verlag, Sp. 828-833.

Eisenführ, F./Weber, M. (1994), Rationales Entscheiden, zweite, verbesserte Auflage, Berlin et al.: Springer Verlag.

Elangovan, A. R./Xie, J. L. (1999), Effects of perceived power of supervisor on subordinate stress and motivation: The moderating role of subordinate characteristics, in: Journal of Organizational Behavior, Volume 20 (1999), S. 359-373.

Elschen, R. (1991), Gegenstand und Anwendungsmöglichkeiten der Agency-Theorie, in: Zeitschrift für betriebswirtschaftliche Forschung, 43. Jahrgang (1991), S. 1002-1012.

Engelhardt, A. (1983), Kontrolle in der Personalführung, in: Management Enzyklopädie, 2. Auflage, Landsberg am Lech: moderne Industrie, S. 985-994.

Eschenbruch, K. (1984), Verfassungsrechtliche Grenzen staatlicher direkter Investitionslenkung, Dissertation, Köln: Universität Köln.

Euler, K. A. (1992), Interne Kontrollen im Unternehmen: Konzepte zur Vermögenssicherung und Effizienzsteigerung, 2., neubearbeitete Auflage, Berlin: Erich Schmidt Verlag.

Ewert, R. (2002), Der informationsökonomische Ansatz des Controlling, in: Weber, J./Hirsch, B. (Hrsg.), Controlling als akademische Disziplin: Eine Bestandsaufnahme, Wiesbaden: Deutscher Universitäts-Verlag, S. 21-37.

Ewert, R./Wagenhofer, A. (1995), Interne Unternehmensrechnung, 2. Auflage, Berlin et al.: Springer Verlag.

Ewert, R./Wagenhofer, A. (2000), Interne Unternehmensrechnung, 4., überarbeitete und erweiterte Auflage, Berlin et al.: Springer Verlag.

Ewert, R./Wagenhofer, A. (2003), Interne Unternehmensrechnung, 5., überarbeitete Auflage, Berlin et al.: Springer Verlag.

F

Faber, R. (1980), Über das Zusammenwirken von Instrumenten der Struktur-Formalisierung in Unternehmungen: Ein situatives Konzept, Dissertation, Berlin: Technische Universität Berlin.

Fabozzi, F. J./Peterson, P. P. (2003), Financial Management & Analysis, 2nd edition, Hoboken, NJ: John Wiley & Sons.

Falk, A./Kosfeld, M. (2005), The Hidden Cost of Control, Working Paper No. 250, Zürich: Insitut for Empirical Research in Economics/University of Zurich.

Farh, J. L./Dobbins, G. H. (1989), Effects of Comparative Performance Information on the Accuracy of Self-ratings and Agreement Between Self- and Supervisor Ratings, in: Journal of Applied Psychology, Volume 74 (1989), Issue 4, S. 606-610.

Farr, J. L. (1991), Leistungsfeedback und Arbeitsverhalten, in: Schuler, H. (Hrsg.), Beurteilung und Förderung beruflicher Leistung, Stuttgart: Verlag für Angewandte Psychologie, S. 57-80.

Farragher, E. J. (1986), Capital Budgeting Practices of Non-Industrial Firms, in: The Engineering Economist, Volume 31 (1986), Issue 4 (Summer), S. 293-302.

Farragher, E. J./Kleiman, R. T./Sahu, A. P. (1999), Current Capital Investment Practices, in: The Engineering Economist, Volume 44 (1999), Issue 2, S. 137-150.

Fayol, H. (1916), Administration industrielle et générale, Chapitre II, in: Bulletin de la Société de l'industrie minérale, Tombe X, 5e série, Saint-Etienne: ohne Verlag.

Fayol, H. (1925), Administration industrielle et générale: prévoyance, organisation, commandement, coordination, contrôle, Extrait du Bulletin de la Société de l'Industrie Minérale, Paris: Editions Dunod.

Fedor, D. B. (1991), Recipient Responses to Performance Feedback: A proposed Model and its Implications, in: Research in Personnel and Human Resources Management, Volume 9 (1991), S. 73-120.

Feldman, J. M. (1981), Beyond Attribution Theory: Cognitive Processes in Performance Appraisal, in: Journal of Applied Psychology, Volume 66 (1981), Issue 2, S. 127-148.

Felin, T./Foss, N. J. (2005), Strategic organization: a field in search of micro-foundations, in: Strategic Organization, Volume 3 (2005), Issue 4, S. 441-455.

Felin, T./Foss, N. J. (2006), Individuals and Organizations: Thoughts on a Micro-Foundations Project for Strategic Management and Organizational Analysis, Working Paper, Copenhagen: Copenhagen Business School.

Felin, T./Hesterly, W. S. (2006), The Knowledge-Based View, Heterogeneity, and New Value Creation: Philosophical Considerations on the Locus of Knowledge, erscheint in: Academy of Management Review, Volume 31 (2006).

Festinger, L. (1957), A Theory of Cognitive Dissonance, Stanford, CA: Stanford University Press.

Festinger, L./Aronson, E. (1960), The Arousal and Reduction of Dissonance in Social Contexts, in: Cartwright, D./Zander, A. (Hrsg.), Group Dynamics: Research and Theory, 2nd edition, Evanston, IL: Row, Peterson and Company, S. 214-231.

Fischer, T. M. (2002), Unternehmenskultur und Controlling, in: Weber, J./Hirsch, B. (Hrsg.), Controlling als akademische Disziplin: Eine Bestandsaufnahme, Wiesbaden: Deutscher Universitäts-Verlag, S. 267-281.

Fishbein, M./Ajzen, I. (1975), Belief, Attitude, Intention and Behavior: An Introduction to Theory and Research, Reading, MA: Addison-Wesley Publishing.

Fisher, C. D. (1979), Transmission of Positive and Negative Feedback to Subordinates: A Laboratory Investigation, in: Journal of Applied Psychology, Volume 64 (1979), Issue 5, S. 533-540.

Fisher, C. (1996), The impact of perceived environmental uncertainty and individual differences on management information requirements: a research note, in: Accounting, Organizations and Society, Volume 21 (1996), Issue 4, S. 361-369.

Fisher, J. G./Maines, L. A./Peffer, S. A./Sprinkle, G. B. (2002), Using Budgets for Performance Evaluation: Effects of Resource Allocation and Horizontal Information Asymmetry on Budget Proposals, Budget Slack, and Performance, in: The Accounting Review, Volume 77 (2002), S. 847-865.

Flanagan, J. G. (1954), The Critical Incident Technique, in: Psychological Bulletin, Volume 51 (1954), Issue 4, S. 327-358.

Florissen, A. (2005), Preiscontrolling: Rationalitätssicherung im Preismanagement, Wiesbaden: Deutscher Universitäts-Verlag.

Folger, R./Konovsky, M. A./Cropanzano, R. (1992), A Due Process Metaphor for Performance Appraisal, in: Research in Organizational Behavior, Volume 14 (1992), S. 129-177.

Foppa, K. (1965), Lernen, Gedächtnis, Verhalten: Ergebnisse und Probleme der Lernpsychologie, Köln/Berlin: Kiepenheuer & Witsch.

Forgas, J. P. (1995), Mood and Judgement: The Affect Infusion Model (AIM), in: Psychological Bulletin, Volume 117 (1995), Issue 1, S. 39-66.

Frank, S. (2000), Erfolgreiche Gestaltung der Kostenrechung: Determinanten und Wirkungen am Beispiel mittelständischer Unternehmen, Wiesbaden: Deutscher Universitäts-Verlag.

Freeman, M./Hobbes, G. (1991), Capital Budgeting: Theory versus Practice, in: The Australian Accountant, Volume 61 (1991), Issue 8, S. 36-41.

Freimuth, J. (1987), Controlling und Unternehmenskultur – paradoxe Reaktionen bei der Unternehmenssteuerung, in: Organisationsentwicklung, 6. Jahrgang (1987), Heft 3, S. 15-29.

Fremgen, J. M. (1973), Capital Budgeting Practices: A Survey, in: Management Accounting (US), Volume 54 (1973), Issue 11 (May), S. 19-25.

French, E. G. (1957), Effects of the interaction of achievement, motivation, and intelligence on problem solving success, in: American Psychologist, Volume 12 (1957), S. 399-400.

French, J. R. P. jr/Kay, E./Meyer, H. H. (1966), Participation and the Appraisal System, in: Human Relations, Volume 19 (1966), Issue 1 (February), S. 3-20.

French, J. R. P. jr/Raven, B. (1959), The Bases of Social Power, in: Cartwright, D. (Hrsg.), Studies in Social Power, Ann Arbor, MI: The University of Michigan, S. 150-167.

Frese, E. (1968), Kontrolle und Unternehmensführung: Entscheidungs- und organisationstheoretische Grundlagen, Wiesbaden: Gabler Verlag.

Frese, E. (1998), Grundlagen der Organisation, 7. überarbeitete Auflage, Wiesbaden: Gabler Verlag.

Freud, S. (1920), Jenseits des Lustprinzips, Beihefte der Internationalen Zeitschrift für Psychoanalyse, Nr. II, Leipzig/Wien/Zürich: Internationaler Psychoanalytischer Verlag.

Freud, S. (1948), Das Unbehagen in der Kultur, in: Freud, S. (1948), Gesammelte Werke, Band 14, Frankfurt am Main: S. Fischer Verlag, S. 419-506.

Frey, B. S. (1993), Does Monitoring Increase Work Effort? The Rivalry with Trust and Loyalty, in: Economic Inquiry, Volume 31 (1993), October, S. 663-670.

Friestad, M./Thorson, E. (1986), Emotion-Eliciting Advertising: Effects on Long Term Memory and Judgement, in: Lutz, R. J. (Hrsg.), Advances in Consumer Research, Volume XIII, Provo, UT: Association for Consumer Research, S. 111-116.

Funke, J./Vaterrodt-Plünnecke, B. (2004), Was ist Intelligenz?, 2., überarbeitete Auflage, München: Verlag C. H. Beck.

G

Gadella, J. W. (1991), Preparing the Way for Post-Audit, in: Neale, C. W./Holmes, D. E. A. (Hrsg.), Post-Completion Auditing: A guide for effective re-evaluation of investment projects, London: Pitman Publishing, S. 82-100.

Gadella, J./Jones, J. (1996), Post completion review: A method to manage business risk, in: Management Accounting (UK), Volume 74 (1996), Issue 8, S. 38-39.

Gaedt, W. (1976), Investitionslenkung und Grundgesetz: eine Untersuchung über die Vereinbarkeit verschiedener Investitionslenkungsmodelle mit dem Grundgesetz, Dissertation, München: Dissertations- und Fotodruck Frank.

Gaitanides, M. (1995), Geleitwort zu: Sjurts, I. (1995), Kontrolle, Controlling und Unternehmensführung: theoretische Grundlagen und Problemlösungen für das operative und strategische Management, Wiesbaden: Gabler Verlag.

Galbraith, J./Cummings, L. L. (1967), An Empirical Investigation of the Motivational Determinants of Task Performance: Interactive Effects between Instrumentality-Valence and Motivation-Ability, in: Organizational Behavior and Human Performance, Volume 2 (1967), S. 237-257.

Gallinger, G. (1980), Capital Expenditure Administration, in: Sloan Management Review, Volume 22 (1980), Issue 1 (Fall), S. 13-20.

Gardner, H. (1983), Frames of Mind: The Theory of Multiple Intelligences, New York, NY: Basic Books.

Gardner, H. (1993), Frames of Mind: The Theory of Multiple Intelligences, 2nd edition, Hammersmith/London: Fontana Press/HarperCollins.

Gardner, H. (2002), Intelligenzen: Die Vielfalt des menschlichen Geistes, Stuttgart: Klett-Cotta Verlag.

Gardner, M. P./Vandersteel, M. (1984), The Consumer's Mood: An Important Situational Variable, in: Kinnear, Th. (Hrsg.), Advances in Consumer Research, Volume XI, Ann Arbor, MI: Association of Consumer Research, S. 525-529.

Garvin, D. A. (1993), Building a Learning Organization: Beyond high philosophy and grand themes lie the gritty details of practice, in: Harvard Business Review, Volume 71 (1993), Issue 4 (July-August), S. 78-91.

Gasiet, S. (1981), Menschliche Bedürfnisse: Eine theoretische Synthese, Frankfurt am Main/New York, NY: Campus Verlag.

Gau, E. (1984), Praxis der Kosten- und Leistungsrechnung, Band 3: Kosten- und Leistungskontrolle, Freiburg im Breisgau: Rudolf Haufe Verlag.

Gaydoul, P. (1980), Controlling in der deutschen Unternehmenspraxis, Darmstadt: S. Toeche-Mittler Verlag.

Gebert, X./Rosenstiel, L. von (1994), Organisationspsychologie: Person und Organisation, 4. Auflage, Stuttgart et al.: Verlag W. Kohlhammer.

Geiger, U. (1986), Investitionsobjektplanung und -kontrolle in der integrierten Unternehmensplanung, München und Herrsching: Planungs- und Organisationswissenschaftliche Schriften.

Geiger, U./Grebenc, H./Klotz, A./Maaßen, H. (1990), Das Managementsystem der Investitionsobjektplanung und -kontrolle, in: Kirsch, W./Maaßen, H. (Hrsg.), Managementsysteme: Planung und Kontrolle, 2. Auflage, München: Verlag Barbara Kirsch, S. 245-288.

George, J. M./Jones, G. R. (2005), Understanding and Managing Organizational Behavior, fourth edition, Upper Saddle River, NJ: Prentice-Hall/Pearson Education.

Ghobadian, A./Smyth, D. A. (1989), The Role of the Post-Audit Procedure in Effective Control of Capital Projects, in: Macbeth, D. K./Southern, G. (Hrsg.), Operations Management in Advanced Manufacture and Services Common Issues: Common Approaches, Proceedings of the Operations Management Association, Annual International Conference, 5 - 6 January 1989, Dunblane (Scotland), Kempston, Bedford: IFS Publications/Berlin u. Heidelberg: Springer Verlag, S. 121-133.

Gibson, J. L./Ivancevich, J. M./Donnelly, J. H. jr. (1994), Organizations: Behavior, Structure, Processes, 8th edition, Burr Ridge, IL/Boston, MA et al.: Richard D. Irwin.

Gist, M. E. (1987), Self-Efficacy: Implications for Organizational Behavior and Human Resource Management, in: Academy of Management Review, Volume 12 (1987), Issue 3, S. 472-485.

Gitman, L. J./Forrester, J. R. jr. (1977), A Survey of Capital Budgeting Techniques Used by Major U.S. Firms, in: Financial Management, Volume 6 (1977), Issue 3 (Fall), S. 66-71.

Gitman, L. J./Mercurio, V. A. (1982), Cost of Capital Techniques Used by Major U.S. Firms: Survey and Analysis of Fortune's 1000, in: Financial Management, Volume 11 (1982), Issue 4 (Winter), S. 21-29.

Goeldel, H. (1997), Gestaltung der Planung: Konzeptioneller Ansatz und Fallstudien, Wiesbaden: Deutscher Universitäts-Verlag.

Goldthorpe, J./Lockwood, D./Bechhofer, F./Platt, J. (1968), The affluent worker: industrial attitudes and behaviour, Cambridge (UK): Cambrige University Press.

Goold, M./Campbell, A. (1987), Strategies and Styles: The Role of the Centre in Managing Diversified Corporations, Oxford: Blackwell.

Goold, M./Quinn, J. J. (1990), Strategic Control: Milestones for long-term performance, London: Hutchison Business Books.

Gordon, L. A./Loeb, M. P./Myers, M. D. (1994), A Note on Postauditing Capital Assets and Firm Performance, in: Managerial and Decision Economics, Volume 15 (1994), S. 177-181.

Gordon, L. A./Myers, M. D. (1991), Postauditing Capital Projects: Are You in Step with the Competition?, in: Management Accounting (US), Volume 72 (1991), Issue 7 (January), S. 39-42.

Götze, U./Bloech, J. (2002), Investitionsrechnung: Modelle und Analysen zur Beurteilung von Investitionsvorhaben, 3., verbesserte und erweiterte Auflage, Berlin et al.: Springer Verlag.

Gremillet, A. (1972), Sélection et Contrôle des Investissements, Paris: Les Editions d'Organisation.

Griffin, R. W. (1957), How We Follow Up the Capital Expenditures We Have Made, in: N.A.A. Bulletin (Management Accounting (US)), Volume 39 (1957), Issue 3, S. 61-66.

Grimes, L. E. (1954), A Comprehensive System of Performance Reports, in: American Management Association (Hrsg.), Tested Approaches to Capital Equipment Replacement, AMA Special Report No. 1, New York, NY: AMA, S. 86-94.

Grochla, E. (1968), Geleitwort zu: Frese, E. (1968), Kontrolle und Unternehmensführung, Wiesbaden: Gabler Verlag.

Grochla, E. (1976), Praxeologische Organisationstheorie durch sachliche und methodische Integration, in: Zeitschrift für betriebswirtschaftliche Forschung, 28. Jahrgang (1976), S. 617-637.

Groll, M. (2004), Koordination im Supply Chain Management: Die Rolle von Macht und Vertrauen, Wiesbaden: Deutscher Universitäts-Verlag.

Grössle, H. K. (1957), Der Mensch in der industriellen Fertigung: Ergebnisse der betrieblichen Sozialforschung in den USA, Wiesbaden: Gabler Verlag.

Grothe, M. (1997), Ordnung als betriebswirtschaftliches Phänomen: Die Bedeutung von Koordination und Komplexität, Wiesbaden: Deutscher Universitäts-Verlag.

Grull, W. (1921), Die Kontrolle in gewerblichen Unternehmungen: Grundzüge der Kontrolltechnik, Berlin: Verlagsbuchhandlung Julius Springer.

Gugel, W. (1992), Wissensbasiertes Entscheidungsunterstützungssystem für Investitionsplanung und Investitionskontrolle in der Textilindustrie, Ehningen bei Böblingen: expert verlag.

Gulliver, F. R. (1987), Post-Project Appraisals pay, in: Harvard Business Review, Volume 65 (1987), Issue 2 (March-April), S. 128-132.

Gurnani, C. (1984), Capital Budgeting: Theory and Practice, in: The Engineering Economist, Volume 30 (1984), Issue 1, S. 19-46.

Gutenberg, E. (1959), Untersuchungen über die Investitionsentscheidungen industrieller Unternehmen, Köln/Opladen: Westdeutscher Verlag.

Gutenberg, E. (1967), Die Unternehmung als Gegenstand betriebswirtschaftlicher Theorie, Frankfurt am Main: Verlag Sauer & Auvermann.

Gutenberg, E. (1989), Rückblicke, unveröffentlichtes Manuskript, Köln 1983, abgedruckt in: Albach, H. (Hrsg.), Zur Theorie der Unternehmung: Schriften und Reden von Erich Gutenberg - Aus dem Nachlaß, Berlin et al.: Springer Verlag, S. 3-109.

Güther, B. (1975), Investitionslenkung und Investitionskontrolle: ein Beitrag zur aktuellen Diskussion in der BRD, Informationsbericht Nr. 18, Frankfurt am Main: Institut für Marxistische Studien und Forschung.

Guzzo, R. A./Jette, R. D./Katzell, R. A. (1985), The effects of psychologically based intervention programs on worker productivity: a meta analysis, in: Personnel Psychology, Volume 38 (1985), S. 275-291.

H

Hacker, W. (1999), Handlung, in: Ansanger, R./Wenninger, G. (Hrsg.), Handwörterbuch Psychologie, unveränderter Nachdruck der Ausgabe von 1988, Weinheim: Psychologie Verlags Union, S. 275-282.

Hackman, J. R./Oldham, G. R. (1975), Development of the job diagnostic survey, in: Journal of Applied Psychology, Volume 60 (1975), S. 159-170.

Hackman, J. R./Oldham, G. R. (1976), Motivation through the design of work: Test of a theory, in: Organizational Behavior and Human Performance, Volume 16 (1976), S. 250-279.

Hackney, J. W. (1992), Control and Management of Capital Projects, 2nd edition, edited by K. K. Humphreys, New York, NY: McGraw-Hill.

Hägg, I. (1977), Reviews of Capital Investments – Empirical Studies, Research Report No. 1977/3, Uppsala: University of Uppsala – Department of Business Administration.

Hahn, D./Hungenberg, H. (2001), PuK – Wertorientierte Controllingkonzepte: Planung und Kontrolle, Planungs- und Kontrollsysteme, Planungs- und Kontrollrechnung, 6., vollständig überarbeitete und erweiterte Auflage, Wiesbaden: Gabler Verlag.

Huikku, J. (2004), Post-Completion Auditing of Capital Investments in Practice: Empirical Evidence of the Biggest Finnish Industrial Corporations, Paper presented at the European Accounting Association Annual Conference, Prague, 2004, April 1-3.

Haka, S. F. (1987), Capital Budgeting Techniques and Firm Specific Contingencies: A Correlational Analysis, in: Accounting, Organizations and Society, Volume 12 (1987), Issue 1, S. 31-48.

Haka, S. F./Gordon, L. A./Pinches, G. E. (1985), Sophisticated Capital Budgeting Selection Techniques and Firm Performance, The Accounting Review, Volume 60 (1985), Issue 4 (October), S. 651-669.

Hall, D. T./Nougaim, K. E. (1968), An Examination of Maslow's Need Hierarchy in an Organizational Setting, in: Organizational Behavior and Human Performance, Volume 3 (1968), S. 12-35.

Hall, J. H. (2000), An Empirical Investigation of the Capital Budgeting Process, Working Paper, Pretoria: University of Pretoria – Department of Accounting and Finance.

Hamilton, J. S. (1981), Post Installation evaluation of information systems: An empirical investigation of the determinants for use of post installation reviews, dissertation, o. O.: University of Minnesota.

Han, C. K. (1986), The Sophistication of Capital Budgeting in Malaysian Companies, in: OMEGA, Volume 14 (1986), Issue 2, S. 175-181.

Hansen, D. R./Mowen, M. M. (2003), Management Accounting, 6th edition, Mason, OH: South-Western Publishing.

Hantula, D. A./Bragger, J. L. D. (1999), The Effects of Feedback Equivocality on Escalation of Commitment: An Empirical Investigation of Decision Dilemma Theory, in: Journal of Applied Social Psychology, Volume 29 (1999), Issue 2, S. 424-444.

Harris, M./Raviv, A. (1996), The Capital Budgeting Process: Incentives and Information, in: The Journal of Finance, Volume 51 (1996), Issue 4 (September), S. 1139-1174.

Hartmann, N. (o. J.), Einführung in die Philosophie, 5. Auflage, Hannover: Luise Hanckel Verlag.

Hasenack, W. (1952), Betrieb und Kontrolle - Zur Wesensproblematik der Betriebskontrolle: Eine notwendige Grundlage der „Produktivitäts"-Bewegung, in: Betriebswirtschaftliche Forschung und Praxis, 4. Jahrgang (1952), S. 339-350.

Hastie, L. K. (1974), One Businessman's View of Capital Budgeting, in: Financial Management, Volume 3 (1974), Issue 4 (Winter), S. 36-44.

Hauschildt, J./Grün, O. (1993), Auf dem Weg zu einer Realtheorie der Unternehmung, in: Hauschildt, J./Grün, O. (Hrsg.), Ergebnisse Empirischer Betriebswirtschaftlicher Forschung, Stuttgart: Schäffer-Poeschel Verlag, S. IX-XII.

Hax, H. (1964), Investitions- und Finanzplanung mit Hilfe der linearen Programmierung, in: Zeitschrift für betriebswirtschaftliche Forschung, 16. Jahrgang (1964), S. 430-446.

Hax, H. (1985), Investitionstheorie, 5. bearbeitete Auflage, Würzburg/Wien: Physica-Verlag.

Hay, P. H. (1977), Investitionskontrolle, in: Zeitschrift für betriebswirtschaftliche Forschung, 29. Jahrgang (1977), S. 175-180.

Hayek, F. A. von (1972), Die Theorie komplexer Phänomene, Tübingen: J. C. B. Mohr (Paul Siebeck).

Hayek, F. A. von (1989), Die Vortäuschung von Wissen – Nobel-Lesung vom 11. Dezember 1974, in: Recktenwald, H. C. (Hrsg.), Die Nobelpreisträger der ökonomischen Wissenschaft 1969-1988, Düsseldorf: Wirtschaft und Finanzen, S. 384-398.

Heckhausen, H. (1977), Achievement Motivation and Its Constructs: A Cognitive Model, in: Motivation and Emotion, Volume 1 (1977), Issue 4, S. 283-329.

Heckhausen, H. (1987), Wünschen, Wählen, Wollen, in: Heckhausen, H./Gollwitzer, P. M./Weinert, F. E. (Hrsg.), Jenseits des Rubikon: Der Wille in den Humanwissenschaften, Berlin et al.: Springer-Verlag, S. 3-9.

Heckhausen, H. (2003), Motivation und Handeln, 2., völlig überarbeitete und ergänzte Auflage, Nachdruck 2003, Berlin et al.: Springer-Verlag.

Heebink, D. V. (1964), Postcompletion Audits of Capital Investment Decisions, in: California Management Review, Volume 6 (1964), Spring, S. 49-52.

Heilmann, K. R. (2002), Erfolgsfaktoren von Wertpapierbörsen im internationalen Wettbewerb: Analyse auf Basis einer weltweiten empirischen Erhebung, Wiesbaden: Deutscher Universitäts-Verlag.

Heineke, C. (2005), Kennzahlen als Instrument der Führung: Eine sach-analytische Untersuchung aus einer verhaltensorientierten Perspektive unter Einbeziehung kommunikationstheoretischer Überlegungen, Hamburg: Verlag Dr. Kovač.

Heinen, E. (1971), Der entscheidungsorientierte Ansatz in der Betriebswirtschaftslehre, in: Kortzfleisch, G. von (Hrsg.), Wissenschaftsprogramm und Ausbildungsziele der Betriebswirtschaftslehre, Berlin: Duncker & Humblot, S. 21-37.

Heinen, E. (1976), Grundfragen der entscheidungsorientierten Betriebswirtschaftslehre, München: Wilhelm Goldmann Verlag.

Heinen, E. (1978), Zum Wissenschaftsprogramm der Entscheidungsorientierten Betriebswirtschaftslehre, in: Schweitzer, M. (Hrsg.), Auffassungen und Wissenschaftsziele der Betriebswirtschaftslehre, Reihe Wege der Forschung, Band 502, Darmstadt: Wissenschaftliche Buchgesellschaft, S. 219-245.

Heinen, E. (1982), Einführung in die Betriebswirtschaftslehre, 8., durchgesehene Auflage, Wiesbaden: Gabler Verlag.

Heinen, E./Frank, M. (1997), Unternehmenskultur: Perspektiven für Wissenschaft und Praxis, 2., bearbeitete und erweiterte Auflage, München/Wien: Oldenbourg Verlag.

Helfert, E. A. (1960), Checkpoints for Administering Capital Expenditures, in: California Management Review, Volume 2 (1960), Issue 3, S. 84-98.

Hellriegel, D./Slocum, J. W./Woodman, R. W. (1995), Organizational Behavior, 7th edition, Minneapolis/St.-Paul et al.: West Publishing.

Hendricks, J. A. (1983), Capital Budgeting Practices Including Inflation Adjustments: A Survey, in: Managerial Planning (Planning Review), Volume 11 (1983), January-February, S. 22-28.

Hentze, J./Brose, P./Kammel, A. (1993), Unternehmensplanung: eine Einführung, 2. Auflage, Bern et al.: Verlag Paul Haupt.

Hentze, J./Kamel, A./Lindert, K. (1997), Personalführungslehre: Grundlagen, Funktionen und Modelle der Führung, 3., vollständig überarbeitete Auflage, Bern/Stuttgart/Wien: Verlag Paul Haupt.

Herbst, P. G. (1957), Situation Dynamics and the Theory of Behavior Systems, in: Behavioral Science, Volume 2 (1957), S. 13-29.

Herbst, G. (1974), Investition: Investitionen in Theorie und Praxis – Investitionsentscheidungen anhand von Investitionsrechnungen – ROI-Kontrolle, Bonn: Wilhelm Stollfuss Verlag.

Herzberg, F. (1966), Work and the nature of man, New York, NY: Thomas Crowell.

Herzberg, F. (1968), One more time: How do you motivate employees?, in: Harvard Business Review, Volume 46 (1968), January-February, S. 53-62.

Herzberg, F./Mausner, B./Snyderman, B. B. (1959), The Motivation to Work, Second Edition, New York, NY et al.: John Wiley & Sons.

Herzog, A. (1999), Gestaltung von Controllership: Die Zuordnung von Aufgaben zu Controllern, Wiesbaden: Deutscher Universitäts-Verlag

Hicks, C. F./Schmidt, L. L jr. (1971), Post-Auditing the Capital Investment Decision, in: Management Accounting (US), Volume 53 (1971), August, S. 24-32.

Higgins, E. T./Bargh, J. A. (1987), Social Cognition and Social Perception, in: Annual Review of Psychology, Volume 38 (1987), S. 369-425.

Hill, W./Fehlbaum, R./Ulrich, P. (1981), Organisationslehre 1: Ziele, Instrumente und Bedingungen der Organisation sozialer Systeme, 3., verbesserte Auflage, Bern/Stuttgart: Verlag Paul Haupt.

Hirsch, B. (2002), Werte-Controlling: Zur Berücksichtigung von Wertvorstellungen in Unternehmensentscheidungen, Wiesbaden: Deutscher Universitäts-Verlag.

Hirshleifer, J. (1958), On the Theory of Optimal Investment Decision, in: Journal of Political Economy, Volume 66 (1958), S. 329-352.

Hirst, M. K./Luckett, P. F. (1992), The Relative Effectiveness of Different Types of Feedback in Performance Evaluation, in: Behavioral Research in Accounting, Volume 4 (1992), S. 1-22.

Hoffjan, A. (1997), Entwicklung einer verhaltensorientierten Controlling-Konzeption für die Arbeitsverwaltung, Wiesbaden: Deutscher Universitäts-Verlag.

Hoffmann, F. (1980), Führungsorganisation: Band 1: Stand der Forschung und Konzeption, Tübingen: J. C. B. Mohr (Paul Siebeck).

Hofmann, D. (1993), Planung und Durchführung von Investitionen: Investitionsarten, Investitionsprozeß, Investitionsmotive, Investitionsentscheidung, Verfahren der Investitionsrechnung, Investitionsplanung, Investitionskontrolle, Wiesbaden: Gabler Verlag.

Hogan, J. C. (1991), Physical Abilities, in: Dunnette, M. D./Hough, L. M. (Hrsg.), Handbook of Industrial and Organizational Psychology, 2nd edition, Volume 2, Palo Alto, CA: Consulting Psychologists Press, S. 753-831.

Höller, H. (1978), Verhaltenswirkungen betrieblicher Planungs- und Kontrollsysteme: Ein Beitrag zur verhaltensorientierten Weiterentwicklung des betrieblichen Rechnungswesens, München: Verlag V. Florentz.

Holmes, D. E. A./Cullen, J./Gray, I. D. (1991), Problems associated with Post-Completion Audits, in: Neale, C. W./Holmes, D. E. A. (Hrsg.), Post-Completion Auditing: A guide for effective re-evaluation of investment projects, London: Pitman Publishing, S. 50-81.

Holmes, D. E. A./Fox, G. W. D. (1991), The Practice, in: Neale, C. W./Holmes, D. E. A. (Hrsg.), Post-Completion Auditing: A guide for effective re-evaluation of investment projects, London: Pitman Publishing, S. 143-163.

Holmström, B./Milgrom, P. (1991), Multitask Principal-Agent Analyses: Incentive Contracts, Asset Ownership, and Job Design, in: Journal of Law, Economics and Organization, Volume 7 (1991), S. 24-52.

Homann, K./Suchanek, A. (2000), Ökonomik: Eine Einführung, Tübingen: J. C. B. Mohr (Paul Siebeck).

Honko, J. (1966), On Investment Decisions in Finnish Industry: An Empirical Pilot Study of the Administration of the Capital Investment Planning and Control Process and the Moment of and Motives for Investment in some Industries in Finland, Publications of the Helsinki Research Institute for Business Economics, No. 30, Helsinki: Oy Weilin + Göös Ab.

Honko, J./Prihti, A./Virtanen, K. (1982), Critical Areas in the Capital Investment Process of Enterprises: A Study of the Success and Failure of Strategy and Capital Investments in the 30 Largest Finnish Industrial Enterprises, Helsinki: Helsinki School of Economics.

Honko, J./Virtanen, K. (1975), The Investment Process in Finnish Industrial Enterprises, Helsinki: Helsinki School of Economics.

Hope, J./Fraser, R. (2003), Beyond Budgeting: How Managers Can Break Free from the Annual Performance Trap, Boston, MA: Harvard Business School Press.

Hopkins, W. G. (2004), Bias in Bland-Altman but not Regression Validity Analyses, in: Sportscience, Volume 8 (2004), November, S. 42-46.

Hopwood, A. G. (1972), An Empirical Study of the Role of Accounting Data in Performance Evaluation, in: Journal of Accounting Research, Volume 10 (1972), Issue 3, Supplement, S. 156-182.

Horenstein, B. R. (1951), Performance of Conditioned Responses as a Function of Strength of Hunger Drive, in: Journal of comparative and physiological Psychology, Volume 44 (1951), S. 210-224.

Horster, D. (2005), Sozialphilosophie, Leipzig: Reclam Verlag.

Horváth, P. (2001), Controlling, 8., vollständig überarbeitete Auflage, München: Verlag Franz Vahlen.

Hoskins, C. G./Dunn, M. J. (1974), The Economic Evaluation of Capital Expenditure Proposals Under Uncertainty: The Practice of Large Corporations in Canada, in: Journal of Business Administration, Volume 6 (1974), Issue 1 (Fall), S. 45-55.

Hügli, A./Lübcke, P. (1991), Philosophielexikon: Personen und Begriffe der abendländischen Philosophie von der Antike bis zur Gegenwart, Rheinbek bei Hamburg: Rowohlt Taschenbuch Verlag.

Hummell, H. J./Opp, K.-D. (1971), Die Reduzierbarkeit von Soziologie auf Psychologie: Eine These, ihr Test und ihre theoretische Bedeutung, Braunschweig: Vieweg + Sohn.

Humphrey, B. R. (1970), An Evaluation of Selected Decision Techniques in Relation to the Post-audit of Capital Expenditures, dissertation, o. O.: University of Arkansas.

Hunold, C. (2003), Erfolgsfaktoren der kommunalen Kostenrechnung, in: Weber, J./Kunz, J. (Hrsg.), Empirische Controllingforschung, Wiesbaden: Deutscher Universitäts-Verlag, S. 153-177.

Hutzschenreuter, T. (1998), Unternehmensverfassung und Führungssystem: Gestaltung unternehmensinterner Institutionen, Wiesbaden: Deutscher Universitäts-Verlag.

Hutzschenreuter, T. (2001), Wachstumsstrategien: Einsatz von Managementkapazitäten zur Wertsteigerung, Wiesbaden: Gabler Verlag.

I

Ilgen, D. R./Fisher, C. D./Taylor, M. S. (1979), Consequences of Individual Feedback on Behavior in Organizations, in: Journal of Applied Psychology, Volume 64 (1979), Issue 4, S. 349-371.

Ilgen, D. R./Knowlton, W. A. (1980), Performance Attribuational Effects on Feedback from Superiors, in: Organizational Behavior and Human Performance, Volume 25 (1980), S. 441-456.

Issing, O. (1975), Investitionslenkung in der Marktwirtschaft?, Göttingen: Vandenhoeck & Ruprecht.

Istvan, D. F. (1961), Capital-Expenditure Decisions: how they are made in large corporations, Indiana Business Report, No. 33, Bureau of Research – Graduate School of Business, Indianapolis, IN: Indiana University.

Izard, C. E. (1994), Die Emotionen des Menschen: Eine Einführung in die Grundlagen der Emotionspsychologie, 3. Auflage, Weinheim: PsychologieVerlagsUnion.

J

Jacob, A.-F./Klein, S./Nick, A. (1994), Basiswissen Investition und Finanzierung: Finanzmanagement in Theorie und Praxis, Wiesbaden: Gabler Verlag.

Jacob, H. (1964), Neuere Entwicklungen in der Investitionsrechnung, in: Zeitschrift für Betriebswirtschaft, 34. Jahrgang (1964), S. 487-507 und S. 551-594.

Jacob, H. (1968), Marginalien des Herausgebers, in: Jacob, H. (Hrsg.), Optimale Investitionspolitik, Wiesbaden: Gabler Verlag, S. 1-6.

Jacob, H. (1975), Investitionsplanung, in: Grochla, E./Wittmann, W. (Hrsg.), Handwörterbuch der Betriebswirtschaft, 4., völlig neu gestaltete Auflage, Stuttgart: C. E. Poeschel Verlag, Sp. 1978-1996.

Jacob, H. (1976), Investitionsplanung, in: Büschgen, H. E. (Hrsg.), Handwörterbuch der Finanzwirtschaft, Stuttgart: C. E. Poeschel Verlag, Sp. 872-893.

Jaedicke, R. K. (1960), Rate-of-Return Verification by Follow-up Reporting on a Project Basis, in: Management Accounting (US), Volume 41 (1960), June, S. 59-64.

Jankowski, D. (1969), Wirtschaftlichkeitskontrolle von Investitionen, Dissertation, Saarbrücken: Universität Saarbrücken.

Jaspersen, T. (1997), Investition: Computergestützte Verfahren und Controlling im Investitionsprozess, München/Wien: Oldenbourg Verlag.

Jensen, M. C./Murphy, K. J. (1990), Performance Pay and Top Management Incentives, in: Journal of Political Economy, Volume 98 (1990), Issue 2, S. 225-264.

Jensen, R. E. (1970), Empirical Evidence from the Behavioral Sciences: Fish out of Water, The Accounting Review, Volume XLV (1970), July, S. 502-508.

Jog, V. M./Srivastava, A. K. (1995), Capital Budgeting Practices in Corporate Canada, in: Financial Practice & Education, Volume 5 (1995), Issue 2 (Fall-Winter), S. 37-43.

Jones, E. E. (1986), Interpreting Interpersonal Behavior: The Effects of Expectancies, in: Science, Volume 234 (1986), October, S. 41-46.

Joos-Sachse, T. (1997), Controlling in Energieversorgungsunternehmen: Ergebnisse einer empirischen Analyse, Pforzheim: Hochschule für Wirtschaft, Technik und Gestaltung/Stuttgart: CIMAP Consulting GmbH.

Joseph, D./Lieberam, E./Lorenz, R. (2003), Antrag an die 2. ordentliche Tagung des 8. Parteitags der PDS: Änderungsantrag zum Leitantrag Programmentwurf (PR.1.124), unter: http://www.pds-internet.org, [28.11.2003].

Jost, P.-J. (1999), Strategisches Konfliktmanagement in Organisationen: Eine spieltheoretische Einführung, 2., durchgesehene und erweiterte Auflage, Wiesbaden: Gabler Verlag.

Jost, P.-J. (2000), Organisation und Motivation: Eine ökonomisch-psychologische Einführung, Wiesbaden: Gabler Verlag.

K

Kahneman, D./Lovallo, D. (1993), Timid Choices and Bold Forecasts: A Cognitive Perspective on Risk Taking, in: Management Science, Volume 39 (1993), S. 17-31.

Kahneman, D./Tversky, A. (1979), Prospect Theory: An Analysis of Decision Under Risk, in: Econometrica, Volume 47 (1979), S. 263-291.

Kaplan, R. S./Norton, D. P. (1996), The Balanced Scorecard: Translating Strategy into Action, Boston, MA: Harvard Business School Press.

Katz, D./Maccoby, N./Gurin, G./Floor, L. G. (1951), Productivity, Supervision and Morale Among Railroad Workers, Ann Arbor, MI: Institute for Social Research, University of Michigan.

Katz, D./Maccoby, N./Morse, N. C. (1950), Productivity, Supervision, and Morale in an Office Situation, Part I, Ann Arbor, MI: Institute for Social Research, University of Michigan.

Katz, R. L. (1955), Skills of an effective administrator, in: Harvard Business Review, Volume 33 (1955), January-February, S. 33-42.

Katz, R. L. (1974), Skills of an effective administrator, in: Harvard Business Review – HBR Classic, Volume 52 (1974), Issue 5 (September-October), S. 90-102.

Kay, E./Meyer, H. H./French, J. R. P. (1965), Effects of Threat in a Performance Appraisal Interview, in: Journal of Applied Psychology, Volume 49 (1965), S. 311-317.

Kelvin, P. (1970), The Bases of Social Behaviour, London et al.: Holt, Rinehart and Winston.

Kempster, J. H. (1967), Financial Analysis to Guide Capital Expenditure Decisions, Research Report No. 43, New York, NY: National Association of Accountants.

Kennedy, A./Mills, R. (1992), Post-completion auditing: a source of strategic direction?, in: Management Accounting (UK), Volume 70 (1992), Issue 5, S. 26-28.

Kern, W. (1974), Investitionsrechnung, Stuttgart: C. E. Poeschel Verlag.

Kester, G. W./Tsui, K. C. (1998), Capital Budgeting Practices of Listed Firms in Singapore, in: Singapore Management Review, Volume 20 (1998), Issue 1, S. 9-23.

Kieser, A./Kubicek, H. (1978), Organisationstheorien II: Kritische Analyse neuerer sozialwissenschaftlicher Ansätze, Berlin et al.: Verlag W. Kohlhammer.

Kieser, A./Walgenbach, P. (2003), Organisation, 4., überarbeitete und erweiterte Auflage, Stuttgart: Schäffer-Poeschel Verlag.

Kießling-Sonntag, J. (2000), Handbuch Mitarbeiter-Gespräche: Führen durch Gespräche, Zentrale Gesprächstypen, Mitarbeiterjahresgespräch, Berlin: Cornelsen Verlag.

Kilger, W. (1965), Zur Kritik am internen Zinsfuß, in: Zeitschrift für Betriebswirtschaft, 35. Jahrgang (1965), S. 765-798.

Kim, S. H. (1975), Capital Budgeting by Machinery Industry and his Impact on Overall Profitability, dissertation, o. O.: Saint Louis University.

Kim, S. H. (1982), An Empirical Study on the relationship between Capital Budgeting Practices and Earnings Performance, in: The Engineering Economist, Volume 27 (1982), Issue 3, S. 185-195.

Kim, S. H./Crick, T. (1984), How Non-U.S. MNCs Practice Capital Budgeting, in: Management Accounting (US), Volume 65 (1984), January, S. 28-31.

Kim, S. H./Farragher, E. J. (1981), Current Capital Budgeting Practices, in: Management Accounting (US), Volume 62 (1981), June, S. 26-30.

King, L. M./Hunter, J. E./Schmidt, F. L. (1980), Halo in a Multidimensional Forced-Choice Performance Evaluation Scale, in: Journal of Applied Psychology, Volume 65 (1980), Issue 5, S. 507-516.

King, N. (1970), Clarification and evaluation of the two-factor theory of job satisfaction, in: Psychological Bulletin, Volume 74 (1970), Issue 1, S. 18-31.

King, P. (1975), Is the Emphasis of Capital Budgeting Theory Misplaced?, in: Journal of Business Finance & Accounting, Volume 2 (1975), Issue 1, S. 69-82.

Kirsch, W. (1971), Entscheidungsprozesse, Band II: Informationsverarbeitungstheorie des Entscheidungsverhaltens, Wiesbaden: Gabler Verlag.

Kirsch, W. (1974), Betriebswirtschaftslehre: Systeme, Entscheidungen, Methoden, Wiesbaden: Gabler Verlag.

Klammer, T. (1972), Empirical Evidence of the Adoption of Sophisticated Capital Budgeting Techniques, in: The Journal of Business, Volume 45 (1972), Issue 3 (July), S. 387-397.

Klammer, T. (1973), The Association of Capital Budgeting Techniques with Firm Performance, in: The Accounting Review, Volume 48 (1973), April, S. 353-364.

Klammer, T./Walker, M. C. (1984), The Continuing Increase in the Use of Sophisticated Capital Budgeting Techniques, in: California Management Review, Volume 27 (1984), Issue 1, S. 137-148.

Klammer, T./Koch, B./Wilner, N. (1991), Capital Budgeting Practices – A Survey of Corporate Use, in: Journal of Management Accounting Research, Volume 3 (1991), Fall, S. 113-130.

Kleinhans, A. M. (1989), Wissensverarbeitung im Management: Möglichkeiten und Grenzen wissensbasierter Managementunterstützungs-, Planungs- und Simulationssysteme, Frankfurt am Main et al.: Peter Lang Verlag.

Kloock, J. (1989), Investitionsplanung, in: Syzperski, N./Winand, U. (Hrsg.), Handwörterbuch der Planung, Stuttgart: C. E. Poeschel Verlag, Sp. 789-800.

Kloock, J. (1992), Prozeßkostenrechnung als Rückschritt oder Fortschritt der Kostenrechnung, in: Kostenrechnungspraxis, 36. Jahrgang (1992), S. 183-193 u. S. 237-245.

Kluge, A. (1999), Erfahrungsmanagement in lernenden Organisationen, Göttingen: Verlag für Angewandte Psychologie.

Knabe, G. (1980), Als Chef sollten Sie: hart führen, helfen und kontrollieren!, in: Management-Zeitschrift io - Industrielle Organisation (io Management), 50. Jahrgang (1980), Heft 1, S. 34-36.

Kniehl, A. T. (1998), Motivation und Volition in Organisationen: Ein Beitrag zur theoretischen Fundierung des Motivationsmanagements, Wiesbaden: Deutscher Universitäts-Verlag.

Kolb, W. (1968), Investitionsplanung und Investitionsentscheidung, in: Jacob, H. (Hrsg.), Optimale Investitionspolitik, Wiesbaden: Gabler Verlag, S. 77-91.

Kooken, J. F. (1961), An Analysis of Problems Associated with Post-completion Audits of Capital Expenditure Projects, dissertation, Stanford: Stanford University.

Korten, D. C. (1972), Situationale Determinanten der Führungsstruktur, in: Kunczik, M. (Hrsg.), Führung: Theorien und Ergebnisse, Düsseldorf/Wien: Econ Verlag, S. 124-241.

Kotter, J. P. (1985), Power and Influence, New York, NY et al.: The Free Press.

Krapp, A. (1999), Intelligenz und Begabung, in: Ansanger, R./Wenninger, G. (Hrsg.), Handwörterbuch Psychologie, unveränderter Nachdruck der Ausgabe von 1988, Weinheim: Psychologie Verlags Union, S. 315-322.

Kratz, H.-J. (2000), Kontrollieren – aber wie? Fehlern vorbeugen, Ziele erreichen, Offenbach: Gabal Verlag.

Krech, D./Crutchfield, R. S./Ballachey, E. L. (1962), Individual in Society: A Textbook of Social Psychology, New York, NY: McGraw-Hill.

Kreikebaum, H. (1997), Strategische Unternehmensplanung, 6., überarbeitete und erweiterte Auflage, Stuttgart et al.: Verlag W. Kohlhammer.

Kren, L. (1993), Control Systems Effects on Budget Slack, in: Advances in Management Accounting, Volume 2 (1993), S. 109-118.

Krist, H. (1983), Der Investitionsentscheidungsprozess in Industriebetrieben, Discussion Papers, Berlin: Internationales Institut für Management und Verwaltung am Wissenschaftszentrum Berlin.

Kroeber-Riel, W. (1992), Konsumentenverhalten, 5., überarbeitete und ergänzte Auflage, München: Verlag Franz Vahlen.

Kroeber-Riel, W./Weinberg, P. (1999), Konsumentenverhalten, 7., verbesserte und ergänzte Auflage, München: Verlag Franz Vahlen.

Kromschröder, B. (1972), Ansätze zur Optimierung des Kontrollsystems der Unternehmung, Berlin: Duncker & Humblot.

Krüger, W. (2005), Organisation, in: Bea, F.X/Dichtl, E./Schweitzer, M. (Hrsg.), Allgemeine Betriebswirtschaftslehre, Band 2: Führung, 9., neubearbeitete und erweiterte Auflage, Stuttgart: UTB-Lucius & Lucius, S. 140-234.

Kruschwitz, L. (1993), Investitionsrechnung, 5., durchgesehene Auflage, Berlin und New York, NY: de Gruyter Verlag.

Künkele, J./Schäffer, U. (2005), Zur erfolgreichen Gestaltung der Budgetkontrolle, Working Paper Nr. 17, Östrich-Winkel: European Business School – Lehrstuhl für Controlling.

Küpper, H.-U. (1985), Investitionstheoretische Fundierung der Kostenrechnung, in: Zeitschrift für betriebswirtschaftliche Forschung, 37. Jahrgang (1985), S. 26-46.

Küpper, H.-U. (1991), Gegenstand, theoretische Fundierung und Instrumente des Investitions-Controlling, in: Zeitschrift für Betriebswirtschaft, 61. Jahrgang (1991), Ergänzungsheft 3, S. 167-192.

Küpper, H.-U. (1993), Internes Rechnungswesen, in: Hauschildt, J./Grün, O. (Hrsg.), Ergebnisse Empirischer Betriebswirtschaftlicher Forschung, Stuttgart: Schäffer-Poeschel Verlag, S. 601-631.

Küpper, H.-U. (2001), Controlling: Konzeption, Aufgaben und Instrumente, 3., überarbeitete und erweiterte Auflage, Stuttgart: Schäffer-Poeschel Verlag.

Küpper, H.-U. (2005), Controlling: Konzeption, Aufgaben und Instrumente, 4., überarbeitete Auflage, Stuttgart: Schäffer-Poeschel Verlag.

Kumar, K. (1990), Post implementation evaluation of computer-based information systems: Current practices, in: CACM - Communications of the ACM, Volume 33 (1990), Issue 2 (February), S. 203-212.

Kunczik, M. (1972), Stand der Führungsforschung, in: Kunczik, M. (Hrsg.), Führung: Theorien und Ergebnisse, Düsseldorf/Wien: Econ Verlag, S. 260-302.

Kunz, A. H. (2004), Zur betriebswirtschaftlichen Relevanz der Korrumpierung der intrinsischen Motivation durch extrinsische Anreizsysteme, in: Die Unternehmung, 58. Jahrgang (2004), Heft 2, S. 143-155.

Kunz, J. (2006), Wissensmanagement und organisationales Lernen: Eine simulationsgestützte Analyse, Hamburg: Verlag Dr. Kovač.

Kusterer, F. (2001), Investitionsmanagement: Konzeption, Instrumente und Realisierung im Data Warehouse, München: Verlag Franz Vahlen.

L

Lahiri, D. K./Choudhuri, P. K. (1966), Perceived importance of job factors by technical and nontechnical employees, in: Personnel Psychology, Volume 19 (1966), S. 287-296.

Lambrix, R. J./Singhvi, S. S. (1984), Preapproval audits of capital projects, in: Harvard Business Review, Volume 62 (1984), Issue 2 (March-April), S. 12-16.

Lange, C./Schaefer, S. (1996), Investitionscontrolling, in: Kern, W./Schröder, H-H./Weber, J. (Hrsg.), Handwörterbuch der Produktionswirtschaft, zweite, völlig neu gestaltete Auflage, Stuttgart: Schäffer-Poeschel Verlag, Sp. 785-794.

Lange, C./Schaefer, S. (2004), Informationsorientierte Controllingkonzeptionen – Ein Überblick und Ansatzpunkte der Weiterentwicklung, in: Scherm, E./Pietsch, G. (Hrsg.), Controlling: Theorien und Konzeptionen, München: Verlag Franz Vahlen.

Lange, W./Lampe, S. (2002), Balanced Scorecard als ganzheitliches Führungsinstrument in Non-Profit-Organisationen, in: Kostenrechnungspraxis, 46. Jahrgang (2002), Heft 2, S. 101-108.

Lapsley, I. (1986), Investment Appraisal in UK Non-Trading Organisations, in: Financial Accountability & Management, Volume 2 (1986), Issue 2, S. 135-151.

Larson, J. A. (1986), Supervisors' Performance Feedback to Subordinates: The Impact of Subordinate Performance Valence and Outcome Dependency, in: Organizational Behavior and Human Decision Process, Volume 37 (1986), S. 391-408.

Laux, H. (1971), Flexible Investitionsplanung: Einführung in die Theorie der sequentiellen Entscheidungen bei Unsicherheit, Opladen: Westdeutscher Verlag.

Laux, H./Liermann, F. (1986), Grundfragen der Erfolgskontrolle, Berlin et al.: Springer-Verlag.

Laux, H./Liermann, F. (2003), Grundlagen der Organisation: Die Steuerung von Entscheidungen als Grundproblem der Betriebswirtschaftslehre, 5., überarbeitete und erweiterte Auflage, Berlin et al.: Springer-Verlag.

Lawler, E. E. (1966), Managers' Attitudes Toward How Their Pay Is and Should Be Determined, in: Journal of Applied Psychology, Volume 50 (1966), Issue 4, S. 273-279.

Lawler, E. E. III (1976), Control Systems in Organizations, in: Dunnette, M. D. (Hrsg.), Handbook of Industrial and Organizational Psychology, Chicago, IL: Rand McNally, S. 1247-1291.

Lawler, E. E. III (1994), Motivation in Work Organizations, reprint, San Francisco, CA: Jossey-Bass Publishers.

Lawler, E. E./Suttle, J. L. (1972), A Causal Correlational Test of the Need Hierarchy Concept, in: Organizational Behavior and Human Performance, Volume 7 (1972), S. 265-287.

Lazaridis, I. T. (2002), Cash Flow Estimation and Forecasting Practices of Large Firms in Cyprus: Survey Findings, in: Journal of Financial Management and Analysis, Volume 15 (2002), Issue 2, S. 62-68.

Le Coutre, W. (1949), Grundzüge der Bilanzkunde: Eine totale Bilanzlehre, Teil 1, 4., durchgesehene Auflage, Wolfenbüttel: Heckners Verlag.

Lee, C. (1985), Increasing Performance Appraisal Effectiveness: Matching Task Types, Appraisal Process, and Rater Training, in: Academy of Management Review, Volume 10 (1985), Issue 2, S. 322-331.

Lehmann-Grube, U. (1994), Der Investitionsantrag: Zum Delegationsproblem von Investitionsentscheidungen, Stuttgart: Schäffer-Poeschel Verlag.

Leichtfuß, R. (1984), Kapitalbudgetierung in divisionalen Unternehmen: Untersuchung zur Koordinationseffizienz von Dekompositionsprinzipien, Wiesbaden: Gabler Verlag.

Leitner, F. (1939), Die Kontrolle in kaufmännischen Unternehmungen unter besonderer Berücksichtigung der Bilanz- und Wirtschaftsprüfungen, 5. Auflage, Frankfurt am Main: J.D. Sauerländers Verlag.

Lersch, P. (1962), Aufbau der Person, achte, überarbeitete Auflage, München: Johann Ambrosius Barth.

Leung, M.-Y./Liu, A. M . M. (2003), Analysis of value and project goal specificity in value management, in: Construction Management and Economics, Volume 21 (2003), S. 11-19.

Leung, P. W./Trotman, K. T. (2005), The effects of feedback type on auditor judgement performance for configural and non-configural tasks, in: Accounting, Organizations and Society, Volume 30 (2005), S. 537-553.

Lewin, K. (1969), Grundzüge der topologischen Psychologie, Bern: Verlag Hans Huber.

Liebig, V. (1978), Diego Borer: Innerbetriebliche Investitionskontrolle in Theorie und Praxis, ZfB-Besprechungsdienst, in: Zeitschrift für Betriebswirtschaft, 48. Jahrgang (1978), S. 1101-1102.

Lilleyman, P. (1984), Capital Budgeting: Current Practices of Australian Organizations, in: The Australian Accountant, Volume 54 (1984), March, S. 130-133.

Lindenberg, S. (1977), Individuelle Effekte, kollektive Phänomene und das Problem der Transformation, in: Eichner, K./Habermehl, W. (Hrsg.), Problem der Erklärung sozialen Verhaltens, Meisenheim am Glan: Verlag Anton Hain, S. 46-84.

Linder, S. (2004), Wie (un-)zuverlässig sind Investitionsplanungen? Ein Überblick über den Stand der empirischen Forschung zur Verbreitung von Fehlern und Verzerrungen in Investitionsplanungen, in: Zeitschrift für Controlling & Management, 48. Jahrgang (2004), Sonderheft 1, S. 47-57.

Linder, S. (2005a), Investitionskontrollen als Instrument der Zielpräzisierung, in: ControllerNews, o. Jg. (2005), Heft 2 (April), S. 79-80.

Linder, S. (2005b), Problems Associated with Conducting Post-Completion Audits: A Review of the Research, in: Corporate Finance Review, Volume 10, (2005), Issue 1 (July-August), S. 10-20.

Linder, S. (2006), Investitionskontrollen: Nutzenbeurteilung in Theorie versus Praxis, in: Controlling, 18. Jahrgang (2006), Heft 2, S. 85-90.

Lingnau, V. (2005), Kognitionswissenschaftliche Implikationen für das Controlling, in: Weber, J./Meyer, M. (Hrsg.), Internationalisierung des Controllings: Standortbestimmung und Optionen, Wiesbaden: Deutscher Universitäts-Verlag, S. 231-246.

Lipphardt, G./Kamman, O./Lueken, A./Titze, H.-J. (1983), Planung und Errichtung von Chemieanlagen, Frankfurt am Main: Hoechst AG.

Locke, E. A. (1967), Motivational Effects of Knowledge of Results: Knowledge or Goal Setting?, in: Journal of Applied Psychology, Volume 51 (1967), Issue 4, S. 324-329.

Locke, E. A. (1968), Towards a theory of task motivation and incentives, in: Organizational Behavior and Human Performance, Volume 3 (1968), S. 157-189.

Locke, E. A. (1976), The Nature and Causes of Job Satisfaction, in: Dunnette, M. D. (Hrsg.), Handbook of Industrial and Organizational Psychology, Chicago, IL: Rand McNally Publishing, S. 1297-1349.

Locke, E. A./Latham, G. P. (1984), Goal Setting: a motivational technique that works!, Englewood Cliffs, NJ: Prentice-Hall.

Locke, E. A./Latham, G. P. (1990), A Theory of Goal Setting & Task Performance, Englewood Cliffs, NJ: Prentice-Hall.

Lohmann, M. (1955), Einführung in die Betriebswirtschaftslehre, 2. Auflage, Tübingen: J. C. B. Mohr (Paul Siebeck).

Longenecker, C. O./Sims, H. P./Gioia, D. A. (1987), Behind the Mask: The Politics of Employee Appraisal, in: The Academy of Management Executive, Volume 1 (1987), Issue 3 (August), S. 183-193.

Lücke, W. (1991), Investitionslexikon, 2., völlig neubearbeitete Auflage, München: Verlag Franz Vahlen.

Luckett, P. F./Eggleton, I. R. C. (1991), Feedback and Management Accounting: A Review of Research into Behavioural Consequences, in: Accounting, Organizations and Society, Volume 16 (1991), Issue 4, S. 371-394.

Lüder, K. (1966), Die Investitionskontrolle, in: Der Betrieb, 19. Jahrgang (1966), Heft 30/31, S. 1141-1144.

Lüder, K. (1969), Investitionskontrolle: Die Kontrolle des wirtschaftlichen Ergebnisses von Investitionen, Wiesbaden: Gabler Verlag.

Lüder, K. (1970), Investitionskontrolle, in: Management-Enzyklopädie, o. O.: Verlag Moderne Industrie, S. 709-723.

Lüder, K. (1976), Investitionskontrolle, in: Büschgen, H. E. (Hrsg.), Handwörterbuch der Finanzwirtschaft, Stuttgart: C. E. Poeschel Verlag, Sp. 867-872.

Lüder, K. (1980), Investitionskontrolle in industriellen Großunternehmen, in: Zeitschrift für Betriebswirtschaft, 50. Jahrgang (1980), S. 351-376.

Lüder, K. (1993), Investitionsplanung und -kontrolle, in: Wittmann, W./Kern, W./Köhler, R./Küpper, H.-U./Wysocki, K. (Hrsg.), Handwörterbuch der Betriebswirtschaft, Teilband 2, 5., völlig neu gestaltete Auflage, Stuttgart: Schäffer-Poeschel Verlag, Sp. 1982-1999.

Lüder, K. (1995), Investitionsplanung und -kontrolle, in: Gerke, W./Steiner, M. (Hrsg.), Handwörterbuch des Bank- und Finanzwesens, 2., überarbeitete und erweiterte Auflage, Stuttgart: Schäffer-Poeschel Verlag, Sp. 968-977.

Lüder, K. (1996), Investitionsplanung und -kontrolle, in: Kern, W./Schröder, H.-H./Weber, J. (Hrsg.), Handwörterbuch der Produktionswirtschaft, 2., völlig neu gestaltete Auflage, Stuttgart: Schäffer-Poeschel Verlag, Sp. 794-804.

Lüder, K. (2001), Investitionsplanung und -kontrolle, in: Gerke, W./Steiner, M. (Hrsg.), Handwörterbuch des Bank- und Finanzwesens, dritte, völlig überarbeitete und erweiterte Auflage, Stuttgart: Schäffer-Poeschel Verlag, Sp. 1108-1117.

Lüder, K./Neumann, H. (1979), Systemorientierte Investitionskontrolle: Ergebnisse einer empirischen Untersuchung der Investitionskontrolle in Großunternehmen, Schlußbericht über ein Forschungsprojekt, Hamburg: Universität Hamburg.

Lupton, T. (1963), On the Shop Floor: Two Studies of Workshop Organization and Output, Oxford: Pergamon Press.

M

Mabe, P. A. III/West, S. W. (1982), Validity of self-evaluation of ability: Review and meta-analysis, in: Journal of Applied Psychology, Volume 67 (1982), S. 280-296.

Maccarrone, P. (1996), Organizing the capital budgeting process in large firms, in: Management Decision, Volume 34 (1996), Issue 6, S. 43-56.

Madon, S./Jussim, L./Eccles, J. (1997), In Search of the Powerful Self-Fulfilling Prophecy, in: Journal of Personality and Social Psychology, Volume 72 (1997), Issue 4, S. 791-809.

Mag, W. (1976), Entwicklungsstufen einer personalen Theorie der Unternehmung, in: Zeitschrift für betriebswirtschaftliche Forschung, 28. Jahrgang (1976), S. 638-651.

Manzoni, J.-F. (2002), A Better Way to Deliver Bad News, in: Harvard Business Review, Volume 80 (2002), Issue 9 (September), S. 114-119.

Manzoni, J.-F./Barsoux, J.-L. (1998), The Set-Up-to-Fail Syndrome: How bosses create their own poor performers, in: Harvard Business Review, Volume 75 (1998), March-April, S. 100-113.

March, J. G./Olsen, J. P. (1975), The Uncertainty of the Past: Organizational Learning under Ambiguity, in: European Journal of Political Research, Volume 3 (1975), S. 147-171.

March, J. G./Simon, H. A. (1958), Organizations, New York, NY et al.: John Wiley & Sons.

Maremont, M. (1995), Blind Ambition: How the pursuit of results got out of hand at Bausch & Lomb, in: Business Week, o. Jg. (1995), October 23, S. 46-56.

Marshall, A. (1890), Principles of Economics, London/New York, NY: Macmillan and Co.

Maslow, A. H. (1943), A Theory of Human Motivation, in: Psychological Review, Volume 50 (1943), S. 370-396.

Maslow, A. H. (1954), Motivation and Personality, New York, NY et al.: Harper & Row Publishers.

Massé, P. (1959), Le choix des investissements: critères et méthodes, Paris: Editions Dunod.

Matschke, M. J. (1993), Investitionsplanung und Investitionskontrolle, Herne/Berlin: Verlag Neue Wirtschafts-Briefe.

Matter, E. (1992), La rentabilité des investissements: Analyse du risque et stratégies, Paris: Presses Universitaires de France.

Maune, R. (1980), Planungskontrolle: Die Kontrolle des Planungssystems der Unternehmung, Thun/Frankfurt am Main: Verlag Harri Deutsch.

Mawhinney, T. C. (1979), Intrinsic x Extrinsic Motivation: Perspectives from Behaviorism, in: Organizational Behavior and Human Performance, Volume 24 (1979), S. 411-440.

McClelland, D. C. (1961), The Achieving Society, Princeton, NJ: Van Nostrand.

McClelland, D. C. (1973), The Two Faces of Power, in: McClelland, D. C./Steele, R. S. (Hrsg.), Human Motivation: A Book of Readings, Morristown, NJ: General Learing Press, S. 300-316.

McClelland, D. C. (1976), The Achieving Society, New York, NY: Irvington Publishers.

McClelland, D. C. (1987), Human Motivation, Cambridge, MA et al.: Cambridge University Press.

McClelland, D. C./Atkinson, J. W./Clark, R. A./Lowell, E. L. (1953), The Achievement Motive, New York, NY: Appleton-Century-Crofts.

McClelland, D. C./Burnham, D. H. (1995), Power is the Great Motivator, in: Harvard Business Review, Volume 73 (1995), Issue 1, S. 126-141.

McCorvey, W. J. (1969), Auditing the Capital Budgeting Decision, in: Cost and Management (CMA-Management), Volume 45 (1969), May-June, S. 30-34.

McDermott, R. (1999), Why Information Technology Inspired But Cannot Deliver Knowledge Management, in: California Management Review, Volume 41 (1999), Issue 4, S. 103-117.

McFadden, D. (1998), Rationality for Economists?, Research Paper, Berkeley: University of California – Department of Economics.

McGregor, D. (1960), The Human Side of Enterprise, New York, NY et al.: McGraw-Hill.

McGregor, D. (1985), The Human Side of Enterprise, 25th anniversary printing, New York, NY et al.: McGraw-Hill.

McIntyre, A. D./Coulthurst, N. J. (1985), Theory and Practice in Capital Budgeting with particular reference to medium-sized UK Companies, in: The British Accounting Review, Volume 17 (1985), Issue 2, S. 24-70.

McKeachie, W. J. (1973), Motivation, Teaching Methods, and College Learning, in: McClelland, D. C./Steele, R. S. (Hrsg.), Human Motivation: A Book of Readings, Morristown, NJ: General Learning Press, S. 447-473.

Meffert, H. (1998), Marketing: Grundlagen marktorientierter Unternehmensführung – Konzepte – Instrumente – Praxisbeispiele, 8., vollständig neubearbeitete und erweiterte Auflage, Wiesbaden: Gabler Verlag.

Meier, R. (1970), Planung, Kontrolle und Organisation des Investitionsentscheides, Bern/Stuttgart: Verlag Paul Haupt.

Meise, F. (1998), Realoptionen als Investitionskalkül: Bewertung von Investitionen unter Unsicherheit, München/Wien: Oldenbourg Verlag.

Mellerowicz, K. (1979), Planung und Plankostenrechnung, Band 1: Betriebliche Planung, 3., überarbeitete Auflage, Freiburg im Breisgau: Rudolf Haufe Verlag.

Melton, A. W. (1973), Motivation and Learning, in: McClelland, D. C./Steele, R. S. (Hrsg.), Human Motivation: A Book of Readings, Morristown, NJ: General Learning Press, S. 31-34.

Melzer, F. (1977), Investitionsrechnung in deutschen Industrieunternehmen, 2. Auflage, Arbeitsbericht Nr. 12, Bochum: Institut für Unternehmensführung und Unternehmensforschung der Ruhr-Universität.

Merchant, K. A. (1998), Modern Management Control Systems: Text & Cases, Upper Saddle River, NJ: Prentice-Hall.

Merchant, K. A./Van der Stede, W. A. (2003), Management Control Systems: Performance Measurement, Evaluation and Incentives, Harlow: Prentice-Hall.

Merian-Webster (1981), Webster's Third New International Dictionary, Springfield MA: Merian-Webster Inc.

Merton, R. K. (1968), Social Theory and Social Structure, 1968 enlarged edition, New York, NY: The Free Press/London: Collier-Macmillan.

Merton, R. K. (1948), The Self-fulfilling Prophecy, in: Antioch Review, Volume 8 (1948), S. 193-210.

Meyer, H. H./Walker, W. B. (1961), A Study of Factors relating to the Effectiveness of a Performance Appraisal Program, in: Personnel Psychology, Volume 14 (1961), S. 291-298.

Meyer, M. (2003), Die Heuristik des normativen Prinzipal-Agenten-Modells: Wechselseitige Erwartungsabstimmung vs. einseitige Verhaltenssteuerung, Tübingen: J. C. B. Mohr (Paul Siebeck).

Meyer, M. (2005), Akteursmodell und ökonomischer Ansatz – Eine Verhältnisbestimmung, WHU-Forschungspapier Nr. 106, Vallendar: WHU.

Meyer, M./Heine, B.-O. (2005), Motivation und Einordnung des 'Akteursmodells' – Überlegungen zur Integration von Anreizen und Kognition in der betriebswirtschaftlichen Forschung, WHU-Forschungspapier Nr. 105, Vallendar: WHU.

Mikus, B. (1998), ZP-Stichwort: Principal-Agent-Theorie, Zeitschrift für Planung, 9. Jahrgang, Heft 4, S.451-458.

Miller, A. (2003), Erwartungsbildung von ökonomischen Akteuren: Eine Explikation auf Basis des Grundmodells einer dynamischen Theorie ökonomischer Akteure, Wiesbaden: Deutscher Universitäts-Verlag.

Miller, J. H. (1960), A Glimpse at Practices in Calculating and Using Return on Investment, in: N.A.A. Bulletin (Management Accounting (US)), Volume 41 (1960), Issue 12 (June), S. 65-76.

Miller, N./Dollard, J. (1973), Drive and Reinforcement: Four Fundamentals of Learning, in: McClelland, D. C./Steele, R. S. (Hrsg.), Human Motivation: A Book of Readings, Morristown, NJ: General Learning Press, S. 3-16.

Miller, P./O'Leary, T. (1997), Capital Budgeting Practices and Complementarity Relations in the Transition to Modern Manufacture: A Field-Based Analysis, in: Journal of Accounting Research, Volume 35 (1997), Issue 2 (Autumn), S. 257-271.

Mills, R. W. (1988), Capital Budgeting – The State of the Art, in: Long Range Planning, Volume 21 (1988), Issue 4, S. 76-81.

Mills, R. W./Kennedy, J. A. (1990), Post-Completion Audit of Capital Expenditure Projects, Management Accounting Guide Nr. 9, London: The Chartered Institute of Management Accountants.

Mills, R. W./Kennedy, J. A. (1993a), Post-completion Auditing in Practice, in: Management Accounting (UK), Volume 71 (1993), Issue 9, S. 23-25.

Mills, R. W./Kennedy, J. A. (1993b), Experiences in Operating a Post-Audit System, in: Management Accounting (UK), Volume 71 (1993), Issue 10, S. 26-28.

Miner, J. B./Dachler, H. P. (1973), Personnel attitudes and motivation, in: Annual Review of Psychology, Volume 24 (1973), S. 379-402.

Mintzberg, H. (1983), Power In and Around Organizations, Englewood Cliffs, NJ: Prentice Hall.

Mock, E. J. (1967), Post-Completion Audits of Capital Projects, in: Management Accounting (US), Volume 49 (1967), November, S. 25-32.

Möller, K. (2005), Forschungsmethoden und Forschungsstrategien im Controlling – Dargestellt am Beispiel des Controllings von Unternehmensnetzwerken, in: Weber, J./Meyer, M. (Hrsg.), Internationalisierung des Controllings: Standortbestimmung und Optionen, Wiesbaden: Deutscher Universtitäts-Verlag, S. 161-184.

Moers, F. (2005), Discretion and bias in performance evaluation: the impact of diversity and subjectivity, Accounting, Organizations and Society, Volume 30 (2005), S. 67-80.

Moore, C. L./Jaedicke, R. K. (1980), Managerial Accounting, 5th Edition, Cincinnati, OH: South-Western Publishing.

Morgan, E. J./Tang, Y. L. (1992), Reviewing investment after completion: an exploratory analysis, in: International Review of Retail, Distribution & Consumer Research, Volume 2 (1992), Issue 2, S. 217-232.

Moser, K. (2004), Selbstbeurteilung, in: Schuler, H. (Hrsg.), Beurteilung und Förderung beruflicher Leistung, 2., vollständig überarbeitete und erweiterte Auflage, Göttingen: Hogrefe Verlag, S. 83-99.

Muck, P. M./Schuler, H. (2004), Beurteilungsgespräch, Zielsetzung und Feedback, in: Schuler, H. (Hrsg.), Beurteilung und Förderung beruflicher Leistung, 2., vollständig überarbeitete und erweiterte Auflage, Göttingen et al.: Hogrefe Verlag, S. 255-289.

Mukherjee, T. K. (1987), Capital-Budgeting Surveys: The Past and the Future, in: Review of Business & Economic Research, Volume 22 (1987), Issue 2, S. 37-56.

Müller, C. (1995), Agency-Theory und Informationsgehalt, in: Die Betriebswirtschaft, 55. Jahrgang (1995), Heft 1, S. 61-76.

Müller-Bader, P. (1977), Konflikt und Leistung: Ein Beitrag zur Analyse der Leistungswirkungen betrieblicher Konflikte, München: Verlag V. Florentz.

Müller-Hedrich, B. W. (1992), Betriebliche Investitionswirtschaft – Systematische Planung, Entscheidung und Kontrolle von Investitionen, 6. Auflage, Ehningen/Stuttgart: expert verlag/Taylorix Fachverlag.

Murphy, P. R./Jackson, S. E. (1999), Managing Work Role Performance: Challenges for Twenty-First-Century Organizations and Their Employees, in: Ilgen, D. R./Pulakos, E. D. (Hrsg.), The Changing Nature of Performance: Implications for Staffing, Motivation, and Development, San Francisco, CA: Jossey-Bass Publishers, S. 325-365.

Murray, H. A. (1938), Explorations in Personality: A Clinical and Experimental Study of Fifty Men of College Age, New York, NY: Oxford University Press.

Myers, D. G. (2005), Psychologie, 7. Auflage, Heidelberg: Springer Medizin Verlag.

Myers, M. D./Gordon, L. A./Hamer, M. M. (1991), Postauditing Capital Assets and Firm Performance: An Empirical Investigation, in: Managerial and Decision Economics, Volume 12 (1991), August, S. 317-327.

Myers, R. E. (1966), Performance Review of Capital Expenditures, in: Management Accounting (US), Volume 48 (1966), Issue 6 (December), S. 21-26.

N

Neale, C. W. (1989), Post Auditing Practices by UK Firms: Aims, Benefits and Shortcomings, The British Accounting Review, Volume 21 (1989), S. 309-328.

Neale, C. W. (1991a), Survey Results, in: Neale, C. W./Holmes, D. E. A. (Hrsg.), Post-Completion Auditing: A guide for effective re-evaluation of investment projects, London: Pitman Publishing, S. 119-142.

Neale, C. W. (1991b), A revolution in post-completion audit adoption, in: Management Accounting (UK), Volume 69 (1991), Issue 10, S. 44-46.

Neale, C. W. (1991c), The Benefits Derived from Post-Auditing Investment Projects, in: OMEGA, Volume 19 (1991), Issue 2/3, S. 113-120.

Neale, C. W. (1994), Investment post-auditing practices among British and Norwegian companies: A comparative study, in: International Business Review, Volume 3 (1994), Issue 1 (March), S. 31-46.

Neale, C. W./Buckley, P. J. (1992), Differential British and U.S. Adoption Rates of Investment Post-Completion Auditing, in: Journal of International Business Studies, Volume 23 (1992), Issue 3, S. 443-459.

Neale, C. W./Holmes, D. E. A. (1985), Capital Investment Review Procedures in the UK Food Industry, Food-Marketing, Volume 1 (1985), Nr. 2, S. 3-18.

Neale, C. W. (1993), Linkages between investment post-auditing, capital expenditure and corporate strategy, in: Management Accounting (UK), Volume 71 (1993), Issue 2, S. 20-22.

Neale, C. W. (1995), Post-completion audits: avoiding the pitfalls, in: Managerial Auditing Journal, Volume 10 (1995), Issue 1, S. 17-24.

Neuberger, O. (1974), Theorien der Arbeitszufriedenheit, Stuttgart et al.: Verlag W. Kohlhammer.

Neuberger, O. (1976), Führungsverhalten und Führungserfolg, Berlin: Duncker & Humblot.

Neuberger, O. (2004), Das Mitarbeitergespräch: Praktische Grundlagen für erfolgreiche Führungsarbeit, 6. Auflage, Leonberg: Rosenberger Fachverlag.

Newman, W. H. (1975), Constructive Control: Design and Use of Control Systems, Englewood-Cliffs, NJ: Prentice-Hall.

Nicholson, J. T. (1962), Post Completion Review of Capital Expenditures: An Examination of the Procedures, the Administration and the Effects of Post Completion Reviews in Six Large Industrial Companies, dissertation, Boston, MA: Harvard Business School.

Nicholson, J. T./Ffolliott, J. D. (1965), Are investment practices inadequate?, in: The Business Quarterly, Volume 30 (1965), Issue 4 (Winter), S. 83-94.

Nicholson, J. T./Ffolliott, J. D. (1966), Investment Evaluation Criteria of Canadian Companies, in: The Business Quarterly, Volume 31 (1966), Issue 2 (Summer), S. 54-62.

Nick, F. R. (1974), Management durch Motivation, Reihe Sozioökonomie, Band 5, Stuttgart et al.: Verlag W. Kohlhammer.

Nicolai, A./Kieser, A. (2002), Trotz eklatanter Erfolglosigkeit: Die Erfolgsfaktorenforschung weiter auf Erfolgskurs, in: Die Betriebswirtschaft, 62. Jahrgang (2002), Heft 6, S. 579-596.

Nicolaou, A. I. (2003), Quality of Post-Implementation Review for Enterprise Resource Planning Systems, Research Paper, Bowling Green, OH: Bowling Green State University.

Nienhüser, W. (2003), Macht, in: Martin, A. (Hrsg.), Organizational Behaviour – Verhalten in Organisationen, Stuttgart: Verlag W. Kohlhammer, S. 139-172.

Novalis (1798/1960), Dialogen, in: Kluckhohn, P./Samuel, R. (Hrsg.), Novalis – Schriften. Die Werke des Friedrich von Hardenbergs, Band II, Das philosophische

Werk I, 2., nach den Handschriften ergänzte, erweiterte und verbesserte Auflage in vier Bänden, Stuttgart: W. Kohlhammer Verlag, S. 661-671.

O

Olson, J. M./Zanna, M. P. (1993), Attitudes and attitude change, in: Annual Review of Psychology, Volume 44 (1993), S. 117-154.

Opp, K.-D. (2005), Methodologie der Sozialwissenschaften: Einführung in Probleme ihrer Theoriebildung und praktischen Anwendung, 6. Auflage, Wiesbaden: VS Verlag für Sozialwissenschaften.

Ortmann, G./Sydow, J./Windeler, A. (2000), Organisation als reflexive Strukturation, in: Ortmann, G./Sydow, J./Türk, K. (Hrsg.), Theorien der Organisation: Die Rückkehr der Gesellschaft, 2., durchgesehene Auflage, Wiesbaden: Westdeutscher Verlag, S. 315-354.

Osterloh, B. W. (1974), Die betriebliche Investitionskontrolle: Problem der Kontrolle betrieblicher Investitionen unter besonderer Berücksichtigung der Kontrolle der Investitionsplanung, Dissertation, Berlin: Technische Universität Berlin.

Osterloh, M. (2006), Human Resources Management and Knowledge Creation, erscheint in: Nonaka, I./Kazuo, I (Hrsg.), Handbook of Knowledge Creation, Oxford: Oxford University Press.

P

Pack, L. (1968), Neuere Forschungen und Erkenntnisse in der Betriebswirtschaft, in: Deutsche Gesellschaft für Betriebswirtschaft (Hrsg.), Stabilität durch betriebliche Elastizität, Berlin: Deutsche Gesellschaft für Betriebswirtschaft, S. 22-43.

Park, K.-H. (1998), Tuja Yoohyosung Jegori Weehan Sahuguari System Eu Guchuck [Set up the post-completion auditing system to improve investment efficiency], in: Weekly Economist, Issue 491, 1998, November 4th, o. S.

Parsons, T. (1949), The Structure of Social Action: A Study in Social Theory with Special Reference to a Group of Recent European Writers, 2nd edition, Glencoe, IL: The Free Press.

Parsons, T./Shils, E. A./Allport, G. W./Kluckhohn, C./Murray, H. A./Sears, R. R./Sheldon, R. C./Stouffer, S. A./Tolman, E. C. (1967), Some Fundamental Categories of the Theory of Action: A General Statement, in: Parsons, T./Shils, E. A. (Hrsg.), Toward a General Theory of Action, Cambridge, MA: Harvard University Press.

Paudtke, H. (1976), Unternehmerische Investitionskontrolle in empirischer Sicht, in: Albach, H./Simon, H. (Hrsg.), Investitionstheorie und Investitionspolitik privater und öffentlicher Unternehmen, Wiesbaden: Gabler Verlag, S. 255-269.

Pavlov, I. P. (1927), Conditioned Reflexes: An Investigation of the Psychological Activity of the Cerebral Cortex, Oxford: Oxford University Press.

Pellens, B./Fülbier, R. U./Gassen, J. (2004), Internationale Rechnungslegung: IFRS/IAS mit Beispielen und Fallstudie, 5., überarbeitete und erweiterte Auflage, Stuttgart: Schäffer-Poeschel Verlag.

Peters, S./Brühl, R./Stelling, J. (2000), Betriebswirtschaftslehre: Einführung, 10., überarbeitete und erweiterte Auflage, München/Wien: Oldenbourg Verlag.

Pfaff, D. (1995), Kostenrechung, Verhaltenssteuerung und Controlling, in: Die Unternehmung, 49. Jahrgang (1995), Heft 6, S. 437-455.

Pfaff, D./Pfeiffer, T. (2001), Controlling, in: Jost, P.-J. (Hrsg.), Die Prinzipal-Agenten-Theorie in der Betriebswirtschaftslehre, Stuttgart: Schäffer-Poeschel Verlag, S. 359-394.

Pfeffer, J. (1998), Six Dangerous Myths About Pay, in: Harvard Business Review, Volume 76 (1998), May-June, S. 109-119.

Pflomm, N. E. (1963), Managing Capital Expenditures, Studies in Business Policy No. 107, New York, NY: National Industrial Conference Board.

Pfohl, H.-C./Stölzle, W. (1997), Planung und Kontrolle, 2., neu bearbeitete Auflage, München: Verlag Franz Vahlen.

Pierce, B. J./Tsay, J. (1992), A Study of the Post-Completion Audit Practices of Large American Corporations: Experiences from 1978 and 1988, in: Journal of Management Accounting Research, Volume 4 (1992), Fall, S. 131-155.

Pike, R. H. (1983), A Review of Recent Trends in Formal Capital Budgeting Processes, in: Accounting and Business Research, Volume 13 (1983), Summer, S. 201-208.

Pike, R. H. (1984), Sophisticated Capital Budgeting Systems and their Association with Corporate Performance, in: Managerial and Decision Economics, Volume 5 (1984), Issue 2, S. 91-97.

Pike, R. H. (1996), A Longitudinal Survey on Capital Budgeting Practices, Journal of Business Finance & Accounting, Volume 23 (1996), Issue 1 (January), S. 79-92.

Pike, R. H./Wolfe, M. B. (1988), Capital Budgeting for the 1990's: A Review of Capital Investment Trends in Larger Companies, Occasional Paper Series, London: The Chartered Institute of Management Accountants.

Pilz, F. (1983), Die Investitionslenkung im Sozialstaat der Bundesrepublik Deutschland: Merkmale, Funktionen und Kritikpunkte des sozialstaatsverpflichteten Steuerungskonzepts, Göttingen: Verlag Otto Schwartz & Co.

Pinches, G. E. (1982), Myopia, capital budgeting and decision making, in: Financial Management, Volume 11 (1982), Issue 3 (Autumn), S. 6-19.

Polanyi, M. (1966), The tacit dimension, London: Routledge & Kegan Paul.

Popper, K. R. (1972), Die Zielsetzung der Erfahrungswissenschaft, in: Albert, H. (Hrsg.), Theorie und Realität: Ausgewählte Aufsätze zur Wissenschaftslehre der Sozialwissenschaften, 2., veränderte Auflage, Tübingen: J. C. B. Mohr, S. 29-41.

Popper, K. R. (1987), Das Elend des Historizismus, sechste, durchgesehene Auflage, Tübingen, J. C. B. Mohr (Paul Siebeck).

Popper, K. R. (1992), Die offene Gesellschaft und ihre Feinde, Band 2: Falsche Propheten – Hegel, Marx und die Folgen, 7. Auflage mit weitgehenden Verbesserungen und neuen Anhängen, Tübingen: J. C. B. Mohr (Paul Siebeck).

Popper, K. R. (1994), Vermutungen und Widerlegungen: Das Wachstum der wissenschaftlichen Erkenntnis, Band 1: Vermutungen, Tübingen: J. C. B. Mohr (Paul Siebeck).

Popper, K. R. (1998), Objektive Erkenntnis: Ein evolutionärer Entwurf, 4. Auflage, Hamburg: Hoffmann und Campe Verlag.

Popper, K. R. (2002), Logik der Forschung, zehnte, verbesserte und vermehrte Auflage, Tübingen: Mohr Siebeck.

Porter, L. W. (1961), A study of perceived need satisfaction in bottom and middle management jobs, in: Journal of Applied Psychology, Volume 45 (1961), Issue 1, S. 1-10.

Porter, L. W. (1962), Job Attitudes in Management: I. Perceived Deficiencies in Need Fulfilment as a Function of Job Level, in: Journal of Applied Psychology, Volume 46 (1962), S. 375-384.

Porter, L. W./Lawler III, E. E. (1968), Managerial Attitudes and Performance, Homewood, IL: Richard D. Irwin.

Posey, I. A./Roth, H. P./Dittrich, N. E. (1985), Capital Investment Post Auditing Practices, in: Cost & Management (CMA-Management), Volume 59 (1985), May-June, S. 14-18.

Posselt, S. G. (1986), Budgetkontrolle als Instrument zur Unternehmungssteuerung, Darmstadt: S. Toeche-Mittler Verlag.

Prendergast, C. (1993), A Theory of ‚Yes Men', in: American Economic Review, Volume 83 (1993), September, S. 757-770.

R

Rafée, H. (1974), Grundprobleme der Betriebswirtschaftslehre, Göttingen: UTB Vandenhoeck.

Rathe, A. W. (1960), Management Control in Business, in: Malcolm, D. J./Rowe, A. J. (Hrsg.), Management Control Systems, New York, NY: John Wiley & Sons, S. 28-62

Rau, K.-H. (1985), Gestaltung der Unternehmensplanung: eine empirische Untersuchung in Industrieunternehmen, Berlin: Duncker & Humblot.

Reber, R. W./Van Gilder, G. (1982), Behavioral Insights For Supervision, second edition, Englewood Cliffs, NJ: Prentice-Hall.

Rehäuser, J./Krcmar, H. (1996), Wissensmanagement im Unternehmen, in: Schreyögg, G./Conrad, P. (Hrsg.), Managementforschung 6: Wissensmanagement, Berlin/New York, NY: Springer Verlag, S. 1-40.

Reichelstein, S. (1997), Investment Decisions and Managerial Performance Evaluation, in: Review of Accounting Studies, Volume 2 (1997), Issue 2, S. 157-180.

Reichmann, T. (1991), Geleitwort, zu: Schwellnuß, A. G. (1991), Investitions-Controlling: Erfolgspotentiale auf Basis systematischer Investitionsnachrechnungen sichtbar machen, München: Verlag Franz Vahlen, S. V.

Reichmann, T. (2001), Controlling mit Kennzahlen und Managementberichten: Grundlagen einer systemgestützten Controlling-Konzeption, 6., überarbeitete und erweiterte Auflage, München: Verlag Franz Vahlen.

Reis, H. T./Sheldon, K. M./Gable, S. L./Roscoe, R./Ryan, R. (2000), Daily Well-Being: The role of Autonomy, Competence, and Relatedness, in: Personality and Social Psychology Bulletin, Volume 26 (2000), S. 419-435.

Reitmeyer, T. (2000), Qualität von Entscheidungsprozessen der Geschäftsleitung: Eine empirische Untersuchung mittelständischer Unternehmen, Wiesbaden: Deutscher Universitäts-Verlag.

Ridgeway, V. F. (1956), Dysfunctional Consequences of Performance Measurements, in: Administrative Science Quarterly, Volume 1 (1956), Issue 2 (September), S. 240-247.

Rieger, W. (1964), Einführung in die Privatwirtschaftslehre, 3., unveränderte Auflage, Erlangen: Palm & Enke.

Riesenhuber, M. (2005), Die Fehlentscheidung: Ursachen und Eskalation (Arbeitstitel), Dissertation in Vorbereitung, Vallendar: WHU.

Ripperger, T. (1998), Ökonomik des Vertrauens: Analyse eines Organisationsprinzips, Tübingen: J. C. B. Mohr (Paul Siebeck).

Robbins, S. P. (2001), Organisation der Unternehmung, 9. Auflage, München: Pearson Education.

Rockley, L. E. (1973), Investment for Profitability: an analysis of the policies and practices of UK and international companies, London: Business Books.

Roethlisberger, F./Dickson, W. (1939), Management and the Worker: An Account of a Research Program Conducted by the Western Electric Company - Hawthorne Works - Chicago, Cambridge, MA/London: Harvard University Press.

Rokeach, M. (1973), The Nature of Human Values, New York, NY: The Free Press.

Ronca, K. (1975), Die Auswahl von Investitionen in betriebswirtschaftlicher Sicht, Zürich: Juris Druck + Verlag.

Rosen, L. S./Schneck, R. E. (1967), Some Behavioral Consequences of Accounting Measurement Systems, in: Cost & Management (CMA-Management), Volume 43 (1967), October, S. 6-16.

Rosenblatt, M. (1980), A Survey and Analysis of Capital Budgeting Decision Processes in Multi-Division Firms, in: The Engineering Economist, Volume 25 (1980), Issue 4, S. 259-273.

Rosenstiel, L. von (1975), Die motivationalen Grundlagen des Verhaltens in Organisationen: Leistung und Zufriedenheit, Berlin: Duncker & Humblot.

Rosenstiel, L. von (1995a), Arbeitszufriedenheit, in: Rosenstiel, L. von/Regnet, E./Domsch, M. (1995), Führung von Mitarbeitern: Handbuch für erfolgreiches Personalmanagement, 3., überarbeitete und erweiterte Auflage, Stuttgart: Schäffer-Poeschel Verlag, S. 181-192.

Rosenstiel, L. von (1995b), Motivation von Mitarbeitern, in: Rosenstiel, L. von/Regnet, E./Domsch, M. (1995), Führung von Mitarbeitern: Handbuch für erfolgreiches Personalmanagement, 3., überarbeitete und erweiterte Auflage, Stuttgart: Schäffer-Poeschel Verlag, S. 161-180.

Rosenstiel, L. von (2001a), Grundlagen der Organisationspsychologie: Basiswissen und Anwendungshinweise, 5., überarbeitete Auflage, Stuttgart: Schäffer-Poeschel Verlag.

Rosenstiel, L. von (2001b), Motivation im Betrieb: Mit Fallstudien aus der Praxis, 10., überarbeitete und erweiterte Auflage, Leonberg: Rosenberger Fachverlag.

Rosenstiel, L. von/Molt, W./Rüttinger, B. (1983), Organisationspsychologie, fünfte, völlig neu bearbeitete Auflage, Stuttgart et al.: Verlag W. Kohlhammer.

Rösgen, K. (2000), Investitionscontrolling: Konzeption eines lebenszyklusorientierten Controllings von Sachanlagen, Frankfurt am Main: Peter Lang-Verlag.

Roth, E. (1967), Einstellungen als Determinante individuellen Verhaltens: Die Analyse eines Begriffes und seiner Bedeutung für die Persönlichkeitspsychologie, Göttingen: Hogrefe Verlag.

Roth, W. (1976), Zur Einführung: Markt und Lenkung – Versuch eines Dialogs, in: Roth, W. (Hrsg.), Investitionslenkung: Ergebnisse einer Diskussion zwischen jungen Unternehmern und Sozialdemokraten zum Problem von Markt und Lenkung, Reinbek bei Hamburg: Rowohlt Taschenbuch Verlag, S. 7-14.

Rotter (1954), Social learning and clinical psychology, Englewood Cliffs, NJ: Prentice-Hall.

Rouse, W. B./Morris, N. M. (1986), On Looking Into the Black Box: Prospects and Limits in the Search for Mental Models, in: Psychological Bulletin, Volume 100 (1986), Issue 3, S. 349-363.

Rückle, D. (1993), Investition, in: Wittmann, W. (Hrsg.), Handwörterbuch der Betriebswirtschaftslehre, 5. Auflage, Stuttgart: Schäffer-Poeschel Verlag, Sp. 1924-1936

Ruhnke, K. (1997), Empirische Forschung im Prüfungswesen, in: Zeitschrift für betriebswirtschaftliche Forschung, 49. Jahrgang (1997), Heft 4, S. 311-344.

Ruhnke, K. (2003), Nutzen von Abschlussprüfungen: Bezugsrahmen und Einordnung empirischer Studien, in: Zeitschrift für betriebswirtschaftliche Forschung, 55. Jahrgang (2003), Mai, S. 250-251.

Ryle, G. (1949), The Concept of Mind, London: Hutchinson.

S

Saatmann, A. (1970), Die Erfolgskontrolle von Investitionen, Dissertation, Bochum: Universitätsverlag.

Salancik, G. R./Pfeffer, J. (1977), An Examination of Need-Satisfaction Models of Job Attitudes, in: Administrative Science Quarterly, Volume 22 (1977), September, S. 427-456.

Sarris, V./Reiß, S. (2004), Kurzer Leitfaden der Experimentalpsychologie, München: Pearson Education.

Savitsky, K./Epley, N./Giovich, T. (2001), Do Others Judge Us as Harshly as We Think? Overestimating the Impact of Our Failures, Shortcomings, and Mishaps, in: Journal of Personality and Social Psychology, Volume 81 (2001), Issue 1, S. 44-56.

Scapens, R. W./Sale, J. T. (1981), Performance Measurement and Formal Capital Expenditure Controls in Divisionalised Companies, in: Journal of Business Finance & Accounting, Volume 8 (1981), Issue 3, S. 389-419.

Schaefer, C. (2004), Steuerung und Kontrolle von Investitionsprozessen: Theoretischer Ansatz und Konkretisierung für das öffentliche Beteiligungscontrolling, Wiesbaden: Gabler Verlag.

Schaefer, H. P. (1963), Post Completion Analysis of Projects to Appraise Capital Expenditure Decisions, dissertation, Ann Arbor, MI: University of Michigan.

Schaefer, S. (1993), Datenverarbeitungsgestütztes Investitions-Controlling: Investitionsplanung und Investitionskontrolle im Rahmen eines betrieblichen Investitions-Controllingsystems, München: Verlag Franz Vahlen.

Schäfer, H. (1973), Was ist Stamokap?, in: Marxistische Blätter, 11. Jahrgang (1973), Sonderdruck in Heft 2, S. 1-12.

Schäffer, U. (1996), Controlling für selbstabstimmende Gruppen, Wiesbaden: Deutscher Universitäts-Verlag.

Schäffer, U. (2001), Kontrolle als Lernprozess, Vallendar/Wiesbaden: WHU/Deutscher Universitäts-Verlag.

Schäffer, U. (2003), Wieviel Kontrolle braucht die Planung?, in: Horváth, P./Gleich, R. (Hrsg.), Neugestaltung der Unternehmensplanung: Innovative Konzepte und erfolgreiche Praxislösungen, Stuttgart: Schäffer-Poeschel Verlag, S. 149-164.

Schäffer, U./Willauer, B. (2002), Kontrolle, Effektivität der Planung und Erfolg von Geschäftseinheiten: Ergebnisse einer empirischen Erhebung, in: Zeitschrift für Planung, 13. Jahrgang (2002), Heft 1, S. 73-97.

Schäffer, U./Willauer, B. (2003), Strategic Planning as a Learning Process, in: Schmalenbach Business Review, Volume 55 (2003), Issue 4 (April), S. 86-107.

Schanz, G. (1977), Grundlage der verhaltenstheoretischen Betriebswirtschaftslehre, Tübingen: J. C. B. Mohr (Paul Siebeck).

Schanz, G. (1988), Methodologie für Betriebswirte, 2., überarbeitete und erweiterte Auflage, Stuttgart: C. E. Poeschel Verlag.

Schanz, G. (1993), Verhaltenswissenschaftliche Ansätze, in: Chmielewicz, K./Schweitzer, M. (Hrsg.), Handwörterbuch des Rechnungswesens, dritte, völlig neu gestaltete und ergänzte Auflage, Stuttgart: Schäffer-Poeschel Verlag, Sp. 2005-2012.

Schanz, G. (2000), Personalwirtschaftslehre: Lebendige Arbeit in verhaltenswissenschaftlicher Perspektive, 3., neu bearbeitete und erweiterte Auflage, München: Verlag Franz Vahlen.

Scheffler, H. E. (1961), Investitionen und ihre Wirtschaftlichkeit: Die Wirtschaftlichkeit der betrieblichen Investitionstätigkeit und ihre Prüfung, Bremen: C. Albrecht.

Scheffler, H. E. (1968), Prüfung von Investitionen: Wegweiser für Prüfungen im Betrieb, Herne/Berlin et al.: Verlag Neue Wirtschafts-Briefe.

Schiller, T. (2000), Kompetenz-Management für den Anlagenbau: Ansatz, Empirie und Aufgaben, Wiesbaden: Deutscher Universitäts-Verlag.

Schlicht, E. (2003), Der homo oeconomicus unter experimentellem Beschuß, in: Held, M./Kubon-Gilke, G./Sturn, R. (Hrsg.), Experimentelle Ökonomik: Normative und institutionelle Grundfragen der Ökonomik, Jahrbuch 2, Marburg: Metropolis, S. 291-313.

Schmalenbach, E. (1970), Die Privatwirtschaftslehre als Kunstlehre, in: Zeitschrift für handelswissenschaftliche Forschung, 6. Jahrgang (1911/1912), S. 304-316, wiederabgedruckt in: Zeitschrift für betriebswirtschaftliche Forschung, 22. Jahrgang (1970), S. 490-498.

Schmidt, S. M./Simon, R. (1972), Erwartung, in: Arnold, W./Eyseneck, H. J./Meili, R. (Hrsg.), Lexikon der Psychologie, Band I, Freiburg im Breisgau: Verlag Herder, Sp. 526.

Schneider, A. (1976), Darstellung und Erklärungsansätze des Investitionsverhaltens industrieller Unternehmen: Eine empirische Untersuchung bei den Unternehmen der Maschinenbau- und Elektroindustrie im Wirtschaftsraum Nürnberg-Fürth-Erlangen, Dissertation, Erlangen-Nürnberg: Universität Erlangen Nürnberg.

Schneider, D. (1984), Dilettantismusgefahr und „grenzüberschreitendes wissenschaftliches Arbeiten" – Anmerkungen zu einem Beitrag von Henning Egner, in: Zeitschrift für betriebswirtschaftliche Forschung, 36. Jahrgang (1984), Heft 12, S. 1070-1073.

Schneider, D. (1987), Agency Costs and Transaction Costs: Flops in the Principal-Agent-Theory of Financial Markets, in: Bamberg, G./Spremann, K. (Hrsg.), Agency Theory, Information and Incentives, Berlin/Heidelberg: Springer Verlag, S. 481-494.

Schneider, D. (1992), Investition, Finanzierung und Besteuerung, 7., vollständig überarbeitete und erweiterte Auflage, Wiesbaden: Gabler Verlag.

Schneider, D. (1993), Betriebswirtschaftslehre: Band 1: Grundlagen, München/Wien: Oldenbourg Verlag.

Schneider, E. (1973), Wirtschaftlichkeitsrechnung: Theorie der Investition, 8. Auflage – unveränderter Nachdruck der 7., verbesserten und erweiterten Auflage, Tübingen/Zürich: J. C. B. Mohr (Paul Siebeck).

Schneider, U. (2000), Management als Steuerung des organisatorischen Wissens, in: Schreyögg, G. (Hrsg.), Funktionswandel im Management: Wege jenseits der Ordnung – Drittes Berliner Kolloquium der Gottlieb Daimler- und Karl Benz-Stiftung, Berlin: Duncker & Humblot, S. 79-110.

Schnell, J. S./Nicolosi, R. S. (1974), Capital Expenditure Feedback: Project Reappraisal, in: The Engineering Economist, Volume 19 (1974), Issue 4, S. 253-261.

Schor, G. (1991), Zur rationalen Lenkung ökonomischer Forschung, Frankfurt am Main: Campus Verlag.

Schröter, H. (1962), Der betriebswirtschaftliche Anteil an der Investitionsplanung, -entscheidung, -durchführung und -überwachung, Dissertation, Mannheim: Wirtschaftshochschule.

Schuler, H. (1989), Leistungsbeurteilung, in: Roth, E. (Hrsg.), Organisationspsychologie: Enzyklopädie der Psychologie, Band 3, Göttingen: Hogrefe Verlag, S. 399-430.

Schuler, H./Marcus, B. (2004), Leistungsbeurteilungen, in: Schuler, H. (Hrsg.), Enzyklopädie der Psychologie: Organisationspsychologie – Grundlagen und Personalpsychologie, Göttingen et al.: Hogrefe Verlag, S. 947-1006.

Schultz, M. B. (2005), Anreizorientiertes Investitionscontrolling mit vollständigen Finanzplänen: Ein Referenzmodell für Investment Center, Berlin: Logos Verlag.

Schulze, P. (1998), Beschreibende Statistik, 3., erweiterte und überarbeitete Auflage, München/Wien: Oldenbourg Verlag.

Schwaninger, M. (1989), Integrale Unternehmensplanung, Frankfurt am Main/New York, NY: Campus Verlag.

Schwarz, H. (1974), Geleitwort, zu: Treuz, W. (1974), Betriebliche Kontroll-Systeme: Struktur und Verhalten in der Betriebspraxis sowie ihre Bedeutung für die Unternehmensführung, Berlin: Erich Schmidt Verlag, S. 5-6.

Schwarz, H. (1975), Investition, in: Grochla, E./Wittmann, W. (Hrsg.), Handwörterbuch der Betriebswirtschaft, 4., völlig neu gestaltete Auflage, Stuttgart: C. E. Poeschel Verlag, Sp. 1974-1978.

Schweitzer, M. (1978), Wissenschaftsziele und Auffassungen in der Betriebswirtschaftslehre: Eine Einführung, in: Schweitzer, M. (Hrsg.), Auffassungen und Wissenschaftsziele der Betriebswirtschaftslehre, Darmstadt: Wissenschaftliche Buchgesellschaft, S. 1-14.

Schweitzer, M. (2001), Planung und Steuerung, in: Bea, F.X/Dichtl, E./Schweitzer, M. (Hrsg.), Allgemeine Betriebswirtschaftslehre, Band 2: Führung, 8., neubearbeitete und erweiterte Auflage, Stuttgart: UTB-Lucius & Lucius, S. 14-130.

Schweitzer, M. (2005), Planung und Steuerung, in: Bea, F.X/Dichtl, E./Schweitzer, M. (Hrsg.), Allgemeine Betriebswirtschaftslehre, Band 2: Führung, 9., neubearbeitete und erweiterte Auflage, Stuttgart: UTB-Lucius & Lucius, S. 16-139.

Schweitzer, M./Küpper, H.-U. (1998), Systeme der Kosten- und Erlösrechnung, 7., überarbeitete und erweiterte Auflage, München: Verlag Franz Vahlen.

Schwellnuß, A. G. (1991), Investitions-Controlling: Erfolgspotentiale auf Basis systematischer Investitionsnachrechnungen sichtbar machen, München: Verlag Franz Vahlen.

Scott, R. W. (2003), Organizations: Rational, Natural and Open Systems, 5th edition, Upper Saddle River, NJ: Prentice-Hall/Pearson.

Segelod, E. (1995), Resource Allocation in Divisionalized Groups: A study of investment manuals and corporate level means of control, Aldershot et al.: Avebury.

Segelod, E. (1997), The content and role of the investment manual – a research note, in: Management Accounting Research, Volume 8 (1997), S. 221-231.

Segelod, E. (2000), Investments and investment processes in professional service groups, in: International Journal of Production Economics, Volume 67 (2000), Issue 2, S. 135-154.

Seidel, H./Temmen, R. (1995), Allgemeine Betriebswirtschaftslehre, 2., überarbeitete Auflage, Bad Homburg: Verlag Dr. Max Gehlen.

Seiffert, H. (1997), Einführung in die Wissenschaftstheorie, Band 4, Wörterbuch der wissenschaftstheoretischen Terminologie, München: C. H. Beck'sche Verlagsbuchhandlung.

Seligman, M. E. P. (1995), Erlernte Hilflosigkeit, 5., korrigierte Auflage, Weinheim: Psychologie Verlags Union.

Semmer, N./Pfäfflin, M. (1979), Interaktionstraining: Ein handlungstheoretischer Ansatz zum Training sozialer Fertigkeiten, 2. Auflage, Weinheim/Basel: Beltz Verlag.

Seppelfricke, P. (1996), Investitionen unter Unsicherheit: Eine theoretische und empirische Untersuchung für die Bundesrepublik Deutschland, Frankfurt am Main: Haag + Herchen Verlag.

Sheldon, K. M./Elliot, A. J./Kim, Y./Kasser, T. (2001), What is Satisfying About Satisfying Events? Testing 10 Candidate Psychological Needs, in: Journal of Personality and Social Psychology, Volume 80 (2001), Issue 2, S. 325-339.

Shrauger, J. S./Rosenberg, S. E. (1970), Self-esteem and the effects of success and failure feedback on performance, in: Journal of Personality, Volume 38 (1970), S. 404-417.

Siegwart, H./Kunz, B. R. (1982), Brevier der Investitionsplanung: Prozess der Beschaffung von Produktionsanlagen, Bern/Stuttgart: Verlag Paul Haupt.

Siegwart, H./Menzl, I. (1978), Kontrolle als Führungsaufgabe: Führen durch Kontrolle von Verhalten und Prozessen, Bern/Stuttgart: Verlag Paul Haupt.

Sierke, B. R. A. (1989), Investitions-Controlling im Controlling-System – Darstellung eines integrierten Ansatzes mit Hilfe ausgewählter linearer Dekompositionsverfahren, Korbach: Bing.

Simon, H. (1957a), Administrative Behavior: A Study of Decision-Making Processes in Administrative Organizations, New York, NY: The Macmillan Company.

Simon, H. (1957b), Models of Man: Social and Rational, New York, NY: John Wiley & Sons.

Simon, H. A. (1986), Foreword, in: Bromiley, P. (1986), Corporate capital investment: A behavioral approach, Cambridge (UK) et al.: Cambridge University Press, S. IX-X.

Singhivi, S. S. (1981), One Financial Executive's Response to Surveys, in: Financial Management, Volume 10 (1981), Issue 4, S. 82-85.

Six, B./Kleinbeck, U. (1989), Arbeitsmotivation und Arbeitszufriedenheit, in: Roth, E. (Hrsg.), Organisationspsychologie: Enzyklopädie der Psychologie, Band 3, Göttingen: Hogrefe Verlag, S. 348-398.

Sjurts, I. (1995), Kontrolle, Controlling und Unternehmensführung: theoretische Grundlagen und Problemlösungen für das operative und strategische Management, Wiesbaden: Gabler Verlag.

Skinner, B. F. (1965), Science and Human Behavior, New York, NY: The Free Press.

Smith, K. J. (1994), Post Auditing Capital Investments, in: Financial Practice and Education, Volume 4 (1994), Issue 1 (Spring/Summer), S. 129-137.

Sombart, W. (1924), Der moderne Kapitalismus: Historisch-systematische Darstellung des gesamteuropäischen Wirtschaftslebens von seinen Anfängen bis zur Gegenwart, Dritter Band: Das Wirtschaftsleben im Zeitalter des Hochkapitalismus – Erster Halbband, Berlin: Duncker & Humblot.

Sorensen, J. E./Franks, D. D. (1972), The Relative Contribution of Ability, Self-Esteem and Evaluative Feedback to Performance: Implications for Accounting Systems, in: The Accounting Review, Volume 47 (1972), Issue 4 (October), S. 735-746.

SPD (1959), Godesberger Programm: Grundsatzprogramm der Sozialdemokratischen Partei Deutschlands - Beschlossen vom Außerordentlichen Parteitag der Sozialdemokratischen Partei Deutschlands in Bad Godesberg vom 13. bis 15. November 1959, Bad Godesberg.

Spearman, C. (1927), The Abilities of Man: Their Nature and Measurement, New York, NY: The Macmillan Company.

Spieker, M. (2003), Rationalitätssicherung in der Willensbildung – Entscheidungsqualität von Gründerteams, in: Weber, J./Kunz, J. (Hrsg.), Empirische Controllingforschung: Begründung, Beispiele, Ergebnisse, Wiesbaden: Deutscher Universitäts-Verlag, S. 53-89.

Spielberger, M. (1983), Betriebliche Investitionskontrolle: Grundprobleme und Lösungsansätze, Würzburg/Wien: Physica-Verlag.

Spillecke, D. (2005), Interne Kundenorientierung des Controllerbereichs: Messung – Erfolgswirkungen – Determinanten, Dissertation, Vallendar: WHU.

Sponem, S. (2004), Diversité des Pratiques Budgétaires des Entreprises Françaises: Proposition d'une Typologie et Analyse des Determinants, Thèse doctorale, Paris: Université Paris Dauphine.

Staehelin, E. (1988), Investitionsentscheide in industriellen Unternehmungen: Ergebnisse einer Umfrage, Grüsch: Verlag Rüegger.

Staehle, W. H. (1999), Management: Eine verhaltenswissenschaftliche Perspektive, 8. Auflage, überarbeitetet von Dr. Peter Conrad und Dr. Jörg Sydow, München: Verlag Franz Vahlen.

Statman, M./Caldwell, D. (1987), Applying Behavioral Finance to Capital Budgeting: Project Terminations, in: Financial Management, Volume 16 (1987), Issue 4, S. 7-15.

Staw, B. M. (1976), Knee-deep in the big muddy: a study of escalating commitment to a chosen course of action, in: Organizational Behavior & Human Performance, Volume 16 (1976), S. 27-44.

Staw, B. M. (1981), The Escalation of Commitment to a Course of Action, in: Academy of Management Review, Volume 6 (1981), S. 577-587.

Steiner, M. (1974), Bedeutung und Implikationen von Lern- und Anpassungsprozessen für die Unternehmensrechnung, Augsburg: Druck- und Verlagsanstalt Werner Blasaditsch.

Steiners, D. (2005), Lernen mit Controllinginformationen: Empirische Untersuchung in deutschen Industrieunternehmen, Wiesbaden: Deutscher Universitäts-Verlag.

Steinle, C. (1975), Leistungsverhalten und Führung in der Unternehmung: Das Harzburger Führungsmodell im Vergleich mit einem motivationstheoretisch fundierten Leistungs-Verhaltensmodell, Berlin: Duncker & Humblot.

Steinle, C. (1978), Führung: Grundlagen, Prozesse und Modelle der Führung in der Unternehmung, Stuttgart: C. E. Poeschel Verlag.

Stern, S. (2003), Organisationsentstehung in innovativen Neugründungen: Kommunikation und Organisation in jungen Multimediaunternehmen, Wiesbaden: Deutscher Universitäts-Verlag.

Sternberg, R. J. (1985), Beyond IQ: A triarchic theory of human intelligence, Cambridge, MA: Cambridge University Press.

Sternberg, R. J. (1986), Intelligence applied: Understanding and Increasing Your Intellectual Skills, San Diego, CA et al.: Harcourt Brace Jovanovich.

Steven, M./Böning, M. (1999), Integration von Investitionsplanung und -überwachung im Rahmen des Anlagencontrolling, in: Die Betriebswirtschaft, 59. Jahrgang (1999), Heft 4, S. 458-467.

Stewart, T. A. (1997), Intellectual Capital: The New Wealth of Organizations, New York: Doubleday/Currency.

Strametz, D./Lometsch, A. (1977), Leistungsbeurteilung in deutschen Unternehmen: Ein Wegweiser für Beurteiler und Beurteilte, Königstein am Taunus: Königsteiner Verlag.

Suchanek, A. (1994), Ökonomischer Ansatz und theoretische Integration, Tübingen: J. C. B. Mohr (Paul Siebeck).

T

Tannenbaum, A. S. (1968a), Control in Organizations, in: Tannenbaum, A. S. (Hrsg.), Control in Organizations, New York, NY et al.: McGraw-Hill, S. 3-29.

Tannenbaum, A. S. (1968b), Control in Organizations: Individual Adjustment and Organizational Performance, in: Tannenbaum, A. S. (Hrsg.), Control in Organizations, New York, NY et al.: McGraw-Hill, S. 307-313.

Tatum, C. B/Nebeker, D. M. (1995), Effects of System Control and Feedback Variability on Job Performance and Affective Reactions, in: Human Performance, Volume 8 (1995), Issue 4, S. 297-325.

Taylor, S. E./Peplau, L. A./Sears, D. O. (1997), Social Psychology, 9th edition, Upper Saddle River, NJ: Prentice-Hall.

Terborgh, G. (1962), Leitfaden der betrieblichen Investitionspolitik, Deutsche Übersetzung und Bearbeitung von Horst Albach, Wiesbaden: Gabler Verlag.

Terborgh, G. (1967), Business Investment Management, A MAPI Study and Manual, Washington, D.C.: Machinery and Allied Products Institute and Council for Technological Advancement.

Thieme, H.-R. (1982), Verhaltensbeeinflussung durch Kontrolle: Wirkung von Kontrollmaßnahmen und Folgerungen für die Kontrollpraxis, Berlin: Erich Schmidt Verlag.

Thaler, R. (1985), Mental Accounting and Consumer Choice, in: Marketing Science, Volume 4 (1985), Issue 3, S. 199-214.

Thomas, S. (2003), Motivationale Orientierungen, in: Martin, A. (Hrsg.), Organizational Behaviour – Verhalten in Organisationen, Stuttgart: Verlag W. Kohlhammer, S. 35-52.

Thorndike, E. L. (1920), A Constant Error in Psychological Ratings, in: Journal of Applied Psychology, Volume 4 (1920), S. 25-29.

Thorndike, E. L. (1911), Animal Intelligence: Experimental Studies, New York, NY: Macmillan.

Tolman, E. C. (1948), Cognitive Maps in Rats and Men, in: Psychological Review, Volume 55 (1948), Issue 4 (July), S. 189-208.

Tolman, E. C. (1949a), There is more than one kind of learning, Address to the Chairman of the Division of General Psychology of the American Psychological Association, Boston, Sept. 7th, 1948, Psychological Review, Volume 56 (1949), S. 144-155.

Tolman, E. C. (1949b), The Psychology of Social Learning, in: The Journal of Social Issues, Volume 5 (1949), Supplement No. 3, S. 5-18.

Tolman, E. C./Honzik, C. H. (1930), Introduction and removal of reward, and maze performance in rats, University of California Publications in Psychology, Volume 4 (1930), Issue 17, S. 257-275.

Töpfer, A. (1976), Planungs- und Kontrollsysteme industrieller Unternehmungen: Eine theoretische, technologische und empirische Analyse, Berlin: Duncker & Humblot.

Torrance, P. E. (1961), A Theory of Leadership and Interpersonal Behavior Under Stress, in: Petrullo, L./Bass, B. M. (Hrsg.), Leadership and Interpersonal Behavior, New York, NY: Holt, Rinehart and Winston, S. 100-117.

Trechsel, F. (1973), Investitionsplanung und Investitionsrechnung: Umfassendes theoretisches und praktisches Konzept mit Anleitungen und Beispielen, 2. Auflage, Bern/Stuttgart: Verlag Paul Haupt.

Treuz, W. (1974), Betriebliche Kontroll-Systeme: Struktur und Verhalten in der Betriebspraxis sowie ihre Bedeutung für die Unternehmensführung, Band 34, Berlin: Erich Schmidt Verlag.

Triandis, H. (1975), Einstellungen und Einstellungsänderungen, Weinheim/Basel: Beltz Verlag.

Triandis, H. C. (1977), Interpersonal Behavior, Monterey, CA: Brooks/Cole Publishing.

Troeger, H. (1950), Über die Kreditlenkung, in: Gewerkschaftliche Monatshefte, Nr. 5, S. 193-199.

Tversky, A./Kahneman, D. (1974), Judgement under Uncertainty: Heuristics and Biases, in: Science, Volume 198 (1974), S. 1124-1131.

Tversky, A./Kahneman, D. (1991), Loss Aversion in Riskless Choice: A Reference-dependent Model, in: The Quarterly Journal of Economics, Volume 106 (1991), Issue 4 (November), S. 1039-1061.

U

Ueno, S./Sekaran, U. (1992), The influence of culture on budget control practices in the USA and Japan: an empirical study, in: Journal of International Business Studies, Volume 23 (1992), Issue 4, S. 659-674.

Ulrich, P. (1975), Organisationsentwicklung, in: Industrielle Organisation (IO Management), 44. Jahrgang (1975), Heft 6, S. 274-278.

Usry, M. F. (1966), Capital-Expenditure Planning and Control, Studies in Management Accounting No. 1, Austin: The University of Texas – Bureau of Business Research.

V

Van Pelt, J. V. (1967), Post Audit of Capital Expenditures, in: Management Accounting (US), Volume 49 (1967), Issue 5 (November), S. 33-40.

Van Vleck, R. W. (1976), Capital Expenditure Practices in Large American Corporations, dissertation, o. O.: The George Washington University – School of Government and Business Administration.

Vecchio, R. P. (1982), The Contingent-Noncontingent Compensation Controversy: An Attempt at a Resolution, in: Human Relations, Volume 35 (1982), Issue 6, S. 449-462.

Viafore, K. M. (1975), A Survey of Capital Expenditure Procedures and Practices in Industry: Their practical application and effectiveness, Dissertation, o. O.: Stanford University.

Villanova, P./Bernardin, H. J. (1989), Impression Management in the Context of Performance Appraisal, in: Giacalone, R. A./Rosenfeld, P. (Hrsg.), Impression Management in Organizations, Hillsdale, NJ et al.: Lawrence Erlbaum Associates, S. 299-313.

Vollrath, R. (2001), Die Berücksichtigung von Handlungsflexibilität bei Investitionsentscheidungen – Eine empirische Untersuchung, in: Hommel, U./Scholich, M./Vollrath, R. (Hrsg.), Realoptionen in der Unternehmenspraxis – Wert schaffen durch Flexibilität, Berlin et al.: Springer Verlag, S. 45-77.

Vroom, V. H. (1959), Some personality determinants of the effects of participation, in: Journal of Abnormal and Social Psychology, Volume 59 (1959), S. 322-327.

Vroom, V. H. (1960), Some personality determinants of the effects of participation, Englewood Cliffs, NJ: Prentice-Hall.

Vroom, V. H. (1964a), Work and Motivation, New York, NY: John Wiley & Sons.

Vroom, V. H. (1964b), Some Psychological Aspects of Organizational Control, in: Cooper, W. W./Leavitt, H. J./Shelly, M. W. II (Hrsg.), New Perspectives in Organization Research, New York, NY et al.: John Wiley & Sons, S. 72-86.

W

Wagenhofer, A. (1992), Abweichungsanalysen bei der Erfolgskontrolle aus agency theoretischer Sicht, in: Betriebswirtschaftliche Forschung und Praxis, 44. Jahrgang (1992), Heft 4, S. 319-338.

Wagenhofer, A. (1993), Kostenrechnung und Agency Theorie, in: Weber, J. (Hrsg.), Zur Neuausrichtung der Kostenrechnung: Entwicklungsperspektiven für die 90er Jahre, Stuttgart: Schäffer-Poeschel Verlag, S. 161-185.

Wagenhofer, A. (1999), Anreizkompatible Gestaltung des Rechnungswesens, in: Bühler, W./Siegert, T. (Hrsg.), Unternehmenssteuerung und Anreizsysteme, Stuttgart: Schäffer-Poeschel Verlag.

Wall, F. (2002), Das Instrumentarium zur Koordination dezentraler Entscheidungen als ein Wesensmerkmal des Controllings?, Diskussionspapier, Heft 94, Witten/Herdecke: Fakultät für Wirtschaftswissenschaft.

Wallace, M. E. (1969), Behavioral Considerations in Budgeting, in: Bruns, W. J. jr./DeCoster, D. T. (Hrsg.), Accounting and its Behavioral Implications, New York, NY et al.: McGraw-Hill, S. 319-325.

Walter-Busch, E. (1977), Arbeitszufriedenheit in der Wohlstandsgesellschaft: Beitrag zur Diagnose der Theoriesprachenvielfalt betriebspsychologischer und industriesoziologischer Forschung, Bern/Stuttgart: Verlag Paul Haupt.

Walther, A. (1953), Einführung in die Wirtschaftslehre der Unternehmung, 2. Band: Die Unternehmung, Zürich: Schulthess & Co.

Ward, J./Taylor, P./Bond, P. (1996), Evaluation and realisation of IS/IT benefits: an empirical study of current practice, in: European Journal of Information Systems, Volume 4 (1996), February, S. 214-225.

Watson, J. B. (1919), Psychology from the standpoint of a behaviorist, Philadelphia, PA/London: J. B. Lippincott Company.

Watson, J. H. III (1953), Controlling Capital Expenditures, Studies in Business Policy No. 62, New York, NY: National Industrial Conference Board.

Weber, J. (1994), Kostenrechnung zwischen Verhaltens- und Entscheidungsorientierung, in: Kostenrechnungspraxis, 38. Jahrgang (1994), S. 99-104.

Weber, J. (1999), Einführung in das Controlling, 8., aktualisierte und erweiterte Auflage, Stuttgart: Schäffer-Poeschel.

Weber, J. (2001), Geleitwort zu: Schäffer, U. (2001), Kontrolle als Lernprozess, Wiesbaden: Deutscher Universitäts-Verlag, S. V-VI.

Weber, J. (2002), Einführung in das Controlling, 9., komplett überarbeitete Auflage, Stuttgart: Schäffer-Poeschel Verlag.

Weber, J. (2004), Einführung in das Controlling, 10., überarbeitete und aktualisierte Auflage: Stuttgart: Schäffer-Poeschel.

Weber, J./Bramsemann, U./Heineke, C./Hirsch, B. (2004), Wertorientierte Unternehmensführung: Konzepte – Implementierung – Praxisstatements, Wiesbaden: Gabler Verlag.

Weber, J./Brettel, M./Schäffer, U. (1996), Gedanken zur Unternehmensführung, WHU Forschungspapier, Nr. 35, Vallendar: WHU.

Weber, J./Hirsch, B./Linder, S./Zayer, E. (2003), Verhaltensorientiertes Controlling: Der Mensch im Mittelpunkt, Vallendar: WHU.

Weber, J./Linder, S./Spillecke, D. (2002), Stand der Planung und Kontrolle betrieblicher Investitionen, in: Kostenrechnungspraxis, 46. Jahrgang (2002), Heft 5, S. 291-297.

Weber, J./Riesenhuber, M. (2002), Controlling & Psychologie, Vallendar: WHU.

Weber, J./Schäffer, U. (2000), Balanced Scorecard & Controlling: Implementierung – Nutzen für Manager und Controller – Erfahrungen in deutschen Unternehmen, 3., überarbeitete Auflage, Wiesbaden: Gabler Verlag.

Weber, J./Schäffer, U./Willauer, B. (2000), Operative Planung erfolgreich gestalten, Vallendar: WHU.

Weber, M. (1985), Wirtschaft und Gesellschaft, 5. Auflage Tübingen: J. C. B. Mohr (Paul Siebeck).

Weder, W. (1976), Die Einstellung des Mitarbeiters zum Führungsstil der Unternehmung: Eine empirische Untersuchung in einigen Unternehmungen der grafischen Industrie mit einer wissenschaftstheoretischen und wissenschaftsprogrammatischen Grundlegung, Bern/Stuttgart: Verlag Paul Haupt.

Wegener, H. (1981), Datenkontrolle in der dynamischen Investitionsplanung, Göttingen: Otto Schwartz & Co.

Wehrle-Streif, U. (1989), Empirische Untersuchung zur Investitionsrechnung, Köln: Deutscher Instituts-Verlag.

Weingartner, M. (1977), A Linear Programming Approach to the Lorie-Savage Problem, in: Lüder, K. (Hrsg.), Investitionsplanung, München: Verlag Franz Vahlen, S. 228-242.

Weiss, H. M. (1977), Subordinate imitation of supervisor behavior: The role of modelling in organizational socialization, in: Organizational Behavior and Human Performance, Volume 19 (1977), S. 89-105.

Weißenberger, B. E. (1997), Die Informationsbeziehungen zwischen Management und Rechnungswesen: Analyse institutionaler Koordination, Wiesbaden: Deutscher Universitäts-Verlag.

Weißenberger, B. E. (2002), Controlling als Teilgebiet der Betriebswirtschaftslehre – konzeptionelle Einordnung und Konsequenzen für Forschung und Lehre, in: Weber, J./Hirsch, B. (Hrsg.), Controlling als akademische Disziplin: Eine Bestandsaufnahme, Wiesbaden: Deutscher Universitäts-Verlag, S. 389-407.

Weißenberger, B. E. (2003), Anreizkompatible Erfolgsrechnung im Konzern: Grundmuster und Gestaltungsalternativen, Wiesbaden: Deutscher Universitäts-Verlag.

Weißenberger, B. E./Weber, J./Löbig, M./Haas, C. A. J. (2003), IAS/IFRS: Quo vadis Unternehmensrechnung? Konsequenzen für die Unternehmensrechung in deutschen Unternehmen, Vallendar: WHU.

Welge, M. K. (1988), Unternehmensführung, Band 3: Controlling, Stuttgart: C. E. Poeschel Verlag.

Wertheimer, M. (1925), Drei Abhandlungen zur Gestalttheorie, Erlangen: Verlag Palm & Enke.

Westwick, C. A./Shohet, P. S. D. (1976), Investment Appraisal and Inflation, o. O.: Institute of Chartered Accountants in England and Wales.

Wheeler, J. T. (1970), Accounting Theory and Research in Perspective, in: Accounting Review, Volume 45 (1970), Issue 1, S. 1-10.

Wieczorek-Zeul (1974), Mißtrauen ist gut. Kontrolle ist besser: in: DAS DA – Monatsmagazin für Kultur und Politik, o. Jg. (1974), Heft 11 (November), S. 2-3.

Wiegel, K. (1982), Verfassungsrechtliche Probleme einer staatlichen Investitionslenkung, Berlin: Duncker & Humblot.

Wild, J. (1982), Grundlagen der Unternehmensplanung, 4. Auflage, Opladen: Westdeutscher Verlag.

Williams, R. B. jr. (1970), Industry Practice in Allocating Capital Resources, in: Managerial Planning (Planning Review), Volume 3 (1970), May-June, S. 15-22.

Wilson, G. D. (1971), Einstellung, in: Arnold, W./Eyseneck, H. J./Meili, R. (Hrsg.), Lexikon der Psychologie, Band I, Freiburg im Breisgau: Verlag Herder, Sp. 447-454.

Wing, K. T. (2000), Painless performance appraisals, in: Strategic Finance, Volume 82 (2000), August, S. 62-65.

Winter, S. (1996), Relative Leistungsbewertung: Ein Überblick zum Stand von Theorie und Empirie, in: Zeitschrift für betriebswirtschaftliche Forschung, 48. Jahrgang (1996), S. 898-926.

Witte, E. (1968), Phasen-Theorem und Organisation komplexer Entscheidungsverläufe, in: Zeitschrift für betriebswirtschaftliche Forschung, 20. Jahrgang (1968), S. 625-647.

Witte, E. (1972), Das Informationsverhalten in Entscheidungsprozessen, Tübingen: J. C. B. Mohr (Paul Siebeck).

Wong, K. A./Farragher, E. J./Leung, R. K. C. (1987), Capital Investment Practices: A Survey of Large Corporations in Malaysia, Singapore and Hong Kong, in: Asia Pacific Journal of Management, Volume 4 (1987), Issue 2 (January), S. 112-123.

Wood, R./Bandura, A. (1989), Social Cognitive Theory of Organizational Management, in: Academy of Management Review, Volume 14 (1989), Issue 3, S. 361-384.

Woodward, J./Eilon, S. (1966), A Field Study of Management Control in Manufacturing Industry, in: Lawrence, J. R. (Hrsg.), Operational Research and the Social Sciences, London et al.: Tavistock Publications, S. 95-107.

Y

Yamamoto, M. (1998), Strategic Decisions and Corporate Governance in Japan, in: Papadakis, V./Barwise, P. (Hrsg.), Strategic Decisions, Dordrecht/Boston/London: Kluwer Academic Publishers, S. 145-161.

山本昌弘 **[Yamamoto, M.] (2000)**, **投資事後監査と管理会計** [Post-Completion Auditing and Management Accounting], in: **経理知識** [Meiji Accounting Review], Number 79 (2000), September, S. 73-86.

Yukl, G. A. (1990), Skills for Managers and Leaders: Text, Cases, and Excercises, Englewood Cliffs, NJ: Prentice-Hall.

Z

Zadny, J./Gerard, H. B. (1974), Attributed Intentions and Informational Selectivity, in: Journal of Experimental Social Psychology, Volume 10 (1974), S. 34-52.

Zajonc, R. B. (1980), Feeling and Thinking. Preferences Need No Inferences, in: American Psychologist, Volume 35 (1980), February, S. 151-175.

Zayer, E. (2005), Überblick über das Forschungs- und Entwicklungscontrolling, in: Schäffer, U./Weber, J. (Hrsg.), Bereichscontrolling: Funktionsspezifische Anwendungsfelder, Methoden und Instrumente, Stuttgart: Schäffer-Poeschel Verlag, S. 45-70.

Zimbardo, P. G./Gerrig, R. J. (2004), Psychologie, 16., aktualisierte Auflage, München/Boston: Pearson Education.

Zimbardo, P. G. (1960), Involvement and Communication Discrepancy as Determinants of Opinion Change, in: Journal of Abnormal and Social Psychology, Volume 60 (1960), Issue 1, S. 86-94.

Zimbardo, P. G./Weber, A. L./Johnson, R. L. (2003), Psychology: Core Concepts, 4th Edition, Boston et al.: Allyn and Bacon.

Zinn, K. G. (1977), Investitionslenkung – Traditionelles Konzept für die traditionelle Krise: Eine Interpretation unter historischem Aspekt, in: Politische Vierteljahresschrift, 18. Jahrgang (1977), Sonderheft 8: Politik und Wirtschaft - Festschrift für Gert von Eynern, S. 98-119.

Zintl, R. (1989), Der Homo Oeconomicus: Ausnahmeerscheinungen in jeder Situation oder Jedermann in Ausnahmesituationen?, in: Analyse & Kritik, 11. Jahrgang (1989), Heft 1, S. 52-69.

Zoeller, F. H. (1959), Procedures for Comparing Actual with Expected Economies from Equipment Replacement, in: Lesser, A. jr. (Hrsg.), Planning and Justifying Capital Expenditures, Hoboken, NJ: Stevens Institute of Technology, S. 19-25.

Zügner, K. (1996), Investitionsplanung und -steuerung, in: Eschenbach, R. (Hrsg.), Controlling, 2. Auflage, Stuttgart: Schäffer-Poeschel Verlag, S. 333-370.

Zünd, A. (1973), Kontrolle und Revision in der multinationalen Unternehmung, Bern/Stuttgart: Verlag Paul Haupt.

FSC
www.fsc.org
MIX
Papier | Fördert gute Waldnutzung
FSC® C083411

Kolibri 360 GmbH
Ferdinand-Jühlke-Straße 7
99095 Erfurt, Deutschland
produktsicherheit@kolibri360.de